金剛經三家解

금강경삼가해

金剛經
三家解

금강경삼가해

전재강 역주 — 고우스님 감수

운주사

감수監修의 말

불교는 세계 어떤 종교와도 다른 특이한 이념 체계를 가지고 있다. 대부분의 종교와 사상이 하나의 절대적 존재를 일체의 근원자로 내세우는 전변설轉變說이나 일체를 물질의 단순한 화합으로 설명하는 적취설積聚說인 것과는 달리, 불교는 절대적 신이나 물질의 실체성을 인정하지 않고, 일체는 조건의 화합으로 이루어진다는 연기론緣起說을 핵심 교리로 가지고 있다. 즉 불교는 일체 존재가 어느 하나에서 나왔다는 전변설의 종교, 일체를 단순한 물질의 결합으로 치부하는 적취설의 사상을 모두 극복하고, 일체는 그 어떤 것도 단일로 독립해서 존재할 수 없다는 연기설을 특징으로 하고 있는 것이다. 그래서 이 이념이 모든 불경을 관통하는 근본정신이 되는 것은 당연한데, 그 가운데서도 『금강경』은 부정어법否定語法, 즉비논리卽非論理를 통하여 일체가 비었다는 것을 일관되게 표현하여 무아무상無我無相의 핵심 내용을 가장 명쾌하게 드러내는 경전이다.

그런데 동남아 불교가 불교의 기본 교리를 사제四諦, 팔정도八正道, 삼법인三法印, 12연기十二緣起 등으로 간단하고 체계적으로 잘 요약하여 파악하고 있는 것에 비하면 대승불교는 다양한 표현 때문에 불교의 핵심 내용을 파악하는 데 너무 많은 시간을 보내는 경향이 없지 않다. 『금강경』은 무아無我, 공空의 입장에서 일관되게 불교의 핵심 이념인 연기설을 드러내는 경전으로서, 연기설을 다양하게 표현하는 대승경전의 가르침을 중도 연기라는 하나의 간결한 방식으로 통일해 볼 수 있는 방법을 일러준다.

『금강경』은 대승불교가 싹트기 시작하던 시기에 나왔고, 내용은 일체무아―切無我의 이치를 설한 경전으로서 흔히 공空사상을 가장 잘 드러낸 경전으로 알려져 있다. 육조 혜능에 이르러 선종禪宗의 소의경전이 되면서 이후 선종의 가장 중요한 경전으로 자리 잡는다. 『금강경』이 우리나라에 도입된 것은 삼국시대까지 거슬러 올라가지 만 육조 혜능을 비롯한 포대화상, 규봉 종밀, 야부 도천, 종경에 이르는 대표적 다섯 분 선사 스님들의 설명을 붙인『금강경오가해언해金剛經五家解諺解』본은 조선 초기에 나왔다. 당송의 선사들이 이 경전을 선적으로 해석함으로써 드디어 대승경전이 선禪과 어떻게 연관되는가를 여실히 보여주는 선례가 되었다.

불교의 가르침은 크게는 대승과 소승으로 나누어지고, 구체적으로는 더욱 다양한 종파가 있다. 대승불교에서 연원한 선禪은 근본에 있어 불교 연기설에 근거하지만 진리에 접근하는 방법이 일반 불교 사상과는 다르다. 선은 경전을 읽는 독경讀經이나 간경看經, 경을 베끼는 사경寫經, 부처님의 명호를 일심으로 칭념稱念하는 염불念佛, 주문을 외우는 주력呪力 등 다양한 방법의 수행과는 분명히 구별되는 특성을 보여준다. 다른 수행법은 기본적으로 손가락을 통해서 달을 보도록 가르친다. 그러나 선은 손가락 없이 바로 달을 보도록 가르친다. 손가락을 통함으로써 손가락에 집착하는 폐단을 없앤 것이다. 이것이 선을 가장 수승하다고 보는 이유 중의 하나이다.

일반적으로 다른 수행법에서는 해야 할 수행을 열심히 닦아서 깨달음에 이를 것을 가르친다. 그러나 선에서는 비록 하루 한 끼 먹고 잠자지 않고 용맹 정진하여 마침내 깨달음을 얻었다 하더라도 이는 소위 멀쩡한 좋은 살을 긁어 부스럼을 내고 평탄한 길에 구덩이를 파는 일이라고 보는 입장에 선다. 열심히 수행하여 깨달으면 좋은 일인데 왜 이렇게 말하는가? 바로 『금강경』을 읽으면 선에서 말하는 이와 같은 정견正見을 세울 수 있다. 『금강경』을 제대로 읽으면 근본적으로는 다르지 않지만 일반 불교의 정견에서 한 발 더 나아가 선의 입장에서의 정견을 세울 수 있다. 이렇게 정견을 세움으로써 우리는 체험을 위한 수행으로 바로 나아갈 수 있다. 일반 불교의 정견은 물론 선의 정견을 수립하는 데에 종장宗匠들의 선설禪說이 담긴 『금강경』은 불교 공부의 가장 빠른 지름길을 제공한다고 할 수 있다.

이번에 출간하는 역주 『금강경삼가해』는 이런 관점에서 선의 구체적 내용은 설파하지 않으면서도 『금강경』의 핵심 내용은 물론 선의 이해에 일정한 도움을 주는 책이다. 『금강경』 이해에 필요한 기본적 어휘, 선사들의 선적 표현을 원전의 심원하고 원융한 분위기를 살리면서도 정확하게 현대적 감각으로 번역함으로써 그간의 아쉬움을 어느 정도 해소하고 있기 때문이다. 이에 감수하면서 명안종사明眼宗師가 귀한 오늘날 이 자료가 그 소임을 어느 정도 대신할 것으로 기대한다. 이咦!

불기 2563년
태백산 금봉암 고우古愚 지

역주譯註의 말

『금강경金剛經』은 이미 많은 번역서들이 나와 있다.* 그럼에도 불구하고 역자가 『금강경삼가해金剛經三家解』 번역을 시작하게 된 것은 지금으로부터 13년 전의 일로 거슬러 올라간다. 2005년 11월 30일, 당시 각화사 서암에 주석하고 계시던 고우 큰스님께서 안동 시내에 위치한 선나원에 내려오셔서 스님들을 대상으로 『금강경삼가해』 법문을 시작하셨다. 역자는 큰스님의 특별한 배려로 수강이 허락된 속가의 몇 안 되는 사람 가운데 한 명으로 참가하는, 만나기 어려운 기회를 얻었다.

---

* 대표적 번역서를 보면 다음과 같다. 세조 현토, 한계희 번역, 『금강반야바라밀경』(1464); 학조, 『금강경삼가해』 1~5(내수사, 1482); 백용성 역해, 『과해상역금강경』(삼장역회발행, 1926); 해안 강의, 『금강반야바라밀경』(불서보급사, 1965); 김운학 역주, 『신역금강경오가해』(현암사, 1980); 한정섭 역편, 『금강경오가해』(법륜사, 1980); 김탄허, 『금강경(오가해)』 1~3권(교림, 1981); 무비 옮김 『금강경오가해』(불광출판사, 1992); 우백암 편역, 『금강반야바라밀경삼가해』(한국불교출판부, 1994); 각묵 지음, 『금강경역해』(불광출판사, 2001); 전재성 역주 『금강경』(한국빠알리성전현회, 2003); 김태완, 『선으로 읽는 금강경』(고요한아침, 2004); 김성주·박상준·박준석 공저, 『금강경언해』(신구문화사, 2006); 김영배, 『역주금강경삼가해』 1~5((사)세종대왕기념사업회, 2006~2007); 대한불교조계종교육원 편역, 『금강반야바라밀경』(조계종출판사, 2009).

　매월 한 번씩 경전 원문과 선사들의 선시문禪詩文을 강의하시면서 듣는 분들의 어려움을 고려하여 예상되는 강의 분량만큼의 번역을 해보라는 큰스님의 말씀을 받들어 그 당시 초벌 번역을 하고, 미심쩍은 부분은 표시를 했다가 큰스님께 여쭈기도 하고 법문을 들으면서 가르침을 번역에 반영하기도 하였다. 이렇게 진행된 큰스님의 법문은 2008년 3월에 그 대장정이 마무리되었다. 만 2년 4개월에 걸친 강행군이었다. 그 뒤 곧바로 번역에 착수하려 했으나 일과에 쫓기다가 오늘날까지 늦어지고 말았다.

　다행히 2016년에 평생 처음 얻은 연구년을 맞이하여 조용히 번역을 마무리할 시간을 가졌다. 그러나 모처럼 얻은 여가에 시간이 넉넉하다고 생각하여 차근차근 과거 번역을 검토하고 수정하고 정리하면서 의외로 많은 시간을 소비하는 바람에 원고를 마무리하지 못하고 현장에 다시 복귀하고 말았다. 여행과 책 읽기로 한 해를 쉬다가 다시 적응하는 어려움이 겹치면서 얼마 남지 않은 나머지 작업이 지체되기 시작했다. 그러나 이번에는 끝내야 한다는 생각에 주말을 모두 번역과 정리에 바쳤고, 드디어 어느 정도 번역과 주석, 요지를 완성할 수 있었다. 돌이켜보면 이 책을 큰스님께 배우기 시작한 때로부터 장장 13년의 긴 세월이 무정하게 흘렀다.

　강산이 한 번 변하고도 남을 오랜 시간을 흘려보냈지만, 이 책을 다시 번역해야 할 이유는 여전히 남아 있었다. 우선 필자는『금강경』자체에 대한 정확한 이해를 위해서 번역이 다시 이루어져야 한다고 보았다. 이 경전이 말하고자 하는 근본 종지, 그 종지를 부처님과 수보리가 대화로 풀어나가면서 보여주시는 문맥의 흐름, 그 문맥의

흐름이 도달하는 부처님 말씀의 낙처落處를 정확히 드러낼 필요가
있어서 번역을 지속하였다.

그리고 경전 본문에 대한 보다 깊은 이해는 아래 붙인 제가諸家의
선적 표현을 제대로 알아야 가능하다. 여기에 『금강경삼가해』의 경문
은 물론 선사들의 선적 표현의 축자적, 문맥적, 상관적 번역이 절실히
필요하게 느껴졌다. 당송 대 마련된 선의 전통은 일상적 불교와 접근방
법이 전혀 다르다. 흔히 선적 표현은 말길이 끊기고 마음작용이 사라진
지경(言語道斷 心行處滅)을 언어로 표현한 것으로서, 이원 대립적 논리
로는 도저히 접근할 수 없는 절벽이고 낭떠러지와 같은 것이기 때문이
다. 바로 이러한 선의 세계를 누구나 어느 정도는 이해하게 도울
필요가 있었다. 여기서 은산철벽銀山鐵壁 같은 선구禪句의 번역에
역자가 나설 수 있었던 것은 오로지 큰스님의 촌철살인寸鐵殺人 번득이
는 선지禪旨에 힘입은 것이다. 삼십봉三十棒을 맞아야 할 말이지만
은산철벽, 장대 끝에서 한 발 내딛는 길을 열어주신 고우 큰스님의
친자親炙가 없었다면 선사禪師의 선적 표현을 번역해 보겠다는 마음은
꿈에도 내지 못했을 것이다.

그리고 이렇게 경문과 선적 주석을 번역하면서도 양자의 관계나
전체 흐름을 잡기 어렵다는 생각이 들어 양자를 아우르는 내용을
'요지要旨'라는 항목을 따로 마련하여 정리했다. 경문과 제가의 주석이
번갈아 이어지면서 문맥을 잡기 어려운 점을 감안하여 '요지'에서는
경문經文, 육조六祖, 야부冶父, 종경宗鏡, 함허涵虛스님의 순서로 내용
을 일목요연하게 현대어로 서술하여 각 장이 가진 뜻의 체계적 이해를
돕고자 하였다.

이번 역주가 지향하는 목적은 정견을 세우고 수행하여 마침내 깨달음에 이르자는 것이다. 이 말도 이 경전과 선적 가르침에 따르면 한 방망이 감이지만 현실적으로는 그러하다고 할 수 있다. 그래서 불교의 일반적 정견을 수립함은 물론 나아가 선적 정견을 세우는 데까지 도움을 나누고자 한다. 단견과 상견의 구덩이를 벗어나 일체가 연기, 중도, 무아, 공임을 정확히 알고 수행을 철저히 해서 마침내 깨달아야 한다는 불교 일반의 정견, 그러나 이렇게 철저히 수행하고 깨달았다고 하여도 좋은 맨살을 긁어 부스럼을 내는 것이며, 평탄한 길에 구덩이를 파는 일이라고 비판하는 선의 정견을 세우는 데에 기여하고자 한다. 이러한 정견을 바탕으로 마침내 이 언덕이 바로 저 언덕임을 깨닫게 하는 데 초석을 마련하고자 하는 것이 이 번역의 의도라고 할 수 있다.

불교를 이해하고 선을 이해하려는 모든 사람, 즉 정견을 세우고 실참실수實參實修에 나갈 수행자, 문학과 역사, 철학을 연구하려는 연구자, 생활 속에서 불교 공부와 수행을 병행하려는 일반인 등 모든 분들에게 도움이 되고자 한다.

본 번역의 저본底本에 대한 설명을 덧붙인다. 본래 『금강경오가해』는 구마라집이 한역하고, 양나라 소명태자가 32분으로 나눈 『금강경』에 육조 혜능, 규봉 종밀, 부대사, 야부 도천, 종경스님 등 다섯 분이 주석을 한 것인데, 『금강경삼가해언해』본에는 육조 혜능, 규봉 종밀과 부대사의 해설이 빠져 있다. 함허스님은 조선 태종 17년(1417)에 『금강경오가해』를 정리하면서 경전 본문과 야부스님과 종경스님의 서술에 대한 설명을 덧붙이고 육조, 종밀, 부대사 해석에 대해서는

12

따로 풀이를 하지 않았다. 즉 『금강경삼가해언해』는 야부스님과 종경 스님의 선에 투철한 주석, 이를 선적인 입장에서 종합하고 정리한 함허스님의 설의 등 세 분의 선적 주석만 포함하여 성종 13년(1482)에 재편되어 당시 학조學祖스님에 의해 언해된 책이다.

그런데 지금 이 번역의 구체적 저본底本은 조선시대에 나온 『금강경 삼가해』와는 다르다. 이 역주의 저본底本 자료는 「금강반야바라밀경 중간연기서金剛般若波羅密經重刊緣起序」에 따르면 한암선사에 의하여 1937년 재편돼 출간된 책이다. 한암선사는 참선의 여가에 이 경전을 강의하면서 『금강경오가해』의 규봉종밀과 부대사의 해설을 제외하 고 한문 원문에 현토하여 『금강경삼가해』를 펴냈다. 따라서 본 번역의 저본은 엄격히 말하자면 3가해(야부, 종경, 함허)가 아니라 4가해(육 조, 야부, 종경, 함허)라 할 수 있다.

끝으로 선의 소의경전이고 수행의 핵심 경전인 『금강경삼가해』 번역을 자상한 가르침으로 이끌어주신 고우 큰스님께 삼배를 올린다. 그리고 평생의 도반으로 번역문을 세세하게 검토하고 교정해 주었으 며 평소 항상 모범적 언행으로 경책을 내리시는 원봉圓峯 이강옥 거사님과 작년 그 더운 여름 현대적 감각으로 글쓰기 원칙에 따라 원고를 세밀하게 교정해 주신 남정희 교수님께 심심한 사의를 표현한 다. 또한 어려운 출판 여건에서도 정법正法을 편다는 사명감으로 좋은 책, 훌륭한 불서 출간을 계속하며 이 책의 출판을 흔쾌히 맡아 주신 운주사 김시열 사장님, 실제 꼼꼼한 작업으로 책을 정확하고 짜임새 있게 잘 만들어주신 운주사 편집 담당 선생님들께도 깊이 감사드린다.

오늘 이 작업이 조그만 공덕이라도 있다면 인연있는 모든 분들께 회향한다.

불기 2563(2019)년

동봉 전재강 씀

일러두기

1. 번역의 저본은 한암선사가 재편한 『금강반야바라밀경』으로 하였다. 이 책은 조선 초기에 나온 『금강경오가해』에서 부대사와 종밀의 풀이를 제외한 내용으로 되어 있다. 한암스님은 부대사와 종밀 두 사람의 풀이를 생략한 이유로, 너무 방대하여 대중이 지니기 어렵다는 점, 수록한 네 분의 해석에 이 두 분의 풀이는 다 포함되어 있다는 점을 들었다.

2. 저본의 구성 방식은 구마라집 번역본을 양나라 소명태자가 32분으로 나눈 형식으로 되어 있고, 번역과 주석 역시 이 순서를 따랐다.

3. 번역은 원전의 장엄하고 선적인 근본 성격을 살리면서도 출·재가인들이 쉽게 이해할 수 있는 현대 감각의 언어로 번역을 시도했다.

4. 주석은 생소한 어휘, 선적 표현 등 어려운 구절을 각주의 방식으로 진행했다. 독자의 관심과 흥미를 유발하기 위하여 일정 부분 이해를 돕는 정도로 주석의 수위를 맞추었다.

5. 본 번역서의 특징은 원본의 순차에 따라 번역을 하면서 그에 따라 각주를 병행하고 있으며, 각 장의 마지막 부분에는 '요지要旨'라는 항목을 마련하여 해당 장 전체를 통설한 데 있다. 원문과 번역이 교체되면서 내용의 흐름을 잡기 어려운 점을 극복하기 위하여 경전 원문, 육조, 야부, 종경, 함허 설의의 순서로 내용을 역자의 의견 없이 비교적 자세하게 요약하여 객관적 이해를 돕고자 했다.

6. 『금강경』은 그 자체로 외우고 독경하는 경우가 많은데, 이 책을 읽을 때에도 먼저 경문만 처음부터 읽을 수도 있고 제가諸家의 설을 함께 읽을 수도 있다. 경문과 제가의 설을 읽고 반드시 '요지' 부분을 읽음으로써 해당 장 전체 내용의 흐름을 정확히 파악하는 방식의 접근방법, '요지'만

먼저 통독하고 원문에 돌아가는 방식 등 독자의 필요에 따라 몇 가지 접근 방식을 사용할 수 있다.

7. 대화는 따옴표(" ")를 사용하고, 강조나 여타 인용은 반 따옴표(' ')를 사용하고, 책 제목은 꺾은 괄호(『 』)를 사용했다.

8. 한자어는 한글에 한자를 병기하여 누구나 이해하고 읽기 쉽게 하였다.

金剛經三家解
금강경삼가해

金剛般若波羅密經 下

金剛經三家解

금강경삼가해

金剛般若波羅蜜經

삼장구마라집三藏鳩摩羅什 역譯

육조혜능대사六祖惠能大師 구결口訣

야부도천선사冶父道川禪師 ○ 송頌

예장종경선사豫章宗鏡禪師 제강提綱

함허득통선사涵虛得通禪師 설의說誼

금강반야바라밀경중간연기서

金剛般若波羅密經重刊緣起序

경전에 이르기를 일체의 모든 부처님과 아뇩보리법[1]이 다 이 경에서
나왔다 하시고, 또 이르기를 경전의 뜻과 과보果報가 다 불가사의不可
思議하다 하시니, 위없는 보리심을 내어서 불가사의한 삼매三昧에
들어가려는 사람이 이 경을 버려두고 어찌 들어갈 수 있겠는가?

經에 云一切諸佛及阿耨菩提法이 皆從此經出이라하시고 又云是經義
與果報ㅣ 俱不可思議라하시니 盖發無上菩提心하야 以入於不思議三
昧者ㅣ 捨此經奚以哉리요

내가 이 때문에 만나기 어렵다는 생각이 깊이 들어 매번 함께 있는
도반道伴들에게 권하여 읽고 외우고 받아 지니도록 하였으나, 경전의
뜻이 매우 깊어서 통달通達한 사람의 풀이가 아니면 그 오묘한 뜻을
알기 어렵기 때문에 아울러 오가해五家解와 함허설의涵虛說誼를 읽어
서 외우고 받아 지니는 데 도움을 받았었다. 모든 도반들이 내게
경전과 해석에 토를 달아서 보고 읽는 데 편리하도록 해달라고 청한

---

1 아뇩보리법阿耨菩提法: 위없는 진리라는 뜻이다. 여기서 위는 아래와 위를 초월한
   것을 뜻한다.

까닭에 내가 그 성의를 가상히 여겨서 스스로 문리文理가 충분하지 않음을 돌아보지 않고 문득 허락하였다. 오가해 가운데 육조六祖, 야부冶父, 종경宗鏡 세 분은 곧 뜻과 이치의 미묘함을 모두 말하여 보고 듣는 사람으로 하여금 깨끗하게 뼈를 바꾸고 내장內腸을 씻은 것과 같게 하고, 또 부싯돌 불과 번쩍하는 번갯불과 같은 소식[2]을 들어서 바로 일천 성인도 전하지 못하는 향상일로向上一路를 초월하게 하시니, 가히 일러 광전절후光前絶後[3] 억겁의 긴 세월에도 만나기 어려운 것이다.

余以是로 深感難遇之懷하야 每勸於同住道伴하야 讀誦受持而經義甚深하야 非通人達士之疏釋이면 難曉其奧旨故로 並讀五家解與涵虛說하야 以資誦持矣러니 諸友ㅣ請余懸吐於經與解하야 以便於看讀故로 余嘉其誠意하야 自不顧文理之未充하고 輒許之而五家解中에 六祖冶父宗鏡三家는 卽說盡於義理之微妙하사 使覽者聽者로 **洒**然若換骨洗腸하고 又擧揚於擊石火閃電光底消息하사 直超乎千聖不傳之向上一路케하시니 可謂光前絶後에 億劫難逢이라

그 노파심으로 후학에게 열어준 은혜는 뼈와 몸을 부수어 가루를 만들어도 실로 충분히 갚지 못한다. 그런데 함허涵虛스님의 설의說誼

---

2 순간 깨침(頓悟)의 도리를 뜻한다.
3 광전절후光前絶後: 광전光前의 빛(光)은 형상을 뜻하니 광전이라는 말은 형상 생기기 이전, 즉 우주 생성 이전이고, 절후絶後는 우주가 종말에 이른 뒤이다. 그래서 여기서 광전절후는 긴 시간을 의미한다.

는 그 한량없이 중요한 가르침[4]의 의미를 더욱 드러내서 배우는 사람으로 하여금 저절로 사모하고 좋아하는 마음을 내어 모르는 사이 맑고 시원한 해탈의 경계에 들어가게 하시니, 비유컨대 큰 나무가 뿌리와 줄기, 가지, 잎이 이미 견고하고 무성한데 다시 꽃이 활짝 피어 광채를 더하는 것과 같다. 또 경전經典의 소疏에 전하고 베끼는(傳寫) 것으로 인해 빠지고 더 들어가고 뒤바뀌고 잘못된 것을 낱낱이 교정하여 성스러운 뜻을 다시 밝혀서 멀리 후세 사람을 이익 되게 하셨으니, 그 공덕功德을 어찌 다 말할 수 있겠는가?

其老婆心開來學之恩을 紛骨碎身이라도 實未足酬而涵虛說誼는 尤爲發揚其無限機權意味하사 使學者로 自然感發乎慕悅望愛之心而不覺頓入於清凉解脫底境界케하시니 譬如大樹ㅣ根株與枝葉이 已爲堅固繁茂어든 更得花開爛漫하야 以增光彩也라 又於經疏에 因傳寫而脫衍倒誤을 一一校正하사 使聖意로 復明而遠益後世하시니 其功을 可勝道哉아

그러므로 세 분의 풀이와 함허스님의 설의는 모두 취하고, 규봉圭峯스님의 찬요纂要와 부대사傳大士의 송頌에까지 미치지 않은 것은 후학들이 너무 넓고 커서 지니기 어려울 뿐만 아니라, 이미 위의 네 분의 풀이(四解)를 잘 음미하여 자세히 알면 두 분의 풀이는 저절로 그 가운데에 있기 때문이다. 드디어 본문에서 뜻으로 의심을 해결하고

---

4 중요한 가르침(機權): 기권機權은 국가의 중요 권력인데, 여기서는 중요한 가르침 이라는 뜻이다.

책의 끝에 붙인 것을 바로 『금강경』 안에 넣어서 쉽게 펼쳐 읽게
하여 각자 스스로 정밀하게 베껴서 좌선坐禪하는 여가에 일과日課로
강의하고 외워서(講誦) 하안거와 동안거(熱寒二際)[5]를 지냈다. 보산
천일寶山天一스님은 본래 번뇌를 벗어난 선덕禪德인데 자비와 인욕과
선행으로 자기의 소임을 삼은 분이었다. 이 법석에 동참하여 찬탄하고
희유한 마음을 내어 자금을 모아 인쇄하여 배포하기를 청한 까닭으로
또한 그 믿음과 원력願力에 감동하여 허락하였다. 바라는 바는 인쇄하
여 배포하는 날에 사람사람이 베끼고 독송하고 집집마다 믿고 이해하
며 받아 지녀서 함께 선근을 심으며, 함께 큰 원을 발하며 함께 선정禪定
과 지혜智慧를 닦아서 깊이 실상實相과 비상非相을 통달通達하여 무량
수의 극락세계[6]에 함께 이르고, 부처와 조사(佛祖)의 헤아릴 수 없는
빛의 종자로 하여금 영원히 중생계에서 끊어지지 않게 하는 것이니,
깊은 원願이 여기에 있도다!

故로 三家解와 涵虛說誼를 全取之而未及於圭峯纂要와 傳大士頌者는
非徒後學이 浩大難持라 已上四解를 玩味通曉則兩家解는 自在其中故
也라 遂於本文에 以義決疑而付之卷尾者를 直入于部內하야 易爲披讀
而 各自精寫하야 坐禪之暇에 爲日課講誦하야 送過了熱寒二際矣러니
有寶山天一師는 本是出塵禪德而以慈忍善行으로 爲己任者也라 同參
此會而發讚歎希有心하야 請募資印布故로 亦感其信願而許之也호니

所冀는 印布之日에 人人이 傳寫讀誦하고 家家 l 信解受持하야 同種善根하며 同發大願하며 同修定慧하야 深達乎實相非相而同臻於壽域也 樂邦也하고 使佛祖之不思議光明種子로 永不斷絶於衆生界中矣니 深願이 在玆焉이로다

불기 2964년(丁丑)[7] 1월 29일에
한암중원은 향을 사르고 삼가 적는다.

佛紀二千九百六十四年(丁丑)元月 二十九日에
漢岩重遠은 焚香謹識하노라.

요지 헤아릴 수 없는『금강경』의 가치와『금강경오가해』가운데 규봉圭峯의 찬요纂要와 부대사傳大士의 송頌을 빼고, 육조六祖, 야부冶父, 종경宗鏡스님 세 분의 해설과 함허涵虛스님 설의說誼를 넣어서『금강경삼가해』를 편집하고 간행한 경위를 밝혔다. 일체의 부처와 아뇩보리법이 나오고, 위없는 보리심을 내어서 헤아릴 수 없는 삼매에 들게 하는 것이 바로 이 경전의 가치라고 했다. 그리고 육조, 야부, 종경스님 세 분은 이 경전 의리의 미묘한 것을 다 말하여 사람들로 하여금 완전히 바뀌게 하고, 부싯돌 불과 번갯불의 가르침을

---

7 불기 2964년(丁丑)[佛紀二千九百六十四年]: 불기를 현재보다 더 오랜 것으로 보던 당시의 연기年紀로서, 서기로는 1937년이다.

들어서 바로 일천 성인도 전할 수 없는 향상일로向上一路를 넘어서게 하며, 함허스님은 경전의 중요한 의미를 잘 드러내어 맑고 시원한 해탈의 경지에 들어가게 하기 때문에 이분들 것만 싣는다고 했다.

부처와 아뇩보리법이 이 경전에서 나오고, 이 경전이 삼매에 들게 한다고 하니 높은 것 같으나, 이 경전은 바로 우리 자신들의 일을 적은 것이라 할 수 있다. 여기서 부싯돌 불과 번갯불은 순간 깨침을 뜻한다. 그리고 일천 성인도 전할 수 없다고 한 것은 왜 그런가? 향상일로向上一路, 즉 본분 그 자리는 누구나 본래 갖추고 있기 때문이다. 또 뿌리와 줄기와 가지가 견고하고 무성한데 다시 꽃을 활짝 피게 한다고 할 때, 그 나무도 바로 우리 자신을 말하는 것으로 보아야 한다.

부처님의 가르침을 코끼리에 많이 비유하는데, 불교의 많은 경전들은 코끼리 전체를 말하기보다 코끼리의 코와 귀와 다리와 꼬리 등 부분 부분을 따로 말한다. 『금강경』도 마찬가지지만 우리는 이 경전을 읽으면서 코끼리 전체, 즉 중도 연기를 이해하려고 노력해야 한다.

금강반야바라밀경서설

金剛般若波羅蜜經序說

❀

한 물건이 여기 있으니

有一物於此하니

한 물건이 어떤 물건인가? ○ 다만 이 일착자一着子[8]는 들리지도
보이지도 않아서[9] 정情으로 이르는 것이 끊겼으며, 비슷하여 보면
있는 것 같으며, 빨라서 추적하기 어려우며, 어리둥절하여 헤아리기
어렵다. 미혹한 것도 아니고 깨달은 것도 아니어서 범부凡夫나 성인聖
人으로 일컬을 수 없고, 나(我)도 없고 남(他)도 없어서 나와 남으로
이름 붙일 수 없는 까닭으로 다만 한 물건이라 일컫는다. 육조스님이
이르시기를 "한 물건이 있으되 머리도 없고 꼬리도 없고 이름도 없고
자字도 없되 위로는 하늘을 버티고 아래로 땅을 버티며, 밝기는 해와
같고 어둡기는 옻과 같아서 항상 움직이고 작용하는 가운데 있으되
움직이고 작용하는 가운데서 거두어 얻지 못하는 것이라." 한 것이

---

8 일착자一着子: 바둑 한 수 두는 것을 말하는데, 여기서는 한 물건(一物) 그 자리를
  뜻한다.

9 들리지도 보이지도 않아서(希夷): 보아도 보이지 않는 것을 희希, 들어도 들리지
  않는 것을 이夷라고 하는데 심오한 도를 표현한 말이다.

이것이다. 그러하기가 비록 이와 같으나 한 물건이라는 말도 또한
억지로 일컬은 것일 뿐이다. 그러므로 남악 회양화상이 말하되 "설사
한 물건이라 해도 곧 맞지 않다."고 하였으니 '여기에 한 물건이 있다'는
것은 당처를 떠나지 않고[10] 항상 맑은[11] 까닭에 이른 것일 뿐이다.

一物이 何物고 ○ 祇這一着子는 希夷焉하야 絶情謂하며 髣髴焉하야 看似
有하며 嚮智然하야 難可追하며 恍惚然하야 難可測이니 非迷非悟라 不可
以凡聖으로 稱이며 無我無人이라 不可以自他로 名일새 故로 但云一物이
라 六祖 ㅣ 云하사대 有一物호대 無頭無尾하고 無名無字로대 上柱天下柱
地하고 明如日黑似漆하야 常在動用中호대 動用中에 收不得者 ㅣ 是라
然雖如是나 一物之言도 亦强稱之而已라 故로 南嶽讓和尙이 道하사대
設似一物이라도 卽不中이라하시니 有一物於此者는 不離當處常湛然故
로 云爾라

이름과 형상을 끊었으되

絶名相호대

---

10 당처當處를 떠나지 않음: 여기서 당처當處는 날로 보고 듣고 아는(日用見聞覺知)
자리이다. 일물一物이 바로 이 자리를 떠나있지 않기 때문에 공부를 할 때도
따로 구하지 말고 당처 그 자리에서 봐야 한다. 그 자리에 즉해서 보는 것이
공부에서 가장 중요하다.
11 항상 맑은(常湛然): 여기서 '맑다'는 것도 '흐리다'의 상대로서 맑음이 아니라
'맑다·흐리다' 양자를 초월한 것을 '맑다'고 한 것이다.

훤하여 비고 고요하며, 맑아서 깊고 텅 비어 붙일 수 있는 이름이
없으며 볼 수 있는 형상이 없기 때문이다.

蕭焉空寂하며 湛爾沖虛하야 無名可名이요 無相可覩故也라

옛날과 지금을 관통하고[12]

貫古今하고

천 겁을 지내도 옛날이 아니고, 만 년이 가도 길이길이 지금이다.
바다와 산이 서로 변천함을 많이 지냈으니 풍운風雲의 변화하는 모양
을 얼마나 보았는가?

歷千劫而不古하고 亘萬歲而長今이라 多經海岳相遷하니 幾見風雲變
態오

한 티끌에 있으되 우주를 에워싸도다![13]

處一塵호대 圍六合이로다

무릇 사물이 작은 것은 크게 할 수 없고 큰 것은 작게 할 수 없으나,
이것은 이와 반대여서 능히 작아져서는 인허隣虛[14]에 미세하게 들어가

---

12 시간을 초월했다.

13 공간을 초월했다.

14 인허隣虛: 허공과 이웃했다고 하여 굉장히 작은 것을 뜻한다.

고 능히 커져서는 우주를 널리 감싼다.

凡有事物이 小不能大하고 大不能小로대 此則反是하야 能小而細入隣
虛하고 能大而廣包法界라

안으로 모든 오묘함을 포함하고

內含衆妙하고

몸의 국량이 넓고 넓어서 항하사[15]의 성덕性德과 한량없는 오묘한
작용이 원래 스스로 갖추어져 있다.

體量이 恢恢하야 恒沙性德과 無量妙用이 元自具足이라

밖으로 모든 기류[16]에 호응하며

外應群機하며

사물이 오면 곧 호응하여 느끼고 통하는 것이 명경明鏡이 받침대에
놓임에 오랑캐가 오면 오랑캐가 나타나고 한나라 사람이 오면 한나라
사람이 나타나는 것과 같으며, 큰 종이 종 틀에 걸림에 크게 치면
크게 울리고 작게 치면 작게 울리는 것과 같다.

---

15 항하사恒河沙: 인도 갠지스강 모래.

16 모든 기류(群機): 중생衆生, 군류群類.

物來卽應하야 感而遂通이 如明鏡이 當臺에 胡來胡現하고 漢來漢現하며
洪鍾이 在虞에 大扣大鳴하고 小扣小鳴이라

삼재三才[17]에 주인이 되고 만법에 왕이 되니

主於三才하고 王於萬法하니

하늘은 그것으로 덮고, 땅은 그것으로 싣고, 사람은 그것으로 그
가운데 처하여 일월성신日月星辰과 초목곤충草木昆蟲에 이르기까지
모든 모양과 형색을 가진 것이 그것을 종주宗主로 삼아 성립하지
않음이 없다.

天以之覆하고 地以之載하고 人以之處乎其中하야 以至日月星辰과 草
木昆虫히 凡有貌像形色者ㅣ莫不以之爲宗하야 而得成立이라

넓고 넓어서 견줄 데가 없고[18] 높고 높아서 짝할 데가 없도다![19]

蕩蕩乎其無比하고 巍巍乎其無倫이로다

넓고 넓다고 이른 것은 제일 광대한 것이 이것이오, 높고 높다는
것은 가장 높아 더 위가 없는 것이 이것이니, 이는 왕이 되고 주인이

---

17 삼재三才: 천지인天地人.

18 진공眞空.

19 묘유妙有.

되는 힘이다.

蕩蕩云云은 廣大勝第一者ㅣ是오 巍巍云云은 最尊極無上者ㅣ是니 此
所以爲王爲主之勢也라

신기하다고 이르지 않겠는가? 내려다보고 쳐다보는 사이에 밝고
밝으며, 보고 듣는 사이에 은은하며

不曰神乎아 昭昭於俯仰之間하고 隱隱於視聽之際하며

결정코 없지만 성품은 저절로 신기神奇하게 알고, 결정코 있지만
찾음에 종적이 없으니, 이것이 신기함이 된다.

決定是無로대 性自神解하고 決定是有로대 尋之無蹤하니 此所以爲神
也라

현묘玄妙하다고 이르지 않겠는가? 하늘과 땅보다 먼저 하면서도
그 시작이 없고, 하늘과 땅보다 뒤 하면서도 그 끝이 없으니

不曰玄乎아 先天地而無其始하고 後天地而無其終하니

모양 가진 것 가운데 가장 앞의 것이 하늘과 땅이고, 모양 가진 것
가운데 가장 뒤의 것도 하늘과 땅이니, 모양 있는 것 가운데 가장
앞의 것이 하늘과 땅이지만 하늘과 땅이 이것으로 시작을 삼으니,
이는 사물이 시작이 되는 까닭을 얻어 궁구할 수 없다. 시작하는

까닭을 이미 얻어 궁구하지 못한다면 마치는 까닭도 또 얻어 궁구할 수 없으니, 이것이 현묘함이 되는 까닭이다.

有形之最先者ㅣ天地也요 有形之最後者도 亦天地也니 有形之最先者ㅣ天地也로대 而天地ㅣ以此로 爲始하니 此는 物之所以始者를 不可得而窮也며 所以始者를 旣不可得而窮則所以終者도 亦不可得而窮也니 此所以爲玄也라

비었는가? 있는가? 나는 그 까닭을 알지 못하겠도다!

空耶아 有耶아 吾未知其所以로다

물체가 깊고 현묘하여 비기를 철저히 하면서 신기하게 통하여, 있는 것이 정히 있기만 한 것이 아니고, 없는 것이 정히 없기만 한 것이 아니다. 말의 길이 끊어지고 마음의 길이 사라진 까닭에 일컫는 것일 뿐이다.

物體深玄하야 虛徹靈通하야 有不定有요 無不定無라 言語道ㅣ斷하고 心行處ㅣ滅故로 云爾라

우리 부처님[20]께서 이 일착자를 얻으셔서 중생이 성품을 똑같이 타고 났으되 미혹한 것을 널리 보시고 감탄해 말씀하시기를 "기이

---

20 우리 부처님(我迦文): 부처님께서 젊어서 문무文武에 모두 능했기 때문에 부처님을 능문능무能文能武라고 하는데, 여기서 '문文'자를 따왔다.

하다." 하시고, 생사의 바다를 향하여 바닥없는 배를 멍에 하시고 구멍 없는 피리를 부시니[21] 오묘한 소리가 땅을 움직이고 진리의 바다가 하늘에 가득했다. 이에 귀머거리와 어리석은 이가 다 깨닫고 마른 것이 모두 윤택해져서 대지의 생명이 각기 그 자리를 얻으니

我迦文이 得這一着子하사 普觀衆生이 同稟而迷하사 歎曰奇哉라하시고 向生死海中하사 駕無底船하시고 吹無空笛하시니 妙音이 動地하고 法海ㅣ 漫天이라 於是에 聾騃盡惺하고 枯槁悉潤하야 大地含生이 各得其所하니

이 물건이 성스럽지도 평범하지도 않되 평범하면서 성스러우며, 깨끗하지도 물들지도 않되 물들기도 하고 깨끗하기도 하니, 그래서 말씀하시되 손은 깨어진 사기그릇을 잡고 몸은 비단옷을 입어서 어떤 때는 술에 취하여 사람을 꾸짖다가 홀연히 향을 사르고 예를 짓는다 하니, 허공의 해에 견주건대 허공이 어찌 길이 개어 있을 것이며, 또한 어찌 항상 비가 내리며, 해가 어찌 길이 밝으며 또한 어찌 항상 어둡겠는가? 한 생각이 미혹함에 구름이 넓은 허공에 일어나 위는 밝고 아래는 어두우며, 한 생각을 깨달음에 바람이 미혹의 구름을 쓸어서 위와 아래가 환하게 통하니, 오염과 깨끗함이 일어나는 원인이며, 성스러움과 평범함이 생기는 원인이다. 성인과 범부가 이미 나타나면

---

21 존재의 두 측면 가운데 뜨거워도 뜨거운 줄 모르고 차도 찬 줄 모르는 무심無心의 측면.

감응이 여기에서 생겨나 범부는 미혹에 빠져 있으면서 가르침(風化)을 목마르게 우러르고, 성인은 깨달음에 있으면서 남을 위하여 자비를 일으키니, 그래서 우리 석가모니 부처님께서 적멸한 가운데서 처음 정각을 이루시고 사자후를 하시되 "기이하고 기이하도다! 널리 일체 중생을 보니 여래의 지혜智慧와 덕상德相을 갖추었건마는 다만 망상과 집착[22]으로 깨닫지 못한다."고 하시고, 이에 연고緣故 없이 자비를 내셔서[23] 말없는 말[24]을 설하시어 가르침을 널리 펴시며, 두루 중생의 마음자리에 물을 주어 도의 싹을 번성하게 하고, 마음 꽃을 깨닫게 하시니, 대지가 같은 봄이 됨에 만물이 함께 빛나도다!

此物이 非聖非凡이로대 而凡而聖하며 非淨非染이로다 而染而淨하니 所以로 道호대 手把破砂盆하고 身披羅錦綺하야 有時에 醉酒罵人이라가 忽爾燒香作禮라하니 比之空日컨댄 空豈長晴이며 亦豈常雨며 日豈長明이며 亦豈常暗이리요 一念迷也에 雲起長空하야 上明下暗하고 一念悟也에 風掃迷雲하야 上下洞徹하니 染淨所以興也며 聖凡所以作也라 聖凡이 旣作則感應이 生焉하야 凡在迷而渴仰風化하고 聖在悟而爲物興悲하나니 所以로 我迦文이 於寂滅場中에 初成正覺하사 作獅子吼하사대 奇哉奇哉라 普觀一切衆生호니 具有如來智慧德相이언마는 但以妄想執着으로 而不證得이라하시고 於是에 運無緣慈하사 說無言言하사 廣演教海하시며 偏注衆生心地하야 使之道芽로 榮茂하고 心花로 發明케하시

---

22 망상妄想과 집착執着: 나를 포함한 일체가 있기만 하다고 보고 집착하는 것.
23 인연의 호오好惡, 친소親疎를 초월하여 평등하게 자비를 베푸는 것.
24 말없는 말(無言言): 있다·없다를 초월한 말.

니 大地同春에 萬物이 咸熙로다

지금 『반야경』은 오묘한 소리가 흐르고 진리의 바다가 시작되는 곳이다.

今般若經者는 妙音之所流요 法海之所自者也라

반야般若는 한 물건을 억지로 일컬은 것이고, 경經이라는 것은 한 물건을 나타내는 도구다. 이것은 쇠 입[25]으로 친히 펴신 것이지 나머지 다른 사람이 말한 것이 아니니, 가르침의 연원이 자질구레한 교법과는 다르다.[26]

般若는 一物之强稱이요 經者는 現物之具也니 此乃金口親宣이라 不是 餘人之所說이니 法門淵源이 不同瑣瑣之敎乘이라

견고하고 날카로운 금강金剛으로 아인상我人相의 빽빽한 숲을 끊으시고, 두터운 어둠에 지혜의 햇빛을 비추시며, 삼공三空[27]으로 미혹의 안개를 걷어 없애셔서

---

25 쇠 입(金口): 양변을 여읜 부처나 조사의 입을 뜻한다.

26 선의 본래성불本來成佛 입장에서 착각을 깬다거나 닦아서 깨달으라고 하는 것을 두고 이렇게 말했다.

27 삼공三空: 아공我空(主觀), 법공法空(客觀), 구공俱空(主客觀)으로 『반야심경』의 오온개공五蘊皆空과 같은 뜻이고, 일체가 연기緣起라서 무아無我이고 실체가 없다는 말이다.

以金剛之堅利로 **劃我人之稠林**하시고 **照慧日於重昏**하시며 **開惑霧於 三空**하사

아인我人의 빽빽한 숲이 마음자리에 울창하다가 금강의 불꽃 아래 땅이 쓸리듯이 자취가 없어진다. 법과 법 아님[28]이라는 이 두 가지 미혹의 안개가 공空한 성품을 덮은 까닭에 두터운 어두움이라고 했으니, 지혜의 해가 한 번 비침에 두터운 어둠이 순간에 깨어지고 삼공三空이 드러난다.

我人稠林이 蔚於心地라가 金剛焰下에 掃地無蹤이라 法與非法此二惑 霧ㅣ掩蔽性空故로 曰重昏이니 慧日이 一照에 重昏이 頓破하고 三空이 顯現이라

하여금 단견斷見과 상견常見의 구덩이[29]를 벗어나서 진실의 세계[30]에 오르게 하며, 만행의 꽃을 펼쳐서 일승의 열매[31]를 맺게 하시니

使之出斷常坑하야 **登眞實際**하며 **敷萬行花**하야 **成一乘果**케하시니

---

28 법과 법 아님(法與非法): 여기서 법法과 비법非法은 좋고 나쁜 것이 아니라 색과 공, 유와 무를 뜻한다.

29 단견斷見과 상견常見: 단견은 일체가 없다고만 보는 견해이고, 상견은 일체가 있기만 하다고 보는 치우친 견해이다.

30 진실의 세계(眞實際): 있다·없다는 양변을 여읜 경지.

31 일승의 열매(一乘果): 부처라는 한 가지 열매.

법이 항상하는 것이 아닌데도 집착하여 있다고 생각하고, 성품이 끊어진 것이 아닌데도 집착하여 비었다고 생각한다. 집착하여 비었다고 생각하면서 빈 것이 비지 않은 것임을 알지 못한다면 이것은 단견斷見의 구덩이에 떨어진 것이고, 집착하여 있다고 생각하면서 있음이 있지 않음을 알지 못하면 이것은 상견常見의 구덩이에 떨어진 것이다. 실제라는 것은 빈 것과 있음의 둘을 잊고[32] 한 가지 맛도 또한 없는 자리이니, 부처님께서 삼공三空으로 열어 보이셔서, 단견과 상견의 구덩이에 떨어지지 않게 하시고, 단박에 '비었다·있다'의 밖으로 초월하게 하여 이와 같이 두루 닦으며, 이와 같이 두루 증득하게 하셨다.

法非常而執爲有하고 性非斷而執爲空하니 執爲空而不知空之不空則是落斷見坑也요 執爲有而不知有之非有則是落常見坑也라 實際者는 空有兩忘하고 一味亦亡之處也니 佛이 以三空으로 開示하사 使之不落斷常之坑하고 頓超空有之外하야 如是圓修하며 如是圓證也라

말말은 날카로운 칼날이 햇빛에 비치는 것이고,
구절구절은 물을 뿌려도 묻지 않는 것이로다![33]

言言利刃當陽이요 句句水灑不着이로다

32 빈 것과 있음의 둘을 잊고(空有兩忘): '응당 머물지 않는다(應無所住)'는 경지이다.
33 양변을 여읜 자리.

금강의 오묘한 지혜는 견고하여 물건에 꺾이지 않고, 날카로움은 중생의 원결寃結을 끊을 수 있다. 반야의 위대한 가르침은 금강의 오묘한 지혜가 드러난 까닭에 그 날카로움은 능히 중생의 의심 그물을 끊을 수 있고, 그 견고함은 바깥 마군에게 무너지지 않는다.[34]

金剛妙慧ㅣ堅不爲物挫하고 利能斷衆生寃結이니 般若雄詮은 金剛妙慧之所現發故로 利能破衆生疑網하고 堅不爲外魔所壞라

끝없는 가르침의 바다를 쏟아내셔서 한없는 인천의 스승을 길러내시니

流出無邊法門海하사 孕育無限人天師하시니

부처와 법이 다 이 경으로부터 흘러나오는 까닭에 이른 것이다.

佛之與法이 皆從此經流出故로 云爾라

육조스님과 규봉스님과 야부스님과 부대사와 종경스님 같은 다섯 대사는 다 인천人天의 존경을 받고 진리의 바다가 돌아가는 곳이다.

若大鑑能과 圭峯密과 冶父川과 傳與鏡此五大士者는 皆人天之所尊이요 法海之所歸者也라

---

34 좋은 진주가 진흙에 묻혀 있어도 변하지 않는 것과 같다.

다섯 대사가 다 이 경전을 인하여 인천人天의 안목을 가졌으므로 인천의 존경을 받는다고 말하고, 진리에 통달하지 않은 것이 없으므로 법의 바다가 돌아가는 곳이라고 이른다.

五大士ㅣ皆因此經하사 眼目夫人天故로 曰人天之所尊이요 無法不了 故로 云法海之所歸라

각기 시방十方에 통하는 바른 안목을 갖추어서 직접 모든 부처의 은밀한 가르침을 전하시고, 각기 장광설長廣舌을 하여 최상의 가르침을 열어 펴시니, 낱낱의 위엄이 강과 산을 진동하고 고금에 찬란했다. 드디어 당시 맹인들을 볼 수 있게 하며, 귀머거리를 들을 수 있게 하고, 벙어리를 말할 수 있게 하며, 절름발이를 걸어갈 수 있게 하시고[35]

各具通方正眼하사 直傳諸佛密印하시고 各出廣長舌相하사 開演最上 宗乘하시니 一一威振河嶽이요 輝騰古今이라 遂使當世에 盲者로 得見 하며 聾者로 得聞하고 啞者로 能言하며 跛者로 能行케하시고

시방에 두루 통하는 바른 안목이라는 것은 진리를 밝혀 세속을 알며, 중도를 통달하여 통하지 않는 데가 없는 바른 안목이다. 밀인密印이라

---

35 여기서 소경, 귀머거리, 벙어리, 다리 불구자를 각각 볼 수 있고 들을 수 있고 말할 수 있고 걸을 수 있게 한다는 것은 신통이적神通異蹟을 행하는 것이 아니다. 지금까지 양변에서 하던 불구의 행위를 양변을 초월하여 진리에 따라 온전하게 행동하게 하였음을 뜻한다.

는 것은 중생이 알지 못하는 진리이고 부처와 조사가 서로 전하는 가르침이다. 다섯 분 대사는 이와 같은 바른 안목을 갖추고 이와 같은 은밀한 가르침을 전하여, 큰 입을 열어 큰 말씀을 하여[36] 위엄 있는 빛(威光)이 땅을 진동하여 지금과 옛날을 비추셨다. 드디어 보고 듣는 사람을 다 교화되어 그릇된 것을 알아 착한 데로 옮겨가게 하고, 종지와 설법에 정통하여[37] 앎과 실천이 서로 호응하여 크게 교화하는 데에 지극히 한 것은 다 이 경전에서 얻은 것이다.

通方正眼者는 明眞了俗하고 達乎中道하야 無所不通之正眼也요 密印者는 衆生所迷之眞理요 佛祖相傳之法印也니 五大士ㅣ 具如是正眼하시고 傳如是密印하사 開大口說大話하사 威光이 動地하야 照映今昔하사 遂使見聞으로 皆化하야 知非遷善하고 極於宗說兼通하니 解行相應之大化者ㅣ 皆於此經에 得之矣라

이미 그러하고 또한 장래의 사람을 널리 깨닫게 하기 위하여 각자 경전에 의거하여 해설을 지어서 천하 후세에 전하시니

旣而오 亦爲普覺將來하사 各自依經著解하사 以傳天下後世하시니

이미 이 경전으로 당시 세상에 이익을 드러내고 또 이런 해설을

---

36 큰 말씀(大話): 양변을 여읜 것을 크다고 하는 그런 의미의 큰 말씀.
37 종지에 통하는 것을 종통宗通, 말을 잘하는 것을 설통說通이라고 하는데, 종통이 되면 설통은 저절로 된다. 자유자재로 장광설을 펼치는 불조佛祖의 사례에서 이를 확인할 수 있다.

지어 만고에 꽃다운 가르침을 흘려보내셨도다!

旣以斯經으로 現益當世하시고 且造斯解하사 流芳萬古삿다

어찌 무늬를 새기는 것이 덕을 손상하겠는가? 비단 위에 꽃을 수놓는다고 말할 수 있다.

豈是彫文喪德이리요 可謂錦上添華요

옥에 티가 없는데 무늬를 새겨서 도리어 좋은 옥의 따뜻하고 윤택한 덕을 손상한다고 하지만, 이 해설은 이와 반대여서 경전의 말을 더욱 정밀하게 하고 경전의 뜻을 더욱 분명하게 하여 드디어 눈을 가진 사람으로 하여금 구름을 헤치고 해를 보게 하고, 귀를 가진 사람으로 하여금 시원하게 마음이 열리게 하도다!

玉無瑕而彫文하야 反喪良玉溫潤之德이어든 斯解則反是하야 致令經語로 益精하고 經義로 益明하야 遂使目之者로 披雲覩日하고 耳之者로 豁然心開로다

어찌 부처의 해를 거듭 빛나게 하는 데 그치겠는가? 또한 조사의 가르침도 빛내고 드날리도다!

何止重輝佛日이리요 亦乃光揚祖道로다

옛사람이 말씀하시되 "부처님의 모든 가르침[38]에서 이치를 체득하고

오묘함을 터득하면 어느 곳에 다시 조사가 서쪽에서 온 뜻이 있겠는 가?"라고 하셨다. 곧 따로 전하는 뜻이 또한 이 경전을 벗어나지 않지만, 오히려 말로 하는 가르침에 포섭되어 덮이고 드러나지 않으므 로 지금 모든 조사들이 실제에 따라 드러내시니, 가르침의 뜻이 온전히 드러났을 뿐만 아니라 따로 전하는 뜻도 밝게 나타났도다! 어떤 사람이 "오롯이 전하고 바로 가리킨 뜻이 어찌 이 교학에 포섭되겠는 가?"[39] 하니, 오조스님과 육조스님[40]을 보면 족히 알 수 있다.

古人이 道하사대 三乘十二分敎에 體理得妙하면 何處에 更有祖師西來 意리요하시니 則別傳之旨ㅣ 亦不外乎斯經이로대 尙爲言敎에 所攝하야 隱而不現이어늘 今諸祖ㅣ 稱實發揚하시니 非獨敎義全彰이라 別傳之旨 ㅣ 亦乃昭然이로다 有云호대 單傳直指之旨ㅣ 豈斯敎에 所攝乎리요하니 看於黃梅曹溪에 足可見矣라

우리들이 천년 뒤에 태어나서 만나기 어려운 보배를 만나서 손으로 잡고 눈으로 보게 되었으니, 다행함이 이보다 더 클 수가 없다.

我曹ㅣ 生于千載之下하야 得遇難遇之寶하야 手接目覩하니 幸莫大焉 이라

---

38 삼승십이분교(三乘十二分敎): 부처님의 모든 가르침.

39 본래성불의 공한 그 자리는 말과 생각의 길을 초월해 있다는 말이다.

40 오조스님과 육조스님(黃梅曹溪): 오조스님은 황매산, 육조스님은 조계산에 머물 렀기 때문에 산 이름을 따서 이렇게 말했다.

이 해설을 만난 것을 경하한 것이다.

慶遇斯解也라

이것으로 부처와 조사가 남긴 빛을 드날리며, 이것으로 임금과
나라의 큰 복을 이을 수 있도다!

以此로 可以揚佛祖之餘輝며 以此로 可以延君國之洪祚로다

만약 이 해설로 인하여 바른 안목을 활짝 열면 진리가 손안에 있고
교화의 길이 자기에게 있다.

儻因斯解하야 豁開正眼則法印이 在握하고 化道ㅣ 在己라

그러나 이 책이 어떤 사람의 손에서 나왔기에 그 이름이 나타나지
않는가?

然此編集이 出於何人之手관대 而不現其名乎아

엮은 사람의 이름이 나타나지 않는 것을 탄식했다.

歎不現夫編者之名也라

나는 한 부처와 다섯 조사의 마음을 한 번 옮겨서 문득 보게 한
것을 기뻐한다.

吾ㅣ喜其爲一佛五祖師之心을 令一轉而便見也하노라

한 권의 책 안에 부처와 조사의 가르침이 빛을 섞고 서로 비추어 한 번 옮김에 문득 부처와 조사의 마음을 보게 되었으니, 이것이 기쁜 까닭이다.

一軸之內에 佛燈祖焰이 交光互映하야 可一轉而便見佛祖之心矣니 此所以爲喜也라

탄식하는 것은 비록 거문고를 타는 뛰어난 손가락이 있으나, 소리를 감상하는 아주 총명한 사람을 만나지 못하여 이로 말미암아 아아峨峨의 곡을 잘못 듣고 양양洋洋의 곡[41]이라고 하는 사람이 많은 것이며,

所嗟는 雖有彈絃之妙指나 未遇賞音之嘉聰하야 由是로 誤聽峨峨하야 作洋洋者ㅣ多矣며

석 자의 옛 거문고에 오묘한 소리가 여기에 있으니, 비록 오묘한 소리가 있으나 만약 뛰어난 솜씨가 없으면 끝내 소리를 낼 수 없고, 비록 뛰어난 솜씨가 있어서 거문고를 잘 타더라도 듣고 소리를 감상하는 것이 어렵다. 소리를 감상하는 것이 어려운 까닭에 아아峨峨를

---

41 중국에 거문고를 잘 타는 백아伯牙라는 사람과 소리를 잘 알아듣는 종자기鍾子期라는 사람 사이에 있었던 고사.

잘못 듣고 양양洋洋이라고 하는 사람이 많다. 한 부의 신령한 글에 오묘한 이치가 여기에 있으니, 비록 오묘한 이치가 있으나 만약 장인의 손이 아니면 누가 붓을 뽑아 실제에 맞게 드러내어 드날리겠는가? 비록 실제에 맞게 드러내어 드날리더라도 보고 잘 알기가 어렵다. 잘 아는 것이 어려운 까닭에 얕은 것을 깊다고 하고 깊은 것을 얕다고 하는 사람이 많으니, 이것이 가히 탄식할 일이다.

三尺古琴에 妙音이 斯在하니 雖有妙音이나 若無妙指면 終不能發이요 縱有妙指하야 善能彈絃이나 聞而賞音者ㅣ 蓋難하니 賞音者ㅣ 難故로 誤聽峨峨하야 作洋洋者ㅣ 多矣라 一部靈文이 妙理ㅣ 斯在하니 雖有妙理나 若非匠手면 孰能抽毫하야 稱實發揚이리요 雖有稱實發揚이나 目以 善解者ㅣ 蓋難하니 善解者ㅣ 難故로 以淺爲深하고 以深爲淺者ㅣ 多矣 니 是可歎也라

또 경전의 소疏에 거짓으로 진실을 어지럽혀 우유가 성 밖의 것 아닌 것이 자못 많으니[42], 어찌 성인과의 거리가 더욱 멀어서 많은 사람의 손을 두루 거치면서 그렇게 된 것이 아니겠는가?

又於經疏에 以僞濫眞하야 乳非城外者ㅣ 頗多하니 豈非以去聖愈遠하 야 歷傳多手而致然歟아

---

42 성 밖의 우유는 좋은 것이고 성안의 우유는 물을 타서 나쁜 것인데, 경전의 소疏 가운데는 성안의 우유처럼 나쁜 것, 거짓된 것이 많다는 비유로 이 말을 사용했다. (홍문각 영인 언해본 『금강경삼가해』, 32쪽 참고.)

진실과 거짓이 서로 섞여서 물과 우유를 판단하기 어려우니, 그래서 그릇된 것은 옮겨 베끼는 오류에서 연유했다.

眞僞相雜하야 水乳를 難判이니 所以로 舛訛는 蓋緣傳寫之誤耳라

성인 말씀이 후세에 전해지는 데에 오직 글만으로 능히 베풀지 못하고, 빈 뜻만으로 전할 수 없었다. 글과 뜻이 서로 도와야 바야흐로 오묘한 노래가 이루어져 천하고금天下古今의 귀감이 되어 세간과 출세간의 안목을 열어주겠거니와, 만약 뜻에 그릇됨이 있고 글에 착오가 있으면 사람의 안목을 열어주지 못할 뿐만 아니라 또한 오해하게 하여 바른 지견知見을 막을 것이니

夫聖言之所以傳之於後之世也에 唯文不能設이요 空義不獨傳이라 文義相資하야사 方成妙唱하야 作天下古今之龜鑑하야 開世與出世之眼目이어니와 若義有譌訛하고 文有錯誤하면 則非唯不能開人眼目이라 亦令誤解하야 碍正知見하리니

글은 도를 드러내는 도구이며, 사람을 인도하는 방편이다. 모름지기 글과 뜻이 서로 도와서 혈맥이 관통하고 정밀하게 살피고 은밀한 것을 자세하게 한 것이 갖추어져서 빠진 것, 더 들어간 것, 앞뒤 바뀐 것, 잘못된 것이 그 사이에 섞이지 않은 뒤에야 사람의 견해를 열어주어서 만세의 귀감이 되게 할 수가 있다. 그렇지 않으면 사람의 안목을 열어주지 못할 뿐만 아니라 도리어 사람을 미혹하는 도구가 될 것이다.

文字는 現道之具也며 導人之方也라 須文義相資하야 而血脈이 貫通하
고 精審詳密이 備焉하야 而脫衍倒誤ㅣ 未嘗雜於其間然後에 能使人으
로 開解하야 得爲萬世之龜鑒也니 不爾則非唯不能開人眼目이라 反爲
惑人之具也니라

대개 문자에 미혹되지 않고 성인의 뜻을 체득하는 사람을 진실로
얻기 어렵도다!

盖不爲文字에 所惑하야 能體聖人之意者를 誠難得也로다

밝은 안목이 아니면, 거짓에 미혹되지 않을 수 없다.

若非哲眼이면 不能不爲誵訛에 所惑也라

그러나 만약 마음이 깨끗하고 생각이 고요하여 글을 따라 뜻을
궁구하고, 뜻에 의거하여 글을 살피면 글과 뜻의 잘못된 것이
조금도 숨김없이 환하게 드러남이, 세상의 질병이 훌륭한 의사의
손을 벗어나지 못하는 것과 같을 것이니

然이나 若心淸慮靜하야 緣文究義하며 依義尋文하면 則文義之舛錯者
ㅣ 不隱微毫하야 了然昭著호미 如世病脈이 不能逃於善醫之手하리니

비록 밝은 안목이 아니더라도 만약 마음과 생각을 고요히 하여 연구하
면 글의 뜻이 그릇된 것을 자세히 알 수 있다.

雖非哲眼이나 若靜心慮하야 以研之則文義之舛錯者를 可得而詳也라

내가 좋은 의사 부류는 아니나 다행히 글의 뜻을 대강 알아서 진실과 거짓을 대략 변별하는 까닭에 지금 이 경전과 소 가운데에 혹 빠진 것, 더 들어간 것, 앞뒤 뒤바뀐 것, 잘못된 것을 가려내어서 여러 책을 참고하고 여러 스승께 물어서 바로 잡는다. 그러나 다른 판본에 근거한 것 외에 한 자 한 구절도 함부로 그 사이에 내가 더하거나 덜지 않았고

予ㅣ雖非善醫之儔나 幸粗識文義하야 略辨眞僞故로 今之經之疏之 中之에 或脫或衍或倒或誤者를 簡而出之하야 參之諸本하며 質之諸師 하야 以正之하노라 然이나 他本所據外에 未嘗一字一句도 妄自加損於 其間이요

내가 민첩하지 않으면서 진실과 거짓을 변별하고 잘못된 것을 교정하나, 이것은 근거가 있어서 그런 것이지 억측으로 판단한 것은 아니다.

予以不敏으로 辨眞僞定譌訛也나 然이나 此以有據依而然이요 非爲臆 斷이라

의심스러우나 다른 판본에 근거할 데가 없는 것은 뜻에 의거하여 결단해서 책 끝에 붙였을 뿐이로다!

凡有所疑를 他本無所據處란 據義以決하야 附之卷尾而已로다

만약 자기의 뜻으로 책 본문 안에 함부로 섞어 넣는 것은 통달한
사람이 그르게 여기는 바이고, 빠지거나 잘못된 것이 있는 것을 알면서
베껴서 전하지 않으면 오늘 교정하는 공덕이 없게 되니, 후세에 교정한
설명을 듣고 대개 온전하다고 여겨 살핌을 더하지 않으면 부처와
조사의 바른 뜻이 거의 땅에 떨어질 것이므로 마지못하여 책 끝에
써서 전한다.

若以己意로 濫之於部內則或者ㅣ爲達者之所非矣요 知有闕誤而不寫
以傳之則未有今日較正之功也니 後世에 或聞較正之說하고 槪以爲全
하야 而不加察焉則佛祖之正意ㅣ幾乎墜地矣리니 故로 不獲己書之於
卷尾하야 而傳之也라

만약 뿌리가 엉키고 마디가 맺힌 곳을 보고 졸렬하다고 하여 팔짱을
끼고 그 사이에 칼날을 놀리지 않는다면 어찌 통달한 사람이 옳다고
여기겠는가? 이 때문에 재주 없음을 헤아리지 않고 맺힌 것을
풀고 막힌 것을 소통하며, 바르지 않은 것을 바로잡고 가지런하지
않은 것을 가지런하게 하여 오는 후학에게 길이 끼쳐주니, 누가
왕궁의 둥근 달이 만고에 빛나서 길이 꺼지지 않는 것을 알겠는가?
우습다! 다른 날 안목 있는 자가 보면 당연히 큰 웃음을 터뜨릴
것이다.

若見盤根錯節之處하고 而抱拙拱手하야 不游刃於其間이면 則豈爲通
人達士之所可乎리요 是以로 不揆不才하고 解其結通其碍하며 正未正
齊未齊하야 永貽來學하노니 誰知王舍一輪月이 萬古光明長不滅가 呵

呵他日에 具眼者ㅣ 見之면 當發大笑矣리라

해설의 잘못이 뿌리가 뒤엉기고 마디가 맺힌 것과 같아서 맺히고 막혀서 통하지 않으니, 만약 한결같이 남이 비난할까 두려워하여 잘못을 알기만 하고 결단하지 않으면 부처님 은혜에 보답하는 뜻에 무엇이 되겠는가? 후세에 반드시 그릇된 것을 받들고 잘못된 것을 따라 거짓되게 천착穿鑿하여 그 말이 반드시 통하기를 구하는 사람이 있을 것이다. 이와 같이 되면 결단하지 않은 폐단이 부처와 조사의 말씀으로 하여금 끝내 복잡한 허물을 면하지 못하게 하는 데 이를 것이니, 이는 통달한 사람이 옳지 않게 여기는 바이다. 이로 말미암아 끝내 결단하기를 굳이 양보하지 않고 베껴서 전하니, 그런 뒤에 한 경전의 뜻이 밝아서 그 해(當年)의 지혜 달이 장차 천하에 크게 밝을 것이니, 누가 이와 같은 이치를 알겠는가? 지금 내가 그런 것을 알아서 마음에 크게 경사롭게 여긴다. 그러나 이 언설이 모기와 등에가 큰 허공을 두드리는 것과 같으니, 통달한 사람은 마땅히 이것을 웃음거리로 여길 것이다.

解之舛訛ㅣ 如盤根錯節하야 結硋不通하니 若一向畏人非之하야 知誤而不決焉則其於報佛恩之義에 爲如何哉아 後世에 必有承訛踵誤하야 妄生穿鑿하야 以求其說之必通者矣리니 夫如是則其不決之弊ㅣ 至於使佛祖之言으로 終未免於駁雜之愆也니 此는 通人達士之所不可也라 由是로 終不固讓於決焉하야 寫以傳之也니 夫然後에 一經之義天이 朗曜하야 當年之慧月이 將大明於天下矣리니 熟知夫如是之理乎리요 今

54

吾ㅣ自知其然而大慶于懷也라 然이나 此言此說이 如蚊虻之鼓大虛也니 達者ㅣ當以是로 爲笑具也라

영락 을미⁴³ 6월 일에 함허당 수이는 손씻고 향을 사르고 삼가 서문을 쓴다.

永樂乙未六月日에 涵虛堂衲守伊는 盥手焚香謹序하노라

요지 먼저 한 물건이 이름과 모양을 떠나있고, 시간과 공간에 두루하는 등 여러 가지 특성을 가지고 있음을 말했다. 이어서 부처님께서 이 한 물건을 얻어 교화를 폄으로써 진리가 세상에 퍼져 귀머거리와 바보가 깨닫고, 마른 나무가 윤택해져서 일체 생명이 살아났다고 하였다. 바로『금강경』이 부처님의 이런 훌륭한 가르침을 담고 있어서 아인我人의 망상과 두터운 어둠, 미혹의 안개를 제거하여 단견斷見과 상견常見의 양변兩邊을 벗어나 진실에 들게 한다고 하였다. 그런데 후대 육조, 규봉, 야부, 부대사, 종경스님이 이 부처님의 가르침을 빛내고 조사의 길을 잘 드날려서 지금 우리에게 볼 수 있게 해주었다고 찬탄했다.

함허스님은『금강경오가해』를 누가 편집했는지 알 수 없어 안타깝다고 하면서 후세에 이런 책을 만난 것을 매우 다행스럽게 생각하고, 자신이 무능하지만 오래 전하면서 잘못된 부분이 많아 망령되이 고친다고 겸사하였다.『금강경』은 일물一物 혹은 일착자一着子라고도

---

43 서기 1415년. 조선 태종 15년.

명명命名하는 본분 자리를 잘 표현하고 있다. 그래서 있다는 데 집착하는 상견常見과 없다는 데 집착하는 단견斷見의 치우친 견해를 모두 극복하고 깨달음을 이루게 하는 데에 이 경전은 결정적 도움을 줄 수 있다. 특히 일물一物이 날로 보고 듣고 아는 당체當體를 떠나있지 않기[44] 때문에 이 당체를 떠나서 다른 데서 도를 구하려 해서는 안 된다는 근거를 서설序說 맨 앞부분에서 분명히 제시했다.

---

44 유일물어차불리당체有一物於此不離當體.

육조대사해의

六祖大師解義

금강경이라는 것은 형상 없는 것으로 종지宗旨를 삼고, 머물지 않는 것으로 체體를 삼고, 묘하게 있는 것으로 용用을 삼으니, 달마대사가 서쪽에서 오신 뒤에 이 경전의 뜻을 전하여 사람들로 하여금 이치를 깨닫고 성품을 보게 하셨으니

夫金剛經者는 無相으로 爲宗하고 無住로 爲體하고 妙有로 爲用이라 自從達摩西來로 爲傳此經之義하사 令人으로 悟理見性케하시니

설의 반야의 신령한 근원이 넓어서 모든 형상이 없으며, 비어서 머물 곳이 없고, 비어서 있지 않으며, 깨끗하여 알 수 없으니 지금 이 한 경전이 이것으로 종지를 삼고 체를 삼으며, 알 수 없으면서 알지 않음이 없고, 있지 않으면서 있지 않음이 없고, 머물지 않으면서 머물지 않는 곳이 없으며, 형상이 없어 일체의 형상에 걸리지 않으니 이것이 묘유妙有로 용用을 삼는 까닭이다. 모든 부처가 증득한 것이 이것을 증득했으며, 모든 조사가 전한 것이 이것을 전한 것이니 사람들에게 열어 보인 것 또한 이것으로써 했다.

說誼般若靈源이 廓然無諸相하며 曠然無所住하야 空而無在하고 湛而

無知하니 今此一經이 以此로 爲宗爲體하야 無知而無不知하며 無在而
無不在하고 無住而無所不住하며 無相而不碍諸相이니 此所以妙有로
爲用也라 諸佛所證이 蓋證此也시며 諸祖所傳이 蓋傳此也시니 其所以
開示人者ㅣ 亦以此也라

다만 세상 사람이 자기의 성품을 보지 못하므로 이 때문에 성품
보는 법을 세우거니와, 세상 사람이 만약 진여 본체를 통달하여
보면 곧 법 세우기를 빌리지 않을 것이다. 이 경전을 읽고 외우는
사람이 무수하며, 칭찬하는 사람이 끝이 없으며, 소疏와 주해註解를
지은 사람이 모두 팔백여 명이로되 말한 도리는 각자의 소견을
따라 견해가 비록 같지 않으나 법은 둘이 아니다. 숙세宿世의 상근기
上根機는 한 번 듣고 곧 통달하겠거니와, 만약 숙세의 지혜가 없으면
읽고 외우기를 비록 많이 하더라도 부처님의 뜻을 깨닫지 못한다.
그러므로 그 뜻을 해석하여 학자의 의심을 끊기를 원하노니, 만약
이 경전에서 뜻을 터득하고 의심이 없으면 곧 해설을 빌리지 않을
것이다. 위로부터 여래께서 말씀하신 선한 법은 범부의 착하지
않은 마음을 제거하기 위한 것이니, 경전은 성인의 말씀이라 사람
에게 듣게 하시고, 범인으로부터 성인 가르침을 깨닫게 하여 영원
히 미혹한 마음을 쉬게 하니, 이 한 권의 경전[45]은 중생의 성품
가운데 본래 갖추어져 있건마는 스스로 보지 못하는 것은 문자만
읽고 외우기 때문이다. 만약 본심을 깨달으면 비로소 이 경전이

---

45 한 권의 경전(一卷經): 마음.

58

문자에 있지 않다는 것을 알 것이다. 자기 성품만 분명히 통달할
수 있다면 바야흐로 일체 모든 부처가 이 경전에서 나왔다는 것을
믿게 될 것이다. 지금 세상 사람이 몸 밖에서 부처를 찾고 밖을
향하여 경전을 구하여 내 안의 마음을 발현發顯하지 않으며, 내
안의 경전을 가지지 않을까 걱정하여 그 때문에 이 비결을 지어서
모든 학자로 하여금 내 안의 마음 경전을 가지고 분명하게 청정한
불심이 수량數量을 넘어서 헤아릴 수 없는 것을 스스로 보게 한다.
후세 학자가 경전을 읽고 의심이 있음에 이 해의를 보고 의심이
풀리면 다시는 이 비결을 쓰지 않을 것이다. 바라는 바는 학자가
광석 가운데 금의 성품을 같이 보고 지혜의 불로 녹여서 돌이
제거되고 금이 남는 것이로다.⁴⁶

祇爲世人이 不見自性일새 是以로 立見性之法이어니와 世人이 若了見
眞如本體하면 則不假立法하리라 此經을 讀誦者 l 無數하며 稱讚者 l
無邊하며 造疎及註解 l 凡八百餘家로대 所說道理는 各隨所見하니 見
雖不同이나 法則無二라 宿植上根者는 一聞便了어니와 若無宿慧하면
讀誦雖多나 不悟佛意일새 故로 解釋其義하야 庶斷學者疑心하노니 若
於此經에 得旨無疑하면 則不假解說하리라 從上如來所說善法은 爲除
凡夫不善之心이시니 經是聖人之語라 敎人聞之하고 從凡悟聖하야 永
息迷心이니 此一卷經은 衆生性中에 本有언마는 不自見者는 但讀誦文
字하나니 若悟本心하면 始知此經이 不在文字하리라 但能明了自性하

금성金性은 성품이고 광석은 중생심이다. 성품을 보게 되면 중생심이 없어지고
성품만 남는 것이 아니고 중생심 전체가 성품으로 바뀐다.

면 方信一切諸佛이 從此經出하리니 今恐世人이 身外覓佛하고 向外求
經하야 不發內心하며 不持內經일가하야 故造此訣하야 令諸學者로 持
內心經하야 了然自見淸淨佛心이 過於數量하야 不可思議케하노니 後
之學者ㅣ 讀經有疑어든 見此解義하야 疑心이 釋然하면 更不用訣하리
니 所冀는 學者ㅣ 同見鑛中金性하야 以智慧火로 鎔煉하야 鑛去金存이
로라

우리 석가 본사께서 『금강경』을 설하실 때 사위국에 계셨는데
수보리의 질문에 큰 자비로 대답하셨다. 수보리가 말씀을 듣고
깨달음을 얻어 법에 이름 붙이기를 부처님께 청하여 후세 사람을
의지하고 받아 지니게 하셨다. 그러므로 경에 이르기를 부처님께서
수보리에게 "이 경전은 이름이 『금강반야바라밀경金剛般若波羅密
經』이니 이 이름으로 너는 마땅히 받들어 지니라." 이르시니 여래께
서 말씀하신 '금강반야바라밀'로 법을 이름하신 그 뜻이 어떠한가?
금강金剛은 세상의 보배로 그 성질이 매우 날카로워서 모든 물건을
무너뜨릴 수 있다. 금강이 비록 지극히 견고하지만 암산양의 뿔이
깨뜨릴 수 있다. 금강은 불성을 비유하고 암산양의 뿔은 번뇌를
비유한다. 금강이 비록 견고하고 강하지만 암산양의 뿔이 깰 수
있듯이 불성이 비록 견고하나 번뇌가 어지럽히고, 번뇌가 비록
견고하나 반야의 지혜가 깨뜨리는 것은 암산양의 뿔이 비록 견고하
나 쇠가 깨뜨리는 것과 같으니, 이 이치를 깨달은 사람은 분명히
성품을 볼 것이다.

我釋迦本師ㅣ說金剛經하실새 在舍衛國하사 因須菩提起問하사 大悲
爲說하시니 須菩提ㅣ聞說得悟하사 請佛與法安名하사와 令後人으로
依而受持케하시니 故로 經에 云하사대 佛이 告須菩提하사대 是經은 名爲
金剛般若波羅蜜이니 以是名字로 汝當奉持하야라하시니 如來所說金
剛般若波羅蜜로 與法爲名하신 其義謂何오 以金剛은 世界之寶라 其性
이 猛利하야 能壞諸物하나니 金雖至堅이나 羖羊角이 能壞일새 金剛은
喩佛性하고 羖羊角은 喩煩惱니 金雖堅剛이나 羖羊角이 能碎하고 佛性
이 雖堅이나 煩惱能亂하고 煩惱雖堅이나 般若智ㅣ能破하고 羖羊角이
雖堅이나 賓鐵이 能壞하나니 悟此理者는 了然見性하리라

『열반경』에 이르시되 "불성을 본 사람은 중생이라 이름하지 않고,
불성을 보지 못한 사람은 이름이 중생이다"라고 하셨다. 여래께서
금강에 비유하신 것은 다만 세상 사람이 성품이 견고하지 않아서
입으로는 비록 경전을 외우지만 광명光明이 나지 않기 때문이다.
밖으로 외우고 안으로 실천해야 광명이 가지런할 것이다. 안으로
견고함이 없으면 선정과 지혜가 곧 없어지니, 입으로 외우고 마음
으로 실천해야 선정과 지혜가 균등할 것이니 이것을 구경究竟이라
이름한다. 금이 산중에 있으나 산은 이 보배를 알지 못하며, 보배
또한 이 산을 알지 못하니 무슨 까닭인가? 성품이 없기 때문이다.[47]
사람은 성품을 가지고 있어서[48] 그 보배를 가져다 쓰므로 제련하는

---

47 산은 인식 능력이 없다는 말이지, 산도 연기로 존재하기 때문에 연기의 성품은
똑같이 있다.

사람을 만나 산을 끊고 뚫어 깨고 금광석을 가져다 제련하여 드디어
순수한 금을 이루어 뜻에 따라 사용하여 가난과 고통을 면한다.
사대四大의 몸 가운데 불성도 또한 그러하여 몸을 세계에 비유하고,
인아人我를 산에 비유하고, 번뇌를 광석에 비유하고, 불성을 금에
비유하고, 지혜를 장인에 비유하고, 용맹정진하는 것을 끊고 뚫는
것에 비유한 것이다. 몸의 세계 가운데 인아人我의 산이 있고,
인아의 산 가운데 번뇌煩惱의 광석이 있고, 번뇌의 광석 가운데
불성佛性의 보배가 있고, 불성의 보배 가운데 지혜의 장인이 있다.
그래서 지혜의 장인을 사용하여 인아의 산을 뚫어 깨뜨리고 번뇌의
광석을 보고 깨달음의 불로 제련하여 스스로의 금강 불성이 분명하
게 밝고 깨끗함을 볼 것이다. 이러한 까닭에 금강에 비유하여
그것으로 이름하셨다. 공연히 이해만 하고 실천하지 않으면 이름은
있으되 실체가 없어지고, 뜻을 이해하고 수행을 하면 이름과 실체
가 갖추어진다. 닦지 않으면 곧 범부이고, 닦으면 곧 성인의 지혜와
같아지므로 금강이라 이름하셨다.

涅槃經에 云하사대 見佛性者는 不名衆生이요 不見佛性하느니 是名衆
生이라하시니 如來所說金剛喩者는 秖爲世人이 性無堅固하야 口雖誦
經이나 光明不生이라 外誦內行하야사 光明齊等하리며 內無堅固하면
定慧卽亡하고 口誦心行하야사 定慧均等하리니 是名究竟이라 金在山
中이나 山不知是寶하며 寶亦不知是山이니 何以故오 爲無性故라 人則
有性하야 取其寶用일새 得遇金師하야 斬鑿山破하고 取鑛烹鍊하야 遂

---

48 인간의 인식 능력을 말한다.

成精金하야 隨意使用하야 得免貧苦하나니 四大身中에 佛性도 亦爾하야 身은 喩世界하고 人我는 喩山하고 煩惱는 喩鑛하고 佛性은 喩金하고 智慧는 喩工匠하고 精進勇猛은 喩斬鑿이니 身世界中에 有人我山하고 人我山中에 有煩惱鑛하고 煩惱鑛中에 有佛性寶하고 佛性寶中에 有智慧工匠이라 用智慧工匠하야 鑿破人我山하고 見煩惱鑛하야 以覺悟火로 烹煉하야 見自金剛佛性이 了然明淨하리니 是故로 以金剛으로 爲喩하사 因爲之名也시니 空解不行하면 有名無體요 解義修行하면 名體俱備며 不修하면 卽凡夫요 修하면 卽同聖智일새 故名金剛也시니라

무엇을 '반야般若'라 이름하는가? 이것은 범어梵語인데 한문으로는 '지혜'이다. 지혜로운 사람은 어리석은 마음을 일으키지 않고 슬기로운 사람은 그 방편을 갖는다. 슬기는 지혜의 체體이고, 지혜는 슬기의 용用이니 체體에 만약 슬기가 있으면 지혜를 써서 어리석지 않고, 체에 만약 슬기가 없으면 어리석음을 써서 지혜가 없으니, 다만 어리석어 깨닫지 못하므로 드디어 지혜를 빌려 이것을 제거한다. 무엇을 '바라밀波羅蜜'이라 이름하는가? 한문으로 '피안에 이른다'는 뜻이니, 피안에 이른다는 것은 생멸生滅을 떠난다는 뜻이다. 다만 세상 사람이 성품이 견고하지 못하여 일체 법 위에 생멸의 형상이 있어서 육도六度의 여러 세계에 유랑하여 진여眞如의 경지에 아직 이르지 못했기 때문에 이 언덕이다. 큰 지혜를 구하여 일체의 법에 두루 생멸을 떠나면 곧 이것이 '도피안到彼岸'이다. 또 이르기를 마음이 미혹하면 '이 언덕'이고 마음이 깨달으면 '저 언덕'이며, 마음이 삿되면 '이 언덕'이고 마음이 바르면 '저 언덕'이니, 입으로

말하고 마음으로 실천하면 곧 스스로의 법신에 바라밀이 있고, 입으로 말하고 마음으로 실천하지 않으면 곧 바라밀이 없는 것이다. 무엇을 '경經'이라고 이름하는가? 경이란 지름길이니 이것은 성불의 길이다. 범부가 이 길에 이르고자 한다면 응당 안으로 반야의 행동을 닦아야 구경에 이른다. 만약 어떤 사람이 외우고 말만 하고 마음으로 의지하여 실천하지 않으면 스스로의 마음에 곧 경전이 없고, 실제로 보고 실제로 행동하면 스스로의 마음에 곧 경전이 있다. 그러므로 이 경전을 여래께서 '금강반야바라밀金剛般若波羅蜜'이라 부른다고 하셨다.

何名般若오 是梵語어든 唐言에 智慧니 智者는 不起愚心이요 慧者는 有其方便이라 慧是智體요 智是慧用이니 體若有慧면 用智不愚요 體若無慧면 用愚無智니 秪緣愚癡未悟하야 遂假智慧除之也니라 何名波羅蜜고 唐言에 到彼岸이니 到彼岸者는 離生滅義니 秪緣世人이 性無堅固하야 於一切法上에 有生滅相하야 流浪諸趣하야 未到眞如之地일새 竝是此岸이라 要求大智慧하야 於一切法에 圓離生滅하면 卽是到彼岸이니 亦云心迷則此岸이요 心悟則彼岸이며 心邪則此岸이요 心正則彼岸이니 口說心行하면 卽自法身이 有波羅蜜이요 口說心不行하면 卽無波羅蜜也니라 何名爲經고 經者는 徑也니 是成佛之道路라 凡人이 欲臻斯路인댄 應內修般若行하야사 以至究竟이니 如或但能誦說하고 心不依行하면 自心에 卽無經이요 實見實行하면 自心에 卽有經이니 故로 此經을 如來ㅣ 號爲金剛般若波羅蜜也라하시니라

『금강경』은 형상 없는 것으로 으뜸(宗)을 삼고, 머물지 않는

요지

것으로 체體를 삼고, 묘유妙有로 용用을 삼는데, 달마대사가

인도에서 온 것도 이 뜻을 전하여 사람들로 하여금 이치를 깨닫고

성품을 보게 하려는 것이었다고 했다. 본래 이 경전은 문자나 밖에

있지 않고 모든 사람의 마음속에 있다 하고, 모든 학자學者로 하여금

내심경內心經을 보고 청정한 불심을 스스로 보게 하려고 이 글을

짓는다고 했다.

이 경전의 이름을 『금강반야바라밀경金剛般若波羅密經』이라고 붙

이라는 부처님의 뜻을 설명했다. 금강이 견고하여 모든 물건을 무너뜨

리지만 암산양 뿔에 깨지고, 암산양 뿔이 견고하지만 강철에 무너진다

는 비유를 들었다. 여기서 금강은 불성이고, 암산양 뿔은 번뇌이고,

강철은 지혜라고 하였다. 경전 이름은 금강의 불성을 가리는 번뇌를

강철의 지혜로 무너뜨린다는 의미라고 하였다. 사대四大의 몸을 세계

에, 인아人我를 산에, 번뇌를 광석에, 불성을 금에, 지혜를 장인匠人에,

용맹정진하는 것을 끊고 뚫는 것에 각각 비유하여 설명했다. 몸의

세계 가운데 인아 산이 있고, 인아 산 가운데 번뇌 광석이 있고,

번뇌 광석 가운데 불성 보배가 있고, 불성 보배 가운데 지혜의 장인이

있다고 했다. 그래서 지혜의 장인을 사용하여 인아 산을 뚫어 깨뜨리

고, 번뇌 광석을 보고 깨달음의 불로 제련하여 자기의 금강 불성이

밝고 깨끗한 것을 분명하게 보아야 한다고 하고, 그래서 금강에 비유하

여 경전 이름을 붙인다고 하였다.

반야는 지혜인데, 그 지혜를 가지고 어리석음을 제거해야 한다고

했다. '바라밀'은 피안彼岸에 이른다는 말인데 생멸을 멀리 떠난 것을

뜻하고, '경經'은 지름길이라는 말인데, 성불의 길이라고 했다. 이 제목이 가진 이러한 뜻에 따라 구경에 이르기 위해서는 입으로만 외어서는 안 되고 마음으로 반야행을 실천해야 한다고 하였다. 이러한 이유에서 이 경의 제목을 『금강반야바라밀경金剛般若波羅密經』이라고 한다고 하였다.

야부선사송

冶父禪師頌

◯ 원상

◯ 圓相

설의 원상을 만든 것은 남양 충국사南陽忠國師로부터 시작되었으니, 국사가 탐원耽源에게 전하고 탐원이 앙산仰山스님에게 전했다. 탐원이 하루는 앙산스님에게 이르기를 "국사[49]께서 육대 조사의 원상 아흔일곱 개를 전하여 나에게 주시고, 돌아가실 때에 임해서 나에게 이르시기를 '내가 멸한 뒤 삼십 년에 한 사미가 남방에서 와서 부처님 가르침(玄風)을 크게 떨칠 것이니 차례로 전수하여 단절함이 없게 하라.' 하시니, 내가 이 예언을 살펴보니 일이 너의 몸에 달렸으므로[50] 내가 지금 너에게 부촉하노니 너는 마땅히 받들어 지녀라."라 하였다. 앙산이 이미 얻음에 드디어 태워버렸는데 탐원이 하루는 앙산에게 "전번에 전해준 원상圓相을 마땅히 깊이 간직해야 한다."고 말하였다. 앙산이 "태워버렸습니다."[51] 하였다. 탐원이 "이것은 모든 조사가 서로

---

49 국사國師: 남양 혜충국사.

50 삼십 년 뒤에 사미가 남방에서 온다고 한 스승의 예언에 해당하는 인물이 바로 너라는 뜻이다.

전한 것인데 어찌하여 태웠는가?"[52] 하였다. 앙산이 말하기를 "한 번 보고 이미 그 뜻을 알았고, 능히 쓸 수 있다면 곧 옳으니 종이 본에 집착하는 것은 옳지 않습니다."라고 하였다. 탐원이 말하기를 "자네에게는 곧 옳거니와 오는 후학을 어떻게 할 것인가?"라고 하였다. 앙산이 이에 한 본을 거듭 기록하여 보여드리니, 하나도 어그러져 잘못된 것이 없었다.

圓相之作이 始於南陽忠國師하니 國師ㅣ傳之耽源하시고 源이 傳之仰山하시다 源이 一日에 謂仰山曰國師ㅣ傳六代祖師圓相九十七介하사 授與老僧하시고 臨示寂時에 謂予曰吾ㅣ滅後三十年에 有一沙彌ㅣ來 自南方하야 大振玄風하리니 次第傳授하야 無令斷絕하라하시니 吾詳此識컨댄 事在汝躬일새 我今付汝하노니 汝當奉持하라 山이 旣得에 遂焚之하시다 源이 一日에 謂仰山曰向所傳圓相을 宜深秘之니라 山이 曰燒却了也니이다 源이 曰此乃諸祖相傳底어시늘 何乃燒却고 山이 曰某ㅣ一覽而已知其意호니 能用卽得이라 不可執本也니이다 源이 曰在子卽得이어니와 來者는 如何오 山이 於是에 重錄一本하사 呈似하시니 一無舛訛러라

탐원이 하루는 당堂에 올랐는데, 앙산이 무리 가운데서 나와 일원상〇

51 위로부터 내려온 원상을 전하는 것은 인가하는 것과 같은데, 그것을 받고 여기에 집착하지 않는 모습을 보인 것이다.

52 태운 것을 꾸짖는 것이 아니고, 태울 만한 안목을 갖추었는가를 확인하는 것이다.

68

을 그려 손으로 잡아 일으켜 드리는 자세를 짓고 물러나 차수를
하고 서니 탐원은 두 손으로 받아서 보였다. 앙산이 앞으로 세 걸음을
나가서 여인의 절을 했는데, 탐원이 드디어 머리를 끄덕임에 앙산이
곧 예배를 했으니 이것이 원상이 만들어진 연원이다. 지금 야부스님이
제목 아래에 일원상을 그린 뜻은 어떠한 것인가? 문자에 나아가
문자를 떠난 소식을 잡아낸 것이니 만약 이것이 문자를 떠난 소식이라
면 헤아리고 의론하여 얻겠는가? 따지고 분별하여 얻겠는가? 마음
있는 것으로도 구할 수 없으며, 마음 없는 것으로도 얻을 수 없으며,
언어로 지을 수 없으며, 고요함으로도 통할 수가 없으니 바로 넉넉히
못으로 된 주둥이와 쇠로 된 혀라도 또한 마침내 말로는 미칠 수가
없다.

源이 一日에 上堂이어시늘 山이 出衆하사 畵一圓相○하사 以手로 托起하
사 作呈勢하시고 却叉手而立하신대 源이 以兩手로 交拳示 之하시니 山이
進前三步하사 作女人拜하신대 源이 遂點頭어시늘 山이 卽禮拜하시니 此
圓相所自作也라 今師ㅣ 題下에 畵一圓相하신 意旨如何오 卽文字하야
拈出離文字底消息이니 若是離文字底消息인댄 擬議得麼아 計較得麼
아 不可以有心으로 求며 不可以無心으로 得이며 不可以語言으로 造며
不可以寂墨으로 通이니 直饒釘嘴鐵舌이라도 也卒話會不及이니라

그러하기가 비록 이와 같으나 필경 무엇이라 말할 것인가? 중생과
부처가 근원이 같고 묘한 체는 물건이 없어서 삼세의 모든 부처가
벗어날 수 없으며, 역대 조사가 벗어날 수가 없으며, 천하의 늙은

화상이 벗어날 수 없으며, 육도 윤회도 또한 벗어나지 못한다.[53] 삼세간
三世間과 사법계四法界, 일체 물들거나 깨끗한 모든 법이 하나도 이
원상圓相 밖을 벗어나는 것이 없으니 선禪은 최초의 한 글귀라 일렀고,
교敎는 가장 청정淸淨한 법계라 일렀고, 유자儒者는 전체가 하나의
태극이라 일렀고, 노자老子는 천하의 어머니라 일렀는데 그 실제는
모두 이것을 가리킨다.[54] 옛사람이 "옛 부처가 나기 이전에는 엉긴
하나의 원상을 석가도 오히려 알지 못했거든 가섭이 어찌 능히 전했겠
는가?"라고 말한 것이 이것이다.

然雖如是나 畢竟作麽生道오 生佛이 同源이요 妙體無物하야 三世諸佛
이 出不得이며 歷代祖師ㅣ出不得이며 天下老和尙이 出不得이며 六道
輪廻도 亦出不得이라 三世間四法界一切染淨諸法이 無一法도 出此圓
相之外니 禪은 謂之最初一句字요 敎는 謂之最淸淨法界요 儒는 謂之統
體一太極이요 老는 謂之天下母라 其實은 皆指此也니 古人이 道하사대
古佛未生前에 凝然一相圓이라 釋迦도 猶不會온 迦葉이 豈能傳者ㅣ是
也라

법은 혼자 일어나지 않는다. 누가 이름을 붙였는가?
法不孤起라 誰爲安名고

---

53 일체가 이 원상을 벗어날 수 없다는 것이다.
54 엄밀한 의미에서 유교와 노장은 전변설로서 불교의 연기론과 다르다. 전변설에
   서는 그 하나를 있다고 보지만, 연기설에서는 있는 것도 아니고 없는 것도
   아니라고 본다.(『열반경』 참고.)

법이라는 한 글자는 바로 원상圓相을 가리키는 것이고, 안명安名 두 글자는 경전의 제목을 바로 가리키는 것이니, 법이 스스로 이름 붙이지 못하는지라, 이름을 인하여 나타내려고 하여 그래서 이름을 붙였다. 그리고 "총지總持는 문자가 없으나 문자는 총지를 나타낸다." 고 말씀하시니, 응당 "법은 홀로 일어나지 않는다. 그래서 안명安名했 으니 누가 안명을 했는가?"라고 이른 것은 십성十成[55]을 꺼려하는 것을 말하며, 사어死語[56]를 이룰까 두려워한 까닭이니 원만한 말[57]이 자유로워야 헐뜯음을 면한다. 또 법이 스스로 이름 붙이지 못하므로 그래서 이름을 붙였다. 그러기가 비록 이와 같으나 이름 붙인 사람은 누구인가? 만약 황면노자[58]가 붙였다고 말한다면 황면노자가 일찍이 붙이지 않았으니[59] 어찌하여 그러한가? 녹야원鹿野苑에서부터 발제하跋提河에 이르기까지 이 두 중간에 한 글자도 말하지 않았다. 만약 황면노자가 붙이지 않았다고 말한다면 지금 이 경전의 제목은 어디에 서 왔는가? 또 말하라. 이름을 붙였는가? 이름을 붙이지 않았는가?

---

55 십성十成: 십十은 숫자의 끝으로 완결되었다는 의미로서 십성十成은 잘못 굳어진 말이라는 뜻이다. 즉 '있다·없다'는 양변에 떨어진 말이 십성이다.
56 사어死語: 양변에 떨어진 말은 존재의 본질을 드러내지 못하여 죽은 말이다. 있기도 하고 없기도 하며(쌍조雙照, 쌍명雙明), 있는 것도 아니고 없는 것도 아니라 (쌍차雙遮, 쌍암雙暗)는 말은 연기의 본질을 정확하게 나타내서 살아있는 말이다.
57 원만한 말(圓話): 쌍차쌍조雙遮雙照, 차조동시遮照同時의 말.
58 황면노자黃面老子: 부처님.
59 산 말의 입장에서는 이름 붙이는 것이 이름 붙이지 않은 것이 될 수도 있다. 부처님께서 한평생 중생을 제도하기 위하여 장광설長廣舌을 하셨지만 "나는 한 말도 하지 않았다."고 한 것과 같은 것이다.

法之一字는 直指圓相이요 安名二字는 直指經題니 法不自名이라 要因
名現일새 所以安名이니 所以로 道하사대 摠持無文字로대 文字現摠持라
하시니 應云法不孤起라 所以安名이어늘 而云誰爲安名은 語忌十成故며
恐成死語故니 圓話自在하야사 免夫招謗이니라 又法不自名일새 所以安
名이니 然雖如是나 安名者ㅣ 誰오 若道黃面老子安인댄 黃面老子ㅣ 未
嘗安이시니 何則고 自從鹿野苑으로 終至拔提河히 於是二中間에 未曾
說一字요 若道不是黃面老子安인댄 今此經題는 從甚處得來오 且道하
라 是安名가 不是安名가

송 마하대법왕摩訶大法王[60]이여,
　　짧지도 않고 또한 길지도 않도다![61]
　　본래 검지도 희지도 않되
　　곳에 따라 푸르고 누른 것을 나타내도다![62]
　　꽃이 핌에 아침에 화려한 것을 보고
　　숲은 늦서리를 따라 시들도다!
　　빠른 우레는 어찌 그리 급한가?
　　빠른 번개는 또한 빛이 아니로다!
　　범부와 성인도 원래 헤아리기 어렵거니
　　용과 하늘이 어찌 헤아리리오!
　　옛날이나 지금이나 사람들이 몰라

---

60 마하대법왕摩訶大法王: 보고 듣고 하는 바로 이것.

61 살殺.

62 활活.

방편으로 금강이라 부르도다!

摩訶大法王이여 無短亦無長이로다
本來非皂白이로대 隨處現靑黃이로다
花發看朝艷이요 林凋逐晩霜이로다
疾雷는 何太擊고 迅電이 亦非光이로다
凡聖이 元難測이라 龍天이 豈度量이리요
古今에 人不識하야 權立號金剛이로다

법왕은 부처님을 가리키는 것이 아니다. 사람 사람이 본래 갖추고
있는 일착자一着子이니 능히 만상의 주인이 되는 까닭에 법왕이라고
이름하니, 옛사람이 말씀하시되 "법 가운데 왕이 가장 빼어나니 항하
사의 여래께서 공동으로 증명하신다"는 것이 이것이다. 법왕의 몸은
홀로 높아 다시 위가 없고, 넓고 넓어 가가 없어서 하늘과 땅이 그
안에 있고, 해와 달이 그 가운데 자리하여 넓고 넓으며 비고 비어서
멀리 사량분별思量分別의 밖을 벗어난 까닭에 대법왕大法王이라 이름
하였다. 짧음이 없다고 한 것은 실상이 형상이 없는 것이고, 본래라고
한 것은 형상이 없으면서 형상을 나타내는 것이고, 꽃이 핀다고 한
것은 그 자리에서 나서 그 자리에서 사라지는 것이고, 빠른 번개라고
한 것은 묘한 뜻이 신속하여 헤아림을 허용하기 어려운 것이고, 범부와
성인이라고 한 것은 이 일이 지극히 깊고 오묘하여 지식이 다 이르지
못한다는 것이다. 다만 옛사람이 어찌하지 못했을 뿐만 아니라[63]

---

63 망조罔措: 망지소조罔知所措의 줄인 말로 어찌할 바를 모르는 것을 뜻한다.

또한 지금 사람도 알지 못하므로 어린아이 우는 것을 그치게 하기 위하여 권도權道[64]로 또한 빈 이름을 세웠다. 다만 권도에 의거하여 실제를 드러내는 도리와 같은 것을 어떻게 말하겠는가? 달이 산봉우리로 넘어감에 부채를 들어 비유하고, 바람이 허공에서 멈춤에 나무를 흔들어 가르쳐준다.[65]

法王은 非指丈六金身이라 人人本有底一着子니 能爲萬象之主故로 號爲法王이니 古人이 道하사대 法中王最高勝하니 恒沙如來同共證者ㅣ是라 法王之爲體也ㅣ孤高更無上하고 廣博無邊表하야 乾坤이 在其內하고 日月이 處其中하야 恢恢焉蕩蕩焉하야 逈出思議之表故로 號爲大法王이라 無短云云은 實相無相이요 本來云云은 無相現相이요 花發云云은 當處出生하야 當處寂滅이요 疾雷云云은 妙旨迅速하야 難容擬議요 凡聖云云은 箇事極幽玄하야 智識이 俱不到니 非但古人이 罔措라 亦乃今人도 不識일새 爲止小兒啼하야 權且立處名이니 只如依權現實底道理를 作麼生道오 月隱中峰에 擧扇喩之하고 風息太虛에 動樹訓之니라

요지 야부선사는 『금강경』 제목에 대하여 원상(○)을 그려 보이고, 법은 홀로 일어나지 않는데 누가 이름 붙였는가라고 질문하고, 우리 마음은 짧고 길고 검고 흰 것이 아니면서 푸르고

---

64 권도權道: 방편方便.

65 달을 가르치기 위하여 둥근 부채를 보이고, 바람을 설명하기 위하여 나무를 흔드는 것은 수많은 경전이 불성을 알려주기 위하여 있는 것과 같다는 말이다. 나에게 본래 갖추어져 있는 그 자리를 바로 보면 여러 경전의 설명이 필요 없다.

누른색을 드러내며, 꽃이 피어 아름답기도 하고 낙엽이 서리에 떨어지기도 하며, 우레가 빠른 것이 아니고 번개가 빛이 아니어서 범부와 성인이 헤아리기 어렵고 사람들이 알지 못하기 때문에 방편으로 금강이라 이름을 세웠다고 자답하였다.

함허스님은 먼저 원상의 유래를 설명했다. 원상을 남양 혜충국사가 탐원스님에게 전하고 탐원이 앙산스님에게 전한 것이 그 유래라고 하였다. 아흔일곱 개의 원상을 앙산은 받아서 바로 태워버렸고, 탐원이 이유를 묻자 뜻을 알았기 때문이라 하였고, 탐원이 뒷사람을 위해서 필요하다고 하니 앙산이 바로 그려서 바쳤다고 하였다. 그리고 삼세의 모든 부처, 역대 조사, 천하의 노화상, 육도 윤회, 삼세간, 사법계 등 일체 모든 법이 하나도 이 원상을 벗어나지 못한다고 하고, 선에서는 이것을 최초 일구最初一句라 한다고 하고, 석가도 몰랐고 가섭도 전하지 못한, 고불이 나기 전의 한 원상이라고 하였다.

법은 스스로 이름 붙이지 못하기 때문에 이름을 붙였다고 하였다. 그러나 붙이는 바 없이 이름을 붙였다 하고, 이것은 부처님께서 평생 설법하시고 한 말씀도 하지 않았다 하신 것과 같다고 하였다.

법왕은 부처님이 아니라 모든 사람이 갖추고 있는 일착자一着子로서 만상萬像의 주인이라 하고, 법왕의 몸(體)은 위없이 높고 끝없이 넓어서 하늘과 땅, 해와 달이 그 안에 있다고 했다. 지극히 깊고 오묘한 이것을 선지식, 고인, 금인이 다 모르기 때문에 우는 아이를 달래기 위하여 방편으로 이름을 붙였다고 했다. 이 경전은 달을 둥근 부채로 알려주고 나무를 흔들어 바람을 설명하는 것과 같은 것이라고 비유를 들어 말하였다.

예장종경선사제송강요서

豫章宗鏡禪師提頌綱要序

❀

공여래장空如來藏을 보고 조사관祖師關을 부수어서 홀로 드러난
진상眞常이 반야 아닌 것이 없으니

觀夫空如來藏하고 **碎祖師關**하야 **獨露眞常**이 **無非般若**니

설의 여래장에는 공여래장空如來藏[66]이 있고 불공여래장不空如來藏
[67]이 있으니 공여래장은 증득된 진리眞理이고, 불공여래장은 증득하는
진지眞智이다. 진리를 공여래장이라고 이름은 진리가 형상이 끊어진
것이 저 허공과 같아서 넓고 조금도 가려지지 않은 까닭이고, 진지를
불공여래장이라고 이른 것은 진지가 이치를 비춤이 저 밝은 해와
같아서 허공에 떠올라 나타난 까닭이다. 다 이르기를 장藏이라고
한 것은 장은 가운데가 비고 또한 차 있기 때문이다. 가운데가 비었기
때문에 허공에 비유할 수 있고, 또한 차 있기 때문에 불공不空에
비유할 수 있다. 지금 이른바 공여래장이라는 것은 공과 불공의 공장空
藏과 다르니[68], 조사관을 부순다는 말과 상대가 되기 때문이다. 물건을

---

66 공여래장空如來藏: 살殺.

67 불공여래장不空如來藏: 활活.

쌓고 밀봉해서 드러나지 않는 것을 장이라고 하니, 팔식八識의 장藏이 자성여래自性如來를 가리고 덮은 까닭으로 여래장如來藏이라고 이름 하였다. 관關이란 오고 가지 못하게 하는 것으로 뜻을 삼으니, 조사의 참된 기틀은 성인이라는 알음알이로 통달하기 어렵고, 범인의 정으로 뚫을 수 없는 까닭에 관문이라고 이름하였다. 거짓되지 않은 것을 일러 진眞이라고 하고, 변하지 않은 것을 일러 상常이라고 하니, 진상眞常은 중생과 부처가 평등한 큰 바탕이다. 저 여래장을 비우고 저 조사관을 분쇄하여 진상을 드러나게 함이 반야般若의 공덕이 아닌 것이 없다.[69]

如來藏이 有空如來藏하고 有不空如來藏하니 空如來藏은 所證眞理也 요 不空如來藏은 能證眞智也라 眞理를 謂之空如來藏者는 眞理絶相호 미 如彼太虛하야 廓無纖翳故也요 眞智를 謂之不空如來藏者는 眞智照 理호미 如彼赫日하야 當空顯現故也니 皆謂之藏者는 藏之爲物이 中虛 且實하니 中虛故로 可比於空也요 且實故로 可比於不空也라 今所謂空 如來藏者는 蓋異於空不空之空藏也니 以碎祖師關으로 爲對故也라 物 所畜而封不露曰藏이니 八識之藏이 隱覆自性如來故로 名如來藏이라 關者는 以不通去來로 爲義니 祖師眞機는 聖解難通이요 凡情莫透故로

---

68 여기서 공空이라는 것은 '가득하다'의 상대가 아니라 '비었다·가득하다'를 초월한 절대의 공이라는 말이다.

69 여래장을 비우는 것, 조사관을 부수는 것, 진상이 드러나는 것 이 세 가지가 순차적으로 이루어지는 것으로 서술되어 있으나 이 셋은 동시에 성취된다. 여래장을 비우는 순간 조사관도 부서지고 진상이 동시에 드러나기 때문이다.

名爲關이라 不妄曰眞이요 不變曰常이니 眞常者는 生佛平等之大本也
라 空彼如來藏하고 碎彼祖師關하야 令眞常으로 獨露호미 無非般若之功
也라

세 마음[70]이 움직이지 않으면 여섯 가지 비유[71]가 온전히 드러난다.
칠보와 공효功效를 비교하면 사구게가 두 배나 낫거니와[72] 만약
이에 글줄이나 따르고 먹이나 세면 점점 지견知見만 더하고 종안宗
眼이 밝지 못해서 구경究竟이 되지 못한다.

三心이 不動하면 六喩全彰이라 七寶校功컨댄 四句倍勝이어니와 若逈
循行數墨하면 轉益見知라 宗眼이 不明하야 非爲究竟이니라

세 마음이란 제8근본심根本心과 제7의본심依本心과 앞의 6기사심起事
心이 이것이다. 하나의 진리가 홀로 드러나면 세 마음이 움직이지
않고, 세 마음이 움직이지 않으면 여섯 가지 비유가 이에 빛난다.

---

70 세 마음(三心): 근본심根本心인 제8아뢰야식第八阿賴耶識, 의본심依本心인 제7말
　　나식第七末那識, 기사심起事心인 제6식第六識.

71 여섯 가지 비유六喩: 『금강경』에 나타나는 여섯 가지 비유로서 꿈(夢), 환상(幻),
　　거품(泡), 그림자(影), 이슬(露), 번개(電)를 말하고, 『정명경淨名經』에서는 환상
　　(幻), 번개(電), 꿈(夢), 염광燄光, 수중월水中月, 경중상鏡中像을 말한다.

72 갠지스 강 모래 수만큼의 칠보로 백천만겁 동안 보시하는 것이 사구게四句偈을
　　알아서 남에 연설하는 것보다 못하다는 말이다. 이것은 사구게를 아는 것은
　　시공간의 일체 존재를 모두 포괄할 수 있어 무한정인데 비하여, 아무리 귀하고
　　많다고 하더라도 칠보는 한량이 있기 때문이다.

78

여섯 가지 비유란 식심識心이 움직이지 않으면 업장業障이 저절로 없어지는지라 청색으로 비유할 수 있으니, 청색은 재액災厄을 없앨 수 있는 까닭이다. 식심이 움직이지 않으면 새지 않는 공덕[73]이 저절로 넉넉히 갖추어지는지라 황색으로 비유할 수 있으니, 황색은 사람이 요구하는 것에 따르는 까닭이다. 식심이 움직이지 않으면 남이 없는 지혜[74]의 불이 나는지라 붉은색으로 비유할 수 있으니, 붉은색은 해가 불을 내는 것에 대비對比한 까닭이다. 식심이 움직이지 않으면 의심의 흐림이 저절로 맑아지는지라 흰색으로 비유할 수 있으니, 흰색은 흐린 물을 맑게 할 수 있는 까닭이다. 식심이 움직이지 않으면 항상 진공眞空에 머무는지라 허공의 색으로 비유할 수 있으니, 허공의 색이 사람을 공중에 가고 앉게 하는 까닭이다. 식심이 움직이지 않으면 삼독三毒이 저절로 소멸하는지라 푸른색으로 비유할 수가 있으니, 비록 칠보를 보시하는 공덕이라도 사구게四句偈를 받아 지니는 것이 더 나은 것만 같지 못하다. 칠보를 보시하는 것이 더 못한 까닭은 칠보는 인간 세상이 소중하게 여기는 것이라 보시에 다만 유루有漏의 과보[75]를 받아서(感得) 마침내 윤회輪廻를 면하지 못하는 까닭으로 못한 것이다. 사구게를 받아 지님이 더 나은 까닭은 사구게는 범부를 뛰어넘어 도를 깨닫게 하는 도구라서 받아 지님에 생사를 해탈하여

---

73 샘이 없는 공덕(無漏功德): 상대적 공덕은 있다가 없어지지만 절대적 공덕은 줄지 않는다. 이것은 바로 줄지 않는 절대적 공덕을 말한다.
74 무생無生: 남이 없다는 것은 없는 것이 새로 생기는 것이 아니라 본래 갖추어져 있다는 것이다.
75 유루의 과보有漏之果: 이원적二元的 사고의 번뇌가 남아 있는 과보果報.

구경究竟에 이르게 하기 때문이다. 우열은 또 그만두고, 다만 사구게를 어떻게 받아 지녀야 문득 생사를 해탈하는가? 말말이 본종本宗과 은밀히 합치되고 구절구절이 자기를 돌이켜 성취시키거니와(廻就), 그 혹시 그렇지 못하면 나와 남이라는 지견知見을 키워 마침내 해탈할 기약이 없게 될 것이다.

三心者는 第八根本心과 第七依本心과 前六起事心이 是라 一眞이 獨露하면 三心이 不動하고 三心이 不動하면 六喩斯彰이니 六喩者는 識心이 不動하면 業障이 自除라 靑色으로 可以爲喩也니 靑色이 能除災厄故也요 識心이 不動하면 無漏功德이 自然具足이라 黃色으로 可以爲喩也니 黃色이 隨人所須故也요 識心이 不動하면 無生智火ㅣ生焉이라 赤色으로 可以爲喩也니 赤色이 對日出火故也요 識心이 不動하면 疑濁이 自淸이라 白色으로 可以爲唯也니 白色이 能淸濁水故也요 識心이 不動하면 恒住眞空이라 空色으로 可以爲喩也니 空色이 令人으로 空中에 行坐故也요 識心이 不動하면 三毒이 自消라 碧色으로 可以爲喩也니 碧色이 能消諸毒故也라 功用之所以至於如此者는 只緣持無相經 悟無我理 行無我行故也니 雖布施七寶之功이라도 不若受持四句之爲愈也라 布施七寶ㅣ所以爲劣者는 七寶는 人間世之所重也라 布施에 但感有漏之果하야 終未免於輪廻故로 劣也요 受持四句ㅣ所以爲勝者는 四句는 超凡悟道之具也라 受持에 超生脫死하야 以至究竟故로 勝也니 優劣은 且置하고 只如四句를 如何受持하야사 便得超生脫死오 言言冥合本宗하고 句句廻就自己어니와 其或未然이면 增長我人知見하야 終無解脫之期하리라

아! 심오한 뜻을 미묘하게 폄이여! 부싯돌 불과 번갯불이 은밀하게
참된 기틀을 드러냄이여! 은산철벽銀山鐵壁이로다! 갑자기 다른
견해를 내면 도중途中에 걸려서 나아가도 문이 없고 물러나도 길을
잃을 것이므로, 애오라지 한 길을 내서 구부려 초보자를 위하니
좋은 말은 채찍만 봐도 바람을 따라 천리를 달려갈 것이다.

嗚呼라 微宣奧旨여 石火電光이 密顯眞機여 銀山鐵壁이로다 瞥生異見
하면 滯在中途하야 進步無門이며 退身迷路일새 聊通一線하야 俯爲初
機하노니 良馬는 見鞭에 追風千里矣리라

심오한 뜻은 뜻이 현묘玄妙하고 깊어서 헤아리기 어려움을 말하고,
참된 기틀은 기틀이 순수하여 잡됨이 없음을 말한다. 참된 기틀은
한결같이 은산철벽銀山鐵壁과 같아서 견고하여 뚫기 어려우며, 높고
아득하여 잡기 어려우며, 심오한 뜻은 부싯돌 불과 번갯불 같아서
환하게 볼 수 있으나 신속하여 추적하기 어렵거든 하물며 부처님께서
펴되 미묘하게 펴고, 나타내되 은밀하게 나타내시니 어찌 그 사이에
헤아리고 의론함을 용납하겠는가? 만약 한량限量을 넘어서는 놈[76]이
라면 부싯돌 불과 번갯불을 단번에 문득 잡고 은산철벽을 단번에
문득 뚫을 것이거니와, 혹 그러하지 못하다면 도중에 걸려서 나아가나
물러나나 모두 잃게 될 것이다. 이로 말미암아 후학을 위하여 지름길을
열어주고자 하여 드디어 32분分에서 각 분을 따라 강령을 잡고, 강령을
따라 송頌을 지으니, 근기가 날카로운 사람이 잡아서 한 번 보면

[76] 한량限量을 넘어서는 놈(過量漢): 아주 뛰어난 사람.

한 경전의 심오한 뜻과 모든 부처의 참된 기틀이 문득 눈앞에 밝게
나타날 것이다.

奧旨는 言旨之玄奧難測也요 眞機는 言機之純而無雜也라 眞機는 一似
銀山鐵壁하야 堅固難透며 高逈莫攀이요 奧旨는 如石火電光하야 燦然
可見이나 神速難追온 況今佛이 宣而微宣하시고 顯而密顯하시니 那容擬
議於其間哉리요 若是過量漢인댄 石火電光을 一捉便捉하고 銀山鐵壁
을 一透便透어니와 其或未然인댄 滯在中途하야 進退俱失일새 由是로
欲爲後學하야 開介徑路호려하야 遂於三十二分에 隨分提綱하고 隨綱著
頌하노니 利根者ㅣ 把來一看하면 則一經之奧旨와 諸佛之眞機ㅣ 便見
昭昭於心目矣리라

강요 다만 이 한 권의 경전은 육도六道 중생의 일체 성품 가운데
다 넉넉히 갖추어져 있건마는, 몸을 받은 뒤에 망령되게 육근六根과
육진六塵이 이 신령스런 빛을 매몰埋沒하여 종일 어둡고 어두워
지각知覺하지 못하는 까닭에 우리 부처님께서 자비심을 내어 일체
중생을 건져서 나란히 고통의 바다를 넘어 함께 보리를 증득하게
하고자 서원하셨다. 그래서 사위국에서 이 경전을 말씀하셨으니,
대의大意는 다만 사람들의 묶인 것을 풀어 제거하고, 바로 자성自性
을 밝혀 윤회를 면하게 하여 육근六根과 육진六塵에 미혹되지 않게
하신 것이다. 만약 최고의 자질과 지혜를 갖춘 사람이라면 다스리
지 않아도 저절로 움직일 것이다.[77] 가슴 가운데 스스로 이 경전을

---

77 따로 수행하지 않아도 저절로 진리대로 살아간다는 뜻이다.

가지고 있으니 또한 장차 32분을 쓸데 없어 비워둔 곳에 방치하더라도 또한 허물이 아니거니와, 혹 그렇지 못하다면 또한 내가 너와 더불어 갈등을 쳐서 제거할 것이니 들어보라. 『금강경』이란 자성이 견고하여 만겁萬劫에 무너지지 않으므로 쇠의 견고하고 강함에 비유했고, 반야般若란 지혜이고, 바라밀波羅蜜이란 저 언덕에 오른다는 뜻이니 성품을 보고 법도를 얻으면 곧 저 언덕에 오르고, 법도를 얻지 못하면 곧 이 언덕이다. 경經이란 지름길이니 우리 부처님께서 만약 이 지름길을 열지 않으셨다면 후대 자손이 또 어느 곳을 향하여 나아가겠는가? 또 말하라. 이 한 걸음을 또 어떻게 나아갈 것인가? 아래 글을 보라. 이 경전의 깊은 뜻은 모양 없음으로 종지를 삼고, 거짓됨을 드러내고 참됨을 밝혔으니, 칼날이 조금 드러남에 만법이 본래 비었음을 쓸어버리고 마음 꽃이 피어나서 오온五蘊이 있지 않음을 비춘다. 바로 구름이 걷혀 비가 개며, 바다가 깨끗하고 허공이 맑음을 얻어 신속하게 반야의 자비로운 배에 올라 바로 보리의 저 언덕에 이른다. 또 말하라, 마음 꽃이 어느 곳에 피어 있는가? 큰 호수 삼만육천경三萬六千頃 드넓은 곳에 달이 물결 가운데 있으니 누구를 향하여 말할 것인가?

只這一卷經은 六道含靈의 一切性中에 皆悉具足이언마는 盖爲受身之後에 妄爲六根六塵이 埋沒此一段靈光하야 終日冥冥하야 不知不覺故로 我佛이 生慈悲心하사 願救一切衆生하사 齊超苦海하야 共證菩提케 하사 所以로 在舍衛國하사 爲說是經하시니 大意는 只是爲人으로 解粘去縛하고 直下明了自性하야 免逐輪廻하야 不爲六根六塵의 所惑이시

니 若人이 具上根上智면 不撥自轉이라 是胸中에 自有此經이니 且將置
三十二分於空閒無用之地라도 亦不是過어니와 如或未然인댄 且聽山
野의 與汝로 打葛藤去也어다 夫金剛經者는 自性이 堅固하야 萬劫不壞
를 況金性堅剛也요 般若者는 智慧也요 波羅蜜者는 登彼岸義也니 見性
得度하면 卽登彼岸이요 未得度者는 卽示此岸이라 經者는 徑也니 我佛
이 若不開箇徑路시면 後代兒孫이 又向甚麽處하야 進步리요 且道하라
這一步를 又如何進고 看取下文하야라 此經深旨는 無相으로 爲宗하야
顯妄明眞이시니 劍鋒이 微露에 掃萬法之本空하고 心花ㅣ發明하야 照
五蘊之非有라 直得雲收雨霽하고 海湛空澄하야 快登般若慈舟하야 直
到菩提彼岸이니 且道하라 心花發明이 在甚麽處오 太湖三萬六千頃에
月在波心說向誰오

설의 칼날에서부터 피안까지는 만법萬法이 본래 비어 오음五陰이
있는 것이 아닌데, 다만 거짓된 인연으로 성립成立한다. 지혜로 거짓
된 인연을 비추면 만법이 함께 침몰하고, 몸의 진상眞常이 드러나면
오온五蘊이 모두 빈다. 이 속에 이르러서는 구름이 걷히고, 비가
개고, 바다가 깨끗하고, 허공이 맑은 것과 같아서 한 물건도 연緣이
되고 상대가 될 것이 없으며, 한 가지 일도 장애 될 것이 없어서
신속하게 반야의 자비로운 배에 올라 바로 보리의 저 언덕에 이른다.
태호太湖라 이른 것은 부처님의 가르침이 세간에 있어 세간을 떠난
깨달음이 아니니, 세간을 떠나 보리를 찾는 것은 오히려 토끼 뿔을
찾는 것과 같다. 부처님 가르침의 분명한 대의大意를 알고자 한다면
바로 모름지기 12시의 네 위의威儀[78] 안에서 파도 가운데를 알아보아

엿보아 잡아오고, 엿보아 잡아 가야 한다.[79] 엿보아 오고 엿보아 가면
문득 근원이 가 있는 곳을 알 것이다. 비록 근원을 알더라도 다만
스스로 기뻐할지언정 가져다 그대에게 줄 수는 없다.

劍鋒으로 至彼岸은 萬法이 本空하고 五陰이 非有어늘 但以妄緣으로 而得
成立이니 智照妄緣하면 萬法이 俱沈하고 體露眞常하면 五蘊이 皆空이니
到這裏하야는 一似雲收雨霽하고 海湛空澄하야 無一物爲緣爲對하며 無
一事爲障爲碍하야 快登般若慈舟하야 直到菩提彼岸이라 太湖云云은
佛法이 在世間하야 不離世間覺하니 離世覓菩提는 猶如求兎角이라 欲
識得佛法的的大意인댄 直須向十二時中四威儀內覺觀波濤中하야 覰
捕來覰捕去니 覰來覰去하면 忽地에 識得根源去在리라 縱然識得根源
去라도 只可自怡悅이언정 不堪持贈君이니라

송 법왕이 권도權道[80]와 실도實道[81]를 둘 다 쓰니
　우레 진동하고 바람 몰아쳐 바다와 산이 기우네.
　천둥 한 소리에 구름 다 흩어지니
　집에 도달함에 본래 길을 걷지 않았도다![82]

---

78 네 위의四威儀: 행주좌와行住坐臥나 어묵동정語默動靜과 같은 네 가지 행위.
79 중도 연기를 엿본다.
80 권도權道: 방편方便.
81 실도實道: 법法, 진리眞理.
82 깨달음은 없는 것을 어디 가서 찾아오는 것이 아니고, 본래 깨달아 있는 것을
　확인하는 것이다.

法王權實令雙行하니 雷震風馳海岳傾이라
霹靂一聲雲散盡하니 到家元不涉途程이로다

대개 교화를 내리는 데에 권도權道와 실도實道가 있으며, 비춤[83]이
있고 사용함[84]이 있으니, 지금 부처님께서 말 없는 가운데 가르침의
파도를 일으키시고, 가르침 바닷속을 향하여 말없는 은밀한 뜻을
드러내시니, 이를 일러 권도와 실도를 둘 다 쓴다고 했다. 바람이
불어 풀이 누워서 교화의 공덕이 신속하니 오욕五欲의 바다가 저절로
마르고 아인我人의 산이 저절로 넘어졌다.

　원음圓音이 떨어지는 자리에 구름이 다 흩어지니
　일찍이 발걸음도 떼지 않고 문득 집에 돌아왔도다!

大凡垂化ㅣ有權有實하며 有照有用하니 今佛이 從無言中하야 興敎海
之波瀾하시고 向敎海裏하야 現無言之密旨하시니 是謂權實令雙行也라
風行草偃하야 化功이 神速하니 五欲海ㅣ自渴하고 我人山이 自倒라

　圓音落處에 雲散盡하니 不曾擡步便還家로다

요지 종경선사는 여래장을 비우고 조사관을 부수어서 진상이
홀로 드러나는 것이 반야라고 했다. 제8식, 제7식, 제6식의
삼심三心이 움직이지 않으면 여섯 가지 비유가 온전히 드러난다고

---

83 비춤(照): 체體, 살殺, 몸.
84 사용함(用): 용用, 활活, 쓰임.

하고, 칠보로 보시하는 것보다 사구게四句偈를 받아 지니는 공이 더 크다고 하였다. 전광석화電光石火와 같은 깊은 뜻, 은산철벽銀山鐵壁과 같은 진기眞機에서 다른 견해를 내면 앞뒤가 막힌다고 하고, 후학에게 한 길을 열어주니 좋은 말처럼 채찍을 보고 달리게 될 것이라고 하였다.

이 한 권의 경전은 모든 중생이 성품 가운데 본래 갖추고 있는데, 육근六根과 육진六塵이 이 경전의 신령한 빛을 덮어 어둠에 빠졌기 때문에 부처님께서 일체 중생을 구제하기 위하여 사위국에서 이 경전을 말씀하셨다고 했다. 종경선사는 닦지 않고도 아는 상근상지上根上智가 아닌 사람을 위하여 설명을 한다고 하였다. 『금강경』에서 금강은 금의 성질이 굳고 강한 것이고, 반야는 지혜이고, 바라밀은 피안에 오르는 것이고, 경은 지름길이라고 풀이했다. 그리고 이 경전의 깊은 뜻은 모양 없는 것으로 으뜸을 삼아 만법의 공함을 쓸어버리고, 마음이 밝게 드러나 오온이 있는 것이 아님을 비추어 비와 구름이 갠 것 같고, 바다와 허공이 맑아진 것과 같아서 반야의 자비로운 배에 올라 바로 보리의 저 언덕에 도달하게 해준다고 했다. 그런데 마음을 깨닫는 것은 바로 듣고 보고 하는 이 자리를 떠나있지 않다는 것을 큰 호수에 달이 비친 광경에 견주어 보여주었다. 법왕의 권도權道와 실도實道에 따라 집에 이르고 나면 일찍이 길을 걸은 적이 없다고 말했다.

종경선사의 이 설명에 대하여 함허스님은 자세한 해설을 붙였다. 여래장에는 증득한 바의 진리眞理인 공여래장空如來藏과 증득하는 진지眞智인 불공여래장不空如來藏이 있다 하고, 전자는 형상이 끊어져 허공과 같으며, 후자는 이치를 비추기를 해와 같이 한다고 하였다. 그리고 이 두 가지는 따로 떨어져 있지 않고 한 덩어리라 하였다. 제8식이 자성 여래를 덮고 있어 여래장이라 하고, 조사관은 성인과 범부가 다 뚫기 어렵기 때문에 관문關門이라 했다. 그러나 반야를 가지고 여래장을 비우고 조사관을 부수어 진상을 드러나게 할 수 있다 하였다.

삼심三心은 제8근본심根本心, 제7의본심依本心, 전전6기사심起事心인데 진상眞常이 드러나면 이 삼심이 움직이지 않고 여섯 비유가 드러난다고 했다. 여섯 비유는 삼심이 움직이지 않으면 업장이 저절로 없어져 재앙이 없는 것을 청색靑色에, 무루공덕無漏功德이 넉넉히 갖추어지는 것을 황색黃色에, 남이 없는 지혜가 나는 것을 적색赤色에, 의심의 혼탁함이 저절로 맑아지는 것을 백색白色에, 항상 진공眞空에 머무는 것을 공색空色에, 삼독三毒이 저절로 사라지는 것을 벽색碧色에 각각 비유한 것을 말한다. 사구게四句偈는 형상 없는 경전을 가지고 내가 없는 이치를 깨달아 내가 없는 실천을 하게 해주기 때문에 유루有漏의 과보를 가져오는 칠보의 보시보다 더 낫다고 했다. 범부를 초월하여 도를 깨치게 하고 생사를 해탈하게 하여 구경에 이르게 하는 사구게의 공덕을 더 제시했다.

현묘玄妙하고 심오深奧한 뜻이 오지奧旨인데 이것은 부싯돌 불과 번갯불과 같이 밝지만 신속하여 잡을 수 없고, 순수하고 잡됨이 없는 기틀이 진기眞機인데 은산철벽銀山鐵壁 같이 견고하여 뚫기 어렵고, 높고 멀어서 올라 갈 수 없다고 했다. 한량을 넘어서는 놈은 전광석화電光石火를 잡고 은산철벽을 뚫겠지만, 그렇지 못한 후학을 위하여

이 경전 32분에 차례로 제강提綱과 송頌을 지어 붙이니, 날카로운
근기를 지닌 사람은 한 번 보면 오지와 진기가 눈앞에 분명한 것을
볼 것이라고 하였다.

거짓된 인연 때문에 있는 것으로 보지만 만법이 본래 비어 있고,
오음五蘊이 있지 않음을 지혜로 비추어 아는 것이 반야의 배에 올라
바로 저 언덕에 도달하는 것이라 하였다. 큰 호수에 달이 비친다는
것은 부처님의 가르침이 세간을 떠나있지 않기 때문에 불교의 분명하
고 큰 뜻을 알려고 하면 하루 일상생활 가운데서 엿보아야 근원을
알 수 있다 하고, 그렇게 하는 것이 기쁘기는 하지만 상대에게 들어
보여줄 수는 없다고 했다.

교화에는 권도權道와 실도實道가 있고 조照와 용用이 있는데, 말
없는 가운데 가르침을 일으킨 것이 권도와 실도가 나란히 시행되는
것이라 하였다. 빠른 교화로 오욕五欲의 바다가 마르고, 아인我人의
산이 넘어진다고 하고, 원음圓音이 있는 곳에서는 걸음을 걷지 않고
곧 집에 이른다고 하였다.

함허선사해의

涵虛禪師解義

일체 중생이 안으로 갖가지 지혜를 함유하고 있는 것이 부처님과 다르지 않건마는, 다만 미혹迷惑하고 전도顚倒됨으로 망령妄靈되게 나와 남을 헤아려 업의 구덩이에 빠져서 반성할 줄 모른다. 그래서 석가노인이 도솔천으로부터 신왕궁에 내려와 마야부인의 태중에 들어감을 보이시고, 달이 차서 태에서 나와 일곱 걸음을 두루 걸으며 눈으로 사방을 돌아보고 하늘을 가리키고 땅을 가리키셔서 "하늘 위와 하늘 아래에 오직 내가 홀로 높다."고 사자후를 하셨다. 나이 19세가 되어 네 문에 나가 다니다가 생로병사生老病死 네 가지가 서로 핍박함을 보시고, 한밤중에 성을 넘어 출가하여 설산雪山에 들어가 6년을 고행하다가, 12월 8일에 명성明星을 보고 도를 깨달으셨다. 처음에 녹야원에 가서 사제四諦의 법륜을 굴리고, 다음은 아함부와 방등부 등을 말씀하여 점차 근성根性을 순수하고 익숙하게 하고, 마침내 이 반야부를 말씀하셔서 부처님의 지견에 깨달아 들어감을 열어 보이시니, 대웅大雄이 반야를 연설하심이 모두 네 곳에서 14회였다.

一切衆生이 內含種智호미 與佛無殊언마는 但以迷倒로 妄計我人하야 淪沒業坑하야 不知反省일새 所以로 釋迦老人이 示從兜率하사 降神王

宮하사 入摩耶胎하사 月滿出胎에 周行七步하시며 目顧四方하시고 指天
指地하사 作獅子吼하사대 天上天下에 唯我獨尊이라하시고 年至十九에
四門遊觀하사 觀生老病死의 四相相逼하시고 子夜에 踰城出家하사 入雪
山하야 六年苦行하시다가 臘月八夜에 見明星悟道하시고 初遊鹿苑하사
轉四諦法輪하시고 次說阿含方等等部하사 漸令根性純熟케하시고 方說
此般若大部하사 開示悟入佛之知見하시니 夫大雄氏之演說般若하시미
凡四處十六會라

21년이 지나며 반천 여 부半千餘部를 말씀하시니, 모든 부部 가운데
유독 이 한 부를 앞에 금강으로 비유함은 이 한 부가 간략하지만
넓은 것을 포함하고 금강의 한 비유가 널리 모든 뜻을 함축한 까닭이다.
반야는 지혜라고 번역하니, 무엇을 이름하여 지혜라고 하는가? 허공
이 법을 말하거나 법을 이해하지 못하며, 사대四大가 법을 말하고
법을 들을 수 없고, 다만 지금 눈앞에 역력하고 홀로 밝은, 모양
없는 것이 능히 법을 말하고 법을 들으니 말하고 듣는 홀로 밝은
이것이 하늘에 빛나고 땅을 비추며, 옛날에 빛나고 지금에 드날려,
가고 머물고 앉고 누우며, 말하고 침묵하고 움직이고 고요한 일체시일
체처一切時一切處에 밝고 신령하여 분명하게 항상하니, 이것이 반야라
는 이름을 얻은 까닭이다. 금강으로 비유한 뜻은 이르자면 어떤 것인
가? 이 하나의 홀로 밝은 것이 일만 가지 변화에 처해도 여여如如하여
움직이지 않고, 넓은 겁劫에 빠져도 완연하게 항상 있으니 마땅히
금강의 견고한 데에 비유했고, 대나무의 정령精靈을 베어 끊고 하늘에
가득한 갈등을 절단하니, 마땅히 금강의 날카로움에 비유했으니 금강

으로 비유하신 그 뜻이 이 때문이다. 또한 마하반야摩訶般若라고
이름하니, 마하는 크다고 번역하니 무엇을 이름하여 크다고 하는가?
이 하나의 홀로 밝은 것이 그 밝기를 말하자면 해와 달보다 더 밝고,
그 덕을 말하자면 하늘과 땅보다 더 높고 그 도량이 광대하여 허공을
능히 싸고 몸이 일체에 두루 하여 있고 있지 않음이 없다. 삼세三世에
처음부터 사이에 끊어진 때가 없고, 시방十方에 도무지 비고 빠진
데가 없으니, 이것이 마하摩訶라는 이름을 얻은 까닭이다.

經二十一載에 說半千餘部하시니 於諸部中에 獨此一部를 冠以金剛하
사 以爲喩者는 此之一部ㅣ 以約該博하고 金剛一喩ㅣ 廣含諸義故로 以
爲喩也요 般若는 此翻爲智慧니 何名爲智慧오 虛空이 不解說法聽法하
며 四大ㅣ 不解說法聽法하고 只今目前에 歷歷孤明한 勿形段者ㅣ 能說
法聽法也니 此說聽底一段孤明이 輝天鑒地하고 曜古騰今하야 行住坐
臥와 語默動靜하난 一切時一切處에 昭昭靈靈하야 了然常知하나니 此所
以得名爲般若也라 喩以金剛하신 意謂何以오 此一段孤明이 處萬變而
如如不動하고 淪浩劫而宛爾常存하니 宜乎比乎金剛之堅也요 斬斷竹
木精靈하고 截斷彌天葛藤하니 宜乎比乎金剛之利也니 喩以金剛하신
其意以此며 亦名摩訶般若니 摩訶는 此翻爲大니 何名爲大오 此一段孤
明이 語其明則明逾日月하고 言其德則德勝乾坤이요 其量이 廣大하야
能包虛空하고 體遍一切하야 無在不在라 三世에 初無間斷時하고 十方에
都無空缺處하니 此所以得名爲摩訶也니라

바라밀波羅蜜은 번역하면 도피안到彼岸이니, 어찌 도피안이라 이름하

는가? 미혹한 사람을 중생이라 하고 깨달은 사람을 부처라 하니, 구름이 걷히고 비가 개어 바다가 깨끗하고 허공이 맑아서 비 갠 뒤 달과 맑은 바람이 서로 조화하고, 산 빛과 물색이 서로 비추는 것은 깨친 사람의 경계이고, 안개가 끼고 구름이 덮어 위는 밝은데 아래가 어두워서 해와 달의 빛이 가려지고 산천의 그림자가 숨는 것은 미혹한 사람의 경계이다. 미혹하여 깨달음을 등지고 티끌과 합치됨이 이름이 이 언덕에 있는 것이고, 깨달아 티끌을 등지고 깨달음과 하나가 됨이 이름이 저 언덕에 이르는 것이다. 이것이 바라밀이라 이름을 얻은 까닭이다. 경經이란 지름길이니, 위와 같은 오묘한 뜻을 설명하여 뒷사람이 나갈 지름길을 열어주어 다른 길을 가지 않고 바로 보물이 있는 장소에 이르게 하니, 이것이 경經이란 이름을 얻은 까닭이다. 또 간략하게 해석하여 마하반야摩訶般若라는 것은 범부와 성인을 관통하여 만유萬有에 해당하고 광대하여 끝 없는 지혜이고, 금강반야金剛般若는 견고하여 스스로 무너지지 않고 날카로워 다른 것을 끊을 수 있어 범부를 녹이고 성인을 단련하는 지혜이다. 바라밀이란 이와 같은 뜻을 깨닫고 이와 같은 행동을 실천하여 이사해二死海[85]를 넘어서 삼덕안三德岸[86]에 도달하는 것이다. 경經이란 이와 같은 말로

---

85 이사해二死海: 여기서는 양극단兩極端을 의미하는 듯하다.

86 삼덕안三德岸: 자리이타自利利他의 세 가지 덕으로 부처님과 평등한 일체를 아는 지혜인 지덕智德, 온갖 번뇌를 다 끊어 남김이 없는 부처의 덕인 단덕斷德, 부처가 중생을 해탈케 하는 덕인 은덕恩德을 말한다. 열반을 얻은 이가 갖춘 세 가지 덕으로는 고과苦果를 벗어나 상주불멸常住不滅하는 부처의 본체를 얻은 법신덕法身德, 만유의 실상을 아는 참된 지혜의 반야덕般若德, 지혜에

이와 같은 뜻을 설명하여 당세에 이익을 나타내주고 후대에 선례를 남기니 혹『금강반야바라밀경金剛般若波羅蜜經』이라 이름하고, 혹 『마하반야바라밀경摩訶般若波羅蜜經』이라 이름한 것이 그 뜻이 이러하기 때문이다. 제목을 여덟 자로 하여 한량없는 뜻을 다 총괄하고, 경전 한 부로 헤아리기 어려운 가르침을 포괄하니, 제목으로 여덟 자를 일컬음에 생각이 한 장藏을 지나가고, 경전이 사구게를 가져서 덕이 강의 모래 수보다 많다. 경전의 뜻과 과보를 부처님께서 헤아리고 의론할 수 없다고 하심이 이 때문이다. 그러나 이것은 다만 교학을 가지고 논한 것뿐이거니와, 만약 조종문하祖宗門下에서 한 권의 경전을 가지고 말하자면 들이쉬고 내쉬는 데서 항상 경전을 굴리니 어찌 종이와 먹의 모양을 기다린 연후에 경전이라 하겠는가? 그래서 옛사람이 말씀하셨다.

반야바라밀 이 경전은 색깔과 소리가 아니니
한문으로 부질없이 번역하고
범어로 억지로 이름을 붙였도다!
발을 걷으니 가을 날씨가 차고,
창문을 여니 새벽 기운이 맑네.
이와 같이 이해하면 제목 더욱 분명할 것이네.

의하여 참다운 자유를 얻은 해탈덕解脫德이 있다. 『구사론』에는 모든 부처의 인과因果의 세 가지 덕으로 인원덕因圓德, 과원덕果圓德, 은원덕恩圓德 등이 나와 있다.

波羅蜜은 此翻爲到彼岸이니 何名爲到彼岸고 迷之者曰衆生이요 悟之
者曰佛이니 雲收雨霽하고 海湛空澄하야 霽月光風이 相和하고 山光水色
이 互映은 此悟者之境界也요 霧罩雲籠하고 上明下暗하야 日月이 掩其
明하고 山川이 隱其影은 此迷者之境界也라 迷之而背覺合塵이 名在此
岸이요 悟之而背塵合覺이 名到彼岸이니 此所以得名爲波羅蜜也라 經
者는 徑也니 詮如上之妙旨하사 開後進之徑路하야 令不涉乎他道하고
能直至乎寶所니 此所以得名爲經也니라 又略而釋之則摩訶般若者는
通凡聖該萬有하야 廣大無邊之智慧也요 金剛般若者는 堅不壞利能斷
하야 鎔凡鍛聖之智慧也라 波羅蜜者는 悟如是旨하고 行如是行하야 超
二死海하야 達三德岸也라 經者는 以如是言으로 詮如是旨하야 現益當
世하고 成轍後代也니 或名金剛般若波羅蜜經하며 或名摩訶般若波羅
蜜經이 其義以此라 題以八字로 摠無量義하고 經以一部로 攝難思敎하
니 題稱八字에 念過一藏이요 經持四句에 德勝河沙라 經義與果報를 佛
稱不思議하시며 蓋以此也라 然이나 此는 只是約敎論耳어니와 若約祖宗
門下一券經하야 言之則入息出息에 常轉經이어니 豈待形於紙墨然後
에 以爲經哉리요 所以로 古人이 道하사대

般若波羅蜜은 此經이 非色聲이니

唐言에 謾飜譯이요 梵語에 强安名이로다

捲箔秋光冷하고 開窓曙氣淸이라

若能如是解하면 題目이 甚分明이라하시니라

요지   중생의 미혹함을 깨우쳐 주기 위하여 부처님께서 도솔천에서 내려와 마야부인의 태胎에서 나고, 출가하여 깨닫고, 처음 사제四諦 법문을 하고, 이어서 아함부와 방등부를 가르쳐 점차 중생의 근기를 순수하고 익숙하게 하여 오백 부의 반야부를 가르친 경과를 설명했다.

그리고 『금강반야바라밀경』과 『마하반야바라밀경』이라는 경전 이름이 가지는 뜻을 자세하게 해설했다. 금강金剛은 영원히 변하지 않음을 뜻하고, 허공을 감싸고 일체처에 두루 하는 큰 것을 마하摩訶라 하고, 어느 때 어느 곳에서나 밝은 지혜를 반야般若라 하고, 티끌을 등지고 깨달음과 하나가 됨을 저 언덕에 간다는 뜻으로 바라밀波羅蜜이라 하고, 경經은 보물이 있는 장소에 바로 가게 하는 지름길이라는 뜻이라 했다. 마하반야摩訶般若는 끝없는 지혜이고, 금강반야金剛般若는 범부를 녹이고 성인을 단련하는 지혜라는 뜻이라 했다.

그러나 교학이 아닌 조종문하祖宗門下에서 보면 숨 들이쉬고 내쉬는 것이 경전을 굴리는 것이니, 종이와 먹으로 된 것을 경전이라 하겠는가 라고 하고, 색깔과 소리를 떠난 반야바라밀般若波羅蜜의 뜻을 옛사람의 선적禪的 표현을 빌려 드러냈다.

金剛般若波羅蜜經

上

금강반야바라밀경 상

법회의 유래 제1
法會因由分 第一

🪷

이와 같이 내가 들었으니, 한 때에 부처님께서 사위국 기수급고
독원에 대비구 대중 일천이백오십 명의 사람들과 함께 계셨더니

如是我聞하사오니 一時에 佛이 在舍衛國祇樹給孤獨園하사 與
大比丘衆千二百五十人으로 俱러시니

육조 여如란 가리킨다는 뜻이고, 이것(是)이란 지정하는 말이
니, 아난이 스스로 "이와 같은 법을 내가 부처님께로부터 들었다"고
일컬은 것은 자기가 말한 것이 아님을 밝힌 것이다. 그러므로
이와 같이 내가 들었다고 말씀하셨다. 또 아我라는 것은 자성自性이
다. 자성인즉 나이니, 안과 밖의 동작이 모두 자성에 말미암아서
일체를 다 듣는 까닭으로 내가 들었다고 일컬었다. 한 때라고
말한 것은 스승과 제자[87]가 만나서 함께 모인 때이다. 부처라는
것은 설법하는 주체이니, 재在라는 것은 처소를 밝히고자 함이고,

---

[87] 스승과 제자(師資): 사자師資는 스승이라는 의미도 있고, 스승과 제자를 아울러
지칭하기도 한다. 여기서는 사제師弟라는 뜻으로 후자이다.

사위국은 파사익왕이 살던 나라이다. 기祗는 태자의 이름이니, 숲(樹)은 기타태자祇陀太子가 시주한 까닭에 기수祇樹라고 말했고, 급고독給孤獨은 수달장자須達長者의 다른 이름이니 원園은 본래 수달장자에게 속해 있었기 때문에 급고독원이라 말했다. 불佛은 범어梵語인데 한문으로 '깨닫는다'는 뜻이다. 깨달음의 뜻에 두 가지가 있으니 첫째는 밖을 깨닫는 것(外覺)이니 모든 존재가 비었다는 것을 보는 것이고, 둘째는 안을 깨닫는 것(內覺)이니 마음이 비고 고요함을 알아 육진六塵에 오염되지 않아서 밖으로 남의 과오를 보지 않고 안으로 삿된 데에 미혹되지 않는 까닭으로 이름하여 깨닫는다 하니, 깨달음이 곧 부처이다. 여與라는 것은 부처님께서 비구들과 함께 금강반야의 위없는 도량에 머무는 까닭에 여與라고 말했다. 대비구大比丘라는 것은 위대한 아라한阿羅漢이기 때문이니, 비구는 범어이고, 한문에 여섯 도둑을 깨뜨릴 수 있는 까닭에 비구라 이름했다. 중衆은 많은 것이니 1,250인은 그 숫자다. 구俱는 평등한 법회에 함께 자리한 것이다.

如者는 指義요 是者는 定詞니 阿難이 自稱如是之法을 我從佛聞은 明不自說也라 故로 言如是我聞이라하시니라 又我者는 性也라 性卽我也니 內外動作이 皆由於性하야 一切를 盡聞故로 稱我聞也라 言一時者는 師資會遇齊集之時라 佛者는 是說法之主니 在者는 欲明處所요 舍衛國者는 波斯匿王所居之國이라 祇者는 太子名也니 樹是祇陀太子所施故로 言祇樹요 給孤獨者는 須達長者之異名이니 園이 本屬須達故로 言給孤獨園이라 佛者는 梵語어든 唐言에 覺也라 覺義有二하니 一者는

外覺이니 觀諸法空이요 二者는 內覺이니 知心空寂하야 不被六塵에 所
染하야 外不見人之過惡하고 內不被邪迷에 所惑故로 名曰覺이니 覺이
卽佛也라 與者는 佛이 與比丘로 同住金剛般若無上道場故로 言與也라
大比丘者는 是大阿羅漢故니 比丘者는 是梵語어든 唐言에 能破六賊故
로 名比丘라 衆은 多也니 千二百五十人者는 其數也라 俱者는 同處平等
法會라

야부 이와 같음이여!

如是여

설의 이와 같다는 말을 옛사람이 여러 가지로 말하되, 지금 천노川老[88]
는 유무有無가 둘 아님을 여如라고 한 것과 여如가 유무有無가 아님을
시是라고 한 것을 취했다.

如是之言을 古人이 說有多途호대 今川老는 蓋取有無不二爲如와 如非
有無爲是라

옛사람이 말씀하시되 "여여如如라고 부르면 일찍이 이것은 변해버
린다." 하셨다. 또 말하라. 어느 곳을 향하여 변해가는가? 돌咄!
어지럽게 달리지 말라. 필경에 무엇인가? 불을 말하여도 입을
태운 적이 없다.

---

88 천노川老: 야부 도천선사冶父道川禪師.

古人이 道하사대 喚作如如인댄 早是變了也라하시니 且道하라 變向甚麼
處去오 咄 不得亂走어다 畢竟作麼生고 道火不曾燒却口니라

남천이 강사에게 "무슨 경전을 강설하는가?"라고 물으니 "『열반경』을
강설합니다."라고 말했다. "경전 가운데 무엇을 극칙極則으로 삼는
가?"고 물으니, "여여如如로 극칙을 삼습니다."라고 답했다. "여여라
고 부르면 일찍 변해가니, 모름지기 이류異類 가운데를 향하여 가서
이류 가운데의 일을 취한다고 일러야 비로소 옳다." 하시거늘, 법진일
法眞一이 송頌하여 일렀다.

　열반적멸涅槃寂滅이 본래 이름이 없으니,
　여여라고 부르면 일찍이 변하네.
　만약 경전 가운데 극칙極則이 무엇인가 물으면
　돌사람이 밤중에 나무닭(木鷄) 소리를 듣는다.

열반적멸이 본래 이름이 없으니, 만약 이름을 세우면 변이變異되어
가는 것을 면할 수 없다. 모름지기 이류異類 가운데로 가서 이류
가운데의 일을 가져와 원만하게 굴려 저촉되지 않는다고 말해야
비로소 옳다. 또 말하라. 어느 곳을 향하여 변해가는가? 돌! 어지럽게
달리지 말라. 만약 변하거나 변하지 않는 것으로 헤아리면 또 도리어
옳지 않으니 필경에 무엇인가? 열반적멸이 비록 본래 이름이 없으나
또한 이름을 인해 체體를 드러내는 것이 무방하니 무엇이 이와 같은가?
이름을 말할 때에 일찍이 바람이 불어도 들어오지 않고 물을 뿌려도
젖지 않는다. 다만 한 덩어리 온몸에 찬 빛이 있으니 여여라고 부른들

무엇이 변해가겠는가?

南泉이 問講師하사대 講甚麼經고 云호대 講涅槃經이니다 云하사대 經中에 以何로 爲極則고 云호대 以如如로 爲極則이니다 云하사대 喚作如如인댄 早是變了也니 須向異類中行하야 道取異中事하야사 是得다하야시늘 法眞一이 頌云하사대

涅槃寂滅이 本無名하니 喚作如如早變生이라
若問經中何極則하면 石人이 夜聽木鷄聲이라하시니

謂涅槃寂滅이 本無名字하니 若立名字하면 未免變異去在니 須向異類中行하야 道取異中事하야 圓轉不觸하야사 是得다 且道하라 變向甚麼處去오 咄 不得亂走어다 若以變不變으로 商量하면 又却不是也니 畢竟作麼生고 涅槃寂滅이 雖本無名이나 亦不妨因名現體니 爲甚如此오 說名之時에 早已風吹不入이요 水灑不著이라 只有一段通身寒光하니 喚作如如인달 有甚變去리오

송 여如라는 여如여!
고요한 밤 높은 하늘에 달이 하나 외롭도다!

如란 如여 靜夜長天에 一月孤로다

물과 파도가 둘이 아니고
파도와 물이 다르지 않으니,
맑고 고요한 때에 본래 분명하고,

밝고 분명한 곳에 또한 고요하도다!

水與波ㅣ無二하고 波與水ㅣ不別하니
淸寥寥時에 元的的이요 白的的處에 亦寥寥로다

시是라는 시是여! 물이 파도를 떠나지 않으니 파도가 곧 물이다.
거울 같은 물에 바람이 불지 않을 때에 응하여 나타내어 티끌
없이 하늘과 땅을 비추니 보고 보라.

是란 是여 水不離波波是水라 鏡水塵風不到時에 應現無瑕照天地니
看看하라

물을 가리킴에 온전히 파도이고, 파도를 가리킴에 온전히 물이다.
비로화장毘盧華藏이 낱낱의 물건이요, 삼라만상森羅萬象이 온전한
기틀로서 때垢가 없다. 기틀에 때가 없어 본래 맑고 깨끗하다(淸淨).
거울이 깨끗하고 물이 맑아 바람과 티끌이 이르지 않으니, 맑디 맑은데
밝고 분명하여 천지天地를 비추고 고금古今에 빛나도다! 알려고 하는
가? 알려면 높이 착안着眼하라.

指水全是波요 指波全是水라 毘盧華藏이 物物頭頭요 萬象森羅ㅣ全機
無垢하니 機無垢하야 本淸淨이라 鏡淨水澄하야 風塵이 不到하니 湛湛地
에 明歷歷하야 輝天鑒地하고 曜古騰今이로다 要會麽아 要會인댄 高着眼
이어다

나여!

我여

하늘을 가리키고 땅을 가리키는 독립한 사람이다.

指天指地獨立低人이라

야부 깨끗하여 옷 벗은 것과 같고, 붉어서 물 뿌린 것[89]과 같아서 잡을 수가 없음을 이르도다!

淨裸裸赤洒洒하야 沒可把로다

옛사람이 말하되 하하 웃은 것이 이 무엇인가? 남북동서에 오직 나라 하니, 비록 남북동서에 오직 나라 하나 일체 모든 곳에 모색해도 잡을 수 없으니, 이것은 경계 위에 시위施爲함이 온통 크게 있으나 안과 밖, 중간에 찾아도 다 없음을 이르도다!

古人이 道하사대 阿呵呵是甚麼오 南北東西에 唯是我라하시니 雖云南北東西에 唯是我나 爭乃一切處에 摸索不着이니 是可謂境上施爲渾大有나 內外中間覓撦無로다

---

[89] 본래 이 표현은 '붉어서 옷 벗은 것 같고 깨끗해서 물 뿌린 것 같다(赤裸裸淨洒洒)'인데, 여기서는 이 둘을 고의로 섞어 표현한 것으로 보인다.

송 나라는 나여!

인식하면 분명히 두 개가 되고,

조금도 움직이지 않으면 본연本然에 합치하니,

소리 아는 사람(知音)에게 절로 솔바람의 화답이 있도다!

我란 我여 認得分明成兩箇라

不動纖毫合本然하니 知音은 自有松風和로다

만약 내가 있다고 말하면 눈에 가루가 들어간 것이고, 만약 내가 없다고 말하면 맨살을 긁어 상처를 내는 것이다. 그래서 말하되 내가 있어 곧 호응하면 도리어 도달하지 못하고, 만약 내가 없다고 하면 더욱 어리석다 하니, 한 몸 위에 두 가지 견해여! 허공을 쪼개어 두 쪽을 만드는 것이다. 두 가지에 다 빠지지 않아야 바야흐로 여여如如함에 계합하니,

집안 밭을 밟고

남이 없는 곡조를 부르도다!

남이 없는 곡조에 누가 화답하겠는가?

쏴아 하는 솔바람 소리 맑은 소리를 보내도다!

若道我有인댄 眼中着屑이요 若道我無인댄 肉上剜瘡이니 所以로 道호대 有我直應還未達이요 若言無我更愚癡라하니 一體上에 兩般見이여 析虛空作兩片이라 兩頭俱不涉하야사 方得契如如니

踏得家田地하야 唱出無生曲이로다

無生曲子를 孰能和오 蕭蕭松籟ㅣ送淸音이로다

들음이여!

聞이여

본래 이 하나의 순수하고 밝음(精明)[90]이 나누면 여섯의 화합[91]이 되고, 화합된 곳에서 얼핏 보면 보는 자리가 참으로 듣는 것이다.

本是一精明이 分爲六和合이니 合處에 如瞥地하면 見處ㅣ是眞聞이니라

야부 남[92] 따라감을 간절히 꺼릴지어다.

切忌隨他去어다

귀에 가득한 것이 소리가 아니거니 들리는 것은 무엇이며, 텅 비어 내가 없으니 듣는 이는 무엇인가? 통달하기를 이와 같이 하면 앵무새 노래와 제비 소리를 시끄러운 대로 맡겨 두거니와, 만약 그러하지 못하면 궁상각치宮商角徵의 소리가 나를 변화시켜 항상 끌고 갈 것이다. 그래서 말하되 남 따라감을 간절히 꺼리라고 했다.

---

90 하나의 순수하고 밝음(精明): 본래 그 자리.

91 여섯의 화합(六和合): 안이비설신의眼耳鼻舌身意

92 남(他): 객관客觀.

滿耳非音이어니 聞箇甚麼며 廓然無我어니 聞底는 是甚麼오 了得如是하면 鶯歌與鵲語를 從敎鬧浩浩어니와 若未如然인댄 宮商並角徵ㅣ化我常抽牽하리니 所以로 道호대 切忌隨他去라하니라

송 원숭이는 고갯마루에서 울고,
학은 숲속에서 지저귀네.
조각구름은 바람이 걷고,
물은 긴 여울에서 솟구치도다!
가장 좋아하기는 늦가을 서리 내리는 한밤중에
한 소리 새 기러기 하늘 찬 것을 알려주는 것이도다!

猿啼嶺上하고 鶴唳林間이라
斷雲風捲하고 水激長湍이로다
最好晩秋霜午夜에 一聲新鴈覺天寒이로다

학과 원숭이 울음소리 귀에 들려오니
누가 원통문圓通門이 크게 열린 것을 알겠는가?
듣는 것을 돌이켜 듣는 곳에 마음길이 끊어지면[93]
온갖 소리[94] 귀에 가득해도 티끌이 되지 않으리.
듣지 않는 것이 듣는 데 걸린 적이 없으니

---

93 분별심이 떨어짐.
94 온갖 소리(八音): 여덟 가지 재료인 포토혁목금석사죽匏土革木金石絲竹으로 내는 모든 소리로 여기서는 일체 모든 소리를 뜻한다.

낱낱이 나를 위해 남이 없음無生을 말해주도다!

고요한 밤 가을하늘에 날아가는 기러기 소리여!

한 소리 보내서 날씨 찬 것 알려주도다!

또 말하라, 이것은 듣는 것인가? 듣지 않는 것인가?

맑고 엷은데 어찌 성색聲色 바깥에 구애되며

비고 한가한데 어찌 있고 없음에 떨어지겠는가?

鶴唳猿啼聲入耳하니 誰信圓通門大啓오

反聞聞處에 心路斷하면 八音이 盈耳不爲塵하리라

不聞이 曾不礙於聞하니 頭頭爲我話無生이로다

夜靜秋空征雁響이여 一聲聲送報天寒이로다

且道하라 是聞가 不是聞가

淡薄豈拘聲色外며 虛閑寧墮有無中이리요

하나여!

一이여

천지의 뿌리이고 만 가지 변화의 근원이다. 천 가지 길이 함께 저것을 향하고, 만 가지 형상이 다 이것에서 근원한다.

天地之根이요 萬化之源이라 千途ㅣ 共向於彼하고 萬像이 皆宗於此라

110

야부 서로 따라오도다!

相隨來也로다

삼계의 모든 법이 다 이로부터 일어나니, 병사가 대장인大將印을
따라 움직이고 그림자가 형상을 따라 생기도다!

三界萬法이 皆從斯起하니 兵隨印轉이요 影逐形生이로다

송 하나라는 하나여!
  둘⁹⁵을 깨고 셋⁹⁶을 이루는 것 여기에서 나오네.
  하늘과 땅 혼돈하여 나누어지기 전
  이것으로 일생 참구하고 배우는 일 마치도다!

  一이란 一이여 破二成三이 從此出이라
  乾坤混沌未分前에 以是一生參學畢이로다

둘을 깨뜨리는 것도 하나로써 하며, 셋을 이루는 것도 또한 하나로써
하니, 이루고 깨뜨리는 것이 다 이로부터 이루어진다. 일어나 오는
것이 하늘과 땅보다 먼저 하고, 형상이 없어 본래 고요하니 만상의
주인이 되고, 또한 모든 부처의 어머니가 된다. 만약 사람이 이것을
통달하면 일에 두루 통하지 못할 것이 없다.

---

95 둘(二): 양극단兩極端.
96 셋(三): 살殺, 활活, 살활동시殺活同時.

破二도 以一也며 成三도 亦以一也니 成之破之ㅣ 皆從斯得이라 興來先
天地요 無形本寂寥하니 能爲萬像主요 亦爲諸佛母라 若人이 了得此하
면 無事不圓通하리라

때여!

時여

원겁遠劫과 한 생각이 걸림이 없고 옛날과 지금, 시작과 끝이 다
통하니 어째서 이와 같은가? 움직이고 고요함에 항상 청산 가운데
있도다!

遠劫一念이 無碍하고 古今始終이 該通하니 爲甚如此오 動靜에 常在靑
山中이로다

야부 고기가 물을 마심에 차고 따뜻한 것을 저절로 아는 것과
같다.[97]

如魚飮水에 冷暖을 自知로다

어찌하여 차고 따뜻한 맛인가? 밝은 달, 집 앞에는 시간 시간 여름[98]이
요, 태양 아래는 나날이 가을[99]이다. 이 맛을 아는 사람이 없으니,

---

97 活活.
98 여름(九夏): 구하九夏는 여름 90일을 말한다.

112

몸소 맛을 봐야 스스로 안다.

怎生是冷暖底滋味오 明月堂前에 時時九夏요 太陽門下에 日日三秋라
此味를 無人識하니 親嘗하야사 是自知니라

송 때라는 때여!
　맑은 바람, 밝은 달이 항상[100] 서로 따르네.
　복숭아 붉고 오얏은 희며, 장미 붉은 것을
　물어봐도 봄[101]은 스스로 알지 못하도다![102]

　時란 時여 淸風明月이 鎭相隨라
　桃紅李白薔薇紫를 問着東君自不知로다

맑은 바람과 밝은 달을 다르다고 이해해서는 안 되니, 맑은 바람이
불 때에 밝은 달이 비치고, 밝은 달이 비칠 때 맑은 바람이 분다.
복숭아와 오얏, 장미는 봄이 만든 물건이로되 봄이 알지 못하고,
맑은 바람과 밝은 달은 사람마다 받아쓰는 집안일이로되 사람마다
모른다. 이해 못하고 알지 못함이여! 사람 사람이 다 한 쌍의 눈썹을
가지고 있고, 개개의 면전에 다시 사람이 없도다! 〈착어着語〉에 이르

---

99 가을(三秋): 삼추三秋는 가을 석 달을 말한다.

100 항상(鎭): '진鎭'을 언해본에서는 '댱샹長常'이라고 번역했는데, 이를 따라 '늘,
　항상'이라는 뜻으로 해석했다.

101 봄(東君): 봄.

102 살殺.

기를 "스스로 안다."라고 하고, 〈송頌〉에 이르기를 "알지 못한다."고 하니, 알지 못한다는 것과 스스로 안다는 것이 서로 거리가 얼마인가? 다만 알지 못하는 것을 알면 이것이 진실로 스스로 아는 것이다.

淸風明月을 不得別會니 淸風拂時에 明月照하고 明月照時에 淸風拂이라 桃李薔薇는 東君造化底物事로대 東君이 不知하고 淸風明月은 人人受用底家事로대 人人이 不會하나니 不會不知여 人人이 盡有一雙眉요 箇箇面前에 更無人이로다 着語云自知라하고 頌云不知라하니 不知與自知ㅣ相去多少오 但知不知하면 是眞自知니라

부처여!

佛이여

본원의 천진함이 옳은가? 상호로 장엄한 몸이 옳은가? 한 몸이 나누어져 두 가지로 향하는 마음을 짓도다!

本源天眞이 是아 相好嚴身이 是아 一身이 分作兩鄕心이로다

야부 면목 없이 시비를 말하는 놈이로다!

無面目, 說是非漢이로다

형체가 없어도 도리어 그림자가 있으니, 사람을 만나 시비를 말하도다!

無形還有像하니 逢人說是非로다

송 어릴 때 이름은 실달이고 어른 때 이름은 석가이네.
사람 제도하기 헤아릴 수 없이 하고 삿된 무리 잡아 조복시켰도
다!
만약 그를 부처라 말하면 자기는 도리어 마군魔軍이 되니,
다만 한 개의 구멍 없는 피리를 잡고
그대를 위하여 태평가를 연주하도다!

小名은 悉達이요 長號는 釋迦라
度人無數하사 攝伏群邪로다
若言他是佛인댄 自已는 却成魔니
只把一枝無孔笛하야 爲君吹起太平歌로다

세간과 출세간은 다 교화를 위한 방편이다. 비록 그러하기가 이와
같으나 오묘한 형상은 모양이 없고 참된 이름은 문자가 아니니, 모양과
이름을 어디에서 얻어 오겠는가? 강이 달 부르는 것을 인연하지
않으면 어찌 일체 존재에 호응할 줄을 알겠는가? 일체 존재에 호응함
이여! 많은 사람과 하늘이 바로 돌아갈 줄을 알고, 많은 마군의 무리가
삿됨을 돌이켜 바른 데로 돌아오니, 이것이 어지러움을 뽑고 바른
데로 돌아와서 태평을 이룬 것이거니와 모름지기 본래 태평함이
있다는 것을 알아야 비로소 옳다.

만약 보신報身과 화신化身을 부처라고 이른다면

자기의 천진함은 마침내 무슨 물건인가?

그대는 49년의 행적을 보라.

태허공太虛空 속에 번갯불이 번쩍 하는 것이로다!

그대는 49년의 가르침을 보라.

방편으로 누른 낙엽을 가지고 아이 울음을 그치게 하는 것이로다!

오직 하나 크게 잊기 어려운 자리가 있으니,

누른 낙엽과 구멍 없는 피리로

우리 집안의 겁외가劫外歌를 부른 것이로다!

겁외가로 무슨 일을 노래했는가?

사람마다 본래 태평함을 노래했네.

무엇이 본래 태평함인가?

사람마다 다리 아래에 맑은 바람이 불고,

개개인의 얼굴 앞에 밝은 달이 환하도다!

世與出世ㅣ俱是化儀라 雖然如是나 妙相은 無形하고 眞名은 非字니 形
之與名을 甚處에 得來오 不因江招月이면 爭知應萬般이리오 應萬般이여
多少人天이 言下에 知歸하고 多少魔群이 廻邪返正하니 此是拔亂返正
하야 致得太平이어니와 須知有本太平하야사 始得이니

若將報化云是佛인댄 自己天眞은 竟何物고

君看四十九年迹하라 太虛空裏에 生閃電이로다

君看四十九年說하라 權將黃葉止兒啼로다

唯有一處ㅣ也大難忘하니

黃葉葉底無孔笛으로 吹起吾家劫外歌로다

劫外歌歌何事오 歌詠人人本太平이니
怎生是本太平고
人人脚下에 淸風拂이요 箇箇面前에 明月白이로다

있음이여!

在여

주인 가운데 주인이여! 오랫동안 문을 나오지 않도다! 또 고요히 움직이지 않고, 또 홀로 집에 앉아있으니 고요하여 일이 없도다!

主中主여 長年을 不出戶로다 又寂然不動이라 又獨坐庵中寂無事로다

야부 나그네가 오면 모름지기 봐야 하니, 또한 놓아 보내지 말고 뒤따라가서 문득 쳐야 한다.

客來須看이니 也不得放過하고 隨後便打니라

만약 한결같이 집에만 있으면 곧 도중途中의 일[103]이 빠질 것이고, 한결같이 도중에만 있으면 집안의 일[104]에 소홀할 것이니 모름지기

---

103 도중途中의 일(途中事): 함허스님은 밖으로 형상을 따르는 일만을 뜻했으나, 실제는 부처가 교화하는 일이 될 수도 있다.

104 집안의 일(家裏事): 함허스님은 본질인 무無에 집착하는 일만을 뜻했으나, 실제는 본래 성불의 자리에 머무는 일이 될 수도 있다.

집에 있으면서 도중의 일을 저버리지 않으며, 도중에 있으면서도 집안의 일에 어둡지 않아야 비로소 옳다. 그래서 "묘희妙喜[105]가 어찌 무착無着의 물음을 용납하겠는가마는 구화漚和[106]가 어찌 절류기絶流機[107]를 저버리겠는가?"라고 말하였다. 또 나그네가 왔다고 이른 것은 감응하여 드디어 통하는 것이고, 얻지 못한다고 이른 것은 인연을 따르되 집착하지 않는 것이다. 또 나그네가 온다고 이른 것은 만약 나그네가 오는 것을 만나면 모름지기 잘 대접해야 한다는 것이고, 얻지 못한다고 이른 것은 이 나그네는 조금이라도 도둑의 기미[108]가 있을 수 있으니, 도둑의 기미가 있거든 모름지기 쳐서 죽여야 한다는 것이다.[109]

若一向坐在家舍하면 則途中事ㅣ闕이요 一向行在途中하면 則家裏事ㅣ疎니 要須在家舍而不虧途中事하며 在途中而不昧家裏事하야사 始得다 所以로 道하사대 妙喜ㅣ豈容無着問이리요마는 漚和론 爭負絶流機아하시니라 又客來云云은 感而遂通이요 不得云云은 隨緣無着이라 又客來云云은 若遇客來어든 須善待요 不得云云은 是客이 稍有賊氣在니 知有賊氣어든 須打殺이니라

---

105 묘희妙喜: 문수보살.
106 구화漚和: 도중의 일.
107 절류기絶流機: 집안의 일.
108 도둑의 기미(賊氣): 집착하는 것.
109 집착을 끊어야 한다는 말.

송 홀로 한 화로의 향화香火 옆에 앉아

금문金文[110] 두어 줄을 외우도다!

불쌍하다, 말 수레 탄 나그네여!

문 밖에 그 바쁜 데 맡겨 두도다!

獨坐一爐香하야 金文을 誦兩行이로다

可憐車馬客이여 門外에 任他忙이로다

집안의 일과 도중의 일을 함께 갖추어 실천해야 하는데 항상 도중에
있어서 집안일에 어두운 것이 가련한 것이다. 또 홀로 앉는다고 한
것은 고요하고 비춤이 둘이 아니라서 체와 용이 여여如如한 것이고,
가련하다고 한 것은 통달하지 못한 사람이 소리와 색깔의 세계 안에
앉아서 삼덕三德[111]의 저 언덕과 서로 거리가 너무 머니 이것이 가련한
것이다. 또 얽매이지 않고 홀로 앉아 눈이 성성惺惺하니, 저 도적
나그네를 문밖에서 바쁜 데 맡겨 두도다!

家裏事와 途中事를 一道俱行이니 常在途中하야 而昧於家裏事ㅣ是可
憐也라 又獨坐云云은 寂照不二하야 體用如如요 可憐云云은 未了底人
이 坐在聲色裏하야 三德彼岸에 相去太遠하니 是可憐也라 又脩然獨坐
眼惺惺하니 任他客賊門外忙이로다

---

110 금문金文: 금金은 양변을 여읜 것을 뜻하는데, 부처님의 말씀이 양변을 여읜
　　가르침이기 때문에 금문金文이라고 한다.

111 삼덕三德: 『열반경涅槃經』에서 말한 대열반大涅槃이 가진 법신덕法身德, 반야덕
　　般若德, 해탈덕解脫德의 세 가지 덕.

야부 대비구 대중 천이백오십 명과 함께함이여!

與大比丘衆千二百五十人으로 俱여

주인과 벗이 함께 참석하고, 말하고 듣는 이가 함께 모였다.

主伴이 交參하고 說聽이 同會라

한 손바닥이 그냥 울리지 않도다!

獨掌이 不浪鳴이로다

부처와 제자가 모여야 마침내 설법說法과 청법聽法이 이루어진다.

師資合會하야사 方成唱和라

송 우뚝하고 당당함이여![112] 만법 가운데 왕이다.[113]
32상이고 백천 종류의 빛이네.
성인과 범인이 우러러보며 외도가 귀의하고 항복하네.
자비로운 모습을 보기 어렵다고 말하지 말라.
기수급고독원祇樹給孤獨園의 대도량大道場 떠나지 않았도다!

---

112 그 자리를 알면 당당하면서도 겸손해진다. 세간에서는 당당하면 교만에 떨어지고, 겸손하면 비굴에 빠진다.

113 부처를 말하는 것이 아니고 보고 듣고 아는 우리 마음자리를 말한다.

巍巍堂堂이여 萬法中王이라
三十二相이요 百千種光이라
聖凡이 瞻仰하고 外道ㅣ 歸降이라
莫謂慈容을 難得見하라 不離祇園大道場이로다

진리에 의거하여 교화를 일으킴에 교화의 도가 바야흐로 이루어지고,
감응이 끝나 드디어 숨음에 진리는 항상 머물도다! 세간에서 "부처님
께서 가비라에서 태어나시고, 마갈타에서 도를 이루시고, 바라나에
서 설법하시고, 구시라에서 돌아가셨다." 이른다. 부처님께서 정반왕
궁에 시현示現으로 출생하시고[114], 19세에 출가하시며, 30세에 도를
이루시고, 세상에 49년간 머무시면서 3백여 회의 설법을 하시고,
연세 80에 입멸入滅을 보이시니, 입멸을 보인 이래로 지금까지 2천여
년이 되었다. 이런 행적을 보고 세간에서 '부처님도 오고 감이 있다.'고
이를 수 있지만, 실제에 의거해 보면 와도 온 데가 없어 달이 일천
강에 비친 것이고, 가도 간 데가 없어 허공을 여러 개로 쪼갠 것이로다!
이러하다면 비록 세상에 태어나셨다고 이르나 세상에 태어나신 적이
없고, 비록 입멸하셨다고 이르나 입멸하신 적이 없으시다. 그래서
'자비로운 모습을 보기 어렵다고 말하지 말라! 기원 대도량을 떠나지
않았다.'고 말하였으니, 자비로운 모습을 알고자 하는가? 비겨서
의론하고 사량하면 천만 리가 된다. 도량을 알고자 하는가? 눈 가는

---

114 시현으로 출생(示現出生): 중생을 교화하기 위하여 일부러 중생 속에 태어나는
것을 말한다.

데가 옛 도량 아닌 데가 없도다!

依眞起化에 化道方成하고 感畢邃隱에 而眞常住로다 世云호대 佛生迦
毗羅하사 成道摩竭陀하며 說法波羅奈하시고 入滅拘尸羅라하나니 蓋釋
迦老子ㅣ於淨飯王宮에 示現出生하사 十九에 出家하시며 三十에 成道하
사 住世四十九年하시며 說法三百餘會하시고 壽登八十에 而示入滅하시
니 其示滅以來ㅣ于今二千餘載라 迹此觀之컨댄 世云佛有去來ㅣ可矣
어니와 據實而觀컨댄 來無所來라 月印千江이요 去無所去라 空分諸刹이
로다 伊麽則雖云出世나 未曾出世요 雖云入滅이나 未曾入滅이시니 所以
로 道호대 莫謂慈容을 難得見하라 不離祇園大道場이라하니 要識慈容麽
아 擬議思量千萬里요 要識道場麽아 觸目無非古道場이로다

그때 세존께서 공양 시간에 가사를 입고 발우를 가지고 사위대
성에 들어가서 걸식을 하시는데, 그 성중에서 차례로 걸식을
하시고, 본래 자리에 돌아와서 공양을 마치고 옷과 발우를
거두며, 발을 씻고 자리를 펴고 앉으셨다.

爾時에 世尊이 食時에 着衣持鉢하시고 入舍衛大城하사 乞食하
실새 於其城中에 次第乞已하시고 還至本處하사 飯食訖하시고
收衣鉢하시며 洗足已하시고 敷座而坐하시다

설의 성에 들어가 걸식한 것은 법신이 어리석지 않으니 반야로 열어 보인 것이고, 옷을 걷고 발을 씻는 것은 반야가 집착이 없어서 해탈로 열어 보인 것이고, 자리를 펴고 앉은 것은 해탈 적멸이니 법신으로 열어 보인 것이다. 바야흐로 반야를 말함에 이것으로 열어 보인 것은 반야가 반야가 되는 까닭이 그 본체本體를 가리키면 법신法身이라 이름하고, 대용大用을 가리키면 해탈解脫이라 이름하고, 당체當體를 가리키면 반야라 이름하니, 어째서 그러한가? 다만 반야는 반야가 아니라 반야는 법신과 해탈을 갖추었고, 다만 해탈은 해탈이 아니라 해탈이 법신과 반야를 구비했고, 다만 법신은 법신이 아니라 법신이 해탈과 반야를 구비했으니, 하나를 들면 곧 셋을 구비하고, 셋을 말하면 몸체는 곧 하나이니, 바야흐로 반야를 말함에 이것으로 열어 보인 것은 그러한 것이 아니겠는가?

入城乞食은 法身이 不癡니 以般若로 開示也요 收衣洗足은 般若無着이니 以解脫로 開示也요 敷座而坐는 解脫寂滅이니 以法身으로 開示也라 方談般若에 以此開示者는 般若之所以爲般若也ㅣ指其本體則名爲法身이요 指其大用則名爲解脫이요 指其當體則名爲般若니 何則고 直般若는 非般若라 般若ㅣ具法身解脫이요 直解脫은 非解脫이라 解脫이 具法身般若요 直法身은 非法身이라 法身이 具解脫般若니 擧一에 即具三이요 言三에 體即一이니 方談般若에 以此開示者ㅣ不其然乎아

육조 그때라는 것은 이때가 된 것이고, 공양 시간이라는 것은 지금의 진시辰時[115]니 공양 시간이 다 되어 간 시간이다. 옷을 입고

발우를 가진다는 것은 가르침을 드러내고 자취를 보이기 위해서 그랬다. 들어간다는 것은 성 밖에서부터 들어가는 것이고, 사위대성은 이름이 사위국 풍덕성이니 곧 파사익왕이 사는 성이기 때문에 사위대성이라고 하였다. 걸식을 말한 것은 여래께서 일체 중생에게 능히 하심下心[116]할 수 있음을 나타낸 것이다. 차례대로란 가난한 사람 부유한 사람을 가리지 않고 평등하게 교화한 것이다.[117] 걸식을 마쳤다는 것은 많이 걸식하는 것이 일곱 집을 넘지 않았으니, 일곱 집 수가 차면 다시 다른 집에 가지 않았다. 돌아와 본래 자리에 이르렀다는 것은 부처님 뜻이 비구를 통제하여 밖에서 요청해 부르는 것 외에 재가 신도의 집에 가지 못하게 하려는 까닭에 말한 것이다. 발을 씻음은 여래께서 시현示現하심에 범부를 따라 함께하는 까닭으로 발을 씻는다고 말했다. 또 대승법은 유독 손발을 씻는 것만을 깨끗하다고 하지 않으니, 이것은 손발을 씻음이 마음을 깨끗하게 하는 것만 같지 못하다는 것을 말한다. 한 생각이 깨끗하면 곧 죄의 때가 다 사라진다. 여래가 설법을 하려 할 때 평상시 거동이 전단향栴檀香 자리를 펴시는 까닭에 자리를 펴고 앉는다고 말했다.

---

115 진시辰時: 오전 여덟 시를 중심으로 앞뒤 두 시간, 즉 오전 일곱 시부터 아홉 시 사이의 시간.

116 하심下心: 양변을 여읜 자리에서 일체가 평등하다고 아는 것이 하심이다.

117 사리불은 부자 집에만, 가섭은 가난한 집에만 걸식을 다녔는데, 유마거사로부터 '사문이 무슨 분별이 그렇게 많은가?'라는 꾸중을 들었다.

124

爾時者는 當此之時요 食時者는 是今辰時니 齋時欲至也라 着衣持鉢
者는 爲顯敎示跡故也라 入者는 自城外而入也요 舍衛大城者는 名舍
衛國豐德城也니 卽波斯匿王所居之城故로 言舍衛大城也라 言乞食
者는 表如來ㅣ能下心於一切衆生也라 次第者는 不擇貧富하고 平等以
化也라 乞已者는 如多乞이 不過七家니 七家數滿에 更不至餘家也라
還至本處者는 佛意ㅣ制諸比丘하사 除請召外에 不得輒向白衣舍故로
云爾라 洗足者는 如來示現에 順同凡夫故로 言洗足이라 又大乘法은
不獨以洗手足으로 爲淨이니 盖言洗手足이 不若淨心이니 一念心淨하
면 卽罪垢悉除矣라 如來ㅣ欲說法時에 常儀ㅣ敷施壇座故로 言敷座
而坐也라

야부 깨어있을지어다!

惺惺着이샷다

설의 성惺이라는 한 글자를 어떤 사람은 통달한 지혜라고 하며,
어떤 사람은 고요함이라 하니, 곧 성성이란 선정과 지혜가 두루 밝아
고요함과 빛남이 둘이 아님을 이른다. 다만 선정과 지혜가 두루 밝고
고요함과 빛남이 둘이 아님을 어떻게 말하겠는가? 눈은 넓은 하늘에
걸려있고, 손은 신령한 칼날을 잡도다!

惺之一字를 或以爲了慧라하며 或以爲寂靜이라하니 則惺惺者는 定慧圓
明하야 寂照不二之謂也라 只如定慧圓明하야 寂照不二를 作麼生道오
眼掛長空하고 手握靈鋒이로다

송 밥을 먹고 발을 씻고

자리 펴고 앉으시는 것 누가 함께 아는가?

아래의 문장 긴 것을 아는가, 알지 못하는가?

보고 보라. 평지에 파도가 일어나네.

飯食訖兮洗足已하시고 敷座坐來誰共委오

向下文長을 知不知아 看看平地波濤起니라

성에 들어가 걸식을 하고, 가사를 걷고 발을 씻으며, 자리를 펴고 편안히 앉으심이 낱낱이 다 가장 사람을 위하는 시절이다. 성에 들어가 걸식하며 가사를 걷고 발을 씻는 것은 그만두고, 자리를 펴고 편안히 앉는 것을 어떻게 말할 것인가? 높이 조사의 명령을 제시提示하여 발생하는 빛이 차가우니 바로 비야毗耶에서 입이 벽에 걸림을 얻었도다! 이 안에서 최고 높은 근기根機를 제외하고는 한바탕 부끄러워함을 면하지 못한다. 근기가 같지 않으므로 여러 방편으로 제접提接하는 것이 필요하니, 새를 잡는 것은 그물의 한 눈이지만 한 눈으로는 그물이 될 수 없고, 나라를 다스리는 것은 공功이 한 사람에게 있으나 한 사람으로는 나라가 될 수 없다. 그래서 부처님께서 자세하게 중하中下의 근기를 위하여 한 걸음을 내려와서 언설言說의 바다를 향하여 몸을 가로 하여 들어오셔서, 동東으로 말씀하시고 서西로 말씀하시며 가로로 말씀하시고 세로로 말씀하셨다. 그래서 말하되 높이 조사의 명령을 잡고 기용機用에 당하니, 중생을 이롭게 함에 응당 말에 자비를 갖추었음을 안다고 하였으니 아래 문장이 긴 것이 정히 이 때문이다.

126

그러나 부처님의 이러한 베풂이 요컨대 이로움과 해로움이 적지
않으니, 도리어 이해利害를 얻을 줄 아는가, 모르는가? 성안에 들어가
걸식하고 가사를 걸고 편안히 앉는 데서 동으로 말하고 서로 말하며
가로로 말하고 세로로 말함에 이르기까지 좋은 권도와 방편은 곧
없지 않으나, 실제[118]에 의거하여 보건대 사람마다 분상에 맑은 하늘,
밝은 해와 서로 비슷하여 본래 함도 없고 일도 없어서 온 대지가
모두 청평세계淸平世界인데, 부처님께서 청평세계를 향하여 창과
갑주를 준비하시니 일없는 가운데 일을 일으킨다고 이를 만하다.
그래서 "보고 보라. 평지에 파도가 일어난다."고 말했다. 또 옛사람이
"맑고 맑은 자성自性의 바다와 맑고 맑은 지혜의 원천이여! 문자와
말이 이로부터 흘러나왔다."고 말하니, 곧 부처님께서 큰 적멸의
바다를 향하여 번거롭게 언설言說의 파도를 일으키셨다. 요컨대 말의
파도가 처음부터 밖에서 온 것이 아니라 마침내 큰 적멸의 바다를
떠나지 않았으니, 자리를 펴는 곳에서 만약 깨닫지 못하면 말의 바다를
향해서 깨달아야 비로소 옳다. 그래서 "보고 보라. 평지에 파도가
일어난다."고 말하였다.

入城乞食하시고 收衣洗足하시며 敷座宴坐하심이 一一皆是徹困爲人底
時節이라 入城乞食收衣洗足은 且置하고 只如敷座宴坐를 作麼生道오
高提祖令發光寒하시니 直得毗耶에 口掛壁이로다 這裏에 除却上上根코
는 未免一場麼羅니 根機ㅣ莫等일새 要以多方으로 接得이니 獲鳥者ㅣ
羅之一目이나 不可以一目으로 爲羅요 治國者ㅣ功在一人이나 不可以

118 실제(實): 살殺.

一人으로 爲國이라 所以로 黃面老子ㅣ 曲爲中下하사 乃下一步하사 向言
說海하야 橫身而入하사 東說西說하시며 橫說竪說하시니 所以로 道호대
高提祖令當機用하니 利物에 應知語帶悲라하니 向下文長이 正以此也
라 然이나 慈尊의 伊麼施設이 要之利害ㅣ 不細하니 還知得利害也未아
入城乞食收衣宴座로 以至東說西說橫說竪說히 善權方便은 卽不無나
據實而觀컨댄 人人分上에 如靑天白日相似하야 本來無爲無事하야 盡
大地ㅣ 都盧是淸平世界어늘 黃面老子ㅣ 向淸平世界上하야 施設戈甲
하시니 可謂無事中起事라 所以로 道호대 看看平地波濤起니라 又古人이
道호대 澄澄性海와 湛湛智源이여 文字言詞ㅣ 從玆流出이라하니 則黃面
老子ㅣ 向大寂滅海하사 繁興言說波瀾하시니 要之言說波瀾이 初非外
來라 終不離於大寂滅海니 敷座處에 如未薦得이면 向言說海하야 薦取
하야사 始得일새 所以로 道호대 看看平地波濤起니라

종경 부처님께서 몸소 사위성에 나가시니 위엄이 천지를 진동하
고, 아라한이 기원정사에 운집하니 빛이 일월日月에 드날리도다!
성에 들어가 발우를 잡은 것은 진실로 빈궁한 사람을 불쌍하게
여긴 때문이요, 발을 씻고 옷을 걷는 것은 정히 편안히 있는 시절이
로다! 만약 세존께서 거동하시기 이전을 향하여 깨닫더라도 오히
려 감당하지 못하거든, 입을 연 이후에 깨달으면 자기 구제도
하지 못할 것이다. 종경이 급히 이끌더라도 일찍이 팔각八刻[119]이

---

119 팔각八刻: 일각一刻은 15분으로 팔각八刻은 120분(두 시간)인데, 하루를 12시로
나누던 옛날 기준에서 한 시간을 뜻한다.

더디니 어찌된 까닭인가? 좋은 말은 이미 채찍의 그림자를 따라 갔으나, 아난은 옛날처럼 세존 앞에 있도다!

[송] 걸식하고 돌아와 급고독원에 모여
　옷을 걷고 자리 펴고 정히 편안히 거처하시니
　부처님의 큰 가르침 삼계를 초월하여
　인간과 하늘 다스려 태연자약泰然自若함 얻으셨네.

調御師ㅣ親臨舍衛하시니 威動乾坤이요 阿羅漢이 雲集祇園하시니 輝騰日月이로다 入城持鉢은 良由悲愍貧窮이요 洗足收衣는 正是宴安時節이로다 若向世尊未擧已前하야 薦得이라도 由且不堪이온 開口已後에 承當하면 自救도 不了하리라 宗鏡이 急爲提撕하야도 早遲八刻이니 何故오 良馬는 已隨鞭影去어늘 阿難이 依舊世尊前이로다

　乞食歸來會給孤하사 收衣敷座正安居하시니
　眞慈弘範이 超三界하야 調御人天得自如샷다

[요지] 부처님께서 한때 기수급고독원에 대비구 1,250인과 계셨던 일을 수보리가 들었다는 것이 경전 본문 내용이다. 이에 대하여 육조스님과 야부스님이 해설을 붙이고, 야부스님의 해설에 대하여 함허 득통스님이 다시 설명을 붙인 내용으로 구성되어 있다. 이 해설들의 공통된 특징은 경전의 본문을 선의 차원, 연기 중도의 차원, 달의 차원에서 철저하고 일관되게 해석하고 있다는 것이다.
　먼저 육조스님은 경전에 사용된 용어를 쉽게 풀이했다. 여如는

가리킨다는 뜻, 이것(是)은 지정하는 말, 아我는 자성自性, 한 때라는 것은 스승과 제자가 함께 만난 때, 그리고 기수급고독원의 유래, 부처는 깨닫는다는 뜻으로 내각內覺과 외각外覺이 있는데 외각은 모든 존재가 비었음을 보는 것, 내각은 마음이 빈 것을 아는 것이라 했다. 또 대비구는 아라한을 두고 일컬은 것이라 했다.

야부스님도 차례대로 경전 본문을 조목조목 해석했는데, 각 조목마다 함허스님이 또한 해설을 덧붙였다. 여시如是를 두고 여여如如라고 하면 변해간다고 하였고, 이에 대하여 함허스님은 한 덩어리 찬 빛이 있어서 여여라 해도 변하지 않는다고 하였다.

야부스님은 여如를 고요한 밤하늘의 달이라 하고, 함허스님은 고요한 때에 분명하고, 분명한 곳이 고요하다고 하였다. 시是를 두고 야부는 파도가 물이라 하고 바람 없는 물에 하늘과 땅이 비친다 하고, 함허스님은 바람과 티끌이 없는 맑은 거울에 천지天地와 고금古今이 비친다고 하면서 알려면 눈을 높이 붙여 보라고 하였다. 눈을 높이 붙인다는 것은 주관과 객관, 있음과 없음과 같은 양변을 여읜 입장에서 일체를 보는 것을 뜻한다.

야부스님은 '나(我)'에 대하여 하늘과 땅을 가리키는 사람이며, 그 사람은 물 뿌려서 붉고 옷 벗어서 깨끗한 것과 같아서 잡을 수 없다고 했다. 또 인식하면 두 개이고 움직이지 않으면 본연에 합치한다고 하고, 소리를 아는 사람에게는 솔바람 소리의 화답이 저절로 있다고 하였다. 이에 대하여 함허스님은 '있다·없다'는 이원적 견해는 허공을 쪼개 둘로 나누는 것과 같다고 하였다.

'듣는 것(聞)'에 대하여 야부스님은 남을 따라감을 꺼린다고 하였다.

함허스님은 들리는 것이 소리가 아니며, 내가 텅 비어 있음을 통달해야 남을 따라가지 않는다고 하였다. 여기에 대하여 야부스님이 원숭이와 학이 울고, 조각구름이 걷히고 물이 솟구치며, 늦가을 서리 내리는 밤중 기러기 소리에 날씨 찬 것을 안다는 게송을 읊었다. 함허스님은 학과 원숭이 소리 들리는 데 원통문圓通門이 크게 열렸다 하고, 듣는 것을 돌이켜 듣는 곳에서 마음길이 끊어지면 들리는 소리가 티끌이 되지 않는다고 하였다.

하나(一)에 대하여 야부스님은 서로 따라온다고 하고, 양변을 깨뜨리고 살과 활, 살활 동시의 셋을 이룬다고 하였다. 함허스님은 그 하나는 천지와 일체 변화의 근원이고, 형상 없이 고요하여 만상의 주인이고, 모든 부처의 어머니인데 이것을 통달하면 일체에 두루 통한다고 하였다.

'때(時)'에 대하여 야부스님은 고기가 물을 마시면 차고 따뜻함을 저절로 아는 것과 같다고 하고, 바람과 달이 서로 따르고 복숭아, 오얏, 장미꽃의 빛깔을 물어봐도 봄은 알지 못한다고 하였다. 빛깔을 모르는 것에 대하여 함허스님은 억겁의 긴 세월과 한 생각, 옛날과 지금, 시작과 끝이 통한다고 하고, 차고 따뜻함을 아는 것은 가을 앞에 여름이 있고 여름 뒤에 가을이 있는 맛을 아는 것이라 하였다. 봄이 꽃을 모르는 것을 두고 집안일을 사람이 모르는 것이라 하였다. 두 경우를 두고 사람들이 한 쌍의 눈썹을 가지고 있고, 개개 면전에 사람이 없다고 하였다. 〈착어著語〉에서 안다고 한 것, 〈송頌〉에서 알지 못한다고 한 것을 두고 알지 못하는 것을 알면 이것이 진실로 아는 것이라고 풀이하였다.

'부처(佛)'에 대하여 야부스님은 면목 없이 시비하는 놈이라고 하면
서, 사람을 많이 제도했다고 하여 그를 부처라고 하면 그러는 사람
자신은 마군이 되니, 그대를 위하여 구멍 없는 피리로 태평가太平歌를
연주하겠다고 하였다. 이에 대하여 함허스님은 형체 없이 그림자가
시비를 한다고 하고, 사람과 하늘, 마군이 돌아가는 곳은 본래태평이
라 하고 본래태평을 알아야 한다고 했다. 부처님의 45년 가르침은
누른 낙엽을 가지고 우는 아이 울음을 그치게 하는 것이라 비유했다.
그리고 모든 사람 다리 아래 맑은 바람이 불고 개개인 얼굴에 밝은
달이 비치는 것이 본래태평인데, 이것을 구멍 없는 피리로 연주하는
것이라 하였다.

'있음(在)'에 대하여 야부스님은 나그네가 오면 보고 뒤따라가서
쳐야 한다고 했다. 그리고 화로 옆에서 금문金文을 외우고 수레 탄
나그네를 바쁜 데 맡겨둔다고 했다. 있음에 대하여 함허스님은 주인이
문을 나오지 않고 집에 있어 일이 없다고 하였다. 그러나 집에 있으면
서도 도중의 일을 저버리지 않고, 도중에 있으면서도 집안일에 어둡지
않아야 한다고 하였다. 나그네가 오는 것은 감응하여 통하는 인연인데
인연을 따르되 집착하지 말아야 한다고 하였다. 나그네를 잘 대접하는
것이 때리는 것인데 때린다는 것은 집착을 부수는 것을 의미한다.
집안일과 도중의 일을 모두 실천해야 하는데 도중에만 있어 집안일에
어두운 것이 가련하다고 하였다. 홀로 앉음은 고요와 비춤, 체와
용이 여여如如한 것이고, 가련함은 도를 깨닫지 못하고 성색聲色에
빠져서 저 언덕과 너무 멀리 떨어져 있는 것이라 하고, 문밖 바쁜
도둑 나그네를 그냥 맡겨둔다고 하였다. 함허스님은 깨닫지 못하고

밖으로만 향하는 것을 도중사途中事라고 했으나 깨닫고 나서 교화하는 것을 도중사, 본질에 머무는 것을 가리사家裏事로 보고 교화에 평생을 보낸 부처님을 가련하게 여긴 것으로 볼 수도 있다. 일체 중생이 본래 부처인데 다시 교화를 한다고 하여 머리 위에 머리를 하나 더 하는 일을 했기 때문이다.

대비구 1,250인과 함께 있는 것을 두고 야부스님은 한 손바닥은 소리 나지 않는다 하고, 본질 그 자리는 만법의 왕이며 32상이고 백 천 종류의 빛이라서 성인과 범부가 우러러보고 외도가 항복하고 귀의한다고 하였다. 또 그 자리는 기수 대도량을 떠나지 않았다고 하였다. 함허스님은 부처님이 대비구를 만난 것을 주인과 벗, 말하는 이와 듣는 이가 만나고, 부처의 설법과 제자의 청법聽法이 이루어지는 것이라고 해석하였다. 또 함허스님은 진리에 따라 교화하기 때문에 교화도 이루어지고 진리도 항상 머문다고 하였다. 역사적 부처님의 일생을 두고 부처님도 오고 감이 있다고 할 수 있으나, 실제는 달이 일천 강에 비친 것처럼 오고 감이 없다고 하였다. 그래서 자비로운 모습을 보기 어렵지 않으며, 기원 도량을 떠나지 않았다고 하였다. 눈 가는 데가 바로 도량이기 때문이라고 했다.

'세존께서 공양하실 때 가사를 입고 발우를 가지고, 사위성에 들어가 차례로 걸식하고, 돌아와 본래 자리에 앉아 식사를 마치고, 옷과 발우를 거두고 발을 씻고 자리를 펴고 앉으셨다.'는 경전의 내용에 대한 육조, 야부, 함허, 종경 네 스님의 해설이 이 부분의 내용이다.

함허스님은 걸식한 것을 반야로, 옷 걷고 발 씻는 것을 해탈로, 자리 펴고 앉는 것을 법신으로 각각 열어 보인 것이라 했다. 세 가지의 관계를 반야의 본체는 법신, 반야의 대용은 해탈, 그 당체는 반야라서 셋이지만 몸은 하나라고 설명했다.

육조스님은 그때는 공양 시간인데 진시辰時이고, 옷 입고 발우 가지는 것은 가르침과 자취를 보이기 위함이고, 사위대성은 파사익왕이 사는 풍덕성이고, 걸식은 중생에게 하심하는 것이고, 차례대로는 빈부를 가리지 않고 교화하는 것이고, 걸식을 마침은 일곱 집을 넘지 않은 것이고, 본래 자리에 앉음은 요청이 없으면 제자들을 신도의 집에 가지 못하게 하는 것이고, 발을 씻음은 시현示現하여 중생과 행동을 함께하는 것인데, 마음을 깨끗하게 하면 죄가 사라진다 말하고, 자리 펴고 앉는 것은 설법할 때 전단향 자리를 펴는 것을 말한다고 부처님의 거동을 풀이하였다.

이 부분을 두고 야부스님은 깨어있으라고 먼저 말하고, 밥 먹고 발 씻고 자리 펴고 앉는 것을 누가 함께 아는가라고 묻고, 평지에 바람이 일어난다고 하였다. 이와 같은 야부스님의 말에 대하여 함허스님은 성성惺惺은 선정과 지혜가 밝아 고요와 빛남이 둘이 아님을 이른다고 하였다. 둘 아님을 두고 함허스님은 눈은 높은 하늘에 걸려있고 손은 신령한 칼날을 잡는다고 표현하였다. 그리고 함허스님은 부처님의 이런 거동이 낱낱이 사람을 위한 것이라고 하였다. 자리 펴고 앉음은 나오는 빛이 차가우니 비야毗耶[120]에서 입이 벽에 걸림을 얻었다고 말하였다. 이런 내용을 바로 알지 못하는 중하근기의 사람을 위하여 부처님께서 수준을 낮추어 횡설수설橫說竪說, 동설서설東說西

---

120 비야毗耶: 유마거사가 침묵으로 법을 보였던 곳이다.

說 많은 말씀을 하셨다고 하였다. 부처님의 이런 거동에서부터 말씀하는 것에 이르기까지 다 좋은 방편이지만, 실제로는 본래 하는 것도 일도 없어서 온 대지가 청평세계인데 부처님은 일없는 데서 일을 일으켜서 평지에 풍파를 일으킨 것과 같다고 말했다. 부처님의 자리 펴는 데서 깨닫지 못하면 부처님 말씀에서라도 깨달아야 옳다고 했다.

종경스님은 성에 들어가 발우를 잡은 것은 가난한 사람을 불쌍하게 여긴 때문이며, 발 씻고 옷 건 것은 편안히 있는 시절이라고 하였다. 세존의 거동 이전에 깨달아도 감당하지 못하며, 말씀에서 깨달으면 자기도 구제하지 못한다고 하였다. 그러나 그는 부처님의 이런 거동의 큰 가르침이 삼계를 초월하여 인간과 하늘을 다스려서 태연자약泰然自若함을 얻었다고 칭송하였다.

선현[121]이 일어나 청함 제2
善現起請分 第二

이때 장로 수보리께서 대중 가운데 있다가 곧 자리에서 일어나 오른쪽 어깨를 드러내시며, 오른쪽 무릎을 땅에 대고, 합장하여 공경하시며, 부처님께 말씀하시되 "희유希有하십니다! 세존이시여! 여래께서는 모든 보살을 잘 보호하시며 모든 보살에게 잘 부촉하시니"

時에 長老須菩提ㅣ 在大衆中하시다가 即從座起하사 偏袒右肩하시며 右膝着地하시고 合掌恭敬하사와 而白佛言하사대 希有世尊하 如來ㅣ 善護念諸菩薩하시며 善付囑諸菩薩하시나니

설의 양기楊岐[122]스님이 이르시기를 "부처님께서는 다행하게도 스스로 가련하게 되셨도다![123] 수보리가 나와서 희유希有하다고 말함으

---

121 선현善現: 수보리.

122 양기楊岐: 송宋의 원주袁州 양기산陽岐山의 방회方會. 임제臨濟의 6세 자명 초원선사慈明楚圓禪師의 법을 이었음. 1046년에 입적入寂.

123 일체가 모두 부처인데 여기에 다시 중생을 제도하려 한다는 것을 두고 이른 말.

로써 바로 얼음이 녹고 기와가 풀렸다."[124]라고 하시니, 이 늙은이[125]의
이 말씀이 다만 사람들로 하여금 겁외劫外를 향하여 깨닫게 하였다.
그래서 대혜大慧스님이 이 말을 들어 말씀하시되 "부처님께서 한
말씀도 하지 않으셨는데 수보리는 무슨 도리를 보았기에 문득 희유라
고 말하였는가? 다만 양기의 얼음이 녹고 기와가 풀리는 곳을 향하여
보아서 저절로 간파하면 한평생 참학參學하는 일을 마칠 것이다."라고
하였다. 고덕古德의 송頌에 이르시되 "바다에 바람이 자고 달이 중천에
뜨니 움직이지 않는 파도에 쇠 배를 젓는다. 거듭 누설한 수보리
때문에 좋은 말이 가만히 채찍을 엿보는 것[126]과 같음을 면한다."[127]라고
하시니, 곧 세존께서 단정히 앉으셔서 한마디 말씀도 하지 않은 자리에
최초의 한 구절을 얼굴을 보시고 가져다 여러 사람들의 면전面前을
향하여 두 손으로 분부分付하시니, 수보리가 일찍 이와 같다는 것을
알고 나와서 희유하다고 말씀하셨다. 수보리가 있지 않았다면 누가
은연중에 밝힐 줄을 알았겠는가? 그래서 비야毗耶의 그날 일을 회고하
니 한 가지 우레의 진동이 삼천세계에 가득하도다!

楊岐ㅣ云하시대 黃面老子ㅣ幸自可憐生이로다 被須菩提ㅣ出來道介
希有하야 當下에 氷消瓦解라하시니 此老此說이 只要敎人으로 向劫外承

當이니 所以로 大慧ㅣ 擧此話云하사대 黃面老子ㅣ 不下一言이어시늘 須
菩提ㅣ 見介甚麼道理완대 便道希有오 但向楊岐의 氷消瓦解處看하야
自然看得破하면 一生參學事를 畢이라하시고 又古德頌에 云하사대 四溟
에 風息月當天하니 不動波瀾駕鐵船이라 賴得空生重漏洩하야 免同良
馬暗窺鞭이라하시니 則世尊이 端坐하사 不下一言處에 最初一句子를
覿面提持하사 向諸人面前하야 兩手로 分付了也어시늘 須菩提ㅣ 早知如
是하사 出來希有하시니 不有須菩提면 誰知暗中明이리요 因憶毗耶當日
事하니 一聲雷震三千界로다

육조 어찌하여 장로라고 이름하는가? 덕[128]이 높고 나이가 많기
때문에 장로라고 이름한다. 이것은 범어인데 한문으로는 해공解空
[129]이니, 대중들이 앉은 곳을 따르는 까닭에 이르기를 '곧 자리에서
일어났다.'라고 하였다. 제자가 더 청함에 먼저 다섯 가지 예의를
시행해야 하니 첫째는 자리에서 일어나는 것이고, 둘째는 옷을
단정히 하는 것이고, 셋째는 옷을 오른쪽 어깨에 메고 오른쪽
무릎을 땅에 대는 것이고, 넷째는 합장하고 존안尊顔을 우러러보아
눈을 잠시도 떼지 않는 것이고, 다섯째는 한결같은 마음으로 공경
하여 묻는 말을 하는 것이다. 희유希有는 대략 세 가지 뜻을 설명한
것이니, 첫째 희유는 임금의 왕위를 버린 것이고, 둘째 희유는
신장이 육척이고 붉은 금빛의 모습과 32상 80종호가 삼계에 견줄

---

128 덕德: 여기서 덕은 양변을 떠나서 생기는 덕이다.

129 해공解空: 공空을 제일 잘 안다는 뜻이다.

데가 없는 것이고, 셋째 희유는 자성이 8만4천 법을 머금고 토하여 세 가지 몸[130]이 원만하게 갖추어지신 것이니, 위의 세 가지 뜻을 갖추었기 때문에 희유라고 말했다. 세존世尊이란 지혜가 삼계三界[131]를 초월하여 능히 미치는 자가 없으며, 덕이 높고 다시 위가 없어서 일체가 공경하기 때문에 세존이라 말한다. 호념護念이란 여래가 반야바라밀법으로 모든 보살을 보호하는 것이고, 부촉附囑이란 여래가 반야바라밀법으로 모든 보살에게 부탁하신 것이다. 말하자면 호념이란 모든 배우는 사람들로 하여금 반야의 지혜로 자기의 몸과 마음을 보호하여 하여금 망령되게 미움과 사랑을 일으켜서 바깥 육진경계에 물들어 생사의 고해에 떨어지지 않게 하시고, 자기의 마음 가운데 생각 생각이 항상 발라서 하여금 삿됨이 일어나지 않게 하셔서 자성의 여래를 스스로 잘 보호하는 것이다. 말하자면 잘 부촉함이란 앞생각의 청정함을 뒷생각 청정한 데에 잘 부촉하여 사이에 끊어짐이 없어서 구경에 해탈하는 것이다. 여래께서 자세히 중생과 모임 가운데 있는 대중에게 보이셔서 마땅히 항상 이를 실천하는 까닭에 이르기를 잘 부촉한다고 말했다. 보살은 범어인데 한자로 도심중생道心衆生이며, 또한 이르기를 깨달은 생명이니, 도심이란 항상 공경을 실천하여 준동하는 함령含靈에 이르기까지 널리 공경하고 사랑하여 가벼이 여기고 업신여기는 마음이 없으므로 보살이라 이름한다.

---

130 세 가지 몸(三身): 법신法身, 보신報身, 화신化身.

131 삼계三界: 욕계欲界, 색계色界, 무색계無色界.

何名長老오 德尊年高故로 名長老라 是梵語어든 唐言에 解空이니 隨衆
所坐故로 云卽從座起라 弟子請益에 先行五種儀니 一者는 從座而起요
二者는 端整衣服이요 三者는 偏袒右肩右膝着地요 四者는 合掌코 瞻仰
尊顏하야 目不暫捨요 五者는 一心恭敬하야 以伸問辭라 希有는 略說三
義호리니 第一希有는 能捨金輪王位요 第二希有는 身長丈六紫磨金容
과 三十二相八十種好ㅣ 三界無比요 第三希有는 性能含吐八萬四千
法하사 三身圓備시니 以具上三義故로 云希有也라 世尊者는 智慧超三
界하야 無有能及者며 德高更無上하야 一切咸恭敬故로 曰世尊이라 護
念者는 如來ㅣ 以般若波羅蜜法으로 護念諸菩薩이요 付囑者는 如來ㅣ
以般若波羅蜜法으로 付囑諸菩薩이시니 言善護念者는 令諸學人으로
以般若智로 護念自身心하야 不令妄起憎愛하야 染外六塵하야 墮生死
苦海하고 於自心中에 念念常正하야 不令邪起케하야 自性如來를 自善
護念이요 言善付囑者는 前念淸淨을 付囑後念淸淨하야 無有間斷하야
究竟解脫이니 如來ㅣ 委曲誨示衆生과 及在會之衆하사 當常行此故로
云善付囑也라 菩薩은 是梵語어든 唐言에 道心衆生이며 亦云覺有情이
니 道心者는 常行恭敬하야 乃至蠢動含靈이라도 普敬愛之하야 無輕慢
心故로 名菩薩이라

야부 여래께서 한 말씀도 하지 않으셨는데 수보리가 문득 찬탄하
시니, 안목을 갖춘 수승한 무리는 시험 삼아 착안하여 볼지어다!

如來ㅣ 不措一言이어시늘 須菩提ㅣ 便興讚歎하시니 具眼勝流는 試着
眼看이어다

설의 서로 만나 잡아내지 않아도 뜻을 듦에 문득 있음을 아니, 이것은 어떤 경계인가? 도가 같아야 바야흐로 안다.

相逢不拈出하야도 擧意便知有하니 是何境界오 同道라사 方知니라

송 담 너머 뿔 보면 문득 소인 것을 알고,
산 너머 연기 보면 문득 불인 것을 알도다!
홀로 앉은 것 높고 높음이여! 하늘 위와 하늘 아래고,
남북동서여! 거북을 뚫고 기와를 두드리도다![132] 돌咄![133]

隔墻見角에 便知是牛요
隔山見烟에 便知是火로다
獨坐巍巍여 天上天下요
南北東西여 鑽龜打瓦로다 咄

불을 알고 소를 아는 일이 드물고 기이하니, 지음知音이 서로 만남이 정히 이와 같도다! 홀로 앉는다고 말한 것은 허공 전체를 자신으로 삼고 온 대지를 앉는 자리로 삼아, 앉아서 천 가지 차별을 끊어서 범부와 성인이 통하지 않는다. 이것은 하늘 위와 하늘 아래가 온통 가득 찼다고 이를 만하여 다시 한 가지도 같은 무리가 없도다! 이와

---

132 깨닫지 못한 상태에서 이러니저러니 말하는 것과 부처님이나 수보리와 같이 깨달은 분상에서 중생과 부처를 나누어 말하는 것의 두 가지를 모두 뜻하는 것으로 볼 수 있는데, 이 책에서는 전자의 뜻으로 이 말을 사용했다.
133 돌咄: 이와 같은 시비분별을 모두 쳐서 부정하는 말이다.

같이 한량을 넘어서는 놈이라면 한 번 봄에 문득 의심이 없거니와, 만약 한량을 넘어서는 놈이 아니라면 가만히 사랑분별함을 면하지 못할 것이다.

知火知牛事希奇하니 知音相見이 正如是로다 獨坐云云은 混虛空爲自身하고 盡大地爲坐具하야 坐斷千差하야 不通凡聖하니 是可謂天上天下渾漫漫이라 更無一物爲等倫이로다 若是過量漢인댄 一見에 便不疑어니와 若非過量漢인댄 未免暗思量하리라

"세존이시여! 선남자 선여인이 아뇩다라삼먁삼보리阿耨多羅三藐三菩提의 마음을 낸 사람은 응당 마음을 어디에 두며, 어떻게 그 마음을 항복 받아야 합니까?"

世尊하, 善男子善女人이 發阿耨多羅三藐三菩提心하니는 應云何住며 云何降伏其心하리잇고

설의 공생이 세존께서 단정히 앉아계신 것을 한 번 보고 문득 시방의 부처님[134]을 의심하지 않으셔서 모든 부처와 같은 마음을 내어서 바로 여쭈어 이르되 "티끌을 벗어나지 못함은 제자리에 머물지 못하기 때문이고, 마음이 해탈하지 못함은 마음을 항복 받지 못하기 때문입니다. 말씀드리자면 어떻게 머물러야 육진六塵에 머물지 않으

---

134 부처님(婆伽梵): 바가범婆伽梵은 범어를 음역한 말로서 부처님을 뜻한다.

며, 말씀드리자면 어떻게 마음을 항복 받아야 마음의 해탈을 얻을
수 있습니까?"라고 하셨다. "내가 이미 발심을 했으니 어떻게 머물고
항복 받아야 합니까?"라고 말하지 않고 선남선녀로 말한 것은 자기의
깨달음을 숨긴 것이다.[135] 사람 사람마다 닦고 다스림을 빌리지 않더라
도 본래 스스로 원만하게 이루어져 있는데, 공생이 이것으로 물은
것은 비록 본래 금이지만 마침내 녹임으로써 성취할 수 있다. 이것은
정히 선재동자가 복성福城의 동쪽에서 처음 문수를 만나 법계를 문득
증득하고 53선지식을 두루 참배하여 일일이 선지식의 처소에서 말씀
드리되 "제가 이미 보리심을 내었으니, 어떻게 보살도를 배우며 보살
행을 닦아야 하는가?"를 물은 것과 같다.[136]

空生이 一見世尊端坐하시고 便不疑十方婆伽梵하사 仍發證同諸佛之
心하사 直問云하사대 塵不得出은 由未得住요 心不解脫은 由未降心이니
云何得住하야사 不住六塵이며 云何降心하야사 得心解脫이릿고하시니
不言我已發心호니 云何住降이리잇고하시고 而以善男善女로 言者는 諱
却已悟也라 人人分上에 不可修治하야도 本自圓成이어늘 空生이 以此로
問者는 雖復本來金이나 終以銷成就니 此는 正同善財ㅣ於福城東畔에
初遇文殊하야 頓證法界하고 歷參五十三善知識하야 於一一善知識所

---

135 수보리가 자기의 깨달음을 숨겼다기보다는 대승법의 견지에서 일체 모든
    사람을 나타내기 위하여 선남자 선여인이라는 말을 사용했다고 보는 것이
    더 합리적이다.
136 함허스님은 『화엄경』의 내용에 따라 이 부분을 돈오점수頓悟漸修의 방식으로
    해석해서 문제가 있다.

에 白言호대 我已先發菩提心하니 云何學菩薩道며 修菩薩行이리잇고
하니라

육조 선남자란 평탄심平坦心이며, 역시 바른 선정심正定心이니,
일체 공덕을 성취할 수 있어 가는 곳마다 막히지 않고, 선여인이란
바른 지혜의 마음이니, 바른 지혜의 마음으로 말미암아 일체 유위
무위 공덕을 벗어날 수 있다. 수보리가 물으시되 "일체 보리심을
낸 사람이 응당 어떻게 머물며, 어떻게 그 마음을 항복 받습니까?"
라고 하시니, 수보리가 보기에 일체 중생이 조급하고 어지러워
머물지 않음이 문틈의 먼지와 같으며, 요동하는 마음 일어나는
것이 날리는 바람과 같아서, 생각 생각이 서로 이어져 사이에
쉼이 없어서 하여금 항복하게 하기 위한 까닭으로 물으시되 "만약
수행을 하고자 한다면 어떻게 그 마음을 항복 받아야 합니까?"라고
하셨다.

善男子者는 平坦心也며 亦是正定心也니 能成就一切功德하야 所往無
碍也요 善女人者는 是正慧心也니 由正慧心하야 能出生一切有爲無爲
功德也라 須菩提 l 問하사대 一切發菩提心人이 應云何住며 云何降伏
其心하리잇고 하시니 須菩提 l 見一切衆生이 躁擾不停호미 猶如隙塵
하며 搖動之心이 起如飄風하야 念念相續하야 無有間歇하시고 爲令降
伏故로 問하사대 若欲修行인댄 如何降伏其心하리잇고 하시니라

144

야부 이 한 질문은 어디로부터 오는가?

這一問은 從甚處出來오

설의 일체 존재가 비고 융통하여 머물 법이 없고, 일체 마음이 적멸하여 항복할 마음이 없으니, 지금 머물고 항복한다는 이 두 가지 질문은 어디로부터 나왔는가? 또 수보리를 부처님께서 '해공제일解空第一'이라고 일컬으시니 어찌 거짓된 마음이 본래 비었으며, 티끌경계가 본래 고요한 것을 알지 못했겠는가? 만약 과연 알았다면 어찌 가볍게 이런 질문을 하는가? 또 법을 물음에 가히 법을 물을 것이 없고, 도를 닦음에 도를 가히 닦을 것이 없으니, 다만 질문하지 않은 때를 향하여 착안해야 한다. 어찌 머물고 머물지 않는 것과 항복하고 항복하지 않는 것을 다시 묻겠는가? 이와 같이 말을 붙인 뜻이 어떠한가? 만약 오늘 일을 밝히고자 하면 본래 몸을 망각할 것이다.

法法虛融하야 無法可住요 心心寂滅하야 無心可降이니 今此住降二問은 從甚處出來오 又須菩提를 佛稱解空第一하시니 豈不知妄心本空하며 塵境本寂이리요 若果知得인댄 如何輕發此問來오 又問法法無可問이요 修道道無可修니 但向未發問時하야 着眼이니 何須更問住與未住와 降與未降이리요 如是着語한 意旨ㅣ 如何오 若明今日事하면 昧却本來身이니라

송 너는 기쁘지만 나는 기쁘지 않고
그대는 슬프지만 나는 슬프지 않네.

기러기는 변방 북쪽(塞北)에 날아가기를 생각하고
제비는 옛 보금자리로 돌아가기를 생각하네.
가을 달과 봄 꽃의 무한한 뜻을
그 가운데 다만 스스로 아는 것을 허락하네.

你喜我不喜요 君悲我不悲라
鴈思飛塞北하고 燕憶舊巢歸로다
秋月春花無限意를 箇中에 只許自家知니라

너와 나, 그대와 나는 본분인本分人이 지금 사람을 향하여 일컬은
것이니 네가 머물고 항복 받을 수 있으면 마음에 기쁨이 나오고,
머물고 항복 받을 수 없으면 마음에 슬픔과 근심이 나오거니와 나의
이 세계는 본래 스스로 맑고 평등하여 이치와 현상[137]이 다 없으니
무엇을 슬퍼하고 기뻐하겠는가? 기러기가 변방 북쪽을 생각하고,
제비가 옛 보금자리를 생각함과 같은데 어찌 슬픔과 기쁨으로 마음을
삼겠는가? 다만 한 덩어리 공空이 자유롭게 왔다 갔다 할 뿐이다.
봄에 나고 여름에 자라며, 가을에 거두고 겨울에 저장하며, 달이
차고 이지러지며, 꽃이 피고 지는 데 이르기까지 사라지고 자라며
가득 차고 비는 모든 것이 각기 무궁무진無窮無盡한 뜻이 있지 않음이
없다. 이것은 아버지가 전해줄 수 없으며, 스승이 전수해줄 수 없다.
각자 본인이 스스로 긍정하고 스스로 깨달아야 옳다.

---

137 이치와 현상(理亂): 이란理亂의 본래 뜻은 다스려짐과 어지러움인데, 여기서는
본질과 현상을 이렇게 표현하였다. 다른 말로 이사理事라고도 할 수 있다.

你與我와 君與我는 本分人이 向今時人하야 稱이니 你能住降하면 心生
喜動하고 未能住降하면 心生悲憂어니와 我此世界는 本自淸平하야 理亂
이 俱亡하니 何傷何喜리요. 如雁之思塞北과 鸞之憶舊巢어니 豈以悲喜
로 爲心哉리요. 只有一段空이 來去自由耳라 以至春生夏長하며 秋收冬
藏하고 月圓月缺하며 花開花落히 凡有消長盈虛者ㅣ 莫不各有無窮無
盡之意ㅣ 存焉하니 此는 父不得而傳이며 師不得而授라 各自當人이 自
肯自悟하야사 始得다.

부처님께서 말씀하시되 "착하고 착하다, 수보리여. 그대가 말한
것과 같아서 여래는 모든 보살을 잘 보호하고 모든 보살에게
잘 부탁하니, 그대는 지금 자세히 들어라. 마땅히 그대를 위하여
말하겠다. 선남자 선여인이 아뇩다라삼먁삼보리 마음을 낸
사람은 응당 이와 같이 머물며, 이와 같이 그 마음을 항복
받아야 한다." "예, 세존이시여. 원컨대 즐겁게 듣고자 합니
다."[138]

佛言하사대 善哉善哉 須菩提야 如汝所說하야 如來ㅣ 善護念
諸菩薩하며 善付囑諸菩薩하나니 汝今諦聽하라 當爲汝說호리

---

138 조계종 표준『금강반야바라밀경』에는 범본을 참고하여 '예 세존이시여'만을
수보리의 말로 번역하고 있으나, 범본이라고 항상 맞는 것이 아니기 때문에
무조건 따를 것이 아니라 앞뒤 문맥의 자연스런 관계를 살펴서 합리적인
판단을 내려야 한다고 본다.

라 善男子善女人이 發阿耨多羅三藐三菩提心하나는 應如是
住하며 如是降伏其心이니라 唯然世尊하 願樂欲聞하노이다

설의 마땅히 너를 위하여 말함이여! 말하고자 한 것도 이 일이고,
원컨대 즐겁게 듣고자 함이여! 듣고자 한 것도 이 일이도다!

當爲汝說이여 欲說這介事요 願樂欲聞이여 欲聞這介事로다

육조 이것은 부처님께서 수보리가 부처님의 마음을 잘 이해하고
부처님의 뜻을 잘 앎을 칭찬하신 것이다. 부처님께서 설법에 항상
먼저 경계를 하시어 모든 듣는 사람들로 하여금 한결같이 마음을
고요하게 하고자 하는 까닭에 이르시되 "너는 지금 자세히 들어라
내가 마땅히 말하겠다."고 하시니라. '아阿'는 '없다'는 말이고, '욕다
라耨多羅'는 '위'라는 말이고, '삼三'은 '바르다'는 말이고, '먁藐'은
'두루'라는 말이고, '보리菩提'는 '안다'는 말이다. '없다'는 것은 모든
때에 물듦이 없는 것이고, '위'라는 것은 삼계에 견줄 것이 없는
것이고, '바르다'는 것은 바른 견해이고, '두루'라는 것은 모든 지혜
이고, 지혜라는 것은 일체 유정이 다 불성을 갖추고 있어서 다만
수행만 하면 다 성불할 수 있음을 아는 것이니, 부처님은 곧 위없이
맑고 깨끗한 반야바라밀이다. 이런 까닭에 일체 선남자 선여인이
만약 수행을 하고자 한다면 위없는 보리의 진리를 알며, 위없는
맑고 깨끗한 반야바라밀법般若波羅密法을 알아야 이것으로 마음을
항복 받을 수 있다 하셨다. 유연唯然은 응락하는 말이고, 원락願樂은

부처님께서 널리 말씀하셔서 중하中下근기 중생들로 하여금 다 깨닫게 해주시기를 원한 것이고, 낙樂은 깊은 가르침을 즐겨 듣는 것이다. 욕문欲聞은 자비로운 가르침을 간절하게 앙망仰望하는 것이다.

是는 佛이 讚歎須菩提ㅣ善得我心하며 善知我意也라 佛ㅣ欲說法에 常先戒勅하사 令諸聽者로 一心靜默故로 云하사대 汝今諦聽하라 吾當爲說호리라 하시니라 阿之言은 無요 耨多羅之言은 上이요 三之言은 正이요 藐之言은 徧이요 菩提之言은 知니 無者는 無諸垢染이요 上者는 三界無能比요 正者는 正見也요 徧者는 一切智也요 智者는 知一切有情이 皆有佛性하야 但能修行하면 盡得成佛이니 佛者는 卽是無上淸淨般若波羅密也라 是以로 一切善男子善女人이 若欲修行인댄 應知無上菩提道하며 應知無上淸淨般若波羅密法하야 以此로 降伏其心이라하시니라 唯然者는 應諾之辭요 願樂者는 願佛이 廣說하사 令中下根機로 盡得開悟요 樂者는 樂聞深法이라 欲聞者는 渴仰慈誨也라

야부 가끔 일은 정성스런 부탁으로 생기도다!

往往事因叮囑生이로다

설의 다만 이 일은 반드시 간절한 부탁으로 나타나도다!

只這介事ㅣ要因叮囑而現이로다

송 손이 일곱에 다리가 여덟이고[139] 귀신 머리에 귀신 얼굴일세.[140]
방망이로 때려도 열리지 않고 칼로 베어도 끊어지지 않네.[141]
염부[142]에 떠돌기를 몇 천 번이나 했는가?
낱낱이 공왕전空王殿[143]을 떠나지 않았도다!

七手八脚이요 神頭鬼面이라
棒打不開요 刀割不斷이라
閻浮踔躒幾千廻오 頭頭不離空王殿이로다

신기한 작용은 자유롭고, 미묘한 본체는 보기 어렵네. 움직이려 해도
할 수 없고, 견고하여 무너뜨리기 어렵도다! 생사의 길에 몇 번이나
왕래했는가? 발꿈치[144]는 원래 허공같이 맑고 깨끗하도다!

神用自由하고 妙體難覰라 動彈不得이요 堅固難壞로다 生死路에 幾度
往返고 脚跟이 元來清淨如空이로다

---

139 손이 일곱에 다리가 여덟(七手八脚): 손이 일곱이고 다리가 여덟이니, 아무
  것이나 간섭하고 다니는 마당발 같이 번뇌망상煩惱妄想 속에 어지럽게 살아가
  는 중생의 존재를 뜻한다.
140 귀신 머리에 귀신 얼굴(神頭鬼面): 현상의 다양한 존재의 모습을 상징한 표현
  이다.
141 본질은 형상이 없기 때문에 꺼내볼 수도 끊을 수도 없다는 말이다.
142 염부閻浮: 인도 수미산 아래를 말하는데, 여기서는 중생이 사는 사바세계를
  뜻한다.
143 공왕전空王殿: 본래면목本來面目, 본각묘심本覺妙心.
144 발꿈치(脚跟): 본체.

종경 옛날에 기특한 수보리가 희유하신 부처님을 찬탄하시며 더러운 세상 중생을 불쌍하게 여겨 보리심의 요체要諦를 물어 결단하시니, 한 경전의 바른 안목이고 삼장三藏의 뛰어난 법이다. 일천 성인聖人이 전하지 않고 모든 조사祖師가 말하지 않으셨다. 이와 같이 항복 받음이여! 조각배가 이미 동정호를 지나가는 것이오. 보호하기를 간절하게 함이여! 어찌 흰 구름이 천만리일 뿐이겠는가? 어찌하여 이와 같은가? 비바시불이 일찍이 마음을 두어서 바로 지금에 이르도록 오묘함을 얻지 못했도다!

昔奇哉之善現이 讚希有之慈尊하사 悲憐濁世衆生하사 諮決菩提心要하시니 可謂一經正眼이요 三藏絶詮이라 千聖이 不傳하시고 諸祖不說이시니 如是降伏이여 扁舟已過洞庭湖요 護念丁寧이여 何啻白雲千萬里리요 爲甚麼如此오 毗婆尸佛이 早留心하사 直至而今不得妙샷다

설의 수보리가 기특한 것은 그가 말씀으로 하시는 가르침을 기다리지 않고 믿어 의심하지 않았기 때문이고, 부처님께서 희유希有하신 것은 말로 가르침을 드러내지 않고 인천人天을 열어 깨우치셨기 때문이다. 말 없는 교화를 상근 상지上根上智가 되는 사람은 곧 터득하겠지만, 중하中下근기의 사람은 소경이 해를 대하는 것과 같아서 현화玄化[145]의 소재所在를 알지 못하고, 또 말세의 중생은 오히려 현화를 만나지 못하여 두 가지 장애[146]에 막혀서 보리의 지견이 어두우니, 모름지기

---

145 현화玄化: 말없이 하는 가르침.
146 두 가지 장애(二障): 진리를 알지 못하게 가로막는 두 가지 장애. 즉 번뇌장煩惱障

언어 방편을 빌려서 보리심요菩提心要를 열어 보여야 한다. 이 때문에 공생空生[147]이 이를 위하여 묻고 결단하셨다. 다만 이 보리심요는 한 경전의 바른 안목이고, 삼장의 뛰어난 법이라서 일천 성인이 전하지 않고 모든 조사가 말하지 않으셨다. 이와 같이 항복 받는 것과 보호하기를 간절하게 하는 것을 일러 달을 가리키는 손가락과 같다고 말해야 곧 옳거니와, 이를 일러 한 경전의 바른 안목이라고 한다면 조각배가 이미 동정호를 지나간 것이니, 어찌 백운이 천만리일 뿐이겠는가? 어찌하여 이와 같은가? 다겁多劫의 오랜 세월 동안 마음을 가지고 있어서 오히려 아득하다.

善現之所以奇哉者는 以其不待聲敎而信無疑也요 慈尊之所以希有者는 以其不現聲敎而開覺人天也니 無言演化는 爲上根上智는 卽得이어니와 中下之機는 如盲處日하야 不知玄化所在요 又未世衆生은 尙未遇玄化하야 爲二障之所礙하야 昧菩提之知見하니 須假語言方便하야 開示菩提心要니 以故로 空生이 爲之諮決하시니 只此菩提心要는 可謂一經正眼이요 三藏絶詮이라 千聖이 不傳하시고 諸祖ㅣ 不說이시니 如是降伏과 護念丁寧을 謂之如標月指는 卽得이어니와 謂之一經正眼인댄 扁舟已過洞庭湖라 何啻白雲千萬里리요 爲甚如此오 多劫에 留心尙茫然이니라

과 소지장所知障. 혹은 말 없는 가르침을 만나도 알아보지 못하는 장애와 말 없는 가르침을 만나지 못하는 장애 두 가지.

147 공생空生: 수보리. 그가 공空의 이치를 잘 알았기 때문에 얻은 이름이다.

송 질문이 높고 대답이 깊으니,

오묘하고 원만하며 참되고 깨끗한 것[148] 모름지기 찾지 않네.

잠깐 이와 같이 분명한 것을 알면

보리 대도의 마음에 묵묵히 계합할 것이네.

問處孤高答處深하니 妙圓眞淨不須尋이라

瞥然如是知端的하면 默契菩提大道心하리라

한 번 묻고 한 번 답하는데 오묘한 이치가 여기에 있으니, 오묘하고 원만하며 참되고 깨끗한 것을 모름지기 다른 데서 찾지 말라.

한산의 손가락 끝에 달이 둥글고 둥그니,

많은 방관자들의 눈이 소경과 같네.

다만 손가락 끝에서 살아있는 안목을 열면

눈 가득 찬 빛을 감출 데가 없으리.

一問一答에 妙理斯在하고 妙圓眞淨을 不須別處尋覓이로다

寒山指頭에 月團團하니 多少傍觀이 眼如盲이라

但向指頭開活眼하면 滿目寒光을 無處藏하리라

요지 이 장의 경문은 수보리가 설법을 청하고 부처님께서 이를 승낙하는 내용으로 되어 있다. 장로 수보리가 대중 가운데서

148 양변을 떠난 자리. 묻고 답하는 바로 그 자리에 있다.

나와 부처님께 예를 표하고 나서, 모든 보살을 잘 보호하시고, 모든 보살에게 법을 잘 전하게 부탁하신 부처님을 희유하다고 칭송하였다. 그리고 아뇩다라삼먁삼보리심을 낸 선남자 선여인이 어떻게 마음을 가져야 하며, 어떻게 그 마음을 항복 받아야 하는지를 부처님께 여쭈었다. 부처님께서 이런 질문을 한 수보리를 칭찬하고 "너를 위하여 말할 것이니 잘 들으라."고 당부하시고, 수보리는 "말씀을 즐거이 듣겠습니다."라고 대답했다.

육조스님은 장로는 덕과 나이가 높은 것이고, 수보리는 뜻이 해공解空이라 설명했다. 그리고 제자가 스승에게 법을 청할 때 갖추는 다섯 가지 예의를 소개하고, 부처님께서 가지신 희유한 세 가지는 왕위를 버린 것, 몸이 32상 80종호를 갖춘 것, 8만4천 법문을 하여 삼신三身을 원만하게 갖춘 것이라 설명했다. 세존이라는 말은 지혜가 삼계三界를 초월하고 덕망이 높아서 일체가 공경한다는 뜻이고, 반야바라밀법으로 보살을 보호하는 것이 호념이고, 반야바라밀법으로 보살에게 부탁하는 것이 부촉이라 했다. 선호념善好念이란 학인學人으로 하여금 지혜로 자기의 몸과 마음을 지켜서, 애증으로 경계에 물들어 생사고해에 떨어지지 않고 생각을 항상 바르게 하도록 하여 자성 여래를 잘 보호하는 것이며, 선부촉善付囑이란 앞뒤 생각이 청정해서 사이에 끊어짐이 없어 구경에 해탈하는 것이라고 했다. 보살은 도심을 가진 깨달은 중생인데, 항상 공경하고 모든 생명을 널리 경애敬愛하여 가벼이 여기지 않는다고 했다. 육조스님은 선남자는 평탄심平坦心과 정정심正定心으로 일체 공덕을 이루어 장애가 없는 것이고, 선여인은 정혜심正慧心으로써 일체 유위무위有爲無爲의 공덕을 낳는 것이라고 했다. 수보리가 보기에 일체 중생은 조급하고 어지러워 멈추지 않음이 문틈에 보이는 먼지와 같고, 요동하는 마음이 회오리바람 같이 멈추지 않고 계속되는데, 여기에 보리심을 내어 수행하고자 하는 사람은 마음을 어디에 머물러야 하며, 마음을 어떻게 항복 받아야 하는가를 수보리가 대신 질문했다고 보았다. 그리고 육조스님은 부처님께서는 자기 마음과 뜻을 잘 알아주는 수보리를 칭찬하고 잘 들을 것을 당부하셨으며, 아뇩다라삼먁삼보리의 의미를 위없이 바르고 두루한 지혜(無上正徧智)라고 풀이하고, 더 구체적으로 무無는 때와 오염이 없는 것, 상上은 삼계에 견줄 것이 없는 것, 정은 정견正見, 변徧은 일체지一切智, 지智는 모든 생명이 다 불성이 있어서 수행하면 다 성불할 수 있다는 것이라 풀이하고, 불佛은 곧 무상청정반야바라밀無上淸淨般若波羅密이라고 했다. 그래서 수행하고자 하면 주객을 초월한 무상보리도無上菩提道와 무상청정반야바라라밀을 알아서 이것으로 마음을 항복 받아야 한다고 했다.

야부스님은 수보리가 부처님께서 한 말씀도 하지 않으셨는데 그 위의를 찬탄한 것을 눈여겨 잘 보라고 했다. 수보리의 이런 행위를 담 넘어 뿔이 보이면 소인지를 알고, 산 넘어 연기가 보이면 불임을 아는 것에 비유했다. 일체를 초월한 본질 자리는 천상천하에 높고 높은 데에 홀로 앉은 것과 같은데, 다시 이리저리 사량하는 것을 남북동서를 따지고 거북점, 기와점을 치는 것에 비유하고, 다시 '돌咄'이라는 할喝을 하여 이를 부정했다. 그리고 야부스님은 보리심을 낸 사람이 어디에 마음을 머물고, 어떻게 마음을 항복 받아야 하는가라는 수보리의 질문을 두고 '이 물음 자체가 어디서 나왔는가?'라고 반문하고 본래 완성되어 있는 그 자리를 게송으로 읊었다. "네가 기쁜데 나는 기쁘지 않고, 그대가 슬픈데 나는 슬프지 않고, 기러기는 북쪽 변방으로 날아가기를 생각하고, 제비는 옛 둥지로 돌아가기를 기억한다"고 읊고, "가을 달과 봄꽃의 한없는 뜻은 다만 스스로 안다"고 하였다. 그는 부처님의 법문 허락을 두고 일은 가끔 간절한 부탁에서 생긴다고 하면서 중생에게도 때려서 열 수 없고 칼로도 벨 수 없는 측면이 있으며, 사바세계를 몇 천 번을 다녔지만 낱낱이 공, 무아의 본질 자리(空王殿)를 떠난 적이 없다고 게송으로 읊었다.

종경스님은 수보리가 세존에게 질문한 것은 더러운 세상의 중생을 불쌍하게 여겨 보리의 핵심을 물어 결단한 것이니 한 경전의 바른 안목이고, 이 경전의 내용은 모든 부처님 가르침 가운데 가장 위대하여 일천 성인도 전할 수 없고 모든 조사들도 말할 수 없다고 하였다. 이와 같이 마음을 항복받는다면 조각배가 이미 동정호를 지나가고, 간절하게 호념護念하는 것은 백운이 천만 리 되는 데 그치지 않는다고 말했다. 그 이유로 과거불인 비바시불이 일찍이 마음을 가지고 바로 이르렀으나 지금까지 오묘함을 얻지 못한 예를 들었다. 항복 받고 호념하는 자체가 누구나 본래 갖추고 있는 입장에서 보면 그렇게 어긋났다는 말이다. 종경은 이어서 질문이 고고孤高하고 대답이 깊으니 묘원진정妙圓眞淨을 찾을 것이 없다 하고, 바로 명백함을 알면 보리의 큰 도에 고요히 계합할 것이라는 게송을 읊었다.

설의에서 함허스님은 말없이 걸식하고 돌아와 자리에 앉는 부처님의 모습을 보고 수보리가 희유하다고 칭송하는 것에 대해서 언급한 "얼음이 녹고 기와가 풀렸다."는 양기스님의 말은 겁외劫外를 향하여

156

깨닫게 하기 때문에 양기스님의 이 말 뜻을 간파看破하면 일생의
참학사參學事를 마친다는 대혜스님의 말을 소개했다. 이어서 "바람
자는 바다에 달이 떠 있고 파도 없는 바다에 쇠 배를 멍에 했네.
거듭 누설한 공생에 의지하면 좋은 말이 몰래 채찍을 엿보는 것과
같게 됨을 면하리."라는 고덕의 게송을 소개했다. 이를 두고 부처님께
서 단정히 앉아 한 말씀도 하지 않은 것은 최초 일구를 모든 사람
얼굴에 두 손으로 나누어 주는 것인데, 수보리가 일찍이 이것을 알고
희유하다고 말하니, 그가 아니었다면 어두운 가운데 밝은 것을 몰랐을
것이라고 했다. 그 때문에 유마거사의 말없는 법문을 기억하니 한
소리가 삼천세계를 울린다고 하였다. 부처님과 수보리의 대화를 착안
해서 보라는 야부의 말에 함허스님은 도가 같아야 알 수 있다고
했다. 다시 야부의 송에 대하여 지음知音의 만남은 이와 같다고 하고,
'홀로 앉는다.'는 이하 부분에 대하여 모든 허공이 자기 자신이고
모든 대지가 앉는 자리라서 앉아서 일체 차별을 끊고 범부와 성인도
통하지 않고, 천상천하에 가득하여 한 물건도 같은 것이 없는데 헤아림
을 넘어선 사람은 바로 의심이 없지만 그렇지 않으면 가만히 사량함을
면치 못한다고 하였다. 보리심을 낸 선남자 선여인은 마음을 어디에
머물며, 어떻게 항복 받는가라는 수보리의 질문에 대하여 자기 기준에
서 묻지 않고 선남자 선여인을 내세운 것은 자기의 깨달음 드러내기를
꺼려서 그랬다고 보았다.[149] 그는 본래 다 원만하게 이루어져 있지만

---

149 『금강경』이 대승경전이기 때문에 나를 포함한 모든 사람이라는 뜻으로 일반
명칭인 선남자 선여인을 내세운 것으로 보는 것이 타당하다.

금을 녹여야 사용할 수 있음이 선재동자가 문수를 만나 발심하고 53선지식을 찾아 보살도를 배우고 보살행을 닦는 것과 같다고 보았다. 그리고 질문은 어디서 나왔는가라는 야부의 말에 대하여 법은 비고 융통해서 머물 데가 없고 마음은 적멸하여 항복할 것이 없는데, 이 질문은 어디서 나왔는가라고 되물은 것은 질문하기 이전을 착안한 것이라고 보았다. 그는 만약 오늘 일을 밝히고자 하면 본래의 몸을 망각하게 된다는 뜻으로 보았다. 야부의 송에 대하여 너와 나는 본분의 사람이 지금 사람을 일컬은 것으로서 마음을 머무르고 항복 받으면 마음에 기쁨이 있고, 그렇지 못하면 슬픔과 근심이 있지만 나의 이 세계는 본래 깨끗하고 태평하여 다스림과 어지러움이 다 사라져서 슬픔과 기쁨이 없다고 했다. 이것은 가고 오기를 자유롭게 하는 기러기와 제비와 같다고 했다. 춘하추동의 변화와 달이 차고 기울며 꽃이 피고 지는 이 무궁무진한 뜻이 거기에 있는데, 이것은 부모와 스승도 전해주지 못하기 때문에 본인 스스로 긍정하고 깨달아야 옳다고 풀이했다. 질문에 답하겠다는 부처님의 허락을 두고 한 야부의 말과 게송에 대하여 이런 일은 정녕丁寧한 부탁에서 나타난다고 하고, 신령한 작용은 자유롭지만 미묘한 본체는 보기 어려워서 움직일 수 없고 견고해서 무너뜨리기 어렵다고 하면서 생사의 길에 몇 번이나 왕래했는가라고 물었다. 또 다리 발꿈치는 원래 허공같이 깨끗하다고 하였다.

　이 장에 대한 종경스님의 언급에 대하여 수보리가 기이한 것은 부처님의 말로 하는 가르침(聲敎)을 기다리지 않고 믿어 의심하지 않은 것이고, 부처님께서 희유하신 것은 말씀하지 않으시고 인천人天

을 깨우친 것이라 했다. 말 없는 교화를 가장 높은 근기와 지혜를 지닌 사람은 바로 터득하지만 중하근기는 그 가르침을 알지 못하고, 말세 중생은 이런 가르침을 만나지도 못하기 때문에 말로 하는 방편을 가지고 보리의 심요心要를 열어 보인다고 했다. 그런데 그 보리심요는 가장 빼어난 가르침으로 부처님과 조사도 전하고 말씀하시지 않았는데, 마음을 항복 받는다거나 간절히 보호한다고 하면 배가 이미 동정호를 지나가고, 백운이 천만리가 되는 정도로 어긋나버린다고 하였다. 왜 그런가 하면 마음을 가지면 아득해져버리기 때문이라고 했다. 종경스님의 게송에 대하여 오묘한 이치는 문답하는 데에 있기 때문에 다른 데서 찾지 말아야 한다고 하고, 한산寒山의 손가락 끝에 달이 둥그니 거기서 산 눈(活眼)을 열면 눈 가득한 찬 빛을 감출 데가 없을 것이라 했다.

대승의 가르침 제3
大乘正宗分 第三

❀

부처님께서 수보리에게 말씀하시기를 "모든 보살마하살이 응당 이와 같이 그 마음을 항복시키는 것이니"

佛이 告須菩提하사대 諸菩薩摩訶薩이 應如是降伏其心이니

육조 앞생각이 깨끗하고[150] 뒷생각이 깨끗함이 이름하여 보살이되고, 생각마다 물러나지 않아서 비록 티끌세계[151]에 살지만 마음이 항상 깨끗함이 이름이 마하살이 된다. 또 자비희사慈悲喜捨와 같은 갖가지 방편으로 중생을 교화하고 이끎이 이름이 보살이 되고, 교화함과 교화 받음에 마음에 가지고 집착함이 없는 것이 이름이 마하살이니, 일체 중생을 공경함이 곧 그 마음을 항복 받는 것이다. 진리에 처함이 이름이 변하지 않는 것이고, 진여와 일치함이 이름

---

150 깨끗하고(淸淨): 여기서 깨끗하다는 것은 양변을 떠나서 하는 일체 사고 작용을 말한다.

151 티끌세계(塵勞): 티끌과 수고로움이 있는 세계, 양극단의 사고를 바탕으로 탐내고 성내며 어리석게 살아가는 세계.

이 다르지 않은 것이니, 모든 경계를 만나서 마음에 변하고 달라짐 없음이 이름이 진여眞如다. 또한 이르되 밖으로 거짓 없음이 말하자면 진眞이고, 안으로 어지러움 없음이 말하자면 여如니 생각마다 어김 없음이 곧 그 마음을 항복시키는 것이다.[152]

前念淸淨하고 後念淸淨이 名爲菩薩이요 念念不退하야 雖在塵勞나 心常淸淨이 名摩訶薩이라 又慈悲喜捨種種方便으로 化導衆生이 名爲菩薩이요 能化所化에 心無取着이 名摩訶薩이니 恭敬一切衆生이 卽是降伏其心이라 處眞名不變이요 契如名不異니 遇諸境界하야 心無變異호미 名曰眞如라 亦云外不假曰眞이요 內不亂曰如니 念念無差卽是降伏其心也라

알에서 난 것(卵生), 태에서 난 것(胎生), 젖은 데서 난 것(濕生), 변화해서 난 것(化生), 모양 있는 것(有色), 모양 없는 것(無色), 생각 있는 것(有想), 생각 없는 것(無想), 생각 있는 것도 아니고 생각이 없는 것도 아닌 것(非有想非無想)과 같은 일체 중생을 내가 다 무여열반無餘涅槃에 들어가게 하여 멸도滅

---

152 '곧 그 마음을 ~것이다(卽是降伏其心也)'는 『금강반야바라밀경』의 내용을 따랐다. 이 자료가 더 오래되고 문맥으로 봐서도 논리에 맞기 때문이다. 『금강반야바라밀경』은 『금강반야바라밀경육조해』의 줄인 명칭으로, 이 책은 『금강경』 원문에 육조해六祖解만 담고 있는데 1464년 세조가 한글 토를 달고 한계희가 번역했다.

度¹⁵³할 것이니

所有一切衆生之類ㅣ若卵生 若胎生 若濕生 若化生 若有色 若無色 若有想 若無想 若非有想 非無想을 我皆令入無餘涅槃하야 而滅度之호리니

육조 알에서 나는 것은 미혹한 성질이고, 태에서 나는 것은 습관적 성질이고, 젖은 데서 나는 것은 나쁜 것을 따르는 성질이고, 변화해서 나는 것은 보고 향해가는 성질이니, 미혹하기 때문에 여러 업을 짓고, 습관이 됐기 때문에 항상 흘러가며, 나쁜 것을 따르기 때문에 마음이 안정되지 않고, 보고 향해가기 때문에 빠지고 떨어지기를 많이 한다. 마음을 일으켜 마음을 닦아 잘못 시비是非를 보아 안으로 모양 없는 이치에 일치하지 못함을 이름하여 모양 있는 것이라 하고, 속마음으로 곧음을 지켜 공경과 공양을 행하지 않고 다만 곧은 마음이 부처라는 것만 보아서 복덕과 지혜를 닦지 않음을 이름하여 모양 없는 것이라 하고, 중도를 통달하지 않고 눈으로 보고 귀로 들음에 마음으로 생각하여 법상에 애착하여 입으로는 부처의 실천을 말하되 마음으로 따라서 실천하지 않음을 이름하여 생각 있는 것이라 하고, 미혹한 사람이 좌선을 하되 한결같이 거짓됨만 제거하고 자비희사慈悲喜捨와 지혜智慧의 방편을 배우지 않아서 오히려 목석과 같이 작용이 없음을 이름하여

---

153 멸도滅度: 제도濟度.

162

생각이 없는 것이라 하고, 두 가지 법에 대한 생각에 집착하지 않는 까닭에 이름하여 생각이 있지 않음과 같다고 하고, 이치를 추구하는 마음이 있기 때문에 이름하여 생각이 없지 않은 것 같다고 한다. 번뇌가 만 가지로 다르나 다 때 묻은 마음[154]이고, 몸의 모양이 무수無數하나 다 중생이라 이름한다. 여래께서 큰 자비로 널리 교화하여 다 남김 없는 열반에 들게 하여 제도(滅度)함은 여래께서 삼계의 아홉 가지 중생이 각기 열반의 미묘한 마음을 가지고 있음을 가리켜 보여서 스스로 남김 없는 열반을 깨달아 들어가게 한 것이다. 남김 없다는 것은 습관과 번뇌가 없는 것이다. 열반이란 원만하고 깨끗하다는 뜻이니, 일체의 습관을 없애서 영원히 나지 않게 하여야 마침내 이와 일치한다. 제도한다는 것은 생사의 큰 바다를 건넘이니, 부처님의 마음이 평등하여 일체의 중생과 더불어 원만하고 깨끗하며 남김 없는 열반에 같이 들어가서, 생사의 큰 바다를 같이 건너서, 모든 부처께서 증득한 것과 같기를 널리 발원하신 것이다. 어떤 사람이 비록 깨닫고 비록 닦으나 얻을 것이 있다는 마음을 짓는 사람은 도리어 아상我相을 내게 되니, 이름하여 법아法我가 된다. 법아를 다 없애야 마침내 제도라고 이름한다.

卵生者는 迷性也요 胎生者는 習性也요 濕生者는 隨邪性也요 化生者는 見趣性也니 迷故로 造諸業하고 習故로 常流轉하며 隨邪에 心不定이요 見趣에 多淪墜하며 起心修心하야 妄見是非하야 內不契無相之理ㅣ名

---

154 때 묻은 마음(垢心): 있고 없음의 양변에 떨어진 마음.

爲有色이요 內心守直하야 不行恭敬供養하고 但見直心是佛하야 不修福慧ㅣ 名爲無色이요 不了中道하고 眼見耳聞에 心想思惟하야 愛着法相하야 口說佛行호대 心不依行이 名爲有想이요 迷人이 坐禪호대 一向除妄하고 不學慈悲喜捨智慧方便하야 猶如木石하여 無有作用이 名爲無想이요 不着二法想故로 名若非有想이요 求理心在故로 名若非無想이니 煩惱萬差나 皆是垢心이요 身形無數나 摠名衆生이라 如來ㅣ 大悲로 普化하사 皆令得入無餘涅槃也하야 而滅度之者는 如來ㅣ 指示三界九地衆生이 各有涅槃妙心하사 令自悟入無餘케하시니 無餘者는 無習氣煩惱也라 涅槃者는 圓滿淸淨義니 滅盡一切習氣하야 令永不生하야사 方契此也라 度者는 渡生死大海也니 佛心이 平等하사 普願與一切衆生으로 同入圓滿淸淨無餘涅槃하야 同渡生死大海하야 同諸佛所證也라 有人이 雖悟雖修나 作有所得心者는 却生我相하나니 名爲法我라 除盡法我하야사 方名滅度也라

"이와 같이 한량없고 무수하고 끝없는 중생을 멸도했으되 실제로 멸도를 받은 중생이 없으니"

如是滅度無量無數無邊衆生호대 實無衆生得滅度者니

육조 이와 같다는 것은 앞의 법을 가리킨 것이다. 멸도滅度란 것은 큰 해탈이니 큰 해탈이란 번뇌와 습기, 일체 업장이 다 사라져 다시 남음이 없는 것을 이름하여 큰 해탈이라 한다. 한량없고

무수하고 끝없는 중생이 원래 각자 일체 번뇌와 탐욕, 분노의 나쁜 업을 가지고 있어서 만약 끊어 없애지 않으면 해탈을 얻지 못할 것이다. 그러므로 이와 같이 한량없고 무수하고 끝없는 중생을 제도한다고 말씀하셨다. 일체 미혹한 사람이 자기 성품을 깨달으면 비로소 부처님께서 자기 모습을 보지 않으며, 자기의 앎을 두지 않으심을 알게 될 것이니, 어찌 일찍이 중생을 제도했겠는가? 다만 범부가 자기의 본심을 보지 못하며, 부처님의 뜻을 알지 못하며, 모든 모양에 집착하여 무위의 이치를 통달하지 못하여 아상我相과 인상人相을 제거하지 못하기 때문에 중생이라 이름한다. 만약 이 병을 떠나면 실제로 제도받을 중생이 없을 것이다. 그러므로 말씀하시되 "거짓된 마음이 없는 곳이 곧 보리요, 생사와 열반이 본래 평등하다." 하시니, 또 어찌 제도함이 있겠는가?

如是者는 指前法也라 滅度者는 大解脫也니 大解脫者는 煩惱及習氣와 一切諸業障이 滅盡하야 更無有餘호미 是名大解脫이라 無量無數無邊衆生이 元各自有一切煩惱貪嗔惡業하니 若不斷除하면 從不得解脫하리니 故로 言如是滅度無量無數無邊衆生이라하시니라 一切迷人이 悟得自性하면 始知佛이 不見自相이시며 不有自知어시니 何曾度衆生이리요마는 秖爲凡夫ㅣ 不見自本心하며 不識佛意하야 執着諸相하야 不達無爲之理하야 我人不除일새 是名衆生이니 若離此病하면 實無衆生得滅度者하리니 故로 言하사대 妄心無處ㅣ 卽菩提요 生死涅槃이 本平等이라하시니 又何滅度之有리요

❀

"어찌된 까닭인가? 수보리여, 만약 보살이 아상我相, 인상人相,
중생상衆生相, 수자상壽者相이 있으면 곧 보살이 아니다."

何以故오 須菩提야 若菩薩이 有我相人相衆生相壽者相하면
卽非菩薩이니라

설의 자비로 교화하여 중생 남김 없는 열반에 들어가게 하고,
지혜는 진리에 명합冥合하여 주관과 객관 끊었도다!
제도할 것이 있다고 보면 곧 진리와 어긋나니,
아상과 인상 나지 않아야 보살이라 이름하네.

悲化含生入無餘하시고 智冥眞際絶能所로다
見有可度면 卽乖眞이라 我人不生하야사 名菩薩이니라

육조 중생과 불성이 본래 다름이 없건마는 사상四相이 있는 것으
로 연유하여 남김 없는 열반에 들어가지 못한다. 사상이 있으면
곧 중생이오, 사상이 없으면 곧 부처이다. 미혹하면 곧 부처가
중생이오, 깨달으면 곧 중생이 부처이다. 미혹한 사람은 재산과
학문, 집안이 있음을 믿어서 모든 사람을 가벼이 여기는 것이
이름하여 아상我相이고, 비록 인의예지신仁義禮智信을 실천하나
뜻이 높고 자부하여 널리 공경을 실천하지 않고 말하기를 나는
인의예지신을 실천할 줄 알아서 너를 공경하는 것은 마땅하지

않다고 하니 인상人相이라 이름하고, 좋은 일은 자기에게 돌리고 나쁜 일은 남에 베푸는 것을 중생상衆生相이라 이름하고, 경계를 대하여 가지거나 버리며 분별하는 것을 수자상壽者相이라 이름하니, 이것을 일러 범부의 사상四相이라 한다. 수행인도 또한 사상이 있으니 마음에 나와 남이 있어 중생을 가볍게 여기는 것을 이름하여 아상이라 하고, 스스로 계戒 지키는 것을 믿어 파계하는 이를 가벼이 여기는 사람을 이름하여 인상이라 하고, 삼악도의 고통을 싫어하여 하늘에 태어나기를 발원하는 것이 중생상이고, 마음으로 오래 살기를 애착愛着하여 부지런히 복업福業을 닦으며 집착하고 잊지 못하는 것이 수자상이니, 사상이 있으면 곧 중생이고, 사상이 없으면 곧 부처이다.

衆生과 佛性이 本無有異언마는 緣有四相하야 不入無餘涅槃하나니 有四相하면 卽是衆生이요 無四相하면 卽是佛이라 迷하면 卽佛이 是衆生이요 悟하면 卽衆生이 是佛이니라 迷人은 恃有財寶學問族姓하야 輕慢一切人이 名我相이요 雖行仁義禮智信이나 而意高自負하야 不行普敬하고 言我解行仁義禮智信이라 不合敬爾라호미 名人相이요 好事는 歸己하고 惡事는 施人이 名衆生相이요 對境取捨分別이 名壽者相이니 是謂凡夫四相이요 修行人도 亦有四相하니 心有能所하야 輕慢衆生이 名我相이요 自恃持戒하야 輕破戒者ㅣ 名人相이요 厭三途苦하야 願生諸天이 是衆生相이요 心愛長年하야 而勤修福業하야 諸執不忘이 是壽者相이니 有四相하면 卽是衆生이요 無四相하면 卽是佛이니라

[야부] 하늘에 이마를 하고 땅에 섰으며, 코는 바로 돼 있고 눈은 가로로 돼 있도다!

頂天立地요 鼻直眼橫이로다

[설의] 한 법계에서 형체가 아홉 가지 종류로 나누어지니 형체마다 다 한 법계를 갖추었다. 그래서 낱낱이 머리는 하늘을 가리키고, 다리는 땅을 밟고, 낱낱이 코는 똑바로 아래를 향하여 드리워져 있고, 눈은 가로로 위에 있도다!

從一法界하야 形分九類하니 形形이 皆具一法界라 所以로 一一頭指天 脚踏地하고 一一鼻直向下垂요 眼橫在上方이로다

[송] 당당堂堂한 대도여! 밝고 밝아 분명하다.
　사람마다 본래 갖추었고 낱낱이 원만히 이루어져 있네.
　다만 한 생각 어긋나서 만 가지 모양 나타냈도다!

堂堂大道여 赫赫分明이라
人人이 本具하고 箇箇圓成이라
祇因差一念하야 現出萬般形이로다

　당당한 대도여! 대천사계에 널리 두루하고,
　빛나고 빛나 분명함이여! 빛이 만 가지 형상을 삼켰도다!
　사람마다 본래 갖추었음이여! 옷 입고 밥 먹으며,

손가락 퉁기고 눈썹 드날리기에 다른 사람 필요하지 않네.
낱낱이 원만하게 이루어져 있음이여! 좌우 아래위로 움직임과
하품하고 기지개 켜며 기침하는 데 다른 사람의 힘 빌리지 않도다!

다만 운운云云에 원인한다는 것은

봄빛이 높고 낮음이 없으되 꽃나무 가지는 스스로 짧고 길도다!
스스로 짧고 긺이여! 또한 방해되지 않으니,
아홉 가지 중생이 한 법계에 함께 사니
자주색 비단 휘장 안에 진주를 흩는 것이로다!

비록 그러하기가 이와 같으나, 다만 이렇게만 헤아리면 시방세계가
모두 구멍 없는 쇠방망이라서 짐승은 영원히 짐승이 되고 굶은 귀신은
영원히 굶은 귀신이 되어 하나도 진심眞心을 내어 근원에 돌아가는
것이 없을 것이다. 이미 그러하기가 이와 같다면 필경 어떠한가?

바람이 온화함에 꽃이 땅을 수놓고,
구름이 걷히니 달이 하늘에 가득하도다!

堂堂大道여 廓周沙界요
赫赫分明이여 光吞萬像이로다
人人이 本具여 着衣喫飯하고
彈指揚眉를 不要別人이요
箇箇圓成이여 折旋俯仰과
欠伸謦咳를 不借他力이로다

只因云云은

　春色이 無高下로대 花枝ㅣ 自短長이로다

　自短長이여 也不妨하니

　九類同居一法界하고 紫羅帳裏에 撒眞珠로다

雖然如是나 若但伊麽商量인댄 盡十方世界ㅣ 都盧是無孔鐵鎚라 畜生
은 永作畜生하고 餓鬼는 永作餓鬼하야 無有一介도 發眞歸源이니 旣然
如是인댄 畢竟作麽生고

　風和에 花織地요 雲淨에 月圓天이로다

종경 열반이 맑고 깨끗함이여! 모든 중생을 돌아가 의지하게
하고, 사상四相이 다 사라짐이여! 실제 제도한 중생이 없으니,
이와 같이 통달하여 깨달으면 곧 생사를 초탈超脫하려니와 혹 그렇
지 못하면 옛날 그대로 봉해진 데[155] 미혹하고 껍질[156]에 걸릴 것이다.
알겠는가?

　생사와 열반이 본래 평등하니

　거짓된 마음 다한 곳이 곧 보리로다!

涅槃淸淨이여 盡令含識依歸하고 四相俱忘이여 實無衆生滅度니 如斯
了悟하면 便能脫死超生이러니와 其或未然인댄 依舊迷封滯殼하리니 會

155　봉해진 데(封): 무명無明.

156　껍질(殼): 육신肉身.

麽아

生死涅槃이 本平等하니 妄心盡處 】 卽菩提로다

설의　자비로 중생을 제도함은 곧 없지 않으나 주관과 객관이 분명함을 어찌할 것인가? 지혜가 진리에 명합冥合하면 평등하여 높고 낮음이 없다. 이와 같이 통달하여 깨달으면 곧 생사를 초탈超脫할 수 있거니와 혹 그렇지 못하면 옛날 그대로 무명無明의 가림[157]에 미혹하고 무상無常한 형체[158]에 걸릴 것이다.

悲化含生은 卽不無나 爭乃能所歷然고 智冥眞際하면 平等無有高下니 如斯了悟하면 便能超生脫死어니와 其或未然인댄 依舊迷無明之封蔀하고 滯有漏之形殼하리라

송　이마에 눈을 갖추어 유래한 단서를 분별해 보니
중생의 무리가 어찌 일찍 열반에 들어갔겠는가?
끊어진 뒤에 다시 소생하여 한 물건도 없으니
생사生死가 서로 상관 없다는 것 통달해서 알겠도다!

頂門具眼辨來端하니 衆類何曾入涅槃이리요

---

157 가림(封蔀): 봉은 싸는 것이고, 부는 가리는 것으로서 싸서 가린 것을 봉부封蔀라 한다.
158 무상無常한 형체(有漏之形殼): 유루有漏는 변하는 것이고, 형각은 모양 있는 신체를 뜻한다.

絕後再甦無一物하니 了知生死不相干이로다

지혜는 있고 자비가 없는 것도 또한 다만 외눈이고, 자비는 있고 지혜가 없는 것도 또한 다만 이 외눈이다. 자비와 지혜가 나란히 운행하여 출입이 자유자재自由自在해야 바야흐로 이마에 눈을 갖추었다는 이름을 얻는다. 유래한 단서는 중생과 부처가 하나의 근원이고, 지혜와 자비가 둘 아닌 한 몸이라는 것이니, 오직 눈을 갖추어야 유래한 분分을 분별할 수 있다. 유래한 단서를 이미 분별했다면 어찌 다시 제도하는 주체와 제도 받는 대상이 있다고 보겠는가? 중생을 다 제도해도 제도함이 없으니, 중생과 부처가 모두 눈 속의 꽃이로다!

有智無悲도 亦只是一隻眼이요 有悲無智도 亦只是一隻眼이니 悲智雙運하야 出入自在하야사 方得名爲頂門具眼이라 來端者는 生佛平等之一源이요 悲智不二之一體니 唯有具眼하야사 辨得由分이라 來端을 旣已辨得인댄 何更見有能度所度리요 衆生滅盡而無滅하니 生佛이 都盧眼裏花로다

요지 먼저 경문에서는 부처님께서 알로 난 것, 태로 난 것, 젖은 데서 난 것, 화해서 난 것, 형상 있는 것, 형상 없는 것, 생각 있는 것, 생각 없는 것, 생각이 있는 것도 아니고 없는 것도 아닌 것 등 모든 중생을 다 남김 없는 열반에 들게 하여 제도하겠다고 말씀하셨다. 그리고 한량없이 무수한 중생을 제도해도 실제로 제도된 중생이 없다 하고, 이것은 보살이 아상我相, 인상人相, 중생상衆生

相, 수자상壽者相의 사상四相이 있으면 곧 보살이 아니기 때문이라 하셨다.

육조스님은 앞뒤 생각이 청정하고 자비희사慈悲喜捨의 방편으로 중생을 교화하는 사람이 보살이고, 티끌 가운데서도 마음이 항상 청정하면서 제도하는 사람과 제도 받는 사람에 집착하지 않는 사람이 마하살이라 했다. 그리고 아홉 가지 중생의 특징을 각각 설명하고 묶어서 물든 마음을 가진 것이라 하고, 이런 중생들도 본질은 부처와 조금도 다름이 없어서 부처님께서 모두 제도하여 번뇌와 습관이 더 이상 남아 있지 않은 열반에 들게 한다고 말씀하셨다고 했다. 그리고 중생이 깨닫더라도 얻었다는 마음이 있으면 아상을 내는 것이니, 이것이 법아法我인데 법아를 없애야 제도라 할 수 있다고 했다. 그리고 번뇌와 습기, 업장을 남김없이 소멸하는 것을 큰 해탈이라고 하고, 거짓된 마음만 제거하면 중생의 성품이 그대로 부처와 다름이 없기 때문에 실제로 한 중생도 제도한 것이 아니라고 했다. 육조스님은 중생과 불성이 다르지 않으나 사상四相 때문에 무여열반無餘涅槃에 들어가지 못한다 하고, 중생의 사상과 수행인의 사상을 나누어 설명했다. 미혹한 사람이 재보財寶와 학문, 집안이 있는 것을 믿고 일체 남을 가벼이 보고 업신여김이 아상, 인의예지신仁義禮智信을 실천하며 뜻이 높다고 자부하여 널리 남을 공경하지 않음이 인상, 좋은 일은 자기에게 돌리고 나쁜 일은 남에게 돌림이 중생상, 경계를 대하여 취사분별取捨分別함이 수자상인데, 이 네 가지를 미혹한 중생의 사상이라 했다. 마음에 주관 객관의 분별이 있어서 중생을 가벼이 여기고 업신여김이 아상, 계율을 지키는 것을 믿고 파계한 사람을 가벼이 여김이 인상, 삼악도의 고통을 싫어하여 하늘에 나기를 원함이 중생상, 오래 살기를 좋아하여 복업을 부지런히 닦음이 수자상이라 하고 이 네 가지를 수행인의 사상이라 했다.

여기에 대하여 야부스님은 나라는 한 생각의 차이로 만 가지의 모양이 나타나지만, 하늘로 머리를 하고 땅에 서 있으며, 코는 세로로 곧고, 눈은 가로로 되어 있듯이 당당한 대도는 밝고 분명하여 사람 사람이 본래 갖추고 있어서 낱낱이 완성되어 있다고 하였다. 그래서 사상四相과 거짓된 생각을 제거할 뿐 따로 제도할 중생이 없다고 하였다.

여기에 대하여 종경스님은 사상을 다 잊어 제도할 중생이 없다고 깨달으면 생사를 해탈하지만 그렇지 못하면 그전처럼 미혹하고 막힌 다고 하면서 생사와 열반이 본래 평등하고 거짓 마음이 다하면 곧 보리라고 하였다. 안목을 갖춘 도인은 분별함이 분명한데 중생은 열반에 든 적이 없다고 하고 끊어진 뒤에 다시 살아나면 한 물건도 없어서 생사가 서로 간여하지 않은 것을 통달해 알게 된다고 하였다.

함허스님은 이상의 내용을 총괄하면서 먼저 부처님 말씀에 대하여 자비는 중생을 무여열반無餘涅槃에 들게 하고, 지혜는 진리와 하나로 서 주관과 객관을 끊는다고 했다. 제도할 중생이 있다고 하면 진리와 어긋나기 때문에 아인상我人相이 없어야 보살이라고 하였다. 이어 야부스님의 말을 두고 같은 법계에서 아홉 종류의 중생이 나와서 모두 법계를 갖추고 있기 때문에 머리는 하늘로 향하고 발은 땅을 밟으며, 코는 세로이고 눈은 가로로 되어 있는데 그 자체가 바로 진리라고 보았다. 그의 게송에 대하여 당당하고 빛나는 진리는 사람

사람이 본래 갖추고 있기 때문에 옷 입고 밥 먹고 하품하고 기지개 켜는 일상 그대로가 남의 힘을 빌림이 없이 원만하게 완성되어 있다고 보았다. 즉 봄이 옴에 나뭇가지가 짧고 길어도 방해가 되지 않고, 시방세계가 모두 구멍 없는 쇠몽둥이 같아서 축생, 아귀도 그대로 진리라는 것을, 바람이 온화하여 꽃이 땅을 수놓고, 구름이 걷힘에 달이 하늘에 가득하다고 형상화해서 드러냈다. 다음은 종경의 언급에 대하여 자비로 중생을 교화하되 주객이 없고, 지혜가 진리에 합치되면 평등하여 고하高下가 없다고 깨달으면 생사를 초탈超脫하지만, 그렇지 않으면 무명 때문에 유루有漏의 형상에 걸린다고 하였다. 그의 게송에 대하여 지혜와 자비가 함께 있는 사람을 안목을 갖춘 사람이라 하고, 이 사람만이 부처와 중생이 평등하고 지혜와 자비가 하나인 이치(來端)를 알아서 그의 견해에는 제도하는 사람도 제도 받는 사람도 없다고 했다. 이에 중생을 다 제도했으나 제도함이 없어서 중생과 부처는 모두 눈 속의 꽃이라고 하였다.

묘행은 머무름이 없음 제4

妙行無住分 第四

"다시 다음으로 수보리여, 보살이 법에 응당 머물지 않고 보시를 해야 하니, 이른바 형상에 머물지 않고 하는 보시이며, 소리, 향기, 맛, 촉각, 사물에 머물지 않고 하는 보시이다."

復次須菩提야 菩薩이 於法에 應無所住하야 行於布施니 所謂 不住色布施며 不住聲香味觸法布施니라

육조 범부의 보시는 다만 몸을 꾸미고 오욕五慾[159]의 쾌락을 구하는 까닭에 과보가 다하면 곧 삼악도三惡道[160]에 떨어진다. 그러므로 세존께서 큰 자비로 형상 없는 보시를 실천하여 몸을 꾸미고 오욕의 쾌락을 추구하지 않게 하시고, 다만 안으로 인색한 마음을 깨뜨리며 밖으로 일체 중생을 이익되게 하셨다. 이와 같이 상응하면 이 이름이 형상에 집착하지 않는 보시이다.

---

159 오욕五慾: 재財, 색色, 수睡, 명命, 식食.

160 삼악도三惡道: 지옥畜生, 아귀餓鬼, 축생地獄.

176

凡夫布施는 只求身相端嚴과 五欲快樂故로 報盡에 卽墮三途일새 世尊이 大慈로 敎行無相布施하야 不求身相端嚴과 五欲快樂하고 但令內破慳心하며 外利益一切衆生케하시니 如是相應이 是名不住色布施니라

"수보리여, 보살이 응당 이와 같이 보시하여 형상에 집착하지 말아야 하니"

須菩提야 菩薩이 應如是布施하야 不住於相이니

육조 형상 없는 마음으로 하는 보시는 베푼다는 마음이 없으며, 베푸는 바의 물건을 보지 않으며, 보시 받는 사람을 분별하지 말아야 한다. 이것이 형상에 집착하지 않는 보시이다.

應如無相心布施者는 爲無能施之心하며 不見所施之物하며 不分別受施之人이 是不住相布施也라

"어찌된 까닭인가? 만약 보살이 형상에 집착하지 않고 보시하면 그 복덕福德을 헤아릴 수 없다."

何以故오 若菩薩이 不住相布施하면 其福德을 不可思量이니라

설의 지혜로 실천하게 되면 복福 얻음이 끝없을 것이다.

以智起行하면 獲福無邊하리라

육조 보살이 보시를 할 때 마음에 바라는 것이 없으면 그 복 얻음이 시방의 허공과 같아서 헤아릴 수가 없다. '다시 다음으로(復 次)'라고 말한 것은 앞을 이어서 뒤를 일으키는 말이다. 일설에 보布는 넓은 것이고, 시施는 흩는 것이니 널리 가슴속의 망념과 습관, 번뇌를 다 버려서 사상四相이 끊어져서 쌓임이 없는 것이 참된 보시라 한다. 또 일설에는 보布는 넓음이니 육진경계六塵境 界[161]에 머물지 않으며, 또 유루有漏의 분별을 두지 않고 오직 항상 맑고 깨끗한 데에 돌아가 만법이 비고 고요함을 통달하는 것이라 한다. 만약 이 뜻을 통달하지 못하면 여러 가지 업業만 더하는 까닭에 모름지기 안으로 탐내고 아끼는 마음을 제거하고, 밖으로 보시를 실천하여 안과 밖이 상응하여야 복 얻음이 한량없을 것이 다. 남이 나쁜 일을 저질러도 그 허물을 보지 않아서 자성自性에 분별을 내지 않음이 형상을 떠난 것이 되고, 가르침에 따라 수행하 여 마음에 주관 객관이 없음이 곧 착한 법이다. 수행하는 사람이 마음에 주관과 객관이 있으면 착한 법이라 이름할 수 없고, 주관 객관의 마음이 사라지지 않으면 끝내 해탈을 얻지 못한다. 생각마 다 항상 반야의 지혜를 실천해야 그 복이 한량없고 끝없게 되니, 이와 같이 수행하면 일체 인간과 하늘의 공경하고 공양함을 얻을

---

161 육진경계六塵境界: 색色, 성聲, 향香, 미味, 촉觸, 법法.

것이니, 이것을 이름하여 복덕이라 한다. 항상 형상에 집착하지 않는 보시를 실천하여 널리 일체 중생을 공경하면 그 공덕은 끝이 없으며 헤아릴 수가 없다.

菩薩이 行施에 心無所希하면 其所獲福이 如十方虛空하야 不可較量이라 言復次者는 連前起後之辭라 一說에 布者는 普也요 施者는 散也니 能普散盡胸中에 妄念習氣煩惱하야 四相이 泯絶하야 無所蘊積이 是眞布施라하며 又說에 布者는 普也니 不住六塵境界하며 又不有漏分別하고 惟常返歸淸淨하야 了萬法空寂이라하니 若不了此意하면 惟增諸業故로 須內除貪愛하고 外行布施하야 內外相應하야사 獲福無量하리니 見人作惡하야도 不見其過하야 自性에 不生分別이 是爲離相이요 依敎修行하야 心無能所ㅣ 卽是善法이라 修行人이 心有能所하면 不名善法이요 能所心이 不滅하면 終不得解脫이라 念念常行般若智하야사 其福이 無量無邊이니 依如是修行하면 感得一切人天의 恭敬供養하리니 是名爲福德이라 常行不住相布施하야 普敬一切含生하면 其功德이 無有邊際하야 不可稱計也니라

야부 만약 천하를 다니려고 한다면 한 가지 기예技藝의 강함을 지나감이 없다.

若要天下行인댄 無過一藝强이니라

설의 재주 없는 사람이 천하에 다니면 발이 이르는 곳에 함께 서서 말할 사람이 없을 것이니 그 궁핍함을 알 수 있고, 재주 있는

사람이 천하에 다니면 가는 곳마다 얻지 않는 곳이 없을 것이니 그 즐거움을 말할 수 없다. 지혜의 안목이 없는 사람이 거짓되게 공행功行을 더하면 하는 일마다 집착하여 도道와의 거리가 점점 멀어지고, 지혜의 안목을 가진 사람이 공행의 바다에 들어가면 마음마다 맑고 깨끗하여 바로 본지풍광本地風光과 서로 호응할 것이다. 이미 본지풍광과 서로 호응했다면 티끌과 모래 수만큼 많은 공덕의 작용과 한량없는 오묘한 뜻이 원래 스스로 넉넉히 갖추어져 있어 남으로부터 얻는 것이 아니다.

無才者ㅣ行天下則脚頭到處에 無與立談者하리니 其窮을 可知요 有才者ㅣ行天下則無所往而不自得하리니 其樂을 不可言이라 無慧眼者ㅣ妄加功行則行行有着하야 去道轉遠이요 有慧眼者ㅣ入於行海則心心淸淨하야 徑與本地로 相應하리니 旣與本地로 相應이면 塵沙德用과 無量妙義ㅣ元自具足하야 不從他得이니라

송　서천의 열 가지 무늬 비단에 꽃을 더하니 색이 더욱 곱네.
　　분명한 뜻 알려고 하면 북두성을 남쪽을 향하여 보라.
　　허공은 털끝만 한 생각도 장애하지 않으니
　　그래서 대각선大覺仙[162]이라 드러내어 이름했네.

　　西川十樣錦에 添花色轉鮮이라
　　欲知端的意인댄 北斗를 面南看이어다

_____

162 대각선大覺仙: 부처님.

虛空이 不碍絲毫念하니 所以彰名大覺仙이니라

반야의 지혜로 바탕을 삼고 만행의 꽃으로 무늬를 삼으니 지혜와
실천이 서로 도와서 무늬와 바탕이 조화롭다. 이러하면 지혜로 보시를
함에 지혜가 더욱 밝아지니 비단에 꽃을 더하여 색이 더욱 곱도다!
또 보시를 행함이 진실로 이미 위대한데 다시 집착하지 않으니 그
보시가 더욱 크다. 그래서 말하되 "서천의 좋은 비단에 꽃을 더하니
색이 더욱 곱다. 분명한 뜻을 알려고 한다면 남쪽을 향하여 북두성을
보라"고 했으니, 북두성과 남극성이 자리가 다르지 않은데 남쪽을
말하고 북쪽을 말하는 것은 또한 정식情識[163] 때문이다. 이러하다면
보시 행함이 곧 집착이 없어서 일시에 앞과 뒤가 없어서 있고 없는
경계를 멀리 벗어나고 격 밖의 기틀에도 앉지 않는다. 시원하게 의지함
이 없어서 도량이 허공과 같으니 대각大覺의 이름이 이 때문에 드러나
며 한량없는 복 모임이 여기에서 이루어지도다!

般若智로 以爲質하고 萬行花로 以爲文하니 智行이 相資하야 文質이 彬彬
이라 伊麼則以智起行에 智愈明하니 錦上添花色轉鮮이로다 又行施ㅣ固
已偉然이어늘 更能無住하니 其施ㅣ益大라 所以로 道호대 西川十樣錦에
添花色轉鮮이라 欲知端的意인댄 北斗를 面南看이니 北斗南星이 位不
別이어늘 言南言北이 也由情이로다 伊麼則行施ㅣ卽無住라 一時無前後
하야 逈出有無之境하고 不坐格外之機라 蕭然無寄하야 量同太虛하니
大覺之名이 於是乎彰이며 無量福聚ㅣ於是乎成이로다

163 정식情識: 중생의 분별심.

"수보리여, 그대의 생각에 어떠한가? 동방의 허공을 헤아릴
수 있겠는가, 없겠는가?" "헤아릴 수 없습니다, 세존이시여!"

須菩提야 於意云何오 東方虛空을 可思量不아 不也니이다 世
尊하

육조 형상에 집착하지 않은 보시로 인연하여 얻은 공덕은 헤아릴
수 없으므로 부처님께서 동방의 허공으로 비유를 하였다. 그런
까닭에 수보리에게 물으시되 "동방의 허공을 헤아릴 수 있는가,
없는가?" 하였다. "헤아릴 수 없습니다, 세존이시여!"라고 한 것은
수보리가 동방 허공을 헤아릴 수 없다고 대답한 것이다.

緣不住相布施하야 所得功德을 不可稱量일새 佛이 以東方虛空으로 爲
譬喩故로 問須菩提하사대 東方虛空을 可思量不아하시니 不也니이다
世尊者는 須菩提ㅣ 言東方虛空을 不可思量이라

"수보리여, 남서북방의 사방과 상하 허공을 헤아릴 수 있는가,
없는가?" "헤아릴 수 없습니다, 세존이시여." "수보리여, 보살이
형상에 집착하지 않고 하는 보시의 복덕도 또한 이와 같아서
헤아릴 수 없다."

182

須菩提야 南西北方四維上下虛空을 可思量不아 不也니이다
世尊하 須菩提야 菩薩의 無住相布施하난 福德도 亦復如是하야
不可思量이니라

설의 보살의 만행이 생각 없는 것으로 종지宗旨를 삼으니, 한 번
그 종지를 얻으면 베풀어 옳지 않은 것이 없어서 그 복 얻음의 넓기가
허공과 같도다!

菩薩萬行이 無念으로 爲宗이니 一得其宗하면 無所施而不可라 其獲福이
寬廣如空이로다

육조 부처님께서 말씀하시되 "허공이 끝이 없어서 생각으로
헤아릴 수 없으니, 보살이 형상에 집착하지 않고 보시하여 얻는
공덕 또한 허공과 같아서 헤아릴 수 없어 끝이 없다."고 하셨다.
세계 가운데 크기가 허공을 지나가는 것이 없고, 일체 성품 가운데
크기가 불성을 지나가는 것이 없으니 무슨 까닭인가? 무릇 형상이
있는 것은 크다고 이름할 수 없는데 허공은 형상이 없기 때문에
크다고 이름할 수 있다. 일체 모든 성품은 다 한량이 있어서 크다고
이름할 수 없는데 불성은 한량이 없는 까닭에 크다고 이름할 수
있다. 이 허공 가운데는 본래 동서남북이 없는데 만약 동서남북을
보면 또한 이것은 형상에 집착하는 것이라서 해탈을 얻을 수 없고,
불성은 본래 아상, 인상, 중생상, 수자상이 없는데 만약 이 사상四相
이 있다고 보면 곧 이것은 중생상이므로 불성이라 이름하지 않으

니, 또한 이른바 형상에 머물러 보시하는 것이다. 비록 거짓된 마음에서 동서남북이 있다고 말하나 이치에서는 어찌 있겠는가? 이른바 동서가 진실이 아닌데 남북이 어찌 다르겠는가? 자성自性[164] 이 본래 비고 고요하여 크게 융화하여 분별이 없기 때문에 여래께서 분별 내지 않음을 깊이 칭찬하셨다.

佛言하사대 虛空이 無有邊際하야 不可思度이니 菩薩의 無住相布施하야 所得功德도 亦如虛空하야 不可度量하야 無邊際也라 世界中大者ㅣ 莫過虛空이요 一切性中大者ㅣ 莫過佛性이니 何以故오 凡有形相者는 不得名爲大요 虛空은 無形相故로 得名爲大며 一切諸性은 皆有限量이라 不得名爲大요 佛性은 無限量故로 名爲大니 此虛空中에 本無東西南北하니 若見東西南北하면 亦是住相이라 不得解脫이요 佛性은 本無我人衆生壽者하니 若有此四相可見하면 卽是衆生相이라 不名佛性이니 亦所謂住相布施也라 雖於妄心中에 說有東西南北이나 在理則何有리요 所謂東西不眞이라 南北曷異리요호미니 自性이 本來空寂하야 混融無分別故로 如來ㅣ 深讚不生分別也라

"수보리여, 보살이 다만 이 같은 가르침에 따라 머물러야 하느니라."

須菩提야 菩薩이 但應如所敎住니라

---

164 자성自性: 일체 개개의 존재가 가진 성품. 일체 존재가 가진 성품 전체를 묶어서 말할 때는 법성法性이라 한다.

육조 응應은 따름이니, 다만 위에서 말씀하신 가르침을 따라 형상 없는 데 머물러 보시하면 곧 보살이다.

應者는 順也니 但順如上所說之敎하야 住無相布施하면 卽菩薩也라

야부 예의를 알 수 있다.

可知禮也니라

설의 머물지 않음은 만행萬行의 큰 근본(大本)이고, 만행은 머물지 않음의 큰 쓰임(大用)이다. 부처님께서 머물지 않음으로써 머묾을 삼도록 가르치시니, 큰 근본이 이미 밝았으나 큰 쓰임을 또한 알지 않을 수 없다. 예라는 것은 인간의 큰 쓰임이라서 존망存亡이 걸려있으며, 화복禍福이 그로 말미암아 일어나는 것이다. 사람이 예를 알면 나아가고 물러나는 데 볼만한 것이 있으며, 들고 놓음에 마땅함을 얻어서 베푸는 것이 옳지 않음이 없고, 만일 예를 모르면 비록 말하기를 마음에 일이 없다고 하나 움직이면 곧 법을 어기니, 어찌 나아가고 물러나며 오르고 내리는 데 볼 만한 것이 있겠는가? 이로 말미암아 예라는 것은 알아야 할 것이며, 알지 않을 수 없는 것이다.

無住者는 萬行之大本也요 萬行者는 無住之大用也라 慈尊이 敎以無住로 爲住하시니 大本이 已明이나 而大用을 亦不可不知也니라 禮也者는 人間之大用也라 存亡之所繫며 禍福之所由興也니 人이 知禮則進退를 可觀이며 擧措ㅣ得宜하야 無施不可요 苟不知禮則雖曰無事於心이나

動輒違規하리니 豈有進退升降之可觀乎리오 由是로 禮也者는 可知而
不可不知也니라

송 허공의 경계를 어찌 헤아리겠는가?
　　큰 도는 맑고 깊으며 이치는 더욱 크도다!
　　다만 오호五湖의 풍월을 얻으면
　　봄이 옴에 옛날과 같이 온갖 꽃향기가 진동하리.

　　虛空境界를 豈思量가 大道淸幽理更長이로다
　　但得五湖風月在하면 春來依舊百花香하리라

머물지 않음으로 머묾을 삼으니 넓기가 허공과 같다. 비록 그러하기가
이와 같으나 큰 도는 머물고 머물지 않는 데 속하지 않으니 해인海印에
견줄 수 있고 저 큰 허공을 넘어선다. 큰 허공 가운데 오호의 풍월이
있음이 방해되지 않고, 머물지 않는 가운데 또한 큰 쓰임을 번성하게
일으켜도 방해되지 않으니, 고인이 말씀하시되 "무심을 가지고 도라
고 말하지 말라, 무심이 오히려 한 겹 관문에 막혀있다."고 하시니,
무심이 바로 머물지 않는다는 뜻이다. 요컨대 머묾이 없는 데서 큰
쓰임을 번성하게 일으켜 원만하게 모든 공덕을 갖추어야 바야흐로
큰 도와 서로 호응하여 가게 된다. 이 속에 이르러서는 보고 듣고
느끼고 아는 것이 옛날과 같이 수용하는 가풍이고, 색깔과 향기,
맛, 촉각이 원래 유희 도량이다.

無住로 爲住하니 廓然如空이라 雖然如是나 大道는 不屬有住無住하니

方之海印이요 越彼太虛라 太虛中에 不妨有五湖風月이요 無住中에 亦
不妨繁興大用이니 古人이 道하사대 莫把無心云是道하라 無心이 猶隔一
重關이라하시니 無心이 正是無住之義라 要向無住中하야 繁興大用하야
圓具萬德하야사 方與大道로 相應去在하리니 到這裏하야는 見聞覺知ㅣ
依前受用家風이요 色香味觸이 元是遊戲之場이리라

종경 형상에 머물러 보시함은 해와 달이 다함이 있는 것과 같고,
육진六塵에 집착하지 않음은 허공이 끝이 없는 것과 같도다! 나와
남이 모두 이익되어 복덕을 헤아리기 어려우니 확 트이게 운용함에
신령하게 통하고, 드넓게 종횡함에 자유자재하도다! 또 말하라.
도리어 머물러 집착하는 곳이 있는가?

　오묘한 본체는 본래 처소가 없으니
　온몸이 어찌 다시 자취가 있겠는가?

住相布施는 猶日月之有窮이요 不着六塵은 若虛空之無際로다 自他具
利하야 福德難量이니 豁然運用靈通하야 廓爾縱橫自在로다 且道하라
還有住着處麼아

　妙體本來無處所하니 通身何更有蹤由리요

설의 형상에 머물러 하는 보시는 공연히 사람의 이목을 현혹하니
머물지 않는 큰 도에 어긋난다. 다만 다함이 있는 과보를 감수感受하고
끝없는 큰 이익을 잃음이 저 해와 달이 교대로 밝아서 밤낮에 통할

수 없는 것과 같다. 집착하지 않고 하는 보시는 몸과 마음이 맑고
고요하고, 안과 밖이 한결같아서 머묾이 없는 큰 도와 일치하여,
마침내 끝없는 큰 이익을 얻음이 저 큰 허공이 확 트여 끝이 없는
것과 같다. 이것으로 처신을 하고 미루어 남에게 미치니 그 복덕을
실제로 헤아리기 어렵다. 복덕을 헤아리기 어려움은 또 그만두고
무엇이 머묾이 없는 도리인가? 확 트이게 운용함에 신령하게 통하고,
드넓게 종횡하기를 자유자재하도다! 또 말하라. 집착할 곳이 있는가?

　오묘한 본체는 처소가 없으니
　온몸이 자취가 없도다!

住相布施는 徒眩人之耳目하니 違於無住大道라 但感有漏之報하야 失
於無邊大利호미 猶彼日月이 但能代明하야 而不能通乎晝夜어니와 無住
行施는 身心이 澹寂하고 內外一如하야 契乎無住大道하야 終獲無邊大
利호미 如彼太虛ㅣ 廓然無際하야 以之處己하고 推以及人이니 其爲福德
이 實爲難量이라 福德難量은 且置하고 怎生이 是無住底道理오 豁然運
用靈通하야 廓爾縱橫自在로다 且道하라 還有住着處麼아

　妙體無處所하니 通身沒蹤由로다

송　힘써 보시[165]로 제도함이 진상眞常과 계합하니
　복이 허공과 같아 헤아릴 수 없네.

───────
165 보시(檀): 단나檀那, 타나陀那의 약어인데 보시布施, 시여施與라 번역하여 남에게
　거저 물건을 주는 것을 뜻한다.

그림자 없는 나무에 꽃이 만발하니
그를 따라 꺾어서 법왕에게 바치도다!

運力檀度契眞常하니 福等虛空不可量이라
無影樹頭에 花爛熳하니 從他採獻法中王이로다

머무름 없이 하는 보시는 그 보시가 성품의 빈 것과 일치하니, 성품이
비어 끝이 없으므로 복 또한 끝이 없다. 머무름이 없음으로 인하여
만행이 다만 잠겨서 과보에서 원상圓常을 빠뜨리면 머무름이 없는
것이 만행의 과보에 진실로 방해가 되겠지만, 머무름이 없는 것으로
인하여 만행이 이에 일어나서 얻은 복이 끝이 없으면 머무름이 없음이
만행의 과보에 크게 이익이 있어 진실로 방해가 되지 않을 것이다.
이미 방해가 되지 않는다면 행동마다 머무름이 없어 복 또한 받지
않는 것이 마땅하니, 무엇 때문에 이와 같은가?

나무가 원래 그림자가 없어
겁 밖의 봄에 자라네.
신령한 뿌리가 세밀하게 대천사계에 서려 있으니
찬 가지에 그림자 없어 새가 깃들지 않도다!
하유향何有鄉[166]에서 재배한다고 말하지 말라.
겁 밖의 봄바람에 꽃이 난만爛漫하도다!
꽃이 난만함이여!

---

166 하유향何有鄉: 어디에도 있다고 할 수 없는 곳, 여기서는 무주無住를 이름.

그가 꺾어 법왕에게 바치는 데 맡겨두도다!

無住行施는 施契性空하니 性空無邊일세 福亦無際라 因無住而萬行이 但沉하야 果闕圓常則無住之於行果에 固有妨矣어니와 因無住而萬行이 爰起하야 得福無邊則無住之於行果에 大有益焉하야 而固無妨矣리라 旣無妨矣則行行無着하야 福亦不受ㅣ固其宜矣니 爲甚如此오

有樹元無影하야 生長劫外春이라

靈根이 密密蟠沙界하니 寒枝無影鳥不棲로다

莫謂栽培何有鄕하라 劫外春風에 花爛漫이로다

花爛漫이여 從他採獻法中王이로다

요지 경문經文에서 부처님께서는 색깔, 소리, 향기, 맛, 촉각, 대상과 같은 형상에 머무르지 않고 보시하는 것은 복덕이 허공과 같이 커서 헤아릴 수 없다 하시고 보살은 이 가르침을 따라야 한다고 하였다.

여기에 대하여 육조스님은 범부의 보시는 오욕五慾의 쾌락을 구하기 때문에 과보가 다해 삼악도三惡道에 떨어지지만 세존께서 큰 자비로 형상 없는 보시를 하고 오욕의 쾌락을 구하지 않고 안으로 아끼고 탐내는 마음을 깨뜨리며, 밖으로 일체 중생을 이익되게 하는 것은 이름이 모양에 집착하지 않는 보시라고 했다. 보시하고 마음에 대가를 바라지 않으면 시방의 허공과 같은 복을 얻는다고 했다. 또 가슴속 망념과 습관, 번뇌를 다 버려 사상四相이 끊어진 것, 육진경계六塵境界에 머물지 않고 청정淸淨한 데 돌아가 일체가 공적空寂함을 통달하는

것이 보시라는 기존의 두 가지 설도 소개했다. 또 마음에 주객이 없음이 선법善法이기 때문에 주객이 사라지지 않으면 해탈을 얻지 못한다 하고, 항상 이 반야 지혜를 실천해야 복이 한량없다고 했다. 허공은 본래 동서남북이 없는데 있다고 보면 형상에 머무는 것이고, 불성에 본래 사상四相이 없는데 있다고 보면 중생상이 된다고 하였다. 이러한 가르침에 따라 형상에 머무름 없이 보시하는 사람이 바로 보살이라고 했다.

부처님의 이 말씀에 대하여 야부스님은 천하를 다니려면 강한 재주를 가지고 있어야 한다고 했다. 이어서 비단에 꽃을 수놓아서 색이 곱고, 분명한 뜻을 알려면 얼굴을 남쪽으로 해서 북두北斗를 보라 하고, 허공은 털끝만한 생각도 걸림이 없으니 부처님을 더 드러나게 한다는 게송을 읊었다. 보살이 가르침대로 한다는 부처님의 말씀에 야부스님은 예의를 안다고 하고, 이어서 허공은 헤아릴 수 없고 대도의 이치는 맑고 그윽하고 크다 하고, 오호五湖에 풍월이 있으면 봄이 옴에 옛 그대로 온갖 꽃향기가 난다고 게송을 읊었다.

종경스님은 육진六塵에 집착하지 않음은 허공이 끝이 없는 것과 같고 자타自他에 모두 이익되어 복덕이 한량없다고 했다. 오묘한 본체는 본래 처소가 없는데 온몸이 어찌 자취가 있겠는가라고 했다. 형상에 집착하지 않는 보시를 그림자 없는 나무의 난만爛漫한 꽃에 비유하고 이를 꺾어 부처님께 바친다고 게송을 읊었다.

함허스님은 본 장의 내용을 정리하면서 지혜로 실천을 하면 한량없는 복을 얻는다고 했다. 지혜 없는 사람이 일을 하면 일마다 집착하여 도와 점점 더 멀어지고, 지혜 있는 사람이 일을 하면 마음이 청정하여 본지풍광本地風光과 호응하고 그 때문에 공덕이 한량없는데, 이것은 모두 자기에게서 나온 것이라 했다. 보시 자체도 위대한데 다시 집착하지 않으니, 보시가 더욱 큰은 금상첨화錦上添花와 같다고 했다. 집착 없는 보시는 앞뒤가 없고 멀리 유무有無의 경계를 벗어나고 격 밖의 기틀도 벗어난다고 했다. 보살 만행은 무념無念을 종지로 삼아 복이 넓음이 허공과 같다고 했다. 야부스님이 사용한 예절禮節이라는 말을 풀이하면서 무주無住를 만행萬行의 대본大本, 만행을 무주의 대용大用이라 말하고, 부처님 가르침대로 무주 만행을 실천함이 예절을 알아서 법도에 어긋나지 않는 것이라고 했다.

그리고 함허스님은 종경스님의 설명을 두고 형상에 머무르는 보시는 머무름 없는 대도에 어긋나서 유루有漏의 과보果報는 받지만 한량없는 큰 이익은 잃는다고 하고, 머무름 없는 보시는 내외가 한결같아서 머무름 없는 대도에 일치하여 끝없이 넓은 허공 같은 한량없는 이익을 얻는다고 했다. 머무름이 없다고 해서 만행萬行이 빠지면 과보가 원만하지 못해 머무름 없는 보시행과 과보에 방해가 되고, 머무름이 없으면서 만행이 일어나면 한량없는 복을 얻어 머무름 없는 보시행과 과보에 큰 이익이 있게 된다고 하였다.

이치대로 실제로 봄 제5

如理實見分 第五

❀

"수보리여, 그대의 생각에는 어떠한가? 몸의 형상으로 여래를 볼 수 있는가, 없는가?" "볼 수 없습니다, 세존이시여. 몸의 형상으로는 여래를 볼 수 없으니"

須菩提야 於意云何오 可以身相으로 見如來不아 不也니이다 世尊 不可以身相으로 得見如來니

육조 색신은 곧 형상이 있고 법신은 곧 형상이 없다. 색신은 사대四大[167]가 화합하여 부모가 낳아서 육안으로 볼 수 있으나, 법신은 모양이 없으며 푸르고, 누르고, 붉고, 흰 색깔이 없고 일체 형상과 모양이 없어서 육안으로 볼 수 있는 것이 아니고 혜안慧眼으로 볼 수 있다. 범부는 색신 여래만 보고 법신 여래를 보지 못한다. 법신은 크기가 허공과 같다. 이런 까닭에 부처님께서 수보리에게 물으시되 "몸의 모양으로 여래를 볼 수 있는가, 없는가?" 하시니

---

167 사대四大: 육신肉身을 형성하고 있는 지地, 수水, 화火, 풍風의 네 가지 요소.

수보리가 "범부는 색신 여래만 보고 법신 여래를 보지 못하는 까닭에 아닙니다, 세존이시여. 몸의 형상으로는 여래를 볼 수 없습니다."라고 대답하였다.

色身은 卽有相이요 法身은 卽無相이니 色身者는 四大和合하야 父母所生이라 肉眼所見이어니와 法身者는 無有形段하야 非有靑黃赤白이라 無一切相貌하야 非肉眼能見이요 慧眼으로 乃能見之니 凡夫는 但見色身如來하고 不見法身如來하나니 法身은 量等虛空이라 是故로 佛이 問須菩提하사대 可以身相으로 見如來不아하시니 須菩提ㅣ知凡夫ㅣ但見色身如來하고 不見法身如來故로 言不也니이다 世尊하 不可以身相으로 得見如來니이다 하시니라

"어찌된 까닭인가? 여래께서 말씀하신 몸의 형상은 곧 몸의 형상이 아니기 때문입니다."

何以故오 如來所說身相은 卽非身相이니이다

설의 부처님께서 몸의 형상을 들어 공생空生[168]에게 물어서
　　미묘하고 원만한 형상 없는 몸 밝혀 주고자 하셨네.
　　공생은 본래 사자 새끼라
　　일찍이 흙덩이를 따라가지 않고 사람을 물도다!

---

168 공생空生: 수보리.

형상 없는 것으로 단멸斷滅이라 이르지 말라.

형상 아닌 것이 마침내 형상 밖이 아니네.

佛擧身相問空生하사 欲明妙圓無相身이어시늘

空生은 本是獅子兒라 不曾逐塊能咬人이로다

莫以無相云是斷하라 非形이 終不外於形이니라

육조 색신은 형상이고 법신은 자성自性이다. 일체의 선악이 다 법신에 말미암고 색신에서 유래하지 않으니 법신이 만약 악惡을 지으면 색신이 좋은 곳에 나지 않고, 법신이 선善을 지으면 색신이 나쁜 곳에 떨어지지 않는다. 범부는 오직 색신을 보고 법신을 보지 못하므로 형상에 집착하지 않는 보시를 실천할 수 없으며, 일체 처소에 평등행을 실천할 수 없으며, 널리 일체 중생을 공경할 수 없다. 법신을 보는 사람은 곧 형상에 집착하지 않는 보시를 능히 실천하며, 널리 일체 중생을 능히 공경하며, 곧 반야바라밀행을 능히 닦아서 마침내 모든 중생이 참된 성품과 동일하여 본래 맑고 깨끗하며, 더러운 때가 없어서 항하사 모래 같은 묘용을 넉넉히 갖추었다는 것을 믿는다.

色身은 是相이요 法身은 是性이라 一切善惡이 盡由法身이요 不由色身이니 法身이 若作惡하면 色身이 不生善處요 法身이 作善하면 色身이 不墮惡處니 凡夫는 唯見色身하고 不見法身일새 不能行無住相布施하며 不能於一切處에 行平等行하며 不能普敬一切衆生하나니 見法身者는 卽能行無住相布施하며 卽能普敬一切衆生하며 卽能修般若波羅密

行하야 方信一切衆生이 同一眞性이라 本來淸淨하야 無有垢穢하야 具足恒沙妙用하나니라

야부 또 말하라. 바로 지금 가고 머물며 앉고 눕는 것은 무슨 형상인가? 잠을 깨라.

且道하라 卽今行住坐臥는 是甚麼相고 休瞌睡어다

설의 나의 지금 색신이 곧 상신常身이고 법신法身이니 색신을 떠나 따로 상신과 법신을 구하지 말라. 만약 색신을 떠나 따로 상신과 법신을 구하면 미륵부처의 궁중에서 도솔천에 나기를 원하는 것이고, 함원전含元殿[169] 안에서 다시 장안을 찾는 것이다. 그래서 말하되 바로 지금 나고 머물고 앉고 눕는 것은 이 무슨 형상인가? 상신과 법신을 보고자 한다면 바로 가고 머물고 앉고 눕는 곳을 향하여 엿보고 깨야 비로소 옳다. 일상을 떠나서 따로 상신과 법신을 추구하면 곧 이것은 귀신 굴[170]에 들어가 살아날 계획을 하는 것이다. 그래서 말하되 잠을 깨라고 했다.

吾今色身이 卽是常身法身이니 不得離却色身하고 別求常身法身이어다 若也離却色身하고 別求常身法身하면 慈氏宮中에 願生兜率이요 含元殿裏에 更覓長安이니 所以로 道호대 卽今行住坐臥ㅣ是甚麼相고 要見

---

169 함원전含元殿: 장안에 있는 당나라 궁전.
170 귀신 굴(鬼窟裏): 양변에 치우쳐 사는 곳.

常身法身인댄 直須向行住坐臥處하야 覰破하야사 始得이니 離却日用하
고 別求常身法身하면 便是鬼窟裏에 作活計라 所以로 道호대 休瞌睡하라
하니라

송 몸이 바다 가운데 있으면서 물을 찾지 말고
날마다 고개 위를 다니면서 산을 찾지 말라.
꾀꼬리 노래와 제비 지저귐이 다 서로 같으니
앞의 셋과 뒤의 셋[171]을 묻지 말라.

身在海中休覓水하고 日行嶺上莫尋山이어다
鶯吟燕語ㅣ皆相似하니 莫問前三與後三이어다

맑고 깨끗한 물속에 노는 고기가 스스로 미혹하고, 밝고 밝은 햇빛
가운데서 소경이 보지 못하니, 항상 그 가운데 있으면서 다니고 앉고
눕되 사람이 스스로 미혹하여 밖을 향하여 공연히 찾는다. 몸이 바다
가운데 있는데 어찌 수고롭게 물을 찾으며, 날마다 산의 고개를 다니면
서 어찌 산을 찾는가? 꾀꼬리와 꾀꼬리 노래 소리가 둘이 아니고,
제비와 제비 지저귐의 말이 한가지다. 다만 물건 물건이 다른 물건이
아닌 줄 안다면 천차만별千差萬別을 묻지 말라.

---

171 앞의 셋과 뒤의 셋(前三與後三): '육육六六이 원래 삼십육三十六'이라는 말과
같은 뜻. 무착無著이 청량산에 가서 문수보살을 보고 묻기를 "여기에 스님이
얼마나 살고 있습니까?" 하니, 문수보살이 이르기를 "전삼삼후삼삼前三三後三
三"이라 했다.

淸淨水中에 遊魚ㅣ 自迷요 赫赫日中에 盲者ㅣ 不覩니 常在於其中하여
經行及坐臥로대 而人이 自迷하야 向外空尋하나니 身在海中이라 何勞覓
水며 日行山嶺에 豈用尋山이리요 鶯與鶯吟이 聲莫二요 燕與燕語ㅣ語
一般이라 但知物物이 非他物하면 莫問千差與萬別이니라

부처님께서 수보리에게 말씀하시되 "존재하는 형상이 다 허망
하니, 만약 모든 형상이 형상 아니라는 것을 보면 곧 여래를
본다."고 하셨다.

佛이 告須菩提하사대 凡所有相이 皆是虛妄이니 若見諸相非相
하면 卽見如來니라

설의 눈앞에 법이 없으니 눈에 닿는 것은 다 같다. 다만 이와
같이 알면 곧 부처님을 보는 것이 된다.

目前에 無法하니 觸目皆如라 但知如是하면 卽爲見佛이니라

육조 여래께서 법신法身을 드러내시고자 한 까닭에 일체 모든
형상이 다 허망하다고 말씀하셨다. 만약 일체 모든 형상이 허망하
고 실제가 아님을 깨닫는다면 곧 여래의 형상 없는 이치를 볼
것이라 하셨다.

如來ㅣ 欲顯法身故로 說一切諸相이 皆是虛妄이니 若悟一切諸相이 虛

198

妄不實하면 卽見如來無相之理也라하시니라

야부 산은 산이고 물은 물이니, 부처는 어느 곳에 있는가?

山是山水是水니 佛이 在甚麼處오

설의 만약 한결같이 부처님 몸이 형상이 없다면 반드시 형상 밖에
부처님 몸이 있을 것이니, 지금 산을 봄에 곧 산이고 물을 봄에 곧
물이니, 어디에 있는가?

若一向佛身이 無相인댄 相外에 必有佛身이니 卽今에 見山에 卽是山이요
見水에 卽是水라 在甚麼處오

송 형상이 있고 구하는 것 있으면 다 거짓이고
　모양 없고 보는 것도 없는 것 심히 마른 데에 떨어짐이로다!
　당당하고 은밀하니 어찌 일찍이 간격이 있겠는가?
　한 길 찬 빛이 큰 허공에 빛나도다!

　有相有求ㅣ 俱是妄이요
　無形無見이 墮偏枯로다
　堂堂密密何曾間이리요
　一道寒光이 爍太虛로다

　있는 데 집착하고 없는 데 집착하는 것

모두 사견邪見 이루니,
있음과 없음이 둘이 없어야
한 가지 맛이 항상 나타나네.

執有執無ㅣ俱成邪見이니
有無無二하야사 一味常現하리라

종경 부처님[172]께서 나타나 빛남이시여! 높고 높아 바다 위에 외로운 봉우리이고, 미묘한 형상으로 꾸밈이여! 밝고 밝아 별 가운데 둥근 달이로다! 비록 그러하기가 이와 같으나 필경 진리가 아니니, 경전에 이르기를 진리와 진리 아닌 것에 미혹할까 걱정하여 내가 항상 열어서 연설하지 않는다 하시니, 또 말하라. 뜻이 어디에 있는가?

달 하나가 널리 모든 물에 나타나니,
모든 물의 달이 달 하나에 포섭되도다!

金身顯煥이여 巍巍海上孤峰이요 妙相莊嚴이여 皎皎星中圓月이로다
雖然如是나 畢竟非眞이니 經에 云하사대 眞非眞恐迷하야 我常不開演
이라하시니 且道하라 意在於何오

一月이 普現一切水하니 一切水月이 一月攝이로다

---

172 부처님(金身): 금신金身은 부처님. 금金은 중도, 양변을 여읜 것을 상징하는 말.

설의 　보신報身과 화신化身의 높고 큼이 한결같이 바다와 멧부리가 높고 높은 것과 같고, 미묘한 형상으로 꾸민 것이 강의 달이 밝고 밝은 것과 같도다! 그러나 이 몸 이 형상이 인연을 만나면 곧 나타나고 인연이 다하면 숨는다. 그 보신과 화신이 숨고 나타나는 데 맡겨서 고요한 빛의 진신眞身이 항상 맑고 맑으며, 강의 달이 있고 없음에 맡겨서 하늘 위 둥근 하나가 항상 밝고 밝도다.

　　한 몸이 응하여 천억백억의 몸이 됨이여!
　　천억백억의 몸을 한 몸이 포섭하도다!

報化高大호미 一似海岳之嵬嵬하고 妙相端嚴호미 猶如江月之皎皎로다 然이나 此身此相이 遇緣卽現하고 緣盡則隱하야 任他報化隱現하야 寂光眞身이 常湛湛하고 從敎水月有無하야 天上一輪이 常皎皎로다

　　一身이 應爲千百億이여 千百億身을 一身이 攝이로다

송 　보신報身, 화신化身은 진眞이 아니라 마침내 거짓 인연이니
　　법신은 맑고 깨끗하고 넓어 끝이 없도다!
　　일천 강에 물이 있어 일천 강에 달이고
　　만 리에 구름 없으니 만 리의 하늘이로다!

　　報化非眞了妄緣이니 法身淸淨廣無邊이로다
　　千江有水千江月이요 萬里無雲萬里天이로다

무대 위 꼭두각시 놀리는 것을 보라. 움직임이 전적으로 그 안에

있는 사람의 힘을 빌린 것이다. 안에 있는 사람의 국량局量이 넓고 넓으며, 맑기가 맑은 하늘과 같아서 한 점 티끌도 끊었도다! 한 점 티끌을 끊음이여! 기틀에 따라 백억 가지 몸을 널리 나타내니, 찰진刹塵의 세계[173]에 기틀이 있으니 찰진의 몸이고, 찰진의 세계에 감각[174]이 없으니 다만 진신眞身이도다!

看取棚頭弄傀儡하라 抽牽이 全借裏頭人이라 裏頭人量恢恢하나 瑩若淸空絶點霞로다 絶點霞여 隨機普現百億身하니 刹塵有機刹塵身이요 刹塵無感但眞身이로다

다음 아래는 깨달아서 닦는 증득의 문을 나타내 보인 것이니, 비록 말세의 중생이라도 또한 스스로 깨달을 분分이 있다. 이 경전을 능히 믿는 것은 깨달음이고, 나와 남이 없음은 닦는 것이고, 한량없는 복덕을 얻음은 증득하는 것이니, 여기서 법은 고금이 없으며 깨달음에 선후가 없다는 것을 알 수 있다.

次下는 顯示悟修證門이니 雖末世衆生이라도 亦自有分也라 能信此經은 悟也요 無我人等은 修也요 得無量福德은 證也니 是知法無古今이요 悟無先後也라

---

173 찰진의 세계(刹塵): 티끌 같이 많은 세계.
174 감각(感): 수상행식受想行識.

경문에서 부처님께서 수보리에게 형상으로 여래를 볼 수

요지 있는가라고 질문하니, 몸의 형상이 곧 몸의 형상이 아니기
때문에 볼 수 없다고 대답했다. 다시 부처님께서 수보리에게 존재하는
형상이 모두 허망하니, 만약 모든 형상을 형상 아니라고 보면 곧
여래를 본다고 하셨다.

　여기에 대하여 육조스님은 색신은 형상이 있어 육안으로 볼 수
있으나 법신은 형상이 없어 육안으로는 볼 수 없고 혜안으로 볼
수 있다고 했다. 그래서 범부는 색신 여래만 보고 법신 여래를 못
본다고 하였다. 수보리가 형상으로 여래를 볼 수 없다고 한 것은
법신 여래를 볼 수 없다고 한 것으로 풀이했다. 또 범부는 색신만
보고 법신을 못 보기 때문에 형상에 집착 없는 보시를 못하며, 일체처
소一切處所에 평등행을 실천하지 못하며, 일체 중생을 공경하지 못한
다고 하였다. 그러나 법신을 보는 사람은 형상에 집착하지 않는 보시를
하며, 일체 중생을 공경하며, 반야바라밀행을 닦아서 일체 중생이
참된 성품을 가지고 있고 청정하고 항하사의 묘용을 갖추었다고
믿는다고 했다. 여래께서 법신을 드러내기 위해서 모든 형상을 허망하
다고 말씀하셨는데, 일체 형상이 허망하고 실제가 아니라고 깨달으면
여래의 형상 없는 이치를 보게 될 것이라고 했다.

　야부스님은 지금 가고 머물고 앉고 눕는 것은 무슨 형상인가를
되묻고 잠을 깨라고 충고했다. 그리고 바다에서 물을 찾지 말며 고개
위에서 산을 찾지 말라고 충고하고, 꾀꼬리 노래와 제비 지저귐이
서로 같다고 하면서 앞의 셋(前三)과 뒤의 셋(後三)을 묻지 말라고
하였다. 또 산은 산이고 물은 물이니 부처는 어느 곳에 있는가라고

묻고, 형상과 구하는 것이 있으면 거짓이고, 모양과 보는 것이 없으면 마른 데 떨어진 것이라고 했다. 이 두 가지가 당당하고 은밀하여 간격이 없다고 했다. 이를 선적 표현을 써서 한 가닥 찬 빛이 허공에 빛난다고 했다.

그리고 종경스님은 부처님을 바다 위 외로운 봉우리, 별 가운데 둥근 달에 비유하면서도 그것은 진리가 아니라고 했다. 그러면서 하나의 달이 모든 물에 나타나니 모든 물의 달을 달 하나가 포섭한다고 했다. 그리고 게송에서 보신報身, 화신化身이 진리가 아니고 법신은 청정淸淨하여 끝이 없으며 물이 있어 일천 강에 달이고, 구름이 없어 만 리가 하늘이라고 했다.

함허스님은 형상 없는 것을 단멸斷滅로 봐서는 안 되며 형상 아닌 것이 형상 밖이 아니라고 했다. 나의 색신色身이 상신常身, 법신法身이라 하여 색신 밖에서 상신과 법신을 찾지 말라고 했다. 색신 밖에서 찾는 것은 미륵 궁중에서 도솔천에 나기를 바라며, 함원전 안에서 장안을 찾는 것과 같다고 지적했다. 그래서 상신과 법신을 보려면 행주좌와行住坐臥하는 곳에서 엿보고 깨어야 한다고 했다. 즉 일상을 떠나서 상신, 법신을 추구하면 이것은 귀신 굴속에서 살아날 계획을 하는 것과 같다고 했다. 바다에서 물을 찾고 산에서 산 고개를 찾는가라고 힐문하고, 꾀꼬리와 꾀꼬리 노래 소리, 제비와 제비 지저귐의 두 가지가 하나라고 했다. 유有와 무無에 집착하는 것이 그릇된 견해(邪見)이니 유무 둘이 없어야 한맛이 항상 나타난다고 했다. 다만 몸 형상이 인연을 만나면 나타나고 인연이 다하면 숨는다고 했다. 보신과 화신은 있고 없는 데 맡기고 진신은 항상 맑으며, 강의 달은 있고 없는 데 맡기고 하늘 달은 항상 밝다고 했다. 인형이 움직이는 것은 사람의 힘을 빌린 것인데 그 사람의 국량은 넓고 맑기가 티끌 하나 없는 가을 하늘과 같다고 했다. 또 함허스님은 말세 중생도 이 경전을 믿으면 깨달을 분이 있다고 하고, 아인我人이 없는 것이 닦음이고, 한량없는 복덕을 얻는 것이 증득이라 하고, 법에 고금이 없고 깨달음에 선후가 없다고 했다.

바른 믿음이 희유함 제6
正信希有分 第六

수보리가 부처님께 아뢰되 "세존이시여, 중생들이 이와 같은 말을 듣고 실제 믿음을 내겠습니까 내지 않겠습니까?"

須菩提ㅣ白佛言하사대 世尊하 頗有衆生이 得聞如是言說章句하사옵고 生實信不잇가

육조 수보리가 묻기를 "이 법이 매우 깊어서 믿기 어렵고 알기 어려우니, 말세의 범부는 지혜가 약하고 열등하여 어떻게 믿어 들어가야 합니까?" 부처님의 대답은 아래에 있다.

須菩提ㅣ問此法이 甚深하야 難信難解하니 末世凡夫ㅣ智慧微劣하야 云何信入이리잇고 佛答은 在下라

부처님께서 수보리에게 말씀하시되 "이런 말을 하지 말라. 여래가 멸도한 오백 세 뒤에 계를 지키고 복덕을 닦는 사람이 이 글에서 믿는 마음을 능히 내어서 이것으로 실제를 삼을 것이니"

206

佛告須菩提하사대 莫作是說하라 如來滅後後五百歲에 有持
戒修福者ㅣ於此章句에 能生信心하야 以此爲實하리니

설의 위의 문답은 집착 없고 형상 없는 뜻만 밝힌 것이다. 이같이
집착 없고 형상 없다는 뜻은 매우 깊어서 알기 어렵고 인정人情에
가깝지 않으니, 성인과 거리가 더욱 멀어 혹 믿지 않는 까닭에 물었다.
그러나 이것은 중생의 일용을 벗어나지 않은 것이며 또한 과거, 현재,
미래를 다 관통하니, 이로 말미암아 비록 말세이지만 만약 수승한
근기가 있으면 반드시 마땅히 믿음을 내어 이 머무름 없고 형상
없는 뜻을 실제로 그러하다고 할 것이다. 형상 없는 것은 비고 오묘한
도이고, 머무름이 없는 것은 집착 없는 참된 가르침이니, 만약 이것이
참다운 가르침이고 미묘한 도라면 바로 법신의 향상사向上事이다.
향하向下에 상관이 없으니 이러하다면 이것으로 실제를 삼는 사람은
법신의 향상사로 실제를 삼을 것이다. 법신의 향상으로 실제를 삼으면
삼신三身이 다 향하向下에 속하여 이것은 권도權道[175]이고 실도實道가
아님이 분명하다. 어찌하여 이와 같은가? 삼신이 다 근기에 따라
보인 것이어서 필경 참된 것이 아닌 까닭이다. 조주가 말하되 "금으로
된 부처는 용광로를 건너가지 못하고, 나무로 된 부처는 불을 건너가지
못하고, 진흙으로 된 부처는 물을 건너가지 못하지만 참된 부처는
안에 앉아있다" 하시니, 참된 부처가 어찌 향상인向上人이 아니며
삼불이 어찌 삼신이 아니겠는가? 임제가 말씀하시되 "깨끗하고 미묘

175 권도權道: 방편方便.

한 국토 가운데 들어가 깨끗하고 미묘한 옷을 입고 법신불을 말하며, 차별 없는 국토 가운데 들어가 차별 없는 옷을 입고 보신불을 말하며, 해탈 국토 가운데 들어가 해탈 옷을 입고 화신불을 말한다" 하시니, 대혜가 잡고 이르시되 "임제 영감을 알고자 하는가? 법신, 보신, 화신이여! 돌! 허깨비 요정이로다! 세 가지 눈의 나라[176] 가운데서 만나면 무위진인無位眞人을 웃길 것이다." 하시니, 곧 향상은 실도이고, 삼신은 권도임이 분명하고 분명하다. 또 경에서는 법신을 드러내서 이것으로 실제를 삼는 사람은 법신으로 실제를 삼을 것이니, 법신이 실제라면 보신과 화신이 권도이고 실제가 아님이 분명하도다!

上來問答은 只明得無住無相之義시니 若是無住無相之義인댄 甚深難解하야 不近人情하니 去聖愈遠에 容有不信故로 問也라 然이나 此固不外乎衆生日用이며 亦乃該通過現未來하니 由是로 雖是末世나 如有勝機면 必當生信하야 以此無住無相之義로 以爲實然也라 無相은 是虛玄妙道요 無住는 是無着眞宗이니 若是眞宗妙道인댄 直是法身向上이라 非干向下니 恁麽則以此爲實者는 法身向上으로 以爲實也라 法身向上으로 爲實則三身이 皆屬向下하야 是權非實이 明矣니 爲甚如此오 三身이 皆是對機示現이라 畢竟非眞故也니 趙州ㅣ道하사대 金佛은 不度爐하고 木佛은 不度火하고 泥佛은 不度水어니와 眞佛은 內裏坐라하시니 眞佛이 豈不是向上人也며 三佛이 豈不是三身也리요 臨濟ㅣ道하사대 入淨妙國土中하야 着淨妙衣하고 說法身佛하며 入無差別國土中하야 着無差

---

176 임제臨濟가 말한 정묘국토淨妙國土, 무차별국토無差別國土, 해탈국토解脫國土로서 부처의 경지를 세 가지로 나누어 말한 것.

別衣하고 說報身佛하며 入解脫國土中하야 着解脫衣하고 說化身佛이라
하야시늘 大惠ㅣ 拈云하사대 要識臨濟老漢麼아 法身報身化身이여 咄哉
라 魍魎妖精이로다 三眼國中에 逢着하니 笑殺無位眞人이라하시니 則向
上은 是實이요 三身은 是權이 灼然灼然이로다 又經顯法身하사 以此爲實
者는 法身으로 以爲實也시니 法身이 是實則報化ㅣ 是權非實이 明矣로다

"이 사람은 한 부처, 두 부처, 서너 부처, 다섯 부처에 선근을
심은 것이 아니라 이미 한량없는 천만의 부처에 모든 선근을
심어서 이 말을 듣고 한 순간에 깨끗한 믿음을 낸다는 것을
마땅히 알아야 한다."

當知是人은 不於一佛二佛三四五佛에 而種善根이라 已於無
量千萬佛所에 種諸善根하야 聞是章句하고 乃至一念生淨信
者니라

육조 부처님께서 돌아가신 뒤 오백년[177]에 만약 어떤 사람이 대승
의 형상 없는 계戒를 수지하여 거짓되게 모든 형상을 취하지 않으며,

---

177 뒤 오백년(後五百歲): 부처님께 돌아가신 뒤 다섯 오백년을 예언하시기를 오백년
단위로 처음 오백세는 해탈 뇌고牢固시대, 두 번째 오백세는 선정禪定 뇌고시대,
세 번째 오백세는 다문多聞 뇌고시대, 네 번째 오백세는 탑사塔寺 뇌고시대,
다섯 번째 오백세는 투쟁鬪諍 뇌고시대 등이 차례로 도래한다고 했다. 이렇게
미루어 보면 지금은 투쟁 뇌고시대다.

생사의 업을 짓지 않아서 언제나 마음이 항상 비고 고요하여 모든 형상의 얽매임을 받지 않으면 곧 이것이 머무는 바 없는 마음이다. 여래의 마음 법에 마음으로 믿어 들어갈 수 있을 것이니, 이 사람의 말은 진실하여 믿을 수 있으니 어찌하여 그러한가? 이 사람은 1겁, 2겁, 3, 4, 5겁에 선근을 심은 것이 아니라 이미 한량없는 천만 억겁에 모든 선근을 심었으니, 이런 까닭으로 여래가 말씀하시기를 "내가 멸도한 뒤 오백세에 능히 형상을 떠나서 수행을 하는 사람이 있으면 이 사람은 1, 2, 3, 4, 5부처님께 선근을 심은 것이 아니라는 것을 마땅히 알아야 한다."고 하셨다. 무엇을 모든 선근을 심었다고 이름하는가? 간략하게 이 아래에 말하겠다. 이른바 모든 부처님이 계시는 곳에 한마음으로 공양하여 가르침을 잘 따르며, 모든 보살과 선지식과 스승 같은 스님과 부모와 노인[178], 숙덕宿德, 존장이 계시는 곳에 항상 공경하고 공양하여 가르침을 받아 그 뜻을 어기지 않음을 이름하여 모든 선근을 심는 것이라 하며, 육도六道 중생을 죽이지 않으며, 속이지 않고 천시하지 않으며, 험담하지 않고 욕하지 않으며, 타지 않고 채찍질하지 않으며, 그 고기를 먹지 않아서 항상 넉넉하게 해줌을 이름하여 모든 선근을 심는 것이라 하며, 일체의 가난하고 고통받는 중생에게 자비慈悲와 연민憐愍의 마음을 일으켜서 가벼이 여기거나 싫어하지 않으며 원하고 바라는 것이 있으면 힘닿는 데까지 은혜를 베풂을 이름하여 모든 선근을 심는 것이라 하며, 일체의 악한 무리에 스스로 온화하

---

178 노인(耆年): 나이 60이 넘은 사람.

고 부드럽게 하고 욕됨을 참아서 기쁘게 맞이하여 그 뜻을 거스르지 않아서 그로 하여금 환희심을 내게 하고 오만하고 횡포한 마음을 쉬게 함을 이름하여 모든 선근을 심는 것이라 한다. 믿는 마음이란 반야바라밀이 일체 번뇌를 제거할 수 있음을 믿는 것이며, 반야바라밀이 일체 출세간의 공덕을 성취할 수 있음을 믿는 것이며, 반야바라밀이 일체 모든 부처를 출생시킬 수 있음을 믿는 것이며, 자신의 불성이 본래 청정하여 오염됨이 없어서 모든 부처의 성품과 평등하여 다르지 않음을 믿는 것이며, 육도의 중생이 본래 형상이 없음을 믿는 것이며, 일체 중생이 다 성불할 수 있음을 믿는 것이니, 이것을 이름하여 깨끗한 신심信心이라 한다.

於佛滅後後五百歲에 若復有人이 能持大乘無相戒하야 不妄取諸相하며 不造生死業하야 一切時中에 心常空寂하야 不被諸相所縛하면 卽是無所住心이라 於如來心法에 心能信入하리니 此人의 所有言說은 眞實可信이니 何以故오 此人은 不於一劫二劫三四五劫에 而種善根이라 已於無量千萬億劫에 種諸善根이니 是故로 如來ㅣ 說하사대 我滅後後五百歲에 有能離相修行者면 當知是人을 不於一二三四五佛에 種諸善根이라하시니라 何名種諸善根고 略說次下호리니 所謂於諸佛所에 一心供養하야 隨順敎法하며 於諸菩薩과 善知識과 師僧과 父母와 耆年宿德尊長之處에 常行恭敬供養하야 承順敎命하야 不違其意호미 是名種諸善根이며 於六道衆生에 不加殺害하야 不欺不賤하며 不毀不辱하며 不騎不篤하며 不食其肉하야 常行饒益호미 是名種諸善根이며 於一切貧苦衆生에 起慈愍心하야 不生輕厭하고 有所須求어든 隨力惠施호미 是

名種諸善根이며 於一切惡類에 自行和柔忍辱하야 歡喜逢迎하야 不逆
其意하야 令彼로 發歡喜心하고 息剛戾心케호미 是名種諸善根이라 信
心者는 信般若波羅蜜이 能除一切煩惱하며 信般若波羅蜜이 能成就一
切出世功德하며 信般若波羅蜜이 能出生一切諸佛하며 信自身中佛性
이 本來淸淨하야 無有染汚하야 與諸佛性으로 平等無二하며 信六道衆
生이 本來無相하며 信一切衆生이 盡能成佛이니 是名淨信心也라

야부 쇠 부처는 용광로를 지나가지 못하고, 나무 부처는 불을
지나가지 못하고, 진흙 부처는 물을 지나가지 못하도다!

金佛은 不度爐하고 木佛은 不度火하고 泥佛은 不度水로다

설의 세 부처가 본래부터 무너짐을 면하지 못하니 삼신三身도 또
그러하여 필경에 참이 아니다. 세 부처로 삼신에 짝이 된 뜻이 어떤
것인가? 법신法身은 견고하여 움직이지 않고, 보신報身은 위로 명합冥
合하고 아래로 호응하고, 화신化身은 근기의 마땅함에 자세히 따르니,
쇠는 강하지만 부드럽지 못하고, 나무는 능히 부드럽고 능히 강하고,
진흙은 부드러우나 강하지 못하니 세 부처로 세 몸에 짝을 한 그
뜻이 이 때문이다. 또 쇠의 기운은 가을의 서늘함이 되어 그 기질이
땅에서는 굳게 견고한 것이니 이것은 체구體句이고, 나무의 기운은
봄의 따뜻함이 되어 그 기질이 땅에서는 창연蒼然하게 푸른 것이니
이것은 용구用句이고, 땅은 사계절에 왕성하여 쇠와 나무가 의지하는
것이 되니 이것은 중간구中間句이다. 또 쇠 부처는 한번 주조하여

문득 이루니 이것은 중간구고, 나무 부처는 덜고 덜어내서 이루니 이것은 무구無句이고, 진흙 부처는 더하고 더하여 성취하니 이것은 유구有句다. 쇠 부처는 용광로를 지나가지 못하니 용광로를 지나가면 녹아버리고, 나무 부처는 불을 지나가지 못하니 불을 지나가면 타버리고, 진흙 부처는 물을 건너가지 못하니 물을 건너가면 허물어져 버린다. 이러하다면 세 글귀가 낱낱이 실제가 아닌 것이니, 이렇다면 이것으로 실제를 삼는 사람은 세 글귀 바깥 한 글귀로 실제를 삼는다. 또 쇠 부처는 모름지기 용광로를 지나가지 아니하고, 나무 부처는 모름지기 불을 지나가지 아니하고, 진흙 부처는 모름지기 물을 지나가지 아니하니, 이러하다면 세 글귀는 낱낱이 다 움직이지 않으니 이러하다면 유구有句도 분명하고, 무구無句도 분명하고, 중간구도 분명하니 체용體用도 또한 그러하다. 또 법신은 필경 비고 고요한 것으로 거처를 삼으니 무슨 소리를 들을 수 있으며 무슨 형상을 볼 수 있겠는가? 쇠와 나무 등이 본뜰 수 있는 것이 아니고 오직 보신과 화신은 오묘한 형상이 분명하여 사람으로 하여금 즐겨 보게 하며, 음성이 청아하여 사람으로 하여 즐겨 듣게 하다가 사라지는 것을 보이는 데 미쳐서는 사람들이 형상을 만들되 어떤 경우는 쇠로 주조하며, 어떤 경우는 나무로 새기며, 어떤 겨우는 진흙으로 빚으니 이러하다면 지금 쇠 부처, 나무 부처, 진흙 부처가 다 보신과 화신 가운데서 나왔으니, 용광로를 건너지 못하고 불을 건너지 못하고 물을 건너지 못한다는 것은 보신과 화신이 실제가 아님을 밝힌 것이다.

三佛이 從來로 未免有壞니 三身도 亦然하야 畢竟非眞이라 以三佛로 配

於三身하신 意旨如何오 法身은 堅固不動하고 報身은 上冥下應하고 化
身은 曲順機宜어든 金은 剛而不柔하고 木은 能柔能剛하고 泥는 柔而不剛
하니 以三佛로 配於三身이 其意以此니라 又金之氣는 爲秋之凉이라 其
質이 在地則確然其堅이니 是體句也요 木之氣는 爲春之暖이라 其質이
在地則蒼然其靑이니 是用句也요 土則旺於四季하야 爲金木等之所依
니 是中間句也라 又金佛은 一鑄便成이니 是中間句也요 木佛은 減減而
成이니 是無句也요 泥佛은 加加而就니 是有句也라 金佛은 不可以度爐
니 度爐則鎔却去요 木佛은 不可以度火니 度火則燒却去요 泥佛은 不可
以度水니 度水則爛却去라 此則三句ㅣ一一非實이니 伊麼則以此爲實
者는 三句外一句로 以爲實也라 又金佛은 不須度爐요 木佛은 不須度火
요 泥佛은 不須度水니 此則三句ㅣ一一總不動着이니 伊麼則有句也ㅣ
端端的的하고 無句也ㅣ端端的的하고 中間句也ㅣ端端的的하니 體用
等도 亦然이라 又法身은 以畢竟空寂으로 爲栖止니 何聲之可聞이며 何
相之可覩리요 非金木等의 所能模邈也요 唯有報化는 妙相이 端嚴하야
令人樂見이며 音聲이 淸雅하야 令人樂聞이라가 及其示滅也에 人之像之
호대 或鑄以金하며 或雕以木하며 或塑以泥하나니 伊麼則現前金佛木佛
泥佛이 皆從報化中來也니 不度爐不度火不度水는 明報化非實也라

송 세 부처의 모습과 거동이 다 참이 아니니
눈 가운데 눈동자가 얼굴 앞의 사람이네.
만약 집안의 보배를 믿을 수 있다면
우는 새와 산의 꽃이 한가지로 봄이로다.

三佛形儀總不眞하니 眼中瞳子面前人이라
若能信得家中寶하면 啼鳥山花一樣春이라

삼신이 다만 그 사람의 그림자지만 깨달아 옴에 그림자 그림자가
다른 것이 아니로다! 또 삼구三句가 다만 일구一句로부터 나왔으니
일구를 깨달음에 삼구가 곧 일구로다! 또 보신과 화신은 참이 아니고
온전히 그림자이지만 참됨을 만약 깨달아 오면 그림자가 다른 것이
아니로다!

三身이 只是那人影이라 悟來影影不是他로다 又三句ㅣ 但從一句來하니
一句悟來三則一이로다 又報化非眞全是影이라 眞若悟來影非他로다

"수보리여, 여래가 다 알고 다 보나니, 이 모든 중생이 이와
같은 한량없는 복덕을 얻느니라."

須菩提야 如來ㅣ 悉知悉見하나니 是諸衆生이 得如是無量福
德이니라

설의 모든 부처님께서 증득하심도 다만 이 법을 증득하셨으며,
사람들이 믿는 것도 또한 이 법을 믿으니, 믿음이 숙세에 익힌 것으로
말미암으니 원인이 없는 것이 아니다. 믿으면 반드시 증득하게 되니
마땅히 지혜와 복덕 두 가지를 이룰 것이로다!

諸佛所證이 只證此法이시며 是人所信도 亦信此法이니 信由宿熏이라 不是無因이요 信必有證이라 當成兩足이로다

야부 참외를 심으면 참외를 얻고, 과실을 심으면 과실을 얻도다![179]

種瓜得瓜하고 種果得果로다

설의 지난해 배운 것이 곧 오늘 믿는 것이고, 인행因行 시에 익힌 것이 곧 과보果報 시에 증득하는 것이다.

昔年所學이 卽今日所信이요 因地所習이 卽果上所證이로다

송 한 부처 두 부처, 천만의 부처가
각각 눈은 가로이고 코는 세로일세.
작년에 몸소 선근善根을 심었더니
오늘 전과 같이 그 힘을 얻도다!
수보리 수보리여,
옷 입고 밥 먹는 것 일상의 일인데
어찌 모름지기 특별히 의심을 내는가?

一佛二佛千萬佛이 各各眼橫兼鼻直이라
昔年에 親種善根來러니 今日에 依前得渠力이로다

───────

179 양변을 여읜 인과因果, 평상심.

須菩提須菩提여
着衣喫飯이 尋常事니 何須特地却生疑리요

모든 부처님께서 같이 눈이 가로이고 코가 세로인 것을 증득하셨으니, 모든 부처님을 받들어 섬김은 다만 눈이 가로이고 코가 세로인 것을 꼭 배우는 것이다. 눈이 가로이고 코가 가로인 몸은 다만 일천 부처님뿐만 아니라 중생(張三李四)도 다 같이 가지고 있으니, 옛날에 배움에 지금 능히 믿음을 내도다! 수보리 수보리여, 날로 쓰는 것이 곧 이것이니 무엇이 알기 어렵겠는가?

諸佛이 同證眼橫鼻直이시니 承事諸佛은 只要學得眼橫鼻直이라 眼橫鼻直身은 非但千萬佛이라 張三李四도 皆同有하니 昔已學得에 今能生信이로다 須菩提須菩提여 卽日用이 便是니 有甚難會리요

"무슨 까닭인가? 이 모든 중생이 다시는 아상, 인상, 중생상, 수자상이 없으며, 법상이 없으며, 또한 법 아니라는 상도 없으니"

何以故오 是諸衆生이 無復我相人相衆生相壽者相하며 無法相하며 亦無非法相이니

설의 크고 작은 때垢가 다하면 두루하고 밝은 몸이 드러날 것이다.

麤細垢盡하면 圓明體露하리라

육조 만약 어떤 사람이 여래께서 멸도하신 뒤에 반야바라밀의 마음을 내며, 반야바라밀행을 실천하여 닦고 익혀 깨달아서 부처님의 깊은 뜻을 터득한 사람은 모든 부처님께서 그를 알지 않으심이 없을 것이다. 만약 어떤 사람이 상승上乘의 가르침을 듣고 한결같은 마음으로 받아 지니면 곧 능히 반야바라밀의 형상 없고 집착 없는 행동을 실천할 수 있으며, 아상, 인상, 중생상, 수자상의 사상이 없음을 통달할 것이니, 아상我相이 없음은 수상행식受想行識이 없는 것이고, 인상人相이 없음은 사대四大의 몸이 실제가 아니어서 마침내 지수화풍地水火風으로 돌아감을 통달하는 것이며, 중생상이 없음은 생멸심生滅心이 없는 것이고, 수자상이 없음은 내 몸이 본래 없거니 어찌 수명이 있겠는가? 사상이 이미 없으면 곧 법안이 투철히 밝고, 없음에 집착하지 않아서 멀리 두 변[180]을 떠나서 자기 마음 여래를 스스로 깨달아 알아서 영원히 진로塵勞의 거짓된 생각을 떠나 저절로 끝없는 복을 얻을 것이다. 법상法相이 없음은 이름을 떠나고 형상을 끊어서 문자에 구속되지 않는 것이고, 또한 법상이 아닌 것도 없다는 것은 반야바라밀의 법이 없다고 말하는 것은 아니다. 만약 반야바라밀의 법이 없다고 말하면 곧 이것은 법을 비방하는 것이다.

180 두 변(二邊): 양변, 양극단.

218

若有人이 於如來滅後에 發般若波羅蜜心하며 行般若波羅蜜行하야 修習解悟하야 得佛深意者는 諸佛이 無不知之하시리니 若有人이 聞上乘法하고 一心受持하면 卽能行般若波羅蜜無相無着之行이며 了無我人衆生壽者四相하리니 無我者는 無受想行識也요 無人者는 了四大不實하야 終歸地水火風也요 無衆生者는 無生滅心也요 無壽者者는 我身이 本無어니 寧有壽者리요 四相이 旣無하면 卽法眼이 明徹하야 不着有無하야 遠離二邊하야 自心如來를 自悟自覺하야 永離塵勞妄念하야 自然得福無邊하리니 無法相者는 離名絶相하야 不拘文字也요 亦無非法相者는 不得言無般若波羅蜜法이니 若言無般若波羅蜜法이라하면 卽是謗法이니라

야부 두루함이 태허와 같아서 모자람도 없고 남음도 없도다!

圓同太虛하야 無欠無餘로다

설의 사람에게 몸이 있음이여! 원만하고 비고 고요함(空寂)이 이것이고, 사람에게 마음이 있음이여! 광대廣大하고 신령하게 통함이 이것이다. 이 몸과 이 마음은 누가 유독 없을까마는 다만 무명無明 때문에 통달하지 못하여 사대四大[181]를 자기 몸이라 그릇 알고, 육진경계의 인연 그림자를 자기 마음이라 그릇 안다. 이로 말미암아 몸은 원만한 체體로 형상의 껍데기에 숨고, 마음은 신령하게 통하는 용用으

---

181 사대四大: 불교에서 말하는 만물을 구성하는 네 가지 요소로서 흙(地), 물(水), 불(火), 바람(風)을 일컫는다.

로 인연의 생각 안에 감추어지니 만일 혹 그릇됨을 알더라도 또한 단견斷見[182]에 떨어진다. 이 두 변에 걸려서 원만한 체와 신령하게 통하는 용이 드러날 수 없으니, 만약 지금 나와 법이 둘 다 없어져서 그 없는 것도 또한 없어지면 원만한 체와 신령하게 통하는 용이 시원하게 앞에 나타나서 처음부터 모자라고 남음이 없을 것이다.

人有身이여 圓滿空寂者ㅣ是요 人有心이여 廣大靈通者ㅣ是라 此身此心은 阿誰獨無리요마는 但以無明不了하야 妄認四大하야 爲自身相하고 六塵緣影으로 爲自心相일새 由是로 身以圓滿之體로 隱於形殼之中하고 心以靈通之用으로 匿於緣慮之內하니 脫或知非라도 亦成斷見이라 由滯二邊하야 圓滿之體와 靈通之用이 不能顯現하나니 如今에 我法雙忘하야 其忘亦忘하면 圓滿之體와 靈通之用이 豁爾現前하야 初無欠剩하리라

송 법상法相과 비법상非法相이여!
　주먹을 펴니 다시 손바닥이 되도다!
　뜬구름이 푸른 허공에서 흩어지니
　만 리의 하늘이 한 가지 모양이도다!

　法相非法相이여 開卷復成掌이로다
　浮雲이 散碧空하니 萬里天一樣이로다

---

182 단견斷見: 일체가 공적空寂하여 없기만 하다고 보는 치우친 견해.

법法과 비법非法이여! 한 번 항상恒常하고 한 번 끊어짐이니
끊어짐과 항상함 비록 다르나 병 되는 것은 같네.
병 됨이 같음이여! 주먹을 펴면 손바닥이 되도다!
주먹을 펴서 손바닥이 됨이여!
하필何必이고 불필不必이겠는가?[183]
단견과 상견이 다 없어져야 한 가지 맛 드디어 나타나리.

是法非法이여 一常一斷이니
斷常이 雖異나 爲病은 是同이라
爲病이 是同이여 開卷成掌이로다
開卷成掌이여 何必不必이리요
斷常俱亡하야사 一味方現하리라

"무슨 까닭인가? 이 모든 중생이 만약 마음으로 형상을 취하면
곧 아상, 인상, 중생상, 수자상에 집착함이 되니, 무슨 까닭인
가? 만약 법法의 형상을 취하더라도 곧 아상, 인상, 중생상,
수자상에 집착하는 것이며, 만약 비법非法의 형상에 집착하더
라도 곧 아상, 인상, 중생상, 수자상에 집착하는 것이기 때문

183 운거도응 선사雲居道膺禪師가 흥화존장 선사興化存獎禪師를 떠나 20여 년을
공부하다가 '조사의 큰 방편에 대하여 어떻게 생각하느냐?'라는 질문에 '하필何
必'이라고 대답하니, 흥화 존장은 기껏 그렇게 말하는가라고 하며 자기는
'불필不必'이라 말하겠다고 대답했다. 이 둘은 근본적으로는 같은 뜻이다.

이다."

何以故오 是諸衆生이 若心取相하면 卽爲着我人衆生壽者니
何以故오 若取法相이라도 卽着我人衆生壽者며 若取非法相
이라도 卽着我人衆生壽者니라

육조 이 세 가지 형상[184]을 취하면 아울러 사견邪見에 집착하게
되니 다 미혹한 사람이라 경전의 뜻을 깨닫지 못한다. 그러므로
수행하는 사람이 여래의 32상을 애착하지 않으며, 나는 반야바라밀
법을 알았다고 말하지 않으며, 또한 반야바라밀행을 행하지 않고서
성불成佛한다고 말하지 않는다.

取此三相하면 並着邪見이니 盡是迷人이라 不悟經意故로 修行人이 不
得愛着如來의 三十二相이며 不得言我解般若波羅蜜法이며 亦不得言
不行般若波羅蜜行하고 而得成佛이니라

"이런 까닭에 법法을 취하지 않아야 하며, 비법非法을 취하지
않아야 하니"

是故로 不應取法이며 不應取非法이니

---

184 세 가지 형상(三相): 상相, 법상法相, 비법상非法相.

설의 법을 취하는 것은 다만 법法이 비법非法인 것을 알지 못하기 때문이고, 비법을 취하는 것은 다만 비법이 곧 법인 것을 알지 못하기 때문이다. 하나의 참된 법계에는 옳음도 없고 그름도 없다. 이 없음도 또한 없으니, 그래서 말씀하시되 어찌 한 법 가운데 법法과 불법不法이 있겠는가 하셨다. 만일 혹 이 법을 분별하더라도 하나를 잡으면 하나를 놓으니[185] 어찌 통달할 기약이 있겠는가?

取法은 只由不知法卽非法이요 取非法은 只由不知非法卽法이니 一眞法界에 無是無非라 此無도 亦無하니 所以로 道하사대 何於一法中에 有法有不法이리요 하시니 脫或分別是法이라도 拈一放一이라 有甚了期리요

야부 금으로 금을 살 수 없으며[186] 물로 물을 씻지 못하도다!

金不博金이요 水不洗水로다

설의 다만 같은 금이니 어찌 파는 금과 사는 금을 분간하며, 다만 같은 물이니 어찌 씻는 것과 씻기는 것을 분간하겠는가? 이렇다면 법은 한 맛인데 견해에 두 가지가 있으니, 두 가지가 서로 없어져야

---

185 법을 잡으면 비법을 놓고 비법을 잡으면 법을 놓는다는 말이다. 법과 비법은 하나이기 때문에 어느 하나를 버리거나 취하는 것은 다 잘못이다.

186 언해 『금강경삼가해』에 근거하여 이렇게 해석했다. 탄허는 현토주해 『금강경』 제2권(제2판, 교림, 2001년), 24쪽에서 이 부분을 '金으로 金을 바꾸지 못하고'로 해석하고 있다. 금을 주고 금을 사는 것은 물건을 주고받는 것과 같아서 결국 바꾼다고 해도 같은 뜻이다.

한 가지 맛이 바야흐로 나타날 것이다.

只是一般金이어니 豈分能博所博이며 只是一般水어니 豈分能洗所洗리
요 恁麼則法則一味어늘 見有二取하니 二取相亡하야사 一味方現하리라

송 나무를 얻어 가지를 잡는 것 넉넉히 기이한 것 아니고
절벽에서 손을 놓아야 대장부일세.
물이 차고 밤이 차서 물고기를 찾기 어려우니
머물다 빈 배에 달을 싣고 돌아오도다!

得樹攀枝는 未足奇라 懸崖撒手하야사 丈夫兒니라
水寒夜冷魚難覓하니 留得空船載月歸로다

하나를 얻었다는 마음이 있는 것은 기이한 것이 아니다. 하나라는
자리도 또한 없어야 이 사람이 장부이다. 이 속에 이르러야 범부凡夫의
정이 다 없어지고 성인이라는 생각도 또한 없어진다. 다만 사정私情
없이 비춤을 가지고 도리어 시비의 장[187]에 돌아오도다!

得一心存이 未是奇라 一處亦亡하야사 是丈夫니 到遮裏하야 凡情이 脫
盡하고 聖解도 亦亡이라 但將無私照하야 却來是非場이로다

---

[187] 시비의 장(是非場): 세간世間.

꧁

이런 뜻을 쓰는 까닭에 여래께서 항상 말씀하시되 "그대 비구들은 내 설법을 뗏목에 비유하는 것을 알아야 하니, 법도 오히려 버려야 하거든 하물며 비법이겠는가?"

以是義故로 如來ㅣ 常說호대 汝等比丘ㅣ 知我說法을 如筏喩者라하노니 法尙應捨어든 何況非法이아따녀

설의 부처님께서 말씀하신 법이 다만 도에 들어가는 방편이니, 방편에 의지하여 도에 들어가는 것은 옳거니와 방편을 지켜 버리지 않는 것은 옳지 않다. 방편도 오히려 버려야 하거든 이 버린 것을 또 어찌 두겠는가?

佛所說法이 只是入道方便이시니 依方便而入道則可어니와 守方便而不捨則不可하니 方便도 尙應捨離온 此離를 亦何所存이리요

육조 법은 반야바라밀법이고 비법은 하늘에 나는 등의 법[188]이다. 반야바라밀법이 중생으로 하여금 생사대해生死大海를 건너갈 수 있게 하니, 이미 건너가고 나서는 오히려 머물지 않아야 하거든 하물며 하늘에 나는 등의 법에 즐겨 집착하겠는가?

法者는 是般若波羅蜜法이요 非法者는 生天等法이니 般若波羅蜜法이

---

188 인과법을 뜻한다.

能令一切衆生으로 過生死大海케하나니 旣得過已하야 尙不應住어든
況生天等法을 而得樂着가

야부 물이 흘러와서 개울이 되도다!

水到渠成이로다

설의 부처님께서 말씀하신 법은 진眞이고 속俗이다.[189] 속俗인 까닭
에 해탈이 곧 문자文字인지라 49년을 동쪽에서 말씀하시고 서쪽에서
말씀하셨다. 진眞인 까닭에 문자가 곧 해탈인지라 삼백여 회에 일찍이
한 글자도 말씀하지 않으셨다. 만약 문자에 집착하면 갈래를 보고
근원에 미혹해지고, 만약 문자를 버리면 근원을 바라보고 갈래에
미혹해지니 근원과 갈래[190]에 다 미혹하지 말아야 드디어 법성法性의
바다에 들어가게 된다. 이미 법성의 바다에 들어가서는 무념지無念智
가 앞에 나타날 것이니, 무념지가 앞에 나타남이여! 향하는 곳마다
걸림이 없어서 닿는 자리마다 다 통하게 된다.

佛所說法이 卽眞卽俗이시니 卽俗故로 解脫이 卽文字라 四十九年을 東
說西說하시고 卽眞故로 文字ㅣ卽解脫이라 三百餘會에 未曾說一字시니
若着文字하면 見派迷源이요 若捨文字하면 望源迷派니 源派를 俱不迷하
야사 方入法性海라 旣入法性海하야는 無念智ㅣ現前이니 無念智現前이

---

189 살활殺活.
190 근원과 갈래(源派): 여기서 근원과 갈래는 살활이다.

여 所向無碍하야 觸處皆通하리라

송 종일 바쁘고 바빠도 그 일에 방해가 되지 않아
해탈도 구하지 않고 천당도 즐기지 않도다!
다만 한 생각으로 무념無念에 돌아갈 수 있으면
높이 비로정상毘盧頂上[191]을 걸어가리.

終日忙忙에 那事無妨이라 不求解脱하고 不樂天堂이로다
但能一念歸無念하면 高步毘盧頂上行이니라

무념지가 나타나서 이쪽저쪽에 한 조각을 이루는지라 속박과 해탈이
둘이 없고, 오르고 내리는 것이 하나다. 이미 바른 인연을 얻어 다만
집착하지 않으면 높이 비로정상을 걸어서 스스로 진정한 쾌활함을
이룰 것이다.

無念智ㅣ現하니 這邊那邊에 打成一片이라 縛脱이 無二요 昇沈이 一際
라 旣得正因하야 但不認着하면 高步毘盧頂하야 自成眞快活하리라

종경 인因이 낮고 과果가 나음이여! 신심이 명료하여 의심이
없고, 사람이 비고 법이 빔이여! 참된 성품이 본래 평등하도다!
바로 넉넉히 이름과 형상이 둘 다 없어지고, 취하고 버림이 다
잊어지더라도 요컨대 오히려 뗏목이 남아 있다. 이咦![192] 손가락을

---

191 비로정상毘盧頂上: 양변을 여읜 자리.

퉁김에 이미 생사의 바다를 초월했으니, 어찌 다시 사람 건네주는 배를 찾겠는가?

[송] 선근이 익어 믿음에 의심이 없으니
형상을 구하고 현묘한 것 취하면 더욱 어긋나네.
한 생각에 문득 공겁空劫 밖을 뛰어넘으면
원래 노호老胡의 지知를 허락하지 않네.[193]

因勝果勝이여 信心이 明了無疑요 人空法空이여 眞性이 本來平等이로다 直饒名相雙泯하고 取捨兩忘이라도 要且猶笁在니라 **咦** 彈指에 已超生死海하니 何須更覓度人舟리요

善根成熟信無疑하니 取相求玄轉背馳라
一念頓超空劫外하면 元來不許老胡知니라

[요지] 경전에서 "중생이 이 말씀을 듣고 실제 믿겠습니까?"라는 수보리의 질문에, 부처님께서는 여래 멸도 오백 세 뒤에 계를 지키고 복을 닦는 사람은 이 말을 실제로 믿을 것이라고 대답했다. 믿는 사람은 천만의 부처에 선근을 심어서 한 생각에 깨끗한 믿음을

---

192 이咦: 악, 억 등의 할喝과 같다.
193 선가禪家에는 '다만 노호의 지는 허락하고 노호의 해는 허락하지 않는다只許老胡知 不許老胡解)'는 말이 있는데, 이를 '깨달은 지혜知慧는 허락하고 알음알이 지해知解는 허락하지 않는다.'는 뜻으로 해석하지만 이것은 살활殺活을 진망眞妄으로 해석한 오류이다. 이 부분도 살활의 관점에서 봐야 한다.

228

냅다고 했다. 또 수보리에게 모든 중생이 사상四相, 법상法相, 비법상非法相이 없어서 한량없는 복덕을 얻는다고 말했다. 만약 형상과 법상, 비법상을 취하면 사상에 집착하게 된다고 하면서 법과 비법을 취하지 말아야 한다고 말씀하시고, 나의 설법을 뗏목에 비유하는 뜻을 알아야 한다고 하시고, 법도 버리는데 비법은 말할 것도 없다고 했다.

육조스님은 부처님, 보살, 선지식, 스님, 부모, 노인, 숙덕宿德, 존장께 공양하고 가르침을 따르는 것, 육도의 중생을 죽이거나 속이거나 천시하거나 욕하지 않으며, 올라타거나 채찍질하지 않으며 그 고기를 먹지 않고 넉넉하게 해주는 것, 가난하고 고통 받는 중생에게 자비와 연민의 마음으로 경시하거나 미워하지 않고 은혜를 베푸는 것, 악한 무리에게 온화하게 대하고 욕됨을 참고 기쁘게 맞이하여 환희심을 내게 하여 오만하고 횡포한 마음을 쉬게 하는 것 등을 이름하여 선근을 심는 것이라 했다. 반야바라밀이 일체 번뇌를 제거하고, 출세간의 공덕을 성취하고, 모든 부처를 출생시킨다는 것, 자기 불성이 본래 청정하여 부처 성품과 같음, 육도 중생이 본래 형상이 없으며, 다 성불할 수 있음을 믿는 것을 이름하여 믿는 마음이라고 했다.

상승법을 듣고 마음에 받아 지니면 반야바라밀의 형상과 집착 없는 행동을 실천할 수 있고 사상이 없는 것을 통달한다고 했다. 수상행식受想行識이 없음이 아상이 없는 것, 육신이 사대四大로 돌아감을 통달한 것이 인상이 없는 것, 생멸심이 없음이 중생상이 없는 것, 내 몸이 본래 없음이 수자상이 없는 것 등 사상이 없으면 법안이 밝아 두 변을 떠나 자기 마음 여래를 스스로 깨달아 거짓된 생각을 떠나 한없는 복덕을 받는다고 했다. 이름과 형상을 끊어 문자에 구속되는 않음이 법상이 없는 것이고, 반야바라밀이 없다고 말하지 않음이 비법상이 없는 것이라고 했다.

그리고 육조스님은 형상, 법상, 비법상 세 가지 형상을 취하면 사견邪見에 집착한 미혹한 사람이 된다고 했다. 수행자는 여래 32상을 애착하지 않고, 반야바라밀법을 알았다고 하지 않고, 반야바라밀법을 실천하지 않고 성불한다고 말하지 않는다고 했다. 반야바라밀법을 법, 하늘에 나는 법을 비법이라 하고 생사대해生死大海를 건너가고 나면 법에도 머물지 않는데 생천生天하는 비법에는 더욱 머물러서는 안 된다고 했다.

야부스님은 이 부분의 내용을 쇠 부처는 용광로, 나무 부처는 불, 진흙 부처는 물을 각각 지나가지 못한다고 선적으로 표현했다. 세 부처의 모습과 거동이 진실이 아니니 눈 안의 눈동자瞳子가 얼굴 앞의 사람이라 하고, 집안 보배를 믿으면 지저귀는 새와 산에 핀 꽃이 한가지로 봄이라고 게송을 읊었다. 또 그는 참외를 심으면 참외를 얻고, 과일을 심으면 과일을 얻는다고 했다. 모든 부처가 눈은 가로이고 코는 세로인 것을 증득하였으며, 작년에 선근을 심어 오늘 힘은 얻는다고 하고, 옷 입고 밥 먹는 것이 일상인데 의심할 것이 없다고 했다. 그리고 태허와 같이 두루 하여 모자라고 남음이 없다고 했다. 주먹을 펴니 손바닥이 되고, 구름이 흩어지니 만 리 하늘이 한 모양이라고 했다. 또 금을 금으로 살 수 없고 물을 물로 씻을 수 없다고 했다. 나뭇가지 잡는 것은 기이한 것이 아니고 절벽에서 손을 놓아야 대장부라고 하고, 물과 밤이 차서 고기를 찾기 어려워 머물다 빈 배에 달을 싣고 돌아온다고 읊었다. 또 물이 흘러 개울이 된다고 했다. 종일 바빠도 그 일에 방해가 되지 않아서 해탈을 구하지도 천당을 즐기지도 않으며, 한 생각 무념에 돌아가면 높이 비로정상을 걸어갈 것이라고 했다.

종경스님은 신심이 명료하고 의심이 없고 사람과 법이 비고 참된 성품이 평등하다고 했다. 그런데 이름, 형상, 취사取捨를 잊더라도 뗏목이 남아 있다고 할喝을 하고, 생사를 초월했으니 사람 건널 배를 찾을 것이 없다고 했다. 선근이 익고 믿음이 확고한데 형상과 현묘한 것을 구하면 어긋난다고 하였다. 공겁 밖을 뛰어넘으면 노호의 지를 허락하지 않는다고 했다.

함허스님은 이 장에서는 머무름과 형상 없는 뜻을 밝혔다고 했다. 이 뜻은 중생의 일용, 과거·현재·미래를 관통하니 말세이지만 수승한 근기는 이것을 믿는다고 했다. 법신 향상사向上事는 실제이고, 삼신三身은 권도權道라고 했다. 금 부처, 나무 부처, 진흙 부처는 각기 용광로, 불, 물을 건너가지 못하지만 참된 부처는 안에 있다고 말한 조주스님의 말에서 참된 부처가 향상인向上人이고, 삼불이 삼신이라고 했다. 그런데 임제가 말한 삼신불을 두고 허깨비 요정이라고 지적한 대혜의 말을 소개했다.

그리고 세 부처가 무너짐을 면치 못하듯 삼신도 그러하여 참이 아니라고 했다. 세 부처를 삼신에 대비한 뜻을 몇 가지 설명하고 나서 다시 법신은 비고 고요하여 소리를 들을 수도 형상을 볼 수도 없어서 쇠와 나무로 본뜰 수 없고, 보신과 화신은 형상이 오묘하고 음성이 청아하여 사람들이 형상을 쇠, 나무, 진흙으로 만든다고 하여 세 부처가 보신과 화신에서 나왔다고 하고, 보신과 화신은 실제가 아님을 밝힌 것이라고 했다.

삼신이 그 사람의 그림자이고, 삼구三句가 일구에서 나왔기 때문에 깨달으면 삼구가 일구이고 그림자가 다른 것이 아니라고 했다. 부처님 께서 증득하신 것과 사람들이 믿는 것도 이 법이니, 믿으면 증득하고 지혜와 복덕을 이룰 것이라고 했다. 전에 배운 것을 오늘 믿고, 인행因 行 시에 익혀서 과보果報 시에 증득하는 뜻으로 참외와 과실을 얻는다 는 말을 풀이했다. 부처님이 눈이 가로이고 코가 세로인 것을 증득하셨 으니 모든 중생도 그것을 배운다고 하고, 이런 것은 부처와 중생이 다 가지고 있어 날로 쓰는 것이니 무엇이 어렵겠는가라고 했다.

사람마다 원만하고 공적空寂한 몸과 광대하고 신령한 마음이 있는 데 무명 때문에 통달하지 못하고 사대를 자기 몸, 육진경계의 인연 그림자를 자기 마음이라고 잘못 안다고 했다. 그 때문에 원만한 체體와 신령한 용用이 드러나지 못하니, 나와 법이 없어지고 그 없음도 없어지 면 체용이 시원하게 드러나 모자라고 남음이 없을 것이라 했다. 그리고 단견과 상견이 다 없어져야 한 맛이 드러날 것이라고 했다. 법도 비법도 취하지 말아야 하는데 하나를 잡고 하나를 놓아서는 통달할 수 없다고 했다. 즉 법이 한 맛이기 때문에 두 가지 견해가 없어져야 그 한 맛이 드러난다고 했다. 그리고 하나라는 자리도 없어야 범부와 성인이라는 생각이 다 없어져서 대장부가 된다고 했다. 이것을 다시 뒤집어 사정私情 없이 비춤을 가지고 시비의 장에 돌아온다고 했다.

그리고 법은 도에 들어가는 방편이기 때문에 도에 들고 나면 법은 물론 버렸다는 생각까지 다 버려야 한다고 했다. 부처님께서 진속眞俗에 나아가신 법이 문자인데 이것을 집착하거나 버려서 근원과 가지에 다 미혹하지 말아야 한다고 했다. 그래서 법성의 바다에 들어가면 무념지無念智가 앞에 나타나서 가는 곳마다 걸림 없고 다 통하게 된다고 했다. 이쪽과 저쪽이 한 조각이고 속박과 해탈, 오르고 내림이 하나여서 높이 비로정상을 걸어 진정한 쾌활함을 얻을 것이라고 했다.

얻을 것과 말할 것이 없음 제7

無得無說分 第七

❀

"수보리여, 그대의 생각에 어떠한가? 여래가 아뇩다라삼먁삼보리를 얻었는가? 여래가 말한 법이 있는가?" 수보리가 말하되 "부처님께서 말씀하신 뜻을 제가 이해하기로는 아뇩다라삼먁삼보리라고 이름 붙일 일정一定한 법이 없으며, 또한 여래께서 말씀하신 일정한 법이 없습니다."

須菩提아 於意云何오 如來ㅣ 得阿耨多羅三藐三菩提耶아 如來ㅣ 有所說法耶아 須菩提ㅣ 言하사대 如我解佛所說義컨댄 無有定法名阿耨多羅三藐三菩提며 亦無有定法如來可說이니

설의 진여불성, 보리열반으로부터 육도六度, 사제四諦, 연기緣起 등 일체 이름에 이르기까지 다 근기根機에 따라 마지못해서 베풀어준 것이다. 실제로 살펴보면 처음부터 이런 일이 없도다! 또 때에 따라 하신 말씀이 있으나 실제 법을 남에게 준 것이 없도다!

眞如佛性菩提涅槃으로 以至六度諦緣等一切名言히 皆是對機不得已

之施設이라 就實而觀하면 初無伊麼事로다 又乘時有說이나 無實法與人
이로다

육조 아뇩다라는 밖으로부터 얻는 것이 아니라 다만 마음에
나라는 데가 없으면 곧 이것이다. 다만 병에 대처하여 약을 처방하
듯이 연유하여 마땅함을 따라서 설법하시니 어찌 정한 법이 있겠는
가? 여래께서 말씀하시되 위없는 바른 법은 마음에 본래 얻음이
없으며[194] 또한 얻지 않는다고도 말하지 않으나[195] 다만 중생의 견해
가 같지 않기 때문에 여래께서 저들의 근성에 대응해서 여러 가지
방편으로 열어서 타이르고 교화하여 제도하셔서, 그들로 하여금
모든 집착을 떠나게 하시어 일체 중생의 거짓된 마음이 나고 죽기를
쉬지 않아서 경계를 따라 움직여 앞생각이 별안간 일어나면 뒷생각
이 응하여 알아차리니[196] 알아차려서 이미 머물지 않는지라 보는
것도 또한 두지 않음을 가리켜 보이셨다. 만약 이러하다면 어찌
여래가 말씀한 정한 법이 있겠는가? 아阿는 마음에 거짓된 생각이
없는 것이고, 욕다라耨多羅는 마음이 교만함이 없는 것이고, 삼三은
마음이 항상 바른 선정에 있는 것이고, 먁藐은 마음이 항상 바른
지혜에 있는 것이고, 삼보리三菩提는 마음이 항상 비고 고요하여
한 생각 범부의 마음이 문득 사라져서 곧 불성佛性을 보는 것이다.

---

194 살殺.

195 활活.

196 비파사나와 닮았다.

阿耨多羅는 非從外得이니 但心無我所하면 即是也라 祇緣對病設藥하야 隨宜爲說이시니 何有定法乎리요 如來ㅣ說하사대 無上正法은 心本無得이며 亦不言不得이언마는 但爲衆生의 所見이 不同일새 如來ㅣ應彼根性하사 種種方便으로 開誘化度하사 俾其離諸執着케하사 指示一切衆生의 妄心이 生滅不停하야 逐境界動하야 前念이 暫起어든 後念이 應覺이니 覺旣不住라 見亦不存이시니 若爾인댄 豈有定法爲如來可說也리요 阿者는 心無妄念이요 耨多羅者는 心無驕慢이요 三者는 心이 常在正定이요 藐者는 心이 常在正慧요 三菩提者는 心常空寂하야 一念凡心이 頓除하야 即見佛性也라

야부 차면 곧 차다 말하고, 뜨거우면 곧 뜨겁다 말한다.

寒卽言寒하고 熱卽言熱이라

설의 이승二乘이 있기 때문에 이승을 말씀하시고, 대승大乘이 있기 때문에 대승을 말씀하시니

상대 따라 방편을 실행해서 정한 법이 없네.
인연 따라 이치를 세우고 구속을 벗어나도다!

以有二乘說二乘하시고 以有大乘說大乘하시니

應物行權無定法이라 隨緣立理脫羅籠이로다

236

송 구름이 남산에 일어나 북산에 비가 내리니

나귀라 이름하고 말이라 부르기를 얼마나 많이 했던가?

청컨대 넓고 아득한 정情 없는 물을 보라.

몇 곳에서 모난 모양 따르고 몇 곳에서 둥근 모양 따랐던가?

雲起南山雨北山하니 驢名馬字幾多般고

請看浩渺無情水하라 幾處隨方幾處圓고

비슷하게[197] 사제四諦와 연기緣起를 말씀하시고 다시 육도六度를 말씀하시니, 근기가 같지 않으므로 법 또한 일정함이 없다. 이로부터 만 가지 이름이 나뉘었도다! 무념지無念智[198]로 여러 근기에 호응하시니 반半과 만滿, 편偏과 원圓[199]의 많은 말씀이로다! 많은 말씀이여! 일찍이 한 자도 말에 떨어지지 않았도다!

依俙說諦緣하시고 更爲談六度하시니 以機不同으로 法亦無定이라 從此分開萬種名이로다 以無念智로 應群機하시니 半滿偏圓多少說이로다 多少說이여 曾無一字落言詮이로다

---

197 의희依俙: '비슷하다, 어렴풋하다'는 뜻이다. 이것은 부처님의 가르침이 고정된 법이 없고 근기에 따라 이런저런 법을 말씀하신 것을 두고 사용한 용어이다.

198 무념지無念智: 본래 갖추어진 그 자리.

199 반半과 만滿, 편偏과 원圓: 언해본의 설명에 따르면 '반半'은 소승 반자교小乘半字教, '만滿'은 대승 만자교大乘滿字教이니 '반'에 대하여 '만'이라 이르고, '원圓'은 원교圓教이니 '원'에 대하여 편偏이라고 이른다고 하였다. 여기서 이 네 가지는 부처님께서 일생동안 설법하신 다양한 가르침을 의미한다.

🪷

"무슨 까닭인가? 여래가 말한 법은 다 가질 수 없으며, 말할 수 없으며, 법이 아니며, 법이 아님도 아니니"

何以故오 如來所說法은 皆不可取며 不可說이며 非法이며 非非法이니

설의 부처님께서 말씀하신 법이 형상 있음을 말씀하심과 형상 없음을 말씀하심에 원만한 말씀[200]이 자유자재自由自在하여 끝내 한쪽 변에 걸리지 않으시니, 그래서 가질 수도 말할 수도 없다. 또 부처님께서 말씀하신 법을 법이라 해도 또한 옳지 않으며, 법이 아니라 해도 또한 옳지 않으니 만약 결단코 법이 아니라면 강을 건너는데 모름지기 뗏목으로 사용할 것이고, 만약 결단코 법이라면 언덕에 도착함에 배가 필요하지 않다. 그래서 어떤 때에 말하되 지극한 이치의 한마디 말이 범부를 바꾸어 성인을 이룬다. 어떤 때에 말하되 3승 12분교[201]는 이 무엇인가? 뜨거운 사발이 우는 소리이니[202] 금과 똥의 논란도 또한 이것 때문이다.

佛所說法이 若說有相과 若說無相에 圓話自在하사 終不滯於一邊하시니 所以로 不可取說이라 又佛所說法이 謂是法이라도 亦不是며 謂非法이

---

200 원만한 말씀(圓話): 그 자리에서 하신 말씀.

201 3승 12분교三乘十二分敎: 부처님 일생 동안의 가르침.

202 깨달은 분상에서 보면 부처의 가르침이 별것 아니라는 뜻의 비유이다.

238

라도 亦不是니 若定非法인댄 渡河에 須用筏이요 若定是法인댄 到岸에 不須船이니 所以로 有時에 道호대 至理一言이 革凡成聖이요 有時에 道호대 三乘十二分敎는 是甚麼오 熱椀鳴聲이니 金屎之論도 亦以此也라

육조 사람들이 여래께서 말씀하신 문자 글귀에 집착하여 형상 없는 이치를 깨닫지 못하고, 거짓되게 알음알이(知解)를 내는 것을 걱정하신 까닭에 가질 수 없다고 말씀하셨고, 여래께서 여러 중생을 교화하시되 근기에 호응하고 역량에 따르셨으니 하신 말씀이 또한 어찌 일정한 것이 있겠는가? 배우는 사람들이 여래의 깊은 뜻을 알지 못하고 다만 여래께서 말씀하신 법을 외우기만 하여 본심本心을 통달하지 못하여 끝내 성불成佛하지 못하는 까닭에 말할 수 없다고 말했고, 입으로 외우고 마음으로 실천하지 않으면 곧 법이 아니고, 입으로 외우고 마음으로 실천하여 얻을 것이 없음을 통달하면 곧 법 아닌 것이 아니다.

恐人이 執着如來所說文字章句하야 不悟無相之理하고 妄生知解故로 言不可取요 如來ㅣ 爲化種種衆生하사대 應機隨量이시니 所有言說이 亦何有定乎리요 學人이 不解如來深意하고 但誦如來所說敎法하야 不了本心하야 終不成佛故로 言不可說也요 口誦心不行하면 卽非法이요 口誦心行하야 了無所得하면 卽非非法이라

야부 이것이 무엇인가?

是甚麼오

설의 부처님께서 말씀하신 법이 물 위에서 조롱박을 누르는 것과 같아서 손대면 곧 구른다. 가질 일정한 법이 없으며 말할 일정한 법이 없다. 만약 결단코 있음을 말한다면 있지 않음을 어떻게 하며, 만약 결단코 없음을 말한다면 없지 않음을 어찌하겠는가? 이미 있음과 없음의 법이 아니라면 필경 이것이 무엇인가? 또 법이라 이르고 법 아니라 이름이 이미 다 옳지 않다면 필경 이것이 무엇인가?

佛所說法이 如水上按胡蘆相似하야 觸着便轉이라 無定法可取며 無定法可說이니 若定說有인댄 爭奈非有며 若定說無인댄 爭奈非無리요 旣非有無法인댄 畢竟是甚麽오 又謂法謂非法이 旣皆不是인댄 畢竟是甚麽오

송 이러해도 얻지 못하며
　이러하지 않아도 얻지 못하니,
　넓고 넓은 허공에
　새가 날아가도 그림자 자취 없도다! 돌!
　기륜機輪[203]을 움직이면 도리어 되돌아오니
　남북동서에 왕래하는 대로 맡기도다!

恁麽也不得이며 不恁麽也不得이니
廓落太虛空에 鳥飛無影跡이로다 咄
撥轉機輪却倒廻하니 南北東西에 任往來로다

---

203 기륜機輪: 마음.

결단코 있다는 것과 결단코 없다는 것이 모두 옳지 않으니 사구四句[204]를 향하여 황노黃老[205]를 찾지 말지어다. 황노는 사구 가운데 앉아있지 않다. 사구 가운데 앉지 않음이여! 새가 공중에 날아감에 그림자와 자취가 없도다! 돌! 다시 새 길을 향하여 몸을 한번 뒤쳐야 비로소 옳다. 남북동서가 하나의 천지인데 경계를 나누지 말고 왕래하는 데 맡길지어다. 또 법과 법 아닌 것이 둘 다 옳지 않으니 두 견해가 다 부처님의 본심이 아니다. 누가 공중에서 새의 자취를 찾겠는가? 돌! 비록 이와 같이 가더라도 또한 부처님의 본심이 아니니, 만약 참으로 부처님의 본심을 안다면 법이라고 해도 방해되지 않고, 법이 아니라고 해도 또한 방해되지 않는다.

定有定無俱不是니 莫向四句覓黃老어다 黃老는 不坐四句中이라 不坐四句中이여 鳥飛空中無影迹이로다 咄 更須向鳥道裏轉身하야사 始得다 南北東西一天地에 莫分疆界任往來어다 又法與非法이 二俱不是니 二見이 皆非佛本心이라 誰向空中覓鳥迹이리요 咄 縱然伊麼去라도 亦非佛本心이니 若也眞知佛本心인댄 謂是法이라도 亦不妨이며 謂非法이라도 亦不妨이니라

❀

"까닭이 무엇인가? 일체 성현聖賢이 다 무위법無爲法[206]으로 차

---

204 사구四句: 있음(有), 없음(無), 있기도 하고 없기도 함(亦有亦無), 있는 것도 아니고 없는 것도 아님(非有非無).

205 황노黃老: 부처님.

206 무위법無爲法: 유무를 초월한 자리.

별을 둡니다."

所以者何오 一切賢聖이 皆以無爲法으로 而有差別이니이다

설의 일체 성현聖賢이 증득하신 법이 다 무위無爲로 차별差別을 두시니, 차별이 곧 무위인지라 중간과 두 변을 멀리 벗어났도다! 이러하다면 한 가지 맛의 무위법을 성문聲聞에서는 사제四諦라 명명命名하고, 연각緣覺에서는 인연因緣이라 명명하고, 보살에서는 육도六度[207]라 명명하니, 육도와 인연과 사제가 낱낱이 가질 수도 없고 말할 수도 없도다!

一切賢聖所證法이 皆以無爲로 有差別이시니 而此差別이 卽無爲라 逈出中間與二邊이로다 伊麼則一味無爲法이 在聲聞則名四諦요 在緣覺則名因緣이요 在菩薩則名六度니 六度因緣與四諦ㅣ 一一無取不可說이로다

육조 삼승[208]의 근성이 아는 수준이 같지 않아서 견해에 얕고 깊음이 있는 까닭에 차별을 말한다. 부처님께서 말씀하신 무위법은 곧 머무름이 없는 것이다. 머무름이 없음은 곧 형상이 없는 것이고, 형상이 없음은 곧 일어남이 없는 것이고, 일어남이 없음은 곧 사라짐이 없는 것이다.[209] 훤히 텅 비고 고요하여 비추고 작용함

---

207 육도六度: 여섯 가지의 바라밀.
208 삼승三乘: 성문승, 연각승, 보살승의 셋을 말한다.

242

을 나란히 거두고, 비추어 아는 것이 막힘없음이 참으로 해탈의 불성이다. 부처가 곧 깨달음이고, 깨달음이 곧 보고 비추는 것이며, 보고 비춤이 곧 지혜이며, 지혜가 곧 반야바라밀다般若波羅蜜多이다.

三乘根性이 所解不同하야 見有淺深故로 言差別이니 佛說無爲法者는 卽是無住라 無住ㅣ 卽是無相이요 無相이 卽是無起요 無起ㅣ 卽是無滅이니 蕩然空寂하야 照用齊收하며 鑑覺無碍호미 乃眞是解脫佛性이라 佛이 卽是覺이며 覺이 卽是觀照며 觀照ㅣ卽是智慧며 智慧ㅣ卽是般若波羅蜜多니라

야부 털끝만큼이라도 어긋남이 있으면 하늘과 땅만큼 현격하게 어긋난다.

毫釐有差면 天地懸隔이니라

설의 진리가 비록 한 가지 맛이지만 견해에 천 가지의 차이가 있으니, 천 가지의 차이가 다만 한 생각에 달려있다. 한 생각의 차이에 격차가 하늘과 땅과 같다. 비록 그러하기가 이와 같으나 하늘과 땅은 하나로 통일되니, 이러하다면 금으로 천 개의 그릇을 만듦에 그릇마다 다 금이고, 전단향 만 개의 조각이 조각조각 다 전단향이다.

法雖一味나 見有千差하니 所以千差ㅣ 只在一念이라 一念之差에 隔同

---
209 체體 자리에서 말한 것이다.

天地니라 雖然如是나 天地一統이니 伊麼則金爲千器에 器器皆金이요
栴檀萬片이 片片皆香이니라

송 바른 사람[210]이 삿된 법을 말하면
　　삿된 법이 다 바른 데로 돌아가고,
　　삿된 사람이 바른 법을 말하면
　　바른 법이 다 삿된 데로 돌아가네.
　　강북에서는 탱자가 되고, 강남에서는 귤이 됨이여!
　　봄이 옴에 모두 같은 꽃 피우도다!

　　正人이 說邪法하면 邪法이 悉歸正하고
　　邪人이 說正法하면 正法이 悉歸邪라
　　江北成枳江南橘이여 春來에 都放一般花로다

　　한 가지 맛의 무위법이
　　바를 수 있고 또한 삿될 수 있네.
　　한 가지 종류 남북으로 나누어지니
　　남북이 한 가지 꽃이로다!

　　一味無爲法이 能正亦能邪라
　　一種이 分南北하나 南北이 一般花로다

---

210 바른 사람(正人): 유무有無가 떨어진 사람.

종경 얻는 것도 또한 그르며, 말하는 것도 또한 그름이여!

부처의 기륜[211]이 번갯불이다.

가질 수도 없고 버릴 수도 없음이여!

공생空生[212]의 혀뿌리가 움직이도다!

또 말하라. 무위법이 무엇 때문에 차별이 있게 되었는가?

만고의 푸른 못에 허공의 달을

두 번 세 번 건져야 비로소 응당 알게 되리.

得亦非說亦非여 能仁機輪이 電掣이요

取不可捨不可여 空生舌本이 瀾翻이로다

且道하라 無爲法이 爲甚麼有差別고

萬古碧潭空界月을 再三撈漉하야사 始應知라

설의 얻어도 얻은 것이 없으며, 말해도 말한 것이 없으니 신묘한 가르침이여! 전깃불은 손에 넣기가 어렵고, 가지려 해도 가질 수 없고 버리려 해도 버릴 수 없으니 쾌활한 그 혀여! 솟는 파도가 능히 높기도 하고 낮기도 하도다! 이것은 또한 그만두고 다만 무위법이 무엇 때문에 차별이 있게 되었는가? 그대가 지금 무위의 이치를 알고자 한다면 천차만별 가운데를 떠나지 말라. 비록 그러하기가 이와 같으나, 다만 허공의 달이 못 가운데 떨어진 것을 안다면 어찌

---

211 부처의 기륜(能仁機輪): 능인能仁은 본래 부처님을 일컫는 말인데, 여기서는 보편적 존재로서의 부처를 의미한다. 그리고 기륜은 마음을 뜻한다.

212 공생空生: 수보리.

어리석은 원숭이가 잘못 몸을 수고롭게 하는 것과 같겠는가!

得而無得이요 說而無說이니 神妙其機여 電光이 難能入手요 取之不可
取요 捨之不可捨하니 快然其舌이여 湧浪이 能爲高下로다 此則且置하고
只如無爲法이 爲甚麼有差別고 君今欲識無爲理인댄 不離千差萬別中
이라 雖然如是나 但知空月落潭心하면 爭似癡猿이 枉勞形이리요

송 구름 걷힌 가을 허공에 달이 못에 비치니
　　찬 빛이 가없는데 누구와 함께 말할까?
　　땅을 뚫고 하늘을 관통하는 안목眼目 훤하게 여니
　　대도가 분명하여 참구함을 쓰지 않도다!

　　雲捲秋空月印潭하니 寒光이 無際與誰談고
　　豁開透地通天眼하니 大道分明不用參이로다

　　만약 허공의 달이 못에 비치지 않으면
　　어찌 찬 빛이 넓어서 가가 없다고 하겠는가?
　　하늘을 비추고 땅을 비추어 만 가지 형상을 머금으니
　　무궁한 이 맛을 누구와 더불어 말할까?
　　다만 이마에 눈을 갖출 수 있다면
　　다시 어디를 향하여 현종玄宗[213]을 찾겠는가?

　　若使空月不印潭이면 豈謂寒光廣無邊이리요

---

213 현종玄宗: 진리.

照天照地含萬像하니 無窮此味를 與誰談고
但於頂門에 能具眼하면 更向何處覓玄宗이리요

요지 경문에서 "여래가 아뇩다라삼먁삼보리을 얻었는가? 설한 법이 있는가?"라는 부처님의 질문에 수보리는 "아뇩다라삼 먁삼보리라고 이름할 일정한 법과 설하신 일정한 법이 없다."라고 대답했다. 그 까닭은 여래가 말한 법은 가질 수도 말할 수도 없고, 법이 아니며 법 아님도 아니기 때문이라고 하면서 일체 성현은 무위법 으로 차별을 둔다고 대답했다.

육조스님은 아뇩다라는 밖에서 얻는 것이 아니라 마음에 '나'라는 것이 없는 것이라고 했다. 병에 따른 약 처방과 같아서 중생의 근성에 따라 여러 방편을 열어 교화하고 제도하여 모든 집착을 떠나게 하는 것이어서 정한 법이 없다고 했다. 그리고 아阿는 마음에 거짓이 없는 것, 욕다라耨多羅는 교만함이 없는 것, 삼三은 항상 바른 선정에 있는 것, 먁藐은 항상 바른 지혜에 있는 것, 삼보리三菩提는 마음이 비고 고요하여 범부의 마음이 문득 사라져서 불성佛性을 보는 것이라 풀이 했다. 여래께서 근기에 호응하여 교화하시니 말씀이 일정하지 않다 하고, 외우기만 하고 마음으로 실천하지 않으면 법이 아니고, 입으로 외우고 마음으로 실천하여 얻을 것이 없음을 통달하면 법 아님이 아니라고 했다. 그리고 삼승三乘의 수준과 견해에 심천深淺이 있어 차별을 말했다 하고, 부처님의 무위법은 머무름과 형상, 일어남, 사라짐이 없는 것이라고 했다. 부처는 깨달음이고, 보고 비춤이며, 지혜이고, 반야바라밀다라고 했다.

야부스님은 차면 차다, 뜨거우면 뜨겁다고 말한다 하고, 남산에 구름이 끼니 북산에 비가 내리며, 나귀니 말이니 하는 이름을 얼마나 많이 붙였으며 물이 얼마나 많이 모나고 둥근 모양을 했는가?라고 게송을 읊었다. 이것이 무엇인가를 묻고, 이래저래도 얻지 못하는 것이 허공에 새가 날아가도 자취가 없음과 같다고 하면서 남북동서에 왕래하는 대로 맡긴다고 했다. 또 그는 터럭만큼 차이가 나도 천지만큼의 차이가 난다고 하고, 바른 사람이 말하면 삿된 법이 바른 데로, 삿된 사람이 말하면 바른 법이 삿된 데로 각각 돌아간다고 했다. 강북에선 탱자가 되고 강남에선 귤이 되지만 봄이 오면 모두 같은 꽃을 피운다고 했다.

종경스님은 얻는 것과 말하는 것이 다 그르다고 하고, 부처의 마음은 번갯불이라서 가질 수도 버릴 수도 없다고 했다. 푸른 못의 허공 달을 두세 번 건져야 무위법이 왜 차별이 있는지 알게 될 것이라고 했다. 그리고 구름 걷힌 가을 하늘 달이 못에 비치니 찬 빛이 끝이 없는데 누구와 말하겠는가? 천지를 꿰뚫는 눈을 열어 대도가 분명하여 참구함을 쓰지 않는다고 게송을 읊었다.

함허스님은 진여불성眞如佛性, 보리열반菩提涅槃, 육도六度, 사제四諦, 연기緣起 등이 근기 따라 말한 것일 뿐 실제는 이런 것이 없고, 때에 따라 말하여 실법實法을 준 것이 없다고 했다. 또 이승二乘에게 이승, 대승大乘에게 대승을 말해 정한 법이 없다고도 했다. 무념지無念智로 여러 근기에 호응하여 반만半滿, 편원偏圓의 다양한 말씀을 하셨으나 한 자도 말에 떨어지지 않는다고 하였다. 부처님 법은 형상 있음과 없음을 말씀하셔서 자유자재하여 가질 수도 말할 수도 없고,

법이다 법 아니다 해도 옳지 않다고 했다. 그래서 어떤 때는 범부를 성인으로 만든다고 하고, 어떤 때는 3승 12분교가 쓸데없다고도 한다고 했다. 있다고 해도 있음이 아니며, 없다고 해도 없음이 아니고, '법이다 법 아니다.'라고 해도 다 옳지 않다면 필경 이것이 무엇인가?라고 질문했다. 그리고 이를 뒤집어 부처님의 본심을 안다면 법이라 해도, 법 아니라 해도 방해되지 않는다고 했다.

성현이 증득하신 법이 무위로 차별을 두는 것이라서 차별이 바로 무위라 하고 중간과 두 변을 벗어났다고 했다. 그래서 무위법을 성문에게는 사제四諦, 연각에게는 인연因緣, 보살에게는 육도六度라 하니 모두 가질 수도 말할 수도 없다고 했다. 이것은 한 가지 진리에 천 가지 차이가 있는 것이니 천 개의 금 그릇이 다 금이고, 만 개의 전단향 조각이 다 하나의 전당향인 것과 같다고 했다. 허공의 달이 못에 떨어진 것을 알면 어리석은 원숭이처럼 몸을 수고롭게 하지 않는다고 했다. 하늘과 땅을 비추어 만 가지 형상을 하니 무궁한 이 맛을 누구와 더불어 말할까?라고 물었다.

법에 의거한 출생 제8
依法出生分 第八

"수보리여, 그대의 생각에 어떠한가? 만약 어떤 사람이 삼천대천세계에 가득한 칠보로 보시를 하면 이 사람이 얻는 복덕이 얼마나 많겠는가?" 수보리가 말씀드리되 "매우 많습니다, 세존이시여. 무슨 까닭입니까? 이 복덕이 곧 복덕성福德性이 아니므로 이런 까닭으로 여래께서 복덕이 많다고 말씀하셨습니다."

須菩提야 於意云何오 若人이 滿三千大千世界七寶로 以用布施하면 是人의 所得福德이 寧爲多不아 須菩提ㅣ 言하사대 甚多니이다 世尊하 何以故오 是福德이 卽非福德性일새 是故로 如來ㅣ 說福德多니이다

육조 삼천대천세계의 칠보를 가지고 보시하면 복을 얻는 것이 비록 많으나 자성自性 상에는 하나도 이익이 없으니, 마하반야바라밀다에 의지하여 수행하여 자성으로 하여금 유有에 떨어지지 않게 해야 이 이름이 복덕성이다. 마음에 주관과 객관이 있으면 곧

250

복덕성이 아니고 주관 객관의 마음이 사라져야 이 이름이 복덕성이다. 마음이 부처님의 가르침에 의거하여 행동이 부처님의 행동과 일치하면 이 이름이 복덕성이고, 부처님의 가르침에 의거하지 않아 능히 부처님의 행동을 실천할 수 없으면 곧 복덕성이 아니다.

三千大千世界七寶로 持用布施하면 得福이 雖多나 於性上에는 一無利益이니 依摩訶般若波羅蜜多修行하야 令自性으로 不墮諸有하야사 是名福德性이라 心有能所하면 卽非福德性이요 能所心이 滅하야사 是名福德性이며 心依佛敎하야 行同佛行하면 是名福德性이요 不依佛敎하야 不能踐履佛行하면 卽非福德性이니라

"만약 다시 어떤 사람이 이 경전 가운데서 사구게四句偈[214] 등까지 수지受持하여 다른 사람을 위하여 말해주면 그 복이 저것보다 나을 것이니"

若復有人이 於此經中에 受持乃至四句偈等하야 爲他人說하면 其福이 勝彼하리니

---

214 사구게四句偈: 유유, 무無, 비유무非有無, 비비유무非非有無, 이런 내용을 정확히 갖춘 글. 예를 들면 '있는 바 형상은 다 허망하네. 만약 모든 형상이 형상 아님을 보면 곧 여래를 보네(凡所有相 皆是虛妄 若見諸相非相 卽見如來)'와 같은 것을 사구게라 한다. 그래서 형식상으로만 글이 네 구로 구성되어 있는 것은 사구게라 하지 않는다.

설의 복덕성은 주관과 객관을 떠나고, 옳고 그름을 끊고, 있고 없음이 사라지고, 얻고 잃음이 없어져서 참되고 깨끗하여 샘이 없는 것이 이것이다. 이와 같은 복덕은 허공과 같이 헤아리기 어렵고 상대를 끊어 차례가 없어서 응당 많고 적음의 대대待對하는 말로는 일컬을 수 없다. 지금은 이와 반대여서 다만 많다고 말하고 이름 붙일지언정 응당 한량없고 가없다고 칭송해서는 안 된다. 만약 경전을 가지고 이치를 깨달아서 머무름이 없는 행동을 할 수 있으면 하는 것이 무심에서 나와서 행동 행동이 낱낱이 맑고 깨끗하다. 느낀 행복이 마땅히 참되고 깨끗하여 새지 않아야 끝내 극단이 생기지 않는다. 그러므로 앞에 찬탄하여 말씀하시되 "만약 보살이 형상에 머물지 않는 보시를 하면 그 복덕이 헤아릴 수가 없다"고 하시니라.

福德性者는 離能所絶是非하고 泯存亡無得失하야 眞淨無漏者ㅣ 是라 如是福德은 等空難量이요 絶對無倫하야 不應以多少待對之言으로 稱之니 今則反是일새 只可說名爲多언정 不應以無量無邊으로 稱之어니와 若能持經悟理하야 行無住行하면 則所作이 出於無心하야 行行이 一一 淸淨이라 所感福德이 宜其眞淨無漏하야 而終無有極也일새 故로 前에 讚云하사대 若菩薩이 不住相布施하면 其福德을 不可思量이라하시니라

육조 12부 가르침[215]의 대의가 다 사구四句 가운데 있으니 어찌하 여 그러한가? 모든 경전 가운데서 사구게四句偈가 곧 마하반야바라

---

215 12부 가르침(十二部敎): 팔만대장경, 부처님 가르침의 총칭.

밀다라고 찬탄하시니, 마하반야는 모든 부처의 어머니다. 삼세의 모든 부처님이 다 이 경전을 의지하여 수행하여 바야흐로 성불하셨으니, 『반야심경』에 이르시되 "삼세의 모든 부처님께서 반야바라밀다를 의지한 까닭에 아뇩다라삼먁삼보리를 얻었다"라고 하셨다. 스승에게 배우는 것을 수受라 하고, 뜻을 알고 수행하는 것을 지持라 한다. 스스로 알고 수행하는 것은 자리自利이고, 남을 위하여 연설하는 것은 이타利他이니 공덕이 넓고 커서 끝이 없다.

十二部教大意ㅣ盡在四句之中하니 何以知其然고 以諸經中에 讚歎四句偈ㅣ卽是摩訶般若波羅蜜多시니 以摩訶般若ㅣ爲諸佛母라 三世諸佛이 皆依此經修行하사 方得成佛이시니 般若心經에 云하사대 三世諸佛이 依般若波羅蜜多故로 得阿耨多羅三藐三菩提라하시니라 從師所學曰受요 解義修行曰持라 自解自行은 是自利요 爲人演說은 是利他니 功德이 廣大하야 無有邊際니라

야부 일²¹⁶은 무심無心에서 얻는다.

事向無心得이니라

설의 이 경전을 믿으면 무아無我의 이치가 드러나고, 무아를 알면 마음에 다른 인연이 없고, 마음에 다른 인연이 없으면 가슴속이 쇄락하여 맑고 깨끗하기가 허공과 같을 것이니, 마음이 이미 맑고 깨끗하다면

216 일(事): 일상사, 평상심.

모든 부처와 조사의 신통한 기용機用[217]과 그 나머지 전에 얻지 못한 한량없는 묘한 뜻을 다 이로부터 얻을 것이다.

信此經則無我理ㅣ 顯하고 知無我則心無異緣이요 心無異緣則胸中이 洒落하야 淸淨如空하리니 心旣淸淨則諸佛祖神通機用과 自餘無量妙義의 前所未獲을 皆從斯得하리라

송 보배가 삼천대천세계에 가득하더라도
   복의 인연 응당 사람과 하늘을 떠나지 않네.
   만약 복덕이 원래 자성自性이 없다는 것[218] 알면
   풍광風光을 사는 데 돈을 쓰지 않으리.

   寶滿三千及大千이라도 福緣이 應不離人天이니
   若知福德元無性하면 買得風光不用錢하리라

칠보는 인간 세상에서 귀중하게 여기는 것이고 베푸는 것은 인정상 어려운 것이거늘, 지금 삼천대천세계에 가득한 칠보로 보시하니 양변에서는 능히 하기 어렵다고 이를 만하다. 그러나 그 보시를 실천하는 것이 무념의 진종眞宗에 계합하지 않으면 그 감수感受하는 과보가 다만 사람과 하늘의 유루有漏의 과보일 뿐이거니와, 만약 이 경전에 의지하여 복덕의 자성이 공함을 알면 보시의 공덕을 인연하지 않고도

217 기용機用: 대기대용大機大用. 즉 대기원응大機圓應과 대용직절大用直截.
218 양변을 여읜 것.

본지풍광[219]이 저절로 드러날 것이다.

七寶는 人世之所重也요 捨施는 人情之所難也어늘 今以七寶로 滿三千而施之하니 可謂能所難能也라 然이나 其行施也ㅣ如未契於無念眞宗이면 則其感果也ㅣ但是人天有漏之報而已어니와 若依此經하야 知福性空하면 則不因施功하야도 本地風光이 自然呈露하리라

"무슨 까닭인가? 수보리여, 일체 모든 부처님과 모든 부처님의 아뇩다라삼먁삼보리의 법이 다 이 경전에서 나왔다."

何以故오 須菩提야 一切諸佛과 及諸佛阿耨多羅三藐三菩提法이 皆從此經出이니라

설의 다만 이 한 권의 경전 국량이 태허공을 포함하고 체體가 일체에 두루하여 부처님과 법의 현묘한 뿌리가 여기에 있도다! 또 삼신불三身佛[220]이 사람의 자성 가운데 본래 갖추어져 있건마는 다만 무명에 덮인 까닭으로 드러나지 않으니, 지금 지혜의 부리로 무명의 껍질을 쪼아 깨니 삼신 부처가 그 자리에서 앞에 나타나도다!

秖這一卷經이 量包太虛하고 體徧一切하야 佛之與法이 玄根이 在玆로다 又三身之佛이 人性中에 固有언마는 但以無明所覆로 不能顯現하나니

---

219 본지풍광本地風光: 본래 모습.

220 삼신불三身佛: 법신불法身佛, 보신불報身佛, 화신불化身佛.

今以智慧嘴로 啄破無明殼하니 三身之佛이 當處現前이로다

육조 이 경전은 이 한 권의 글을 가리키는 것이 아니라 불성이 체에서 용을 일으켜 묘한 이익이 무궁함을 드러내려는 것이다. 반야는 곧 지혜이다. 지智는 방편으로 공功을 삼고, 혜慧는 결단으로 용用을 삼으니 곧 일체시 가운데 깨달아 비추는 마음[221]이 이것이다. 일체 모든 부처와 아뇩다라삼먁보리법이 다 이 깨달아 비추는 가운데서 나오는 까닭에 이르시되 이 경전으로부터 나온다고 하신다.

此經者는 非指此一卷文이라 要顯佛性이 從體起用하야 妙利無窮이니 般若者는 卽智慧也라 智以方便으로 爲功이요 慧以決斷으로 爲用이니 卽一切時中에 覺照心이 是라 一切諸佛과 及阿耨多羅三藐三菩提法이 皆從覺照中生일새 故로 云하사대 從此經出이라하시니라

야부 또 말하라. 이 경전은 어디로부터 나왔는가? 수미산 정상[222]이고 대해의 파도 가운데[223]이다.

且道하라 此經은 從甚麼處하야 出고 須彌頂上이요 大海波心이니라

---

221 비추는 마음(覺照心): 지혜로 비추어 모든 것을 평등하게 보는 것.

222 수미산 정상(須彌頂上): 무심無心, 체體.

223 대해의 파도 가운데(大海波心): 평상심平常心, 용用.

설의 사람이 자식 있음만 알고 아버지가 있음은 알지 못하고, 비록 아버지 있음은 알지만 또한 할아버지 있음은 알지 못한다. 수미산의 정상과 대해의 파도 가운데가 어찌 할아버지의 면목이 아니겠는가? 수미산의 정상에 모양과 이름이 이르지 않고, 대해의 파도 가운데에 높이 빼어나서 천 가지 차이로다. 높이 빼어나 천 가지 차이가 남이여! 넓고 넓어 물가 언덕이 없고, 모양과 이름이 이르지 않음이여! 높고 높아 아득하여 잡을 수가 없도다! 이 속에 이르러서는 부처와 조사가 계교計較해도 이룰 수 없으며 일체 물건으로 비교해도 미치지 못하도다!

人이 但知有子하고 不知有父요 雖知有父나 亦不知有祖在니 須彌頂上과 大海波心이 豈不是祖之面目이리요 須彌頂上에 形名이 不到하고 大海波心에 嶷然千差로다 嶷然千差여 浩浩沒涯岸이요 形名不到여 嵬嵬杳難攀이로다 到這裏하야는 佛佛祖祖ㅣ 計較不成이며 一切物類로 比況不及이로다

송 부처와 조사 자비를 내림에 실도實道[224]에 권도權道[225] 두시니
말말은 이 경전을 떠나지 않고 펴도다!
이 경전이 나온 곳을 도리어 서로 아는가?
문득 허공 가운데를 향하여 쇠 배를 멍에 하네.
간절히 잘못 앎[226]을 꺼린다.

---

224 실도實道: 진리, 달,
225 권도權道: 방편, 손가락.

佛祖垂慈實有權하시니 言言不離此經宣이로다
此經出處를 還相委아 便向空中駕鐵船이니라
切忌錯會어다

문득 대사大事를 얻고는 머리에 재를 쓰고 얼굴에 흙을 바르고 이렇게 와서 마른 것을 적시고 감로를 뿌리니 방울방울이 다 이 경전에서 나왔다. 이 경전이 나온 것을 알고 나서는 좋게 꽃다운 풀이 난 언덕을 향해 가도다! 간절히 잘못 앎을 꺼림이여! 무엇을 그릇 알리오?

구름은 고개 위에 피어오르지 않고,
달은 파도 가운데 떨어지도다!
달이 파도의 가운데 떨어짐이여!
상계에 빛이 쉬지 않고,
구름이 고개 위에 피어오르지 않음이여!
펴고 거둠이 심상사尋常事로다!

頓獲大事了하야는 灰頭土面伊麼來하야 爲霑枯槁灑甘露하니 滴滴이 皆從此經出이라 知得此經出處已하야는 好向芳草岸頭行이로다 切忌錯會여 有甚錯會리요

無雲生嶺上이요 有月落波心이로다
有月落波心이여 上界에 光不歇하고
無雲生嶺上이여 舒卷이 也尋常이로다

226 잘못 앎(錯會): 유무有無의 양변으로 나누어 보는 것.

"수보리여, 이른바 불법佛法이란 곧 불법이 아니다."

須菩提야 所謂佛法者는 卽非佛法이니라

설의 진성眞性[227]이 연기를 막지 않으니 경전이 능히 불법佛法을 낳고, 연기가 진성에 장애되지 않으니 불법이 곧 불법이 아니로다!

眞性이 不礙緣起하니 經能出生佛法이요 緣起ㅣ不礙眞性하니 佛法이 卽非佛法이로다

육조 여기에서 일체 문자와 장구章句를 말하는 것이 표시와 같고 손가락과 같다. 표시와 손가락은 그림자와 메아리라는 뜻이다. 표시에 의하여 물건을 취하고 손가락에 의하여 달을 보니, 달은 손가락이 아니고 표시는 물건이 아니다. 다만 경전 글에 의하여 법을 취한다. 경전은 법이 아니니, 경전의 글은 곧 육안肉眼[228]으로 볼 수 있지만 법은 곧 혜안慧眼[229]으로 볼 수 있다. 만약 혜안이 없으면 다만 그 경전만 보고 그 법을 보지 못한다. 만약 그 법을 보지 못하면 곧 부처의 뜻을 알지 못하니, 이미 부처의 뜻을 알지 못한다면 끝내 불도佛道를 이룰 수 없다.

---

227 진성眞性: 자성自性.

228 육안肉眼: 모든 존재를 있기만 하다고 보는 눈.

229 혜안慧眼: 육안으로 볼 수 없는 연기의 법칙을 보는 눈.

此說一切文字章句호미 如標如指하니 標指者는 是影響之義라 依標取
物이요 依指觀月이니 月不是指요 標不是物이라 但依經文取法이요 經
不是法이니 經文은 即肉眼可見이어니와 法은 即慧眼으로 能見이니 若無
慧眼者면 但見其經하고 不見其法이라 若不見其法하면 即不解佛意니
旣不解佛意인댄 終不成佛道니라

야부 달콤한 과일[230]을 가지고 너의 쓴 조롱박[231]과 바꾼다.

能將蜜果子하야 換汝苦胡蘆로다

설의 불법이여! 저 달콤한 과일과 같고, 불법이 아님이여! 저
쓴 조롱박과 같으니 부처와 부처 아님, 법과 법 아님이여! 달콤한
과일을 가지고 쓴 조롱박으로 바꾸는 것과 같아서 단 과일은 꼭지까지
달고 조롱박은 뿌리까지 쓰다.

佛法也여 如彼蜜果子요 非佛法也여 如彼苦胡蘆하니 佛非佛法非法이
여 如將蜜果하야 換苦胡蘆어니와 更知道甛果는 徹蔕甛하고 苦胡는 連根
苦니라

송 불법과 불법 아님이여!
놓을 수도 뺏을 수도 있도다!

---

230 달콤한 과일(蜜果子): 색色.
231 쓴 호로박(苦胡蘆): 공空.

놓음이 있고 거둠이 있고,

살림이 있고 죽임이 있네.

미간에 항상 백호광명을 놓거늘

어리석은 사람은 오히려 기다려서 보살에게 묻도다!

佛法非法이여 能縱能奪이로다

有放有收하고 有生有殺이라

眉間에 常放白毫光이어늘 癡人은 猶待問菩薩이로다

좌지우지함에 모나게도 하고 둥글게도 할 수 있느니

백로白鷺가 눈에 서 있으나 같은 색이 아니다.

곤륜산이 코끼리를 타니 조금 비슷하도다!

사람마다 다 한 쌍의 눈썹이 있으니

한 쌍의 눈썹 가에서 백호광명을 놓도다!

백호광명을 놓음이여! 본래 뚜렷이 이루어져 있으니

어찌 모름지기 밖을 향하여 공연히 찾겠는가?

左之右之에 能方能圓하니

鷺鷥立雪非同色이라 崑崙騎象稍依俙로다

人人이 盡有一雙眉하니 一雙眉際에 放毫光이로다

放毫光本現成하니 何須向外空尋覓이리요

종경 보배가 삼천대천세계에 가득하나 재물 보시는 다함이 있
거니와, 게偈로 사구四句를 폄에 법의 보시法施는 다함이 없으니

지혜와 광명을 내어서 진여의 오묘한 도를 유출하도다! 그래서 덕이 수승함을 칭송하여 드날려 자성이 공하다는 것을 통달하여 모든 부처의 본원本源을 철저히 하여 한 경전의 안목을 열게 하시니, 도리어 사구의 친절한 자리를 보는가? 진성은 통명洞明하게 반야에 의지하니 힘들이지 않고 손가락을 퉁기는 사이에 보리를 증득하도다!

송 다만 삼천에 가득한 칠보를 가지고 보시하나
   사구四句를 친히 듣고 통달하니 상근기上根機로다!
   무량한 겁 이래에 모든 부처가
   이로부터 열반문을 뛰어나오도다!

寶滿三千에 財施는 有盡이어니와 偈宣四句에 法施는 無窮이니 發生智慧光明하야 流出眞如妙道로다 所以로 稱揚德勝하사 了達性空하야 徹諸佛之本源하야 豁一經之眼目케하시니 還見四句親切處麼아 眞性洞明依般若하니 不勞彈指證菩提로다

   徒將七寶施三千이나 四句親聞了上根이로다
   無量劫來諸佛ㅣ 從玆超出涅槃門이삿다

설의 한갓 칠보로 보시하기를 삼천이 되지만
   인천의 유루인有漏因일 뿐이고,
   사구를 친히 들어 상근을 통달하면
   마땅히 무여대열반無餘大涅槃을 증득하리.

맑고 깨끗하고 남김 없는 대열반이여!
부처와 조사도 다 사구로 인하여 증득했도다!

徒將七寶施三千이나 但是人天有漏因이요
四句親聞了上根하면 當證無餘大涅槃이라
淸淨無餘大涅槃이여 佛祖皆因四句證이샷다

요지 경문에서 삼천대천세계에 가득한 칠보로 보시하면 그 사람이 얻는 복덕이 얼마나 많은가라는 부처님의 질문에, 수보리는 그 복덕이 복덕성福德性이 아니므로 복덕이 많다고 한 여래의 말을 빌려 매우 많다고 대답했다. 그런데 부처님께서는 경전의 사구게四句偈를 수지하고 남에게 말해주면 그 복이 저것보다 낫다고 하셨는데, 그 까닭은 일체 모든 부처님과 아뇩다라삼먁삼보리의 법이 다 이 경전에서 나왔기 때문이라 하시고, 불법佛法이라고 이른 것은 곧 불법이 아니라고 하셨다.

육조스님은 마하반야바라밀다로 수행하여 자성이 모든 유有에 떨어지지 않게 함이 복덕성福德性이라 하고, 주관과 객관이 사라진 것, 마음과 행동이 부처님의 그것과 일치하는 것이 복덕성이라고 했다. 모든 부처님 가르침이 사구四句에 있다 하고, 그 사구게는 마하반야바라밀다이고, 마하반야는 부처의 어머니라서 삼세의 모든 부처님이 이 경전에 따라 수행하여 성불했다고 했다. 스승에게 배우는 것이 수受, 뜻을 알고 수행하는 것이 지持이며, 스스로 수행하는 것이 자리自利, 남에게 연설하는 것이 이타利他이니 공덕이 끝없이 크다고 했다.

경전은 불성이 체體에서 용用을 일으켜 오묘한 이익이 무궁함을 말한다
하고, 반야가 곧 지혜인데 일체시에 깨달아 비추는 마음이라 하고,
모든 부처와 아뇩다라삼먁삼보리법이 여기서 나왔기 때문에 경전에서
나왔다고 한다고 했다. 문자와 장구章句는 표시나 손가락과 같은 것이
라서, 그것에 의하여 물건을 취하거나 달을 보니 그 자체는 물건이나
달이 아니라고 했다. 경전의 글로 법을 취하니 경전은 법 자체가
아니라고 했다. 육안으로 경전 글만 보고 혜안으로 법을 보지 못하면
부처의 뜻을 알지 못하고 불도를 이룰 수 없다고 했다.

　야부스님은 일상사는 무심無心에서 얻는다고 했다. 삼천대천세계
에 가득한 보배도 그 복의 인연이 사람과 하늘을 떠나지 않는다
하고, 그 복덕이 자성이 없다는 것을 알면 광풍光風을 사는 데 돈을
쓰지 않을 것이라 했다. 그리고 이 경전은 수미산의 정상(體)과 대해의
파도(用)에서 나왔다고 했다. 부처와 조사가 자비를 내릴 때 실도實道
와 권도權道를 쓰니 이 경전을 떠나지 않았다고 하고, 허공 가운데를
향해 쇠 배를 멍에 하는 것을 잘못 알지 말라고 했다. 또 그는 단
과일로 쓴 과일을 바꾼다고 말하고, 불법과 불법 아님, 줌과 빼앗음,
놓음과 거둠, 살림과 죽임이 있어 항상 백호광명을 놓고 있는데 어리석
은 사람은 보살에게 묻는다고 했다. 모든 사람이 눈썹 가에 백호
광명을 놓아 본래 이루어져 있는데 밖을 향하여 공연히 찾겠는가?라
고 반문하였다.

　종경스님은 재물 보시는 다함이 있고, 사구四句로 하는 법시法施는
다함이 없어서 지혜와 광명을 내고 진여의 오묘한 도를 유출한다고
했다. 다만 칠보는 삼천이지만 사구를 들으면 상근을 통달한다고

하고 모든 부처가 여기에서 나온다고 읊었다.

함허스님은 능소能所, 시비是非, 존망存亡, 득실得失이 사라져서 참되고 깨끗하며 새지 않는 것이 복덕성이어서, 이런 복덕은 허공과 같이 헤아리기 어렵고 상대와 차례를 끊어 대대待對하는 말로 일컬을 수 없다고 했다. 여기서 보시의 공덕을 많다고 한 것은 이와 반대라고 했다. 그리고 이 경전을 믿으면 무아無我의 이치가 드러나고 마음에 다른 인연이 없고 가슴속이 쇄락하여 맑고 깨끗하기가 허공과 같아서 불조의 기용機用, 오묘한 뜻을 얻는다고 했다. 그리고 삼천대천세계에 가득한 칠보로 하는 보시도 양변에서 실천하기는 어렵지만 무념에 계합하지 않으면 과보가 유루일 뿐이라고 했다. 이 경전에 따라 복덕의 자성이 공함을 알면 보시 공덕이 아니라도 본지풍광이 저절로 드러난 다고 했다. 이 경전은 허공을 포함하고 체體가 일체에 두루 하여 부처와 법의 뿌리라고 하고, 삼신불三身佛이 사람 자성에 갖추어져 있는데 무명 때문에 드러나지 않는다고 하고, 무명만 깨면 삼신 부처가 바로 나타난다고 했다. 모양과 이름이 이르지 않는 수미산 정상, 높이 천 가지 차이가 나는 대해 파도 가운데서 이 경전이 나왔다고 했다. 대사大事를 얻고 나서는 머리에 재를 쓰고, 얼굴에 흙을 바르고 와서 마른 것을 적시고 감로를 뿌리니 방울방울이 이 경전에서 나왔다 고 했다. 불법佛法은 달콤한 과일, 비불법非佛法은 쓴 조롱박과 같다고 하면서 단 과일을 쓴 조롱박으로 바꾼다고 하고, 단 과일은 꼭지까지 달고 쓴 조롱박은 뿌리까지 쓰다고 했다. 칠보로 하는 보시는 유루인有 漏因이고, 사구四句로 상근을 통달하면 무여대열반無餘大涅槃을 증득 한다고 했다.

하나의 형상은 형상이 없음 제9
一相無相分 第九

"수보리여, 그대의 생각에 어떠한가? 수다원須陀洹이 이런 생각을 하되 내가 수다원과를 얻었는가, 얻지 않았는가?" 수보리가 말하되 "얻지 않았습니다, 세존이시여. 무슨 까닭입니까? 수다원은 이름이 입류入流이지만 들어갈 데가 없으니 색성향미촉법色聲香味觸法에 들어가지 않는 것이므로 이름이 수다원입니다."

須菩提야 於意云何오 須陀洹이 能作是念호대 我得須陀洹果不아 須菩提ㅣ 言하사대 不也니이다 世尊하 何以故오 須陀洹은 名爲入流로대 而無所入이니 不入色聲香味觸法일새 是名須陀洹이니이다

육조 수다원은 범어梵語[232]인데 한문[233]으로 역류逆流이다. 생사

---

232 범어梵語: 인도 산스크리트 말.

233 한문(唐言): 당언唐言은 말 자체는 당唐나라 말이라는 뜻이지만 여기서는 한문漢文을 뜻한다.

의 흐름을 거슬러 육진에 물들지 않고, 한결같이 무루업無漏業을 닦아 거친 번뇌가 나지 않아서 결정코 지옥·축생·수라와 같은 다른 종류의 몸을 받지 않음이 이름이 수다원과이다. 만약 형상 없는 법을 통달하면 곧 과를 얻었다는 마음이 없어지니, 조금이라도 과를 얻었다는 마음이 있으면 곧 수다원이라 이름할 수 없는 까닭에 아니라고 말했다. 흐름은 성인의 흐름이니 수다원의 사람이 거친 번뇌를 떠난 까닭에 성스런 흐름에 들어간 것이다. 그러나 들어감이 없다는 것은 과를 얻었다는 마음이 없는 것이니 수다원은 수행인의 첫 번째 과이다.

須陀洹者는 梵語어든 唐言에 逆流니 逆生死流하야 不染六塵하고 一向修無漏業하야 得麤重煩惱不生하야 決定不受地獄畜生修羅異類之身이 名須陀洹果라 若了無相法하면 卽無得果之心이니 微有得果之心하면 卽不名須陀洹일새 故로 言不也니이다 하시니라 流者는 聖流也니 須陀洹人이 離麤重煩惱故로 得入聖流요 而無所入者는 無得果之心也니 須陀洹者는 乃修行人初果也라

"수보리여, 그대의 생각에 어떤가? 사다함斯陀含이 이 생각을 하되 나는 사다함과를 얻었는가, 얻지 않았는가?" 수보리가 말하되 "얻지 않았습니다, 세존이시여. 무슨 까닭입니까? 사다함은 한 번 왕래하는 것을 이름하되 실제로 왕래함이 없으므로 이름이 사다함입니다."

須菩提야 於意云何오 斯陀含이 能作是念호대 我得斯陀含果
不아 須菩提ㅣ 言하사대 不也이니다 世尊하 何以故오 斯陀含은
名一往來로대 而實無往來일새 是名斯陀含이니이다

육조 사다함斯陀含은 범어인데 한문으로 한 번 왕래한다는 것이
니 삼계의 결박을 놓아버려서 삼계의 결박이 다한 까닭에 사다함이
라 이름한다. 사다함을 일왕래一往來라고 이름하는 것은 인간에서
죽어 곧 천상에 나고, 천상에서 도리어 인간 세상으로 와 나서,
마침내 생사를 벗어나 삼계의 업이 다한 것을 이름하여 사다함과라
한다. 대승의 사다함이란 눈으로 모든 경계를 봄에 마음에 한
번 나고 한 번 사라짐이 있고, 두 번째 나고 사라짐이 없는 까닭에
일왕래라 이름한다. 앞생각이 거짓됨을 일으킴에 뒷생각이 곧
제지하고, 앞생각이 집착함에 뒷생각이 곧 떠나서 실제로 왕래가
없는 까닭에 사다함이라 한다.

斯陀含者는 梵語어든 唐言에 一往來니 捨三界結縛하야 三界結盡故로
名斯陀含이라 斯陀含을 名一往來者는 從人間死하야 即生天上하고 從
天上하야 却到人間生이니 竟出生死하야 三界業盡이 名斯陀含果라 大
乘斯陀含者는 目觀諸境에 心有一生一滅하고 無第二生滅故로 名一往
來니 前念起妄에 後念即止하고 前念有着에 後念即離하야 實無往來故
로 曰斯陀含也라

"수보리여, 그대의 생각에 어떤가? 아나함阿那含이 이 생각을 하되 내가 아나함과를 얻었는가, 얻지 않았는가?" 수보리가 말하되 "얻지 않았습니다. 세존이시여. 무슨 까닭입니까? 아나함은 이름이 불래不來이지만 실제로 불래가 없습니다. 이런 까닭에 아나함이라 이름합니다."

須菩提야 於意云何오 阿那含이 能作是念호대 我得阿那含果不아 須菩提ㅣ 言하사대 不也니이다 世尊하 何以故오 阿那含은 名爲不來로대 而實無不來일새 是故로 名阿那含이니이다

설의 일체 불법佛法이 다 이 경전으로부터 나오고, 일체 성현이 다 무위의 법으로 차별을 둔다고 하시니, 불법이 이미 불법이 아니라면 차별의 성인과(聖果)인들 또한 어찌 실재함이 있겠는가? 이러하다면 부처(佛寶), 불법佛法, 승보僧寶가 필경에 가만히 일기一機에 합치하도다!

一切佛法이 皆從此經出하고 一切賢聖이 皆以無爲法으로 而有差別이라하시니 佛法이 旣非佛法인댄 差別聖果인달 亦何有實이리요 伊麽則若佛若法若僧寶ㅣ 畢竟冥然合一機로다

육조 아나함은 범어인데 한문으로 불환不還이며 또한 출욕出欲이라 이름한다. 출욕은 밖으로 욕심의 경계를 보지 않고, 안으로

욕심 낼 것이 없어서 결정코 욕계를 향하여 생을 받지 않는 까닭에
이름이 불래不來이다. 그러나 실제 불래가 없어서 또한 불환이라
이름하니, 욕망의 습관이 영원히 다하여 결정코 와서 생을 받지
않으므로 이 때문에 아나함이라 이름한다.

阿那含은 梵語어든 唐言에 不還이며 亦名出欲이니 出欲者는 外不見可
欲之境하며 內無欲心可得하야 定不向欲界受生故로 名不來요 而實無
不來일새 亦名不還이니 以欲習이 永盡하야 決定不來受生일새 是故로
名阿那含也라

야부 일체 현상[234]이 항상함이 없어서 일체가 다 공이로다!

諸行이 無常하야 一切皆空이로다

설의 네 가지 과가 과가 없어서 하나의 묘한 공으로 돌아가도다![235]

四果無果하야 歸一妙空이로다

송 세 가지 성문聲聞이 이미 티끌을 벗어났으나
왕래하며 고요함을 구하는 데 친소親疎가 있도다!
분명하고 분명한 사과四果가 원래 과가 없으니
허망한 빈 몸이 곧 법신法身이로다!

---

234 일체 현상(諸行): 제행諸行은 정신과 물질의 모든 존재 현상.

235 오온개공五蘊皆空.

三位聲聞이 已出塵이나 往來求靜有疎親이로다
明明四果ㅣ 元無果하니 幻化空身이 卽法身이로다

육진의 경계 안에서 나란히 벗어났으나
열반의 성안에 친소가 있네.
친소가 있고 사과四果를 나누니
사과는 과가 없고 허깨비의 빈 몸이로다!
허깨비 빈 몸이 곧 법신이여!
섞이고 화합하여(混融) 평등하니 친소가 없도다!

六塵境內에 齊得出이나 涅槃城裏에 有疎親이라
有疎親分四果하니 四果無果幻空身이로다
幻空身卽法身이여 混融平等勿疎親이로다

"수보리여, 그대의 생각에 어떠한가? 아라한阿羅漢이 이 생각을
하되 내가 아라한 도를 얻었는가, 얻지 않았는가?"

須菩提야 於意云何오 阿羅漢이 能作是念호대 我得阿羅漢道
不아

육조 유루有漏[236]가 이미 다하여 다시는 번뇌가 없으므로 이름이

---

236 유루有漏: 양변에서 하는 사고.

아라한이니, 아라한은 번뇌가 영원히 다하여 대상과 다툼이 없다.
만약 과과를 얻었다는 마음이 있으면 곧 다툼이 있는 것이다. 만약
다툼이 있다면 아라한이 아니다.

諸漏已盡하야 無復煩惱일새 名阿羅漢이니 阿羅漢者는 煩惱永盡하야
與物無諍이니 若有得果之心이면 卽是有諍이라 若有諍이면 非阿羅漢
이니라

수보리가 말하되 "아닙니다. 세존이시여. 무슨 까닭입니까?
실제로 법이 있지 않음이 이름이 아라한입니다. 세존이시여.
만약 아라한이 이 생각을 하되 내가 아라한의 도를 얻었다고
한다면 곧 아상, 인상, 중생상, 수자상에 집착하는 것이 됩니다."

須菩提ㅣ 言하사대 不也니이다 世尊하 何以故오 實無有法名阿
羅漢이니 世尊하 若阿羅漢이 作是念호대 我得阿羅漢道라하면
卽爲着我人衆生壽者니이다

육조 아라한은 범어인데 한문으로 무쟁無諍이다. 무쟁은 끊을
번뇌가 없으며, 떠날 탐욕과 성냄이 없으며, 어기거나 순종할 정情
이 없어서 마음과 경계가 함께 비고 안과 밖이 항상 고요한 것이
이름이 아라한이다. 만약 과과를 얻었다는 마음이 있으면 곧 범부凡
夫와 같은 까닭에 아니라고 말씀하셨다.

272

阿羅漢은 梵語어든 唐言에 無諍이니 無諍者는 無煩惱可斷이며 無貪瞋可離하야 情無違順하야 心境이 俱空하고 內外常寂이 是名阿羅漢이니 若有得果之心하면 卽同凡夫일새 故로 言不也니이다 하시니라

"세존이시여, 부처님께서 말씀하시기를 '저를 다툼 없는 삼매(無諍三昧)를 얻어서 사람 가운데 가장 제일[237]이고 욕망을 여읜 제일 아라한(第一離欲阿羅漢)이다.'라고 하시나"

世尊하 佛說我得無諍三昧하야 人中에 最爲第一이라 是第一離欲阿羅漢이라하시나

설의 안으로 보고 듣는 데 부림을 받지 않고, 밖으로 소리와 빛깔에 오염되지 않아서, 안과 밖이 맑고 깨끗하여[238] 넓게 비고 한가한 것이 이 이름이 무쟁無諍이며 또한 이름이 이욕離欲이다.

內不被見聞使殺하고 外不被聲色染汚하야 內外淸淨하야 曠然虛閑이 是名無諍이며 亦名離欲이라

237 가장 제일(最爲第一): 최고, 최하를 초월한 제일. '하늘 위와 하늘 아래 오직 나 홀로 높다(天上天下唯我獨尊)'고 할 때의 그 높은 것이다. 이 높은 것은 모든 존재에 보편화되어 있다.
238 안과 밖이 맑고 깨끗하여(內外淸淨): 여기서 내외는 주관과 객관, 청정하다는 말은 일마다 걸림이 없다(事事無碍)는 뜻.

육조 어찌하여 무쟁삼매無諍三昧라 이름하는가? 말하자면 아라한이 마음에 나고 사라짐과 가고 옴이 없고 오직 본래 깨달음이 항상 비추는 까닭에 무쟁삼매라 한다. 삼매는 범어인데 한문으로 정수正受이며 또한 정견正見이라 하니, 멀리 95가지의 삿된 견해[239]를 떠난 것이 이름이 정견이다. 그러나 허공 가운데 밝고 어둠의 다툼이 있고, 자성 가운데 삿됨과 바름의 다툼이 있으니 생각 생각이 항상 발라서 한 생각도 삿된 마음이 없는 것이 곧 무쟁삼매다. 이 삼매를 닦아서 사람 가운데 가장 제일이 되었는데, 만약 한 생각이라도 과를 얻었다는 마음을 두면 곧 무쟁삼매라 이름할 수 없다.

何名無諍三昧오 謂阿羅漢이 心無生滅去來하고 唯有本覺常照故로 云無諍三昧라 三昧는 是梵語어든 唐言에 正受며 亦云正見이니 遠離九十五種邪見이 是名正見也라 然이나 空中에 有明暗諍하고 性中에 有邪正諍하니 念念常正하야 無一念邪心이 卽是無諍三昧라 修此三昧하야 人中에 最爲第一이니 若有一念得果之心하면 卽不名無諍三昧니라

야부 잡아 정하면[240] 구름이 계곡 입구에 가로 걸치고, 놓아 내리면 달이 찬 못에 떨어지도다!

把定則雲橫谷口하고 放下也에 月落寒潭이로다

---

239 삿된 견해(邪見): 형상을 두고 구함이 있는 것(有相有求). 욕심을 버리지 못한 세계.
240 잡아 정하면(把定): 양변을 여읜 삶.

설의 변이 있음에 동요되지 않음이여! 근경根境[241]의 법 가운데에 자취가 없고, 변이 없음에 적막하게 되지 않음이여! 이 변과 저 변에 응당 이지러짐이 없도다! 응당 이지러짐이 없음이여! 달이 찬 못에 떨어지고, 자취가 없음이여! 구름이 계곡 입구에 가로 걸쳤도다! 잡아 정함이 옳은가? 놓아감이 옳은가? 잡아 정함과 놓아 감이 다 옳지 않으니, 한 번 쓸어서 삼천 밖으로 쓸어버리도다!

不爲有邊所動이여 根境法中에 無影迹이요 不爲無邊所寂이여 這邊那邊에 應無虧로다 應無虧여 月落寒潭이요 無影迹이여 雲橫谷口로다 把定이 是아 放行이 是아 把定放行이 俱不是하니 一掃掃向三千外로다

송 말이라 부름에 어찌 일찍이 말이겠는가?
　소라고 부름에 반드시 소는 아니네.
　두 가지 모두 내려 놓고
　중도도 일시에 쉬어야 하네.
　육문六門[242]에서 솟아나온 먼 하늘의 매가
　하늘과 땅에 홀로 걸어서 모두 거두지 않도다![243]

　喚馬에 何曾馬리요 呼牛에 未必牛라
　兩頭를 都放下하고 中道도 一時休라
　六門에 迸出遼天鶻이 獨步乾坤總不收로다

---

241 근경根境: 주관과 객관. 육근六根과 육경六境.
242 육문六門: 안이비설신의眼耳鼻舌身意
243 양변과 중도를 모두 거두지 않음.

말이라 부르고 소라고 부름이 모두 그렇지 않으니, 놓아 가고 잡아 정하는 것이 모두 옳지 않다. 이미 밝고 어두운 두 끝에 걸리지 않고 또한 비로정상에도 앉지 않은지라 육근六根의 문 앞에 자취가 없으니 삼천리 밖에 한가하게 홀로 걷도다! 쾌활하기가 높은 하늘 송골매와 같으니, 하늘과 땅이 거둘 수 없는데 우주가 어찌 감출 수 있겠는가?

喚馬呼牛總不然하니 放行把定이 俱不是라 旣不涉於明暗兩頭하고 亦不坐於毘盧頂녕이라 六根門頭에 沒蹤由하니 三千里外에 閑獨步로다 快如遼天鶻하니 乾坤이 收不得이라 宇宙ㅣ豈能藏이리요

"저는 제가 욕심을 떠난 아라한阿羅漢이라 생각하지 않습니다, 세존이시여. 제가 만약 아라한도阿羅漢道를 얻었다고 생각하면 세존께서 곧 수보리가 아란나행阿蘭那行을 즐기는 사람이라 말하지 않는다고 하시겠지만, 수보리가 실제로 행함이 없으므로 수보리가 아란야행을 즐긴다고 이름하십니다."

我不作是念호대 我是離欲阿羅漢이라 하노이다 世尊하 我若作是念호대 我得阿羅漢道라하면 世尊이 卽不說須菩提ㅣ是樂阿蘭那行者라 하시련만 以須菩提ㅣ實無所行일새 而名須菩提ㅣ是樂阿蘭那行이라하시니이다

설의 이욕離欲과 무쟁無諍에 이미 제일이라 칭찬하고 또 생각을 하지 않으니 더할 수 없이 좋다. 이와 반대가 되면 어찌 무쟁이라는 이름을 얻겠는가?

離欲無諍에 已稱第一이요 又不作念하니 善不可加라 反是則豈得名爲 無諍이리요

육조 아란야阿蘭那는 범어인데 한문으로 무쟁행無諍行이다. 무쟁행은 곧 맑고 고요한 행이다. 맑고 깨끗한 행은 얻었다는 마음을 없앰이니, 만약 얻었다는 마음을 가지고 있으면 곧 이것은 투쟁하는 마음이고, 투쟁이 있으면 곧 맑고 깨끗한 도가 아니다. 항상 얻음이 없는 마음을 실행하는 것이 곧 무쟁행이다.

阿蘭那는 是梵語어든 唐言에 無諍行이니 無諍行이 卽是淸淨行이라 淸淨行者는 除去有得心也니 若存有所得心하면 卽是有諍이요 有諍이면 卽非淸淨道니 常行無所得心이 卽是無諍行이라

야부 인식해서 집착하면 전과 같이 도리어 옳지 않다.

認着하면 依前還不是니라

설의 무쟁의 실제가 있는 까닭으로 무쟁의 이름이 있으니 이름과 실제를 반드시 망각해야 비로소 옳다. 만약 망각하지 않으면 전과 같이 도리어 옳지 않다.

以有無諍之實故로 有無諍之名하니 名實을 更須忘却하야사 始得이니
若也未忘却이면 依前還不是니라

송 조개의 뱃속에 밝은 구슬이 숨겨져 있고
돌 속에 푸른 옥이 감추어져 있네.
사향노루가 있어 저절로 향기가 나니
어찌 바람 앞에 서겠는가?
활계活計[244]를 보니 흡사 없는 것 같으나
응용함에 낱낱이 다 갖추어져 있도다!

蚌腹에 隱明珠하고 石中에 藏碧玉이라

有麝自然香하니 何用當風立이리요

活計看來恰似無나 應用頭頭皆具足이로다

밝은 구슬과 푸른 옥이 숨겨져 드러나지 않으니
큰 지혜의 사람은 바보 같아서 보기에 어리석어 보이네.
도가 자기에게 있으면 저절로 밖으로 드러나니
어찌 구구하게 남이 알아주기를 먼저 헤아리겠는가?
그에게 활계가 없다고 이르지 말라.
응용함에 낱낱이 다 갖추어져 있도다!

明珠碧玉이 隱不露하니 大智如愚看似癡라

---

244 활계活計: 작용.

道存乎己하면 自發外니 何用區區逆人知리요
莫謂渠無活計在하라 應用頭頭皆具足이로다

종경 인간과 하늘에 가고 돌아옴에 모든 유루가 제거되지 않았다. 도과道果를 둘 다 잊음[245]에 무쟁이 제일이다. 범부를 뛰어넘어 성인에 들어감이여! 머리부터 살펴 증득해 오고, 지위를 굴리고 기틀을 돌이켜 바닥을 뚫어 다 철저히 가게 하도다! 자세히 알겠는가? 무심無心이 도道라고 이르지 말라. 무심이 오히려 한 겹 관문이 막혀있다.

人天往返에 諸漏未除어니 道果雙忘에 無諍第一이라 超凡入聖이여 從頭勘證將來요 轉位廻機하야 透底盡令徹去로다 委悉麼아 勿謂無心이 云是道하라 無心이 猶隔一重關이니라

설의 범부를 뛰어넘어 성인에 들어감이여! 머리부터 살펴 증득해오나 어찌 죽은 물에 잠겨있겠는가? 죽은 물속에서 몸을 굴리고 기틀을 돌이켜 이것을 향해 와서 하여금 대적멸大寂滅의 바다에서 바닥까지 깊이 들어가서 투철하게 증득하여 남음이 없어야 하니, 도리어 이 뜻을 자세히 알겠는가? 멸진정滅盡定으로 구경각究竟覺을 삼지 말라. 도에 오히려 아직 한 간을 미달未達했다.

---

245 도과道果를 둘 다 잊음(道果雙忘): 얻은 도와 얻었다는 마음 둘을 모두 다 잊는 것.

超凡入聖이여 從頭勘證將來나 爭奈死水沈潛이리요 要須死水裏에 轉身廻機向此來하야 令於大寂滅海에 透底深入하야 徹證無餘니 還相委悉此意麼아 莫以滅定爲究竟하라 於道에 猶未達一間이니라

송 과위果位[246]에 있는 성문聲聞이 혼자 몸을 선하게 하여
고요히 항상 선정에 드는 것 본래 진리가 아니네.[247]
마음을 돌이켜 문득 여래의 바다에 들어가
거꾸로 자비의 배 멍에하여 건너는 사람 맞이하도다!

果位聲聞이 獨善身하니 寂然常定本非眞이라
廻心頓入如來海하야 倒駕慈航逆渡人이로다

홀로 훌륭하게 되려는 성문은 어진 사람이 아니다. 만약 어진 사람이라면 천하 사람을 아울러 훌륭하게 해야 한다. 고요히 항상 선정에 듦이여! 죽은 물에 잠기는 것이다. 만약 진정한 용이라면 죽은 물에 숨지 않는다. 요컨대 죽은 물속에서 몸을 뒤쳐 대적멸의 바다에 도리어 들어가서 자비를 일으켜 중생을 제도해야 비로소 옳다.

聲聞獨善은 不是仁人이니 若是仁人인댄 兼善天下니라 寂然常定이여 死水沈潛이니 若是眞龍인댄 不藏死水니라 要須死水裏에 轉身하야 回入大寂滅海하야 興悲度生하야사 始得다

---

246 과위果位: 사과四果의 지위.
247 자기만 구제하는 데 그치지 않고 원력을 가지고 중생을 제도해야 된다는 말.

요지 경문에서 수다원, 사다함, 아나함, 아라한이 각기 그 과를 얻었는가라는 부처님의 질문에 수보리는 수다원은 들어갈 데가 없고, 사다함은 한 번 왕래함이 없고, 아나함은 오지 않음이 없고, 아라한은 그렇다고 이름할 법이 없기 때문에 각기 그 과를 얻지 못했으며 이름이 수다원, 사다함, 아나함, 아라한일 뿐이라고 대답했다. 특히 수보리는 아라한이 아라한 도를 얻었다고 하면 아상我相, 인상人相, 중생상衆生相, 수자상壽者相에 집착함이 된다고 말했다. 그리고 부처님께서 수보리를 다툼 없는 삼매를 얻어서 욕심을 떠난 아라한이라고 칭찬했는데, 만약 수보리가 아라한도를 얻었다고 생각 하면 아란나행을 즐기는 것이 아니라고 했다. 그러나 실제 그렇게 생각하지 않았기 때문에 이름하여 아란나행을 즐긴다고 했다.

육조스님은 생사生死를 거슬러 육진에 물들지 않고, 무루업無漏業을 닦아 거친 번뇌가 나지 않아 삼악도三惡道에 떨어지지 않는 경지가 수다원인데, 그런 과를 얻었다는 생각이 조금이라도 있으면 수다원이 라 할 수 없다고 했다. 삼계의 결박을 다 놓아버려서 생사를 벗어난 경지가 사다함인데, 한 번 왕래한다고 한 것은 천상에서 인간으로 한 번 와서 생사를 벗어나고, 한 번 거짓되고 집착하고 다시는 그러지 않기 때문이라 했다. 아나함은 불환不還, 출욕出欲이라 번역하는데, 밖으로 욕심의 경계를 보지 않고 안으로 욕심을 내지 않아서 욕망이 영원히 다하여 욕계에서 생을 다시는 받지 않는 경지라고 했다. 아라한 은 유루有漏의 번뇌가 영원히 사라진 경지로서 이런 과를 얻었다는 생각이 있으면 아라한이 아니라고 했다. 아라한은 다툼이 없다(無諍) 는 뜻인데, 끊을 번뇌煩惱, 떠날 탐진貪瞋, 어기거나 따를 정情이 없어서 마음과 경계가 다 비고, 안팎이 항상 고요한 경지라고 했다. 다툼이 없는 삼매(無諍三昧)는 마음에 나고 사라짐, 가고 옴이 없고 본래 깨달음이 항상 비추는 것이라 하고 정수正受, 정견正見으로 번역했다. 아란나阿蘭那를 얻음 없는 마음을 실행하는 무쟁행無諍行으로 번역하고 이것을 청정행淸淨行이라고도 했다.

야부스님은 모든 현상이 무상하고 모든 존재가 공이라 하고, 사과四果는 원래 과果가 없기 때문에 허망한 빈 몸이 법신이라고 했다. 이를 선적禪的으로 '잡아 정하면 구름이 계곡에 가로 걸리고, 놓아 내리면 달이 찬 연못에 떨어진다.'고 표현했다. 말, 소라고 불러도 말, 소가 아니니 두 가지도 놓고 중도中道도 쉬어야 한다고 하면서 높이 솟은 매가 세상에 홀로 걸으며 거두지 않는다는 선적 표현을 썼다. 집착하면 옳지 않다 하고 조개 뱃속의 구슬, 돌 속의 옥, 사향노루의 향기를 비유로 가져와서 없는 것 같지만 응용함에 다 갖추어져 있다고 했다.

종경스님은 범부를 뛰어넘어 성인에 들어가고 증득해서 투철하게 가게 한다고 말하고 나서 "무심無心이 도道라고 하지 말라. 무심도 한 겹 관문이 막혀있다."고 지적했다. 성문이 혼자 몸을 선하게 하고 선정에 드는 것은 진리가 아니라 하고, 여래의 바다에서 자비의 배를 거꾸로 멍에 하여 건너는 사람을 맞이한다고 말했다.

함허스님은 불법이 불법이 아니기 때문에 여러 성인의 과도 실제가 아니고, 불법승도 일기一機에 합치된다고 했다. 그래서 사과四果도 오묘한 공으로 돌아간다고 했다. 허깨비 빈 몸이 법신이고 혼융混融하여 평등하고 친소가 없다고 했다. 무쟁無諍, 이욕離欲은 안으로 보고 듣는 경계에 부림을 받지 않고, 밖으로 소리와 색깔에 오염되지 않는 것이라 했다. 있음에 동요되지 않아서 주관과 객관의 자취가 없고, 없음에 적막하게 되지 않아서 이 변 저 변에 이지러짐이 없다고 했다. 밝고 어두운 두 끝에 걸리지 않고 비로정상에 앉아있기 때문에 육근 문 앞에 자취가 없어서 삼천리 밖에 홀로 걷는다고 했다. 그리고 무쟁의 이름과 실제를 망각하지 않으면 옳지 않다고 했다. 큰 지혜인은 바보와 같아서 어리석어 보인다 하고, 도가 자기에게 있으면 저절로 드러나니 남이 알아주기를 구하지 않는다고 했다. 범부를 넘어 성인이 되어 죽은 물에 잠겨있어서는 안 된다고 했다. 멸진정滅盡定도 구경각이 아니라 도에 한 단계 미달未達했다고 했다. 혼자 훌륭하게 되려는 성문은 어진 사람이 아니고, 천하 사람과 함께 훌륭하게 해야 한다고 하고, 고요한 선정에 드는 것은 죽은 물에 잠기는 것이기 때문에 죽은 물속에서 몸을 뒤쳐 대적멸의 바다에 들어가 자비로 중생을 제도해야 한다고 했다.

정토를 장엄함 제10

莊嚴淨土分 第十

🪷

부처님께서 수보리에게 말씀하시되 "그대의 생각에 어떠한가? 여래가 옛날 연등불 처소에서 법에 얻은 것이 있는가, 있지 않은가?" "있지 않습니다, 세존이시여. 여래께서 연등불 처소에서 법에 실로 얻은 것이 없습니다."

佛이 告須菩提하사대 於意云何오 如來ㅣ昔在然燈佛所하야 於法에 有所得不아 不也니이다 世尊하 如來ㅣ在然燈佛所하사 於法에 實無所得이니이다

설의 이미 성문이 가져옴이 없음을 밝히고 장차 보살 역시 가져옴이 없음을 나타내려 해서, 먼저 자기가 인행因行 당시에 스승도 또한 말이 없었고 자기도 들은 것이 없음을 거론하였다. 수보리는 부처님께서 분명히 얻음이 없다는 것을 알아서 과연 답하기를 얻은 바가 없다고 했도다! 무엇 때문에 얻음이 없는가? 자취로 말하자면 석가모니 당시에 연등 부처님께서 말씀하신 법요를 들음으로 인해서 정각正覺을 훈습하여 이루셨으니 어찌 얻음이 없겠는가? 그러나 이것은

다만 인연을 빌려 도道를 본 것으로 얻음을 삼은 것일 뿐이다. 실제로 말하자면 석가는 하늘 위와 하늘 아래에 홀로 높고 홀로 고귀한 인물이라서 지위가 모든 부처보다 높고 부유富裕하기는 만덕萬德을 갖추었으니 어찌 일찍이 남의 점안點眼을 받으며, 어찌 법을 다시 얻음을 용납하겠는가?[248] 그래서 말씀하되 연등불의 수기를 얻었다고 이르면 어찌 옛 몸[249]을 알겠는가 하였다.

已明聲聞無取了하시고 將現菩薩亦無取호려하사 先擧自己因地上에 師亦無言己無聞하시니 空生이 知佛明無得하사 果能答以無所得이로다 因甚道無所得고 以迹論之則釋迦彼時에 因聞然燈의 所說法要하사 熏成正覺하시니 豈是無得이리요 然이나 此는 但以借緣見道로 爲得耳라 以實言之則釋迦는 本是天上天下에 獨尊獨貴底人이라 位過諸佛하시고 富有萬德하시니 何曾受他點眼이며 何容有法更得이리요 所以로 道하사대 謂得然燈記인댄 寧知是舊身이리요 하시니라

육조 부처님께서 수보리가 법을 얻었다는 마음을 가질까 염려하여 이런 의심을 없애려는 이유로 물으시니, 수보리는 법이 얻을 것이 없음을 알아서 부처님께 아뢰어 말씀하시되 "얻을 것이 없습니다."라고 했다. 연등불然燈佛은 석가모니불에게 수기해주신 스승인 까닭으로 수보리에게 물으시되 "내가 스승의 처소에서 법을

---

248 석가가 신분이 고귀하고 부유해서 점안 받고 법을 얻을 것이 없는 것이 아니라, 본래성불本來成佛이라 얻을 것이 없어서 점안 받거나 얻을 것이 없는 것이다.

249 옛 몸(舊身): 옛사람(舊時人)이라고도 하는데, 본래 성불한 구족한 사람을 뜻한다.

듣고 법을 가히 얻은 것이 있는가, 있지 않은가?" 하시니, 수보리가 곧 이르기를 "법은 곧 스승이 열어 보이기는 하셨으나 실로 얻은 이 없습니다."라고 했다. 다만 자성이 본래 맑고 깨끗하며 본래 진로塵勞[250]가 없어 고요하면서 항상 비추면 곧 스스로 부처를 이루니, 마땅히 세존이 연등불 처소에서 법에 실로 얻은 것이 없음을 알아야 한다. 여래의 법은 비유하자면 햇빛이 밝게 비쳐서 끝이 없으나 가질 수는 없는 것과 같다.

佛이 恐須菩提ㅣ有得法之心일가하사 爲遣此疑故로 問之어시늘 須菩提ㅣ知法無所得하사 而白佛言하사대 不也니이다 하시니라 然燈佛은 是 釋迦牟尼佛의 授記之師故로 問須菩提하사대 我於師處聽法에 有法可 得不아하시니 須菩提ㅣ卽謂法卽因師開示나 而實無所得이시니 但悟 自性이 本來淸淨하며 本無塵勞하야 寂而常照하면 卽自成佛이니 當知 世尊이 在然燈佛所하사 於法에 實無所得也라 如來法者는 譬如日光이 明照하야 無有邊際나 而不可取니라

야부 옛날이고 지금이로다!

古之今之로다

설의 다만 옛날에 얻을 것이 없었을 뿐만 아니라 지금 세상에 나오더라도 또한 얻을 것이 없다. 이러하다면 옛날 역시 다만 이러하며

---

250 진로塵勞: 양변에 떨어진 육도六道 중생이 티끌세상에서 겪는 수고로움.

지금 역시 다만 이러하도다!

非但昔年에 無所得이라 至今出世라도 亦無得이니 伊麼則古亦只如是
며 今亦只如是로다

송 한 손으로 하늘, 한 손으로 땅을 가리키시니
   남북동서에 추호도 보지 않으셨도다!
   살아옴에 심장과 간담이 크기가 하늘과 같으시니
   한없는 무리의 마군이 붉은 깃발을 넘어뜨리도다![251]

   一手指天하고 一手指地하시니
   南北東西에 秋毫不視로다
   生來心膽이 大如天하시니
   無限群魔ㅣ 倒赤幡이로다

하늘을 가리키고 땅을 가리키는 뜻을 알겠는가?
남북동서에 한 석가로다!
한 석가를 누가 가두겠는가?
넓고 넓어 크기가 하늘과 같으니
한 입으로 모든 부처와 조사를 다 삼키도다!
부처와 조사도 오히려 그에게 삼킴을 당하거든

---

[251] 논쟁에서 지면 자기 깃발을 넘어뜨리는 관행이 있었는데, 마군의 패배를
의미한다.

바깥 마군이 어찌 항복하지 않겠는가?

指天指地를 會也未아 南北東西에 一釋迦로다
一釋迦를 誰籠罩오 恢恢大如天하시니
一口로 吞盡諸佛祖로다
佛祖도 尙被渠吞却이어든 魔外ㅣ如何得不降이리요

"수보리여, 그대의 생각에 어떠한가? 보살이 불국토를 장엄莊嚴하는가, 하지 않는가?" "하지 않습니다, 세존이시여. 무슨 이유입니까? 불국토를 장엄하는 것은 곧 장엄이 아니므로 이 이름이 장엄입니다."

須菩提야 於意云何오 菩薩이 莊嚴佛土不아 不也니이다 世尊하 何以故오 莊嚴佛土者는 卽非莊嚴일새 是名莊嚴이니이다

설의 안으로 몸[252]과 밖으로 세계가 다 맑고 깨끗한 지혜의 경계라서 낱낱이 무위無爲[253]의 불국토이다. 몸과 세계를 무엇 때문에 청정한 지혜의 경계와 무위無爲의 불국토佛國土라 말하는가? 눈을 비비니 허공에 꽃이 어지럽게 떨어지지만 그렇지 않으면 눈 가득 푸르고

---

252 몸(根身): 육근六根.
253 무위無爲: 함이 없다는 것은 양변을 여의고 하는 행위. 유위有爲는 양변에서 하는 행위.

푸른 하늘인데 무엇을 장엄이라 하는가? 정情254을 잊으면 친소가 없고, 견해255가 다하면 안과 밖이 없도다! 어떤 것이 장엄이 아닌가? 정과 견해를 잊은 곳에 자취를 남기지 않으면 부처 보고 조사 보기를 원수와 같이 한다.

內而根身과 外而器界ㅣ皆是淸淨智境이라 一一無爲佛土니 根身器界를 因甚하야 喚作淸淨智境과 無爲佛土오 捏目空花亂墜요 不然滿目蒼蒼이니 作麼生莊嚴고 情忘勿疎親이요 見盡無內外로다 作麼生이 是非莊嚴고 情見忘處에 不留蹤하면 見佛見祖를 若冤讐니라

육조 불국토가 맑고 깨끗하여 형상이 없으니 무슨 물건이 장엄莊嚴을 할 수 있겠는가? 오직 선정과 지혜의 보배로 장엄한다고 임시로 이름한다. 장엄에는 세 가지가 있으니 첫째 장엄은 세간世間의 불국토이니 절을 짓고 경전을 베끼는 것과 보시하고 공양하는 것이 이것이고, 둘째 장엄은 몸의 불국토이니 모든 사람을 보고 널리 공경을 실천하는 것이 이것이고, 셋째 장엄은 마음의 불국토이니 마음이 깨끗하면 곧 불국토가 깨끗하여 생각생각 항상 얻었다는 마음이 없는 것이 이것이다.

佛土淸淨하야 無相無形하니 何物이 而能莊嚴也리오 唯以定慧之寶로 假名莊嚴이라 莊嚴이 有三하니 第一莊嚴은 世間佛土니 造寺寫經과

---

254 정情: 좋아하고 싫어는 정.

255 견해(見): 양변의 견해. 너와 나, 유무有無 등을 둘로 나누어 보는 견해.

布施供養이 是也요 第二莊嚴은 身佛土니 見一切人에 普行恭敬이 是也
요 第三莊嚴은 心佛土니 心淨하면 卽佛土淨이라 念念常行無所得心이
是也니라

야부 어머니가 만든 바지이고 청주의 베적삼이로다!

孃生袴子요 靑州布衫이로다

설의 어머니가 만든 바지는 순순하고 잡되지 않으나 오직 옛날이지
지금이 아니고, 청주의 베적삼은 검소하여 호화로움이 없으나 오직
바탕만 있고 꾸밈이 없다. 본각과 시각이 몸을 합쳐서 꾸밈과 바탕이
조화하여야 비로소 완전한 장엄이라고 할 만하다.

孃生袴子는 純而無雜하니 然이나 唯古非今이요 靑州布衫은 儉而無華하
니 然이나 惟質無文이라 本始合體하야 文質이 彬彬하야사 始可名爲十成
莊嚴이니라

송 온몸을 털어 서리보다 더 희니
갈대꽃과 눈에 비친 달이 더욱 빛을 다투도다!
다행히 구고九皐[256]에 발돋움하여 기다리는 자세 있으니
다시 이마에 붉은색 더하는 것이 또 무슨 방해가 되리?

---

256 구고九皐: 으슥한 소택沼澤 또는 깊은 못으로 심원한 곳을 비유한 것이다.
언해본에 따르면 구고는 아홉 굽이의 못이니 학鶴이 앉는 곳이라고 했다.

抖擻渾身白勝霜하니 蘆花雪月이 轉爭光이로다
幸有九皐翹足勢하니 更添朱頂又何妨가

공부하는 가운데서 그 자리에 나아가
작은 것을 다 벗어버리거든,
그 자리 안에서 몸을 뒤집어야
더욱 빛을 더하리.

功中就位에 脫盡廉纖이어든
位裏轉身하야사 更添光彩하리라

"이런 까닭으로 수보리여, 모든 보살마하살이 이와 같이 맑고
깨끗한 마음을 내어야 하니 형상(色)에 머물지 않고 마음을
내어야 하며, 소리, 향기, 맛, 촉각에 머물지 않고 마음을 내어야
하고"

是故로 須菩提야 諸菩薩摩訶薩이 應如是生清淨心이니 不應
住色生心하며 不應住聲香味觸法生心이요

설의 무엇을 맑고 깨끗한 마음이라 이르는가? 가짐이 없고 집착이
없는 것이 이것이다. 만약 가짐과 집착을 없애고자 한다면 모름지기
지혜의 눈을 떠야 하니, 일체 성현이 지혜의 눈을 뜬 까닭으로 모든
육근六根과 육경六境의 경계를 능히 잘 분별하되 중간에도 집착함이

없어 자재自在함을 얻었으니, 이로 말미암아 육근六根, 육진六塵, 육식六識의 세계가 확연히 통해서 걸림이 없고 낱낱이 밝고 오묘하며, 낱낱이 맑고 깨끗하기가 허공과 같으니 이를 일러 하늘과 물이 서로 이어져 한 가지 색이 되었다고 말한다. 다시는 작은 노을이 맑은 빛을 가로막음이 없도다! 반야를 이롭게 씀이 이와 같이 심히 깊으며, 이와 같이 자유자재自由自在하니 모름지기 지혜의 눈을 떠야 널리 근문根門[257]에 응해서 생각생각 맑고 깨끗하며, 티끌티끌 해탈이고, 지혜가 없어서 모든 경계에 물들지 않아야 한다.

何謂淸淨心고 無取無着이 是라 若欲無取着인댄 須開智慧眼이니 一切賢聖이 以開智慧眼故로 善能分別諸根境界호대 於中無着하야 而得自在니 由是로 根塵識界ㅣ 廓達無碍하야 ――明妙하며 ――淸淨如虛空하니 是可謂天水相連爲一色이라 更無纖靄隔淸光이로다 般若利用이 如是甚深하며 如是自在하니 須開慧眼하야 普應根門하야 念念淸淨하며 塵塵解脫이요 不應無智하야 染着諸境이니라

육조 모든 수행인은 남의 잘잘못을 말하지 말아야 한다. 스스로 나는 유능하고 나는 이해한다고 말하면서 마음속으로 후학後學을 가벼이 여기는 것은 맑고 깨끗한 마음이 아니다. 자기 성품에서 항상 지혜를 내어 평등한 자비를 실천하여 일체 중생에게 하심下心하고 공경하는 것이 수행인의 맑고 깨끗한 마음이다. 만약 스스로 그 마음을 깨끗하게 하지 않고, 맑고 깨끗한 데에 집착하

257 근문根門: 육근六根.

여 마음에 머무는 데가 있으면 곧 이것은 법의 모양에 집착하는
것이다. 형상(色)을 보고 형상에 집착하여 형상에 머물러 마음을
내는 이는 곧 혼미昏迷한 사람이고, 형상을 보고 형상을 떠나서
형상에 머물지 않고 마음을 내는 이는 곧 깨달은 사람이다. 형상
에 머물러 마음을 내는 것은 구름이 하늘을 덮은 것과 같고, 형상
에 머물지 않고 마음을 내는 것은 허공에 구름이 없어서 해와
달이 널리 비치는 것과 같다. 형상에 머물러 마음을 내는 것은
곧 거짓된 마음이고, 형상에 머물지 않고 마음을 내는 것은 곧
참된 지혜이다. 거짓된 마음이 나오면 곧 어둡고, 참된 지혜가
비치면 곧 밝다. 밝으면 곧 번뇌가 나지 않고, 어두우면 육진六塵
이 다투어 일어난다.

諸修行人이 不應說他是非니 自言我能我解라하야 心輕末學이 此非淸
淨心也라 自性에 常生智慧하야 行平等慈하야 下心恭敬一切衆生이 是
修行人의 淸淨心也니 若不自淨其心하고 愛着淸淨處하야 心有所住하
면 卽是着法相이라 見色着色하야 住色生心은 卽是迷人이요 見色離色
하야 不住色生心은 卽是悟人이니 住色生心은 如雲蔽天이요 不住色生
心은 如空無雲하야 日月이 長照며 住色生心은 卽是妄念이요 不住色生
心은 卽是眞智니 妄念이 生하면 卽暗이요 眞智ㅣ 照하면 卽明이라 明하면
卽煩惱ㅣ 不生이요 暗하면 卽六塵이 競起니라

야부 비록 그러하나 눈앞에서는 어떻게 할 것인가?

雖然恁麼나 爭奈目前에 何오

설의 비록 그렇게 형상과 소리에 머물지 않아야 하지만, 형상과 소리가 눈앞인 것은 어찌할 것인가?

雖然不應住於色聲이나 色聲이 爭奈目前何오

송 형상을 보아도 형상을 간여하지 않고
소리를 들어도 소리가 아니네.
형상과 소리가 장애되지 않는 곳에서
친히 법왕성[258]에 이르도다!

見色非干色이요 聞聲不是聲이라
色聲不碍處에 親到法王城이로다

눈앞의 모든 존재는 거울 속의 형상을 보는 것과 같다. 거울 속의 형상을 봄이 나에게 장애가 되지 않으니 눈썹과 눈이 분명 딴 사람이 아니로다! 딴 사람이 아님이여! 이것은 법왕法王을 서로 보는 자리이다. 그러므로 말씀하시되 거울 속에서 누구의 형상을 보는가? 계곡 안에서 소리가 저절로 들린다. 보고 들음에 미혹되지 않으니 어느 곳인들 통하는 길이 아니겠는가?

目前諸法이 鏡裏看形이라 鏡裏看形不碍我하니 眉目이 分明非別人이로다 非別人이여 此是相見法王處니 所以로 道하사대 鏡裏에 見誰形고

谷中에 聞自聲이라 見聞而不惑이어니 何處ㅣ 匪通程이리요 하시니라

"머무는 데 없이 그 마음을 내어야 한다."

應無所住하야 而生其心이니라

설의 공연히 바람과 파도를 따라가지 말고 항상 멸진정滅盡定에서 육근六根에 응해야 하니, 이것은 어두운 가운데 밝음이 있는 것이라 이를 수 있다. 또 머무는 데가 없다는 것은 마침내 안과 밖이 없고, 가운데가 비어 물건이 없음이 거울이 비고 저울대가 수평인 것과 같아서 선악과 시비가 마음에 개재介在해 있지 않은 것이고, 그 마음을 낸다는 것은 머묾이 없는 마음으로 사물에 호응하되 사물에 걸리지 않는 것이다. 공자가 말하되 "군자는 천하에서 맞는 것도 없고 틀린 것도 없어서 옳은 것과 더불어 무리한다."[259]라고 하시니 이것은 마음이 기대는 데 없이 정의正義로 일에 대응함을 말한다. 정의로 일에 대응하면 반드시 물건에 걸리지 않게 되며, 물건에 걸리지 않으면 반드시 그 마땅함을 잃지 않게 된다. 성인이 시대는 다르지만 도는 같으시니, 말이 다르지만 서로 기다림을 여기에서 볼 수 있을 뿐이로다! 사씨가 맞고 맞지 않음이 없다는 데에 대한 주석 가운데서 경전의 이 구절을 끌어 와서 "미쳐서 멋대로 하여 마침내 성인에게 죄를

---

259 "子曰君子之於天下也 無適也無莫也義之與比"(『논어論語』 권지사卷之四, 이인 里仁).

짓는 것이다."라고 하였으니, 어찌하여 그 말이 살피지 못함이 이와
같은 데에 이르렀는가? 옛날 육조스님께서 오조 홍인대사의 처소에서
이 경전 설하는 것을 듣고, 여기에 이르러 마음이 문득 열려서 의발을
전수받아 제6조가 되어 이로부터 다섯 잎이 열매를 맺어서[260] 꽃다운
향기를 천하에 끼치셨다. 그래서 단지 이 한 구절이 다함없는 인천의
스승을 낳는다는 것을 알 수 있도다! 아! 사씨여, 어찌 좁은 소견으로
창창蒼蒼하게 넓은 것을 비방하는가?

不須空然逐風波하고 常在滅定應諸根이니 是可謂暗中有明이로다 又
無所住者는 了無內外하고 中虛無物호미 如鑑空衡平하야 而不以善惡
是非로 介於胸中也요 生其心者는 以無住之心으로 應之於事호대 而不
爲物累也라 孔夫子ㅣ 云하사대 君子之於天下也에 無適也하며 無莫也
하야 義之與比라하시니 此는 言心無所倚하야 而當事以義也니 當事以義
則必不爲物累矣며 不爲物累則必不失其宜矣라 聖人이 時異而道同하
시고 語異而相須를 於斯에 可見也已로다 謝氏ㅣ 於無適莫註中에 引經
此句하야 以爲猖狂自恣하야 而卒得罪於聖人이라하니 何其言之不審이
至於如是之甚也아 昔者에 盧能이 於五祖忍大師處에 聞說此經하사 到
此하야 心花頓發하사 得傳衣盂하야 爲第六祖하사 自爾로 五葉이 結果하
야 芬芳天下하시니 故知只此一句ㅣ 出生無盡人天師也로다 嗚呼라 謝
氏여 何將管見하야 擬謗蒼蒼乎아

---

260 다섯 잎이 열매를 맺어서(五葉結果): 오조五祖스님으로부터 육조六祖스님으로
법이 전해진 것을 뜻한다.

[야부] 뒤로 물러나고 뒤로 물러날지어다. 보고 보라. 완고한 돌이 움직이도다!

退後退後어다 看看하라 頑石이 動也로다

[설의] 밝은 가운데 자취를 머물지 말고 도리어 어두운 가운데를 향하여 돌아가라. 보고 보라. 움직이지 않는 것이 지금과 같이 움직이니, 움직이는 것은 도리어 움직이지 않아야 비로소 옳다.

明中에 莫留蹤하고 却向暗中歸어다 看看하라 可不動底ㅣ 如今動也하니 動還無動하야사 始得다

[송] 산속 집 고요한 밤에 앉아 말이 없으니
고요하고 고요한 것이 본래 자연이로다!
무슨 일로 서풍은 수풀을 흔드는가?
찬 기러기 소리 내며 높은 하늘에 울고 가도다!

山堂靜夜坐無言하니 寂寂寥寥本自然이라
何事로 西風이 動林野오 一聲寒雁이 唳長天이로다

본래 스스로 움직임이 없으니 어찌 움직이겠는가? 모름지기 말하라.

사해四海에 파도가 고요하니 용이 안온하게 잠을 자고,
구천에 구름이 깨끗하니 학이 높이 날아가도다!

本自無動이어니 何須動也리요 須信道어다

四海에 浪靜龍穩睡하고 九天에 雲淨鶴飛高로다

"수보리여, 비유해서 만약 어떤 사람의 몸이 수미산왕과 같으면 그대의 생각에 어떠한가? 이 몸이 큰가, 크지 않는가?" 수보리가 말씀하시되 "매우 큽니다, 세존이시여. 무슨 까닭입니까? 부처님께서는 몸이 아니라서 이 이름이 큰 몸이라고 말씀하셨습니다."

須菩提야 譬如有人이 身如須彌山王하면 於意云何오 是身이 爲大不아 須菩提ㅣ言하사대 甚大니이다 世尊하 何以故오 佛說 非身이 是名大身이니이다

설의 육근六根, 육진六塵, 육식六識을 내려놓아
맑고 깨끗함이 남음 없는 데 이르렀으니
원만하고 비고 고요한 몸이
활연豁然하게 나타났네.
몸은 거북 털[261]과 같아서 모양이 높고 높으니
수미가 바다에 가로 걸쳐 여러 봉우리를 떨뜨리도다!

261 거북 털(龜毛): 토각귀모兎角龜毛의 준말이라고 할 수 있는데, 토끼 뿔, 거북 털이라는 뜻으로 세상에 없는 것을 이르는 말.

공생空生에게 들어 질문하는 것이 깊이 까닭이 있으니 사람이 여기에서 알음알이를 낼까 걱정한 것이다. 공생이 과연 부처님의 뜻을 능히 알아서 몸 아닌 것(非身)으로 대답하니 좋은 지음知音이도다! 다만 몸이 아닌 도리를 어떻게 말하겠는가? 일찍이 잠시도 형상이 완연한 적이 없으니 형상이 비록 완연하나 토끼 뿔과 같도다!

放下根塵識하야 淸淨至無餘하니
圓滿空寂體ㅣ豁爾於焉現이라
體同龜毛像嵬嵬하니 須彌橫海落群峰이로다

擧問空生深有以하시니 恐人於斯에 生認着이어시늘 空生이 果能知佛意하사 答以非身好知音이로다 只如非身底道理를 作麽生道오 未曾暫有像宛然하니 像雖宛然이나 同兎角이로다

육조 색신이 비록 크나 속마음의 국량이 작으면 큰 몸이라고 이름하지 않고, 속마음의 국량이 커서 허공계와 같아야 마침내 큰 몸이라 이름하니 색신은 비록 수미와 같더라도 마침내 큰 것이 되지 않는다.

色身이 雖大나 內心量小하면 不名大身이요 內心量大하야 等虛空界하야사 方名大身이니 色身은 縱如須彌라도 終不爲大니라

야부 설령 있다고 한들 어느 곳을 향하여 붙일 것인가?

設有인달 向甚麽處着고

설의 토끼 뿔과 같은 것에 힘입었으니 설령 있다 해도 어느 곳을 향하여 붙일 것인가? 큰 불꽃 속에는 물건 머물기가 어렵다.

賴同兎角하니 設有인달 向什麽處着고 大烘焰裏에 難停物이라

송 수미를 가지고 환상의 몸을 만들려고 하니
넉넉히 그대는 담이 크고 마음도 더욱 크네.
눈앞에 천 가지 있는 것을 지목指目해 내더라도
나는 그 가운데 하나도 없다고 말하겠네.
문득 이 속을 따라 들어갈지어다.

擬把須彌作幻軀하니 饒君膽大更心麤라
目前에 指出千般有나 我道其中一也無라호리라
便從這裏入이어다

큰 몸을 몸이 아니라고 말함이여! 심장과 담이 큰 사람인지라 다행히 몸이 아니라고 불렀다. 설사 몸이라고 부르더라도 나는 거북 털이 눈앞에 가득하다고 말하겠다. 여러 사람들에게 청하노니, 모름지기 이 속을 따라 들어갈지어다.

大身說非身이여 心膽이 大麤生이라 幸而喚作非身하니 設使喚作是身

이라도 我道龜毛滿目前이라호리라 伏請諸人하노니 須從這裏入이어다

종경 여래께서 연등불로부터 불꽃을 이으셨으나 실로 얻은 법이
없고, 보살이 불국토를 장엄莊嚴하시나 응당 머무는 바가 없는
마음이시니, 모든 거짓됨이 사라짐에 한 진리가 맑고 깨끗하도다!
옛날 『법화경』의 오묘한 뜻을 궁구하다가 보현보살의 가르치시는
말씀에 몸소 감동하여 몸과 마음을 깨끗하고 맑게 하여 편안히
살며, 진실됨을 추구하며, 깊은 뜻에 가만히 부합하여 전세의 인행
을 시원하게 깨달으니, 바로 마음과 법이 다 사라지고 육근六根과
육경六境이 함께 사라지도다! 또 말하라. 무엇을 장엄하는가?

　손가락을 퉁겨서 팔만의 문을 원만하게 이룩하고,
　찰나에 삼아승기겁[262]을 없애도다!

如來ㅣ 續焰然燈이시나 實無可得之法이요 菩薩이 莊嚴佛土시나 應無
所住之心이시니 諸妄이 消亡에 一眞이 淸淨이로다 昔究法華妙旨라가
親感普賢誨言하야 淸淨身心하야 安居求實하며 冥符奧義하야 豁悟前
因하니 直得心法兩忘하고 根塵俱泯이로다 且道하라 莊嚴箇什麼오

　彈指圓成八萬門하고 刹那滅却三祇劫이로다

---

262 삼아승기겁(三祇劫): 보살이 수행을 완성하여 부처가 될 때까지의 수행기간.
　　보살의 계위에 50위가 있는데 이것을 3기로 구별하여 십신十信, 십주十住,
　　십행十行, 십회향十廻向의 40위는 제1아승기겁, 십지十地 가운데 초지初地부터
　　칠지七地까지가 제2아승기겁, 팔지八地에서 십지十地까지가 제3아승기겁이
　　되는데 십지를 마치면 곧 불과佛果이다.

설의 비록 연등불로부터 불꽃을 이었다고 말하나 무엇을 전했으며 무엇을 얻었는가? 비록 불국토를 장엄했다고 말하나 장엄한 것은 무슨 땅이며 장엄한 사람은 누구인가? 주관과 객관이 이미 없으니 마음에 응당 머묾이 없도다! 마음에 이미 머묾이 없음이여! 모든 망상이 사라지고, 망상이 이미 사라져 한 진리가 나타나도다! 옛날 『법화경』의 묘한 뜻을 궁구하다가 효험效驗을 얻어 진실에 계합契合하여 바로 마음과 법이 둘 다 사라지고 육근과 육진이 다 사라졌으니, 또 말하라. 무엇을 장엄했는가? 손가락 한 번 퉁기는 사이에 법에 원만하지 않음이 없고 한 찰나에 죄가 사라지지 않음이 없다. 정토淨土를 장엄하는 일이 이와 같으니 실상實相과 어긋나지 않도다!

雖曰續焰然燈이나 傳介什麼며 得介什麼오 雖曰莊嚴佛土나 所嚴은 何土며 能嚴은 何人고 能所旣無하니 心應無住로다 心旣無住여 諸妄消요 妄旣消亡이라 一眞現이로다 昔究法華妙旨라가 感驗契實하야 直得心法兩亡하고 根塵俱泯하니 且道하라 莊嚴介什麼오 一彈指間에 無法不圓이요 一刹那際에 無罪不滅이라 莊嚴淨土事如是하니 而與實相不違背로다

송 정법의 눈 가운데 얻는 바가 없거늘
열반의 마음 밖에 부질없이 장엄하네.
육진六塵이 비고 고요함을 아는 사람 없으니
수미를 밀어 넘어뜨리고 옥섬玉蟾[263]을 잠기게 하도다!

---

263 옥섬玉蟾: 달(月)의 별칭.

正法眼中에 無所得이어늘 涅槃心外에 謾莊嚴이라
六塵空寂을 無人會하니 推倒須彌浸玉蟾이로다

정토를 장엄하는 일이 어떠한가? 정법의 눈을 얻음이 진실로 핵심(宗要)이로다! 무엇을 정법의 눈이라고 하는가? 법에 있는 바가 없음을 통달하는 것이로다! 법에 이미 있는 바가 없음이여! 일체의 마음이 또한 없다. 마음이 없고 얻은 바가 없음을 열반의 마음이라 이른다. 이 참된 장엄을 사람들이 몰라서 몸[264]에서 모양을 가져와 속절없이 장엄한다. 그러므로 큰 몸을 몸이 아니라고 말하여 지견知見으로 하여금 기댈 데가 없게 하셨다.

莊嚴淨土事如何오 得正法眼眞宗要로다 何謂正法眼고 了法無所有로다 法旣無所有여 一切心亦無라 無心無所得이 是謂涅槃心이니 此眞莊嚴을 人不會하야 取相身土謾莊嚴일새 故號大身說非身하사 致令知見無所奇케하시니라

요지 경문에서 "여래가 연등불에게서 얻은 법이 있는가?"라는 부처님의 질문에 수보리가 "없다."고 대답했다. 또 "보살이 불국토를 장엄하는가?"라는 부처님의 질문에 장엄이 아니고 이름이 장엄이기 때문에 장엄하지 않는다고 대답했다. 모든 보살마하살은 모양, 소리, 향기, 맛, 촉각에 머물지 않고 깨끗한 마음을 내어 머무는 곳 없이 마음을 내어야 한다고 말씀하셨다. "몸이 수미산왕과 같으면

---

264 몸(身土): 신토는 몸을 이른다.

큰가?"라는 부처님의 질문에 "몸이 아니고 이름이 몸이기 때문에 매우 크다."라고 수보리가 대답했다.

육조스님은 경문에 대하여 차례로 자성이 본래 맑고 깨끗하여 진로塵勞가 없고, 고요하고 비추어 스스로 부처가 되니 연등불에게서 얻은 것이 없다고 했다. 또 육조스님은 남의 잘잘못을 말하지 않고, 지혜를 내어 자비를 실천하고 중생에게 하심하고 공경하는 것이 수행인의 맑고 깨끗한 마음이라고 했다. 또 깨끗한 데 집착하여 머무는 데가 있으면 이것은 법의 모양에 집착하는 것이라고 했다. 모양에 머무는 것은 혼미한 것, 구름이 하늘을 덮은 것, 거짓 마음이고, 모양에 머물지 않음은 깨달은 것, 구름 없는 허공에 해와 달이 비치는 것, 참된 지혜라고 하면서, 거짓 마음은 어둡고 참된 지혜는 밝다고 했다. 밝으면 번뇌가 일어나지 않고 어두우면 육진六塵이 일어난다고 했다. 육조스님은 색신은 수미와 같아도 큰 것이 되지 못하고, 속마음이 허공계와 같아야 큰 몸이라 이름한다고 했다.

야부스님은 옛날이나 지금이나 얻을 것이 없다고 하고, 심장과 간담이 하늘 같이 커서 마군이 항복한다고 했다. 야부스님은 선적으로 어머니가 만든 바지, 청주의 베적삼이라 하고, 온몸이 서리보다 더 희고 갈대꽃과 눈에 비친 달이 빛을 다툰다고 말했다. 기다리는 자세가 있어서 이마에 붉은색을 더해도 방해되지 않는다고 하여 장엄을 선적으로 표현했다. 또 야부스님은 모양과 소리가 눈앞에 있는 것을 어떻게 하겠는가라고 먼저 묻고 나서 모양을 보고 모양에 간여하지 않고, 소리를 들어도 소리가 아니어서 모양과 소리에 장애 받지 않고 몸소 법왕의 성에 이른다고 했다. 물러나고 물러나고 보고 보라고 하고, 단단한 돌이 움직인다고 했다. 산속 집 고요한 밤에 말없이 고요하고 고요한 것이 자연인데 왜 서풍은 수풀을 흔드는가라고 묻고, 찬 기러기가 소리 내며 높은 하늘에 울고 간다고 읊었다. 야부스님은 설령 있다고 하더라도 어디를 향하여 붙이겠는가라고 반문하고, 눈앞에 천 가지가 있다고 하더라도 나는 하나도 없다고 하겠다고 말했다.

종경스님은 부처님께서 연등불을 이었으나 얻은 법이 없고, 보살이 불국토를 장엄하나 머무는 바가 없다고 했다. 마음과 법, 육근과 육경이 다 사라져서 손가락을 퉁겨 팔만의 문을 이루고, 찰나에 삼아승기겁을 없앤다고 했다. 정법의 눈에는 얻은 바가 없는데 열반의 마음 밖에 부질없이 장엄한다고 했다. 또 사람들이 육진이 비고 고요한 것을 몰라서 수미를 넘어뜨리고 달을 잠기게 한다고 했다.

함허스님은 경문과 제가諸家의 설을 차례로 정리하고 있다. 먼저 석가가 하늘 위와 아래에 홀로 높고 고귀하여 모든 부처보다 높고 만덕을 갖추었기 때문에 남의 점안을 받지 않고 법을 얻지도 않았다고 했다. 옛날에도 이러하고 지금도 다만 이러하다 하고, 남북동서에 한 분 석가가 넓고 넓어 한 입으로 모든 부처와 조사를 삼키니 마군은 당연히 항복한다고 했다. 함허스님은 눈을 비벼서 허공 꽃이 떨어지지만 그렇지 않으면 눈 가득 푸른 하늘이라서 그 자체가 장엄이라고 했다. 여기에는 인정을 잊어 친소가 없고, 견해가 다해 안과 밖이 없어 일체가 장엄이라고 했다. 그리고 본각과 시각이 몸을 합쳐 꾸밈과 바탕이 조화돼야 완전한 장엄이라고 했다. 공부 중에 그 자리에 나가 작은 것도 다 벗어버리고 그 자리에서 몸을 뒤집어야 다시 빛을 더한다고 했다. 함허스님은 가지고 집착하지 않는 것을 맑고 깨끗한 마음이라고 하는데, 성현은 지혜의 눈으로 육근六根과 육경六境을 분별하고 중간에도 집착함이 없어 자유자재를 얻어 18계가 걸림 없이 통하고 밝고 오묘하며 맑고 깨끗하여 한 가지 색이 되었다고 말했다. 눈앞의 모든 존재를 봄이 거울 속의 모양을 보는 것과 같아서 장애가 되지 않으니 다른 사람이 아니고 법왕을 보는 자리라고 했다. 그리고 바람과 파도를 따라가지 말고 멸진정滅盡定에서 육근六根에 호응해야 하는데, 이것은 어두운 데에 밝음이 있는 것이라 했다. 머무는 데가 없다는 것은 안과 밖, 가운데가 비고, 선악시비가 마음에 없는 것이고, 마음을 낸다는 것은 사물에 호응하되 걸리지 않음을 말한다고 했다. 육조스님이 이 부분을 듣고 마음이 열려 의발을 전수받았다 하고 이 구절이 인천의 스승을 낳는다고 했다. 이 내용을 파도가 고요하니 용이 잠을 자고, 구름이 깨끗하니 학이 날아간다고 선적으로 표현했다.

함허스님은 종경스님의 언급에 대하여 육근六根, 육진六塵, 육식六識을 내려놓아 맑고 깨끗하게 되어 원만하고 비고 고요한 몸이 활연豁然하게 나타났다고 했다. 공생에게 하신 부처님의 질문은 사람들이 알음알이와 집착을 낼까 걱정해서 나온 것인데 수보리가 몸 아닌 것非身으로 잘 대답하여 부처님의 좋은 지음知音이 됐다고 하고, 몸 아닌 도리를 "형상이 비록 완연하나 토끼 뿔과 같도다!"라고 표현했다. 큰 몸을 몸이라고 한다면 나는 거북 털이 눈앞에 가득하다고 말하겠다고 했다. 연등불에게 전해 받은 것이 없고, 불국토는 장엄할 땅과 사람이 없다고 했다. 주관과 객관이 없어 마음에 머묾이 없고,

그래서 망상이 사라져 한 진리가 나타난다고 했다. 이 진리에 계합하여 마음과 법, 육근과 육진이 사라졌으니 무엇을 장엄하느냐고 반문했다. 정토 장엄은 정법의 눈을 얻음이 핵심인데 핵심은 법에 있음이 없다는 것을 아는 것이라고 했다. 법이 없으니 마음이 없고 얻은 바가 없음이 열반의 마음이고 참된 장엄이라 했다. 큰 몸을 몸이 아니라고 하여 지견으로 기댈 데가 없게 만들었다고 했다.

무위의 복이 수승함 제11

無爲福勝分 第十一

❀

"수보리여, 항하 가운데 있는 모래 수와 같은 항하는 그대의 생각에 어떠한가? 이 모든 항하의 모래는 많은가, 많지 않은가?" 수보리가 말씀드리되 "심히 많습니다, 세존이시여. 다만 모든 항하도 오히려 많아서 헤아릴 수 없는데 어찌 하물며 그 모래이 겠습니까?"

須菩提야 如恒河中所有沙數하야 如是沙等恒河ㅣ 於意云何오 是諸恒河沙ㅣ 寧爲多不아 須菩提ㅣ 言하사대 甚多니이다 世尊하 但諸恒河도 尙多無數은 何況其沙리잇가

설의 한 항하의 모래 수가 다함이 없으니

모래 수와 같은 항하 역시 다함이 없도다!

하나의 성품 가운데 항하의 모래와 같은 작용이 있으니

항하의 모래와 같이 쓰는 법이 다함이 없도다!

낱낱의 항하 모래가 또한 다함이 없으니

낱낱의 법에 항하 모래와 같은 작용이 있도다!

一恒河沙ㅣ數無窮하니 沙等恒河ㅣ亦無盡이로다
一性中有恒沙用하니 如恒沙用法無盡이로다
一一恒沙ㅣ亦無盡하니 一一法有恒沙用이로다

야부 앞이 삼삼三三이고, 뒤가 삼삼三三이로다!

前三三 後三三이로다

설의 하늘과 땅, 해와 달, 삼라만상, 성품과 모양, 빈 것과 있음, 밝음과 어둠, 살殺과 활活, 범부凡夫와 성인聖人, 인연과 과보의 모든 이름과 수를 한 구절에 모두 말해버렸다.

天地日月萬像森羅性相空有明暗殺活凡聖因果諸名數를 一句에 都說破로다

송 1, 2, 3, 4로 항하 모래를 셈이여!
모래와 같은 항하 수가 더욱 많도다!
계산하여 다해 눈앞에 한 법도 없어야
비로소 고요한 곳에서 사바하薩婆訶[265]할 수 있으리.

一二三四數河沙여 沙等恒河數更多로다

---

265 사바하薩婆訶: 빨리 이루어진다(速成就)는 말이다.

算盡目前無一法하야사 方能靜處薩婆訶하리라

1, 2, 3, 4 등의 항하여!

하나의 항하 모래로 수를 삼으니

하나의 항아 모래가 오히려 넉넉하지 못하여

모래와 같은 항하의 수가 더욱 많도다!

모든 법이 끝이 없어서 다하기 어려우니,

모든 법을 다하고 다른 법이 없도다!

법과 법[266]이 다른 법이 없다는 것을 통달해야

비로소 사바하[267]에 고요히 자리하리.

一二三四等恒河여 一恒河沙로 以爲數하니

一恒河沙ㅣ 猶未足이라 沙等恒河ㅣ 數更多로다

諸法이 無邊數難窮하니 窮盡諸法無異法이로다

了得法法無異法하야사 方能靜處薩婆訶하리라

"수보리여, 내가 지금 실제의 말로 그대에게 알려주겠다. 만약 선남자 선여인이 칠보七寶로 이런 항하 모래 수만큼의 삼천대천 세계를 채워서 보시하면 복 얼음이 많겠는가, 많지 않겠는가?" 수보리가 말씀하시되 "매우 많습니다. 세존이시여!" 부처님께

---

266 법과 법(法法): 모든 법.

267 사바하: 문맥으로 봐서 여기서는 '구경, 원만, 성취의 자리'라는 의미다.

310

서 수보리에게 알려주시되 "만약 선남자 선여인이 이 경전 가운데서 사구게四句偈 등을 받아 지니고 남을 위하여 말해주면 이 복덕福德이 앞의 복덕보다 나을 것이다."

須菩提야 我今實言으로 告汝호리니 若有善男子善女人이 以七寶로 滿爾所恒河沙數三千大千世界하야 以用布施하면 得福이 多不아 須菩提ㅣ言하사대 甚多니이다 世尊하 佛이 告須菩提하사대 若善男子善女人이 於此經中에 乃至受持四句偈等하야 爲他人說하면 而此福德이 勝前福德하리라

설의 보배를 보시함은 마침내 생사를 불러오므로 못한 것이 되고, 경전을 가짐은 당연히 보리에 나아가므로 나은 것이 되도다!

施寶는 終感生死일새 所以爲劣이요 持經은 當趣菩提일새 所以爲勝이로다

육조 칠보를 보시하는 것은 삼계에서 부귀의 과보를 얻고, 대승 경전을 강설하는 것은 모든 듣는 사람들로 하여금 큰 지혜를 내서 위없는 도를 성취하게 하니, 당연히 받아 지니는 복덕이 앞의 칠보의 복덕보다 낫다는 것을 알아야 한다.

布施七寶는 得三界富貴報요 講說大乘經典은 令諸聞者로 生大智慧하야 成無上道니 當知受持福德이 勝前七寶福德也라

야부 진짜 유기鍮器²⁶⁸로 금²⁶⁹을 바꾸지 않도다!

眞鍮로 不換金이로다

설의 진짜 유기가 비록 진짜이나 정금精金에 견주면 오히려 가짜 보배이고, 보시의 복이 빼어나지만 경전의 복에 견주면 오히려 못한 복이로다!

眞鍮雖眞이나 比之精金하면 猶是僞寶요 施福이 殊勝이나 比之經福하면 猶是劣福이로다

송 바다에 들어가 모래 계산함은 헛되이 힘을 낭비하는 것
구구하게 붉은 먼지에 달림 면하지 못하니
어찌 집안의 진보珍寶를 운반해내는 것과 같겠는가?
고목에 꽃이 피니 각별한 봄이로다!

入海算沙ㅣ 徒費力이라 區區未免走紅塵이니
爭如運出家珍寶하야 枯木生花別是春가

근본을 버리고 풍파를 따르니, 마침내 새어나감이 있는 인연을 이룬다. 새어나감이 있는 인연이여! 어찌 바로 자기를 밝히는 것과 같겠는가? 무엇을 인하여 자기를 밝히고자 하는가?

---

268 진짜 유기(眞鍮): 칠보로 보시하는 것.
269 금金: 경전을 받아 지니는 것.

사람 사람마다 다리 아래가

맑고 깨끗하여 본래 해탈이네.

다시 오늘 일을 밝히면 따로 봄빛이 있을 것이네.

棄本逐風波하니 終成有漏因이라 有漏因이여 爭如直下明自己리요 因甚
要須明自己오

人人脚跟下에 淸淨本解脫이라

更明今日事하면 別有一春光하리라

종경 항하 모래 수만큼 가득 쌓은 칠보로 삼천에 두루 보시하면
복덕이 분명하여 인과가 어둡지 않으나 사구게를 능히 펴면 앞의
공보다 만 배 나으니, 참된 지혜를 써서 어리석음을 비춤이 급류[270]
에 용감하게 물러나는 것과 같도다! 또 말하라. 물러난 뒤에는
어떠한가?

코끼리가 항하를 밟고 철저하게 지나가니,

대천사계가 온통 부서지도다!

滿積恒沙七寶로 周廻布施三千하면 福德이 分明하야 果因이 不昧어니
와 能宣四句之偈하면 勝前萬倍之功이니 用眞智以照愚호미 如急流而
勇退로다 且道하라 退後에 如何오

象踏恒河徹底過하니 大千沙界ㅣ百雜碎로다

---

270 급류急流: 윤회輪廻의 급류.

설의 칠보를 보시함에 복과 덕의 과보와 인연이 분명하나, 사구게를 펴는 것이 앞의 보시하는 공보다 만 배가 나으니, 이 경전을 말해주는 것이 무엇 때문에 앞의 복덕보다 나은가? 앞의 것은 지혜의 눈이 밝지 않아서 어리석은 마음을 없애지 못했고, 이것은 지혜로 어리석음을 비추어 어리석음이 머물 수 없다. 또 말하라. 그 이후에는 어떤가? 예리한 근기根機를 가진 사람이 경전에 의거하여 뜻을 풀이하면 이 도의 연원淵源을 환하게 밝힐 것이다. 연원을 이미 환하게 밝히면 광겁曠劫의 무명無明이 바로 사라진다. 무명이 이미 사라졌음이여! 눈앞에 경계가 어디 있는가?

七寶施來에 福德果因이 分明이나 四句宣來에 勝前施功萬倍니 持說此經이 因甚하야 勝前福德고 前則智眼이 未明하야 癡心을 未除요 此則智以照愚하야 愚不得住니 且道하라 爾後에 如何오 利根이 依經解義하면 洞明此道淵源하리니 淵源을 旣已洞明하야난 曠劫無明이 當下灰라 無明이 旣已灰여 目前境界ㅣ何有리요

송 거듭 칠보를 더하여 항하사 세계에 가득하게 함이여!
  달콤한 참외를 버리고 쓴 참외를 찾는 것과 같도다!
  진공眞空이 원래 무너지지 않음을 환하게 깨달음이여!
  백천삼매百千三昧가 모두 허공의 꽃이로다!

重增七寶滿恒沙여 如棄甛瓜覓苦瓜요
豁悟眞空元不壞여 百千三昧ㅣ摠虛花로다

314

달콤한 참외를 먹으니 마음이 저절로 기쁘고 쓴 참외를 먹으니 심기心氣가 편하지 않으니, 경전을 가지면 마땅히 남이 없는 즐거움(無生樂)을 받고, 보시는 마침내 새어나감이 있는 요인을 이룬다. 보시는 무엇 때문에 끝내 새어나감이 있는 요인을 이루고, 경전을 가지는 것은 무엇 때문에 환하게 진공眞空을 깨닫는가? 보시는 공연히 모양에 머무니 모양에 머물러 하는 보시는 하늘에 나는 복이라서 오히려 우러러서 허공에 활을 쏘는 것과 같고, 환하게 진공이 원래 무너지지 않는다는 것을 깨달으니 백천삼매가 모두 허공의 꽃이로다!

甛瓜服來에 心自悅하고 苦瓜服來에 氣未便이니 持經에 當受無生樂이요 布施에 終成有漏因이라 布施는 因甚하야 終成有漏고 持經은 因甚하야 受樂無窮고 持經은 豁悟眞空이요 布施는 空然住相이니 住相布施는 生天福이라 猶如仰箭射虛空이요 豁悟眞空은 元不壞라 百千三昧摠虛花로다

먼저 경문에서 "항하恒河에 있는 모래 수와 같은 수의 항하에 있는 모래가 많은가, 많지 않은가?"라는 부처님의 질문에 **요지** 수보리는 "항하의 모래 자체도 많은데, 거기 있는 모래 수만큼의 항하에 있는 모래가 많다는 것은 더 말할 나위도 없이 많습니다."라고 대답했다. "칠보를 이런 모래 수만큼의 삼천대천세계에 채워서 보시하면 복이 많겠는가?"라는 부처님의 질문에 수보리는 많다고 대답했다. 이에 부처님께서는 "경전의 사구게四句偈를 받아 지니고 남에게 말해주는 복덕이 그 많은 보시 복덕보다 낫다."고 강조했다.

여기에 대하여 육조스님은 칠보 보시는 삼계의 부귀를 얻게 하고, 대승경전의 강설은 위없는 도를 성취하게 하기 때문에 그보다 더 낫다고 했다.

여기에 대하여 야부스님은 앞의 삼삼三三이고, 뒤의 삼삼三三이라고 하고, 항하의 모래 수와 같은 항하의 모래가 많다고 하면서 계산해 다하여 눈앞에 한 법도 없어야 비로소 이루어져 있다고 했다. 또 야부스님은 진짜 유기鍮器를 가지고 금을 바꿀 수는 없다고 하면서, 바다 속 모래를 계산하거나 먼지 속을 달리는 것보다는 집안의 진보珍寶를 내어 쓰는 것이 낫다고 했다.

종경스님은 사구게를 펴는 것이 보시 공덕보다 공이 만 배나 더 크다고 하면서, 참된 지혜로 어리석음을 비춤은 급류에서 용감하게 물러남과 같다고 했다. 여기에서 물러난 뒤는 어떠한가라고 묻고 "코끼리가 항하를 밟고 철저히 지나가니 대천사계가 온통 부서지도다!"라고 자답했다. 그리고 그는 보시는 달콤한 참외를 버리고 쓴 참외를 찾는 것과 같다고 비유하고, 진공이 원래 무너지지 않는다는 것을 깨달으면 백 천 가지 삼매가 모두 허공 꽃이라고 말했다.

함허스님은 하나의 성품과 법 안에 항하 수와 같은 작용이 있다고 하고 야부의 말은 일체 모든 이름과 수를 한 구절에 모두 말해버렸다고 했다. 그는 또 보시의 공덕은 생사를 불러오고, 사구게를 받아 지니는 것은 보리에 나아가게 하여 더 나음이 된다고 하였다. 보시는 다함이 있는 유루인有漏因이고, 사구게를 받아 지니는 것은 영원한 무루인無漏因이기 때문에 더욱 수승하다고 하였다.

정교를 존중함 제12
尊重正敎分 第十二

❀

"다시 또 수보리여, 따라서 이 경전을 강설하되 사구게四句偈 등에 이르면 마땅히 이곳에는 일체 세간世間과 천인天人, 아수라阿修羅가 다 응당 공양하기를 부처님 탑묘塔廟와 같이 할 것임을 알아야 하거든"

復次須菩提야 隨說是經호대 乃至四句偈等하면 當知此處는 一切世間天人阿修羅ㅣ 皆應供養을 如佛塔廟어든

육조 있는 곳에서 만약 사람을 보면 곧 이 경전을 강설하시되 응당 생각생각 항상 무념無念의 마음과 얻은 바 없는 마음을 실천하여, 주관과 객관의 마음으로 말씀하지 않으셨다. 만약 모든 마음[271]을 멀리 떠나서 항상 얻은 바 없는 마음에 의지할 수 있으면 곧 이 몸 가운데 여래의 전신사리全身舍利가 있는 것이므로 부처님의 탑묘와 같다고 말하였다. 얻은 바 없는 마음으로 이 경전을 강설하

---

271 모든 마음(諸心): 분별심分別心.

는 것은 천룡과 팔부(天龍八部)가 다 와서 듣고 받아들임을 이루거니와(感得), 마음이 만약 깨끗하고 맑지 않고 다만 이름과 이익을 위하여 이 경전을 강설하는 사람은 죽어서 삼도에 떨어질 것이니 무슨 이익이 있겠는가? 만약 맑고 깨끗한 마음으로 이 경전을 강설하는 사람은 이 경전을 듣는 모든 이로 하여금 미망迷妄의 마음을 제거하고 본래 불성을 깨달아서 항상 진실을 실천하게 하므로 천인, 아수라, 인간이 다 와서 공양함을 이룰 것이다.

所在之處에 如見人하면 卽說是經호대 應念念常行無念心과 無所得心하야 不作能所心說이니 若能遠離諸心하야 常依無所得心하면 卽此身中에 有如來全身舍利故로 言如佛塔廟니 以無所得心으로 說此經者는 感得天龍八部ㅣ悉來聽受어니와 心若不淸淨하야 但爲名聞利養하야 而說是經者는 死墮三途하리니 有何利益이리오 心若淸淨하야 而說是經者는 令諸聽者로 除迷妄心하고 悟得本來佛性하야 常行眞實일새 感得天人阿修羅人非人等에 皆來供養하리라

"어찌 하물며 어떤 사람이 다 받아 지니고 읽고 외울 수 있음이겠느냐? 수보리여, 마땅히 이 사람은 최상의 제일 드문 법을 성취한다는 것을 알아야 하니"

何況有人이 盡能受持讀誦이야따녀 須菩提야 當知是人은 成就最上第一希有之法이니

설의 사구게四句偈는 전체 경전에 대하여 작은 부분을 말한다. 비록 작은 부분이지만 말하는 곳을 따라서 다 공양하기를 탑과 같이 해야 하니, 작은 부분도 오히려 이와 같거든 하물며 다 전체 경전을 가지고 강설할 수 있는 사람이겠는가? 이것은 탑묘를 존경하고 높임과 같을 뿐만 아니라, 이런 사람은 결정코 최상의 위없고 견줄 데가 없는 드물고 얻기 어려운 법을 성취한다는 것을 알아야 한다.

四句偈者는 對全經하야 而言其小分也니 雖是小分이나 隨所說處하야 皆應供養如塔이니 小分도 尙爾온 況盡能持說全經者乎아 此則不啻如塔廟尊崇이라 當知是人은 決定成就最上無上第一無比한 希有難得之法也라

"이와 같이 경전이 있는 곳은 곧 부처님과 존중 제자가 있는 곳이 된다."

若是經典所在之處는 卽爲有佛과 若尊重弟子니라

설의 앞에서 경전의 수승殊勝함을 밝히시고, 다음으로 사람과 법을 존중하는 것을 가르치시며, 여기서는 경전이 수승한 까닭을 드러내셨다. 인간 세상에서 존중하는 분은 성현聖賢이고, 성현이 으뜸으로 삼는 것은 부처이고, 부처가 으뜸으로 삼는 것은 경전이다. 이 경전은 부처와 성현도 오히려 으뜸을 삼으시니 그 수승함을 알 수 있도다! 앞에서 불법승佛法僧 삼보三寶가 다 이 한 경전에서 나왔음을 밝혀서

일체의 불법佛法이 다 이 경전에서 나왔음을 말하며, 일체 현성이 다 함이 없는 법으로 차별이 있다 하시고, 여기서 불법승 삼보가 하나의 경전으로 모여 돌아감을 밝혀 "경전이 있는 곳은 곧 부처와 존중하는 제자가 있는 것이 된다."고 말씀하시니, 앞은 체體를 따라서 용用을 일으킨 것이고, 여기서는 용用을 가지고 체體로 돌아간 것이다. 또 앞에서 불법승 삼보가 낱낱이 자취가 없음을 밝히고, 불법과 불법 아닌 것, 사과四果와 사과 없음에서부터 장엄과 장엄 아닌 것, 몸과 몸이 아닌 것까지를 말씀하시고, 여기서는 불법승 삼보가 도리어 한 곳을 향하여 살아나 "경전이 있는 곳이 곧 부처가 있는 곳이 된다."고 말씀하셨다. 앞은 건곤을 잡아 정하여 어둡고, 여기서는 해와 달을 놓아 열어서 밝다. 이러하다면 이 한 줄의 글을 또한 온전한 체體의 구절이라 이를 수 있고, 또한 온전한 용用의 구절이라 할 수 있다. 이것은 쌍으로 밝고 쌍으로 어둡다고 이를 수 있으며, 쌍으로 놓고 쌍으로 거둔다고 이를 수 있다.[272]

前明經勝하시고 次教尊重人法하시며 此顯經勝之所以하시니 人間世之所尊重者는 賢聖也요 賢聖之所宗者는 佛也요 佛之所宗者는 經也라 此經은 佛及賢聖도 尙以爲宗하시니 其勝을 可知로다 前明佛法僧三이

---

272 달리 쌍차쌍조雙遮雙照라고도 한다. 있기도 하고 없기도 하다는 것은 쌍명雙明, 쌍방雙放, 쌍조雙照이고, 있는 것도 아니고 없는 것도 아니라는 것은 쌍암雙暗, 쌍수雙收, 쌍차雙遮이다. 설명하기 위하여 두 가지로 나누었지 존재 자체는 두 가지가 한 몸으로 되어 있다. 이를 차조동시遮照同時, 명암동시明暗同時, 방수동시放收同時라고 한다.

皆從一經流出하사 而言一切佛法이 皆從此經出하며 一切賢聖이 皆以
無爲法으로 而有差別이라하시고 此明佛法僧三이 會歸一經하사 而言經
典所在之處에 卽爲有佛과 若尊重弟子라하시니 前則從體起用이요 此則
攝用歸體也라 又前明佛法僧三이 一一 泯迹하사 而言佛法非法과 四果
無果와 以至嚴非嚴身非身하시고 此明佛法僧三이 却向一處活하사 而
言經典所在之處에 則爲有佛과 若尊重弟子라하시니 前則把定乾坤黑
이요 此則放開日月明이라 伊麽則此一行文을 亦可謂之全體句也며 亦
可謂之全用句也니 是可謂之雙明雙暗이며 是可謂之雙放雙收로다

육조 자기 마음으로 이 경전을 외우고, 자기 마음으로 경전의
뜻을 풀이하고, 다시 집착 없고 형상 없는 이치를 체득하여 있는
곳에서 항상 부처의 행위를 닦아 생각생각 사이에 쉼이 없으면
곧 자기 마음이 부처이다. 그러므로 있는 곳이 곧 부처가 있는
곳이 된다고 말씀하셨다.

自心으로 誦得此經하며 自心으로 解得經義하고 更能體得無着無相之
理하야 所在之處에 常修佛行하야 念念無有間歇하면 卽自心이 是佛故
로 言所在之處에 卽爲有佛이라하시니라

야부 합당함이 이와 같도다!

合如是로다

설의 펴고 마는 것이 자유롭고 숨고 드러남이 걸림이 없으니, 이치의 합당함이 이와 같도다! 또 흰 구름은 다만 청산에 있는 것이 합당하니, 산이 흰 구름을 머금고 있는 것이 또한 서로 마땅하도다!

舒卷自由하고 隱現無碍하니 理合如是로다 又白雲은 只合在靑山이니 山含白雲이 也相宜라

송 바다의 깊음과 같고
　산의 굳음과 같도다!
　왼쪽으로 돌며 오른쪽으로 굴러
　떠나지도 않고 머물지도 않도다!
　굴에서 나온 금털의 사자 새끼가
　온전한 위엄으로 울부짖으니 여러 여우가 의심하도다!
　깊이 생각하건대 방패와 창을 움직이지 않는 곳[273]에서
　바로 천마天魔와 외도外道를 잡아서 돌아가도다!

　似海之深이요 如山之固로다
　左旋右轉에 不去不住로다
　出窟金毛師子兒ㅣ全威哮吼衆狐疑로다
　深思不動干戈處에 直攝天魔外道歸로다

해와 달이 비록 밝으나 밝음이 이르지 못하고, 겁화劫火가 무너질

---

[273] 주객이 나누어지기 전.

322

때에도 그것은 무너지지 않는다. 그러나 또한 손님과 주인[274]이 서로 참례하여 능히 잘 돌이키며, 몸을 굴림에 걸림이 없어서 큰 씀이 온전히 드러나니 여러 그릇된 무리가 스스로 항복한다. 단정히 구중궁궐[275]을 향하여 공수拱手함에 사해四海[276]가 와서 조회를 하도다![277]

日月이 雖明이나 明不到요 劫火壞時에 渠不壞라 然이나 亦賓主交參하야 善能回互하며 轉身無滯하야 大用이 全彰하니 群邪自伏이라 端拱九重에 四海朝宗이로다

종경 세 가지 근기[278]를 자애하고 불쌍하게 여겨 말씀하시니 사람과 하늘이 공경하여 우러르고, 사구게를 받아 지님에 다 탑묘와 같이 존경하고 숭앙해야 하도다! 항상 무념의 마음을 실천하면 곧 희유한 법이 되니 어떤 것이 최상 제일의 구절인가? 다만 나만 홀로 통달한 것이 아니라 항사 모래의 모든 부처님이 몸이 다 같도다!

---

274 손님과 주인(賓主): 손님은 작용作用, 주인은 비작용非作用.

275 구중궁궐(九重): 살殺.

276 사해四海: 활活.

277 조朝는 제후가 천자를 봄에, 종宗은 여름에 와서 뵙고 인사드리는 것을 말하여 합하여 조회朝會하는 것을 뜻한다. 여기서는 구중九重과 사해四海의 관계가 살활殺活의 관계임을 말한다.

278 세 가지 근기(三根): 상중하上中下의 근기根機.

송 강설하는 곳에 마땅함을 따라 공空에 걸리지 않으니
사구게를 지니고 유통하기를 권하도다!
천룡天龍이 덮어서 보호하고 존경하기를 탑과 같이 하니
공덕이 끝이 없고 찬탄함이 다함이 없도다!

慈愍三根隨說하시니 乃人天이 敬仰이요 受持四句에 皆應如塔廟尊崇
이로다 常行無念之心하면 卽爲希有之法이니 如何是最上第一句오
非但我今獨達了라 恒沙諸佛이 體皆同이로다

　說處에 隨宜不滯空하니 勸持四句爲流通이로다
　天龍이 覆護尊如塔하니 功德이 無邊讚莫窮이로다

요지 경전에서 부처님께서는 사구게를 강설하면 세간과 천인,
아수라가 부처님 탑묘와 같이 공양할 것이고, 이를 수지독송
受持讀誦하면 최상의 법을 성취하는 것이라고 하시면서 경전이 있는
곳이 바로 부처님과 존중 제자가 있는 곳이라고 말씀하셨다.
　여기에 대하여 육조스님은 무념無念의 마음과 얻은 바 없는 마음으
로 이 경전을 강설하기 때문에 이 경전을 듣는 모든 이로 하여금
미망迷妄을 없애고 본래 성불을 깨달아 진실을 실천하게 하므로 천인,
아수라, 인간, 천룡과 팔부가 다 와서 듣고 받아들인다고 하였다.
또 그는 자기 마음으로 경전을 외우고 그 뜻을 풀이하고 집착 없고
모양 없는 이치를 체득하여 부처의 행위를 닦아 그 사이에 쉼이
없으면 자기 마음이 부처이기 때문에 자기가 있는 곳이 바로 부처가
있는 곳이라 하였다.

여기에 대하여 야부스님은 합당함이 이와 같다고 전제하고 이를 깊은 바다, 굳은 산에 비유했다. 또 좌우로 움직여도 떠나지도 머물지도 않는다고도 했다. 금털의 사자가 울부짖으니 여우가 의심하고, 방패와 창을 움직이지 않고 천마天魔와 외도外道를 잡아 간다고도 했다.

종경스님은 부처님께서 세 가지 근기를 자애하여 강설하시므로 인천이 공경하고, 사구게를 받아 지님을 탑묘와 같이 존경한다고 했다. 무념의 마음을 실천하는 것은 희유한 법인데 나 혼자만 통달했을 뿐 아니라 모든 부처님도 그러하다고 했다. 공空에 걸리지 않고 사구게를 지니고 유통하니 천룡이 보호하고 존경하며 공덕이 끝이 없다고 찬미했다.

함허스님은 이를 정리하면서 경전의 부분인 사구게를 강설해도 탑과 같이 공경 받는데 전체를 말하는 사람은 최상이 되며 법을 성취하게 된다고 하여 경전의 수승함을 말했다. 이 같은 경전의 수승함은 세상 사람이 존경하는 성현이 그것을 으뜸으로 여기기 때문이라고 하였다. 그리고 불법승 삼보와 일체 불법佛法이 경전에서 나왔기 때문에 경전이 있는 곳은 부처와 존중하는 제자가 있는 것과 같다고 하였다. 그리고 불법승 삼보가 자취가 없으며 불법과 불법 아닌 것, 사과四果와 사과 아닌 것, 장엄과 장엄 아닌 것, 몸과 몸 아닌 것 등을 말했다. 이를 두고 건곤을 잡아서 어둡고, 해와 달을 열어놓아 밝은 것과 같다고 비유하여 말했다. 또 이를 두고 쌍으로 밝고 쌍으로 어둡다거나, 쌍으로 놓고 쌍으로 거둔다고도 말했다. 그리고 펴고 거두며, 숨고 드러남이 걸림 없는 것으로 야부스님이 말한 합당함의 의미를 해석했다. 또 마땅함을 구름이 청산에 있고, 산이 구름을 머금은 것과 같다고 예를 들어 비유적으로 설명했다. 거기에는 해와 달의 밝음도 이르지 못하고, 겁화가 무너져도 그것은 무너지지 않는다고 했다. 이것을 비유하여 빈주賓主가 서로 참례하여 돌이키고, 굴림에 걸림이 없어 큰 쓰임이 드러나며, 궁궐을 향해 공수拱手함에 사해가 조회하는 것과 같다고 비유로 설명하였다.

여법하게 받아 지님 제13
如法受持分 第十三

❀

그때 수보리가 부처님께 아뢰어 말씀드리기를 "세존이시여,
응당 이 경전을 무엇이라 이름하며, 저희들이 어떻게 받들어
지녀야 합니까?" 부처님께서 수보리에게 말씀하시기를 "이 경
전은 이름을 금강반야바라밀이라 할 것이니, 이 이름으로 그대
들은 마땅히 받들어 지녀라."

爾時에 須菩提ㅣ 白佛言하사대 世尊하 當何名此經이며 我等이
云何奉持하리잇고 佛이 告須菩提하사대 是經은 名爲金剛般若
波羅蜜이니 以是名字로 汝當奉持하야라

설의 처음 자리를 펴는 데서부터 여기에 이르기까지 한 경전의
체제가 구비具備되고 말씀하신 뜻이 이미 두루 갖추어졌다. 이로
말미암아 공생空生이 경전의 이름을 어떻게 지어 어떻게 받들어 지닐
까를 여쭈니, 여래께서 여기에 그 두 끝을 두드려서[279] 두 손으로

---

279 양극단兩極端을 친 것을 의미한다.

분부分付해주셨다.²⁸⁰

從初敷座로 極至於此하야 一經體備하고 說義已周하니 由是로 空生이
請安經名하사 以求奉持어시늘 如來ㅣ 於是에 叩其兩端하사 兩手分付
삿다

야부 오늘 작게 내고 크게 만났도다!

今日에 小出大遇로다

설의 경전 이름을 한 번 여쭙고 받들어 지닐 방법을 청구했는데,
밥상까지 내어 친히 분부해주시니 크게 만났다고 이르지 않겠는가?

一問經名求奉持하야시늘 和盤托出親分付하시니 可不謂之大遇乎아

송 불이 태울 수 없고, 물이 빠뜨릴 수 없으며
　　바람이 날려버릴 수 없고, 칼이 쪼갤 수 없네.
　　부드럽기는 도라兜羅²⁸¹ 같고, 단단하기는 철벽鐵壁 같으니
　　천상과 인간, 고금에 알지 못하도다! 이咦!²⁸²

火不能燒하고 水不能溺이며 風不能飄하고 刀不能劈이라

---

280 두 손으로 분부해주었다는 것은 성의와 정성을 다했음을 뜻한다.
281 도라兜羅: 도라면兜羅綿이라고 하여 버들강아지 솜처럼 부드럽다는 말이다.
282 이咦: 혀를 끌끌 차는 '돌咄'이나 소리 지르는 '할喝'과 같은 말로, 바로 앞에서
　　한 말을 부정하는 기능을 한다.

軟似兜羅요 硬如鐵壁하니 天上人間에 古今不識이로다 噎

반야바라밀般若波羅蜜이여! 천 번을 변해도 변해가지 않도다! 비록 그렇게 변해가지 않으나 물건이 오면 곧 호응呼應한다. 비록 그렇게 물건에 호응하지만 또한 변해가지 않으니, 정식情識[283]으로 도달할 수 있는 것이 아니거니 어찌 사려思慮를 용납하겠는가?

般若波羅蜜이여 千變變不去로다 雖然變不去나 物來卽應하고 雖然應物이나 亦不變去하니 非情識到어니 那容思慮리요

"까닭이 무엇인가? 수보리여, 부처가 말한 반야바라밀般若波羅蜜은 곧 반야바라밀이 아니고[284] 이 이름이 반야바라밀이다."

所以者何오 須菩提야 佛說般若波羅蜜이 卽非般若波羅蜜일새 是名般若波羅蜜이니라

설의 경전을 말씀하시고, 이름을 지어 분부하시고, 또 말을 따라 알음알이를 낼까 걱정하셨다. 그래서 반야가 반야 아니라고 말씀하여 문자의 성품이 본래 비었다는 것을 알게 하셨다.

---

283 정식情識: 제6식, 분별의식.

284 반야바라밀이 아니고(非般若波羅蜜): 반야바라밀도 고정된 실체가 없어서 공空이고 연기 현상이라는 것을 뜻한다.

說經安名分付了하시고 且恐依語生知解일가하사 故說般若非般若하야
令知文字性本空케하시니라

육조 부처님께서 반야바라밀을 말씀하셔서 모든 배우는 사람들
로 하여금 지혜를 써서 어리석은 마음의 생멸生滅을 없애버리게
하셨다. 생멸이 다 사라지면 곧 피안彼岸에 이른 것이다. 만약
마음에 얻음이 있으면 곧 피안에 이른 것이 아니고, 마음에 한
가지 법도 얻음이 없으면 곧 피안에 이른 것이다. 입으로 말하고
마음으로 실천함이 곧 피안에 이른 것이다.

佛이 說般若波羅蜜하사 令諸學人으로 用智慧하야 除却愚心生滅이시
니 生滅이 滅盡하면 卽到彼岸이라 若心有所得하면 卽不到彼岸이요 心
無一法可得하면 卽是到彼岸이니 口說心行이 乃是到彼岸也라

야부 오히려 조금 막혔도다![285]

猶較些子로다

설의 반야를 반야가 아니라고 말씀하시니 옳기는 진실로 옳으나
오히려 한 선의 길이 막혀 있도다!

般若를 說非般若라하시니 是則固是나 猶隔一線道로다

---

285 이 부분을 언해본에서 '오히려 져기 벙의도다.'라고 해석했는데 고어 '벙을다'는
'사이가 벌어지다, 막히다'의 뜻인데, 이 가운데 문맥상 후자를 취했다.

송 한 손은 들고 한 손은 누르고

　좌변으로 불고 우변으로 치도다!

　줄 없는 거문고로 남이 없는 음악을 연주해내야

　궁상宮商에 속하지 않고 율조가 새로우니

　지음知音이 안 뒤에는 한갓 이름만 아득하도다!

　一手擡一手搦하고 左邊吹右邊拍이로다

　無弦彈出無生樂하야사 不屬宮商律調新이니

　知音知後에 徒名邈이로다

반야가 곧 반야가 아님이여! 한 번 들고 한 번 누르며 좌로 불고
우로 치도다! 들고 누르고 불고 치는 것이 좋기는 좋으나 오히려
좋은 솜씨가 아니니, 줄 없는 거문고로 남이 없는 곡조를 연주해내야
비로소 좋은 솜씨라 이름할 수 있다. 이와 같이 남이 없는 곡조는
들고 누르는 것과 불고 치는 데에 속하지 않는다. 비록 그렇게 저
궁상宮商에 속하지 않으나 격조는 맑고 새로워서 궁상과 다르다.
이 곡조는 본래 화답하는 사람이 드무니 종자기가 들어도 오히려
망연茫然할 것이로다![286]

般若ㅣ 卽非般若여 一擡一搦하고 左吹右拍이로다 擡搦吹拍이 善則善
矣나 尙非好手니 無弦琴上에 彈出無生曲子하야사 始可名爲好手라 若

---

[286] 종자기鍾子期는 백아伯牙가 타는 거문고 소리를 듣고 그 뜻하는 바를 다 알아서
　　백아의 친구(知音)가 되었으나, 이는 궁상각치우宮商角微羽의 음계를 가진 음악
　　을 아는 데 그쳤기 때문에 남이 없는 곡조에는 화답도 하지 못한다는 말이다.

是無生曲子인댄 不屬攊掇與吹拍하니 雖然不屬彼宮商이나 格調淸新
別宮商이라 此曲을 從來로 和者稀하니 子期之聽도 尙茫然이로다

"수보리여, 그대의 생각에는 어떠한가? 여래가 말한 법이 있는
가, 있지 않은가?" 수보리가 부처님께 아뢰어 말씀드리되 "세존
이시여, 여래께서 말씀하신 것이 없습니다."

須菩提야 於意云何오 如來ㅣ 有所說法不아 須菩提ㅣ 白佛言
하사대 世尊하 如來ㅣ 無所說이니이다

설의 부처님께서 공생空生이 공空을 잘 이해한다고 칭찬하셨는데,
과연 부처님께서 본래 말씀이 없으시다는 것을 알았도다! 그러나
비록 이와 같으나 아난阿難이 결집한 이래로 이름(名)[287], 글귀(句)[288],
글(文)[289], 몸(身)[290]의 차별언사差別言詞가 방책方策[291]에 퍼져 있어 인
도에 넘치고, 중국에도 가득 차서 지금까지 이르렀는데 부처가 만약
모두 말이 없었다고 하면 이와 같은 법은 누가 말했는가? 모름지기

---

287 이름(名): 명名은 이름이니 자기의 성품性品을 나타내는 것이다.

288 글귀(句): 글귀이니 차별을 나타내는 말이다.

289 글(文): 뜻을 말에 나타내는 것이다.

290 몸(身): 자리(位)를 뜻한다.

291 방책方策: 방方은 나무에 글을 쓴 것이고, 책策은 대나무에 쓴 것으로서, 방책은
    글을 써놓은 책을 뜻한다.

말씀을 믿어야 한다. 말이 있다고 해도 모두 허물을 짓고, 말이 없다고 해도 또한 용납되지 않는다.

佛稱空生善解空하시니 果能知佛本無言이로다 然雖如是나 從阿難結集來로 名句文身差別言詞 ㅣ 布在方策하야 溢于西乾하고 盈于東震하야 迄至于今하니 黃面老子 ㅣ 若都無說인댄 如是法藏은 夫誰說來오 須信道어다 有言이라도 皆成謗이요 無言이라도 亦不容이니라

육조 부처님께서 수보리에게 물으시되 "여래 설법이 마음에 얻음이 있는가, 없는가?" 하시니, 수보리는 여래 설법이 마음에 얻음이 없음을 아는 까닭에 "말씀하신 바가 없습니다."라고 대답했다. 여래께서 의도하신 것은 세상 사람들로 하여금 얻을 것이 있다는 마음을 떠나게 하고자 하신 까닭에 반야바라밀법을 말씀하셔서 일체 모든 사람들로 하여금 듣고 다 보리심을 내어 남이 없는 이치를 깨달아 위없는 도를 이루게 하셨다.

佛이 問須菩提하사대 如來說法이 心有所得不아하시니 須菩提 ㅣ 知如來所說法이 心無所得故로 言無所說也라하시니 如來意者는 欲令世人으로 離有所得之心故로 說般若波羅蜜法하사 令一切人으로 聞之하고 皆發菩提心하야 悟無生理하야 成無上道也시니라

야부 목소리를 낮추고 목소리를 낮추어라.[292]

---

292 목소리를 낮추라는 것은 단순히 소리를 작게 하라는 것이 아니라, 양변을

低聲低聲하라

설의 부처님께서 말씀하신 바가 없다고 하시니 옳기는 진실로 옳으나 말없음도 또한 부처님의 본심이 아니다. 그러므로 이르기를 "목소리를 낮추고 목소리를 낮추라"고 했다. 또 한결같이 말씀하신 것이 없다고 말하지 말라. 사람과 하늘의 귓속에 시끄러움이 크고 크도다. 시끄러움이 크고 큼이여! 엎드려 청하노니 목소리를 낮추고 목소리를 낮추라.

佛이 無所說이라하시니 是則固是나 無言도 亦非佛本心이시니 故로 云低聲低聲이라 하니라 又莫謂一向無所說하라 人天耳裏에 鬧浩浩로다 鬧浩浩여 伏請하노니 低聲低聲하라

송 풀에 들어가 사람 구하기를 어찌할 수 없어
날카로운 칼로 베고 손으로 어루만지도다!
비록 그렇게 출입에 자취가 없으나
문채紋彩가 온전히 드러난 것을 보는가?

入草求人不奈何하야 利刀斫了手摩挲로다
雖然出入無蹤跡이나 紋彩全彰을 見也麽아

부처님[293]을 알고자 하는가? 이 늙은이는 본래 풀을 사랑하지 않으시

초월하여 말하라는 것을 뜻한다.

며, 또한 풀을 싫어하지도 않으신다. 풀을 사랑하지 않는 까닭으로
풀에 들어가서 이 노인을 볼 수 없고, 풀을 싫어하지 않는 까닭으로
풀에서 나와서도 이 노인을 찾을 수 없다. 그러므로 말씀하시되 비록
다시 말의 길을 의지하지 않으나 또한 다시 말 없는 데도 집착하지
않는다 하니, 보고 보라. 부처님이 나타나심이여! 마하(摩醯)²⁹⁴의
눈앞에 몸을 숨길 곳이 없도다!

要識黃面老麼아 此老는 本不愛草하시며 亦不厭草하시니 不愛草故로
入草하야 見此老不得이요 不厭草故로 出草하야 覓此老不得이니 所以로
道하사대 雖復不依言語道나 亦復不着無言說이라하시니 看看하라 黃面
老子ㅣ現也여 摩醯眼前에 藏身無地로다

"수보리여, 그대의 생각에 어떠한가? 삼천대천세계에 있는
작은 먼지는 많은가, 많지 않은가?" 수보리가 말하되 "매우
많습니다, 세존이시여." "수보리여, 여래는 모든 작은 먼지가
작은 먼지가 아니기 때문에 이름이 작은 먼지라고 말씀하시며,
여래는 세계가 세계가 아니므로 이름이 세계라고 말씀하신다."

須菩提야 於意云何오 三千大天世界所有微塵이 是爲多不아

293 부처님(黃面老): 황면노黃面老는 부처님의 다른 이름이다.
294 마하(摩醯): 마혜摩醯는 본래 수라천왕首羅天王을 말하는데 눈을 세 개나 가진
　　것으로 알려져 있다. 여기서는 크다는 의미의 마하摩訶와 같은 말로 양변을
　　여읜 것을 뜻한다.

須菩提ㅣ言하사대 甚多니이다 世尊하 須菩提야 諸微塵을 如來
ㅣ說非微塵일새 是名微塵이며 如來ㅣ說世界ㅣ非世界일새 是
名世界니라

설의 이것은 작은 먼지와 세계의 비유를 들어서 말한 바가 없음을
밝힌 것이다. 하나의 대지에 삼천세계가 있으나 삼천세계의 먼지는
수를 다 헤아리기 어렵다. 본래 있는 하나의 대지를 떠나면 세계의
작은 먼지가 다 공이다. 일불승一佛乘에서 삼승三乘[295]을 말씀하시니
다함이 없는 법문이 여기에서 비롯되었다. 본래 있는 일불승을 떠나면
일체 존재가 다 비어서 있는 바가 없다. 이러하다면 처음 사제四諦의
가르침을 굴림으로부터 지금 반야를 말씀하시는 데 이르기까지 법을
보일 것이 있으며 말을 선양할 것이 있다고 이를 수 있으나, 실제로
보건대 이치에는 본래 말이 없어서 법을 가히 보일 수 없으며, 부처님
은 본래 마음이 없어서 말을 선양할 수 없다. 먼지가 먼지 아니면
이름과 수가 곧 이름과 수가 아니고, 세계가 세계 아니면 삼승이
곧 삼승이 아니다. 세 가지를 모으는데[296] 어찌 영산회상靈山會上을
기다리겠는가?[297] 기원정사의 자리에서 일찍 하나로 돌아갔도다!

---

295 삼승三乘: 성문승聲聞乘, 연각승緣覺乘, 보살승菩薩乘.

296 회삼귀일會三歸—이라고 하여 삼승이 일불승—佛乘으로 귀결하는 것을 말한다.

297 『법화경』을 말씀하신 시기를 말하는데, 기원정사에서 『금강경』을 말씀하신
시기보다 뒤로서 기원정사에서 사람들이 깨달아 하나로 돌아가면 영산회상
때까지 기다릴 필요가 없다는 말이다.

此는 擧塵界之喩하사 以明無所說也라 於一大地에 有三千하니 三千界
塵이 數難窮이라 離却本有一大地하면 世界微塵이 總皆空이라 於一佛
乘에 說三乘하시니 無盡法門이 從玆始로다 離却本有一佛乘하면 法法이
皆空無所有로다 伊麼則從初轉四諦로 至今談般若히 可謂有法可示며
有言可宣이나 以實而觀컨댄 理本亡言이라 無法可示며 佛本無心이라
無言可宣이니 塵非塵則名數ㅣ 卽非名數요 界非界則三乘이 卽非三乘
이라 會三에 何待靈山會리요 祇園座上에 早歸一이로다

육조 여래께서 "중생의 성품 가운데 거짓된 생각이 삼천대천세
계 가운데 있는 작은 먼지와 같다. 일체 중생은 작은 먼지와 같은
거짓된 생각이 멈추지 않고 기멸起滅하여 불성이 가려져서 해탈을
얻지 못한다."고 말씀하셨다. 만약 생각 생각이 참되고 발라서
반야바라밀의 집착 없고 형상 없는 행동을 닦으면 잘못된 생각과
번뇌(塵勞)[298]가 곧 맑고 깨끗한 법의 성품임을 통달할 것이다.
거짓된 생각이 이미 없으면 곧 작은 먼지가 아니고, 참된 것이
곧 거짓된 것임을 통달하며, 거짓된 것이 곧 참된 것임을 통달하여
참된 것과 거짓된 것이 모두 사라지면 따로 진리가 있는 것이
아닌 까닭에 작은 먼지라고 이름했다. 성품 가운데 번뇌가 없으면
곧 부처의 세계이고, 마음 가운데 번뇌가 있으면 곧 중생의 세계이
다. 모든 잘못된 생각이 비고 고요함을 통달했기 때문에 세계가

---

298 번뇌(塵勞): 육진六塵과 노권勞倦. 객관세계인 육진을 따라 마음의 번뇌가 일어나
피곤하게 되므로 번뇌를 진로라 한다.

아니라 이르고, 여래의 법신을 깨달아서 먼지 같이 많은 세계에 널리 나타내서 응용에 방소方所가 없는 것이 이름이 세계이다.

如來ㅣ 說하사대 衆生性中에 妄念이 如三千大天世界中所有微塵하야 一切衆生이 被妄念微塵의 起滅不停하야 遮蔽佛性하고 不得解脫하나니 若能念念眞正하야 修般若波羅蜜無着無相行하면 了妄念塵勞ㅣ 卽 淸淨法性하리니 妄念이 旣無하면 卽非微塵이요 了眞卽妄하며 了妄卽 眞하야 眞妄俱泯하면 無別有法故로 云是名微塵이니 性中에 無塵勞하 면 卽是佛世界요 心中에 有塵勞하면 卽是衆生世界라 了諸妄念空寂故 로 云非世界요 證得如來法身하야 普現塵刹하야 應用無方이 是名世界 니라

야부 남쪽은 섬부주요, 북쪽은 울단월이로다![299]

南贍部洲요 北鬱單越이로다

설의 지금 부처님께서 바로 티끌과 세계를 가지고 평상平常의 움직이지 않음을 밝히셨으니, 티끌이 티끌 아니면 티끌 티끌이 깨끗하고 미묘한 몸이고, 세계가 세계가 아니면 세계 세계가 황금의 나라이다. 세계 세계가 이미 황금 나라임을 알면 다시 무엇을 세계가 아니라고 말하며, 티끌 티끌이 이미 깨끗하고 미묘한 몸임을 안다면 다시 무엇을 티끌이 아니라 하리오. 다만 남쪽은 섬부주이고, 북쪽은 울단월이라

[299] 있는 그대로가 진리라는 말.

338

부를 뿐이다.

今師ㅣ直取塵界하사 以明平常不動也하시니 塵非塵則塵塵이 淨妙身
이요 界非界則界界ㅣ黃金國이라 界界ㅣ旣知黃金國則更說什麼非世
界며 塵塵이 旣知淨妙身則更說什麼非微塵이리요 只可喚作南瞻富洲
요 北鬱單越이로다

송 머리는 하늘을 가리키고 다리는 땅을 밟고
굶주리면 밥을 먹고 피곤하면 잠을 자네.
이 땅이 서천이고, 서천이 이 땅이로다!
이르는 곳에 초하루가 곧 이 해이니
남북동서가 다만 이러하도다!

頭指天脚踏地하고 饑則湌困則睡라
此土西天이요 西天此土로다
到處元正이 便是年이니 南北東西祇者是로다

하늘을 가리키고 땅을 밟는 것은 모든 사람이 같으니 굶주리면 밥
먹고 피곤하면 잠자기를 누가 못하겠는가? 다만 이 참된 소식은
피차彼此 둘이 없으니 다만 둘 없는 도리를 어떻게 말하겠는가? 매화나
무 흰 꽃에서 넉넉히 천하의 봄을 알 수 있고, 오동나무 한 잎에서
천하의 가을을 알 수가 있다. 이로부터 천하의 일을 의심하지 않으니
천하 사람이 모두 다 응당 나와 같도다! 응당 나와 같음이여! 오랜
가뭄에 단비를 만났으니 누가 홀로 기뻐하지 않겠는가? 또 머리가

가리킨다고 이름은 고르고 떳떳하여 다 움직이지 않는 것이고, 이 땅이라고 이름은 피차의 두 가지가 없는 것이고, 도처到處라고 이름은 사사로움 없는 한 수가 온전히 모든 곳에 갖추어져 있다는 것이다.

指天踏地人所同이라 飢飡困睡孰不能이리요 只這眞消息은 彼此無兩般이니 只如無兩般底道理를 作麼生道오 梅枝片白에 足知天下春이요 梧桐一葉에 可知天下秋라 從此로 不疑天下事하니 天下人이 皆應似我로다 應似我여 久旱에 逢甘雨하니 何人이 獨不喜리요 又頭指云云은 平常總不動이요 此土云云은 彼此無兩般이요 到處云云은 無私一着子ㅣ全該一切處로다

"수보리여, 그대의 생각에 어떠한가? 32상으로 여래를 볼 수 있는가, 없는가?" "볼 수 없습니다, 세존이시여. 32상으로는 여래를 볼 수 없으니 무슨 까닭입니까? 여래께서 말씀하신 32상은 곧 32상이 아니라 이 이름이 32상입니다."

須菩提야 於意云何오 可以三十二相으로 見如來不아 不也니이다 世尊하 不可以三十二相으로 得見如來니 何以故오 如來ㅣ說三十二相이 卽是非相일새 是名三十二相이니이다

설의 32상인 것과 32상 아닌 것이 다 부처가 아니다. 32상이 곧 32상 아닌 것이 참된 것이니, 만약 이와 같이 명백하게 알 수 있으면 천진면목天眞面目을 다시 어찌 의심하겠는가?

是相非相이 皆非佛이라 相卽非相이 乃爲眞이니 若能如是知端的하면
天眞面目을 更何疑아

육조 32상은 32가지 맑고 깨끗한 행동이니, 오근五根[300] 가운데서
육바라밀六波羅蜜을 닦으며 의근意根[301] 가운데 형상 없고 함이 없는
것을 닦으면 이 이름이 32가지 맑고 깨끗한 행동이다. 32가지
맑고 깨끗한 행동을 항상 닦으면 곧 부처가 될 것이고, 만약 32가지
맑고 깨끗한 행동을 닦지 않으면 끝내 부처가 되지 못할 것이다.
다만 여래의 32상에만 애착愛着하고 스스로 32가지 행동을 닦지
않으면 끝내 여래를 볼 수 없다.

三十二相者는 是三十二淸淨行이니 於五根中에 修六波羅蜜하며 於意
根中에 修無相無爲하면 是名三十二淸淨行이라 常修三十二淸淨行하
면 卽得成佛하리니 若不修三十二淸淨行하면 終不成佛이며 但愛着如
來三十二相하고 自不修三十二行하면 終不見如來니라

야부 할머니[302] 적삼[303]을 빌려 입고 할머니 나이에 절을 하도다!

借婆衫子拜婆年이로다

---

300 오근五根: 눈, 귀, 코, 혀, 몸의 다섯 기관.

301 의근意根: 제육식第六識.

302 할머니(婆): 부처를 상징한다.

303 적삼(衫子): 가르침, 이론.

설의 부처님께서 모양 없는 것을 밝히고자 하시거늘 과연 모양이 아니라고 대답하시니, 만약 부처님께서 모양을 물으셨다면 또한 모양으로 대답하셨을 것이로다!

佛이 欲明無相이어시늘 果能答相非하시니 若使佛問相이시면 亦能答以相이로다

송 네가 있으니 내가 또한 있고
그대가 없으니 내가 또한 없네.
있고 없음을 다 세우지 않으니
서로 마주하여 입에 말이 없도다![304]

你有我亦有요 君無我亦無라
有無俱不立하니 相對嘴盧都로다

질문에 따라 하는 대답이 어긋나지 않으니
네가 있고 네가 없음에 나도 또한 그러하네.
있고 없음을 다 세우지 아니함이여!
서로 마주하고 잠잠하여 말이 없도다!

있고 없음을 세우지 않고 말없이 대답함이여! 외도가 부처님께 여쭘에

---

304 입에 말이 없도다(嘴盧都): 취로도嘴盧都는 중국의 속어로서 앉아서 코끝(鼻頭)을 지키는 모양이라고도 하고, 또 입을 닫고 말하지 않는 것이라고도 한다. 여기서는 문맥상 후자의 뜻으로 사용한다.

342

세존이 침묵하시니 그 형세가 그러한 것이다. 저것은 도적의 말을 타고 도적을 쫓는다고 이를 수 있고, 이것은 할머니 적삼을 빌려 입고 할머니 나이에 절한다고 이를 수 있도다!

　承問有答不參差하니 你有你無我亦然이라

　有無를 俱不立이여 相對默無言이로다

有無不立하야 無言以對여 外道ㅣ問佛에 世尊이 良久하시니 其勢然也라 彼可謂騎賊馬趂賊이요 此可謂借婆衫拜婆年이로다

"수보리여, 만약 어떤 선남자 선여인이 항하사와 같은 목숨을 보시하고, 만약 다시 어떤 사람이 이 경전 가운데서 내지 사구게 四句偈 등을 받아 지녀 남을 위하여 말해주면 그 복이 매우 많으니라."

須菩提야 若有善男子善女人이 以恒河沙等身命으로 布施어든 若復有人이 於此經中에 乃至受持四句偈等하야 爲他人說하면 其福이 甚多니라

설의 지혜의 눈이 없어서 공연히 버리고 보시하면 이것은 보리의 바른 길이 아니라서 도리어 생사의 괴로운 윤회를 불러오고, 사구게를 받아 지녀서 다 지혜의 눈을 얻으면 이것은 참으로 보리의 바른 길이라 마땅히 열반의 참되고 떳떳함을 증득할 것이다. 유위有爲와

무위無爲가 우열이 분명하도다!

無智慧眼하야 空然捨施하면 此非菩提正路라 反招生死苦輪이요 受持
四句하야 皆得慧眼하면 此眞菩提正路라 當證涅槃眞常하리니 有爲無爲
ㅣ優劣이 皎然이로다

육조 세간에 중요한 것이 목숨보다 더한 것이 없으나 보살이
법을 위하여 한량없는 세월(無量劫) 동안 목숨을 버려 보시하여
일체 중생에게 나누어 준다면 그 복이 비록 많으나, 또한 이 경전의
사구게를 받아서 지니는 복만 같지 못하다. 긴 세월(多劫) 동안
몸을 버려서 보시하되 공空한 뜻을 통달하지 못하면 그릇된 마음을
제거하지 못하여 원래 중생이고, 한 생각으로 경전을 수지하여
아상과 인상이 문득 다 사라지면 그릇된 생각이 이미 제거되어
언하言下에 부처가 된다. 그러므로 긴 세월 동안 몸을 버림이 경전의
사구게를 지니는 복만 같지 못함을 알겠다.

世間重者ㅣ莫過於身命이어늘 菩薩이 爲法하야 於無量劫中에 捨施身
命하야 分與一切衆生하면 其福이 雖多나 亦不如受持此經四句之福이
니 多劫捨身호대 不了空義하면 妄心을 不除라 元是衆生이요 一念持經
하야 我人頓盡하면 妄想이 旣除라 言下成佛일새 故知多劫捨身이 不如
持經四句之福이라하시니라

야부 두 가지 색채가 한 개의 주사위[305]로다.

兩彩一賽로다

설의 우열이 분명한 것은 곧 없지 않으나 다 닦아 끊는 노력을 면하지 못한다. 만약 본분납승本分衲僧이라면 움직이고 고요함에 다 보시를 실천할 것이니 어찌 수고롭게 목숨을 버리며, 말하거나 고요함에 다 경전을 굴리거니 어찌 번거롭게 문자를 읽겠는가? 이러하면 경전을 지니고 보시를 실천하는 것을 일부러 겸비하려 하지 않아도 저절로 겸비하게 되도다!

優劣皎然은 卽不無나 然이나 皆未免修斷功熏이니 若是本分衲僧인댄 動靜에 皆行施어니 何勞捨身命이며 語默에 皆轉經이어니 何煩讀文字리요 伊麽則持經行施를 不故兼而自兼이로다

송 손에 잡은 활추滑槌[306]를 칼과 바꾸지 않으니
 잘 부리는 사람은 다 편리하네.
 안배安排를 쓰지 않고 본래 드러나 이루어져 있으니
 그 가운데 모름지기 영리하고 신령한 놈일세.
 라라리 리라라여!
 산꽃이 웃고 들새가 노래하도다!

---

305 주사위(賽): 마음의 비유.
306 활추滑槌: 미끄러운 망치. 살활 가운데 어느 하나.

이때 만약 뜻을 터득하면 가는 곳마다 살바하薩婆訶[307]하리.

伏手滑槌로 不換劍하니 善使之人은 皆總便이라

不用安排本現成하니 箇中에 須是英靈漢이라

囉囉哩哩囉囉어 山花笑하고 野鳥歌로다

此時에 如得意하면 隨處薩婆訶하리라

만약 본분인本分人[308]이라면 곧 일용이 곧 묘용妙用이니 어찌 모름지기 다시 닦고 끊는 방편을 빌리겠는가? 오늘 안배함을 쓰지 않더라도 묘용이 본래 저절로 드러나 이루어져 있으니 이것은 열등한 근기의 경계가 아니다. 모름지기 과량인過量人[309]이라야 비로소 옳다. 다만 과량인의 경계를 어떻게 말할까?

바다가 고요하고 강이 맑은데 풍월이 좋으니
사람 사람이 일제히 태평가를 부르도다!

어찌 유독 사람 사람만 이와 같겠는가?

산에서는 꽃이 웃어 천기天氣를 누설하고,
숲에는 새가 노래하여 남이 없는 법을 말하도다!
낱낱이 스스로 무궁한 뜻을 가지고 있으니

---

307 살바하薩婆訶: 일체가 다 성취되어 있는 것을 뜻한다.

308 본분인本分人: 본래성불의 인간.

309 과량인過量人: 한량限量을 지나가는 사람이라는 말로 뛰어난 사람이라는 뜻이다.

얻고 나서는 근원을 만나지 않는 곳이 없도다!

若是本分人인댄 卽日用이 便是妙用이니 何須更借修斷方便이리요 不用 今日安排하야도 妙用이 本自現成하니 此非劣機境界라 須是過量人이라 사 始得다 只如過量人境界를 作麼生道오

海晏河淸風月好하니 人人이 齊唱太平歌로다

何獨人人이 如是리요

花笑山前洩天機하고 鳥歌林外話無生이라
頭頭自有無窮意하니 得來無處不逢原이로다

종경 부처님께서 본래 한 글자도 세우지 않으시고 바로 사람의 마음을 가리키셨거늘 수보리가 무단히 특별히 이름 지을 것을 요청하여 억지로 가지와 마디를 만들었도다! 비록 항하사와 같이 목숨을 보시하더라도 모양을 구함이 없으며, 세계를 쪼개서 작은 티끌과 같더라도 법을 가히 말함이 없으니 또 말하라. 무엇을 받들어 가지는가? 돌咄!

금강 보검이 하늘에 기대어 차니
외도와 삿된 마군이 다 머리가 찢어지도다!

大覺尊이 本來不立一字하사 而直指人心이어시늘 須菩提ㅣ 無端特請 標名하사 而强生枝節이로다 縱使等河沙施身命이라도 無相可求며 析 世界如微塵이라도 無法可說[310]이니 且道하라 奉持介什麼오 咄

金剛寶劒이 倚天寒하니 外道邪魔ㅣ 俱腦裂이로다

설의 돌! 모름지기 밖을 향하여 부질없이 달려가 구하지 말아야 한다. 달려가 구하면 두 조각 만듦을 면하지 못할 것이다.

咄 不須向外謾馳求니 馳求未免作兩段하리라

송 이 안에는 원래 글자에 대한 설명[311] 본래 없으니
허공 가운데 누가 즐겨 억지로 이름 붙이는가?
등한等閑하게 금강의 눈을 점찍어 내어서
마왕의 팔만 성[312]을 비추어 깨뜨리도다!

箇裏에 本無元字脚하니 空中에 誰肯強安名가
等閑點出金剛眼하야 照破魔王八萬城이로다

이 일은 본래 주석이 없으니
누가 허공 가운데를 향하여 억지로 이름을 붙이는가?
모름지기 밖을 향하여 부질없이 달려가 구하지 말고
다만 금강의 눈을 점찍어 낼지어다.

---

310 이 부분이 언해본 『금강경삼가해』에는 다음과 같이 바뀌어 표현되어 있다.
"縱使析微塵如世界ᄒᆞ야도 無相可求며 施身命等河沙ᄒᆞ야도 無法可說이니."
311 원래 글자에 대한 설명(元字脚): 원자각元字脚에서 원자는 원래의 글, 근본의 말이라는 뜻이고 각은 여기에 대한 주각, 즉 주석이라는 말로 설명을 뜻한다.
312 마왕의 팔만 성(魔王八萬城): 우리 안에 있는 성이다.

등한하게 금강의 눈을 점찍어 내니

눈에 가득한 허공이 당연히 박살나서 떨어지도다!

허공이 이미 박살나 떨어지니

마왕의 궁전이 붙일 데가 없도다!

此事ㅣ 從來로 無註脚하니 誰向空中强安名이리요

不須向外謾馳求하고 只要點出金剛眼이어다

等閑點出金剛眼하니 滿目虛空이 當撲落이로다

虛空이 旣撲落하니 魔宮이 無所寄로다

요지　경문에서 "이 경전 이름을 무엇이라 해야 합니까? 이 경전을 어떻게 받들어 지녀야 합니까?"라는 수보리의 두 가지 질문에 부처님께서는 경전 이름을 '금강반야바라밀金剛般若波羅蜜'로 붙여주고 이 경전의 지니는 방법을 말씀해주었다. '반야바라밀'은 '반야바라밀'이 아니기 때문에 '반야바라밀'이라는 말씀을 하여 '반야바라밀'이라는 고정된 무엇이 있다는 실체적 사고를 철저히 경계함으로써 연기론의 입장에서 이 경전을 받들어 지닐 것을 가르치셨다. 여기에 더하여 여래가 말씀한 법이 있는가라는 질문을 수보리에게 하여 "말씀하신 것이 없습니다."라는 연기적 사고에 맞는 수보리의 대답을 듣는다. 이어서 부처님께서는 세계와 미진微塵, 32상相 등도 그것이 그것 아니기 때문에 그것이라는 같은 논법으로 모든 존재의 실체를 부정하고 연기의 법칙을 드러내 보이셨다. 그래서 결국 연기의 법칙을 담고 있는 이 경전의 핵심 어구인 사구게四句偈를 받아 지니고 남에게

알려주는 것이 항하恒河 모래 수만큼의 생명을 보시하는 것보다도
복이 더 많다고 강조했다.

여기에 대하여 육조스님은 중생의 잘못된 생각이 삼천대천세계의
먼지와 같이 많아서 해탈을 얻지 못한다는 부처님의 말씀을 인용하고,
만약 반야바라밀을 닦으면 진로塵勞가 바로 법성法性임을 통달한다고
했다. 망념이 없으므로 미진이 아니라 하고, 진망眞妄이 다 없으면
따로 법이 없으므로 이름이 미진이라고 했다. 또 모든 망념이 비었기
때문에 세계가 아니라 하고, 여래 법신을 증득하여 응용에 방소가
없어서 이름이 세계라고 설명했다. 그리고 32상을 32청정행으로
해석하면서 육바라밀과 무상無相, 무위無爲를 닦는 것을 청정행이라
정의했다. 그런 청정행을 닦지 않으면 성불하지 못하고 여래를 보지
못한다고 했다. 법을 위해서 귀한 목숨을 버려서 중생에게 주면 복이
많지만 그러나 공空의 뜻을 통달하지 못하면 망심妄心을 제거할 수
없어서 중생을 면치 못하지만, 이 경전을 받아 지녀 인아人我의 망상이
사라지면 바로 부처가 되기 때문에 복이 더 많다고 말했다.

여기에 야부스님은 수보리가 작은 질문으로 부처님의 큰 가르침을
만나게 됐다고 전제하고, 공空한 본래 그 자리는 불이 태울 수 없고
물이 빠뜨릴 수 없고 바람이 날릴 수 없고 칼이 끊을 수 없다고
하고, 부드럽기는 솜과 같고 단단하기는 철벽과 같아서 하늘과 인간이
고금에 알지 못한다고 형상화하여 표현하였다. 그리고 반야바라밀이
반야바라밀 아니라는 부처님의 말씀에 대하여 조금 어긋났다고 하고,
남이 없는 음악을 연출해내야 궁상宮商에 속하지 않는 새로운 율조가
되는데 지음知音이 이를 알면 이름만 아득하다고 했다. 그리고 말씀하

신 바가 없다고 한 것에 대하여 유무有無 양변兩邊의 목소리를 낮추라고 하고, 출입에 종적이 없는 데서 모습이 온전히 드러남을 보라고 했다. 미진과 세계를 말씀하신 것에 대해서는 남북과 동서, 하늘과 땅, 이곳과 서천, 배고프면 먹고 피곤하면 잠자는 것이라고 하여 있는 그대로의 드러난 현상을 가지고 내용 설명을 대신했다.

여기에 대해 종경스님은 부처님께서는 한 글자도 세우지 않고 사람 마음을 바로 가리키셨는데 수보리가 무단히 이름을 청하고 억지로 가지를 만들었다고 비판했다. "형상은 구할 것이 없고 법은 말할 것이 없는데 무엇을 받들어 지닐 것인가?"라고 반문하고 "금강 보검이 하늘을 의지하여 차니 외도와 삿된 마군이 다 머리가 찢어진다."고 시로 읊었다. 공空 가운데 이름을 무어라 붙일 수 없는 것처럼 여기에는 본래 설명이 없다고 하고, 금강의 눈으로 팔만 마왕의 성을 비추어 깨뜨린다고 다시 형상화했다.

함허스님은 지금까지의 내용을 총괄해 보이고 있다. 그는 경전의 시작에서 여기에 이르면 체제가 어느 정도 갖추어져서 수보리가 경전의 이름과 받들어 지니는 방법을 여쭈었다고 설명했다. 수보리는 이름과 받들어 지니는 방법만 물었는데 부처님께서 연기의 도리까지 말씀하셔서 밥상까지 내주신 것으로 보았다. 반야바라밀은 천 가지로 변하면서도 변하지 않는 속성을 지니고 있어 거기에는 사량분별思量分別을 허용하지 않는다고 했다. 반야가 반야가 아니라고 한 것은 연기를 말한 것이지만 한 선의 길이 막혀있다고 하여 존재의 일면만 말한 것임을 나타냈다. 달리 이것을 소리 없는 곡조에 견주어 남이 없는 곡조(無生曲)라 하기도 했다. 여래가 말한 것이 없다는 것에 대하여 이후 아난이 결집을 하여 수많은 경전이 만들어졌기 때문에 말이 '있다'거나 '없다'고 하는 것은 둘 다 틀렸다고 했다. 유무 양변의 목소리를 낮추라고 한 것이 그 때문이라고 보았다. 풀을 좋아하지도 않고 싫어하지도 않는다는 풀의 비유도 양변을 여의는 관점에서 설명했다. 그리고 세계와 미진도 말한 것이 없음을 밝히기 위해서 가져온 비유로 보았다. 즉 이치에는 본래 말이 없기 때문에 법을 보일 것이 없고, 부처는 본래 무심하기 때문에 선전할 말이 없다고 했다. 이를 두고 남북을 말한 야부의 송에 대하여 다시 티끌은 깨끗하고 오묘한 몸이고, 세계는 황금의 나라를 뜻하는 존재원리의 활의 차원을 말한 것으로 해석했다. 더 나아가 하늘과 땅 사이의 사람, 먹고 자는 것 등도 양변을 떠나 보편돼 있다고 하고, 더 나아가 매화꽃, 오동잎, 단비(甘雨)의 경우를 더 들어 하나가 일체에 해당한다고 하였다. 그리고 32상에 대하여 형상이 형상 아닌 것이 진리라 하고 유무를 다 세울 수 없다고 했다. 이 부분에 대한 야부의 적삼 비유에 더하여 도둑의 말 비유를 더 가지고 와서 의미를 간접적으로 드러냈다. 보시와 사구게를 수지하는 것을 두고 전자는 지혜가 없으면 괴로운 윤회를 초래하지만, 후자는 혜안을 열어서 열반을 증득한다고 하여 사구게 수지가 수승하다는 것을 강조했다. 그러나 본분 납승의 입장에서 보면 어묵동정語默動靜이 보시이고 경을 굴리는 것이기 때문에 보시와 경전의 수지는 저절로 겸비하게 된다고 했다. 이는 뛰어난 사람이 그렇다면서 "태평가를 부른다."는 시를 읊고, 유독 사람만이 아니라 하고서 "꽃과 새, 일체가 무궁하여 근원을 만나지 않는 것이 없다."는 내용의 시를 읊었다. 이 일에는 설명이 없다 하고 밖으로 추구하지 말고 금강의 눈을 낼 것을 주문하고, 그러면 허공이 무너지고 따라서 마군의 궁궐도 의지할 데가 없게 된다고 하였다.

형상을 떠난 적멸 제14

離相寂滅分 第十四

❧

그때 수보리가 이 경전 말씀하시는 것을 듣고 뜻을 깊이 이해하여 눈물을 흘리고 슬피 울며 부처님께 아뢰어 말씀드리되 "희유希有하신 세존이시여, 부처님께서 말씀하신 이와 같이 매우 심오한 경전은 제가 옛날 지혜의 눈을 얻은 때로부터 들은 적이 없습니다."

爾時에 須菩提ㅣ 聞說是經하사옵고 深解義趣하사 涕淚悲泣하사 而白佛言하사대 希有世尊하 佛說如是甚深經典은 我從昔來所得慧眼으로 未曾得聞如是之經호이다

설의 경전의 처음에는 상근기上根機가 깨달아 들어간 것을 썼기 때문에 슬픔과 기쁨을 움직이지 않고 바로 희유希有하다고 찬탄하시고, 여기서는 자취가 중근기中根機와 함께하여 깨달아 들어가는 것을 권도權道로 보여주는 까닭으로 슬픔과 기쁨을 모두 나타낸 뒤에 부처님을 희유하다고 찬탄했다.

354

經初는 以上根悟入故로 不動悲欣하야 直讚希有하시고 此는 迹同中容하
야 權示悟入故로 悲欣交集然後에 讚佛希有하시니라

야부 좋게 웃어야 하거늘 얼굴을 마주하여 숨겼도다!

好笑어늘 當面諱了로다

설의 기쁜 일이 앞에 나타나면 또한 좋게 웃어야 하거늘 눈물을
흘리며 슬피 우는 것은 다만 숨기고자 함이다. 또 깊이 부처님의
뜻을 깨달음에 차마 기쁘다고 이르지 못하여 안으로 기뻐하고 밖으로
슬퍼하였으니 우습도다!

喜事現前에 也好吐笑어늘 涕淚悲泣은 只要諱却이라 又深悟佛意에 忍
不云喜하사 內悅外悲하시니 所以堪笑로다

송 어릴 때부터 먼 곳에 익숙하여
　몇 번이나 형산을 돌고 소상강을 건넜던가?
　하루아침에 고향 길을 밟으니
　도중에 세월이 오래되었음을 비로소 알겠도다!

自少來來慣遠方하니 幾廻衡岳渡瀟湘고
一朝에 踏着家鄉路하니 始覺途中에 日月長이로다

작은 이익 때문에 부모를 버리고 도망가서 세상에 떠돌아 다녔으니

몇 번이나 아인상我人相의 산을 왕래했으며, 몇 번이나 은혜와 애욕의 강 가운데를 드나들었던가? 문득 좋은 친구[313]의 가리켜 보임을 만나 항상 즐거운 고향 집을 밟고 나서 비로소 옛날 생사의 길에서 백천의 한가한 세월을 헛되이 보냈음을 알았도다!

因小利養하야 捨父逃逝하야 流落天涯하니 幾度往返我人山下하며 幾度出沒恩愛河中이런고 忽逢良友의 指示하야 踏得常樂家鄉하니 始知昔年生死路에 虛送百千閑日月이로다

"세존이시여, 만약 다시 어떤 사람이 이 경전을 듣고 믿는 마음이 맑고 깨끗하면 곧 실상實相을 내고, 이 사람은 가장 드문 공덕을 성취한다는 것을 알아야 하니"

世尊하 若復有人이 得聞是經하고 信心淸淨하면 卽生實相하리니 當知是人은 成就第一希有功德이니

육조 자성이 어리석지 않음이 이름이 혜안慧眼이고, 법을 듣고 스스로 깨달음이 이름이 법안法眼이다. 수보리는 아라한으로 5백 제자 가운데 공空을 가장 잘 알며 이미 여러 부처님을 부지런히 모셨으니 어찌 이와 같은 깊은 가르침을 듣지 않고 지금 석가모니불께 처음 듣겠는가? 그러나 혹시 수보리가 지난 옛날에 들은 것은

---

313 좋은 친구(良友): 부처님.

성문聲聞의 혜안이어서 지금 비로소 이와 같은 깊은 경전을 듣고 마침내 부처님의 뜻을 깨달았으므로 옛날 깨닫지 못했던 것을 슬퍼한 까닭에 눈물을 흘리고 슬프게 울었던가? 경전을 듣고 자세히 아는 것을 청정淸淨하다고 이른다. 그 청정한 가운데서 반야바라밀법이 흘러나오니 모든 부처님의 공덕을 결정코 성취한 것임을 알아야 한다.

自性不癡ㅣ 名慧眼이요 聞法自悟ㅣ 名法眼이니 須菩提는 是阿羅漢이라 於五百弟子中에 解空第一이시며 已曾勤奉多佛이시니 豈不得聞如是深法하고 今於釋迦牟尼佛所에 始聞也리요 然이나 或是須菩提ㅣ 於往昔所得은 乃聲聞慧眼이라가 今始得聞如是深經하고 方悟佛意일새 悲昔未悟故로 涕淚悲泣가 聞經諦會를 謂之淸淨이니 從淸淨中하야 流出般若波羅蜜多深法이니 當知決定成就諸佛功德이라

"세존이시여, 실상實相이란 곧 형상이 아니므로 이런 까닭에 여래께서 '이름이 실상이다.'라고 말씀하셨습니다."

世尊하 是實相者는 卽是非相일새 是故로 如來ㅣ 說名實相이니이다

설의 경전에서 참되고 떳떳한 오묘한 몸을 드러내시니 경전을 듣고 믿음을 내면 오묘한 몸의 실상이 이 자리에 나타날 것이다. 그러므로 이르시기를 "믿는 마음이 청정하면 곧 실상을 얻는다."라고

하셨다. 이 실상은 보고 듣고 느끼고 아는 것으로 구할 수 없으며, 색과 향기와 맛과 감각으로 찾을 수 없다. 그러므로 이르기를 실상이란 곧 모양이 아니므로 이 때문에 여래께서 "이름이 실상이다."라고 말씀하셨다. 또 실상이란 모양이 있는 것도 아니고 모양이 없는 것도 아니며, 모양이 있는 것이 아닌 것도 아니며 모양이 없는 것이 아닌 것도 아니므로 이런 까닭에 여래께서 "이름이 실상이다."라고 말씀하셨다.

經顯眞常妙體하시니 聞經生信하면 妙體實相이 當處現前일새 故로 云信心淸淨하면 卽生實相이라하시고 此實相者는 不可以見聞覺知로 求며 不可以色香味觸으로 覓일새 故로 云是實相者는 卽是非相일새 是故로 如來ㅣ說名實相이라하시니라 又是實相者는 非有相非無相이며 非非有相非非無相일새 是故 如來ㅣ說名實相이라하시니라

육조 비록 청정한 행실을 닦더라도 만약 더러움과 깨끗함의 두 가지 모양이 情에 걸리게 되면 아울러 더러운 마음이라서 곧 청정한 마음이 아니다. 다만 마음에 얻은 것이 있으면 곧 실상이 아니다.

雖行淸淨行이나 若見垢淨二相當情하면 並是垢心이라 卽非淸淨心也니 但心有所得하면 卽非實相이니라

358

야부 산하대지山河大地를 어디에서 얻어왔는가?

山河大地를 甚處에 得來오

설의 만약 한결같이 모양이 아니라고 이른다면 지금의 산하대지山河大地는 뚜렷하게 이 모양인데 어디에서 얻어왔는가?

若謂一向非相인댄 卽今山河大地ㅣ 顯然是相이나 甚處에 得來오

송 멀리서 보니 산은 빛이 있고[314]
　가까이서 들으니 물은 소리가 없네.[315]
　봄은 가도 꽃은 아직 남아 있고
　사람이 와도 새는 놀라지 않네.
　낱낱이 다 드러났으니
　물물物物의 몸은 원래 평등하네.
　어찌 알지 못한다고 말하는가?
　다만 너무 분명하기 때문일세.

　遠觀山有色이요 近聽水無聲이라
　春去花猶在요 人來鳥不驚이라
　頭頭皆顯露하니 物物이 體元平이라
　如何言不會오 祇爲太分明일새니라

314 주객 분리의 상태.
315 주객 일치의 상태.

미혹하면 눈앞에 대상이 있으므로 그래서 도에서 멀고, 깨달으면
귓전에 소리가 없으므로 그래서 도에 가깝다. 그러므로 말하되 중생의
잘못된 견해를 사용하면 일체가 어지럽고, 여래의 여실如實한 견해를
사용하면 일체가 참되고 고요하다고 한다. 비록 빛과 소리가 없다고
말하지만 모양 모양이 항상 뚜렷하고, 비록 항상 뚜렷하다고 말하나
모양 모양을 얻을 수 없다. 그래서 말하되 모양도 없고 빈 것도 없고
비지 않은 것도 없으니 곧 이것이 여래의 진실한 모양이라 한다.
이 진실한 모양은 낱낱에 나타나고 물물에 분명하여 때와 장소에
분명하게 나타나지 않음이 없으니, 이미 낱낱에 나타나고 물물에
분명하다면 혜능은 무엇 때문에 불법을 알지 못했다고 말했는가?[316]

눈썹 아래 두 눈이 지극히 분명하니
돌이켜 눈동자를 봄에 어떤 모양인가?

迷之則目前에 有法일새 所以로 遠於道也요 悟之則耳畔에 無聲일새 所
以로 近於道也니 所以로 道호대 以衆生妄見則種種紛紜이요 以如來實
見則一切眞寂이라하니라 雖云無色聲이나 相相이 常宛然이요 雖云常宛
然이나 相相을 不可得이니 所以로 道호대 無相無空無不空하니 卽是如來
眞實相이라하니라 此眞實相은 頭頭上顯하고 物物上明하야 無時無處而
不明顯也니 旣頭頭上顯하고 物物上明인댄 老盧는 因甚하야 道不會佛
法고

316 오조 홍인스님이 700 대중을 두고 699명은 불법을 알았고 육조 혜능 한 사람은
   불법을 몰랐다고 했는데, 실제는 불법을 몰랐다고 한 그 한 사람이 불법을
   알았다. 이것은 표현을 다른 입장에서 한 것이다.

眉底兩眼이 極分明하니 反觀眸子作何樣고

"세존이시여, 제가 지금 이와 같은 경전을 듣고 믿고 이해하고 받아 지니는 것은 어렵지 않거니와."

世尊하 我今得聞如是經典하고 信解受持는 不足爲難이어니와

야부 만약 뒷말을 아니 하면 앞말이 또한 원만하기 어렵도다!

若不得後語하면 前話也難圓이로다

설의 만약 공생空生으로 하여금 다만 그 쉬운 것만 말하게 하고 그 어려운 것을 말하게 하지 않았다면 이야기가 원만하지 않았겠는데, 지금 어렵고 쉬운 것을 다 말하였으니 이야기가 원만하게 되었도다!

若使空生으로 但說其易하고 不言其難이면 話不得圓이니 如今에 難易를 俱說하니 話得爲圓이로다

송 어렵고 어려움이여!
　어렵기는 평지에서 푸른 하늘을 올라가는 것과 같고,
　쉽고 쉬움이여!
　쉽기는 옷을 입고 한 번 잠자고 깨는 것[317]과 같도다!

---

317 옷을 입고 한번 잠자고 깨는 것(和衣一覺睡): 현대 중국어에 화의수각和衣睡覺이

배를 운행하는 것이 다 배의 방향타를 잡은 사람에 달렸으니 누가 파도가 땅에서 일어난다고 말하겠는가?[318]

難難이여 難如平地上靑天이요 易易여 易似和衣一覺睡로다
行船이 盡在把梢人하니 誰道波濤從地起오

그 어려움을 말하자면 다섯 가지 눈[319]으로 볼 수 없으며 두 귀로 들을 수 없고, 그 쉬움을 말하자면 눈을 뜸에 문득 보며 귀를 기울임에 문득 듣는다. 입을 열면 낱낱이 설파하고, 발을 들면 걸음걸음 밟으니 평지에서 하늘에 오르는 것이 진실로 쉽지 않으나 옷을 입고 잠자고 깨는 것이 어찌 어렵겠는가? 보고 보라. 어렵고 쉬움이 다만 한 사람의 기틀 변화로다!

言其難也엔 五目으로 不能覩며 二耳로 不能聞이요 言其易也엔 開眼에 便見하며 側耳에 便聞이라 開口則頭頭說破하고 擧足則步步踏着이니 平地上天이 誠不易나 和衣覺睡ㅣ 豈爲難이리요 看看하라 難易ㅣ 只是 一人의 機變이로다

라는 말은 '옷을 입은 채로 잠을 자다'라는 뜻을 가지고 있는데, 여기서는 수각睡覺이 아니라 각수覺睡로 되어 있어서 옷을 입고 자다가 잠을 깬다는 의미로 해석했다.

318 파도가 땅에서 일어나는 것이 아니라 사람의 탓이라는 말이다.

319 다섯 가지 눈(五目): 육안肉眼, 천안天眼, 혜안慧眼, 법안法眼, 불안佛眼의 오안五眼.

· ※ ·

"만약 미래 오백세 뒤에 어떤 중생이 이 경전을 듣고 믿고 이해하여 받아 지니면 이 사람은 곧 가장 희유希有하니"

若當來世後五百歲에 其有眾生이 得聞是經하고 信解受持하면 是人은 即爲第一希有니

설의 경전에서 사람 사람이 본래 가지고 있음을 드러내시니, 이 본래 가지고 있는 이 한 수는 굳기가 철벽과 같고 부드럽기가 도라솜과 같도다! 부드럽기가 도라솜 같기 때문에 받아 지니기가 쉽고, 굳기가 철벽 같기 때문에 받아 지니기가 어려우니 공생이 왼쪽으로 두드리고 오른쪽으로 쳐서 그 가운데를 보여주었도다!

經顯人人本有하시니 此本有底一着子ㅣ硬如鐵壁이요 軟似兜羅로다 軟似兜羅故로 受持即易요 硬如鐵壁故로 受持即難하니 空生이 左扣右擊하사 以現其中이로다

야부 가고 머물고 앉고 눕는 것과 옷 입고 밥 먹는 데에 다시 무슨 일이 있겠는가?

行住坐臥와 著衣喫飯이 更有甚麼事리요

설의 부처님의 가르침은 다만 일용日用에 있어서 가고 머물고 앉고 눕는 곳과 옷 입고 밥 먹을 때와 일체 시, 일체 처에 낱낱이 드러나서

남김이 없다. 이미 그러하기가 이와 같다면 믿고 이해하고 받아 지니는데 무슨 어려움이 있으며, 비록 그렇게 믿고 알더라도 또한 무엇이 희유하겠는가?

佛法이 只在日用하야 行住坐臥處와 著衣喫飯時와 一切時一切處에 一一呈露靡遺하니 旣然如是인댄 信解受持ㅣ 何難之有며 雖然信解나 亦何希有리요

송 얼음은 뜨겁지 않고 불은 차지 않고
　　땅은 습濕하지 않고 물은 건조乾燥하지 않네.
　　금강역사金剛力士는 다리로 땅을 밟고
　　깃발 장대는 머리가 하늘을 가리키네.[320]
　　만약 사람이 믿음이 미치면
　　북두성을 남쪽을 향하여 보리라.

　　冰不熱火不寒이요 土不濕水不乾이라
　　金剛은 脚踏地하고 幡竿은 頭指天이라
　　若人이 信得及하면 北斗를 面南看하리라

얼음이 뜨겁지 않다는 데서부터 머리가 하늘을 가리킨다는 데까지는 평상平常하여 다 움직이지 않는 것이니 다만 평상의 도리를 어떻게 말하겠는가? 배를 운행함에 노를 들어야 하고, 달리는 말에 채찍을

---

320 이 몇 가지 사항은 있는 그대로, 즉 평상平常을 뜻한다.

더한다. 만약 굶주림을 만나면 밥을 먹고, 또한 피곤하면 곧 잠을
잔다. 그대가 지금 평상의 도를 알려고 하면 북두北斗와 남성南星이
자리가 다르지 않으니 다만 다르지 않은 도리를 또 어떻게 말할
것인가?

　비 오는 가운데 좋은 달을 보고

　불 속에서 깨끗한 샘물을 길으며

　바로 섰는데 머리가 땅에 드리워지고

　가로 누워 자는데 다리가 하늘을 가리키도다!

冰不熱로 至頭指天은 平常總不動着이니 只如平常底道理를 作麽生道
오 行船에 宜擧棹요 走馬에 卽加鞭이며 若遇飢來飯하고 還因困卽眠이라
君今欲識平常道인댄 北斗南星이 位不別이니 只如不別底道理를 且作
麽生道오

　雨中에 看好月이요 火裏에 汲淸泉이며

　直立頭垂地하고 橫眠脚指天이로다

"무슨 까닭입니까? 이 사람은 아상我相이 없으며, 인상人相이
없으며, 중생상衆生相이 없으며, 수자상壽者相이 없으니, 그
까닭이 무엇입니까? 아상은 곧 형상이 아니며, 인상·중생상·
수자상도 곧 형상이 아닙니다. 무슨 까닭입니까? 일체 형상을
떠난 것이 곧 이름이 모든 부처입니다."

何以故오 此人은 無我相하며 無人相하며 無衆生相하며 無壽者
相이니 所以者何오 我相이 卽是非相이며 人相衆生相壽者相
이 卽是非相이라 何以故오 離一切相이 卽名諸佛이니이다

설의 경전을 듣고 믿고 받아 지니는 것을 어찌하여 가장 희유하다고
이름하는가? 사상四相을 떠나서 초연하게 혼자 걷기 때문이다. 사상
을 멀리 떠나기가 어려운데 무엇으로 인하여 멀리 떠날 수 있는가?
지혜의 눈을 열어서 사상이 본래 비었음을 통달하기 때문이다. 형상이
본래 비었음을 통달하여 멀리 떠날 수 있음을 어찌하여 가장 희유하다
고 이름하는가? 일체 형상을 떠난 것이 곧 이름이 모든 부처이기
때문이다.

聞經信受를 何名第一希有오 以離四相하야 超然獨步故也요 四相遠離
ㅣ爲難이어늘 因甚却能遠離오 以開智慧眼하야 了四相本空故也라 了
相本空하야 而能遠離를 何名第一希有오 離一切相이 卽名諸佛故也라

육조 수보리가 깊이 부처님의 뜻을 깨달아서 자기의 견해를
보여드렸다. 업業이 다하고 때가 제거되어 지혜의 눈이 밝으면
믿고 이해하고 받아 지님은 곧 어려움이 없다. 세존께서 세상에서
설법을 하실 때에도 또한 한량없는 중생이 믿고 이해하여 받아
지닐 수 없었으니 하필 유독 미래 오백세만 말하겠는가? 부처님께
서 계실 때에는 비록 하근기下根機로서 믿지 않는 사람과 의심을
품은 사람이라도 곧 부처님께 가서 여쭈면 부처님께서 곧 그 경우에

따라 말씀하셔서 깨달음에 계합하지 않음이 없었다. 부처님께서 돌아가신 뒤 미래 오백세에 점차 말법末法시대에 이르러 성인聖人과 거리가 멀어져서 다만 말로 된 가르침만 있으니, 사람이 의심이 있어도 물어 결단할 곳이 없어서 어리석음과 미혹으로 집착을 가지고 남이 없음(無生)을 깨닫지 못하고 형상에 집착하여 달려가 구하여 모든 유有[321]에 윤회할 것이다. 이런 때에 심오한 경전을 듣고 청정한 마음으로 공경하고 믿어서 남이 없는 이치를 깨닫는 사람은 매우 희유稀有하므로 가장 희유하다고 말했다. 여래께서 돌아가신 뒤 미래 오백세에 만약 어떤 사람이 능히 반야바라밀의 매우 심오한 경전을 믿고 이해하고 받아 지니면 곧 이 사람은 아상, 인상, 중생상, 수자상이 없다는 것을 알라. 이 사상이 없으면 이것이 이름이 실상實相이고 곧 이것이 부처님 마음이다. 그러므로 이르시되 일체의 모양을 떠난 것이 곧 이름이 부처이다.

須菩提ㅣ 深悟佛意하사 呈自見處하시니 業盡垢除하야 慧眼이 明徹하면 信解受持는 卽無難也라 世尊在世說法之時에도 亦有無量衆生이 不能信解受持하니 何必獨言後五百歲리요 盖佛在之日에는 雖有下根不信과 及懷疑者라도 卽往問佛하면 佛이 卽隨宜爲說하사 無不契悟어니와 佛滅度後後五百歲에 漸至末法하야 去聖遙遠하야 但存言敎하니 若人이 有疑면 無處諮決하야 愚迷抱執하야 不悟無生하고 着相馳求하

---

321 모든 유(諸有): 중생의 과보果報에 인因도 있고 과果도 있기 때문에 유有라고 한다. 이 유에는 삼유三有, 사유四有, 칠유七有, 구유九有, 이십오유二十五有 등의 구별이 있고 이를 총체적으로 제유諸有라고 한다.

야 輪廻諸有하리니 於此時中에 得聞深經하고 淸心敬信하야 悟無生理
者는 甚爲希有일새 故로 言第一希有也라 於如來滅後後五百歲에 若有
人이 能於般若波羅蜜甚深經典에 信解受持하면 卽知此人은 無我人衆
生壽者相이니 無此四相하면 是名實相이라 卽是佛心일새 故로 云하사대
離一切諸相이 卽名諸佛也라하시니라

야부 마음으로 사람을 등지지 않으면
얼굴에 부끄러운 빛이 없도다![322]

心不負人하면 面無慚色이로다

설의 부처님께 세 몸이 있으시니 법신法身인가, 보신報身인가, 화신
化身인가? 저 비로자나불 계시는 곳을 보라. 셋도 아니고 하나도
아니로되[323] 셋이면서 하나이시다.[324] 만약 문수文殊로 하여금 도중에
오지 못하게 하고, 보현普賢으로 하여금 청산을 망각하게 했다면
일찍 이미 비로자나불을 배반했을 것이다. 비로자나불을 배반하면
마음에 계면쩍음이 있어 얼굴에 부끄러운 기색이 있겠거니와 지금은
그렇지 않아서 한산寒山이 올 때의 길을 잊고, 습득拾得이 서로 거느려
손을 잡고 돌아오니, 그러므로 마음에 계면쩍음이 없어 얼굴에 부끄러
운 기색이 없도다!

---

322 본질 자리를 본 사람은 항상 당당하고 평화롭다.

323 살殺.

324 활活.

佛有三身하시니 是法身也아 報身也아 化身也아 看彼毘盧老漢의 住處하라 非三非一이로대 而三而一하시니 若使文殊로 不來途中하고 普賢으로 忘却靑山하면 早已辜負毘盧老漢이라 辜負毘盧則心有歉然하야 面有慚色이어니와 如今不然하야 寒山이 忘却來時路하고 拾得이 相將携手歸하니 所以로 心無歉然하야 面無慚色이로다

송 오래된 대나무에서 새 죽순(筍)이 나고,

새로운 꽃이 오래된 가지에서 자라도다!

비는 길 가는 손님을 재촉하고,

바람은 돛단배를 보내서 돌아가도다!

대나무 빽빽해도 흐르는 물 지남에 방해 되지 않고,

산이 높지만 어찌 흰 구름 날아가는 데 장애 되리요?

舊竹에 生新筍하고 新花ㅣ長舊枝로다

雨催行客路요 風送片帆歸로다

竹密에 不妨流水過요 山高에 豈碍白雲飛리요

본각本覺과 시각始覺이 함께 이루어져 아버지와 아들이 업을 같이 한다. 이미 그렇게 업이 같다면 집안일[325]을 연연해하지 말고 좋게 도중途中의 나그네[326]가 되며, 또한 도중을 연연해하지 말고 도리어 집을 향하여 돌아갈지어다. 비록 그러하기가 이와 같으나 도중 일이

---

325 집안일(家裏事): 무심無心.

326 도중의 나그네(途中客): 평상심平常心.

집안일을 장애하지 않으며, 집안일이 도중 일을 장애하지 않으니
보고 보라. 문수와 보현이 왼쪽으로 돌고 오른쪽으로 도니 비로자나불
은 얼굴 가득 봄바람에 웃도다!

本始雙成하야 父子同業이라 旣然同業인댄 莫戀家裏事하고 好作途中客
하며 亦莫戀途中하고 却向家裏歸어다 雖然如是나 途中이 不碍家裏事하
며 家裏ㅣ不碍途中事하니 看看하라 文殊普賢이 左旋右轉하니 毘盧滿
面笑春風이로다

부처님께서 수보리에게 말씀하시되 "이와 같고 이와 같도다!"

佛이 告須菩提하사대 如是如是하다

육조 부처님께서 수보리가 이해한 것이 당신 마음에 잘 계합한
것을 인가한 까닭에 이와 같다고 거듭 말씀하셨다.

佛이 印可須菩提所解ㅣ善契我心故로 重言如是也라

"다시 어떤 사람이 이 경전을 듣고 놀라지 않고 두려워하지
않고 겁내지 않으면, 이런 사람은 매우 희유하다는 것을 알아야
하니"

若復有人이 得聞是經하고 不驚不怖不畏하면 當知是人은 甚

爲希有니

설의 공생의 희유하다는 말이 이치에 묘하게 일치한 까닭으로 이와 같고 이와 같다고 칭찬하셨다. 중생이 마음[327]을 어기고 배반한 것이 그 유래가 오래되었다. 부처님께서 열어 보이심을 듣고 많이 놀라고 두려워했으니 진실로 놀라고 두려워하지 않는다면 매우 희유함이 된다. 비유하자면 빈궁한 아들이 비틀거리며 외로이 나가 다녀서 날이 이미 오래 되었다가 부왕父王을 만나 뵘이 실로 천행天幸이다. 그러나 그 아버지는 집이 높은데 빈궁한 아들은 의지가 낮고 열등하므로 보고나서 놀라고 두려워 떠나는 것을 면하지 못한다. 보고나서도 놀라고 두려워하여 떠나가지 않는 사람은 매우 희유함이 되도다!

空生希有之說이 妙契於理故로 讚言如是如是하시니 衆生이 違背覺王이 其來久矣라 聞佛開示하고 多生驚怖하나니 苟不驚怖하면 甚爲希有라 比之窮子ㅣ 跉跰孤露하야 爲日已久라 得見父王이 實爲天幸이나 然이나 其父는 門庭이 高峻하고 窮子는 志意ㅣ 下劣일새 見已에 未免驚怖去在니 見已에 不驚怖者는 甚爲希有로다

육조 성문聲聞은 오랫동안 법의 모양에 집착하여, 있음에 집착하는 것을 앎으로 여긴다. 모든 법이 본래 비어서 일체의 문자가 다 임시로 세워진 것임을 통달하지 못하므로 심오深奧한 경전에

---

327 마음(覺王): 각왕覺王은 부처님을 뜻하나 여기서는 우리 마음.

모든 형상이 나지 않으면 언하言下에 곧 부처라는 말을 갑자기 듣고는 놀라고 두려워한다. 이 상근上根의 보살은 이 이치를 듣고 기쁘게 받아 지녀서 마음에 두려움과 겁으로 물러남이 없으니 이와 같은 무리는 매우 희유함이 된다.

聲聞은 久着法相하야 執有爲解하며 不了諸法本空하야 一切文字ㅣ皆是假立일새 忽聞深經에 諸相不生하면 言下卽佛하고 所以驚怖어니와 唯是上根菩薩은 得聞此理하고 歡喜受持하야 心無怖畏退轉이니 如此之流ㅣ甚爲希有也라

야부 다만 이것은 자기 집이다.

祗是自家底니라

설의 놀람과 두려움을 내지 않는 것을 희유하다고 말하니 옳기는 옳으나, 부자父子는 본래 동기同氣며 또한 같은 집이니 어찌 놀라고 두려워하며, 비록 놀라고 두려워하지 않으나 또한 어찌 희유한 것이 되겠는가?

不生驚怖를 說爲希有하니 是則是矣나 而父子ㅣ本自同氣며 亦自同家니 何曾驚怖며 雖不驚怖나 亦何希有리요

송 터럭이 큰 바닷물을 삼키고
　　겨자씨에 수미를 받아들이도다!

푸른 하늘에 달빛이 가득하니
맑은 빛이 육합六合³²⁸에 빛나도다!
고향 땅을 밟아 안온安穩하니
다시는 남북과 동서가 없도다!

毛吞巨海水요 芥子에 納須彌로다
碧漢에 一輪滿하니 淸光이 六合輝로다
踏得故鄉田地穩하니 更無南北與東西로다

티끌 같은 털과 겨자는 물건 가운데 가장 작은 것이고, 큰 바다와 수미산은 물건 가운데 가장 큰 것이다. 가장 작은 것으로 가장 큰 것을 포섭包攝하니 알음알이로는 알 수 있는 것이 아니다. 그러나 지혜로 비추면 티끌 같은 털과 겨자가 작은 적이 없었으며 큰 바다와 수미가 큰 적이 없었다. 큰 바다를 털끝에 수용하고 수미를 겨자에 들임이 우리들 일상의 일이고 다른 기술을 빌린 것이 아니다. 무엇 때문에 이와 같은가? 성품의 하늘과 깨달음의 달³²⁹이 비기(虛)가 철저하고 신령하게 밝아서 빛이 육합에 솟아나고 광명이 만상을 덮어 넓고 좁으며, 크고 작은 것이 하나도 그 빛을 수용하지 않은 것이 없다. 이런 경계를 밟으며 이런 소식을 듣고는 다시 무엇이 동이고 서이며 남이고 북이라 말하겠는가? 남북동서가 다 나의 변화라, 일체가 나로 말미암아서 모두 방해될 것이 없다. 이러하다면

328 육합六合: 동서남북에 상하를 더한 것으로 온 세계 우주를 뜻한다.
329 성품의 하늘은 이理, 깨달음의 달은 지智이다.

건립도 또한 나에게 달려있고, 쓸어버림도 또한 나에게 달려있도다!

塵毛芥子는 物之最微者也요 巨海須彌는 物之最大者也라 以最微로 攝
最大하니 非情識之所到라 然이나 智以照之則塵毛芥子ㅣ不曾小며 巨
海須彌ㅣ不曾大하야 容巨海於毛端하고 納須彌於芥子ㅣ是吾輩之常
分이라 非假於他術이니 因甚如此오 性天覺月이 虛徹靈明하야 輝騰六
合하고 光被萬像하야 洪纖巨細ㅣ無一不容其光焉이니 踏得這般境界
하며 見得這般消息하야는 更說甚麼是東是西와 是南是北이리요 南北東
西ㅣ皆吾化라 一切由我總無妨이니 恁麼則建立도 亦在我며 掃蕩도 亦
在我로다

"무슨 까닭인가? 수보리여, 여래가 말한 제일바라밀이 제일바
라밀이 아니라 이름이 제일바라밀이다."

何以故오 須菩提야 如來ㅣ說第一波羅蜜이 非第一波羅蜜일
새 是名第一波羅蜜이니라

설의 경전을 듣고 두려워하지 않는 것을 무엇 때문에 매우 희유하다
고 말하는가? 이 법은 물物이 더불어 같은 것이 없으되 능히 물과
더불어 같아서 깊이 현묘하고 오묘하여 인정人情에 가깝지 않으니,
듣는 사람이 놀라움과 두려움을 많이 내어서 믿고 이해하는 것이
진실로 어렵다. 지금 맑은 믿음[330]을 낼 수 있어서 놀라움과 두려움을
내지 않으니 그래서 희유하도다!

374

聞經不怖를 因甚道甚爲希有오 此法이 物無與等이로다 而能與物爲等
하야 深玄幽奧하야 不近人情하니 聞者ㅣ 多生驚怖하야 信解者ㅣ 誠難이
라 如今에 能生淨信하야 不生驚怖일새 所以希有로다

육조 입으로 말하고 마음으로 실행하지 않으면 잘못이고 입으로
말하고 마음으로 실행하면 옳으며, 마음에 주관과 객관이 있으면
잘못이고 마음에 주관과 객관이 없으면 옳다.

口說心不行하면 卽非요 口說心行하면 卽是며 心有能所하면 卽非요
心無能所하면 卽是라

야부 팔자八字를 쳐 열어서[331] 두 손으로 분부하셨도다!

八字打開하사 兩手分付샷다

설의 제일바라밀이여! 다시 향상向上이 없고, 제일바라밀이 아님이
여! 향하向下와 다르지 않다. 이 이름이 제일바라밀이여! 이것이
향상인가 향하인가? 향상과 향하 모두를 말씀해 보이셔서 두 손으로
분부하셨도다!

第一波羅蜜이여 更無向上이요 非第一波羅蜜이여 不異向下니 是名第

---

330 맑은 믿음(淨信): 일체가 실체 없음을 믿는 것으로 '모양을 떠난 발심(離相發心)'이
라고 할 수 있다.
331 문을 연다는 말이다.

一波羅蜜이여 是向上耶아 向下耶아 向上向下를 都說示하사 兩手로 分付了也로다

송 이 이름이 제일바라밀이여!
천차만별이 이로부터 나왔네.
귀신의 얼굴과 신령의 머리가 대면해 오니
이때 서로 알지 못한다고 말하지 말라.

是名第一波羅蜜이여 萬別千差ㅣ 從此出이라
鬼面神頭ㅣ 對面來하니 此時에 莫道不相識하라

제일바라밀이여! 차별이 이로부터 나왔다.
으슥하고 그윽하게 깊어 헤아리기 매우 어려우나
낱낱이 항상 드러나 있음을 어찌하겠는가?
항상 드러남이여! 따로 진리가 없으니
이때에 서로 알지 못한다고 말하지 말라.

第一波羅蜜이여 差別이 所從出이라
宵然幽奧深難測하나 爭奈頭頭常現露리요
常現露여 別無眞하니 此時에 莫道不相識하라

"수보리여, 여래가 말씀하시는 인욕바라밀忍辱波羅蜜이 인욕바라밀이 아니라[332] 이 이름이 인욕바라밀이라 하시니 무슨 까닭인

376

가? 수보리여, 내가 옛날 가리왕에게 신체가 베이고 끊김에 나는 그때 아상我相이 없고, 인상人相이 없고, 중생상衆生相이 없고, 수자상壽者相이 없었다. 무슨 까닭인가? 내가 옛날 마디마디 사지四肢를 해체解體당할 때에 만약 아상, 인상, 중생상, 수자상이 있었다면 응당 분노와 원한을 냈을 것이다."

須菩提야 如來ㅣ 說忍辱波羅蜜이 非忍辱波羅蜜이라 是名忍辱波羅蜜이니 何以故오 須菩提야 如我昔爲歌利王의 割截身體하야 我於爾時에 無我相하며 無人相하며 無衆生相하며 無壽者相호라 何以故오 我於往昔節節支解時에 若有我相人相衆生相壽者相하면 應生瞋恨일러니라

설의 위에서 믿고 이해함을 칭찬하셔서 하여금 발심發心을 하게 해 마치시고, 장차 보살의 모양을 떠난 발심을 권장하려고 하여, 먼저 자기가 보살도를 실행할 때 어려움을 만나 편안히 참던, 모양을 떠난 발심의 자취를 예거例擧하셨다. 인욕바라밀이란 어려움을 만나 편안히 참아서 저 언덕에 이르기를 추구하는 것이고, 인욕바라밀이 아니라는 것은 욕되는 경계가 본래 비었고 참는 마음이 본래 고요하여 저 언덕에 이를 것이 없다는 것이다. 어찌하여 이와 같은가? 내가 옛날 가리왕에게 베이고 끊기는 것과 같아서 욕된 경계가 감정에

332 『금강경삼가해』 언해본에 나타난 표현을 따라 경문을 수정하고 그에 따라 해석하였다.

걸리는 것을 보지 않으며, 또한 몸과 마음이 그의 해침 받음을 보지 않아서 처음부터 아상과 인상이 없었다. 오히려 욕된 경계와 몸과 마음도 있는 것을 보지 않았는데 어찌 다시 도달할 저 언덕이 있는 것을 보겠는가? 어찌하여 아상이 없음을 아는가? 내가 저때에 만약 아상이 있었다면 성내고 원망을 했을 것인데, 이미 성을 내지 않았으므로 아상이 없음을 알았다.

上讚信解하사 令發心竟하시고 將勸菩薩의 離相發心호려하사 先擧自己의 行菩薩道時에 逢難安忍하든 離相之迹하시니 忍辱波羅蜜者는 逢難安忍하야 求到彼岸也요 非忍辱波羅蜜者는 辱境이 本空하고 忍心이 本寂하야 無彼岸可到也라 爲甚如此오 如我昔爲歌利의 割截하야 不見有辱境當情하며 亦不見有身心이 當彼所害하야 初無我人之相하니 尙不見有辱境身心이어니 何更見有彼岸可到也리요 因甚知無我相고 我於彼時에 若有我相이면 應生瞋恨이니 旣不生瞋일새 故知無相也라

육조 욕된 경계가 감정에 걸림을 보면 곧 그르고, 욕된 경계가 감정에 걸림을 보지 않으면 곧 옳다. 몸의 모양이 저 사람에게 상해傷害 당하는 것이 있음을 보면 곧 그르고, 몸의 모양이 저 사람에게 상해 당하는 것이 있음을 보지 않으면 곧 옳다. 여래께서 인행因行 중에 초지보살初地菩薩일 때에 일찍이 인욕선인忍辱仙人이 되어서 가리왕에게 신체를 베이고 끊기면서 한 생각도 아프고 괴로워하는 마음이 없었다. 만약 아프고 괴로워하는 마음이 있었다면 곧 성내고 원망했을 것이다. 가리왕歌利王은 범어인데 이는

극악무도한 임금을 이른다. 일설에 여래께서 인행 중에 일찍 국왕이 되어서 열 가지 선행을 하여 창생을 이익되게 하므로 나라 사람이 이 임금을 노래로 칭송하였기 때문에 가리왕이라 일렀다. 왕이 위없는 보리를 추구하여 욕됨을 참는 행실을 닦았더니 그때에 제석천이 전다라旃陀羅가 되어 왕의 신체 살을 구걸하니 왕이 즉시 베어주고 성내고 괴로워하지 않았다고 했다. 이제 두 가지 학설을 남겨두니 이치에 다 통한다.

見有辱境當情하면 卽非요 不見辱境當情하면 卽是며 見有身相이 當彼所害하면 卽非요 不見有身相이 當彼所害하면 卽是라 如來ㅣ 因中在初地時에 曾爲忍辱仙人하사 被歌利王에 割截身體하야 無一念痛惱之心하시니 若有痛惱之心이면 卽生瞋恨이시리라 歌利王은 是梵語어든 此云無道極惡君也라 一說에 如來ㅣ 因中에 曾爲國王하야 嘗行十善하야 利益蒼生일새 國人이 歌稱此王故로 云歌利라 王이 求無上菩提하야 修忍辱行이러시니 爾時에 天帝釋이 化作旃陀羅하야 乞王身肉이어늘 王이 卽割施하야 殊無瞋惱라하니 今存二說하노니 於理에 俱通이라

야부 지혜로운 사람은 어리석은 사람을 꾸짖지 않는다.

智不責愚니라

설의 선인仙人이 어려움을 만나 움직이지 않으시거늘, 가리歌利는 선인이 공을 증득한 줄 몰랐으니 어리석음과 지혜로움이 분명하다. 어려움을 만나 움직이지 않음이 어리석은 사람을 꾸짖지 않는 것이다.

仙人이 逢難不動이어시늘 歌利ㅣ 昧仙證空하니 愚智ㅣ 皎然이라 逢難不動이 是不責愚니라

송 칼로 물을 끊는 것 같고,

　 불로 빛을 부는 것 같네.

　 밝음이 오면 어둠이 사라지니

　 저 일이 방해됨이 없도다!

　 가리왕, 가리왕이여!

　 멀리 뿌연 파도에

　 좋은 생각이 따로 있다는 것을 누가 알리?

　 如刀斷水요 似火吹光이라

　 明來暗去에 那事ㅣ 無妨이로다

　 歌利王歌利王이여

　 誰知遠煙浪에 別有好商量이리요

신령한 근원이 맑고 고요하여 흔들어도 움직일 수 없으며, 신령한 불꽃이 환하게 빛나서 불어도 끌 수가 없다. 저 팔풍八風이 서로 달리는 것에 맡겨서 내면의 지혜가 맑게 항상 엉겨있으니, 가리가 어리석어서 어찌 어려움을 만난 가운데 한없이 좋은 소식이 갖추어져 있음을 알았겠는가?

靈源이 湛寂하야 攪之不可動이며 靈焰이 烜赫하야 吹之不可滅이라 任他八風交馳하야 內智ㅣ 湛爾常凝하니 歌利之愚ㅣ 焉知逢難之中에 具無

380

限好息也리요

🌸

"수보리여, 또 생각하건대 과거 오백세에 인욕선인忍辱仙人이
되어 그곳 세상에서 아상이 없고, 인상이 없고, 중생상이 없고,
수자상이 없었다."

須菩提야 又念過去於五百世에 作忍辱仙人하야 於爾所世에
無我相하며 無人相하며 無衆生相하며 無壽者相호라

설의 다만 한평생에 편안히 참고 모양이 없었을 뿐만 아니라 오백생
가운데 빈번하게 이런 고통을 만났어도 다 모양이 없었다.[333]

非但一生에 安忍無相이라 五百生中에 頻遭此苦하야도 悉皆無相이라

육조 세世는 생生이니, 여래께서 인행因行 중 오백생에 인욕바라
밀을 수행하셔서 사상四相이 나지 않으셨다. 여래께서 스스로 지난
인행을 서술하신 것은 일체 수행인으로 하여금 인욕바라밀을 성취
하게 하고자 하신 것이다. 인욕바라밀을 실행하는 사람이 이미
인욕의 행동을 실천한다면 먼저 모름지기 일체 사람의 허물과
나쁜 것을 보지 않아서 원수와 친한 이가 평등하며, 옳은 것도
없고 그른 것도 없어서 저 사람에게 때리고 꾸짖고 죽이고 상해함을

---

333 한 번 깨달으면 영원히 어두워지지(昧) 않는다.

입더라도 그것을 기쁘게 받아서 공경을 두 배로 더하니, 이와 같은 행실을 실천하는 사람은 곧 능히 인욕바라밀을 성취할 수 있다.

世者는 生也니 如來ㅣ 因中에 於五百生에 修行忍辱波羅蜜하사 以得四相不生하시니 如來ㅣ 自述往因者는 欲令一切修行人으로 成就忍辱波羅蜜이시니 行忍辱波羅蜜人이 旣行忍辱行인댄 先須不見一切人過惡하야 冤親平等하며 無是無非하야 被他에 打罵殘害하야도 歡喜受之하야 倍加恭敬이니 行如是行者는 卽能成就忍辱波羅蜜이니라

야부 눈앞에 법[334]이 없으니 버들이 푸르고 꽃이 붉은 것에 맡겨두고, 귓전에 들리는 것이 없으니 앵무새 읊조리고 제비가 말하는 데 일임一任하도다!

目前에 無法하니 從敎柳綠花紅이요 耳畔에 無聞하니 一任鶯吟燕語로다

설의 법성法性이 비었음을 깊이 통달하여 바르고 끊어냄의 두 가지에 무심하다. 법성이 비었음을 통달하면 육근六根과 육진六塵이 장애함이 없고, 무심을 터득攄得하면 일마다 방해가 없다. 그래서 말하되 지혜가 밝으면 낱낱이 밝고, 마음이 한가하면 일마다 한가하다고 한다.

深達法性空하야 塗割에 兩無心하니 達性空則根塵이 無碍요 得無心則

---

334 법(法): 양극단兩極端.

事事 | 無妨이라 所以로 道호대 智明頭頭明이요 心閑事事閑이라 하니라

송 사대四大가 원래 무아無我이고

오온五蘊이 다 비었네.

훤하게 비어서 없는 이치理致여!

하늘과 땅이 만고에 같도다!

묘봉妙峰이 높고 높아 항상 같으니

누가 이름을 뒤집어서 땅을 싸걷는 가풍을 맡겠는가?

四大 | 元無我요 五蘊이 悉皆空이라

廓落虛無理여 乾坤이 萬古同이라

妙峰이 巍巍常如故하니 誰管顚號括地風이리요

사대 오온이 거울의 그림자와 같아서

비고 비어 나도 없고 또 남도 없도다!

나도 없고 남도 없는 성품이 항상 머무니

땅이 같고 하늘이 같아 예부터 지금까지 이르렀네.

예부터 지금까지 이름이여! 변해 달라진 것이 없으니

팔풍八風이 와서 치성熾盛함에 맡기도다!

四大五蘊이 同鏡像하야 空空無我亦無人이로다

無我無人性常住하니 同地同天古到今이라

古到今이여 無變異하니 從敎八風來彭彭이로다

"이런 까닭으로 수보리여, 보살은 일체 형상을 떠나서 아뇩다라
삼먁삼보리의 마음을 내야 하니"

是故로 須菩提야 菩薩이 應離一切相하고 發阿耨多羅三藐三
菩提心이니

설의 이미 자기 마음이 부처님과 다름이 없음을 깨달았으면 다시는
티끌 티끌에 집착하지 않고 생각 생각에 남이 없어야 이것이 참된
발심이며, 이름이 참된 보살이다. 이로 말미암아 무릇 발심을 한
사람은 형상을 떠나야 한다. 이것은 형상을 떠난 발심을 바로 권한
것이다. 또 형상을 떠난 발심이란 시비是非와 인아人我가 모두 허망하
여 다 멀리 떠나고 다만 위없는 보리의 마음만을 내는 것이다. 그러나
이른바 형상을 떠난다는 것은 형상이 허망함을 통달하여 주관과
객관이 나지 않음이 이름이 떠남(離)이 되고, 따로 떠나야 할 형상이
있는 것은 아니다.

既悟自心이 與佛無殊인댄 更能塵塵無着하고 念念無生하야사 是眞發心
이며 名眞菩薩이니 由是로 凡有發心者는 要應離相也라 此는 正勸離相
發心也요 又離相發心者는 是非人我ㅣ 俱是虛妄이라 悉應遠離니 但發
無上菩提之心也라 然이나 所謂離相은 但了相虛妄하야 能所不生이 卽
名爲離요 非別有相爲可離也라

야부 이것은 이 용用에 나아가 있는가,[335] 이 용用을 떠나 있는가?

是ㅣ 卽此用가 離此用가

설의 이미 형상을 떠난 발심이라 말했다면 마음과 형상이 서로 거리가 얼마인가? 깊고 비고 묘하고 순수하며, 넓고 크고 신령하고 밝아서 모든 환상과 거짓됨을 떠난 것을 이름하여 마음이라 하고, 일용의 시비인아是非人我와 앞에 나타난 빛과 향기와 맛과 촉감이 다 허망한 것을 이름하여 형상이라 한다. 그러나 형상은 밖에서 온 것이 아니라 온전히 마음이 일으켜 쓰는 데서 온다. 이러하다면 이 마음이 이 용用에 나아가 있는가? 이 용을 떠나 있는가? 만약 이 용에 나아가 있다고 말하면 형상을 끊고 이름 떠난 것을 어찌하며, 만약 이 용을 떠나 있다고 말한다면 모든 형상을 막지 않는 것을 어찌할 것인가? 필경에 어떻게 말할 것인가? 만약 사람이 마음을 알면 대지[336]에 한 마디의 땅도 없을 것이다. 그래서 말씀하시되 한 털 끝에서 보현의 세계를 나타내고, 작은 티끌 속에 앉아서 큰 법의 수레바퀴를 굴린다고 하셨다.

旣云離相發心인댄 心與相이 相去ㅣ 多少오 沖虛妙粹하고 廣大靈明하야 離諸幻妄을 名之爲心이요 日用是非人我와 現前色香味觸이 俱是虛妄을 皆名爲相이니 然이나 相非外來라 全是自心의 起用이니 伊麼則此

心이 卽此用가 離此用가 若道卽此用인댄 爭奈絶相離名이며 若道離此
用인댄 爭奈不碍諸相이리요 畢竟作麽生道오 若人이 識得心하면 大地無
寸土하리니 所以로 道하사대 於一毛端에 現寶王刹하고 坐微塵裏하야
轉大法輪이라하시니라

송 얻는 것은 마음에 있고,
  응하는 것은 손에 있네.
  눈과 달과 바람과 꽃이고,
  하늘과 땅은 장구長久하네.
  아침마다 닭은 오경을 향하여 울고
  봄이 오면 곳곳에 산꽃이 피네!

  得之在心이요 應之在手라
  雪月風花요 天長地久라
  朝朝鷄向五更啼하고 春來處處山花秀로다

그 뜻을 잃으면 일용을 떠나버려서 따로 생애를 추구하고, 그 근원을
얻으면 기틀과 경계 위에서 잡아 곧 사용한다. 이러하다면 낱낱이
깨끗하고 오묘한 국토이고 물건 물건이 항상 머무는 진신眞身이다.
일체의 소리가 부처의 소리이고 일체의 빛이 부처의 빛이니, 닿는
곳이 천진天眞이니 시비[337]의 분간이 없다. 닭은 새벽을 향하여 울고,

---

[337] 시비(雌黃):시문詩文을 첨삭할 때 비소砒素와 유황硫黃의 화합물인 유황을 사용
  하여 자구字句를 첨삭한다는 말인데, 여기서는 시비是非라는 뜻이다.

곳곳에 산꽃이 피니 어찌 시비를 할 수 있겠는가?

失其旨也엔 離却日用하고 別求生涯요 得其源也엔 機境上에 把得便用
이니 伊麼則頭頭ㅣ 淨妙國土요 物物이 常住眞身이라 一切聲이 是佛聲
이요 一切色이 是佛色이니 觸處天眞하야 雌黃無分이라 鷄向五更啼하고
處處山花秀하니 可得雌黃麼아

"형상(色)에 머물러서 마음을 내지 말아야 하며, 소리와 향기와
맛과 촉감에 머물러서 마음을 내지 말아야 하고, 머무름 없는
마음을 내야 한다."

不應住色生心하며 不應住聲香味觸法生心이요 應生無所住
心이니라

육조 형상에 머물러서 마음을 내지 말아야 한다는 것은 전체를
표시한 것이고, 소리, 향기 등은 별도로 그 이름을 나열한 것이다.
이 육진경계에 미워하고 좋아하는 마음을 일으킨다. 이로 말미암아
거짓된 마음이 쌓이고 모여 한량없는 업이 맺혀서 불성佛性을 덮으
니, 비록 부지런하고 괴롭게 갖가지 수행을 하더라도 마음의 때를
제거하지 못하면 끝내 해탈할 이치가 없다. 그 근본을 추구推究해
보건대 모두 형상에 집착하는 마음에서 연유한 것이다. 만약 생각
생각 항상 반야바라밀을 실천한다면 모든 법이 비었음을 추구하여
헤아려 집착하지 않으며, 생각생각 항상 스스로 정진하여 한결같은

마음으로 수호하여 게으르지 않게 된다.『정명경淨名經』에 이르되 "일체의 지혜를 추구하여 어느 때에도 구하지 않음이 없다."고 하시고,『대반야경大般若經』이르되 "보살마하살이 밤낮을 정진하여 항상 반야바라밀다에 머물며 서로 상응하여 뜻을 지어 잠시도 버리지 않는다."고 하셨다.

不應住色生心者는 是都標也요 聲香等은 別列其名也니 於此六塵에 起憎愛心일새 由此로 妄心이 積集하야 無量業結하야 覆蓋佛性하나니 雖種種勤苦修行하야도 不除心垢하면 終無解脫之理하리니 推其根本컨댄 都由色上住心이니 如能念念常行般若波羅蜜하야 推諸法空하야 不生計着하며 念念常自精進하야 一心守護하야 無令放逸이니 淨名經에 云하사대 求一切智하야 無非時求라하시고 大般若經에 云하사대 菩薩摩訶薩이 晝夜精進하야 常住般若波羅蜜多하며 相應作意하야 無時暫捨라 하시니라

"만약 마음에 머무름이 있으면 곧 머무름이 아니니"

若心有住면 卽爲非住니

육조 만약 마음이 열반에 머무른다면 이것은 보살이 머물 곳이 아니다. 열반에 머물지 않으며, 모든 법에도 머물지 않아서 일체에 머물지 말아야 마침내 이것이 보살이 머물 곳이다. 앞의 글에서 말한 머무르는 바 없이 마음을 내야한다고 한 것이 이것이다.

若心住涅槃이면 非是菩薩住處라 不住涅槃하며 不住諸法하야 一切處不住하야사 方是菩薩住處니 上文에 說應無所住하야 而生其心者ㅣ是也라

"이런 까닭으로 부처님께서 '보살심菩薩心은 당연히 형상(色)에 집착해서 보시하지 말아야 한다.'라고 말씀하셨다."

是故로 佛說菩薩心은 不應住色布施라 하나니라

육조 보살은 자신의 오욕과 괘락을 위하여 보시를 하지 않고, 다만 안으로 인색한 마음을 깨고 밖으로 모든 중생을 이롭게 하기 위해서 보시를 한다.

菩薩이 不爲自身五欲快樂하야 而行布施요 但爲內破慳心하고 外利益一切衆生하야 而行布施니라

"수보리여, 보살이 일체 중생을 이롭게 하기 위하여 이와 같이 보시를 해야 하니"

須菩提야 菩薩이 爲利益一切衆生하야 應如是布施니

설의 식심識心[338]의 물결이 안에서 솟아오르면 경계의 바람이 일어나서 항상 움직이고, 지혜의 물이 안에서 엉기면 바람과 티끌이 쉬어서 항상 고요하다. 고요하되 고요한 모양이 없어 진실한 밝음이 스스로 비칠 것이니 이것을 일러 집착함 없이 마음을 내는 것이라 하며 이것이 진실한 보살이 머물 곳이다. 이로 말미암아 발심發心한 사람은 보통 응용하는 사이에 다만 무념으로 응하고 뜻에 집착해서 반연攀緣하지 말아야 하니, 뜻에 집착하면 마군魔軍의 구덩이에 떨어지니 진실한 보살이 머물 곳이 아니다. 그런 까닭은 보살의 발심은 다만 중생을 이롭게 하기 위한 것이니 스스로 만약 집착함이 있다면 어찌 남으로 하여금 집착하지 말게 할 수 있겠는가? 이른바 자기에게 (선이) 있은 연후에 남에게 구하며, 자기에게 (악이) 없는 연후에 남을 그르다고 함[339]이 이것이다. 이른바 생각이 없고 집착이 없는 것은 정히 가을 들판 물에 삼라만상이 저절로 나타나는 것과 같으니 어찌 찬 재와 마른 나무처럼 한결같이 생각을 잊기만 하겠는가? 생각을 잊는 것은 귀신 굴에 빠지는 것이라 또한 보살이 머물 곳이 아니다. 만약 참으로 머물 곳이라면 머물 곳이 있는 데 의지하여 머물지도 않으며, 머물 곳이 없는 데 의지하여 머물지도 않으며, 또한 중도中道에 의지하여 머물지도 않아서 이와 같이 머무는 것이다.

---

338 식심識心: 양변적 사고, 분별심, 알음알이.

339 자기에게 ~ 남을 그르다고 함: 『대학大學』에 나오는 말로 주자는 여기에 "자기 몸에 선善이 있은 뒤에 선善을 요구할 수 있고, 자기 몸에 악惡이 없은 뒤에 남의 악惡을 바로잡을 수 있다(有善於己然後 可以責人之善, 無惡於己然後 可以正人之惡)라고 설명했다.

識浪이 內湧則境風作而常動하고 智水ㅣ 內凝則風塵息而常靜이니 靜
無靜相이라 眞明自照니 是謂無住生心이라 是眞菩薩住處니 由是로 發
心之者는 凡於應用之際에 但當無念而應하고 不應着意攀緣이니 着意
하면 墮魔坑이라 非眞菩薩住處也니라 所以然者는 菩薩發心은 只爲益
生이니 自若有住면 豈能令他無住리요 所謂有諸己然後에 求諸人하며
無諸己然後에 非諸人이 是也라 所謂無念無住ㅣ 正似秋天野水에 森羅
自顯이니 豈同寒灰枯木하야 一於忘懷者哉 리요 忘懷는 沈鬼窟이라 亦
非菩薩住處也니 若眞住處인댄 不依有住而住하며 不依無住而住하며
亦不依中道而住하야 如是而住也니라

육조 보살은 법시法施와 재시財施 등을 실천해서 이익이 끝이
없으니, 만일 이익을 준다는 마음을 가지고 있으면 곧 법이 아니고,
이익을 준다는 마음을 가지지 않으면 이름이 머무름이 없는 것이
다. 머무름 없음이 곧 부처의 마음이다.

菩薩者는 行法財等施하야 利益無疆이니 若作能利益心하면 即是非法
이요 不作能利益心하면 是名無住니 無住ㅣ 即是佛心也라

야부 부처가 있는 곳에 머물지 말고, 부처가 없는 곳에 급하게
달려 지나가서 30년 뒤에 일러주지 않았다고 말하지 말라.

有佛處에 不得住하고 無佛處에 急走過하야 三十年後에 莫言不道어다

설의 부처가 있는 곳에 따를 가르침이 있고, 부처가 없는 곳에 본받을 가르침이 없다. 그러나 가르침이 있고 가르침이 없음은 다 사람으로 하여금 상쾌하고 시원하게 할 수 없다. 이미 양변에 앉지 않았다면 또한 중도에도 걸리지 않아서 삼관三關을 꿰뚫고 지나가서는 또한 다시 자취도 남기지 말아야 한다.

有佛處에 有敎可遵이요 無佛處에 無敎可效나 然이나 有敎無敎ㅣ 盡令人으로 不得洒洒落落이라 旣不坐於兩邊인댄 亦不滯於中道하야 透過三關已하야 亦復不留蹤이니라

송 아침에 남악에 놀고
저녁에 천태에 가도다!
쫓아가도 미치지 못하더니
갑자기 스스로 오도다!
홀로 가고 홀로 앉아 얽매임이 없으니
너그러운 마음 얻은 곳에 또한 너그러운 마음이로다!

朝遊南嶽하고 暮往天台로다 追而不及이요 忽然自來로다
獨行獨坐無拘繫하니 得寬懷處에 且寬懷로다

저기와 여기에 머물지 않고 중간에도 또한 자취가 없다. 조용히 홀로 벗어나 얽매임이 없으니 구름의 자취와 학의 자태에 비유해도 같기가 어렵도다! 이미 삼천리 안에 앉아있지 않고, 또한 삼천리 밖에도 서지 않는다. 이것은 말하자면 봄바람 넓은 들판의 빠른 준마駿馬이고,

달밝은 넓은 바다의 신령한 용이로다!

彼此無所止하고 中間에 亦無蹤이라 蕭然獨脫無拘繫하니 雲蹤鶴態喩難齊로다 旣不坐於三千里內하고 亦不立於三千里外하니 是可謂逸驥之於春風廣野요 神龍之於月明滄海로다

"여래가 말한 일체의 모든 형상은 곧 형상이 아니며, 또 말씀하신 일체 중생은 곧 중생이 아니다."

如來說一切諸相이 卽是非相이며 又說一切衆生이 卽非衆生이니라

설의 모든 형상이 본래 비어서 형상에 가히 집착할 것이 없고, 중생이 본래 고요하여 제도할 중생이 없다. 이것이 형상을 떠난 발심을 권장하는 까닭이다.

諸相이 本空하야 無相可住요 衆生이 本寂하야 無生可度也니 此所以勸離相發心也라

육조 여如란 나지 않음이고, 래來란 사라지지 않음이니, 나지 않음은 나와 남이 나지 않는 것이고, 사라지지 않음은 깨달아 비추는 것이 사라지지 않는 것이다. 아래 글에서 이르시되 여래는 온 데가 없으며 또한 가는 데가 없으므로 그러므로 이름을 여래라

하셨다. 여래께서 말씀하시기를 "아상, 인상 등 사상四相은 필경에 파괴될 수 있어서 참된 깨달음의 몸이 아니고 일체 중생은 다 거짓 이름이다. 만약 거짓 마음을 떠나면 곧 얻을 중생이 없다. 그러므로 말하기를 곧 중생이 아니라"고 하셨다.

如者는 不生이요 來者는 不滅이니 不生者는 我人不生이요 不滅者는 覺照不滅이라 下文에 云하사대 如來者는 無所從來며 亦無所去일새 故名如來라하시니 如來ㅣ 說我人等四相은 畢竟可破壞라 非眞覺體也요 一切衆生은 盡是假名이라 若離妄心하면 卽無衆生可得일새 故로 言卽非衆生也라하시니라

야부 따로 좋은 데(長處)[340]가 있으니 잡아내도 방해되지 않도다!

別有長處하니 不妨拈出이로다

설의 형상이 곧 형상이 아니며, 중생이 곧 중생이 아님이여! 다만 한 개 반개[341]는 말하고 한 개 반개는 말하여 미치지 못하니, 한 개 반개를 다시 모름지기 잡아내야 비로소 옳다.

相卽非相이며 生卽非生이여 只說得一半이요 說不及一半이니 一半을 更須拈出하야사 始得다

---

340 좋은 데(長處): 진공묘유眞空妙有.
341 한 개 반개(一半): 존재 전체를 한 개, 존재 전체의 양면 가운데 어느 한 면을 반개라 한다.

394

송 중생이 아니고 형상이 아님이여!

봄이 따뜻하니 꾀꼬리가 버드나무 위에서 울도다!

산 구름(山雲)과 바다 달(海月)의 뜻을 다 말했거늘

여전히 알지 못하여 공연히 슬퍼하도다!

슬퍼하지 말라.

만 리에 구름이 없으니 하늘은 한 가지 모양이로다!

不是衆生不是相이여 春暖黃鶯이 啼柳上이로다

說盡山雲海月情이어늘 依前不會空惆悵이로다

休惆悵하라 萬里無雲天一樣이로다

가는 털이 걸려있지 않은 곳에

만상萬像이 문득 드러난 때이네.

산꼭대기 흰 구름은 걸려 열리지 않고,

바다 하늘 밝은 달은 정히 고요하네.

보고 나서 마음이 스스로 기쁘니

이 마음 누구를 향하여 말할까?

곁에 고향을 멀리 떠난 어떤 나그네가 꿈을 꾸기에 잡아 일으켜 분명히 이 마음을 말해주지만, 잠을 처음 깨서 눈이 어두워 여전히 알지 못하고 공연히 슬퍼하도다! 슬퍼하지 말라. 한 줄기 찬 빛이 눈앞에 가득하도다!

纖毫不掛處에 萬像頓彰時라

山頂白雲이 掛不開하니 海天明月이 正蕭然이라

見已에 情自悅하니 此情을 說向誰오

傍有遠鄕客作夢이어늘 扶起分明說此情하니 睡初起라 眼昏昏하야 依前不會空惆悵이로다 休惆悵하라 一道寒光이 滿目前이로다

"수보리여, 여래는 진실을 말하는 사람이며, 사실을 말하는 사람이며, 이치理致대로 말하는 사람이며, 속이는 말을 하지 않는 사람이며, 다른 말을 하지 않는 사람이다."

須菩提야 如來는 是眞語者며 實語者며 如語者며 不誑語者며 不異語者시니라

설의 모든 법의 실상實相을 말씀하여 말을 다하시고, 마침내 이르시되 "내가 말한 법은 진실하여 거짓이 아니며, 사실이어서 허황하지 않으며, 위로는 있는 그대로의 이치에 어긋나지 않고, 아래로는 중생을 속이지 않는다. 부처 부처가 다 그러하여 처음부터 다른 말이 없다."라고 하셨다.

諸法實相을 說也說盡하시고 乃云하사대 我所說法이 眞不僞며 實不虛며 上不違如理하고 下不誑衆生이라 佛佛이 皆然하야 初無異說이라하시니라

육조 진실을 말하는 사람은 일체 생명 있거나 생명 없거나 다 불성이 있음을 말하는 것이고, 사실을 말하는 사람은 중생이 악업을 지으면 바로 괴로움의 과보를 받음을 말한 것이고, 이치대로 말하는 사람은 중생이 선법善法을 닦으면 반드시 즐거운 과보를 받음을 말한 것이고, 다른 말을 하지 않는 사람은 여래가 한 말씀이 처음도 선하고, 중간도 선하고, 끝도 선하여 뜻이 미묘하여 일체 하늘의 마군魔軍과 외도가 능히 부처님의 말씀을 초월하여 이기고 파괴할 수 없다는 것이다.

眞語者는 說一切有情無情이 皆有佛性이요 實語者는 說衆生이 造惡業에 定受苦報요 如語者는 說衆生이 修善法에 定受樂報요 不誑語者는 說般若波羅蜜法이 出生三世諸佛호대 決定不虛요 不異語者는 如來所有言說이 初善中善後善하야 旨意微妙하야 一切天魔外道ㅣ 無有能超勝과 及破壞佛語者也라

야부 은혜를 아는 사람은 적고, 은혜를 배반하는 사람은 많도다!

知恩者ㅣ 少하고 負恩者ㅣ 多로다

설의 정성스런 자비가 이르지 않는 데가 없지만 말을 따라 알음알이를 내는 사람은 많고, 말을 받들어 뜻을 아는 사람은 적다. 말을 받들어 뜻을 앎은 은혜를 아는 것이고, 말을 따라 알음알이를 냄은 은혜를 배반하는 것이다.

諄諄之慈ㅣ 靡所不至언마는 隨語生解者ㅣ 衆하고 承言會旨者ㅣ 鮮하니
承言會旨는 所以知恩이요 隨語生解는 所以負恩이라

송 두 개의 오백이 일관一貫이고,
　　아버지는 원래 장부이다.
　　분명히 대면하여 그를 향하여 말하나
　　좋은 마음에 좋은 과보가 없음을 어찌하겠는가?

진실을 말하는 사람, 사실을 말하는 사람이여, 하하하! 그렇고
그렇고 그러하도다!

　　兩箇五百이 是一貫이요 阿爺ㅣ 元是丈夫漢이라
　　分明對面向渠言이나 爭奈好心이 無好報리요

眞語者實語者여 **呵呵呵喏喏喏**이로다

　　천하에는 두 가지 도가 없고,
　　성인은 두 가지 마음이 없으시니,
　　여래께서 진실을 말씀하심이여!
　　다만 이 법을 말씀하셨네.
　　거문고 위에서 분명히 타서 알려주었으나
　　남이 없는 한 곡조를 화답하는 사람이 드물도다!
　　아득한 천지 사이에
　　오직 스승[342]께서 홀로 은혜를 알아서

준걸함을 참다가 하하 웃음을 금치 못하고,

수긍首肯하는 마음으로 스스로 허락하여 그렇고 그렇다 이르셨네.

또 구담[343]께서 이 노인[344] 만난 것을 기뻐하셨으니

흰 구름 천년에 한 지음知音이로다.

연이은 아래 세 가지 소리를 자세히 보라.

역시 혜충국사와 지음이 되었도다!

天下에 無二道요 聖人은 無兩心이시니

如來眞實說이여 只說這介法이라

琴上에 分明彈報知하니 一曲無生을 和者稀로다

邈然天地間에 唯師獨知恩이라

忍俊不禁笑呵呵하고 肯心自許云喏喏이라

且喜瞿曇이 逢此老하노니 白雲千載에 一知音이라

連下三聲을 仔細看하라 亦與忠老作知音이로다

"수보리여, 여래께서 얻으신 법은 이 법이 차 있지도 않고 비어 있지도 않다."

須菩提야 如來所得法은 此法이 無實無虛하니라

---

342 스승(師): 야부冶父.

343 구담瞿曇: 부처님.

344 이 노인(此老): 수보리.

설의 앞에서는 말씀한 것을 밝히시고, 여기에서는 얻은 것을 밝히셨으니, 말씀하신 것도 다만 이 둘이 아닌 법이며, 얻으신 것도 다만 이 둘이 아닌 법이다. 실實함도 없고 허虛함도 없다는 것은 둘이 아님을 말한 것이다.

前明所說하시고 此明所得하시니 所說이 亦只是不二法이며 所得도 亦只是不二法이라 無實無虛도 是言不二니라

육조 실함이 없다는 것은 법의 본체가 비고 고요하여 형상을 얻을 것이 없다는 것이다. 그러나 가운데에 항하사 성품의 덕이 있어서 써도 다하지 않으므로 허함이 없다고 말한다. 실함을 말하고자 하나 형상을 얻을 것이 없고, 그 허함을 말하고자 하나 사용하여 간단間斷이 없다. 이런 까닭으로 있다고 말할 수도 없고, 없다고 말할 수도 없다. 있으면서 있지 않고, 없으면서 없지 않으니, 말로 미치지 못하는 것은 그 오직 참된 지혜로다! 만약 형상을 떠나 수행하지 않으면 여기에 이를 길이 없다.

無實者는 以法體空寂하야 無相可得이라 然이나 中有恒沙性德하야 用之不匱일새 故로 言無虛니 欲言其實인댄 無相可得이요 欲言其虛인댄 用而無間이니 是故로 不得言有며 不得言無라 有而不有요 無而不無니 言辭不及者ㅣ 其唯眞智乎인뎌 若不離相修行하면 無由臻此也라

야부 물 가운데 짠 맛이고, 채색 안에 아교풀이 맑도다![345]

水中鹹味요 色裏膠淸이로다

설의 있는 것인가? 없는 것인가? 찬 것인가? 빈 것인가?

是有아 是無아 是實가 是虛아

송 굳기는 쇠 같으며 부드럽기는 수락酥酪[346] 같고
볼 때는 있다가 찾으면 도리어 없도다!
비록 걸음걸음 서로 지키지만[347]
요구해도 또한 그것을 아는 사람 없도다! 이咦[348]!

硬似鐵軟如酥하고 看時有覓還無라
雖然步步常相守나 要且無人識得渠로다 咦

또한 강하고 또한 부드러우니 보기는 쉬우나 알기는 어렵도다! 비록
일체의 장소에 헤쳐 드러나서 분명하나 이에 일체 장소에 더듬어서
찾을 수 없도다! 다시 말하는 것을 알라. 열 성인[349]과 세 현인[350]이

---

345 연기를 뜻한다.

346 수락酥酪: 부드러운 우유.

347 굳은 것과 부드러운 것이 그렇다는 말이다.

348 이咦: 할喝과 같은 종류의 표현인데, 바로 앞에 한 말을 부정하는 말이다.

349 열 성인(十聖): 지상地上의 십위十位. 즉 초지初地 이상에서 십지十地까지의
보살菩薩.

장소를 알지 못하니, 어떤 때에는 절 문 앞에 부질없이 걸어두도다!

且强且柔하니 易見難曉로다 雖一切處에 披露分明이나 乃一切處에 摸索不着이로다 更知道어다 十聖三賢이 不知處하니 有時에 閑掛寺門前이로다

"수보리여, 만약 보살이 마음으로 법에 머물러 보시를 하면 마치 사람이 어두운 데 들어가서 곧 볼 수 없는 것과 같고, 만약 보살이 마음으로 법에 머무르지 않고 보시를 하면 마치 사람이 눈이 있어 햇빛이 밝게 비침에 갖가지 색을 볼 수 있는 것과 같다."

須菩提야 若菩薩이 心住於法하야 而行布施하면 如人이 入暗에 卽無所見이요 若菩薩이 心不住法하야 而行布施하면 如人이 有目하야 日光明照에 見種種色이니라

육조 일체의 법에 마음이 머무름이 있으면 삼륜三輪의 몸[351]이 비었음을 통달하지 못함이 마치 소경이 어두운 데 있어서 밝게

---

350 세 현인(三賢): 지전地前의 삼십위三十位. 즉 십주十住, 십행十行, 십회향十回向의 삼위三位.
351 삼륜三輪의 몸(三輪體): 여러 설이 있으나 삼업三業이나 혹업고惑業苦의 셋을 가리킨다.

알 수 있는 것이 없음과 같다. 『화엄경』에 이르시되 "성문이 여래 법회 가운데서 법을 들음에 마치 소경과 같고 귀머거리와 같다"고 하니 이것은 법의 형상에 머무르기 때문이다. 만약 보살이 반야바라밀다의 집착 없고 형상 없는 행동을 실행하면 마치 사람이 눈을 가지고 밝은 해 가운데 자리한 것과 같으니 무엇인들 보지 못하겠는가?

於一切法에 心有住着하면 則不了三輪體空호미 如盲處暗하야 無所曉 了니 華嚴經에 云하사대 聲聞이 在如來會中하야 聞法에 如盲如聾이라 하니 爲住法相故라 若菩薩이 常行般若波羅蜜多無着無相行하면 如人 이 有目하야 處於皎日之中이니 何所不見也리요

"수보리여, 미래 세상에 만약 선남자 선여인이 능히 이 경전을 받아 지니고 읽고 외우면 곧 여래가 부처님 지혜로 이 사람을 다 알며, 이 사람을 다 보아서 모두 한량없고 끝없는 공덕을 성취하게 될 것이다."352

須菩提야 當來之世에 若有善男子善女人이 能於此經에 受持 讀誦하면 卽爲如來ㅣ以佛智慧로 悉知是人하며 悉見是人하야 皆得成就無量無邊功德하리라

---

352 석가모니 부처가 그렇게 해주는 것이 아니라 자기 부처가 그렇게 한다는 말이다.

설의 앞에서는 집착 없는 까닭을 밝히셨고, 여기에서는 집착 없음을 비유로 밝히셨다. 법은 본래 차있는 것이 아니니 있는 데에 집착하지 말아야 하며, 법은 본래 빈 것이 아니니 없는 데에 집착하지 말아야 한다. 있는 데에 집착하면 비고 고요한 본체本體에 어긋나고, 없는 데에 집착하면 저 신령하게 밝은 본용本用에 어긋난다. 이미 본체와 본용이 서로 어긋나면 성품상의 만 가지 덕이 발현하지 않을 것이니, 마치 사람이 어두운 데에 들어가서 곧 보이는 것이 없음과 같다. 이것은 말하자면 소경이 빛이 있는 데를 몰라서 머리를 숙이고 싸늘하게 앉아서 가만히 생각하는 것이다. 있음에 집착하지 않으면 본체에 계합하고, 없음에 집착하지 않으면 본용에 계합한다. 이미 본체 본용과 더불어 서로 계합하면 성품상의 만 가지 덕이 그 자리에서 앞에 나타날 것이다. 마치 사람이 눈이 있어서 해를 맞아 색을 보는 것과 같으니, 이것은 말하자면 뜬구름이 시원하게 흩어지고 외로운 달이 떠오르니 대천사계가 일시에 밝은 것이다.

前明無住所以하시고 此喩明無住하시니 法本無實이라 不應住於有며 法本無虛라 不應住於無니 住於有則違於空寂之本體하고 住於無則違彼靈明之本用이라 旣與本體本用으로 相違則性上萬德이 無有顯發하리니 如人이 入闇에 卽無所見이라 是可謂盲者ㅣ不知光所在하야 低頭冷坐暗思量이요 不住有則契乎本體하고 不住無則契乎本用이라 旣與本體本用으로 相契則性上萬德이 當處現前하리니 如人이 有目하야 當陽見色이니 是可謂快散浮雲孤月上하니 大千沙界一時明이로다

404

육조 미래세는 여래께서 돌아가신 후 오백세의 혼탁混濁하고 나쁜 시기[353]이니, 그릇된 가르침이 다투어 일어나서 바른 가르침을 실천하기 어렵다. 이런 시대에 만약 어떤 선남자 선여인이 이 경전을 만나서 스승에게 가르침을 받고, 읽고 외워 마음에 두어서 오롯이 정성을 다하고 잊지 않아서 뜻에 따라 수행하여 부처님 지견을 깨달아 들어가면 아뇩다라삼먁삼보리阿耨多羅三藐三菩提를 성취할 것이다. 이로써 삼세 모든 부처님[354]이 이것을 알지 못함이 없을 것이다.

當來之世는 如來滅後後五百歲濁惡之時니 邪法이 競起하야 正法을 難行이라 於此時中에 若有善男子善女人이 得遇此經하야 從師禀授하고 讀誦在心하야 專精不忘하야 依義修行하야 悟入佛之知見하면 則能 成就阿耨多羅三藐三菩提하리니 以是로 三世諸佛이 無不知之시리라

야부 땅으로 인해 넘어짐에 땅으로 인하여 일어나나니, 땅이 너에게 무엇이라 말하던가?

因地而倒에 因地而起니 地ㅣ向你道什麼오

설의 땅은 사람을 넘어뜨리지 않으며 또한 사람을 일으키지도 않으니, 일어나고 넘어짐이 사람에 연유하지 땅과는 관계가 없다.

353 혼탁混濁하고 나쁜 시기(濁惡之時): 오탁악세五濁惡世.
354 삼세 모든 부처님(三世諸佛): 여기서도 자기의 삼세제불이다. 밖의 선지식을 통해서 자기 선지식을 발견해야 한다.

법이 사람을 깨우치지 않으며 또한 사람을 미혹하게도 하지 않으니, 미혹함과 깨달음이 사람에게 달려있지 법과는 관계가 없다. 법이 사람에게 가지게 하지 않으며 또한 사람에게 버리게도 하지 않으니, 가짐과 버림이 사람에 연유하지 법에 달려있지 않다.

地不令人倒며 亦不令人起니 起倒 | 由人이라 不關於地요 法不令人悟며 亦不令人迷니 迷悟 | 在人이라 不關於法이요 法不令人取며 亦不令人捨니 取捨 | 由人이라 不在於法이로다

송 세간의 만 가지 일이 평상平常만 같지 못하니
또한 사람 놀라게 하지 않고 또한 장구長久하도다!
평상과 같음이여! 흡사 가을바람이 불어와
사람 서늘하게 할 뜻이 없지만 사람 스스로 서늘한 것과 같도다!

世間萬事 | 不如常하니 又不驚人又久長이라
如常이여 恰似秋風至하야 無意凉人人自凉이로다

세간의 만 가지 일이 평상과 평상하지 않음에 불과하다. 평상함을 말하자면 하늘로 이마를 하고 땅에 서며, 배고프면 밥 먹고 목마르면 물 마셔서 또 사람을 놀라게 하지 않으며 또한 장구長久하다. 그 평상하지 않음을 말하자면 몸 위에 물을 내고 몸 아래에 불을 내는 것이다. 이것은 사람의 마음을 놀라 움직이게 하고 또한 장구하지 않도다! 비록 기특하다고 이르나 실제에 나가서 보면 평상만 같지 못하다. 이러면 눈 닿는 곳이 다 진리인지라 이것이 평상이니, 평상이

어찌 사람들을 놀라게 하겠는가? 형상 있는 것으로 사람을 놀라게 하지 않으며, 형상 없는 것으로 사람을 놀라게 하지 않으나 사람이 그 사이에서 스스로 장애를 만들어 혹 어떤 사람은 형상이 있다고 여겨 있는 데에 집착하여 상견常見[355]의 구덩이에 떨어지고, 혹 어떤 사람은 형상이 없다고 여겨 없는 데에 집착하여 단견斷見[356]의 구덩이에 떨어진다. 가을바람이 무심한데 사람이 스스로 서늘하다는 것과 꼭 같으니, 미혹함과 깨달음도 역시 그러하다.

世間萬事ㅣ 不過常與不常이니 言其常也인댄 頂天立地하고 饑湌渴飮하야 又不驚人하며 亦乃久長이요 言其不常也인댄 身上出水하고 身下出火라 此則驚動人心하고 又不久長이로다 雖云奇特이나 就實而觀컨댄 不如常也니 伊麽則觸目皆道라 是平常이니 平常이 何以使人驚이리요 不以有相으로 驚於人하며 不以無相으로 驚於人이어늘 人於其間에 自生障碍하야 或以爲有相이라하야 着於有而落於常見之坑하며 或以爲無相이라하야 着於無而落於斷見之坑하니 正似秋風이 無心이어늘 而人이 自凉하니 迷悟도 亦然하니라

종경 공생[357]이 이 경전 말씀하심을 들으시고 뜻을 이해하여 슬피 두 줄기 눈물을 흘리셨고, 선인[358]이 자비를 내리고 참는 것을 크게

---

355 상견常見: 존재를 있기만 하다고 보는 견해.
356 단견斷見: 존재를 없기만 하다고 보는 견해. 그래서 상견과 단견이 모두 양극단적 사고이다.
357 공생空生: 수보리의 다른 이름.

하셔서 눈 같은 칼날을 웃으시고 부질없이 허공을 베도다! 이와 같이 그 말을 인가印可하시니 능히 일체의 모든 형상을 떠났도다! 알 수 없도다! 감동하여 깨달은 곳에 무슨 기특함이 있겠는가?

환하게 지혜의 눈을 떠서 밝기가 해와 같으시니,
미진의 세계가 비었음을 돌이켜 비추도다!

空生이 聞說是經하사옵고 解義趣而悲流兩淚하시고 仙人이 垂慈弘忍하사 笑雪刃而譏斬虛空이로다 如是印可其詞하시니 能離一切諸相이로다 未審케라 感悟處에 有何奇特고

豁開慧眼明如日하시니 返照微塵世界空이로다

설의 형상을 떠났다는 공생의 말이 묘하게 이치에 계합하니 부처님께서 이와 같이 칭찬하셔서 그 말을 인가하셨도다!

空生離相之言이 妙契於理하시니 佛稱如是하사 印可其詞로다

송 선길善吉[359]이 친히 듣고 근원을 사무쳐 보았으니
슬픔과 기쁨 번갈아 몰려와 자비로운 세존을 찬탄했도다!
마음이 비고 법이 밝아 진제眞際[360]를 뛰어넘으시니
종전에 갚지 못한 은혜 능히 갚았도다!

---

358 선인仙人: 인욕선인, 곧 부처.

359 선길善吉: 수보리의 다른 이름.

360 진제眞際: 공空, 평등平等의 진성眞性.

善吉이 親聞徹見源하시니 悲欣이 交集讚慈尊이로다

心空法朗超眞際하시니 堪報從前不報恩이로다

요지 경문에서는 지금까지 행한 부처님의 설법에 대한 수보리의 찬탄이 나오고, 다시 수보리의 발언이 있고 여기에 대한 부처님의 말씀이 이어진다. 수보리는 이 경전을 듣고 신심이 청정하면 실상實相을 내는데 그 실상은 실상이 아니라 이름이 실상이라 한다고 전제한다. 미래 오백세 뒤에 중생이 이 경전을 듣고 믿고 알고 받아 지니면 이 사람은 가장 희유한데, 왜 그런가 하면 아인중생수자상我人衆生壽者相이 없기 때문이라고 했다. 이 사상四相은 형상이 아니기 때문에 형상을 떠나며, 그런 사람을 바로 모든 부처님(諸佛)이라 한다고 하였다. 부처님은 수보리의 이 말에 긍정을 표하면서 어떤 사람이 이 경을 듣고 놀라고 두려워하지 않는다면 이런 사람은 드물다고 했다. 그 이유로 제일바라밀第一波羅蜜은 제일바라밀이 아니라 이름이 제일바라밀이며, 인욕바라밀도 인욕바라밀이 아니라 이름이 인욕바라밀이기 때문이라고 했다. 그리고 부처님께서 과거에 가리왕歌利王에게 신체가 끊길 때 사상四相이 있었다면 성냄과 원한을 일으켰을 것이라 하고, 자신은 과거 오백세 전에 인욕선인일 때 사상이 없었다고 했다.

이렇기 때문에 보살은 일체의 형상을 떠나서 아뇩다라삼먁삼보리 심阿耨多羅三藐三菩提心을 내야 한다고 하였다. 더 나아가 색성향미촉 법色聲香味觸法을 떠나서 마음을 내야 한다고 했다. 보살은 색에 집착하지 않고 보시하고 중생을 이롭게 해야 된다고 했다. 모든 형상은

형상이 아니며, 일체 중생은 중생이 아니라 하면서 여래는 스스로를
진실, 사실, 있는 그대로를 말하며, 속이는 말을 하지 않으며, 다른
말을 하지 않는 사람이라고 강조했다. 여래가 얻은 법은 차지도 않고
비지도 않았다면서 법에 집착해서 하는 보시는 어둠에 들어가서
아무것도 보이지 않음과 같고, 법에 집착하지 않고 하는 보시는 햇빛에
모든 것을 눈으로 봄과 같다고 비유했다. 미래에 선남자 선여인 누구라
도 이 경전을 받아 지니고 읽고 외우면 무량무변한 공덕을 성취한다는
것을 여래는 다 안다고 격려하였다.

　여기에 대하여 육조스님은 먼저 자성自性이 어리석지 않음을 혜안慧
眼이라 하고, 법문을 듣고 깨달음을 법안法眼이라 말하고, 수보리가
이런 심오한 법문을 들었겠지만 수보리가 성문聲聞의 안목으로 깨닫
지 못하다가 이 경을 듣고 부처님의 뜻을 깨달아서 울었다고 보았다.
육조는 경전을 듣고 자세히 앎을 청정淸淨이라 하고, 더러움과 깨끗함
의 두 가지에 집착함을 더러운 마음(垢心)이라고 했다. 수보리가
부처님 말씀을 듣고 자기의 깨달은 바(見處)를 말씀드렸는데, 부처님
께서 살아계실 때도 이 경전을 믿고 알고 받아 지니지 않는 사람이
많았는데 부처님께서 돌아가시고 오백세가 지나면 그렇게 하는 사람
이 드물다고 말했다. 그래서 이 경전을 믿고 알고 받아 지니는 사람은
사상四相이 없어서 실상實相을 보니 곧 불심을 가진 것이며, 그래서
일체 형상을 떠남을 부처라고 한 수보리의 견해를 부처님께서 인가하
신 것으로 풀이하였다. 형상에 집착한 성문이 모든 형상이 나지 않는다
고 하면 두려워하겠지만, 수준 높은 보살은 이치를 듣고 기뻐하고
받아 지니며 마음에 두려움이 없는데 이런 사람은 매우 드물다고

하였다. 이런 가르침을 말과 행동으로 실천하고 마음에 주관과 객관이 없어야 된다고 하였다. 어려운 경계(逆境)가 마음에 걸리면 옳지 않고 걸리지 않아야 옳다고 했다. 인행 당시 부처님께서 극악한 가리왕에게 끊김을 당한 경문의 내용에 훌륭한 가리왕이 제석천에게 자기 몸의 살을 보시한 이야기를 더 소개하고, 두 경우 모두 사상이 없었기 때문에 고통과 성내는 마음이 나지 않았다고 풀이했다. 여래가 지난날 자기의 전생 인욕을 소개한 것은 꾸짖고 해치는 속에서 수행인들이 인욕바라밀을 성취시킬 수 있게 해주기 위해서라고 봤다. 그리고 인욕행은 일체 남의 허물을 보지 않으며, 원수와 친한 이를 평등하게 보며, 옳고 그름이 없어서 꾸짖고 해롭게 함을 받아도 기쁘게 받아들이며, 그러는 사람을 더욱 공경하는 것이라 하고 이를 실천하여야 인욕바라밀을 성취할 수 있다고 했다.

　육진六塵에 증오심과 애착심을 내기 때문에 망심妄心이 쌓이고 한량없는 업을 짓고 불성을 덮게 되는데, 그 근본 이유는 색色에 집착하는 마음이라 했다. 그래서 반야바라밀을 항상 실천하고 법의 공함을 미루어 계교하지 않고 항상 정진하여 한마음을 지켜서 게으르지 않게 해야 한다고 하였다. 『정명경淨名經』의 어느 때나 항상 지혜를 구하라는 내용, 『대반야경大般若經』의 보살마하살은 주야로 정진하여 항상 반야바라밀에 머문다는 내용을 인용했다. 그러나 열반이나 모든 법에도 집착하지 말아야 한다고 덧붙였다. 그리고 보살은 자신의 쾌락(色)을 위해 보시하는 것이 아니라 안으로 간탐심慳貪心을 깨고 밖으로 일체 중생을 이롭게 하기 위해서 보시한다고 말했다. 그러나 이롭게 한다는 마음을 내지 않음이 집착하지 않는 것(無住)이고,

이것이 바로 불심佛心이라고 했다. 여래如來라는 말의 여는 불생不生, 래는 불멸不滅이라 하고, 다시 불생하는 것은 아인我人이고 불멸하는 것은 각조覺照라고 풀이하고, 다시 가고 오는 것이 없음을 여래라고 한다고도 했다. 망심妄心만 떠나면 중생이 없기 때문에 '곧 중생이 아니다(卽非衆生).'라고 한다고 말했다. 그리고 진실한 말은 일체가 불성이 있다는 말이고, 사실의 말은 중생이 악업을 지으면 괴로움의 과보를 받는다는 말이며, 있는 대로의 말은 중생이 선법을 수행하면 즐거움의 과보를 받는다는 말이고, 속이는 말을 하지 않는다는 것은 반야바라밀법이 반드시 삼세의 모든 부처를 출생시킨다는 말이며, 다른 말을 하지 않는다는 것은 여래의 말씀은 뜻이 미묘하여 일체 외도가 이를 능가할 수 없고 부처님의 말씀을 파괴할 수 없다는 말이라 풀이했다.

일체 모든 법에 머무르면 소경이 어둠에 처한 것과 같은데 성문이 부처님의 설법을 듣고 소경과 귀머거리 같음은 법의 형상에 머물렀기 때문이라 하고, 보살은 머무름 없고 형상 없는 반야바라밀다행을 행해서 눈 있는 사람이 밝은 햇빛 속에서 보지 못함이 없는 것과 같다고 하였다. 그리고 미래 사법邪法이 일어나 정법正法이 위축되는 시기라도 선남자 선여인이 이 경전을 만나 마음에 독송하고 오로지 집중해서 잊지 않고 여기에 의거하여 수행해서 부처님의 지견을 깨달아 들어가면 아뇩다라삼먁삼보리를 성취하게 되는데, 삼세 모든 부처님은 이를 안다고 하였다.

여기에 대하여 야부스님은 수보리가 이 경전을 듣고 눈물을 흘려 우는 것을 두고 하루 아침에 고향 길을 밟으니 도중에 세월이 길었다는

412

것을 알겠다고 게송으로 읊었다. 그리고 실상實相에 대하여 산수와 춘화春花, 사람, 새는 물론 일체에 그대로 드러났고 낱낱이 평등하여 지극히 분명하다고 읊었다. 믿고 알고 받아 지니는 것이 어렵지 않다는 것에 대하여 어렵기는 평지에서 푸른 하늘에 오르는 것과 같고, 쉽기는 옷 입고 잠자고 깨는 것과 같다고 했다.

　중생이 이 경을 듣고 신해수지信解受持하는 것이 희유하다는 것에 대하여 가고 머물고 앉고 누우며 옷 입고 밥 먹는 것이 무슨 일이 있겠는가라고 하고, 얼음이 차고 불이 뜨거우며 땅은 건조하고 물은 젖은 것, 금강역사가 다리로 땅을 딛고 서고, 머리와 깃대는 하늘을 향한 것과 같아서 있는 그대로라는 말을 하였다. 사상四相이 상이 아니라는 것에 대하여 야부는 오래된 대나무에 새싹이 돋고 새로운 꽃은 묵은 가지에서 피며, 비는 나그네 길을 재촉하고 바람은 돛단배를 돌아가게 하며, 대나무가 빽빽해도 물이 흐르는 데 방해되지 않으며, 산이 높아도 백운이 떠가는 데 장애되지 않는다 하여 이것이 모두 연기임을 읊었다.

　이 경전을 듣고 놀라지도 두려워하지도 않는 사람은 드물다는 것에 대하여 이것은 다만 자기 일이라고 하여 드문 일이 아니라 당연하다는 뜻을 암시하였다. 제일바라밀이 제일바라밀이 아니기 때문에 제일바라밀이라고 한다는 것에 대하여 천차만별이 여기서 나온다고 하여 이를 형상과 본질의 관계로 읊었다. 가리왕에게 사지가 잘릴 때에 성내고 원한을 품지 않음은 사상이 없었기 때문이라는 것에 대하여 야부는 지혜로운 이는 어리석은 사람을 책망하지 않는다 하고, 칼로 풀을 베고 불로 빛을 부는 것과 같다고 읊었다. 인욕선인 시절에 사상이 없었다는 부처님의 말씀에 대하여 버들이 푸르고 꽃이 붉으며 꾀꼬리가 울고 제비가 지저귀는 데 맡겨 둔다고 하고, 사대四大가 원래 무아無我이고 오온五蘊이 다 공空임을 직접 게송으로 읊었다. 보살은 일체 형상을 떠나서 아뇩다라삼먁삼보리심을 낸다는 것에 대하여 이것은 작용 자체인가 작용을 떠나있는가라고 먼저 묻고, 아침마다 닭은 오경을 향해 울고 봄이 오니 곳곳에 산꽃이 핀다고 하여 일체가 그대로 진리임을 읊었다.

마음에 집착 없이 보시하라는 부처님 말씀에 대하여 부처 있는 곳에 집착하지 말고 부처 없는 곳에 빨리 지나가라고 하여 걸림이 없어야 함을 표현하였다. 일체 형상이 형상이 아니며 일체 중생이 중생이 아니라는 부처님 말씀에 대하여 역시 봄이 따뜻함에 꾀꼬리가 버드나무 위에서 운다고 하고, 산의 구름과 바다 달의 뜻을 다 말했는데도 여전히 알지 못하여 공연히 슬퍼한다고 하고, 다시 만리에 구름이 없으니 하늘이 한 모양이라고 하여 있는 그대로의 진리를 다시 읊었다. 여래가 스스로 진실, 사실 등을 말한 자라는 말에 대해서는 은혜를 아는 이는 적고 은혜를 저버린 이는 많다고 하여 이 말씀을 알아듣는 이가 많지 않음을 나타내고, 이 법이 차지도 비지도 않다는 말씀에 대해서는 보면 있다가 찾으면 없다 하고, 가지고 있으면서 아는 이는 없다고 하고, 이를 다시 '이咦'라는 말을 써서 부정하였다. 형상에 머무르지 않고 하는 보시와 이 경전을 받아 지니고 읽는 것의 효능에 대하여 야부는 땅을 인해 넘어진 사람은 땅으로 인해 일어난다고 하고는, 땅이 너에게 무슨 말을 하던가라고 되묻고, 다시 가을바람이 사람을 시원하게 하려는 뜻이 없으나 사람이 스스로 시원하게 느낀다고 하였다.

　여기에 대하여 종경스님은 수보리가 이 경전을 듣고 뜻을 알아서 슬피 울었다고 하고, 그래서 여래는 수보리가 일체 모든 형상을 떠난 것으로 인가하셨다고 보았다. 그리고 깨달은 곳에 무슨 기특한 일이 있는가라고 되묻고, 태양처럼 밝은 혜안을 열어서 미진의 세계를 비추어보면 다 공이라고 하였다.

　경전의 이 부분과 세 사람의 풀이에 대하여 함허스님은 전체적으로 정리를 하고 있다. 수보리가 이 경전을 듣고 슬피 울고 찬탄한 것을 함허는 이 경전의 첫 부분에서 상근기가 깨달아 들어갈 때 슬픔과 기쁨을 나타내지 않은 것과는 달리 여기서는 중근기의 입장에서 방편으로 슬픔과 기쁨을 섞어 나타낸 뒤에 희유하다고 찬탄한 것으로 보았다.

　그리고 야부스님의 말을 두고 부처님의 뜻을 깊이 깨닫고 차마 기쁘다고 하지 못하고 안으로 기뻐하면서 겉으로 슬퍼하니 우습다고도 풀이하였다. 어려서 타향을 떠돌던 아이가 고향에 돌아왔다는 야부스님의 비유에 대하여 부처님을 만나 고향에 돌아오니 생사의 길에서 허송한 세월이 길었다는 것을 처음 알게 되었다고 풀이했다. 신심信心이 청정清淨하면 실상實相을 내게 되는데 그 실상은 실상이 아니기 때문에 실상이라는 부처님의 말씀에 대하여 실상은 보고 듣고 아는 것(見聞覺知)으로 구하거나 색성향미촉色聲香味觸으로 찾을 수 없다고 하고, 실상의 성격은 형상이 있는 것도 아니며 형상이 없는 것도 아니며, 형상이 있지 않은 것도 아니며 형상이 없지 않은 것도 아니라고 표현하였다. 형상이 아니라고 하니 산하대지는 어디서

왔는가라는 야부의 말을 반복하면서 중생의 잘못된 견해로는 온갖 것이 어지럽지만 여래의 여실한 견해에는 일체가 진실하고 고요하다고 하였다. 그래서 이 진실한 모양(眞實相)은 모든 존재(頭頭物物)에 분명하여 어느 때 어느 곳에도 분명히 드러나지 않음이 없다고 했다. 그러나 두 눈이 분명하지만 두 눈동자를 돌이켜 보려면 어떤가라고 하여 진실한 모양을 보기가 어렵다는 것을 비유적으로 표현하였다. 어려움과 쉬움의 두 측면에 대하여 어렵기는 다섯 눈[361]으로도 볼 수 없고 두 귀로도 들을 수 없다고 하고, 쉽기는 눈을 뜨면 곧 보이고 귀를 기울이면 곧 들리는 것과 같다고 말했다. 후오백세 중생이 이 경전을 듣고 신해수지信解受持하는 것이 희유하다는 말에 대하여 받아 지니는 것이 쉽기는 부드러운 도라솜 같고, 어렵기는 단단한 철벽과 같다는 말로 비유하여 수보리는 이 두 가지를 초월했음을 표현하였다고 설명했다. 그리고 불법佛法은 일용日用에 있어 어느 때 어느 곳에도 낱낱이 드러나 있어서 신해수지가 어렵지도 희유하지도 않다고 하였다.

평상의 도리를 배가 가는 데 노를 젓고 말이 달리는 데 채찍을 가하며 배고프면 밥 먹고 피곤하면 잠자는 것과 같다고 하고, 분별을 넘어선 도리는 비오는 데서 달을 보고 불 속에서 맑은 샘물을 기르며, 바로 섰는데 머리는 땅을 향하고 가로 누워 자는데 다리는 하늘을 가리킨다는 비유로 표현하였다. 사상四相을 떠나는 것은 사상이 곧 사상이 아니기 때문인데 그렇게 일체 형상을 떠나는 것을 곧 부처라고

---

361 다섯 눈(五眼): 육안肉眼, 혜안慧眼, 천안天眼, 법안法眼, 불안佛眼.

한다는 부처님의 말씀에 대하여 이것이 경전을 듣고 믿고 받아 지님이 왜 희유한지를 설명하는 것이라고 풀이하였다. 사상을 떠나기가 어려운데 지혜의 눈을 열어서 사상이 본래 비었음을 통달한 사람이 바로 부처님이기 때문에 희유하다는 말을 했다. 경전 이 부분에 대한 야부의 송에 대하여 함허는 다시 설명을 붙이고 있다. 부처의 삼신三身이 있는데 비로자나불은 셋도 하나도 아니지만 셋이기도 하나이기도 하다고 말했다. 또 문수文殊가 도중途中으로 오지 않고 보현普賢이 청산靑山을 망각하면 비로자나불(毘盧老漢)을 배반해 마음이 겸연쩍어서 얼굴에 부끄러운 빛이 있겠지만, 지금은 한산寒山이 올 때의 길을 망각하고 습득拾得이 서로 손을 잡고 돌아가니 마음이 겸연쩍지 않아서 얼굴에 부끄러운 빛이 없다고 상징적으로 표현함으로써 본질과 현상의 관계를 말했다.

그리고 야부스님의 대나무와 꽃, 비와 나그네, 바람과 돛단배, 대나무와 흐르는 물, 산과 구름을 사용한 송에 대하여 함허는 부자父子가 동업을 하는데 집안일과 도중 일이 서로 방해하지 않는다고 하고, 문수와 보현이 좌로 돌고 우로 구르니 비로자나불이 얼굴 가득 봄바람에 웃는다고 하였다.

수보리의 말을 긍정하고 이 경전을 듣고 놀라고 두려워하지 않으면 이 사람은 희유하다는 부처님의 말씀에 대하여 함허스님은 수보리의 말이 이치에 맞기 때문에 부처님께서 긍정하셨고, 놀라고 두려워하는 내용에 대해서는 『법화경』에 나오는 집 나간 가난한 아이의 비유를 들어 집을 찾아온 아이가 놀라고 두려워하는 것이 당연하기 때문에 오히려 보고 놀라고 두려워하지 않는 사람이 드물다(稀有)고 하였다.

이를 두고 야부스님이 자기 집안일이라고 말한 송에 대하여 부자父子는 본래 동기同氣이고 같은 집안사람이기 때문에 놀라고 두려워 않는 것이 희유함이 아니라고 풀이했다. 가는 털이 거대한 바다 물을 삼키고 작은 겨자씨에 수미산을 넣을 수 있으며, 고향에 돌아와 안온하니 다시는 남북동서가 없다는 등의 야부 송에 대하여 지혜로 비추어 보면 티끌과 겨자가 작지 않고 큰 바다와 수미산이 크지 않기 때문에 큰 바다를 털끝에 용납하고 수미산을 겨자씨에 들이는 것은 우리들의 일상이라고 하였다. 이런 경지에 가면 남북동서가 나의 변화이고 일체가 나로 말미암은 것이라, 건립과 쓸어버림도 모두 나에게 달려있다고 하였다.

제일바라밀이 제일바라밀이 아니라는 것은 향상向上과 향하向下를 모두 말씀해 보여서 두 손으로 분부해준 것으로 풀이하였다. 일체 차별이 제일바라밀에서 나왔다는 야부의 게송에 대하여 심오해서 항상 드러나지 않지만 항상 드러나서 따로 진실이 없으니, 이때 서로 모른다고 말하지 말라고 하였다. 부처님께서 인욕바라밀은 인욕바라밀이 아니기 때문에 이름이 인욕바라밀이라 하고, 당신이 보살도를 행할 때 사상四相이 없었기 때문에 성냄과 원한을 내지 않았다고 하신 말씀에 대하여 먼저 인욕바라밀은 어려움을 만나 눌러 참아서 저 언덕에 이르기를 구하는 것이고, 인욕바라밀이 아니라는 것은 욕된 경계와 참는 마음이 본래 공적空寂하여 저 언덕에 이를 것이 없는 것이라 풀이하고, 인욕한 부처를 두고는 처음부터 인아상이 없었기 때문에 욕된 경계와 신심身心도 없어서 피안도 보지 않는다고 하고, 당시에 성냄과 원한을 내지 않는 것에서 사상이 없음을 알 수 있다고 하였다. 지혜인은 어리석은 사람을 책망하지 않는다는 야부의 말에 대하여 어려움을 만나서 움직이지 않음이 어리석은 자를 책망하지 않는 것이라고 말했다. 또 칼로 물을 끊고 불로 빛을 불어 끄는 것과 같다는 야부의 송에 대하여 신령한 근원은 맑고 고요해서 흔들어도 움직일 수 없고 신령한 빛은 밝아서 불어서 끌 수 없다고 하고, 가리왕은 어려움을 만난 가운데 한없이 좋은 소식이 갖추어져 있음을 어찌 알겠는가라고 하였다. 과거 오백세 전 인욕선인 시절 자신은 사상四相이 없었다는 부처님 말씀에 대하여 한 생뿐만 아니라 오백생 동안 이런 고통을 만났으나 사상이 없었다고 하고, 눈앞에 대상이 없고 귀에 들림이 없다는 야부의 송에 대하여 법성이 공함을 깊이 깨달아서 주객에 걸림이 없고 무심하여 일체에 밝고 한가하다고 하였다. 사대오온四大五蘊이 무아無我이고 공空이라는 야부의 송에 대하여 사대오온이 거울에 비친 그림자와 같다고 하고, 사상이 없는 성품은 고금에 같아서 성하게 일어나는 팔풍八風을 그대 로 맡겨놓는다고 하였다.

보살이 일체의 형상을 떠나기 때문에 아뇩다라삼먁삼보리심을 낸다는 부처님의 말씀에 대하여 시비인아是非人我가 다 허망함을 통달하여 주객이 나지 않고 형상을 떠나는 것이라 하고, 여기서는 형상을 떠난 발심(離相發心)을 권한다고 보았다. 이것이 용用에 나아 간 것인가 용을 떠난 것인가라는 야부의 착어에 대하여 일체 환망幻妄을 떠난 것을 마음이라 하고 시비인아是非人我와 육진六塵이 허망한 것을 형상이라 하면서, 그러나 형상은 밖에서 오는 것이 아니라 자기 마음에서 일으킨 것이라고 하였다. 그래서 사람이 마음을 알면 대지에

조금의 흠도 없다고 하고, 한 털 위에서 보왕의 세계를 보이며 미진微塵
속에 앉아서 대법륜을 굴린다고 하였다. 터득함은 마음에 있고 응용함
은 손에 있다고 하면서, 아침마다 닭은 오경을 향해서 울고 봄이
옴에 곳곳에는 산꽃이 피어난다는 게송에 대하여 함허스님은 일체
소리가 부처의 소리이고 일체의 모양이 부처의 모양이라고 하면서
가는 곳마다 천진天眞이어서 시비가 나누어지지 않는다고 했다.

보살은 모양에 집착하지 않고 보시해야 한다는 부처님의 말씀에
대하여 함허스님은 업식의 파도가 일어나면 대상의 바람이 항상
움직이지만 지혜의 물이 안에서 엉기면 풍진風塵이 항상 고요하다
하고, 고요해도 고요한 모양이 없어 밝게 비치게 되는데, 이것이
머무름 없이 마음을 내는 것이라 하고 이것이 보살이 머물 곳이라
하였다. 무념무주無念無住는 가을 들판의 물과 같은 것이지 찬 재와
마른 나무와 같이 마음을 아주 없애는 것(忘懷)과는 다르다고 하면서
있고 없음은 물론 중도에 조차도 집착해서는 안 된다고 하였다. 부처
있는 곳에 머물지 말고 없는 곳에도 머물지 말라는 야부의 말에
대하여 양변에 떨어지지 말아야 하고 중도에도 걸려서는 안 된다고
하였다. 이 세 관문을 통과하고 나서 또 자취를 남겨서는 안 된다고
하였다. 혼자 다니고 머물며 구속이 없고 생각이 너그럽다는 야부의
말에 피차彼此와 중간에 자취가 없어서 삼천리 안에도 앉지 않고
삼천리 밖에도 서지 않는다고 하였다. 이를 준마(逸驥)가 춘풍의
광야를 달리고 신룡神龍이 명월창해明月滄海에 있는 것과 같다고 비유
했다.

형상이 형상이 아니며 중생이 중생이 아니라는 부처님 말씀은

모든 형상과 중생이 본래 공적空寂함을 뜻하며, 이것이 이상발심離相 發心을 권장한 까닭이라고 했다. 따로 좋은 점이 있어 드러내도 무방하 다는 야부의 말에 형상과 중생이 아니라고 하면 한 개의 반만 말한 것이라서 다른 한 개의 반을 잡아내야 옳다고 하였다. 그리고 중생과 형상이 아니지만 따뜻한 봄에 꾀꼬리가 버드나무 위에서 우는데 여전히 이를 알지 못하고 공연히 슬퍼한다고 한 야부의 게송에 대하여 함허는 고향을 멀리 떠난 나그네가 꿈을 처음 깼으나 눈이 혼미하여 그전처럼 모르고 공연히 슬퍼한다고 하면서, 한 줄기 찬 빛이 눈앞에 가득하다고 하였다.

부처님이 스스로에 대해 진실을 말하는 사람, 사실을 말하는 사람, 있는 그대로 말하는 사람, 속이고 다른 말을 하지 않는 사람이라는 말씀에 대하여 이는 모든 존재의 실상을 말씀하시고 다른 말씀을 하시지 않은 것으로 보았다. 은혜를 아는 자는 적고 저버린 자는 많다는 야부스님의 말에 대하여 부처님의 말씀을 듣고 알음알이를 내는 자는 많고 그 뜻을 아는 사람은 드물다고 하였다. 참되고 사실을 말한 것에 웃으며 긍정한 야부의 말을 두고 남이 없는 한 곡조에 화답하는 이가 적었는데, 오직 야부가 은혜를 알고 웃고 긍정했다고 하였다. 여래가 얻은 법은 차 있지도 않고 비어 있지도 않다고 한 부처님의 말씀에 대하여 이는 얻은 법이 둘 아님을 말한 것이라고 하였다. 물속의 짠맛과 채색 속의 맑은 아교라는 야부의 말에 함허스님 은 있는가, 없는가, 찼는가, 비었는가?라고 물었다. 굳으면서 부드럽 고 있으면서 없어서 아는 사람이 없다고 하고, 다시 이를 부정한 야부스님의 송에 대하여 함허스님은 십성삼현十聖三賢도 그 자리를 알지 못하니 어떤 때에는 한가하게 절 문 앞에 걸어둔다고 하였다.

마음이 대상에 머물러 보시하는 것은 어둠에 들어감과 같고, 집착 없이 보시함은 해가 비치는 곳에 모든 것을 봄과 같다는 말씀과 이 경전을 받아 지니고 읽고 외우면 한량없는 공덕을 성취한다는 부처님의 말씀에 대하여 함허는 머물지 말아야 할 이유와 머무름을 밝힌 것으로 보았다. 모든 존재는 차 있지도 비어 있지도 않은데 있음에 머무르면 공적空寂한 본체本體에 위배되고, 없음에 머무르면 영명靈明한 본용本用에 위배된다고 했다. 반대로 있는 데 머무르지 않으면 본체에 합치되고, 없는 데 머무르지 않으면 본용에 합치되어 성품 위에 모든 덕이 그 자리에서 나타난다고 하였다. 땅에서 넘어진 자 땅에서 일어나니, 땅이 너에게 뭐라고 하던가라는 야부의 말에 넘어지고 일어나는 것은 사람 때문이지 땅 때문이 아니라 하고, 깨닫고 혼미한 것, 가지고 버리는 것도 사람에게 달려있다는 말을 하였다.

평상平常은 가을바람이 그럴 뜻이 없지만 사람들이 스스로 서늘하게 느끼는 것과 같다고 한 야부스님의 말에 모양이 있거나 없거나 사람을 놀라게 하지 않지만 사람이 스스로 장애를 일으켜 상견常見과 단견斷見의 구덩이에 빠진다고 하였다. 수보리가 부처님의 말씀을 듣고 깨달음을 인가받았지만 기특한 일이 없다고 한 종경스님의 말을 함허스님은 긍정하면서 수보리가 부처님 말씀을 친히 듣고 찬탄하고 진제眞際를 뛰어넘어서 이전에 갚지 못한 은혜를 갚았다고 하였다.

금강반야바라밀경 상

金剛般若波羅蜜經 上

金剛般若波羅蜜經

금강반야바라밀경 하

경전을 지니는 공덕 제15
持經功德分 第十五

"수보리여, 만약 어떤 선남자 선여인이 아침에 항하恒河의 모래 수와 같은 몸으로 보시하며, 낮에 다시 항하의 모래 수와 같은 몸으로 보시하며, 저녁에 또 항하의 모래 수와 같은 몸으로 보시하여 이와 같이 한량없이 백천 억겁을 몸으로 보시하고, 만약 또 어떤 사람이 이 경전을 듣고 신심信心으로 거스르지 않으면 그 복이 저 사람보다 나을 것이니, 하물며 베껴서 받아 지니고 읽고 외워서 남을 위하여 해설함이겠는가?"

須菩提야 若有善男子善女人이 初日分에 以恒河沙等身으로 布施하며 中日分에 復以恒河沙等身으로 布施하며 後日分에 亦以恒河沙等身으로 布施하여 如是無量百千萬億劫을 以身布施어든 若復有人이 聞此經典하고 信心不逆하면 其福이 勝彼하리니 何況書寫受持讀誦하야 爲人解說이야따녀

설의 세상 사람은 인색하고 탐내는 마음이 땅보다 두터워서 한 가닥 실을 남에게 보시하는 것도 오히려 어려운데, 하물며 목숨을 바쳐 보시하기를 누가 즐겨 잠시라도 그런 마음을 내겠는가? 지금 목숨 버리기를 하루 세 번 하여 보시하기를 다겁多劫의 긴 세월을 지나도 오히려 싫어하지 않으니, 이 일은 희기希奇하고 절대로 짝할 것이 없어서 들음에 사람들로 하여금 소름을 끼치게 하는데[362] 지금 경전을 가지는 복이 저것보다 낫다고 칭찬하시니 진실로 이 경전이 더할 나위 없이 위대함을 알겠도다! 부처님께서 보시를 꾸짖어 못하다고 말씀하시니 그것은 집착이 없을 수 없기 때문이다. 다만 보시하는 마음에 집착함이 없으면 이것이 곧 보살행이다.

世人慳貪이 厚於地하야 寸絲施人도 尙爲難이온 況捨身命而行施를 誰肯一念生其心이리요 今捨身命日三時하야 施經多劫尙無厭하니 此事希奇絶無倫이라 聞之使人竪寒毛어늘 今讚持經福勝彼하시니 信知此經이 爲無上이로다 佛訶布施言爲劣하시니 以其不能無所着이라 但能布施心無住하면 只此便是菩薩行이니라

육조 부처님께서 말씀하시기를 "말법의 시대에 이 경전을 듣고 신심으로 거스르지 않으면 사상四相이 생기지 않을 것이니 이것이 부처님의 지견知見이다. 이 사람의 공덕이 앞의 다겁多劫 동안 몸을 버리는 공덕을 백천만 억겁 동안 쌓은 것보다 더 나아서

---

362 '한모寒毛'는 두려워서 몸의 털이 곤두선다는 의미라서 여기서는 '소름이 끼친다.'로 번역했다.

비유할 수가 없다. 한순간 경전을 들어도 그 복이 오히려 많거든, 하물며 다시 베껴 쓰고 받아 지니고 읽고 외워서 남을 위하여 해설함이겠는가?" 하셨다. 이런 사람은 결정코 아뇩다라삼먁삼보리를 성취할 것임을 알아야 한다. 그래서 갖가지 방편方便으로 이와 같이 매우 심오深奧한 경전을 말씀하셔서 모든 형상을 떠나게 하고 아뇩다라삼먁삼보리를 얻게 하시니, 얻은 공덕은 끝이 없다. 다겁 동안 몸을 버리더라도 모든 형상이 본래 비었다는 것을 통달하지 못하면 버리는 주관과 버리는 객관의 마음이 남아 있어 원래 중생의 견해를 떠나지 못한다. 만약 경전을 듣고 도를 깨달아서 아상과 인상이 문득 다하면, 언하言下에 바로 부처이다. 저 몸을 버리는 유루有漏의 복을 가지고 경전을 소지하는 무루無漏의 지혜에 비유하면 실로 미칠 수가 없다. 비록 시방세계의 보배를 모으고 삼세 동안 몸을 버리더라도 경전의 사구게四句偈를 지니는 것만 같지 못하다.

佛說末法之時에 得聞此經하고 信心不逆하면 四相이 不生하리니 卽是佛之知見이라 此人功德이 勝前多劫捨身功德百千萬億하야 不可譬喩니 一念聞經하야도 其福이 尙多온 何況更能書寫受持讀誦하야 爲人解說가 當知此人은 決定成就阿耨多羅三藐三菩提일새 所以로 種種方便으로 爲說如是甚深經典하야 俾離諸相하고 得阿耨多羅三藐三菩提케 하노니 所得功德이 無有邊際라 蓋緣多劫捨身하야도 不了諸相本空하면 有能捨所捨心在일새 元未離衆生之見이어니와 如能聞經悟道하야 我人頓盡하면 言下卽佛이라 將彼捨身有漏之福하야 比持經無漏之慧

428

하면 實不可及이니 雖十方聚寶와 三世捨身이라도 不如持經四句之偈
也라하시니라

야부 사람과 하늘 복의 과보가 곧 없지 않으나, 불법佛法은 꿈에
도 보지 못하도다!

人天福報는 卽不無어니와 佛法은 未夢見在로다

설의 몸을 버리는 시간과 일이 둘 다 가볍지 않으니, 사람과 하늘
복의 과보를 누가 감히 먼저 하겠는가? 그러나 하는 것이 미혹한
뜻363에서 나와 끝내 의도한 것과 같지 않음을 알게 될 것이다. 만일
경전經典과 복보福報의 거리를 논하자면 8만 4천이 먼 것이 아니로다!

捨身時事兩不輕하니 人天福報를 孰敢先이리요 然이나 所作이 出於迷情
하야 終感不如意事니 若將經福論相去인댄 十萬八千이 未是遠이로다

송 아침과 낮과 저녁에 보시하는 마음 내는 것 한결같으니
　그 공덕 끝이 없어 다 계산할 수 없도다!
　어찌 신심의 마음 세우지 않고
　한 주먹으로 큰 허공 쳐서 뚫는 것과 같겠는가!

初中後發施心同하니 功德이 無邊算莫窮이로다
爭似信心心不立하야 一拳打透太虛空가

---
363 미혹한 뜻(迷情): 내가 있다는 집착.

하루 세 번 몸 버린 복 끝이 없으나

어찌 경전 듣고 한순간 믿는 것과 같으리?

한순간에 무생無生의 부처[364] 통달하면

그 국량局量 넓고 넓어 크기가 허공 같다네.

다시 허공을 잡아 분쇄하면

사람과 하늘 복의 과보 논할 게 없으리.

三時捨身福無邊이나 爭似聞經一念信가

一念了達無生佛하면 其量이 恢恢大如空이라

更把虛空令粉碎하면 人天福報를 不堪論이로다

"수보리여, 중요한 것으로 말하자면 이 경전은 생각할 수 없고 헤아릴 수 없는 끝없는 공덕이 있으니"

須菩提야 以要言之컨댄 是經이 有不可思議不可稱量無邊功德하니

육조 경전을 지닌 사람은 마음에 내 것이 없으니, 내 것이 없는 까닭에 곧 이것이 불심佛心이다. 불심의 공덕이 끝이 없는 까닭에 헤아릴 수 없다고 말씀하셨다.

持經之人은 心無我所하리니 無我所故로 卽是佛心이라 佛心功德이 無

---

364 무생의 부처(無生佛): 본래 이루어져 있는 부처.

430

有邊際故로 言不可稱量也라하시니라

🪷

"여래는 대승大乘의 마음을 낸 사람을 위해 말하며, 최상승最上
乘의 마음을 낸 사람을 위해 말한다."

如來ㅣ 爲發大乘者說이며 爲發最上乘者說이니라

설의 이 경전의 덕은 헤아리기 어려우니 오직 상지上智의 사람을
위하여 말씀하셨다.

是經이 德難量이라 獨爲上智說이니라

육조 대승大乘이라는 것은 지혜가 넓고 커서 일체의 법을 잘
건립할 수 있고, 최상승最上乘이라는 것은 더러운 법 싫어하는
것을 보지 못하며, 깨끗한 법 구하는 것을 보지 못하며, 중생 제도하
는 것을 보지 못하며, 열반 증득하는 것을 보지 못한다. 중생을
제도한다는 마음을 짓지 않으며, 또한 중생을 제도하지 않는다는
마음도 짓지 않는다. 이것이 이름이 최상승이며, 또한 이름이 일체
지一切智이며, 또한 이름이 무생인無生忍이며, 또한 이름이 대반야
大般若이다. 어떤 사람이 발심하여 위없는 도를 구하는데 이 무상無
相 무위無爲의 매우 깊은 법을 듣고, 듣기를 마침에 곧 문득 믿고
이해하고 받아 지녀서 남을 위하여 해설하고, 그로 하여금 깊이
깨닫게 하여 훼손하고 헐뜯지 않아서 대인력大忍力과 대지혜력大智

慧力과 대방편력大方便力을 얻게 하면 곧 이 경전을 유통할 수 있을 것이다.

大乘者는 智慧廣大하야 善能建立一切法이요 最上乘者는 不見垢法可厭이며 不見淨法可求며 不見衆生可度며 不見涅槃可證하야 不作度衆生之心하며 亦不作不度衆生之心이니 是名最上乘이며 亦名一切智며 亦名無生忍이며 亦名大般若라 有人이 發心하야 求無上道인맨 聞此無相無爲甚深之法하고 聞已에 卽便信解受持하야 爲人解說하고 令其深悟하야 不生毀謗하야 得大忍力과 大智慧力과 大方便力하면 卽能流通此經하리라

야부 한 줌 실을 베는 것과 같아서
한 번 벰에 일체가 끊어지도다!

如斬一握絲하야 一斬에 一切斷이로다

설의 이 경전이 사람으로 하여금 장애를 끊게 함이 한 줌의 실을 벰과 같아서 한 번 벰에 일체가 끊어지고, 사람으로 하여금 덕을 이루게 함은 한 올의 실을 물들임과 같아서 한 번 물들임에 일체가 물들도다!

此經이 令人斷障則如斬一握絲하야 一斬에 一切斷이요 令人成德則如染一縷絲하야 一染에 一切染이로다

송 한 주먹으로 화성관化城關[365]을 쳐서 넘어뜨리고

한 다리로 현묘채玄妙寨를 뛰어넘도다.

남북동서에 발걸음 가는 대로 다니니

대자대비하신 관자재보살을 찾지 말라.

대승의 말씀, 최상승의 말씀이여!

한 방망이에 한 가닥 허물이고

한 손에 한 줌의 피로다!

一拳打倒化城關하고 一脚趯飜玄妙寨로다

南北東西에 信步行하니 休覓大悲觀自在어다

大乘說最上說이여

一棒에 一條痕이요 一掌에 一握血이로다

화성을 쳐서 넘어뜨리고 현관玄關을 밟으니

여래의 광대한 세계에 활보하도다!

이미 부처와 더불어 활계를 함께하니

대비大悲[366]의 제접提接을 어찌 다시 구하겠는가?

대승의 말씀, 최상의 말씀이여!

한 방망이가 5천 부[367]를 감당하고

---

365 화성관化城關: 『법화경』「화성유품化城喩品」에 진실교眞實敎에 이르게 하기 위한 방편교方便敎를 의미한다.

366 대비大悲: 대자대비大慈大悲의 부처님.

367 5천 부五千部: 『금강경』오천 부 또는 대장경大藏經.

한 손으로 8만의 법문[368]을 다 쳐버리도다!

다만 이러하더라도 이미 많은 일을 이룬 것이니

어찌 다시 중얼중얼 갈등葛藤을 말하겠는가?

한 가닥 허물과 한 줌의 피여!

하늘과 땅은 색을 잃고, 해와 달은 빛이 없도다!

撞倒化城踏玄關하니 闊步如來廣大刹이로다

旣能與佛同活計하니 大悲提接을 更何求아

大乘說最上說이여

一棒이 可當五千部요 一掌으로 擊盡八萬門이로다

只此已成多事在니 何更喃喃話葛藤이리요

一條痕一握血이여

乾坤이 失色하고 日月이 無光이로다

"만약 어떤 사람이 받아 지니고 읽고 외워서 널리 남을 위하여
설명하면 여래가 이 사람을 다 알며, 이 사람을 다 보아서
헤아릴 수 없고, 말할 수 없고, 끝이 없고, 생각할 수 없는
공덕을 다 성취할 것이니, 이와 같은 사람은 곧 여래의 아뇩다라
삼먁삼보리를 짊어짐[369]이 될 것이니"

---

368 8만의 법문(八萬門): 법문法門이 많음을 이름.

369 짊어지는 것(荷擔): '놓아라, 비워라, 쉬어라'와 반대 개념. 구름이 걷히고 해가
 나는 것에 해당. 교학적教學的으로 이것은 쌍조雙照에 해당하고 '놓아라, 비워라,

434

若有人이 能受持讀誦하야 廣爲人說하면 如來ㅣ 悉知是人하며 悉見是人하야 皆得成就不可量不可稱無有邊不可思議功德하리니 如是人等은 卽爲荷擔如來阿耨多羅三藐三菩提니

설의 이 경전은 이미 상지上智를 위해 말씀해 오신 것이니, 만약 어떤 사람이 지니고 말하면 이 사람은 반드시 상지라서 부처의 지견知見을 얻어 보리를 짊어질 것임은 반드시 의심할 것이 없도다!

此經이 旣爲上智說來시니 若人이 持說하면 此必上智라 得佛知見하야 荷擔菩提ㅣ 必無疑矣로다

육조 상근기上根機의 사람은 이 심오한 경전을 듣고 부처님의 뜻을 깨달아 자기 마음 경전을 지녀서 견성見性을 마치고, 다시 남을 이롭게 하는 행실을 일으켜 남을 위하여 해설하여 모든 배우는 사람들로 하여금 스스로 형상 없는(無相) 이치를 깨닫게 하여 본성이 여래如來와 같음을 보게 하여 위없는 도를 성취하게 할 것이다. 설법하는 사람이 얻는 공덕은 끝이 없어서 헤아릴 수 없다는 것을 알아야 한다. 경전을 듣고 뜻을 이해하여 가르침대로 수행하고, 다시 널리 남을 위하여 말하여 모든 중생들로 하여금 앎을 얻어, 형상 없고(無相) 집착 없는(無着) 행동[370]을 수행하게 하여 이 행동을

쉬어라는 쌍차雙遮에 해당한다. 그러나 이 둘은 따로 있는 것이 아니라 일체一體를 이루고 있다.

370 형상 없고 집착 없는 행동(無相無着之行): 오후보임悟後保任이 아니라 그냥 일상생

실천할 수 있게 하면 곧 큰 지혜의 광명이 있어 번뇌[371]를 벗어날 것이다. 비록 번뇌를 벗어났지만 번뇌를 벗어났다는 생각을 하지 않으면 곧 아뇩다라삼먁삼보리를 얻는다. 그러므로 이름하여 여래를 짊어진다고 했다. 경전을 가진 사람은 저절로 한량없고, 끝없고, 생각할 수 없는 공덕이 있음을 알아야 한다.

上根之人은 聞此深經하고 得悟佛意하야 持自心經하야 見性究竟하고 復能起利他之行하야 爲人解說하야 令諸學者로 自悟無相之理하야 得見本性如來하야 成無上道하리니 當知說法之人의 所得功德이 無有邊際하야 不可稱量이요 聞經解義하야 如敎修行하고 復能廣爲人說하야 令諸衆生으로 得悟修行無相無着之行하야 以能行此行하면 卽有大智慧光明하야 出離塵勞하리니 雖離塵勞나 不作離塵勞之念하면 卽得阿耨多羅三藐三菩提일새 故로 名荷擔如來니 當知持經之人이 自有無量無邊不可思議功德이라

야부 태산과 화산을 쪼개어 여는 수단은 모름지기 이 크고 신령한 신(巨靈神)이로다!

擘開泰華手는 須是巨靈神이로다

설의 부처의 보리를 짊어진 사람은 모름지기 이 개중인介中人[372]이
로다!

荷擔佛菩提는 須是介中人이로다

송 산을 쌓고 큰 산을 쌓아옴이여!
　일일이 다 티끌 먼지로다!
　눈 안에 눈동자 사람이 푸르고
　가슴속에 기운이 우레와 같도다!
　변방에 나감에 모래 요새가 고요하고
　나라에 들어옴에 영재英才를 꿰었도다!
　한 조각의 작은 마음이 큰 바다와 같으니
　파도에 가고 또 오는 것을 몇 번이나 봤던가?

　堆山積岳來여 一一盡塵埃로다
　眼裡에 瞳人碧하고 胸中에 氣若雷로다
　出邊에 沙塞靜이요 入國에 貫英才로다
　一片寸心이 如海大하니 波濤에 幾見去還來오

만약 개중인介中人이라면 이치를 궁구하지 않음이 없고, 일을 통달하
지 않음이 없어 바로 허공이 부서지고 대지가 일시에 꺼져서 가사假使
시방세계의 모든 부처가 동시에 갖가지 신통한 변화를 일으켜 나타내

---

372 개중인介中人: 일체 존재의 실체가 없음을 아는 경지의 사람.

더라도 이 사람의 면전에서는 다 티끌 먼지가 된다. 무엇 때문에 이와 같은가? 쇠몽둥이를 잡고 불자를 세워도 그는 역시 돌아보지 않으며, 말씀과 삼매도 그는 역시 듣지 않아서

> 눈빛(眼光)이 삼천세계를 녹여버리니
> 안에 눈동자가 있어 푸른 눈동자가 차갑도다!
> 가슴속이 깨끗하고 시원하여 온통 세상을 잊으니
> 그 가운데 우레가 있어 기운이 새롭도다!
> 밖으로 여러 인연에 응하나 곳을 따라 고요하고,
> 안으로 고요함에 명합冥合하나 호응함에 이지러짐 없도다!
> 뱃속이 넓고 넓어 바다와 같이 크니
> 천 가지 차이 있고 없음에 맡겨두도다(一任)!

若是介中人인댄 無理不窮하고 無事不通하야 直令虛空이 粉碎하고 大地ㅣ平沈하야 假使十方諸佛이 同時興現하사 種種神變이라도 此人面前에 盡成塵埃니 爲甚如此오 拈鎚竪拂도 他亦不顧하며 語言三昧도 他亦不聞하야

> 眼光이 爍破三千界하니 裡有瞳睛碧眸寒이로다
> 胸次灑落渾忘世하니 中有雷霆氣宇新이로다
> 外應衆緣隨處寂하고 內冥一寂應無虧로다
> 肚裏恢恢如海大하니 一任千差有與無로다

"무슨 까닭인가? 수보리여, 만약 소승법小乘法을 즐기는 사람은 아견我見, 인견人見, 중생견衆生見, 수자견壽者見에 집착하므로 곧 이 경전에서 듣고 받아 읽고 외어서 남을 위하여 해설해줄 수 없을 것이다."

何以故오 須菩提야 若樂小法者는 着我見人見衆生見壽者見일새 卽於此經에 不能聽受讀誦하야 爲人解說하리라

설의 무엇 때문에 말씀하시되 이 경전經典은 대승의 마음을 낸 사람을 위하여 말씀하시며, 최상승의 마음을 낸 사람을 위하여 말씀하시며, 이와 같은 사람들은 곧 아뇩보리를 짊어진 것이 된다고 말씀하셨는가? 이 경전은 바로 대인의 경계境界를 보인 것이라서 작은 근기의 사람(小根人)과 작은 지혜의 사람(小智人)이 능히 감당하여 맡을 것이 아니기 때문이다.

因甚道하사대 此經이 爲發大乘者說이며 爲發最上乘者說이며 乃至云如是人等은 卽爲荷擔阿耨菩提오 此經은 直示大人境界라 非是小根小智의 所能堪任也니라

육조 작은 법을 즐기는 사람은 작은 과보를 즐겨 큰마음을 내지 않는 이승二乘의 성문 사람이다. 큰마음을 내지 않으므로 곧 여래의 깊은 가르침을 받아 지니고 읽고 외워서 남을 위하여 해설할 수 없다.

樂小法者는 爲二乘聲聞人이 樂小果하야 不發大心이니 以不發大心故
로 卽於如來深法에 不能受持讀誦하야 爲人解說이니라

야부 어진 사람(仁者)은 그것을 보고 인仁이라 이르고, 지혜로운
사람(智者)은 그것을 보고 지智라고 이른다.[373]

仁者ㅣ 見之에 謂之仁이요 智者ㅣ 見之에 謂之智로다

설의 이 경전은 지혜로 몸(體)을 세워 생각생각 남이 없고, 행동으로
씀(用)을 일으켜 번성하게 일어남이 끝이 없다. 이것은 문수보살文殊
菩薩과 보현보살普賢菩薩의 대인 경계라서 작은 근기의 사람과 작은
지혜의 사람이 가슴에 품을 수 있는 것이 아니다. 이러하다면 지혜가
아니면 그 몸(體)을 궁구할 수 없고, 인仁이 아니면 그 씀(用)을 다할
수 없으니, 이것에 의거하여 수행하는 사람은 자비를 실행함에 자비가
광대하고, 지혜를 사용함에 지혜가 깊다고 이를 수 있다.

此經이 以智立體하야 念念無生하고 以行起用하야 繁興無際하니 此乃文
殊普賢大人境界라 非小根小智의 所能掛懷니 伊麽則非智면 無以窮其

---

373 이 말은 『주역周易』「계사전상繫辭傳上」'제4장'에 보인다. 거기서는 '어진 사람
    (仁者)은 보고 그것을 인仁이라 이르고, 지혜로운 사람(知者)은 보고 그것을
    지知라고 이른다(仁者見之謂之仁 知者見之 謂之知).'라고 하여 야부冶父 인용문
    의 지智가 지知로 되어 있다. 주자朱子는 인은 양동陽動, 지는 음정陰靜이며
    각기 도道의 한쪽을 얻었다는 의미로 해석했다. 그러나 함허스님은 야부의
    이 인용문에 대하여 인仁은 보현의 자비慈悲, 지智는 문수의 지혜智慧에 각각
    견주어 이 양자를 체용의 관계로 설명하였다.

體요 非仁이면 無以盡其用이니 依此而修者는 可謂行悲에 悲廣大하고
用智에 智能深이로다

송 영웅도 배우지 않고 글도 읽지 않고
　고통스럽고 수고롭게 먼 길을 달리도다!
　어머니가 주신 보배 쓸 마음이 없어
　무지無知하고 굶어 죽는 사람 되기를 달게 여기도다!³⁷⁴
　어찌 다른 사람을 괴이하게 여길 것인가?

　不學英雄不讀書하고 波波役役走長途로다
　娘生寶藏을 無心用하야 甘作無知餓死夫로다
　爭怪得別人이리요

　문장에 능하고 무예에 능하여 세계 제일이 되면
　빈천한 인간 고통을 면한다네.
　어짊과 지혜(仁智)도 사람에게 또한 그와 같아서
　익히면 침몰沈沒함을 면할 수 있다네.
　지금은 어짊과 지혜 둘 다 익히지 않고
　미로迷路에서 오랫동안 기어 다니네.
　덕성의 보배 비록 그렇게 있으나
　쓰는 것 알지 못해 스스로 비틀거리는 고통 가져왔네!

---

374 무아無我, 공空, 연기緣起, 중도中道의 도리를 모르고 스스로 정신을 죽여 육도를
　윤회하는 것을 이른다.

이미 그렇게 스스로 가져왔으니 누구에게 허물 돌리리?

能文能武世第一이면 免見人間貧賤苦니
仁智於人에 亦如然하야 習來能得免沈淪이어늘
如今仁智를 兩不習하야 故於迷途에 長匍匐하니
德性寶藏이 雖然在나 不解用하야 自取玲嵹苦로다
旣然自取어니 歸咎何人이리요

"수보리여, 있는 곳곳에 만약 이 경전이 있으면 일체 세간의 하늘, 사람, 아수라가 공양할 것이다. 마땅히 알라. 이곳은 곧 탑이 되어서 모두 공경하고 예를 표하고 주위를 돌며 모든 꽃과 향기를 그곳에 뿌릴 것이다."

須菩提야 在在處處에 若有此經하면 一切世間天人阿修羅의 所應供養이니 當知此處는 卽爲是塔이라 皆應恭敬作禮圍繞하야 以諸華香으로 而散其處하리라

설의 이 경전은 본래부터 있지 않은 곳이 없었으나, 다만 티끌에 묻혀 나타나지 않아서 사람들이 알 수 없었다. 오직 큰 지혜를 가진 사람이 티끌을 깨고 받들어 내어 널리 사람을 위하여 말씀하시니, 이곳이 이 경전이 있는 곳이다. 이것이 인천[375]의 눈이니 인천이 공양을

---

375 인천人天: 인간 세계와 하늘 세계의 모든 생명.

해야 한다.

此經이 從來로 無處不在로대 只因埋塵不顯하야 人不得知라 唯有大智
人은 破塵擎來하야 廣爲人說하나니 此有此經之處也라 此是人天眼이니
人天에 所應供이니라

육조 만약 사람이 입으로 반야를 외우고 마음으로 반야를 실행하
여 있는 곳곳에서 항상 함이 없고(無爲) 형상 없는(無相) 행동을
실행하면, 이 사람이 있는 곳은 불탑佛塔이 있는 곳과 같다. 일체
사람과 하늘이 각기 공양하고 예를 갖추어 공경하기를 부처님께
함과 다름없이 함을 느껴서 알 것이다.[376] 경전을 받아 지니는 사람은
이 사람 마음 가운데 스스로 세존이 있다. 그러므로 이르기를
부처님의 탑묘塔廟와 같다고 하니, 이 사람이 짓는 복덕이 한량
없고 끝 없음을 알아야 한다.

若人이 口誦般若하고 心行般若하야 在在處處에 常行無爲無相之行하
면 此人所在之處는 如有佛塔이라 感得一切人天의 各持供養하야 作禮
恭敬을 與佛無異하리니 能受持經者는 是人心中에 自有世尊일새 故로
云如佛塔廟니 當知是人의 所作福德이 無量無邊이니라

---

376 느껴서 알 것이다(感得): 느껴서 알다. 영감으로 깨달아 알다.

야부 진주의 무이고[377] 운문의 호떡이로다![378]

鎭州蘿蔔이요 雲門胡餅이로다

설의 이 경전에 공양하려는데 무엇으로 공양 도구를 삼을까? 진주의 무이고 운문의 호떡이로다! 어떤 스님이 운문에게 묻기를 "무엇이 부처를 뛰어넘고 조사를 뛰어넘는 말입니까?" 운문이 이르되 "호떡이다." 개선 섬화상開先暹和尙이 이 말을 들어서 이르기를 "지금 2백 명의 납자가 동경과 서락의 한 총림에서 나와서 한 도량으로 들어가되 이르는 곳마다 찬 것을 싫어하고 더운 것을 좋아하며, 얼마 정도를 먹었거니와 도리어 어떤 한 사람은 운문의 호떡을 아는가, 모르는가? 내가 좋은 것을 눌러 천하게 만드는 것이 아니라 감히 알지 못한다고 말하노라. 무엇 때문인가? 내가 20년 전에 의발 아래에 감추어 두어서 귀신도 또한 알 수 없으니, 너희 이 한 무리 놈들이 어느 곳을 향하여 모색摸索하겠는가? 만약 믿지 않는다면 오늘 널리 대중을 공양하겠다." 드디어 주장자를 잡아 일으켜서 한 원상圓相을 그리고 이르시되 "뛰어난 솜씨의 사람은 잡아 가져라." 다시 이르시되 "거두어 들여라." 고 하셨다. 모름지기 공양 도구가 되는 까닭을 알아야 비로소 옳다.

---

377 『벽암록』 제30칙에 나온다. "어떤 스님이 조주에게 묻기를 '듣건대 화상은 남전스님을 직접 보았다고 하니 그런가? 조주가 이르기를 '진주에는 큰 무가 난다.'(擧僧 問趙州承聞 和尙親見南泉是否 州云 鎭州出大蘿蔔頭)"

378 『벽암록』 제77칙에 나온다. "어떤 스님이 운문에게 묻기를 '무엇이 불조佛祖를 뛰어넘는 말입니까? 운문이 이르기를 '호떡이다.'(擧僧 問雲門 如何是超佛超祖之談 門云 餬餅)"

444

이 하나의 호떡으로 한 대중만 공양할 수 있을 뿐만 아니라 또한 시방의 모든 부처도 공양할 수 있으며, 또한 육도의 중생도 공양할 수 있으니, 어떻게 공양을 하는가? 진주의 한 개 무를 천하의 늙은 화상이 삼키고 토해 오고 삼키고 토해 가며, 운문의 한 개 호떡을 천하의 납승이 씹어 오고 씹어 가니, 진실로 삼키고 토하고 씹을 줄 안다면 일찍이 공양을 해 마쳤다.

供養此經에 以何로 爲供養具오 鎭州蘿蔔이요 雲門胡餠이로다 僧이 問雲門호대 如何是超佛超祖之談이니잇고 門이 云하사대 胡餠이니라 開先暹和尙이 擧此話云하사대 如今二百員衲子ㅣ 東京西洛에 出一叢林하야 入一道場호대 到處에 嫌冷愛熱하야 喫却多少了也어니와 還有一人이 識得雲門胡餠也未아 山僧이 不是壓良爲賤이라 敢道未識得在라하노니 何故오 山僧이 二十年前에 藏在衣鉢下하야 鬼神도 亦不能知니 你這一隊漢이 向甚麼處하야 摸索이리오 若也不信인댄 今日에 普將供養大衆호리라 遂拈起柱杖하야 畫一圓相云하사대 好手底는 拈取하야라 復云하사대 收라하시니 須知所以爲供養具하야사 始得다 此一枚胡餠이 非但可以供養一衆이라 亦可以供養十方諸佛이며 亦可以供養六途含靈이니 作麼生供養고 鎭州一頭蘿蔔을 天下老和尙이 呑吐來呑吐去하며 雲門一枚胡餠을 天下衲僧이 咬嚼來咬嚼去하나니 苟知呑吐咬嚼인댄 早已供養了也니라

송 그대와 함께 걷고 또 함께 다니니
　일어서고 앉음에 서로 도와 세월이 길도다!

목마르면 물마시고, 배고프면 밥 먹어 항상 대면하니
모름지기 머리를 돌려 다시 생각하지 말라.

與君同步又同行하니 起坐相將歲月長이로다
渴飮飢湌常對面하니 不須回首更思量이니라

다만 공양하는 한 권의 경전을 어느 곳을 향하여 볼까? 일체의 때와
장소에 얼굴을 보고 서로 드러내니, 따지고 생각하면 얼굴을 마주해도
천 리이다.

只如供養底一卷經을 向什麽處하야 看고 一切時處에 覿面相呈하니 擬
議思量하면 對面千里니라

종경 천만 억겁 동안 몸을 보시함이여! 복이 바다보다 깊고,
최상승을 발한 사람을 위하여 말씀하심이여! 멘 것이 무겁기가
산과 같도다! 잡아 일으켜 문득 가기가 경쾌하나 또한 전과 같이
놓기를 청하노니[379] 무슨 까닭인가? 역량이 큰 사람은 원래 움직이
지 않아서 등한하게 윗머리의 관문(上頭關)[380]을 쓸어버리고 지나

---

[379] 여기서는 천만 억겁 몸을 보시하는 사람, 최상승最上乘을 남에게 설해주는
사람, 전과 같이 내려놓는 사람 등 세 가지 유형 가운데 세 번째 사람이
가장 수승하다는 말을 하고 있다. 이것은 성문 연각에 보시하는 것보다 보살에
게 보시하는 것이 더 낫고, 보살에게 보시하는 것보다는 부처님께 보시하는
것이 더 낫고, 부처님께 보시하기보다는 무심도인無心道人에게 보시하는 것이
더 낫다고 한 근세 향곡스님의 주장과 의미가 상통한다.

간다.

布施千萬億劫之身이여 福深於海하고 爲發最上乘者說이여 擔重如山
이로다 慶快撩起便行이나 且請依前放下하노니 何故오 大力量人은 元
不動하야 等閒抹過上頭關이니라

설의 몸을 버리는 복이 깊기는 깊으나 이 상승에는 마침내 상관이
없고, 보리의 무거운 짐을 잡아 일으켜 문득 가는 것이 경쾌하기는
경쾌하나 또한 그전처럼 놓기를 청하니, 무엇 때문에 이와 같은가?
만약 역량이 큰 사람이라면 그 최상승의 말을 즐겨 듣지 않고, 천
가지 차별을 밟아 끊고 바로 저 변邊을 지나간다.

舍身之福이 深則深矣나 於此上乘에 了沒交涉이요 菩提重擔을 撩起便
行이 快則快矣나 且請依前放下하노니 爲甚如此오 若是大力量人인댄
不肯聽他最上乘說하고 踏斷千差하야 直過那邊이니라

송 취모검吹毛劍을 거꾸로 잡고 다른 자취를 쓸어서
    문득 마음으로 하여금 다 열어 통하게 하네.
    칼날이 홀로 비로의 정수리에 드러나니
    범부와 성인이 나란히 하풍下風[381]에 서도다!

━━━
380 윗머리의 관문(上頭關): 높은 관문.
381 하풍下風: 하풍은 바람이 부는 방향으로서 순풍順風이라 할 수 있고, 상풍上風은
    바람이 부는 반대 방향으로 역풍逆風이라 할 수 있다. 그리고 하풍은 다른
    사람의 아래, 즉 인후人後라는 뜻도 있다.

倒握吹毛掃異蹤하야 頓令心地盡開通이라

鋒芒이 獨露毘盧頂하니 凡聖이 齊敎立下風이로다

한 자루의 취모검을 거꾸로 잡고 천차만별을 다 쓸어서 문득 마음으로 하여금 훤하게 열리게 한다. 비로의 정상에 칼날이 홀로 드러나니 위엄威嚴이 빛나고 빛나서 눈으로 보면 다 잃으니, 그래서 범부와 성인이 하풍에 선다.

倒握一柄吹毛하고 掃盡千差萬別하야 頓令心地로 豁然開通이라 毘盧 頂上에 鋒芒이 獨露하고 威光이 赫赫하야 寓目皆喪하니 所以로 凡聖이 立在下風이라

요지 먼저 경문에서 선남자 선여인이 하루의 아침, 점심, 저녁 세 번에 걸쳐 한량없는 백 천만 억겁 동안 몸을 보시하더라도 어떤 사람이 이 경전을 듣고 믿고 거스르지 않으면 이 복이 보시의 공덕보다 더 크다 하고, 베껴 쓰고 받아 지니고 외우고 남에게 해설해 주는 것은 더 말할 나위없는 공덕이 있다고 했다. 이 경전에는 생각하고 헤아릴 수 없는 공덕이 있어서 여래가 대승과 최상승 사람을 위해서 해설해준다고 하였다. 사람이 받아 지니고 외우며 남을 위해 해설해주면 한량없는 공덕을 성취하여 여래의 아뇩다라삼먁삼보리를 짊어지게 된다고 하였다. 소승은 사상四相이 있기 때문에 이 경전을 듣고 받아 지니고 외우며 남을 위해서 해설할 수 없다고 하였다. 그래서 어느 곳이든 이 경전이 있는 곳은 세간의 하늘과 사람, 아수라

가 공양하기를 탑이 있는 데에 공경하고 예를 표하며 돌면서 꽃과
향을 뿌림과 같이 될 것이라고 하였다.

여기에 대하여 육조스님은 말법 시대에 이 경전을 듣고 믿어서
거스르지 않으면 사상四相이 나지 않아 바로 부처의 지견知見이라고
했다. 다겁多劫의 세월 동안 몸을 버려 보시하더라도 모든 형상이
공함을 통달하지 못하면 보시의 주관과 객관이 있어서 중생의 견해를
떠날 수 없기 때문에 이 경전을 듣고 진리를 깨달아 사상이 다 없어져서
바로 부처가 되는 데에는 미칠 수 없다고 했다. 대승의 사람은 지혜가
광대하여 일체의 법을 건립할 수 있고, 최상승의 사람은 더러움을
싫어하거나 깨끗함을 구하지도 않고, 중생을 제도하지도 않고 열반을
증득하지도 않고, 중생을 제도한다·하지 않는다는 마음도 내지 않은
사람으로 일체 지혜를 가진 사람, 무생인無生忍을 가진 사람, 대반야大
般若를 가진 사람이라 이름하고, 이런 사람에게 경전을 강설해야
이 경전을 유통할 수 있다고 하였다. 상근의 사람은 이 심오한 경전을
듣고 부처의 뜻을 깨달아서 자기 마음 경전을 가져서 구경의 견성을
얻어 이타利他의 행으로 남에 해설하여 형상 없는 이치를 깨닫게
하고, 여래의 본성을 보게 하여 무상의 진리를 성취하게 한다고 하고,
법을 강설하는 사람의 공덕이 한량없음을 알아야 한다고 하였다.
대지혜광명을 얻어 진로塵勞를 떠났지만 떠났다는 생각을 하지 않아
서 아뇩다라삼먁삼보리를 얻기 때문에 여래를 짊어진다고 하였다.
이승二乘의 성문은 작은 것을 즐기고 큰마음을 내지 않아서 여래의
심오한 법을 받아 지니고 외우고 남을 위해 해설해줄 수 없다고
했다. 어떤 사람이 입으로 반야를 외우고 마음으로 실천하여 있는

곳마다 함이 없고 형상 없는 행동을 실천하면 이 사람이 있는 곳은 불탑이 있는 것과 같아서 모든 하늘과 사람이 공양하고 예를 다해 공경하기를 부처와 다름없이 하리라고 하였다. 이것은 경전을 받아 지닌 사람은 그 마음속에 저절로 세존이 있기 때문이라 하였다.

여기에 대하여 야부스님은 보시하는 것이 하늘과 사람으로 태어나는 복이 없지는 않으나 불법은 꿈에도 못 봤다고 하고, 이것이 한 주먹으로 태허공太虛空을 쳐서 투과하는 것과 어찌 같겠는가라고 다시 읊었다. 대승, 최상승을 위해서 설한다는 데에 대해서는 한 주먹의 실을 한 번 끊음에 일체를 끊는다 하고, 이것도 오히려 흔적을 남기는 것이라고 다시 부정했다. 이 경전을 받아 지니고 읽고 외우고 남을 위해 강설해주는 공덕이 큼에 대하여 거령신이 태산과 화산을 쪼갬과 같고, 변방에 나가면 그곳이 고요해지고 조정에 들어오면 영재가 된다는 것에 그 공을 비유했다. 소승이 사상四相 때문에 이 경을 듣고 받아서 읽고 외우고 남을 위해 해설해줄 수 없는 것에 대하여 어머니가 준 보배를 쓰지 않고 굶어죽는다는 비유를 들어 비판했다. 이 경전이 있는 곳을 하늘, 사람, 아수라가 공경한다는 것에 대하여 진주의 무와 운문의 호떡, 목마르면 물마시고 배고프면 밥 먹는 일상이 바로 그 공경임을 게송으로 읊었다.

종경스님은 역량이 큰 사람은 움직이지 않고 등한히 빗장을 없애고 지나간다고 말하고, 이어서 게송의 방식으로 취모검을 거꾸로 잡고 다른 종적을 쓸어 마음을 다 열게 하며, 칼날이 비로의 이마에 드러나니 법부와 성인이 다 그 아래에 선다고 읊었다.

여기에 대하여 함허스님은 경문과 이에 대한 야부와 종경의 설을 통합적으로 정리하고 있다. 먼저 몸을 보시하는 것보다 경전을 듣고 믿어서 거스르지 않으면 그 공덕이 더 크다는 경문의 내용에 대하여 몸을 보시하는 것이 대단하기는 하지만 집착이 생길 수 있어서 베껴서 받아 지니며 외우고 남에게 가르쳐주는 것이 더 위대하다고 하였다. 여기에 대한 야부의 송을 두고 몸을 보시하는 공양은 미혹한 정에서 나왔기 때문에 인천의 복은 받지만 남이 없는 부처를 통달하는 것보다 못하다고 다시 강조하고 있다. 그리고 이 경전은 덕이 한량없기 때문에 상지上智 즉 상근기에게 설한다고 하고, 한 번 끊음에 일체를 끊는다는 야부의 말에 대하여 이는 장애를 끊음이며, 덕을 이룸도 단번에 모든 실을 물들이듯이 한 번에 일체를 이룬다고 풀이하였다.

대승설과 최상승설을 한 가닥 허물과 한 주먹의 피라고 읊은 야부의 송에 대하여 하늘과 땅이 색을 잃고 해와 달이 빛을 잃는다고 다시 표현하였다. 그리고 가르침을 가질 수 있으면 반드시 상지上智로서 부처의 지견을 얻고 보리를 짊짐이 틀림없다고 하고, 그런 사람을 실체 없음을 아는 경지에 도달한 개중인介中人이라고 했다. 그 개중인은 이치와 일에 통하지 않음이 없어서 허공이 분쇄되고 땅이 일시에 무너진다고 하였다. 이런 사람 앞에는 시방의 부처가 나타나도 티끌이 되고 몽치를 잡고 불자를 세워도 돌아보지 않는다고 하였다. 작은 법을 즐기는 이는 이 경전을 듣고 받아서 읽고 외우고 남을 위해 해설해줄 수 없다는 경문에 대하여 야부는 어진 사람은 이를 인仁이라 하고 지혜로운 사람은 이를 지혜智慧라고 한다고 말했는데, 여기에 대하여 함허는 이 경전은 지혜로 체를 세웠기 때문에 분별심이 일어나지 않고, 행동으로 작용을 일으켰기 때문에 끝없이 일이 일어난다고 하면서 이것이 바로 문수와 보현이라는 대인의 경계라고 하였다.
지혜와 어짊이 아니면 체용을 다 궁구할 수 없지만 두 가지에 의거하여
수행하면 자비가 광대해지고 지혜가 깊어진다고 하였다. 이 두 가지를
익히지 않고 미혹의 길에 오래 기어 다니며 비틀거리는 고통을 스스로
취하면서 누구에게 허물을 돌리는가라고 반문하였다.

이 경전이 있는 곳은 탑이 있는 곳과 같이 공경하고 예를 다하고
꽃과 향을 뿌린다고 한 것에 대하여 이 경전이 본래는 없는 곳이
없지만 먼지 때문에 사람들이 모르다가, 지혜인이 먼지를 없애고
드러내서 남을 위해서 해설해주면 그곳이 이 경전이 있는 장소가
된다고 하였다. 경전이 있는 곳을 공경한다는 내용에 대하여 야부는
진주의 무와 운문의 호떡이라고 말했는데, 함허는 이 둘은 경전에
드리는 공양구라고 하였다. 운문의 호떡에 대한 내용을 소개하고
운문호떡을 가지고 대중공양의 법문을 한 개선 섬화상開先暹和尙의
경우를 소개하였다. 그리고 호떡은 대중을 공양할 뿐 아니라 일체
부처와 육도의 중생도 공양한다고 하였다. 천하의 노화상과 납승들이
씹고 먹은 것이 바로 공양을 해 마친 것이라고 하였다. 이 경전에
대한 공양은 언제 어디서나 얼굴을 보면서 드리는 것인데 따지고
헤아리면 천리나 어긋난다고 하였다.

종경스님은 몸을 보시함은 복이 바다보다 깊고, 최상승자에게 해설
해 줌은 산과 같이 무거운 것을 짊어진 것이라고 이 장의 내용을
요약하고, 역량이 대단한 사람은 움직이지 않기 때문에 옛날처럼
짐을 내려놓으라고 했다. 여기에 대하여 함허스님은 대역량인大力量
人은 최상승설 듣기를 즐기지 않고 천차만별을 밟아버리고 바로 저쪽

을 지나간다고 하였다. 종경은 이를 다시 송으로 읊었는데, 여기에 대하여 함허 역시 취모검을 거꾸로 잡고 천차만별을 다 쓸어버리고 마음을 시원하게 열어젖힌다고 하고, 비로의 이마 위에 칼날이 홀로 드러남에 보면 바로 실명하기 때문에 범부와 성인도 그 아래에 선다고 하였다.

업장을 정화함 제16
能淨業障分 第十六

"다시 수보리여, 선남자 선여인이 이 경전을 받아 지니고 읽고 외우되 그 때문에 만약 사람에게 가벼이 여기고 천하게 여김을 받게 되면 이 사람은 선세의 죄업으로 악도에 떨어질 것이건마는, 지금 사람이 가벼이 여기고 천하게 여기는 까닭으로 선세의 죄업이 곧 소멸하고 당연히 아뇩다라삼먁삼보리를 얻을 것이다."

復次須菩提야 善男子善女人이 受持讀誦此經호매 若爲人輕賤하면 是人은 先世罪業으로 應墮惡道언마는 以今世人이 輕賤故로 先世罪業이 卽爲消滅하고 當得阿耨多羅三藐三菩提하리

설의 사람에게 가벼이 여기고 천하게 여김을 받는다는 것은 아상我相과 인상人相이 없음을 밝히신 것이다. 대개 아상과 인상이 있는 사람은 다만 남의 위가 되려고 하고 남의 아래가 되지 않으려고

하거니와, 아상과 인상이 없음을 통달한 사람은 귀하게 대해도 기뻐하지 않으며 천하게 여겨도 성내지 않아서 능히 일체 중생에게 겸손하여 남의 아래 되기를 달게 여긴다. 이로 말미암아 옛날 인욕선인忍辱仙人은 가리왕에게 베이고 끊김을 당하시고 불경보살不輕菩薩은 사부대중에게 때리고 꾸짖음을 받으셨으니, 이것은 다 가벼이 여기고 천하게 여김을 받는 일이로되 처음부터 성냄과 원한의 마음이 없으셨다. 그러므로 남에게 가벼이 여기고 천하게 여김을 받는 일은 아상과 인상이 없음을 통달한 사람이 하는 행위임을 알 수 있다. 진실로 아상이 없음을 통달하면 남에게 가벼이 여기고 천하게 여김을 받음이 오히려 진리의 즐거움이 된다. 진리에는 피차가 없는데 견해로 아상과 인상을 일으키니, 아상과 인상이 있음으로 말미암아 업을 일으키고 죄를 짓는다. 죄업이 서로 모양을 이루어 보리의 길을 막으니 보리를 성취하려고 하면 먼저 죄업을 없애야 하고, 죄업을 없애고자 하면 먼저 아상과 인상을 끊어야 한다. 만약 이 경전을 듣고 뜻을 알아서 아상이 없는 이치를 통달하고, 또 아상이 없는 행동을 수행修行하여 다시는 생사의 업을 짓지 않으면, 죄의 뿌리가 영원히 없어진다. 그런 까닭에 비록 선세에 한량없는 죄업이 있더라도 곧 얼음이 녹고 기와가 풀리는 것과 같아서 위없는 불과佛果인 보리를 이루게 될 것이다. 그러므로 이르시되 만약 선남자 선여인이 이 경전을 받아 지니고 읽고 외우되 만약 사람에게 경시와 천시를 받으면 이 사람의 선세 죄업이 곧 소멸하게 되고 당연히 아뇩다라삼먁삼보리를 얻는다고 하셨다. 비록 그렇게 이 경전을 받아 지니고 읽고 외우더라도 만약 명예와 이익을 탐내고, 맑은 신심을 내지 못하며, 또한 아상 없는 이치를 알아서 아상 없는 행동을 실천할 줄을 알지 못하면 번뇌의 업용業用이 옛날처럼 치성熾盛할 것이다. 죄를 바꾸어 부처를 이루지 못할 뿐만 아니라 또한 당연히 악도에 떨어짐을 면하지 못할 것이다.

爲人輕賤은 明無我人이시니 大率有我人者는 只欲爲人之上하고 不欲爲人之下어니와 達無我人者는 貴之不喜하며 賤之不怒하야 能下心於一切衆生하야 甘爲人之下也라 由是로 昔年에 忍辱仙人은 爲歌利에 割截하시고 不輕菩薩은 爲四衆에 打罵하시니 此皆輕賤事로대 初無瞋恨之心하시니 故知爲人輕賤之事는 乃達無我人者之所爲也라 苟達無我則爲人輕賤이 猶爲法樂이라 法無彼此어늘 見起我人하나니 因有我人하야 起業造罪라 罪業이 相形하야 障菩提路니 欲成菩提인댄 先除罪業이요 欲除罪業인댄 先斷我人이니라 若聞經解義하야 達無我理하고 又能修行無我之行하야 更不造生死之業하면 則罪根이 永除故로 縱有先世無量罪業이라도 卽同氷消瓦解하야 當成無上佛果菩提니 故로 云하사대 若善男子善女人이 受持讀誦此經호대 若爲人輕賤하면 是人의 先世罪業이 卽爲消滅하고 當得阿耨多羅三藐三菩提라하시니 雖然受持讀誦此經이나 若貪名聞利養하야 不能生淨信心하며 亦不能知無我理하야 行無我行하면 則塵勞業用이 依舊熾然하리니 非唯不能轉罪成佛이라 亦乃未免當墮惡途하리라

육조 부처님께서 말씀하시되 "이 경전을 가지는 사람이 일체 하늘과 사람의 공경과 공양을 받는 것이 합당하다. 그러나 여러

생애에 무거운 업장이 있는 까닭에 금생에 비록 모든 부처와 여래의 매우 깊은 경전을 받아 지녔으나 항상 사람의 가벼이 여기고 천하게 여김을 받아 사람의 공경과 공양을 얻지 못한다. 그러나 스스로 경전을 받아 지닌 까닭으로 인상과 아상을 일으키지 않아 원수와 친한 이를 묻지 않고 항상 공경하여 마음에 괴로움과 한탄함이 없으며, 텅 비어 사량 분별함이 없어서 생각생각 항상 반야바라밀을 실천하여 일찍이 물러난 적이 없다. 이와 같이 수행할 수기 때문에 무량겁의 전생으로부터 금생에 이르기까지 있어온 지극히 무거운 악업의 장애가 다 사라질 것"이라 하셨다. 또 이치에 따라 말하자면 선세는 곧 이 앞생각인 그릇된 마음이고, 금세는 곧 뒷생각인 깨달은 마음이니 뒷생각 깨달은 마음으로 앞생각 그릇된 마음을 가벼이 여기고 천하게 여겨서 그릇됨이 머물 수 없는 까닭으로 선세의 죄업이 곧 소멸한다고 말한다. 그릇된 생각이 이미 사라지면 죄업이 만들어지지 않아서 곧 보리를 얻는다.

佛言하사대 持經之人이 合得一切天人에 恭敬供養이어늘 爲多生에 有重業障故로 今生에 雖得受持諸佛如來甚深經典이나 常被人輕賤하야 不得人恭敬供養이나 自以受持經典故로 不起人我等相하야 不問冤親하고 常行恭敬하야 心無惱恨하며 蕩然無所計較하야 念念常行般若波羅蜜하야 曾無退轉이니 以能如是修行故로 得從無量劫으로 以至今生히 所有極重惡障이 悉皆消滅이라하시니라 又約理而言컨댄 先世者는 卽是前念妄心이요 今世者는 卽是後念覺心이니 以後念覺心으로 輕賤前念妄心하야 妄不能住故로 云先世罪業이 卽爲消滅이라 妄念이 旣滅

하면 罪業이 不成하야 卽得菩提也라

야부 한 가지 일을 원인하지 않으면 한 가지 지혜가 자라지 않는다.

不因一事면 不長一智니라

설의 아상이 없어서 업을 짓지 아니하고, 장애를 끊어 보리를 성취함은 온전히 경전을 받아 지니는 힘을 이어받은 것이다. 이러하다면 한 가지 큰 일(一大事)³⁸²을 터득하는 데 원인하지 않으면 능히 일체 지혜를 증득할 수 없다.

無我不造業하고 斷障成菩提호미 全承受持經力이니 伊麼則不因了得一大事면 不能證之一切智니라

송 칭찬해도 미칠 수 없고 헐뜯어도 미치지 못한다네.
만약 하나를 통달하면 모든 일이 끝나도다!
모자람도 없고 남음도 없는 것 태허공太虛空과 같지만
그대 위해 제목을 바라밀波羅蜜이라 하겠도다!

讚不及毁不及이라 若了一萬事畢이로다
無欠無餘若太虛어늘 爲君題作波羅蜜이로다

---

382 일대사一大事: 너와 내가 없는 무아無我, 공空, 연기緣起, 중도中道의 세계.

이 일대사는 석가와 모든 범천이 칭찬해도 미칠 수 없고, 하늘의 마군과 외도가 헐뜯고 비방해도 문이 없다. 만약 일대사를 통달하면 모든 부처와 조사의 신통한 기용機用과 백천 가지 삼매와 한량없이 오묘한 뜻을 일념 사이에 다 통달해서 남음이 없을 것이다. 이 일대사는 이름 붙일 수 있는 모양이 없으며, 미혹과 깨달음의 모양이 없어서 원융圓融함이 태허공과 같아서 모자람도 없고 남음도 없으나, 다만 통달하지 못한 사람을 위하여 문자 언사를 베풀었도다!

此一大事는 釋梵諸天이 稱讚不及이요 天魔外道ㅣ 毁謗無門이니 若能 了得一大事하면 諸佛祖神通機用과 百千三昧와 無量妙義를 只向一念 間하야 了畢無餘하리니 此一大事는 無名字相하며 無迷悟相하야 圓同太 虛하야 無欠無餘어늘 只爲未了底人하야 施設文字言詞로다

"수보리여, 나는 기억하건대 과거 한량없는 아승기겁 연등 부처님 이전에 팔백사천만억 나유타의 모든 부처님을 만나서 모두 다 공양하고 받들어 모셔서 그냥 지나는 일이 없었다. 만약 어떤 사람이 이후 말세에 이 경전을 받아 지니고 읽고 외우면 얻을 바 공덕은 내가 모든 부처님을 공양한 공덕으로는 백 분의 일에도 미치지 못할 것이며, 천만억 분과 내지 계산할 수 있는 수의 비유로 미칠 수가 없느니라."

須菩提야 我念過去無量阿僧祇劫에 於然燈佛前에 得値八百

四千萬億那由他諸佛하야 悉皆供養承事하야 無空過者호라 若復有人이 於後末世에 能受持讀誦此經하면 所得功德이 於我所供養諸佛功德으로 百分에 不及一이며 千萬億分乃至算數譬喩로 所不能及이니

설의 부처는 밖에서 구하지 말고 다만 마음을 향해서 찾아야 하니, 만약 부처를 보고자 한다면 오직 안으로 비추어야 한다. 모든 부처님을 받들어 모심이 복이 없는 것은 아니다. 그러나 또한 밖을 향하여 달려가 구하는 것을 면하지 못하니, 한 생각으로 경전을 들으면 깨끗한 믿음을 내어 곧 스스로 불성을 보아서 바로 통달하고 부처를 이룰 수 있다. 그러므로 부처님께 공양하는 것이 경전을 받아 가지는 것에 미치지 못한다.

佛不外求요 只向心覓이며 若欲見佛인댄 唯須內照니라 承事諸佛이 福則不無나 然이나 亦未免向外馳求니 一念聞經하면 能生淨信하야 卽自見性하야 直了成佛하리니 所以로 供佛이 不及持經이니라

육조 항하수 모래 수만큼의 모든 부처님께 공양하며, 삼천의 세계에 가득한 보배를 보시하며, 작은 티끌 수만큼 몸을 버린 여러 가지 복덕이 이 경전을 가지는 것에 미치지 못함은, 한 생각에 형상 없는 이치를 깨달아 바라는 마음을 쉬고 중생의 잘못된 지견知見을 멀리 떠나 바라밀의 저 언덕에 이르러 영원히 삼악도三惡道의 고통을 벗어나 무여열반을 증득하기 때문이다.

供養恒沙諸佛하며 施寶滿三千界하며 捨身如微塵數한 種種福德이 不及持經은 一念에 悟無相理하야 息希望心하고 遠離衆生顚倒知見하야 卽到波羅彼岸하야 永出三途苦하고 證無餘涅槃일새라

야부 공을 함부로 베풀지 않는다.

功不浪施니라

설의 경전을 가지고 한 생각에 원만히 증득하면 바로 부처가 된다. 그래서 공을 함부로 베풀지 않는다.

持經一念圓證하면 直了成佛일새 所以로 功不浪施니라

송 억천 나유타 부처님 봉양하는 복 끝이 없으나
어찌 항상 옛 가르침을 봄과 같겠는가?
백지 위에 검은 글자(黑字)를 쓰니
그대에게 청하건대 눈을 뜨고 눈앞을 보라.
바람은 고요하고 물은 잔잔하니
사씨 집 사람[383] 다만 어선魚船에 있도다!

億千供佛이 福無邊이나 爭似常將古敎看가

---

[383] 사씨 집 사람(謝家人): 현사 사비(玄沙師備, 835~908)는 출가 전에 사씨謝氏 성姓의 어부였다. 어부가 고깃배 위에 있으면 저절로 고기를 잘 잡게 되어 있듯이, 공부도 그렇다는 것을 비유했다.

白紙上邊에 書黑字하니 諸君開眼目前觀이어다
風寂寂水漣漣하니 謝家人이 祇在魚船이로다

옛 가르침이 있는 곳을 알고자 하는가? 바다의 깊음과 같고 산의 높음과 같다. 옛 가르침의 문채文彩를 알고자 하는가? 따뜻한 해가 땅에 깐 비단을 만들어내니 무늬 없는 인자印字를 비단 위에 폈도다! 그대에게 청하노니 어머니로부터 타고난 눈[384]을 크게 떠서 12시 가운데 항상 비출지어다. 항상 비춤이여! 안과 밖에 침범함이 없어 참된 경계가 나타나니 한 사람이 홀로 그 가운데 일을 자유롭게 처리하도다! 또 옛 가르침이란 자취로 말하자면 옛 부처님께서 말씀하신 가르침이고, 이치로 말하자면 학인學人의 한 권 경전이다. 이 한 권 경전은 부처와 조사가 서로 전해온 진리며, 중생이 본래 가지고 있는 일착자一着子니 그 유래由來가 시작이 없는 까닭에 이르기를 옛 가르침(古敎)이라 한다. 백지 위에 검은 글자를 쓴다는 것은 경전의 책에 본래 문채가 갖추어져 있으니 흰 색은 편偏에 속하여 자성自性과 인연 따르는 두 가지 용用이고, 검은 색은 정正에 속하니 적멸의 한 몸(體)이다. 그대에게 청하노니 눈을 뜨고 눈앞을 보라는 것은 모든 사람들로 하여금 일용日用을 떠나지 말고 한 권의 큰 경전을 굴리게 권하는 것이다. 바람이 고요하다고 이른 것은 만약 한 권의 큰 경전을 굴리면 밖으로 경계의 바람이 저절로 고요해지고, 안으로

---

384 어머니로부터 타고난 눈(娘生眼): 낭생안娘生眼은 어머니로부터 물려받은 눈이라는 말인데, 여기서는 도인의 눈을 뜻한다.

지혜의 물이 맑아져 인연을 따라 진실에 맡기며, 처소를 따라 소요逍遙함은 빈 배가 파도를 따라 저절로 동으로 가고 서로 가며 높은 것을 따르고 낮을 것을 따르는 것과 꼭 같다. 또 바람이 고요하다고 이른 것은 말하자면 또한 금린어錦鱗魚를 낚을 때 바람이 멈추어 수면이 잔잔한 것이 마땅하고, 실상을 비추어 볼 때 정情이 사라져 지혜의 물이 맑고 맑은 것이 마땅하다. 배는 고기를 잡는 기구이고, 가르침은 진리를 깨닫는 방편법이다. 진리를 깨달으려는 사람이 진리를 깨닫는 법에 전심專心하면 반드시 진리를 깨달을 기약이 있을 것이고, 고기를 잡으려는 사람이 다만 고기 잡는 배를 타고 있으면 반드시 고기를 낚을 때가 있을 것이다.

要識古敎在處麼아 似海之深하고 如山之高로다 要識古敎文彩麼아 煦日發生舖地錦하니 無紋印字錦上舒로다 請君大開娘生眼하야 十二時中에 常照了어다 常照了여 內外無侵眞境現하니 一人이 獨擅其中事로다 又古敎者는 以迹으로 言之則古佛能詮之敎也요 以理로 言之則學人의 一卷經也라 此一卷經은 佛祖相傳底法印이시며 衆生本有底一着子니 其來無始故로 云古敎라 白紙上邊書黑字者는 經卷에 本具文彩也니 白屬偏하니 自性隨緣二用也요 黑屬正하니 寂滅一體也라 請君開眼目前觀者는 勸令諸人으로 不離日用하고 轉一大經卷也라 風寂寂云云은 若轉得一大經卷하면 則外而境風이 自寂하고 內而智水ㅣ 澄淸하야 隨緣任眞하며 逐處逍遙호미 一似虛舟駕浪하야 自東自西하며 隨高隨下也라 又風寂寂云云은 謂釣得錦鱗時에 也合風停而水面漣漣이요 觀照實相時에 也宜情忘而智水澄澄이니 船爲釣魚之具요 敎爲悟眞之法이라 悟

眞者ㅣ專心悟眞之法하면 則必有悟眞之期요 釣魚者ㅣ只在釣魚之船
하면 則必有釣魚之時也라

"수보리여, 만약 선남자 선여인이 후 말세에 이 경전을 받아
지니고 읽고 외워 얻은 공덕을 내가 만약 갖추어 말하면 혹
어떤 사람은 듣고 마음이 매우 어지러워 여우처럼 의심하고
믿지 않을 것이니"

須菩提야 若善男子善女人이 於後末世에 有受持讀誦此經하
난 所得功德을 我若具說者면 或有人이 聞하고 心卽狂亂하야
狐疑不信하리니

육조 부처님께서 말씀하시기를 말법 시대에는 중생은 덕이 얇고
때(垢)가 두텁고 질투는 더욱 깊어서 여러 성인이 숨어버리고
그릇된 견해가 치성熾盛할 것이다. 이런 때에 만약 어떤 선남자
선여인이 이 경전을 받아 지니고 읽고 외우면 모든 형상을 원만하게
여의고 얻을 바 없음을 통달하여 생각생각 항상 자비희사慈悲喜捨와
겸손하고 낮추고 부드럽고 온화함을 실천하여 마침내 위없는 보리
를 성취할 것이다. 혹 성문聲聞의 작은 견해를 가진 이는 여래의
정법正法이 항상 있어 사라지지 아니함을 알지 못하여 여래가 돌아
가신 뒤 오백세에 어떤 사람이 능히 형상 없는 마음을 성취하며
형상 없는 행동을 실천하여 아뇩다라삼먁삼보리를 얻는다고 말함

을 들으면 마음에 놀라움과 두려움이 생기고 여우처럼 의심하여 믿지 못할 것이라고 하셨다.

佛言하사대 末法衆生이 德薄垢重하고 嫉妬彌深하야 衆聖이 潛隱하고 邪見이 熾盛하리니 於此時中에 如有善男子善女人이 受持讀誦此經하면 圓離諸相하고 了無所得하야 念念常行慈悲喜捨와 謙下柔和하야 究竟成就無上菩提어니와 或有聲聞小見은 不知如來正法이 常在不滅하야 聞說如來滅後後五百歲에 有人能成就無相心하며 行無相行하야 得阿耨多羅三藐三菩提라하면 則心生驚怖하야 狐疑不信하리라 하시니라

"수보리여, 마땅히 알라. 이 경전의 뜻은 사량思量하여 의론議論할 수 없으며, 과보果報도 또한 사량하여 의론할 수 없느니라."

須菩提야 當知是經義ㅣ不可思議며 果報도 亦不可思議니라

설의 경전을 받아 지니고 경전을 해설하는 공덕을 헤아려 따질 수 없다고 널리 칭찬하셨다. 이에 이르시기를 "이른바 공덕을 내가 만약 갖추어 말하면 어떤 사람은 듣고 마음이 매우 어지러워져 여우처럼 의심하여 믿지 않는다."고 하시며, 이에 이르시기를 "과보도 또한 헤아려 따질 수 없다."고 하셨다. 경전을 듣고도 믿고 받아 지니지 않으면 좋은 약이 앞에 나타나도 복용할 줄 알지 못하는 것이다. 과보를 헤아려 따질 수 없음이여! 복용함에 평지에서 문득 선계仙界로

올라가도다!

廣讚持經說經之功德을 不可得而思議라하시고 乃云所謂功德을 我若
具說者면 或有人이 聞하고 心則狂亂하야 狐疑不信이라하시며 乃至云果
報도 亦不可思議라하시니 聞經不信受하면 良藥이 現前하야도 不知服이
요 果報不可思議여 服來平地에 便升仙이로다

육조 이 경전의 뜻은 곧 집착 없고 형상 없는 행동이다. 헤아려서
따질 수 없다고 한 것은 집착 없고 형상 없는 행동이 아뇩다라삼먁삼
보리를 능히 성취함을 찬탄한 것이다.

是經義者는 卽是無着無相行이요 云不可思議者는 讚歎無着無相行이
能成就阿耨多羅三藐三菩提也라

야부 누구나 눈썹은 눈 위에 가로로 있도다!

各各眉毛眼上橫이로다

설의 부처님께서 말씀하신 법이 다만 눈 위에 눈썹을 말씀하신
것이다. 눈 위의 눈썹이라면 태어나면서 본디 가지고 있는 것이라,
누가 홀로 없겠는가?

佛所說法이 只說得眼上眉毛시니 若是眼上眉毛인댄 生而固有라 誰獨
且無리요

송 좋은 약은 입에 쓰고 충성스런 말은 귀에 거슬리니

차고 따뜻함 절로 아는 것 고기가 물을 마시는 것과 같네.

어찌 다른 날에 용화세계를 기다리겠는가?

오늘 아침에 먼저 보리의 수기受記를 주도다!

良藥은 苦口요 忠言은 逆耳니 冷暖自知호미 如魚飮水라

何須他日에 待龍華리요 今朝에 先授菩提記로다

이미 다 같이 가졌으되 듣고도 믿고 받지 않는 것은 어째서 그런가?
다만 너무 가까워서 알기 어렵기 때문이다. 비록 그러하기가 이와
같으나 마시고 먹는 것이 때를 따름에 배고프고 배부름을 저절로
안다. 이러하다면 사람사람이 지위가 비로자나불과 같고, 낱낱이
적광寂光³⁸⁵과 같이 거처하니 어찌 용화의 수기授記를 기다리겠는가?
발을 들면 곧 이곳이 적광의 도량이로다! 본분으로 논의하면 이치가
합당히 이와 같거니와, 만약 지금에 의거하여 논의하면 이 경전이
좋은 약과 같아서 복용함에 모든 병이 나아서 초연超然히 금선金仙³⁸⁶이
되겠지마는 다만 즐겨 먹지 않는다. 또한 진실한 말과 같아서 믿고
수용함에 스스로 그릇됨을 알아 능히 중중존衆中尊³⁸⁷이 되겠지만,
다만 즐겨 믿고 수용하지 않으니 오직 예리한 근성을 가진 사람은
바로(言下) 그릇됨을 알아서 한 번 들음에 능히 깨달을 것이다(擔持).

---

385 적광寂光: 적광토寂光土. 비로자나불이 있는 곳.

386 금선金仙: 부처나 도인.

387 중중존衆中尊: 참된 수행으로 존경받는 스님.

곤어와 고래가 바닷물을 마셔서 지위가 부처(大覺)와 같이 되거니와 지극한 과보를 다시 어찌 의심하겠는가? 과보를 헤아려 따질 수 없다고 하시니 진실하도다! 부처님 말씀이여!

既皆同有로대 聞不信受는 怎麼오 只爲太近難曉니라 雖然如是나 飮啄隨時에 飢飽自知라 伊麼則人人이 位同毘盧요 一一同居寂光이니 何待龍華記莂이리요 擧足卽是寂場이로다 以本分으로 論之則理合如斯어니와 若據今時하야 論之則此經이 如良藥하야 服來에 萬病消하야 超然作金仙이언마는 只是不肯下口요 亦如忠言하야 信受에 自知非하고 能爲衆中尊이언마는 只是不肯信受니 唯有利根人은 言下에 自知非하야 一聞에 能摠持하리니 鯤鯨이 飮海水라 位同大覺已어니 極果를 更何疑리요 果報不思議라하시니 誠哉라佛所說이여

종경 숙세 업의 인연으로 나쁜 과보에 떨어지련만 지금 사람이 천시하여 죄 곧 소멸하고 모든 부처님 공양하고 이 경전을 외우면 공덕이 수승하여 비유로도 미칠 수 없을 것이다. 다만 집착이 없고 형상이 없는 사람은 도리어 과보가 있는가, 없는가? 그릇된 마음 다 사라지면 업보도 공으로 돌아가니 바로 보리를 증득하여 등급을 뛰어넘을 것이다.

송 악업의 원인 누가 짓고 죄는 누가 부르는가?
참된 성품 허공과 같아서 움직이지 않는다네.
광겁曠劫의 무명 다 없어지니

온 천지 고요하고 적막하네!

宿業緣墮惡報어늘 今人賤而罪即消하고 供諸佛誦此經하면 功德勝而喩莫及이로다 只如無着無相底는 還有果報也無아 妄心滅盡業還空하니 直證菩提超等級이로다

惡因誰作罪誰招오 眞性이 如空不動搖라
曠劫無明이 俱蕩盡하니 先天後地寂寥寥로다

요지 먼저 경문에서 여래께서는 이 경전을 받아 지니고 읽고 외운다는 이유로 사람들의 경시와 멸시를 당하면 그는 과거의 죄업이 소멸하고 아뇩다라삼먁삼보리를 얻으리라 했다. 여래는 과거 아승기겁에 연등불 이전 모든 부처를 공양했지만, 이것은 말세에 이 경전을 받아 지니고 읽고 외우는 공덕에 비하면 백 분의 일에도 미칠 수 없으며 수를 계산해서 비유할 수 없다고 했다. 이런 공덕에 대하여 말하면 사람들은 마음이 어지럽고 의심하고 믿지 않는다고 하면서 이 경전의 뜻과 과보가 불가사의不可思議하다고 칭송하였다.

여기에 대하여 육조스님은 이 경전을 가진 사람이 여러 생 동안 무거운 업장이 있어서 여래의 깊은 경전을 받아 지녀도 항상 남의 경시와 천시를 받게 되지만 인아상人我相을 일으키지 않아 원수와 친한 이를 불문하고 공경하여 마음의 괴로움이 없으며, 따지는 것 없이 항상 반야바라밀을 실천하기 때문에 무량겁의 과거 전생부터 금생에 이르기까지 지은 지극히 무거운 죄악의 업장이 다 소멸한다고 하였다. 이와 달리 육조스님은 앞의 잘못된 생각을 뒤의 깨닫는 생각이

경시하고 멸시하여 잘못된 생각이 머물 수 없어서 선세의 죄업이 곧 소멸한다고 설명하기도 했다. 모든 부처를 공양하고 보시하고 몸을 버린 복덕이 이 경전을 지니는 것보다 못함은 한 생각에 무상의 이치를 깨달아서 바라는 마음, 전도顚倒된 생각을 멀리 떠나서 바라밀의 저 언덕에 이르러 영원히 삼계의 고통을 벗어나 무여열반을 증득하기 때문이라 하였다. 성문의 좁은 소견을 가진 사람은 여래의 정법이 멸하지 않음을 알지 못해서 어떤 사람이 형상 없는 마음을 성취하고 형상 없는 행동을 실천하여 아뇩다라삼먁삼보리를 얻는다고 하면 마음에 놀라고 공포심을 일으키고 여우처럼 의심하고 믿지 않는다고 하였다. 이 경전의 뜻을 집착 없고 형상 없는 실천이라 하고 불가사의라고 말한 것은 이런 실천이 아뇩다라삼먁삼보리를 능히 성취하게 하기 때문이라 하였다.

여기에 대하여 야부스님은 한 가지 일이 아니면 한 가지 지혜가 자라지 않는다고 하고, 허공과 같이 모자람도 남음도 없는데 그대를 위해 바라밀을 만들었다고 하였다. 공덕을 함부로 쓰지 말라고 하고, 부처님을 공양함이 복이 끝없지만 부처님의 가르침을 보는 것만 같을 수 없다고 하였다. 그리고 백지 위에 검은 글자를 눈뜨고 보라고 하고, 바람이 자고 물이 잔잔한데 사공은 다만 어선魚船 위에 있다는 게송을 읊었다. 본래 이루어져 있음을 모든 사람의 눈썹이 눈 위에 가로로 되어 있다는 말로 비유하였다. 좋은 약이 입에 쓰고 충언이 귀에 거슬린다고 하고, 고기가 물을 마시고 차고 따뜻함을 저절로 아는 것과 같다고 하고, 뒷날 용화세계를 기다리는 것이 아니고 오늘 아침에 보리의 수기를 준다고 하였다. 야부는 선적인 입장에서 일체가 본래부처라는 점을 계속 강조하고 있다.

　여기에 대하여 종경스님은 숙세 악업으로 나쁜 과보를 받을 것이지만 지금 사람이 천시하여 죄가 소멸되고 모든 부처를 공경하면 공덕이 빼어나지만 경전을 외우는 것에는 미치지 못한다고 했다. "집착과 형상이 없는 사람은 과보가 있는가?"라고 묻고, 잘못된 마음이 사라지고 업이 공해서 바로 보리를 증득하여 등급을 뛰어넘는다고 하였다. "악업은 누가 짓고 죄는 누가 부르는가"라고 묻고, 진성眞性이 비어서 동요하지 않은지라 광겁의 무명이 모두 쓸려 나가서 선천후지先天後地가 고요하다고 게송을 읊었다.

　여기에 대하여 함허스님은 전체를 총괄하면서 우선 남으로부터 경시와 천시를 당한다는 것은 무아無我인 사람을 밝힌 것으로 보았다. 유아有我인 사람은 남의 위가 되기를 좋아하고 아래 되기는 싫어한다고 했다. 무아를 통달한 사람은 귀하게 되어도 기뻐하지 않으며 천하게 되어도 성내지 않는다고 하였다. 이에 가리왕에게 사지가 끊긴 인욕선인이나 대중에게 맞고 욕설을 들은 불경보살을 그 예로 들었다. 무아를 통달한 사람에게는 경시와 천시가 법락法樂이 된다고 하였다. 법에는 피차가 없는데 아인상我人相을 일으켜 죄업을 짓고 보리에 장애가 생긴다고 하였다. 보리를 성취하려면 죄업을 없애야 하고, 죄업을 없애려면 아인상을 끊어야 한다고 했다. 무아의 행을 닦아 생사의 업을 짓지 않으면 죄의 뿌리가 영원히 사라지기 때문에 선세의 한량없는 죄업이라도 얼음이 녹고 기와가 풀리는 것과 같이 되어 위없는 불과보리佛果菩提를 성취한다고 하였다. 그에 대한 야부의 게송에 대하여 일대사를 통달하면 모든 부처와 조사의 신통한 기용機用과

백천 가지 삼매와 한량없는 묘의를 일념 사이에 남김없이 통달한다고
했다. 이 일대사는 이름도 없고 미혹함과 깨달음도 없어서 태허공과
같아서 모자람도 남음도 없지만, 깨닫지 못한 사람을 위하여 언사言詞
를 사용했다고 했다.

부처는 안에서 찾아야 한다고 하고, 모든 부처를 섬기는 것이 복이
있지만 밖으로 구하는 것을 면치 못하기 때문에 한번 경전을 듣고
깨끗한 믿음을 내어 견성성불見性成佛함이 낫다고 하였다. 여기에
대한 야부의 게송에 대하여 경을 지니고 원만히 증득하면 바로 성불하
기 때문에 공력을 함부로 쓰지 않는다고 하였다. 여기서 말한 옛
가르침(古敎)은 옛 부처의 가르침이고 배우는 사람의 한 권 경전이라
했다. 이 한 권의 경전은 불조佛祖가 서로 전한 진리이면서 중생이
본래 가지고 있는 한 수(一着子)라 하고, 그 유래가 시작이 없는 까닭에
고교古敎라 한다고 했다. 눈을 뜨고 앞을 보라는 것은 일상을 떠나지
않고 경전을 굴림을 뜻한다 하고, 이렇게 하면 밖으로 대상이 고요하고
안으로 지혜가 맑아서 인연 그대로 진리를 따르는 것이기 때문에
가는 곳마다 소요함이 빈 배가 파도를 따르는 것과 같다고 하였다.
그리고 낚시꾼이 배 위에 있으면 반드시 고기를 잡는 것처럼 진리를
깨닫는 법에 집중하면 반드시 진리를 깨달을 기약이 있다고 하였다.

경전의 뜻과 과보가 불가사의함에 대하여 경전을 듣고도 믿고
받아 지니지 않으면 좋은 약이 앞에 나타나도 먹을 줄 알지 못하는
것과 같다 하고, 복용하면 평지에서 바로 신선이 되어 올라간다고
하였다. 야부의 눈썹이 가로 되어 있다는 송에 대하여 나면서부터
본래 가지고 있다는 뜻으로 해석하였다. 누구나 가지고 있지만 듣고도

믿고 수용하지 못함은 다만 너무 가까워서 알기 어렵다고 했다. 그러나 배고프고 배부름을 저절로 알듯이 사람들은 모두 비로자나불과 같은 지위이고 낱낱이 적광寂光의 세계에 거처하고 있기 때문에 용화세계에 난다는 수기를 기다릴 필요가 없다고 하였다.

구경에 실체가 없음 제17

그때 수보리가 부처님께 말씀드리되 "세존이시여, 선남자 선여인이 아뇩다라삼먁삼보리의 마음을 낸 이는 이르자면 어떻게 머무르며, 어떻게 그 마음을 항복 받아야 합니까?" 부처님이 수보리에게 말씀하시되 "만약 선남자 선여인이 아뇩다라삼먁삼보리의 마음을 낸 이는 당연히 이와 같은 마음을 내야 하니, 내가 일체 중생을 제도하겠다. 일체 중생을 제도하고 나서는 한 중생도 실제로 제도한 사람이 없느니라."

爾時에 須菩提ㅣ 白佛言하사대 世尊하 善男子善女人이 發阿耨多羅三藐三菩提心하니는 云何應住며 云何降伏其心하리잇고 佛이 告須菩提하사대 若善男子善女人이 發阿耨多羅三藐三菩提心者는 當生如是心이니 我應滅度一切衆生호리라 滅度一切衆生已하야는 而無有一衆生도 實滅度者니라

474

설의 일체 중생을 제도함은 이승二乘[388]과 같지 않아서 중생(含生)을 자비로 교화하는 것이고, 한 중생도 제도함이 없음은 지혜가 진리에 가만히 합치하여(冥合) 교화한다는 마음을 내지 않는 것이니, 이것이 편안하게 사는 것이고 마음을 항복 받는 것이다.

滅度一切衆生은 不同二乘하야 悲化含生이요 無一衆生滅度는 智冥眞際하야 不生於化니 此當安住降心也라

육조 수보리가 부처님께 물으시되 "여래께서 돌아가신 뒤 후오백세에 만약 어떤 사람이 아뇩다라삼먁삼보리의 마음을 내는 이는 어떤 법에 따라 머무르며, 어떻게 그 마음을 항복 받아야 합니까?" 하니, 부처님께서 말씀하시기를 "마땅히 일체 중생을 제도할 마음을 내야 하니, 일체 중생을 제도하여 성불함을 다 얻고 나서는 한 중생도 내가 제도한 것을 보지 못한다."고 하셨으니 무슨 까닭인가? 주관 객관의 마음(能所心)을 제거했기 때문이며, 중생의 견해(衆生見)를 제거했기 때문이며, 또한 아견我見을 제거했기 때문이다.

須菩提ㅣ問佛하사대 如來滅後後五百歲에 若有人이 發阿耨多羅三藐三菩提心者는 依何法而住며 如何降伏其心하리잇고 佛言하사대 當發度脫一切衆生心이니 度脫一切衆生하야 盡得成佛已하야는 不得見有一衆生도 是我度者라하시니 何以故오 爲除能所心也며 除有衆生見也

388 성문승聲聞乘과 연각승緣覺乘.

며 亦除我見也라

[야부] 어떤 때에는 좋은 달빛 때문에 알지 못하는 사이에 창주를 지나가도다!

有時因好月하야 不覺過滄洲로다

[설의] 쇠 배를 멍에 하여 바다에 들어가니
　　　 낚싯대 휘두르는 곳에 달이 정히 밝도다!
　　　 성품이 차게 비치는 달빛 그림자를 좋아하여
　　　 바다를 지나가고도 온통 알지 못하도다!

다시 말하라.

　　　 도중에 도리어 청산의 일 생각하니
　　　 종일 가고 가도 가는 줄을 알지 못하도다!

　　　 駕起鐵船入海來하니 釣竿揮處에 月正明이로다
　　　 性愛蟾光寒照影하야 滄溟過來渾不覺이로다

更知道어다

　　　 途中에 却憶靑山事하니 終日行行不知行이로다

[송] 만약 어떻게 머무를까를 물으면
　　　 중간과 있음과 없음이 아니네.

머리에는 가는 풀도 덮지 않고

발로는 염부를 밟지도 않도다!

가늘기는 먼지(隣虛)[389]를 쪼갠 것과 같고

가볍기는 나비가 처음 춤추는 것과 같도다!

중생을 다 제도하고 나서 제도함 없음을 아니

이 사람이 흐름을 따르는 대장부로다!

若問云何住인댄 非中及有無라

頭無纖草盖하고 足不履閻浮로다

細似隣虛析이요 輕如蝶舞初로다

衆生滅盡知無滅하니 此是隨流大丈夫로다

참된 머무를 곳을 알면

중간과 있음과 없음이 아니네.

홀쩍 벗어나 의탁할 일이 없으니

거칠고 무거운 것 깨끗하여 흔적이 없도다!

청산에 머무를 수가 없거니

서울 거리[390]에 어찌 용납될 수 있으리?

중생을 교화했으나 교화함 없으니

흐름을 따르는 대장부로다!

---

389 먼지(隣虛): 빈 허공을 이웃했다는 말로, 아주 작은 먼지를 뜻한다.

390 서울 거리(紫陌): 성안의 길, 서울의 거리 또는 서울 교외의 길을 뜻한다.

要識眞住處인댄 非中及有無라

脫然無所托하니 麤重淨無痕이로다

靑山에 留不得이어니 紫陌에 豈能容이리요

化生而無化하니 隨流大丈夫로다

"무슨 까닭인가? 수보리여, 만약 보살이 아상, 인상, 중생상, 수자상이 있으면 곧 보살이 아니다."

何以故오 須菩提야 若菩薩이 有我相人相衆生相壽者相이면 卽非菩薩이니라

육조 보살이 만약 제도할 중생이 있다고 보면 이것이 아상이고, 중생을 제도한다는 마음이 있으면 이것이 인상이고, 열반을 구한다고 말하면 이것이 중생상이고, 증득할 열반이 있다고 보면 이것이 수자상이니, 이 사상四相이 있으면 보살이 아니다.

菩薩이 若見有衆生可度면 卽是我相이요 有能度衆生心이면 卽是人相이요 謂涅槃可求면 卽是衆生相이요 見有涅槃可證이면 卽是壽者相이니 有此四相하면 卽非菩薩也라

"까닭이 무엇인가? 수보리여, 실제로 법이 있어 아뇩다라삼먁삼보리의 마음을 내는 것은 없기 때문이다."

所以者何오 須菩提야 實無有法發阿耨多羅三藐三菩提心者
니라

설의 무엇 때문에 말하되 모름지기 교화한다는 마음을 내지 말아야
한다고 하는가? 만약 내가 중생을 제도하고 내가 발심한 사람이라고
말하면 아상과 인상이 다투어 일어나서 주관과 객관(能所)이 어지러워
서 곧 보살이 아니다. 내가 능하고 내가 옳다함을 무엇 때문에 보살이
아니라고 말하는가? 실제 이치理致상에는 일찍이 이런 일이 없으니,
아상과 인상이 문득 다하고 주관과 객관이 모두 고요해져야 바야흐로
실제實際와 더불어 상응하여 간다.

因甚道호대 要須不生於化오 若謂我能度生하며 我能發心者라하면 我人
이 競作하야 能所紛然이라 卽非菩薩이니 我能我是를 因甚道非菩薩고
實際理地에 曾無伊麼事하니 我人이 頓盡하고 能所俱寂하야사 方與實際
로 相應去在니라

육조 법이 있다는 것은 아상, 인상, 중생상, 수자상의 네 가지
법이다. 만약 네 가지 법을 제거하지 않으면 마침내 보리를 얻을
수 없고, 만약 나는 보리심을 내지 못한 사람이라고 말하더라도
또한 이것은 아상, 인상 등의 법이니 아상, 인상 등의 법이 곧
번뇌의 근본이다.

有法者는 我人衆生壽者四法也니 若不除四法하면 終不得菩提요 若

言我不發菩提心者라도 亦是我人等法이니 我人等法이 卽是煩惱根本이라

야부 저 한 부분(一分)[391]이 없는 것을 또 어찌 얻겠는가?

少他一分인달 又爭得이리요

설의 아상과 인상이 몰록 다하고, 주관과 객관이 모두 고요해짐이 공력의 지극함이 없지 않으나, 실제를 가지고 보면 또 어찌 얻겠는가?

我人이 頓盡하고 能所俱寂이 功極則不無나 以實而觀컨댄 又爭得也리요

송 홀로 앉음에 유연하여[392] 한 방이 비니
다시는 남북과 동서가 없네.
비록 그렇게 태양의 온화한 힘을 빌리지 않으나
복숭아꽃이 한 모양으로 붉은 것을 어찌하리?

獨坐翛然一室空하니 更無南北與西東이라

雖然不借陽和力이나 爭奈桃花一樣紅이리요

자유롭게[393] 物物 밖에 다시 깃들 곳이 없으니

---

391 저 한 부분(一分): 사상四相.

392 유연翛然하여: 어디에도 얽매이지 않고 자유자재함을 나타낸다.

393 자유롭게(脫然): 자유롭고 구속 받지 않는다는 뜻을 나타낸다.

480

이 경계 구경究竟이라 이르지 말라.

감히 말하건대 이 또한 오히려 있는 것 아니니

비록 그렇게 괴롭게 단련함을 쓰지 않으나

저절로 본지풍광의 빛남이 있도다!

脫然物外에 更無棲泊處하니 莫把此境云究竟하라

敢道此亦猶未在니 雖然不用苦鍛鍊이나 自有本地風光爛이로다

"수보리여, 그대의 생각에 어떠한가? 여래가 연등불 처소에서 법이 있어 아뇩다라삼먁삼보리를 얻었느냐, 얻지 않았느냐?"

"얻지 않았습니다, 세존이시여. 제가 부처님께서 말씀하신 뜻을 이해하기로는 부처님께서 연등불 처소에서 법이 있어 아뇩다라삼먁삼보리를 얻으신 것이 없습니다."

須菩提야 於意云何오 如來ㅣ 於然燈佛所에 有法得阿耨多羅三藐三菩提不아 不也니이다 世尊하 如我解佛所說義컨댄 佛이 於然燈佛所에 無有法得阿耨多羅三藐三菩提하니이다

육조 부처님께서 수보리에게 말씀하시되 "내가 스승의 처소에서 사상四相을 제거하지 않고 수기를 받았는가, 받지 않았는가?" 하시니, 수보리가 형상 없는 이치를 깊이 이해하신 까닭으로 "수기를 받지 않았습니다."라고 대답하셨다.

佛이 告須菩提하사대 我於師處에 不除四相코 得受記不아하시니 須菩提ㅣ深解無相之理故로 言不也니이다 하시니라

부처님께서 말씀하시되 "이와 같고 이와 같다."고 하셨다.

佛言하사대 如是如是하다

설의 위에서는 보살이 아상이 없는 뜻을 밝히시고, 지금은 자기가 얻음이 없음을 들어서 거듭 아상이 없는 뜻을 밝히셨다. 부처님께서 얻음이 없음을 밝히고자 하여 얻음이 있느냐는 질문을 가설하시거늘, 공생이 부처님의 뜻에 잘 계합하여 얻은 것이 없다고 대답하였으니 좋은 지음知音[394]이라 이를 만하다. 이와 같다고 다시 찬탄한 것에 모름지기 착안하라. 입 가득 그에게 가풍家風[395] 본 것을 허락하였도다!

上明菩薩無我之意하시고 今擧自己無所得하사 重明無我之意하시니 佛이 欲明無得하사 假以有得問也어시늘 空生이 善契佛意하사 答以無得하시니 可謂好知音也로다 再歎如是를 須着眼하라 滿口許他見家風이로다

육조 부처님의 뜻에 잘 계합한 까닭에 이와 같다고 말씀하시니, 이와 같다는 말은 인가하신 말씀이다.

---

394 지음知音: 백아와 종자기의 고사에서 유래한 말인데, 서로의 마음을 잘 알아주는 친구를 뜻한다.

395 가풍家風: 여기서는 존재원리를 의미한다.

善契佛意故로 言如是라하시니 如是之言은 是印可之辭라

야부 만약 같은 평상에서 잠자지 않으면 어찌 종이 이불이 뚫린 것을 알겠는가?

若不同床睡면 爭知紙被穿이리요

설의 같은 소리는 서로 호응하고, 같은 기운은 서로 구한다.[396]

同聲相應이요 同氣相求라

송 북을 치는 이와 비파 연주하는 이가
서로 만나 둘이 집에 모였도다!
그대는 버드나무 언덕으로 가고
나는 나루터 모래에서 잠자도다!
강 위에 늦게 성근 비가 지나가니
몇몇 봉우리가 푸르러 하늘 노을에 닿았도다!

打鼓와 弄琵琶ㅣ 相逢兩會家로다
君行楊柳岸하고 我宿渡頭沙로다
江上에 晩來疎雨過하니 數峰이 蒼翠接天霞로다

---

396 같은 소리는 ~ 구한다(同聲~相求): 『역경易經』 중천건괘中天乾卦 〈문언전文言傳〉
구오효九五爻 설명에 나온다.

공생이 세존을 만남이여!

북 치는 이가 거문고 연주하는 이를 만남이로다!

만나서 무슨 일을 노래했는가?

그대는 버드나무 언덕으로 가고 나는 나루터로 가도다!

나루터의 광경을 알고자 하는가?

비가 지나고 구름이 걷히며 강이 저무니

몇몇 봉우리가 푸르러 하늘의 노을에 닿았도다!

그 가운데 한없이 맑은 의미를

강상江上이라는 한 글귀에 모두 말해버렸도다(說破)!

空生이 見世尊이여 打鼓人이 逢弄琴者로다

見來歌何事오

君行楊柳我渡頭로다 要識渡頭光景麼아

雨過雲收江上晚하니 數峰蒼翠接天霞로다

箇中無限淸意味를 江上一句에 都說破로다

"수보리여, 실제로 법이 있어 여래가 아뇩다라삼먁삼보리를 얻은 것이 아니니 수보리여, 만약 법이 있어 여래가 아뇩다라삼먁삼보리를 얻었다면 연등불이 곧 나에게 수기授記를 주시되 '너는 내세에 부처가 되어 이름을 석가모니라 할 것이다'라고 하지 않으셨을 것이다. 실제로 법이 있어 아뇩다라삼먁삼보리를 얻는 것이 아니므로 이런 까닭에 연등불이 나에게 수기를

484

주시며 말씀을 하시되 '너는 내세에 당연히 부처가 되어 이름을 석가모니로 할 것이라.' 하셨다."

須菩提야 實無有法如來得阿耨多羅三藐三菩提니 須菩提야 若有法如來得阿耨多羅三藐三菩提者인댄 然燈佛이 卽不與 我授記하사대 汝於來世에 當得作佛하야 號를 釋迦牟尼라 하시 니라 以實無有法得阿耨多羅三藐三菩提일새 是故로 然燈佛 이 與我授記하사 作是言하사대 汝於來世에 當得作佛하야 號를 釋迦牟尼라 하시니

설의 얻다·잃다는 말이 다만 미혹함과 깨달음에 연유했으나 실제 미혹은 무엇이며 깨달음은 무엇인가? 미혹함과 깨달음이 이미 없는데 얻음에 무엇을 일찍이 얻었으며 잃음에 무엇을 일찍이 잃었겠는가? 이미 그러하여 얻음이 있다고 말할 수 없고, 또한 다시 얻음이 없다고 도 말할 수 없다. 우리 부처님께서 연등불을 만난 것도 마침내 이와 같이 알아야 한다.

得失之言이 只緣迷悟나 而其實則迷介什麼며 悟介什麼오 迷悟ㅣ 旣無 인댄 得何曾得이며 失何曾失이리요 旣然不可言有得이라 亦復不應言無 得이니 我佛見然燈도 了應如是知니라

육조 부처님께서 말씀하시되 "실제로 아상, 인상, 중생상, 수자 상이 없어야 비로소 보리의 수기를 얻을 수 있다. 내가 만약 보리심

을 냄이 있다면 연등불이 곧 나에게 수기를 주지 않으셨을 것이다. 실제로 얻은 바가 없었으므로 연등불이 비로소 나에게 보리의 수기를 주셨다.”라고 하셨으니, 이 한 문단의 글은 모두 수보리에게 아상이 없다는 뜻을 나타낸다.

佛言하사대 實無我人衆生壽者하야사 始得授菩提記니 我若有發菩提心이면 然燈佛이 卽不與我授記시리니 以實無所得일새 然燈佛이 始與我授菩提記라하시니 此一段文은 摠成須菩提無我義라

야부 가난하기[397]는 범단范丹[398]과 같으나 의기는 항우項羽와 같도다!

貧似范丹이나 氣如項羽로다

설의 가난하기는 가난하나 스스로 하늘을 찌르는 의기가 있도다!

貧則貧矣나 自有衝天意氣로다

송 위에는 기와 조각이 없고
　아래에는 송곳 세울 곳이 없으니
　날이 가고 달이 와도 알지 못하겠도다!

---

397 가난하기(貧): 이를 불교에서는 ‘놓아라, 비워라, 쉬어라’라는 말로 잘 표현한다.
398 범단范丹: 범단은 후한의 고사高士다. 자字는 범염范冉 또는 사운史雲이다. 환제桓帝 때 내무萊蕪의 장長이 되었다. 청빈淸貧하기로 이름이 나서 당시 세속에서 “범단은 시루에 먼지가 쌓인다(甑中生塵范史雲).”라고까지 하였다.

이 누구인가? 슬프도다!

上無片瓦하고 下無卓錐로다
日往月來에 不知是誰오 噫라

청빈하여 가진 것이 없으나 의기는 감히 구속할 수 없도다!

淸貧無所有나 意氣不敢籠이로다

"무슨 까닭인가? 여래란 곧 모든 법이 여여_{如如}하다는 뜻이니라."

何以故오 如來者는 卽諸法如義니라

설의 이미 여래의 이름을 얻었다면 반드시 보리도를 얻었을 터인데 무엇 때문에 얻은 것이 없다고 말하는가? 여래라는 이름을 얻은 것은 특별한 뜻이 없고 모든 법이 진여임을 통달했기 때문이다. 진여는 평등하여 성품이 맑고 깨끗하니[399] 얻는 것을 어찌 그 가운데서 의론하겠는가?

旣得如來號인댄 必得菩提道니 因甚道無所得고 得名如來無別意라 以了諸法是眞如니 眞如平等性淸淨하니 所得을 何以論其中이리요

---

399 유무有無, 아인我人, 우열優劣 등 일체 차별을 초월하여 보편화되어 있는 것을 뜻한다.

육조 모든 법이 여여如如하다는 뜻(諸法如義)을 말함은 모든 법은 곧 색성향미촉법色聲香味觸法이니, 이 육진六塵 가운데 분별을 잘 하되 본체는 깨끗하여 물들지도 않고 집착하지도 않아서 일찍이 변하여 달라지지 않음이 허공이 움직이지 않음과 같아서 두루 통하고 밝게 투철하여 겁을 지나도록 항상 존재하는 것, 이것을 "모든 법이 여여한 뜻"이라고 이름한다. 『보살영락경』에 이르시되 "헐뜯고 예찬하는 데 움직이지 않는 것, 이것이 여래의 행동이라." 하시고, 『입불경계경』에 이르시기를 "모든 욕망에 물들지 않는 까닭에 무소관無所觀[400]에게 경례敬禮한다."라고 하셨다.

言諸法如義者는 諸法은 卽是色聲香味觸法이니 於此六塵中에 善能分別호대 而本體湛然하야 不染不着하야 曾無變異호미 如空不動하야 圓通瑩徹하야 歷劫常存이 是名諸法如義라 菩薩瓔珞經에 云하사대 毀譽不動이 是如來行이라하시고 入佛境界經에 云하사대 諸欲不染故로 敬禮無所觀이라하시니라

야부 ○이여! 머물고 머물라. 움직이면 30방을 때리겠다.

○ 住住하라 動着則三十棒호리라

설의 다만 진여 평등한 도리를 어떻게 말할 것인가? ○ 중생과 부처가 나란히 침몰하고 자타가 함께 사라지니, 하늘이 땅으로 땅이

---

400 무소관無所觀: 부처님의 다른 이름이다.

하늘로 천지가 뒤바뀌고, 물이 산으로 산이 물로 물과 산이 비었도다! 그러하기가 비록 이와 같으나 일체 법이 본래 본분 자리에서 편안하니 누가 등롱燈籠[401]을 불러 노주露柱[402]라고 하겠는가? 이러하다면 응당 움직이지 말아야 하니, 움직이면 30방을 때리겠다.

只如眞如平等底道理를 作麼生道오 ○ 生佛이 并沈하고 自他ㅣ 俱泯하니 天地地天天地轉이요 水山山水水山空이로다 雖然如是나 法法이 本來安本位하니 誰喚燈籠作露柱리요 伊麼則不應動着이니動着則三十棒호리라

송 위에는 하늘이고 아래는 땅이며

남자는 남자요 여자는 여자로다!

목동이 풀어놓은 송아지를 치니

대가大家는 일제히 라라리 노래를 부르도다!

이것은 무슨 곡조인가? 영원히 기쁘도다!

上是天兮下是地요 男是男兮女是女로다

牧童이 撞着放牛兒하니 大家齊唱囉囉哩로다

是何曲調오 萬年歡이로다

---

401 등롱燈籠: 대나무 또는 나무, 쇠 같은 것의 살로 둥근 바구니 모양을 만들고 비단 또는 종이를 씌워 그 속에 등잔을 넣고 다니게 된 기구이다. 여기서는 살활 가운데 어느 하나를 상징한다.

402 노주露柱: 당堂 밖의 정면에 세운 두 기둥으로 무정無情 또는 비상非常의 뜻으로 쓰인다. 여기서는 살활 가운데 어느 하나를 상징한다.

하늘은 하늘, 땅은 땅이니 어찌 뒤바뀐 적이 있겠는가?
물은 물이요, 산은 산이라 각기 완연하도다!
백억의 살아있는 석가가 취하여 봄바람에 춤을 추니
곡조가 스스로 그러하니 누가 화답을 모르겠는가?
만년의 기쁜 곡조 무엇으로 인연하여 있는가?
사람사람이 각자 남이 없는 즐거움이 있도다!

天天地地何曾轉이리요 水水山山各宛然이로다
百億活釋迦ㅣ 醉舞春風端하니 韻曲이 自然이라 誰不解和리요
萬年歡曲이 緣何有오 人人이 自有無生樂이로다

"만약 어떤 사람이 말하기를 여래가 아뇩다라삼먁삼보리를
얻었다고 하면 수보리여, 실제로 법이 있어 부처가 아뇩다라삼
먁삼보리를 얻은 것이 아니다. 수보리여, 여래가 얻은 아뇩다라
삼먁삼보리는 이 가운데에 실實함도 없고 허虛함도 없느니라."

若有人이 言如來得阿耨多羅三藐三菩提라하면 須菩提야 實
無有法佛得阿耨多羅三藐三菩提하니 須菩提야 如來所得阿
耨多羅三藐三菩提는 於是中 無實無虛하니라

설의 앞에서는 부처님을 말하여 얻음도 없고(無得) 실함도 없음(無
實)을 밝히시고, 여기서는 법을 말하여 얻은 바가 비어 있지 않음을

밝히셨다. 만약 부처라는 뜻을 의론한다면 허공과 같아서 텅 비어 모든 상이 없으며, 고요하여 가고 머무름이 없어서 시방세계가 다 이 한 몸이라서 다시 두 가지 형상이 없으니, 무엇을 전하며 무엇을 얻겠는가? 그러므로 말씀하시되 "실제로 법이 있어 여래가 아뇩다라 삼먁삼보리 등을 얻는 것이 아니다."라고 하셨다. 만약 법의 뜻을 의론한다면 저 큰 허공의 밝은 해와 서로 비슷하여 삼라만상의 차별差別이 전신全身이고, 보고 듣고 느끼고 아는 것을 응용함에 방해되지 않는다. 이 안에 말하고 들음도 또한 없지 않으나 전하고 얻음도 또한 없지 않으니, 이런 까닭으로 말씀하시되 실함도 없고 허함도 없다고 하시니 비록 그렇게 실함이 없으나 또한 실함이 없는 것도 아니다.

前言佛하사 以明無得無實하시고 此言法하사 以明所得無虛하시니 若論佛義인댄 猶如太虛하야 廓然無諸相하며 寂然無去住하야 盡十方界ㅣ都 盧是一身이라 更無二相하니 傳介什麼며 得介什麼리요 所以로 道하사대 實無有法如來得阿耨菩提等이라하시고 若論法義인댄 如彼太虛에 白日相似하야 萬像森羅ㅣ差別全身이요 見聞覺知ㅣ應用無妨이라 這裏에 說聽도 亦不無하며 傳得도 亦不無하니 所以로 道하사대 無實無虛라하시니 雖然無實이나 亦非無實也라

육조 부처님께서 말씀하시되 "실제로 얻는다는 마음 없이 보리를 얻는다."라고 하셨으니, 얻었다는 마음이 나지 않으므로 이런 까닭에 보리를 얻는다. 이 마음을 떠난 밖에 다시 보리를 얻을

것이 없는 까닭에 충실함이 없다고 말하고, 얻었다는 마음이 사라
져 일체의 지혜가 본래 있고, 만행이 다 두루 갖추어져서 항하사
모래알 같은 덕성이 사용해도 모자람이 없는 까닭에 빔(虛)이
없다고 하셨다.

佛言하사대 實無所得心으로 而得菩提니 以所得心이 不生일새 是故로
得菩提라 離此心外에 更無菩提可得故로 言無實也요 所得心이 寂滅하
야 一切智ㅣ 本有하고 萬行이 悉圓備하야 恒沙德性이 用無乏少故로
言無虛也라

야부 부유한 사람은 천 명의 식구도 적다고 싫어하고, 가난한
사람은 한 몸도 많다고 한탄하도다!

富嫌千口少요 貧恨一身多로다

설의 찼으되 참이 없고, 비었으되 빔이 없도다!

實而無實이요 虛而無虛로다

송 생애生涯가 꿈 같고 뜬구름 같으니
　　살아갈 계책이 도무지 없고 육친六親[403]이 끊겼도다!
　　한 쌍의 푸르고 흰 눈을 얻어서
　　한 없이 왕래하는 사람을 웃으며 보도다!

403 육친六親: 부모, 처자, 형제.

生涯如夢若浮雲하니 活計都無絶六親이로다
留得一雙靑白眼하야 笑看無限往來人이로다

고요하여 한 물건도 없음을 괴이하게 여기지 말라.
이 집의 활계가 스스로 그러하도다!
한결같이 비어서 한 물건도 없다고 이르지 말라.
왼쪽 오른쪽에 호응하여 이지러짐이 없도다!

莫怪寥寥無一物하라 伊家活計自如然이로다
莫謂一向空無物하라 左之右之에 應無虧로다

"이런 까닭으로 여래가 말씀하시기를 '일체 법이 다 불법佛法이
다.' 하시니"

是故로 如來ㅣ 說一切法이 皆是佛法이라 하나니

설의 앞에서 실實함이 없다는 것은 모든 법이 자성이 없어서 안으로
육근의 몸과 밖으로 대상세계가 형상마다 다 허망하여 가히 가리켜
진술할 것이 없음을 말하고, 여기서 빔이 없다는 것은 모든 법이
자리에 따라 머물러서 학은 길고 오리는 짧고, 소나무는 곧고 가시나무
는 굽어서 형상마다 원래 진실하여 실상 아님이 없음을 말한다. 소
부처와 말 부처와 남자 부처와 여자 부처가 서로 빌리거나 빌려주지
아니하여 각기 법의 즐거움을 받는다.

前言無實則法法이 無自性하야 內而根身과 外而器界ㅣ 相相이 皆爲虛妄하야 無可指陳이요 此言無虛則法法이 依位住하야 鶴長鳬短하고 松直棘曲하야 相相이 元眞이라 無非實相이니 牛佛馬佛과 男佛女佛이 不相借借하야 各受法樂이로다

야부 밝고 밝은 백 가지 풀끝에 밝고 밝은 조사의 뜻이로다!

明明百草頭에 明明祖師意로다

설의 조사의 뜻이여! 밝고 밝은 백 가지 풀끝이니, 백 가지 풀끝에서 좋게 눈을 뜰지어다!

祖意여 明明百草頭니 百草頭上好開眸어다

송 머뭇거리는 사이[404]에 술을 빚을 줄 알고
경각에 꽃을 피울 수 있으며
거문고로 벽옥[405]의 곡조를 타고
화로에서 흰 주사硃砂를 단련하니
여러 가지 기량은 어디에서 얻었는가?
모름지기 풍류가 자기 집에서 나온 줄을 믿어야 하네.

---

404 머뭇거리는 사이(逡巡): 준순逡巡은 뒷걸음질 쳐서 후퇴하거나, 망설이고 머뭇거려 나가지 아니한다는 뜻이다.
405 벽옥碧玉: 옛날 노래를 잘 부르던 사람의 이름이다.

會造浚巡酒하고 能開頃刻花하며

琴彈碧玉調하고 爐煉白硃砂로다

幾般伎倆을 從何得고 須信風流ㅣ出當家니라

술을 빚고 꽃을 피움이여! 기량이 많으니,

이와 같은 기량 다른 데(他)서 얻은 것이 아니로다.

造酒開花여 伎倆이 多端하니

如是伎倆이 非從他得이로다

"수보리여, 일체 법이라 말한 것은 곧 일체 법이 아니다. 이러한 까닭으로 이름이 일체 법이다."

須菩提야 所言一切法者는 卽非一切法일새 是故로 名一切法이니라

설의 앞에서 참도 없고 빔도 없다고 말함은 곧 모아 빼앗으며 펴서 여는 것이고, 여기서 법이 곧 법이 아니라 말함은 펴서 열며 모아 빼앗는 것이다. 그러면 부처가 곧 법이고 법이 곧 부처이니, 부처와 법이 둘이 아니라서 도가 바야흐로 앞에 나타난다.

前言無實無虛則捏取放開오 此言法卽非法則放開捏取라 伊麼則佛則是法이오 法則是佛이니 佛法이 無二라 道方現前이로다

육조 모든 법에 마음으로 취하고 버림이 없으며 또한 주관과 객관이 없으면 치열하게 일체 법을 세우되 마음은 항상 비고 고요하다. 그러므로 일체 법이 다 불법임을 안다. 미혹한 사람이 일체 법을 탐내고 집착하여 불법으로 여길까 걱정하셔서 이 병을 치유하기 위한 까닭에 곧 일체 법이 아니라고 말씀하셨다. 마음에는 주관과 객관이 없어 고요하지만, 항상 비추면 선정과 지혜가 가지런히 가고 체와 용이 일치하므로 이런 까닭으로 이름이 일체 법이다.

能於諸法에 心無取捨하며 亦無能所하면 熾然建立一切法호대 而心常空寂이니 故知一切法이 皆是佛法이어니와 恐迷者ㅣ 貪着一切法하야 以爲佛法일가하사 爲遣此病故로 言卽非一切法이요 心無能所하야 寂而常照하면 定慧ㅣ 齊行하고 體用이 一致일새 是故로 名一切法也라

야부 높은 대인이신 구丘⁴⁰⁶가 한 몸이로다!

上大人丘乙己샷다

설의 이 도의 몸은 가장 높고 지극하여 위가 없으며, 넓고 넓어 가와 밖이 없어서 온 허공으로 몸의 성품을 삼아 어떤 물건도 대등한 짝이 없다. 이런 까닭에 이르기를 높은 대인이 한 몸이라고 했다. 높은 대인이라는 말은 세상에서 공자를 일컫는 말이다. 그러나 이것은

---

406 높은 대인이신 구(上大人丘): 중국에서는 공자를 가장 완전하고 이상적인 인물로 보아 그와 같이 되고자 했다.

천하에 공적公的 이름이니 어찌 한 사람만의 독자적 호칭이겠는가?
다만 공자가 이를 깊이 체득하여 그 덕망을 크게 이룸이 일찍이
간극間隙이 있지 않은 까닭으로 이를 일컬어 그렇다고 이른 것이다.
이른바 부처는 천진불의 몸에 미묘하게 일치한 까닭에 일컫기를
부처라고 하는 것과 같다.

斯道之體ㅣ 最尊極無上하고 廣博無邊表하며 混空爲體性하야 無物爲
等倫이니 所以로 道호대 上大人丘乙己라 上大人之言은 世稱孔聖之談
이나 然이나 此乃天下之公名이라 豈一人之獨稱哉리오 但孔聖이 深體乎
此하야 而其德之大成이 未嘗有間然故로 稱之云然이니 如所謂佛者는
妙契天眞佛體故로 稱之爲佛也라

송 이 법이 법 아니니 이 법 아님이여!
　죽은 물에 숨은 용이 살아서 활발하네.
　이 마음이 마음 아니니 이 마음 아님이여!
　허공에 가득하여 예부터 지금에 이르렀도다!
　다만 이것이라 좇아가 찾음을 끊었도다!
　끝없는 들 구름을 바람이 다 걷어버리니
　한 바퀴 외로운 달이 하늘 가운데 비치도다!

　是法非法不是法이여 死水藏龍活鱍鱍이요
　是心非心不是心이여 逼塞虛空古到今이로다
　秖者是라 絶追尋이로다
　無限野雲을 風捲盡하니 一輪孤月이 照天心이로다

법이 곧 이 마음이라 이 법이 아님이여!

죽은 물에 숨은 용이 활발하도다!

법이 이미 법이 아니라 마음 또한 아니니

마음 아닌 마음의 몸이 천지에 가득하도다!

천지에 가득함이여!

지금과 옛날에 떨어짐이 없어서

분명하게 눈앞에 있도다!

눈앞에 있음이여!

어찌 구구하게 속절없이 좇아 찾겠는가?

시비의 구름이 다하며 마음과 법을 쌍雙으로 잊으니

대인의 면목이 햇볕에 드러나고 빛나도다!

法則是心이라 不是法이여 死水藏龍活鱍鱍이요

法旣非法이라 心亦非하니 非心心體塞天地로다

塞天地여 今古應無墜하야 分明在目前이로다

在目前이여 何用區區謾追尋이리오

是非雲盡하며 心法雙忘하니

大人面目이 當陽顯赫이로다

"수보리여, 비유하자면 사람의 몸이 장대함과 같다." 수보리가
말씀하시되 "세존이시여, 여래께서 말씀하신 사람의 몸이 장대
함은 곧 장대한 몸이 아니라 이름이 장대한 몸입니다."

須菩提야 譬如人身長大이니라 須菩提ㅣ言하사대 世尊하 如來
說人身長大ㅣ卽爲非大身일세 是名大身이니이다

설의 이 몸은 한량없고 끝과 밖이 없어서 한 물건도 가히 그와
같을 수 있는 것이 없으며, 한 물건도 능히 그를 덮을 수 있는 것이
없다. 설사 크기가 수미산과 같다고 말해도 일찍이 저것을 국한局限해
버린 것이며, 용량이 큰 허공 같다고 하여도 또한 그것을 국한해버린
것이다. 무엇 때문에 몸이 아니라고 말하는가? 본래 존귀한 사람은
존귀한 지위에 머물지 않는다. 수미의 정상에서는 찾아도 만나지
못하고, 꽃피고 풀 나는 언덕에서 혹 서로 만나도다! 이것을 큰 몸이라
이름함이여! 사람으로 하여금 가장 근심하게 하도다! 마갈摩竭에서
일찍 관문關門을 닫으시고, 비야毗耶에서는 입을 벽에 거셨도다![407]

此身은 無限量하고 無邊表하야 無一物可等伊하며 無一物能蓋伊하니
設道大同須彌라도 早已局限他了也며 量同太虛라도 亦局限他了也니
因甚道非身고 本是尊貴人이 不居尊貴位하니 須彌頂上에 尋不遇라 芳
草岸頭에 或相逢이로다 是名爲大身이여 令人特地愁라 摩竭에 爲之曾
掩關하시고 毗耶에 爲之口掛壁하니라

---

407 부처님께서 마가다국에서 7일 동안 문을 닫은 일과 유마힐이 말을 하지 않은
일. 이와 같은 내용이 『무엇이 너의 본래면목이냐』 2(성철 저, 장경각, 2009)
226~227쪽에도 보인다. 여기서 성철스님은 진실한 불법은 언어로 표현할
수 없어서 부처님께서 문을 닫으셨고, 불이법문不二法門을 묻는 사리불의 질문
에 유마거사가 침묵한 것이라고 설명을 붙였다. 유마거사의 이 법문은 『벽암록』
제84칙에 '유마묵연維摩默然'이라는 공안으로 정리되어 있기도 하다.

육조 여래가 "사람 몸이 장대한 것이 곧 장대한 몸이 아니라"고 말씀하신 것은, 모든 중생의 법신이 둘이 아니어서 한량없음을 드러내시니 이 이름이 장대한 몸이다. 법신이 본래 처소가 없는 까닭에 말하자면 곧 장대한 몸이다. 또 색신이 비록 장대하나 안으로 지혜가 없으면 곧 장대한 몸이 아니다. 색신이 비록 작더라도 안으로 지혜가 있으면 장대한 몸이라 이름할 수 있고, 비록 지혜가 있으나 가르침에 따라 수행하지 않으면 곧 장대한 몸이 아니다. 가르침에 따라 수행하여 모든 부처님의 위없는 지견을 깨달아 들어가 마음에 주관과 객관의 한량限量이 없어야 이 이름이 장대한 몸이다.

如來ㅣ 說人身長大ㅣ 卽爲非大身者는 以顯一切衆生의 法身이 不二하야 無有限量이 是名大身이시니 法身이 本無處所故로 言卽非大身이요[408] 又以色身이 雖大나 內無智慧하면 卽非大身也라 色身이 雖小나 內有智慧하면 得名大身이요 雖有智慧나 不能依行하면 卽非大身이라 依敎修行하야 悟入諸佛無上知見하야 心無能所限量하야사 是名大身이니라

---

[408] 김탄허金呑虛 역본, 『금강경오가해金剛經五家解』에는 이 부분의 원문 문장 순서가 일부 바뀌어 있다. 본 역서의 저본과 『금강경언해』본의 '法身이 不二하야 無有限量이 是名大身이시니 法身이 本無處所故로 言卽非大身이요'가 김탄허 역본에는 '法身이 本無處所일새 故言卽非大身이요 法身이 不二하야 無有限量일새 是名大身이니라'로 앞뒤가 바뀌어 있다. 같은 내용의 문장이 순서만 바뀌어서 본 역서의 저본을 따랐다.

500

야부 한 가지 물건이라 불러도 곧 맞지 않다.

喚作一物이라도 卽不中이니라

설의 설사 마음이라 부처라 말하더라도 마음도 아니며 부처도 아닌 것을 어찌하며, 설사 한 물건이라 말해도 또한 한 물건이 아니다.

設道卽心卽佛이라도 爭奈非心非佛이며 設道一物이라도 亦非一物이로다

송 하늘이 영령英靈한 여섯 자의 몸을 낳으시니
    문文에 능하고 무武에 능하며 경서를 잘 알도다!
    하루아침에 어머니의 얼굴을 아니
    비로소 부질없는 이름 오호五湖에 가득함을 믿겠도다!

天産英靈六尺軀하니 能文能武善經書로다
一朝에 識破孃生面하니 方信閑名이 滿五湖로다

문무文武에 능하며 경서를 잘하니 가히 하늘이 내신 영령英靈한 사람이며, 인간 중에 준걸俊傑한 사람이라 이를 만하다. 그러나 오직 두 눈이 두루 밝음만 얻고 정문頂門의 정안正眼을 아직 열지 못했으니, 대인의 면목을 안 연후에야 네가 정문의 정안을 열었다고 허락할 것이다. 그러면 눈앞에 지은 것이 오직 부질없는 일이며, 들은 것이 또 오직 부질없는 이름이로다!

能文武善經書하니 可謂天産之英靈이며 人間之俊傑이라 然이나 只得雙

眼圓明이요 未開得頂門正眼이니 識得大人面目然後에 許伊開得頂門正眼이라 伊麼則目前所作이 只是閑事며 所聞이 亦只是閑名이로다

"수보리여, 보살도 또한 이와 같아서 만약 이 말을 하되 내가 한량없는 중생을 제도하리라 하면 곧 보살이라 이름할 수 없으니, 무슨 까닭인가? 수보리여, 실제로 법이 있지 않음이 이름이 보살이다. 이런 까닭에 부처님께서 말씀하신 '일체의 법은 아상도 없고, 인상도 없고, 중생상도 없고, 수자상도 없다'고 하셨다."

須菩提야 菩薩도 亦如是하야 若作是言호대 我ㅣ當滅度無量衆生이라하면 卽不名菩薩이니 何以故오 須菩提야 實無有法ㅣ 名爲菩薩이니 是故로 佛說一切法은 無我無人無衆生無壽者라하나니라

설의 처음에 어떻게 머무르고 어떻게 항복할 것인가라는 공생의 물음을 인하여 제도하되, 제도함이 없음을 가르치셔서 집착이 없고 내가 없는 뜻을 밝혀 이와 같이 마음을 항복 받게 하시며, 이와 같이 안주하게 하셨다. 다음으로 말씀하시되 실제로 법이 있어 여래가 아뇩阿耨 등을 얻은 것이 아니라 하시고, 또 말씀하시기를 일체 법으로부터 큰 몸이 곧 큰 몸이 아니라고 하심에 이르기까지는 불법도佛法道의 셋이 다 비어 머물 것(住)이 없음을 밝히셨다. 여기에서 말씀하시기를 보살도 또 이와 같다고 하는 데서부터 실제로 법이 있어 이름을

보살이라 하는 것이 아니다라는 데까지는 머무름이 없으며 내가 없는 뜻을 거듭 밝히셨다. 이에 이르시되 이런 까닭으로 부처님께서 말씀하신 일체 법이 아상我相이 없으며, 인상人相이 없으며, 중생상衆生相이 없으며, 수자상壽者相이 없다고 하셨다. 그렇다면 앞에 나타난 천지일월과 삼라만상으로부터 이승二乘의 제연諦緣[409]과 보살육도菩薩六度[410], 모든 부처의 위없는 보리菩提에 이르기까지 낱낱이 머무름(住)이 없으며, 낱낱이 형상이 없으며, 낱낱이 맑고 깨끗하며(淸淨), 낱낱이 적멸寂滅하며, 낱낱이 은산철벽銀山鐵壁과 같아서 한 가지 법도 그 사이에 생각하고 의론함을 용납하지 않는다.

始因空生問住降하사 教以滅度而無滅하야 以明無住無我之意하사 令如是降心하며 如是安住也하시고 次言實無有法如來得阿耨等이라하시고 又言一切法으로 以至云大身이 卽非大身하사 以明佛法道三이 皆空而無住하시고 此言菩薩도 亦如是로 至實無有法名爲菩薩하사 重明無住無我之意하사 乃云是故로 佛說一切法이 無我無人無衆生無壽者라하시니 伊麽則現前天地日月과 萬像森羅로 以至二乘諦緣과 菩薩六度와 諸佛無上正等菩提히 一一無住하며 一一無相하며 一一淸淨하며 一一寂滅하며 一一如銀山鐵壁相似하야 無有一法도 容思議於其間矣라

---

409 이승二乘의 제연諦緣(二乘諦緣): 성문聲聞의 사제四諦와 연각緣覺의 십이인연十二因緣.

410 보살육도菩薩六度: 보살의 육바라밀六波羅蜜 즉 보시布施, 지계持戒, 인욕忍辱, 정진精進, 선정禪定, 지혜知慧.

육조 보살이 만약 자기가 설법하는 것으로 인해서 저 사람의 번뇌를 없앤다고 말하면 이것은 법아法我이다. 만약 내가 중생을 제도할 수 있다 말하면 내가 있는 것이다. 비록 중생을 제도하여 해탈시켰으나 마음에 주관과 객관이 있어서 아상我相과 인상人相이 없어지지 않으면 보살이라 이름할 수 없다. 치열하게 갖가지 방편을 말하여 중생을 교화하여 제도하되 마음에 주관과 객관이 없으면 이 사람이 보살이다.

菩薩이 若言因我說法하야 除得彼人煩惱라하면 卽是法我요 若言我能度得衆生이라하면 卽有我所니 雖度脫衆生이나 心有能所하야 我人不除하면 不得名爲菩薩이요 熾然說種種方便하야 化度衆生호대 心無能所하면 卽是菩薩也라

야부 소라고 부르면 곧 소이고, 말이라 부르면 곧 말이다.

喚牛卽牛요 呼馬卽馬니라

설의 이미 낱낱이 은산철벽과 같다면 어떻게 숨을 내쉬는가? 소라고 부르면 곧 소이고, 말이라 부르면 곧 말이니 법이 본래 없기 때문에 없다고 말해도 또한 법의 본체에 어긋나지 아니하며, 법이 본래 있기 때문에 있다고 말해도 또한 법의 본체에 어긋나지 않도다!

旣一一如銀山鐵壁相似인댄 作麼生出氣去오 喚牛卽牛요 呼馬卽馬니라 法本是無라 道無라도 亦不乖法體며 法本是有라 道有라도 亦不乖法體로다

송 할머니 적삼을 빌려 할머니 문에 절하니

예절(禮數)에 주선함이 이미 충분하도다!

대나무 그림자가 계단을 쓸어도 먼지가 일어나지 않고

달이 못 바닥까지 비추어도 물에 흔적이 없도다!

借婆衫子拜婆門하니 禮數周旋已十分이라

竹影이 掃階塵不動이오 月穿潭底水無痕이로다

문 앞에 예절 행하는 거동을 보니

마루 위 할머니의 적삼을 빌렸도다!

그림자가 뜰을 쓰나 먼지가 움직이지 않으니

난간에 있는 푸른 대나무 너울너울(婆娑)[411] 춤추도다!

빛이 물을 꿰뚫었으나 물에 흔적이 없으니

하늘의 밝은 달빛 밝게 빛나도다!

비었는가? 있는가?

나는 속단하여 말하지 않겠도다!

看取門前禮數儀하니 借來堂上婆子衫이로다

有影掃階塵不動하니 當軒翠竹이 舞婆娑로다

有華透水水無痕하니 在天明月이 光煏曜로다

空耶아 有耶아 吾不稱斷이로다

---

411 너울너울(婆娑): 춤추는 모양.

❀

"수보리여, 만약 보살이 이런 말을 하되 내가 마땅히 불토佛土를 장엄한다고 하면 이는 보살이라 이름할 수 없다. 왜 그런가? 여래께서 말씀하신 불토를 장엄한다는 것은 곧 장엄이 아니라 이 이름이 장엄이니라."

須菩提야 若菩薩이 作是言호대 我當莊嚴佛土라하면 是不名菩薩이니 何以故오 如來說莊嚴佛土者는 卽非莊嚴일세 是名莊嚴이니라

육조 보살이 만약 말하기를 "나는 세계를 능히 건립할 수 있다."고 하면 보살이 아니고, 비록 세계를 능히 건립할 수 있더라도 마음에 주관과 객관이 있으면 보살이 아니다. 치열하게 세계를 건립하되 주관과 객관의 마음이 나오지 않아야 이 이름이 보살이다. 『최승묘정경最勝妙定經』에 이르시되 "가령 어떤 사람이 흰 은으로 정사 짓기를 삼천대천세계에 가득하게 하더라도 한 생각 선정의 마음과 같지 못하다."고 하시니, 마음에 주관과 객관이 있으면 곧 선정이 아니고, 주관과 객관이 일어나지 않아야 이 이름이 선정이니 선정은 곧 맑고 깨끗한 마음이다.

菩薩이 若言我能建立世界者는 卽非菩薩이요 雖能建立世界나 心有能所하면 卽非菩薩이라 熾然建立世界호대 能所心이 不生하야사 是名菩薩이니 最勝妙定經에 云하사대 假使有人이 造得白銀精舍를 滿三千大

506

千世界라도 不如一念禪定心이라하시니 心有能所하면 卽非禪定이요 能
所不生하야사 是名禪定이니 禪定이 卽是淸淨心也라

"수보리여, 만약 보살이 무아의 법을 통달하면 여래께서 말씀하
시기를 이름이 진실로 보살이라 하시니라."

須菩提야 若菩薩이 通達無我法者는 如來ㅣ 說名眞是菩薩이
라 하나니라

설의 앞에서는 중생을 제도한 것을 의거하여 무아無我를 밝히시고,
여기서는 불토를 장엄함을 의거하여 다시 무아를 밝히셨다. 마침내
이르시기를 만약 보살이 무아법을 통달한 이는 여래께서 말씀하시기
를 이름이 진실로 보살이라 하시니, 다만 무아의 도리를 어떻게 말하겠
는가?

안으로 오온五蘊의 몸 있음 보지 아니하니
천지만물 한 몸이 되도다!
다시 한 도리가 있으니
또 이름이 무아법이다.
한산 습득[412] 둘이 서로 따르니
산에 있거나 길에 있거나 그림자가 형체를 따르네.

412 한산 습득寒山拾得: 한산은 문수, 습득은 보현에 비견된다.

만약 두 사람으로 하여금 나(我)를 있게 한다면

한 사람은 청산에 있고 한 사람은 길에 있으리.

어떻게 통달할 것인가?

지혜는 문수의 지혜 근원을 궁구하여

권도權道[413]로 때 묻은 옷을 걸쳐 입고 그렇게 오고

행실은 보현의 자비행의 바다를 궁구하여

도리어 귀한 옷을 장식하여 그렇게 가네.

前依度生하야 以明無我하시고 此依嚴土하야 復明無我하사 乃云하사대 若菩薩이 通達無我法者는 如來說名眞是菩薩이라하시니 只如無我底 道理를 作麽生道오

內不見有五蘊身하니 天地萬物이 爲一己니라

更有一道理하니 亦名無我法이라

寒山拾得이 兩相隨하니 在山在途影從形이라

若使二人으로 如有我면 一在靑山一在途리라

作麽生通達고

智窮文殊之智源하야 權掛垢衣伊麽來요

行窮普賢之行海하야 却粧珍御伊麽去니라

---

[413] 권도權道: 방편.

육조 모든 법의 형상(諸法相)에 걸리거나 막힘이 없음이 이 이름이 통달이고, 법을 알았다는 마음을 짓지 않음이 이 이름이 무아법無我法이라 했다. 나와 법이 없는 이를 여래께서 말씀하시기를 이름이 진실한 보살이라 하시니, 분수에 따라 수행하고 지니는 것을 또한 보살이라 이름했다. 그러나 참된 보살이 아니다. 아는 것과 실천이 원만하여 일체의 주관과 객관의 마음이 다해야 바야흐로 이름이 진실한 보살이다.

於諸法相에 無所滯碍호미 是名通達이요 不作解法心이 是名無我法이니 無我法者를 如來ㅣ 說名眞是菩薩이라하시니 隨分行持를 亦得名爲菩薩이나 然이나 未爲眞菩薩이라 解行이 圓滿하야 一切能所心이 盡하야사 方得名爲眞是菩薩也니라

야부 추우면 곧 넓은 하늘이 춥고, 더우면 곧 넓은 하늘이 덥다.

寒卽普天寒이요 熱卽普天熱이니라

설의 미묘하게 문수의 지혜 경지智境에 다다르니 북풍이 차고 찬 서리와 눈이 하늘에 가득하고, 높이 보현의 자비행문을 밟으니 훈풍이 따뜻하여 푸르고 누른 것이 땅에 가득하도다!

妙造文殊之智境하니 朔風이 冽冽에 霜雪이 漫天하고 高蹈普賢之行門하니 熏風이 習習에 靑黃이 滿地로다

송 내가 있음이 원래 내가 없음이니

추운 시절에 부드러운 불을 사르도다!

마음이 없음이 마음 있음과 같으니

밤중에 금바늘을 줍도다![414]

마음이 없으며 내가 없음을 분명히 말하니

알지 못하겠도다! 말하는 사람은 누구인가? 하하!

有我元無我하니 寒時에 燒軟火로다

無心似有心하니 半夜에 拾金針이라

無心無我를 分明道하니 不知道者是何人고 呵呵

본래 내가 없는 사람이로되 중생을 제도하느라 권도權道로 나를 세우니 추운 때에 부드러운 불이 가히 싫지 않고, 안으로 마른나무와 같되 위의威儀를 빌려서 나타내니 한밤중에 바늘을 줍는 것이 앎이 없음은 아니로다! 분명하게 무아의 이치를 말해내니 알지 못하겠도다! 말하는 이는 이 어떤 사람인가? 하하! 여기 내가 있는가, 내가 없는가? 마음이 있는가, 마음이 없는가?

本是無我人이로대 度生權立我하니 寒時軟火ㅣ 不是可厭이요 內同枯木호대 假現威儀하니 夜半拾針이 不是無知로다 分明道出無我理하니 不知道者是何人고 呵呵 是有我아 無我아 有心가 無心가

---

414 살殺과 활活.

종경 거짓(妄)이 다하여 진실眞實로 돌아가니 중생을 어찌 제도(滅度)했겠는가? 법이 비고 내가 없으니 보리가 저절로 본래 원만히 이루어져 있도다! 바로 넉넉히 연등불을 만나 증득했음을 인가받아 의심하지 않더라도 이미 내세來世가 가려졌거늘, 하물며 석가께서 거듭 살피셔서 비로소 깨달아서 더욱 길을 건넘이랴? 또 말하라. 길을 건너지 않는 사람은 발꿈치가 도리어 땅을 밟는가? 장부丈夫는 스스로 하늘을 찌르는 지혜를 가졌으니 여래가 가는 곳을 향하여 가지 아니한다.

妄盡還眞하니 衆生을 何曾滅度리오 法空無我하니 菩提ㅣ 本自圓成이로다 直饒遇然燈印證而不疑라도 已隔來世온 況釋迦重審而方悟하사 轉涉途程가 且道하라 不涉途底人은 脚跟이 還點地麼아 丈夫自有衝天智하니 不向如來行處行이니라

송 바로 가리켜 홀로 전하신 비밀한 뜻 깊으니
본래 부처가 아니며 또한 마음도 아니네.
분명히 연등불의 수기 받지 아니 하였으니
스스로 가진 신령한 빛 고금에 빛나도다!

直指單傳密意深하니 本來非佛亦非心이라
分明不受然燈記하니 自有靈光輝古今이로다

설의 은밀한 뜻 두루 이루어져서 다시 구할 것이 없으니
스스로 가진 신령한 빛 고금에 빛나도다!

密意圓成更無求하니 自有靈光이 輝古今이로다

요지 먼저 경문에서 여래께서는 아뇩다라삼먁삼보리심을 낸 사람이 마음을 어떻게 가지며 어떻게 항복 받아야 하는가라는 수보리의 질문에 "나는 일체 중생을 응당 제도하겠다."는 마음을 가지되 제도하고 나서는 "한 중생도 제도하지 않았다."고 마음을 가져야 한다고 하였다. 그 까닭은 아상我相, 인상人相, 중생상衆生相, 수자상壽者相이 있으면 보살이 아니기 때문이며 법이 있어 아뇩다라삼먁삼보리심을 내는 것이 아니기 때문이라고 했다. "법이 있어 연등불에게 보리를 얻었는가?"라는 여래의 질문에 수보리는 아니라고 대답한다. 부처님은 수보리의 이 대답을 긍정하면서 만약 법이 있어 보리를 얻는다면 연등불이 "너는 다음 생에 부처가 되어서 이름을 석가모니로 한다."라고 수기하지 않았을 것이라 하고, 실제로 법이 있어서 보리를 얻지 않았기 때문에 연등불이 그렇게 수기했다고 하였다. 여래라는 것은 일체 법이 여여하다(眞如)는 뜻이 있기 때문이라고 하였다. 그리고 여래가 얻은 보리菩提는 충실充實한 것도 아니고 공허空虛한 것도 아니기 때문에 여래가 말씀하신 모든 법(一切法)은 모두 불법佛法이라고 했다. 여기에 다시 모든 법은 모든 법이 아니기 때문에 이름이 모든 법이라 했다. 사람의 몸이 장대하다는 세존의 비유에 대하여 수보리는 장대한 몸이 아니기 때문에 이름이 장대한 몸이라고 대답한다. 세존은 보살도 이와 같다고 하고 내가 한량없는 중생을 제도하겠다고 하면 보살이라 이름할 수 없는데 이는 실로 법이 있어서 보살이라 할 것이 없기 때문이라 하시고, 부처님께서 말씀하신 일체 법은 아상,

인상, 중생상, 수자상이 없다고 하셨다. 또 예를 들어 불토를 내가 장엄하겠다고 하면 보살이라 이름할 수 없다고 하고, 그 이유는, 여래가 말씀하신 불토장엄佛土莊嚴은 장엄이 아니기 때문에 이름이 장엄이라고 하였다. 그래서 결론적으로 보살이 무아의 법을 통달하면 여래는 이 이름이 참된 보살이라고 하였다.

부처님의 이 말씀에 대하여 육조스님은 부처님 멸도하신 뒤 오백세가 지나서 보리심을 낸 사람은 어떤 법을 따르고 마음을 항복 받아야 하는가라는 수보리의 질문에 대하여 일체 중생을 도탈시켜 성불하게 하고서 한 중생도 제도한 것을 못 봐야 된다고 하신 부처님의 말씀은 능소심能所心, 중생견衆生見, 아견我見을 제거하기 위한 것이라고 보았다. 육조스님은 제도할 중생이 있다고 보는 것이 아상我相, 내가 중생을 제도할 수 있다는 마음이 인상人相, 열반을 구하는 것은 중생상衆生相, 열반을 증득할 수 있다고 보는 것을 수자상壽者相이라고 사상四相을 정의하고 이 사상이 있으면 보살이 아니라고 했다. 그리고 "법이 있다(有法)."고 할 때의 법은 사상이라고 하고, 이것을 제거하지 않으면 보리를 얻을 수 없다고 하고 사상이 바로 번뇌의 근본이라고 하였다. 수보리는 "내가 사상을 제거하지 않고 연등부처님께 수기를 받았는가?"라는 부처님의 질문에 사상이 없는 이치를 깊이 이해했기 때문에 "아닙니다."라고 답했는데, 육조스님은 부처님께서 이것으로 수보리를 인가印可해주셨다고 보았다. 즉 실로 얻은 바가 없기 때문에 연등불이 수기를 주었다는 문장은 수보리가 무아의 뜻을 다 이루었다는 것을 의미하다.

육조스님은 제법諸法이 색성향미촉법色聲香味觸法의 육진六塵이라고 하고, 그 본질은 물들지도 않고 변하지도 않는 것이 허공처럼 두루 통해서 밝고 영원히 항상 있는 것을 모든 법이 여여하다는 뜻이라고 풀었다. 육조는 여기에 『보살영락경菩薩瓔珞經』의 칭찬과 헐뜯음에 움직이지 않는 것이 여래의 행동이라는 말과 『입불경계경入佛境界經』의 모든 욕심에 물들지 않은 까닭에 부처님께 예경한다는 두 경전의 예를 들었다. 보리가 차 있지도 않고 비어 있지도 않다는 말에 대하여 육조는 마음을 떠나 보리를 얻을 것이 없기 때문에 차 있지 않다(無實)고 하고, 얻은 마음이 적멸하여 일체 모든 지혜가 본래 갖추어져 있고 만행이 다 구비되어서 항하사 수恒河沙數와 같은 공덕의 성품이 써도 부족함이 없기 때문에 비어 있지도 않다(無虛)고 풀이했다. 육조는 미혹한 사람이 일체 법에 탐착하면서 이것을 불법佛法으로 여기는 병통을 다스리기 위해서 "일체 법이 아니다."라고 하고, 마음에 주관과 객관이 없어 고요하면서 항상 비추면 선정과 지혜가 나란히 가고 체용이 일치하기 때문에 이 "이름이 일체 법"이라고 풀이했다. 또 육조는 큰 몸(大身)의 개념에 대하여 중생의 법신法身이 일정한 처소가 없기 때문에 대신大身이 아니라고 하고 중생의 법신이 둘이 아니어서 한량이 없는 것을 대신이라 한다고 하고, 다시 색신色身과 지혜智慧의 관계를 가지고 대신을 설명했다. 색신이 커도 지혜가 없으면 대신이 아니고, 색신이 작아도 지혜가 있으면 대신이라고 하였다. 나아가 지혜가 있어도 그에 따라 행동하지 않으면 대신이 아니고, 가르침에 따라 수행해서 부처의 위없는 지견에 깨달아 들어가서 마음에 주객의 한량이 없어야 이름이 대신이라고 하였다.

육조스님은 보살이 내가 설법으로 저 사람의 번뇌를 제거했다고 하면 이것이 법아法我[415]이고, 내가 중생을 제도한다고 하면 이것은 아소我所[416]가 있는 것이라고 개념을 정의하였다. 그래서 그는 중생을 제도해도 마음에 주객이 있어서 나와 남이 제거되지 않으면 보살이라 할 수 없고, 치열하게 갖가지 방편을 써서 중생을 제도하되 마음에 주객이 없으면 바로 보살이라고 하였다. 육조는 불토를 장엄하는 것과 관련하여 세계를 건립하더라도 주객의 마음이 있으면 보살이 아니고, 치열하게 세계를 건립해도 주객의 마음이 일어나지 않으면 보살이라고 하였다. 육조스님은 『최승묘정경最勝妙定經』의 "어떤 사람이 백은白銀으로 된 정사精舍를 삼천대천세계에 가득 조성하더라도 한 생각 선정심禪定心만 같지 못하다."라는 예를 들면서 마음에 주객이 있으면 선정이 아니고 주객이 없어야 선정이며, 그 선정이 곧 청정심이라고 하였다. 육조는 모든 법에 걸리고 막히지 않는 것을 통달通達, 법을 알았다는 마음을 내지 않는 것이 무아법無我法이라 정의하고 분수에 따라 실천하고 받아 지니는 이도 이름이 보살이지만 진정한 보살이 아니고, 지혜와 자비 실천이 원만해서 일체 주객의 마음이 다해야 이름이 진정한 보살이라고 하였다.

이 장에서 야부스님은 먼저 중생 제도와 관련하여 "어떤 때는 달이

---

415 법아法我: 개념적으로는 객관 사물이나 정신에 변하지 않는 본체가 있다고 집착하는 마음을 뜻하는데, 여기서는 변하지 않는 저 사람의 번뇌가 실체로서 있다고 보는 마음이라 할 수 있다.

416 아소我所: 개념적으로는 자기에게 속하는 모든 물건이 본래는 일정한 임자가 없는 것인데 자기의 소유물이라고 고집하는 편견을 뜻한다. 여기서는 중생 제도의 행위를 자기의 것으로 집착하는 마음이라 할 수 있다.

좋아서 모르는 사이에 창주를 지나간다."라고 읊고, 마음을 두는
곳은 가운데도 아니고 있음과 없음도 아니라고 하고, 중생을 다 제도하
고 제도함이 없음을 알면 흐름을 따르는 대장부라고 읊었다. 사상四相
에 대해서 "그 없는 것을 어찌 얻겠는가?"라고 읊고, 더하여 "비록
따뜻한 기운을 빌리지는 않지만 어찌 복숭아꽃이 한 모양으로 붉겠는
가?"라고 하여 사상이 없기만 한 것은 아님을 말하였다. 여래가 연등불
에게 법이 있어 보리를 얻은 것이 아니라는 수보리의 말을 인정한
것에 대하여 야부는 같은 침상에 자야 이불이 떨어진 것을 알 수
있다고 읊고 북과 비파, 그대와 나, 강과 산봉우리가 서로 조화한
모습을 다시 읊었다. 같은 주제에 대하여 "범단 같이 가난하지만
기상은 항우 같다"는 비유, "위아래에 아무것도 없다"고 하면서 "해지
고 달뜨는데 이 누구인가?"라고 물어서 수기의 상황을 선적으로 표현
하였다. 모든 법이 여여如如하다는 부처님의 말에 대하여 "머물고
머물라. 움직이면 30방을 때리겠다."고 하고, 다시 "위에는 하늘,
아래는 땅, 남자는 남자, 여자는 여자"라고 하고 "모든 사람이 라라리
곡조를 노래 부른다."는 게송을 읊었다. 이는 일체 모든 것이 있는
그대로 진여眞如임을 이렇게 나타낸 것이다. 보리菩提가 차지도 않고
비지도 않다는 부처님 말씀에 대하여 빈부貧富를 가져와서 비유하고,
생애의 활계가 다 끊어졌지만 한 쌍의 눈은 남겨 왕래하는 사람을
웃으며 본다고 하여 역시 차지도 비지도 않은 도리를 형상화하여
표현하였다.

　모든 법이 다 불법佛法이라는 부처님의 말씀에 대하여 '밝은 백
가지 풀끝에 밝은 조사의 뜻'이라고 읊고 이를 다시 술과 꽃, 거문고와

화로, 기량과 풍류를 가져와 선시로 형상화하여 표현하였다. "일체 법은 일체 법이 아니기 때문에 이름이 일체 법이다."라는 부처님의 말씀에 대하여 "높은 대인 공자가 한 몸이다."라고 읊고 법과 마음을 가져와서 죽은 물 속 용이 활발하고, 고금 허공에 가득하고 추구해 찾음을 끊었다고 하면서 "들 구름이 바람에 걷히니 외로운 달이 하늘을 비춘다."는 게송을 읊어서 부처님의 말씀을 다른 방식으로 표현하였다. 큰 몸(大身)과 관련하여 야부는 한 물건이라 불러도 맞지 않다고 하고, 타고난 능력을 지닌 육척의 몸으로 문무에 능하고 하루아침에 부모 낳은 면목을 까달아서 이름이 천하에 가득하다고 읊었다. 일체 법에 사상四相이 없음에 대하여 소라고 부르면 소이고 말이라 부르면 말이라고 하고, 다시 할머니 적삼, 대나무 그림자, 달빛 등의 대상을 가져와서 사상이 없는 도리를 선적으로 형상화하여 표현하였다. 무아를 통달해야 참다운 보살이라는 부처님의 말씀에 대하여 야부는 추우면 넓은 하늘이 춥고 더우면 넓은 하늘이 덥다고 읊고, 이어서 유아有我가 원래 무아無我이고, 무심無心이 유심有心과 같다는 사실을 또 게송으로 읊었다.

이 장의 전체 내용에 대하여 종경은 총괄적으로 거짓이 다해 참으로 돌아오니 중생을 어찌 일찍이 제도하며 법이 비어서 무아無我이니 보리는 본래 원만히 이루어져 있다고 하고, 장부는 하늘을 찌르는 지혜가 있으니 여래가 가는 곳으로 가지 않는다고 읊었다. 이는 교화와 제도 이전에 중생은 본래 부처이고, 일체(法)가 무아無我이고 공空임을 드러낸 것이라 할 수 있다.

여기에 대하여 함허스님은 이런 내용을 전체적으로 정리해주고 있다. 먼저 여기서 제도는 자기 제도만 일삼는 성문과 연각 이승二乘의 제도濟度와 다르며, 제도해도 제도했다는 생각을 내지 않는 것이 마음을 가지고 항복 받는 방법이라고 하였다. 달이 좋아 자기도 모르게 창주를 지났다는 야부의 송에 대하여 도중에 청산의 일을 기억하니 종일 가도 간 줄을 모른다고 하였다. 야부의 이어진 게송에 대하여 중생을 교화하되 교화함이 없으니 그가 바로 흐름을 따르는 대장부라고 하였다. 보살은 사상四相의 법이 없이 아뇩다라삼보리심을 낸다는 부분에 대하여 내가 중생을 제도하고 발심했다고 하면 아상과 인상, 주관과 객관이 어지럽게 일어난다고 하였다. 야부 게송과 연관하여 괴롭게 단련함을 쓰지 않아도 스스로 본지풍광이 빛난다고 했다. 연등불에게 얻은 바가 없다는 말에 대하여 앞에서는 보살의 무아無我를 밝혔고, 여기서는 자기가 얻은 것이 없음을 들어 무아의 뜻을 거듭 밝혔다고 했다. 이런 부처님의 뜻을 잘 알아차린 수보리는 좋은 지음이라 이를 만하다고 했다. 이를 다시 같은 소리가 서로 호응하고 같은 기운이 서로 구한다고 말하고, 야부의 게송이 한없는 청의미清意味를 모두 설파했다고 보았다.

실로 법이 있어 보리를 얻은 것이 아니라는 말에 대하여 득실은 미혹함과 깨달음에 연유한 것인데 미혹함과 깨달음이 없다면 잃고 얻음도 없다고 하고, 부처님께서 연등불을 만난 것도 이와 같이 알아야 한다고 했다. 이에 대한 야부 게송에 대하여 청빈해서 가진 게 없으나 하늘을 찌르는 의기는 막을 수 없다고 했다. 여래는 일체 법이 여여하다는 뜻이라는 말에 대하여 모든 법이 진여라는 것을 통달하여 여래의 이름을 얻었지만 진여는 평등하고 청정하여 얻음을 논할 수 없다고 했다. 진여의 차원에서는 부처와 중생, 나와 남, 천지, 산수가 다 사라지고 비었지만 모든 법이 그 자리(本位)에 있어서 등롱燈籠을 노주露柱라고 해서는 안 된다고 하였다. 천지와 산수가 각기 완연하고 백억의 살아있는 석가가 봄바람에 취해 춤을 추니 노래가 자연스러워 사람마다 남이 없는 즐거움(無生樂)이 있다고 했다.

여래는 법이 있어 보리를 얻은 것이 아니고, 여래가 얻은 법은 차지도 않고 비지도 않다(無實無虛)는 말에 대하여 먼저 부처는 얻음도 충실함도 없음을 밝히고, 다음에 얻은 법이 비지도 않았음을 밝혔다고 보았다. 부처의 뜻은 허공과 같아서 모든 형상이 없어 시방세계가 한 몸이기 때문에 전하고 얻음이 없다 하고, 법의 뜻은 허공의 해와 같이 삼라만상이 차별이 있고 보고 듣고 느끼고 아는 것이 있어서 말하고 들음, 전하고 얻음이 없지 않아서 충실함이 없다고 하나 충실함이 없는 것도 아니라고 하였다. 다시 차 있으면서 참이 없고 비었으면서 빔이 없다고 하고, "한결같이 아무 것도 없다고 말하지 말라. 좌지우지左之右之 호응함이 부족함이 없다."고 읊었다.

모든 법이 불법佛法이라는 데 대하여 모든 법이 자성自性이 없어서 안의 주관과 밖의 객관이 모두 허망虛妄하여 참이 없으며(無實), 모든 법이 제 자리에 있어 학은 길고 오리는 짧으며 소나무는 곧고 가시나무는 굽어 일체가 진리라서 실상實相 아닌 것이 없어서 빔이 없다(無虛)고 했다. 그래서 소 부처(牛佛), 말 부처(馬佛), 남자 부처(男佛), 여자 부처(女佛)가 서로 빌리지 않고 각자 진리의 즐거움을 받아 누린다(享受)고 하였다.

그리고 야부의 송을 두고 백 가지 초두草頭에 조사의 뜻이 있으니 그 위에서 눈을 뜨라고 했다. 또 술을 빚고 꽃 피우는 기량이 다양하지만 다른 데서 얻은 것이 아니라고 하였다. 일체 법이 일체 법 아니기 때문에 일체 법이라는 것을 두고 함허스님은 앞에서 참도 없고 빔도 없다(無實無虛)는 것은 잡아 취하고 놓아 여는 것이고, 여기서 법이 법 아니라는 말은 놓아 열고 잡아 취하는 것이라 하고, 그래서 부처가 법이고 법이 곧 부처라서 부처와 법이 둘이 아니라고 했다. 이를 두고 한 야부의 말에 대하여 이 도의 본체는 가장 높아 위가 없으며, 넓어서 끝이 없어 허공과 같은데 부처님께서 바로 이런 진리에 계합하여 부처라 일컬어지게 되었다고 했다. 마음의 본체가 천지에 가득하여 고금에 떨어지지 않아서 눈앞에 분명하다고 했다. 시비만 없애면 마음과 법을 다 잊어서 대인의 면목이 밝게 드러날 것이라고 하였다. 대신大身에 대해서 한량이 없고 끝이 없고 한 물건도 같은 것이 없고 어떤 물건으로도 덮을 수 없어서 수미나 허공이라고 해도 국한하는 것이라고 설명하고, 몸이 아니라(非身)고 한 것은 존귀한 사람은 존귀한 자리에 거하지 않아 수미정상에서 찾을 수 없는 것과 같다고 비유하여 말했다. 야부의 말에 대하여 마음이고 부처라고 하지만 마음도 아니고 부처도 아니며, 한 물건이라 하지만 한 물건도 아니라고 했다. 이어진 게송에 대하여 문무에 능하고 경서를 잘 알아도 대인의 면목을 알아야 바른 눈(正眼)을 열었다고 하겠는데 그러면 하는 일이 부질없고 들리는 이름도 부질없다고 했다. 부처님께서 말씀하신 모든 법이 사상四相이 없다는 것에 대하여 이러하다면 천지일월天地日月과 만상삼라萬象森羅, 이승二乘의 가르침, 보살과 육도, 부처의 보리가 모두 안주할 데가 없고(無住), 형상이 없고(無相), 청정하고 적멸하다고 했다.

 소와 말이라고 한 야부의 말에 본래 무無이면서 유有이기 때문에 법의 본체에 유무가 다 어긋나지 않는다고 했다. 노파의 적삼, 대나무 그림자, 달과 물에 대한 야부의 게송에 대해 비었다·있다를 단정하지 않는다고 하였다. 무아를 통달해야 참다운 보살이라는 부처님의 말씀에 대하여 함허스님은 법의 형상에 막히거나 걸리지 않음이 통달이고, 법을 알았다는 마음을 내지 않음이 무아법無我法이라고 했다. 이런 차원에서 지혜와 자비행이 두루 갖추어져서 일체 주객의 마음이 떨어져야 참된 보살이라고 했다. 춥다·덥다는 야부의 게송에 대하여 문수의 지혜를 추운 데에, 보현의 자비를 더운 데에 각각 견주어 말했다. 유아有我가 무아無我이고 무심無心이 유심有心이라는 야부의 게송에 대하여 그것이 맞는지 되물었다. 그리고 종경의 최종 발언에 대하여 비밀한 뜻은 원만히 이루어져 있어서 구할 것 없이 신령한 빛이 고금에 빛난다고 했다.

하나로 관찰함 제18
一體同觀分 第十八

"수보리여, 그대의 생각에 어떠한가? 여래에게 육안肉眼이 있는가, 있지 않은가?" "이와 같나이다, 세존이시여. 여래께서는 육안이 있습니다." "수보리여, 그대의 생각에 어떠한가? 여래에게 천안天眼이 있는가, 있지 않은가?" "이와 같나이다, 세존이시여. 여래께서는 천안이 있습니다." "수보리여, 그대의 생각에 어떠한가? 여래에게 혜안慧眼이 있는가, 있지 않은가?" "이와 같나이다, 세존이시여. 여래께서는 혜안이 있습니다." "수보리여, 그대의 생각에 어떠한가? 여래에게 법안法眼이 있는가, 있지 않은가?" "이와 같나이다, 세존이시여. 여래께서는 법안이 있습니다." "수보리여, 그대의 생각에 어떠한가? 여래에게 불안佛眼이 있는가, 있지 않은가?" "이와 같나이다, 세존이시여. 여래께서는 불안이 있습니다."

須菩提야 於意云何오 如來ㅣ 有肉眼가 不아 如是니이다 世尊하 如來ㅣ 有肉眼하시니이다 須菩提야 於意云何오 如來ㅣ 有天眼

가 不아 如是니이다 世尊하 如來ㅣ 有天眼하시니이다 須菩提야 於意云何오 如來ㅣ 有慧眼不아 如是니이다 世尊하 如來ㅣ 有慧眼하시니이다 須菩提야 於意云何오 如來ㅣ 有法眼不아 如是니이다 世尊하 如來ㅣ 有法眼하시니이다 須菩提야 於意云何오 如來ㅣ 有佛眼不아 如是니이다 世尊하 如來ㅣ 有佛眼하시니이다

설의 위에서 무주無住와 무아無我의 뜻을 밝히시고, 여기에서 오안五眼을 차례로 들어서 여래의 지견이 광대하고 자세해서 사계沙界 중생의 더럽고 깨끗하고 선하고 악한 차별의 행위를 가히 감추지 못함을 밝히시니, 그 의도意圖가 전도顚倒된 지견을 버리고 무주의 대도에 부합하는 데 있다. 만약 중생을 무주에 머물게 하면 불안佛眼이 비록 밝으나 엿봐도 보지 못한다.

上明無住無我之意하시고 此에 歷擧五眼하사 以明如來知見이 廣大纖悉하사 沙界衆生의 染淨善惡差別心行을 不可得而掩也라 意在今捨顚倒知見하고 契乎無住大道也시니 若使衆生으로 住無住하면 佛眼이 雖明이나 覰不見하시나니라

육조 일체 사람이 다 오안五眼이 있으되 미혹에 덮여서 능히 스스로 보지 못하는 까닭에, 부처님께서 가르쳐서 미혹한 마음을 제거하여 곧 오안이 두루 밝아 생각생각 반야바라밀법을 수행하게 했다. 처음 미혹한 마음을 제거한 것이 이름이 육안肉眼이고, 일체의 중생이 모두 불성이 있다는 것을 보고 연민의 마음을 일으키는

것이 이름이 천안天眼이고, 어리석은 생각이 나지 않는 것이 이름이 혜안慧眼이고, 법에 집착하는 마음이 제거됨이 이름이 법안法眼이고, 미세한 미혹이 영원히 다하여 원만하게 밝고 두루 비춤이 이름이 불안佛眼이다. 또 이르기를 색신 가운데 법신이 있음[417]을 보는 것이 이름이 육안이고, 일체 중생이 각기 반야의 성품을 갖추고 있음을 보는 것이 이름이 천안이고, 반야바라밀이 능히 삼세의 일체 법을 벗어남을 보는 것이 이름이 혜안이고, 일체 불법이 본래 스스로 갖추어져 있음을 보는 것이 이름이 법안이고, 성품을 봄이 투철하여 주관과 객관이 영원히 사라진 것이 이름이 불안이다.

一切人이 盡有五眼이로되 爲迷所覆하야 不能自見故로 佛이 敎除却迷心하면 卽五眼이 圓明하야 念念修行般若波羅蜜法이시니 初除迷心이 名爲肉眼이요 見一切衆生이 皆有佛性하야 起憐愍心이 名爲天眼이요 癡心不生이 名爲慧眼이요 着法心除ㅣ 名爲法眼이요 細惑永盡하야 圓明偏照호미 名爲佛眼이라 又云見色身中에 有法身이 名爲肉眼이요 見一切衆生의 各具般若性이 名爲天眼이요 見般若波羅蜜의 能出生三世一切法이 名爲慧眼이요 見一切佛法이 本來自備ㅣ 名爲法眼이요 見性明徹하야 能所永除ㅣ 名爲佛眼也라

417 색신 가운데 법신 있다고 하면 마음을 법신으로 볼 오해의 소지가 많다. 색신을 법신과 별개의 것으로 여길 수 있기 때문이다. 『반야심경』의 '오온이 모두 공하다(五蘊皆空)'고 한 말에 따르면 물질(色)과 정신(受想行識)에 모두 색신과 법신이 있다.

524

야부 다 눈썹 아래 있도다!

盡在眉毛下로다

설의 여래의 다섯 가지 눈이 다 눈썹 아래 있으며, 중생의 두 개 눈도 역시 눈썹 아래 있다. 이미 그렇게 똑같이 눈썹 아래 있다면 응용함도 역시 두 가지가 없어야 한다.

如來五種眼이 盡在眉毛下하며 張三의 一雙眼도 亦在眉毛하니 旣然同在眉毛下하란대 應用이 亦應無兩般이니라

송 여래는 다섯 가지 눈이 있고
　중생은 다만 한 쌍의 눈이 있지만,
　다 똑같이 검고 흰 것을 구분하고
　분명하게 푸름과 누름을 구별하네.
　그 사이에 잠간 그르친 곳[418]은
　유월 더운 날씨에 눈서리 내리는 것이로다.

　如來는 有五眼이시고 張三은 只一雙이언마는
　一般分皂白하고 的的別靑黃하나니라
　其間些子爻訛處ㅣ 六月炎天에 下雪霜이로다

---

418 그르친 곳(爻訛): 여기서 본문에 '효'자를 '爻'로 쓰고 있는데 본래는 '爻誦'를 써야 '그릇되다, 잘못되다'라는 뜻이 된다.

다섯 눈과 한 쌍의 눈이 이름은 비록 다르나

누가 검고 흰 것을 푸르고 누르다 이르겠는가?

봄이 옴에 꽃다운 풀이 푸른 것을 똑같이 보고,

가을이 옴에 누른 잎이 시드는 것을 똑같이 본다.

부처님께서 중생과 다른 바는 치열하게 작용하되 자취가 없음이니 자취가 없음이여! 유월 더운 날에 눈서리 내리도다!

五眼一雙이 名雖異하나 誰將皀白하야 謂靑黃하리오

春來에 同見芳草綠하고 秋來에 同見黃葉彫하나니

佛之所以異於人은 熾然作用無其蹤이시니 無其蹤이여 六月炎天에 下雪霜이로다

"수보리여, 그대의 생각에 어떠한가? 항하 가운데 있는 모래와 같은 것을 부처님께서 이 모래를 말씀하시는가, 말씀하지 않으시는가?" "이와 같습니다, 세존이시여. 여래께서는 이 모래를 말씀하십니다." "수보리여, 그대의 생각에 어떠한가? 만약 한 항하 가운데 있는 모래, 그 모래 수와 같은 항하가 있다면 이 모든 항하에 있는 모래 수만큼의 부처님 세계가 이와 같다면 많은가, 많지 않은가?" "매우 많습니다, 세존이시여."

須菩提야 於意云何오 如恒河中所有沙를 佛說是沙아 不아 如

是니이다 世尊하 如來ㅣ 說是沙하시나니이다 須菩提야 於意云
何오 如一恒河中所有沙에 有如是沙等恒河어든 是諸恒河所
有沙數佛世界ㅣ 如是하면 寧爲多아 不아 甚多하리이다 世尊하

육조 항하恒河는 서국西國 기원정사 옆의 강이다. 여래께서 설법
하심에 항상 이 강을 가리켜 비유를 하셨다. 부처님께서 이 강
가운데 모래 하나로 한 부처님 세계를 비교해서 "많은가, 많지
않은가?" 하신대 수보리가 말씀드리되 "심히 많습니다, 세존이시
여." 하셨다. 부처님께서 이 많은 국토를 드심은 그 가운데 있는
낱낱의 중생이 모두 그와 같은 수의 마음을 가지고 있음을 밝히고자
함이다.

恒河者는 西國祇洹精舍側近之河也라 如來說法에 常指此河爲喩하시
니 佛說此河中沙一沙로 況一佛世界하사 以爲多不아하신대 須菩提ㅣ
言하사대 甚多니이다 世尊하하시니 佛이 擧此衆多國土者는 欲明其中所
有衆生의 一一衆生이 皆有爾許心數라

부처님께서 수보리에게 말씀하시되 "저곳 국토 가운데 있는
중생의 여러 종류의 마음을 여래께서 다 아시나니"

佛이 告須菩提하사대 爾所國土中所有衆生의 若干種心을 如
來ㅣ 悉知하나니

설의 여래의 마음 달이
세계[419]를 비추시니
세계는 모두 한 묶음[420]이오,
모든 마음은 한 점 구름이로다!

如來心地月이 照臨諸刹海시니
刹海ㅣ 都一撮이오 諸心은 一點雲이로다

야부 일찍 탕자蕩子[421] 되었기에 나그네를 매우 불쌍하게 여기고,
잔(盃) 탐하기를 익히 좋아했기에 취한 사람 애석하게 여기도다!

曾爲蕩子할세 偏憐客하고 慣愛貪盃할세 惜醉人ᄒ놋다

설의 타향에서 나그네가 되니 비틀거리며 가는 일[422]이 가히 슬프도
다! 취하여 옷 속의 보배를 모르니 어리석고 미혹한 생각이 가히

---

419 찰해刹海: 여기서 찰刹은 땅, 세계, 해海는 바다, 광대하다는 의미인데 합쳐서
　　넓고 큰 세계를 뜻한다. 국토 또는 불국토佛國土라는 의미로 해석할 수 있다.

420 한 묶음(一撮): 촬撮은 '자밤 촬'자이다. 자밤은 나물 또는 양념 같은 것을
　　손가락 끝으로 집을 만한 분량으로 '한 자밤'이라는 것은 한 묶음을 뜻한다.
　　한 자밤, 두 자밤 식으로 사용한다.

421 탕자蕩子: 고향을 떠나 온갖 고생을 하며 떠돌아다니는 나그네. 언해본에서는
　　거지라고 풀이했다.

422 비틀거리며 가는 일(跉跰事): 跉은 갈 (령), 跰은 비틀거릴 (병). 영병跉跰은
　　비틀거리며 걸어가는 모양으로(行不正也) 힘들게 살아가는 나그네의 삶을 뜻
　　한다.

불쌍하도다![423] 티끌을 따르고 참된 깨달음을 배반하여 윤회에 잘못 가는 일이 그와 같다. 우리 부처께서 일찍이 지내오셨으므로 이제 불쌍하게 여겨서 자비의 눈으로 윤회 가운데 사람을 널리 비춘다.

客作他鄕하니 玲琍事ㅣ可哀로다 醉迷衣寶하니 癡迷情可愍이로다 循塵 背眞覺하야 枉趣輪轉事ㅣ如然하니 我佛이 曾經今故愍하사 慈眼普照 輪中人하시나니라

송 눈은 동남을 보나 생각은 서북에 있도다!

　원숭이 희다고 하렸더니, 또 원숭이 검은 것[424]이 있도다!

　일체 중생의 일체 마음 한없는 성색聲色 다 추구하도다! 할喝!

眼觀東南하나 意在西北이로다

將謂**猴**白이러니 更有**猴**黑이랏다

一切衆生一切心이 盡逐無窮聲與色이로다 喝

백운 아이 만 리를 향하여 떠다니나

---

423 인도의 아주 부유한 사람과 그의 가난한 친구 이야기다. 가난한 친구가 올 때마다 잘 대접했는데, 하루는 근본적으로 잘살게 해주려고 보배구슬을 가난한 친구 옷에 넣고 꿰매주었다. 세월이 많이 지나고 친구를 다시 만났으나 그는 여전히 가난하게 살고 있었다. 부자는 너는 왜 구슬을 꺼내서 부자로 살지 않는가라고 일깨워 주었다. 이 이야기는 누구나 본래 보배구슬과 같은 불성을 가지고 있음을 비유한 것이다.

424 후백猴白은 여러 가지 마음작용(用), 후흑猴黑은 비작용(體).

이전부터 청산 아비 잊지 않았도다!

장차 석가모니 부처가 대비하다고 이르려다

다시 비로자나 부처가 가장 자비롭다 하도다!

어찌 떠도는 아이는 돌아올 줄 알지 못해서

저 자비로운 아버지[425] 사람을 보내 찾도록 누 끼치는가?

돌아올 줄 알지 못함이여!

오래 미혹한 길에서 풍파를 따르도다! 할喝!

금강보검이 하늘에 의지하여 차가우니

한번 휘두름에 만 길의 봉우리를 꺾을 수 있도다!

세계에 가득한 마군이 이로부터 떨어지니

무슨 도깨비가 있어 그 가운데를 엿보겠는가?

白雲兒向萬里飄하나 從來로 不忘靑山父로다

將謂牟尼ㅣ是大悲러니 更有毘盧ㅣ最是慈샷다

乃何遊子不知返하야 累他慈父送人尋고

不知還이여 長在迷途逐風波로다 喝

金剛寶劍이 倚天寒하니 一揮能摧萬仞峯이로다

徧界魔軍이 從此落하니 有何精魅闖其中이리오

"무슨 까닭인가? 여래께서 말씀하신 모든 마음은 다 마음이
아니라 이름이 마음이니"

何以故오 如來說諸心이 皆爲非心일세 是名爲心이니

설의 신령한 근원이 맑고 고요하여 본래 스스로 생겨남이 없건마는 한 생각 물결이 일어나면 여러 망념이 다투어 일어난다. 물결이 물의 성품이 아니며 망념이 진실의 근원이 아니니, 이것을 허망하고 들뜬 마음이라 이름할 수 있다. 또 앞생각, 지금생각, 뒷생각이 생각생각 한량없는 좋은 일을 생각하며 한량없는 나쁜 일을 생각하는지라 생각생각이 옮겨 흘러가서 일어나고 사라짐이 멈추지 않으니, 이와 같은 마음이 이름이 여러 마음이다. 이 여러 마음은 찰나에 나는 형상이 없으며 찰나에 사라지는 형상이 없어 다시 생멸을 멸할 것이 없으니, 이름이 비심非心이다. 이미 생멸을 멸할 것이 없다면 오직 미묘하고 원만한 참마음 하나가 항상 있어 사라지지 않으니, 이를 이름하여 마음이라 한다. 이런 까닭에 『불정경佛頂經』에서 이르되 봄과 보는 대상과 또 생각의 형상이 허공 가운데 꽃과 같아서 본래 있지 않으니, 이 봄과 보는 대상이 원래 보리의 미묘하고 순수하고 밝은 몸이라고 했다.

靈源이 湛寂하야 本自無生이언마는 一念波興하면 諸妄이 競作하나니 波非水性이며 妄非眞源이라 是可名爲虛妄浮心이니라 又前念今念後念이 念念에 思無量善事하며 思無量惡事라 念念이 遷流하야 起滅이 不停하나니 如是等心을 是名諸心이니 而此諸心은 刹那無有生相하며 刹那無有滅相이라 更無生滅可滅이니 是名非心이라 旣無生滅可滅이라 唯一妙圓眞心이 常住不滅일세 是名爲心이라 所以로 佛頂經에 云하사대 見與見緣

과 幷所想相이 如空中花하야 本無所有하니 此見及緣이 元是菩提妙精
明體라하시니라

육조 저곳 국토 가운데 있는 중생의 하나하나가 다 약간의 차별
심이 있다. 마음의 수가 비록 많으나 통틀어서 이름이 망심妄心이
다. 망심이 마음이 아님을 알면 이 이름이 마음이다. 이 마음이
곧 참된 마음이고, 항상하는 마음이고, 부처의 마음이고, 반야바라
밀의 마음이고, 청정한 보리 열반의 마음이다.

爾所國土中所有衆生의 一一衆生이 皆有若干差別心數하니 心數雖
多나 總名妄心이라 識得妄心非心하면 是名爲心이니 此心이 卽是眞心
常心佛心般若波羅蜜心淸淨菩提涅槃心也라

야부 병이 많으면 약의 성품을 알 것이다.

病多하면 諳藥性하리라

설의 세상 사람이 병이 없으면 의왕醫王이 팔짱을 끼고, 중생이
허물이 없으면 부처님께서 스스로 할 일이 없을 것이다.

世人이 無病하면 醫王이 拱手하고 衆生이 無垢하면 佛自無爲시리라

송 한 물결 조금 움직이면 일만 물결이 따르니
　개미 쳇바퀴 도는 것 같거니 어찌 통달할 기약 있으리?

532

돌咄!
오늘 그대에게 다 베어 끊어주노니
몸이 드러나야 비로소 장부丈夫라 부르리.

一波纔動萬波隨하니 似蟻循環豈了期리오
咄 今日에 與君都割斷하니 出身方號丈夫兒니라

허망하고 들뜬 마음의 그 형세가 그러하다. 돌咄!
망상妄想의 숲 신령한 칼날에 끊어지니,
이에 비로소 본래의 몸 드러나도다!

虛妄浮心이 其勢然也라 咄
妄想林向靈鋒斷하니 於焉方現本來身이로다

"까닭이 무엇인가? 수보리여, 과거의 마음도 얻을 수 없으며,
현재의 마음도 얻을 수 없으며, 미래의 마음도 얻을 수 없다."

所以者何오 須菩提야 過去心不可得이며 現在心不可得이며
未來心不可得이니라

설의 무엇 때문에 모든 마음이 모든 마음 아닌 것이 이름이 상주常住
하는 오묘하고 원만한 참된 마음인가? 만약 결정코 모든 마음이
거짓이고 진실이 아니라면 무엇이 과거의 마음이며 무엇이 현재의

마음이며 무엇이 미래의 마음인가? 과거의 마음을 얻을 수 없으며 현재의 마음을 얻을 수 없으며 미래의 마음을 얻을 수 없어서, 이미 모두 얻지 못한다면 오직 하나의 미묘하고 원만한 참된 마음이 가고 오는 모양이 없으며, 지금 있는 모양도 없어서 광명이 삼제三際[426]에 통하고 몸체는 시방에 두루 한다. 부처님께서 이것이라 이르심은 사계沙界 같이 많은 모든 중생의 차별심행差別心行이 곧 여래의 묘원진심妙圓眞心이라서 부처님과 다름이 없다는 것을 나타내 보여주신 것이다. 이런 까닭으로 영가스님이 이르시기를 "모든 것이 무상하여 일체 빈 것, 이것이 곧 여래의 대원각이라." 했다. 그러나 이것은 다만 거짓을 모아 진실로 돌아가는 뜻에 의거하여 논의한 것일 뿐이니, 만약 이렇게 헤아리면 거짓을 버리고 진실로 돌아가는 길에 방해될까 두렵다. 만약 거짓을 버리고 진실로 돌아가는 뜻으로 논의한다면 곧 모래 수 같이 많은 중생의 여러 가지[427] 마음을 여래가 다 아나니, 어떻게 아는가? 모래 수 같이 많은 중생의 여러 가지 마음이 곧 항상 있는 참된 마음이 아니고 다 허망하고 뜬 마음이다. 그러므로 능히 아니 무엇 때문에 이와 같은가? 만약 이것이 항상 있는 참된 마음이라면 이것이 과거인가, 현재인가, 미래인가? 만약 과거 마음이라 말한다면 과거는 이미 사라져서 마음을 얻을 수 없고, 만약 현재 마음이라 말한다면 현재는 비고 고요하여 마음을 얻을 수 없고, 만약

---

426 삼제三際: 과거, 현재, 미래를 뜻한다.

427 여러 가지(若干): 여기서는 일정하지 않은 수이지만 하나에서 열이나 백 천 만억에 이르는 모든 수를 약간若干이라고 했다.

534

미래 마음이라 말한다면 미래는 아직 이르지 않아서 마음을 얻을
수 없다. 고요하여 가고 머묾이 없으며, 넓어 모든 형상이 있지 않아서
일체 시중一切時中에 볼 수가 없으며 일체 법중一切法中에 또한 알지
못할 것이다. 부처님께서 이것을 말씀하심은 허망하고 들뜬 마음을
버리고 항상 있는 참된 마음에 계합하게 하려 한 것이다. 그러므로
말씀하시되 "거짓 마음이 다 사라져 업이 도리어 비어서 바로 보리를
증득하면 등급을 뛰어넘으리라." 했다.

因甚道諸心非諸心이 是名常住妙圓眞心고 若定諸心이 是妄非眞인댄
何者ㅣ是過去心이며 何者ㅣ是現在心이며 何者ㅣ是未來心고 過去心
不可得이며 現在心不可得이며 未來心不可得이라 旣摠不可得인댄 唯一
妙圓眞心이 無去來相하며 無現在相하야 光通三際하고 體徧十方이니
佛之所以言此者는 示現沙界衆生의 差別心行이 卽是如來妙圓眞心이
라 與佛無殊也시니 所以로 永嘉ㅣ云하사대 諸行無常一切空이 卽是如
來大圓覺이라하시니라 然이나 此는 但依會妄歸眞之義하야 論之而已니
若但伊麽商量이면 恐妨捨妄歸眞之路일가 하노라 若以捨妄歸眞之義로
論之則沙界衆生의 若干種心을 如來悉知하시나니 因甚得知之也오 沙
界衆生의 若干種心이 卽非常住眞心이라 皆爲虛妄浮心일새 故로 得知
之也니 因甚如此오 若是常住眞心인댄 是過去耶아 現在耶아 未來耶아
若道過去心인댄 過去已滅이라 心不可得이오 若道現在心인댄 現在空寂
하야 心不可得이오 若道未來心인댄 未來未至라 心不可得이니 寂然無有
去住하며 廓然無有諸相하야 一切時中에 不可得而見也며 一切法中에
亦不可得而知也라 佛之所以言此者는 令捨虛妄浮心하고 契乎常住眞

心也시니 所以로 道하사대 妄心滅盡業還空하면 直證菩提超等級이라하
시니라

육조 과거 마음을 얻을 수 없다는 것은 앞생각 거짓된 마음이
눈 깜짝할 사이에 지나감에 좇아가 찾아도 처소가 없는 것이고,
현재 마음을 얻을 수 없다는 것은 참된 마음이 형상이 없으니
어디에 의지하여 얻어 볼 수 있겠는가? 미래의 마음을 얻을 수
없다는 것은 본래 얻을 것이 없는지라 습기習氣가 이미 다하여
다시는 살아나지 않는 것이다. 이 세 가지 마음을 얻을 수 없음을
통달하는 것이 이 이름이 부처이다.

過去心不可得者는 前念妄心이 瞥尒已過에 追尋無有處所요 現在心
不可得者는 眞心이 無相하니 憑何得見이리요 未來心不可得者는 本
無可得이라 習氣已盡하야 更不復生이니 了此三心不可得이 是名爲
佛也라

야부 소리를 낮추고 소리를 낮추어라.[428]
바로 콧구멍 속에서 숨기운이 나와야 하리라.

低聲低聲하라 直得鼻孔裏出氣하야사하리라

___

428 여기서 소리를 낮추라는 말은 소리를 내지 말라는 뜻이다.

설의 이 마음은 삼제를 향해 구하여도 얻을 수 없고, 시방을 향해 찾아도 자취가 없다. 나아가면 은산철벽銀山鐵壁 같고 물러나면 만길의 깊은 구렁텅이 같아서 눈을 둘 데가 없으며 발 디딜 곳이 없다. 비록 그러하기가 이와 같으나, 만약 다만 이와 같이 잡아 가지면 후학이 몸 나갈 길이 없어서 문득 육지가 다 무너짐을 볼 것이다. 이런 까닭에 말하되 소리를 낮추고 소리를 낮추어라. 바로 콧구멍 속에서 숨기운이 나와야 하리라고 하였다.

此心을 向三際求에 求之不得이요 向十方覓에 覓之無蹤이라 進之如銀山鐵壁이요 退之若萬丈深坑하야 無有掛目處하며 無有下脚處하니 雖然如是나 若但伊麼提持하면 後學이 無有進身之路하야 便見陸地平沈일새 所以로 道호대 低聲低聲하라 直得鼻孔裏出氣하야사하리라 하니라

송 삼제에 마음을 구하여도 마음을 보지 못하나
　　두 눈이 이전같이 두 눈을 대하여 있네.
　　칼을 잃고 배에 새겨 찾지 말아야 하니[429]
　　설월雪月과 풍화風花가 항상 얼굴을 보이고 있네.[430]

　　三際求心心不見하나 兩眼이 依前對兩眼이라

---

429 각주구검刻舟求劍이라는 말로 중국 초나라 사람이 배에서 칼을 물에 빠뜨리고는 뱃전에 표를 하면서 뒤에 여기 와서 잃은 칼을 찾겠다고 한 어리석은 사람의 이야기다. 듣고 보고 하는 여기에 본래 있어서 잃은 적이 없는데 다시 문자에 집착하여 찾으려 하지 말아야 한다는 것을 비유한 말이다.
430 칼이 항상 드러나 있다는 말이다.

不須遺劒刻舟尋이니 雪月風花ㅣ 常見面이니라

어떻게 숨기운을 내가는가? 삼제에 마음을 구하여도 마음을 보지 못하나 두 눈이 전과 같이 두 눈을 대하고 있다. 두 눈이 두 눈을 마주함을 알고자 하는가? 옛 거울 속 그림자를 보고 칼을 구하지 말라. 칼은 잃은 적이 없으니 배에 새기지 말라. 배에 새겨서 무엇하겠는가? 다만 옛 거울 속 그림자를 어떻게 보아서 얻겠는가?

눈 내리고 달 밝고 바람 불고 꽃 피는 한없는 일이여!
낱낱이 칼의 온전한 몸이 항상 나타나 있도다!

作麼生出氣去오 三際求心心不見하나 兩眼이 依前對兩眼이라 要識兩眼對兩眼麼아 看取古鏡裏影子하야 不須求劒이니 劒不曾失이라 不須刻舟니 刻舟奚爲리요 只如古鏡裏影子를 作麼生看取오

雪月風花無限事여 頭頭常現劒全身이로다

종경 오안五眼이 다 두루 밝음이여! 해가 항사의 무한한 세계를 비추는 것과 같으며, 세 가지 마음을 얻지 못함이여! 불을 없애고 푸른 바다의 뜬 거품을 찾는 것과 같도다! 비록 모든 현묘한 말을 다 궁구하는 세상에 없는 대단한 사람이라도 여기에 이르러서는 다 아득할 것이다. 또 말하라. 어떻게 법을 나타낼 것인가?[431] 바로 넉넉히 천 가지 경론을 강론하더라도 또한 선가禪家의 두 번째

---

431 표標는 나타내어 표시하는 것이고, 격格은 나타낸 법이다.

자리⁴³²에 떨어진다.

송 마음과 눈이 다 법계를 관통하여 두루 하니
항하사와 같은 오묘한 쓰임이 자취가 없도다!
구름 걷히고 강물이 맑고 하늘은 비어서 넓으니
밝은 달과 갈대꽃이 한 모양으로 가을이로다!

五眼이 悉圓明이여 如揭日耀恒沙之世界요 三心을 不可得이여 似撥火
覓滄海之浮漚로다 縱使窮諸玄辯하고 竭世樞機라도 到此하야 摠須茫
然이니 且道하라 是何標格고 直饒講得千經論이라도 也落禪家第二籌
니라

心眼이 俱通法界周하니 恒沙妙用이 沒蹤由로다
雲收江湛天空闊하니 明月蘆花一樣秋로다

설의 이 마음이 법계에 가득함이여! 부처 눈으로 또한 관통하고,
이 마음의 오묘한 쓰임이 자취가 없음이여! 부처의 눈이 비록 밝으나
엿보아도 보지 못한다. 그러면 시방이 모두 이 한 눈동자라, 다시
가는 티끌도 이 사이에 이르지 못하도다!

此心이 周法界여 佛眼으로 亦乃通이요 此心妙用이 沒蹤由여 佛眼이 雖明
이나 覰不得이니 伊麼則十方이 都是一眼睛이라 更無纖塵到此間이로다

---

432 두 번째 자리(第二籌): 주籌는 계산한다는 뜻으로, 제이주第二籌는 사량분별思量
分別에 떨어진다는 의미다.

요지 먼저 경문에서 여래께서 수보리에게 육안肉眼, 천안天眼, 혜안慧眼, 법안法眼, 불안佛眼이라는 오안五眼을 가지고 있는가라고 질문했는데 모두 있다고 답한다. 또 수보리에게 항하 가운데 있는 모래 수만큼의 항하에 있는 모래 수만큼의 부처세계가 있다면 많은가를 물으니 많다고 대답한다. 여기에 부처님께서는 그만큼 많은 중생의 마음을 다 아신다고 하고, 이런 마음은 마음이 아니기 때문에 이름이 마음이라고 했다. 그 까닭은 과거, 현재, 미래의 마음을 얻을 수 없기 때문이라 했다.

육조스님은 모든 사람이 오안을 갖추고 있으나 미혹에 덮여 보지 못하다가, 부처님께서 미혹한 마음을 제거하면 오안이 두루 밝아진다고 하면서 오안의 개념을 두 가지 방향에서 정리했다. 먼저 처음 미혹한 마음을 제거한 것을 육안, 모든 중생이 불성이 있어서 연민심憐憫心을 일으키는 것이 천안, 어리석은 마음이 일어나지 않는 것이 혜안, 법에 집착하는 마음을 제거한 것이 법안, 미세한 의혹까지 영원히 다하여 두루 밝게 비치는 것이 불안이라 하고, 다음은 색신 가운데 법신이 있다고 보는 것이 육안, 모든 중생이 반야성을 갖추고 있다고 보는 것이 천안, 반야바라밀이 삼세의 모든 법을 나게 한다고 보는 것이 혜안, 모든 불법을 본래 자기가 갖추고 있다고 보는 것이 법안, 철저히 견성하여 주객이 영원히 다한 것을 불안이라 한다고 하였다. 그리고 모래 수로 부처의 세계를 비유한 것은 많은 국토에 있는 중생의 마음이 그렇게 많음을 밝히려고 한 것으로 해석했다. 마음이 마음이 아니라는 부처님의 말씀에 대하여 중생의 많은 차별심은 그 수가 많지만 묶어서 이름이 망심妄心이라 하고, 그 망심이 마음이 아님을 알면 이 이름이 진심眞心, 상심常心, 불심佛心, 반야바라밀심般若波羅蜜心, 청정보리열반심淸淨菩提涅槃心이라고 했다. 과거, 현재, 미래의 마음을 얻지 못한다는 것에 대하여 앞생각인 망념이 이미 지나가서 찾을 수 없음이 과거심을 얻을 수 없는 것이고, 진심眞心은 모양이 없어서 볼 수 없음이 현재심을 얻을 수 없는 것이고, 본래 얻을 수 없음이 미래심을 얻을 수 없는 것이라 하고, 습기習氣가 다하여 이 세 마음은 다 얻을 수 없음을 통달한 사람을 부처라고 하였다.

야부스님은 오안에 대해서 눈은 다 눈썹 밑에 있다고 하면서, 여래는 오안이 있고 중생은 한 쌍의 눈이 있지만 똑같이 조백皀白과 청황靑黃을 분명하게 분별한다고 하면서 잘못된 것은 유월의 더운 날씨에 눈과 서리가 내리는 것이라 했다. 부처님께서 중생의 마음을 안다는 것에 대하여 이전의 나그네는 지금 나그네를 불쌍히 여기고, 술을 마셔본 사람은 취한 사람을 애석하게 여긴다고 했다. 여래의 모든 마음이 마음이 아니라는 말씀에 대하여 병이 많으면 약의 성질을 알게 된다고 하고, 다 끊어버리니 장부라고 이름할 만하다고 했다. 과거, 현재, 미래의 마음을 얻을 수 없다는 데 대하여 소리를 낮추라고 하고, 콧구멍에서 숨을 쉬어야 한다고 하고, 마음을 구해도 마음을 볼 수 없지만 두 눈은 항상 두 눈을 대면하고 있다고 하면서 칼을 잃고 배에 새겨 놓고 찾으려 하지 말라고 했다. 이는 눈과 달, 바람과 꽃이 항상 얼굴을 보이고 있기 때문이라고 했다.

이 장에 대하여 종경스님은 오안이 밝음은 해가 항하사의 세계를 비추는 것 같고, 세 가지 마음을 얻지 못하는 것은 불을 끄고 바다의 물거품을 찾는 것과 같다고 하고, 여기에 이르러서는 심오한 가르침, 경전을 다 알아도 아득할 뿐이어서 선가禪家의 제2구에 떨어진다고 하였다. 심안心眼이 법계를 통달해서 묘용妙用이 자취가 없다고 하고 이런 정황을 구름이 걷혀 강이 맑은데 하늘이 넓고, 밝은 달 아래 갈대꽃이 한 모양으로 가을이라는 게송으로 표현하였다.

함허스님은 앞에서는 부처님께서 무주無住와 무아無我를 밝혔는데, 여기서는 오안五眼을 가져와서 지금의 전도顚倒된 지견을 버리고 무주의 대도大道에 계합하게 하려 하신다고 보았다. 이와 관련한 야부의 송에 대하여 함허스님은 여래의 오안도 눈썹 아래에 있듯이 중생도 역시 그러하다고 하면서 눈을 응용하는 데에 부처와 중생이 둘이 없다고 했다. 봄에 꽃다운 푸른 풀을 보고 가을에 낙엽이 지는 것을 보는 것이 같다고 하면서 부처님의 오안이 다른 점은 치열하게 작용하면서도 자취가 없어서 유월의 더운 날씨에 눈과 서리가 내린다고 하였다. 중생의 여러 가지 마음을 여래께서 다 아심에 대하여 여래의 마음이 세계를 비추니 세계가 한 묶음에 불과하고, 모든 마음은 한 송이 눈발이라고 했다. 그리고 나그네로 힘들게 타향살이를 하고 취하여 자기 보배를 모름을 가련하게 여겨서, 우리 부처님께서는 자비의 눈으로 윤회하는 사람을 널리 비춘다고 하였다. 백운이 만리를 떠돌지만 청산을 잊지 않는데, 어찌 집나간 자식은 돌아오지 않고 아버지께 누를 끼치는가라고 되묻고 있다. 영혼의 근원은 맑고 고요하지만 한 생각 파도가 일어나면 모든 망념이 일어나는데 이것을 허망부심虛妄浮心이라고 했다. 선악을 생각하며 옮겨 흘러가서 멈추지 않고 일어나고 사라지는 마음이 제심諸心, 이런 마음이 찰나에도 생기고

사라지는 모양이 없어서 생멸을 없앨 것이 없음이 비심非心, 여기에
유일한 묘하고 원만한 진심眞心이 항상 머물러 사라지지 않음이 심心
이라고 마음의 세 가지 개념을 정의해 보였다. 그러면서 보는 것(見)과
보는 대상(緣), 생각(想)의 셋이 허공의 꽃과 같이 본래 없는 것인데
그 자체가 보리의 묘하고 정밀한 밝은 몸이라는 말을『불정경佛頂經』
에서 인용해 보였다.

병이 많으면 약을 잘 안다는 야부의 말에 대하여 병이 없으면
의왕이 팔짱을 끼고, 중생이 허물이 없으면 부처가 할 일이 없다고
했다. 그리고 망상이 신령한 칼날에서 끊어지니 여기에 본래 몸이
나타난다고 하였다. 함허는 또 과거심過去心과 현재심現在心, 미래심
未來心을 얻을 수 없다는 부처님의 말씀은 중생의 차별심差別心이
곧 여래의 미묘하고 원만한 진심眞心임을 보여주신 것이라 해석했다.
여기에 모든 것이 무상無常하고 비어 있음이 곧 여래의 대원각大圓覺이
라고 한 영가永嘉의 말을 증거로 가져왔다. 그러나 이렇게만 말하면
망심을 버리고 진심으로 돌아가는 길에 방해가 될 수 있기 때문에
부처님의 이 말씀은 허망한 부심浮心을 버리고 항상 있는 진심眞心에
계합하게 하고자 한 것으로 보고, "망심을 다하여 업이 공하면 바로
보리를 증득하여 등급을 뛰어넘는다."는 부처님의 다른 말씀을 함께
인용해 보이고 있다.

콧구멍에서 숨기운이 나와야 한다는 야부의 말에 대하여 세 가지
마음은 구하고 찾아도 얻을 수 없어서 은산철벽銀山鐵壁, 만길 깊은
구덩이(萬丈深坑)와 같다면 후학이 나아갈 길이 없기 때문에 그렇게
말한 것이라 보았다. 야부의 송을 두고 삼제에 마음을 구해도 볼

수 없지만 항상 두 눈은 두 눈을 상대하고 있다고 하고, 칼은 잃은
적이 없으며 눈 내리고 달뜨고 바람 불고 꽃피는 한없는 일에 칼의
전신全身이 항상 나타나 있다고 하였다. 종경의 결론에 대하여 함허스
님은 이 마음이 법계에 가득하여 불안으로 볼 수도 있으나 이 마음의
묘용妙用은 자취가 없어서 불안이 밝지만 볼 수 없다고 하고, 이러하기
때문에 시방이 모두 한 눈동자라서 여기에는 가는 먼지도 이르지
않는다고 하였다.

법계를 두루 교화함 제19

法界通化分 第十九

"수보리여, 그대의 생각에 어떠한가? 만약 어떤 사람이 삼천대천세계에 가득한 칠보로 보시를 한다면 이 사람은 이 인연으로 복 얻음이 많겠는가, 많지 않겠는가?" "이와 같습니다, 세존이시여. 이 사람은 이 인연으로 복 얻음이 매우 많습니다." "수보리여, 만약 복덕이 실재實在함이 있다면 여래는 복덕 얻음이 많다고 말하지 않을 것이니, 복덕이 없는 까닭에 여래는 복덕 얻음이 많다고 말한다."

須菩提야 於意云何오 若有人이 滿三千大千世界七寶로 以用布施하면 是人이 以是因緣으로 得福多不아 如是니이다 世尊하此人이 以是因緣으로 得福이 甚多니이다 須菩提야 若福德이有實인댄 如來ㅣ 不說得福德多니 以福德이 無故로 如來ㅣ 說得福德多니라

설의 복이 있다는 것은 형상을 취함이고, 복이 없다는 것은 형상을 떠남이다. 경전 가운데 무릇 꾸짖은 까닭은 형상에 집착하는 것을 경계한 것이고, 칭찬한 까닭은 형상을 떠난 데에 나아가게 한 것이다. 형상을 떠나 보시를 실천함이 참된 수행이다. 그러므로 무릇 보시를 말한 것은 경전이 수승함을 비교하기 위함뿐만 아니라 형상에 집착함을 책망하는 것임을 알아야 한다. 앞에서는 형상에 집착하는 까닭에 보배를 보시한 복덕이 다 세제世諦의 유루有漏에 돌아간다고 책망했고, 여기서는 형상이 없고 집착이 없는 까닭에 보배를 보시한 복덕이 참되고 깨끗한 무루無漏에 돌아감을 바로 보였다.

福有者는 取相也요 福無者는 離相也라 經中에 凡所以訶之者는 警其住相也시고 讚之者는 進其離相也시니 離相行施ㅣ 是眞修行이니 故知하라 凡言施者는 非但爲較量經勝이라 蓋責其住相也니 前則責其住相故로 寶施福德이 皆歸世諦有漏요 此則直示無相無住故로 寶施福德이 得歸眞淨無漏니라

육조 칠보의 복으로는 부처의 과보인 보리를 성취할 수 없기 때문에 '없다'고 말했고, 그것은 수량에 달려있기 때문에 이 이름이 '많다'고 하니, 만약 수량을 초과하면 곧 많다고 말할 수 없다.

七寶之福이 不能成就佛果菩提故로 言無也요 以其在量數故로 名曰多니 如能超過量數하면 卽不說多也라

야부 오히려 각별히 마음을 수고롭게 하는 것보다 더 낫다.

由勝別勞心이니라

설의 다만 복 지음만 알고 성품이 공함을 알지 못하면 코끼리 몸에 칠보 보배의 과보를 불러오고, 다만 성품이 공함만 보고 복 지음을 알지 못하면 나한으로 박하게 공양 받는 과보를 불러올 것이니[433] 이것은 대도와 다 서로 맞지 않는다. 그러나 이 둘을 비교하여 헤아려 보면 공함을 보는 사람이 조금 낫다. 그래서 이르되 공연히 앉았다고 말하지 말라. 오히려 각별히 마음을 수고롭게 하는 것보다는 더 낫다고 하였다.

但知作福하고 不解性空하면 果招象身七寶珍이요 但觀性空하고 不解作福하면 果招羅漢應供薄이니 此與大道로 皆不相契라 然이나 此二를 較量하면 觀空者ㅣ 差勝이라 所以로 道호대 莫言空打坐하라 猶勝別勞心이라 하니라

나한은 공양 받음이 박하고

---

433 두 형제가 있었는데 형은 공부만 하고 복을 짓지 않고, 동생은 공부는 안 하고 복만 지어서 다음 생에 형은 가난한 비구(阿羅漢)가 되고, 동생은 부유한 코끼리로 태어났다. 형은 공양을 받지 못해 가난했지만 동생은 전쟁에서 싸움을 잘하여 임금이 아끼고 땅도 하사하고 칠보를 코끼리 몸에 감아주어 부자가 되었다. 어느 날 형이 동생인 코끼리 귀에 대고 '자네나 나나 잘못 살았네.'라고 했다는 이야기가 있다. 어느 한 방향으로 치우친 것이 잘못임을 깨우치는 설화다.

송 코끼리 몸에는 칠보가 진귀하네.

비록 더러운 부富가 많으나

어찌 적어서 맑게 가난함만 같겠는가?

망상罔象은 다만 뜻 없음(無意)을 인하여 얻고

이루离婁는 마음을 가지고(有心) 친해서 잃었네.[434]

羅漢은 應供薄이요 象身에 七寶珍이라

雖然多濁富나 爭似少淸貧이리요

罔象은 秖因無意得이요 离婁는 失在有心親이니라

인행因行만 치우치게 닦으면 과보가 원만함과 떳떳함을 잃게 되니, 공空을 보기만 하거나 복福을 짓기만 하는 것 둘 다 잘못이다. 그러나 그 가운데 공을 보는 것이 오히려 더 낫다. 공을 보는 것이 무엇 때문에 더 나은가? 망상은 다만 뜻이 없는 것으로 인하여 얻었다. 복 짓는 것이 무엇 때문에 못한가? 이루는 마음을 가지고 친하여 잃었다.

因若偏修면 果闕圓常이니 觀空作福이 二俱差過라 然이나 於中에 觀空이 猶勝이니 觀空이 因甚有勝處오 罔象은 只因無意得이요 作福이 因甚有劣處오 离婁는 失在有心親이니라

---

[434] 망상은 눈 없는 사람이고, 이루는 눈이 밝은 사람이다. 황제黃帝가 구슬을 들에서 잃고서 두 사람에게 찾아오라고 했는데 이루는 찾지 못하고 망상이 풀을 다 베어 보배를 찾았다.

548

종경 보시인연은 실로 인천의 유루과有漏果[435]이고, 무위복덕無爲福德은 범부와 성인, 교화의 공덕을 뛰어넘는다. 슬프다! 유위有爲가 비록 거짓이나 버리면 공행功行을 이룰 수 없고, 무위無爲가 비록 진실하지만 헤아리면 성과聖果를 증득하기 어렵다. 또 말하라. 헤아리지 않고 버리지 않을 때 어느 것이 성제聖諦의 첫째 뜻인가?[436] 달마가 기틀을 당하여[437] 일찍 바로 가리켰는데 휑함(廓然)을 본래 양왕이 알지 못했다.

布施因緣은 實人天有漏之果요 無爲福德은 超凡聖通化之功이로다 噫라 有爲ㅣ 雖僞나 棄之則功行을 不成이요 無爲ㅣ 雖眞이나 擬之則聖果를 難證이니 且道하라 不擬不棄時에 如何是聖諦第一義오 達摩當機曾直指하시니 廓然元不識梁王이로다

송 세상[438]에 보배 보시의 복은 보통의 두 배가 되고
꽃이 비단 위에 피니 헤아리기 가장 어렵도다!
이 가운데 나아가 공왕전空王殿에 부딪혀 이르면
노주露柱와 등롱燈籠이 다 빛을 내도다!

---

435 유루과有漏果: 없어지는 과보. 보시의 복을 지어서 하늘과 사람에 태어나도 그 복은 점차 사라지는 한계를 가진다.
436 성제의 첫째 뜻(聖諦第一義): 성제는 성인이 증득하신 이치이고, 제일은 높아서 위가 없다는 것을 뜻한다.
437 달마가 기틀을 당하여(達摩當機): 달마가 양무제를 만난 것.
438 세상(寰): 환寰은 경기고을이라는 말인데 여기서는 나라 혹은 천하, 세상이라는 뜻으로 볼 수 있다.

寶施寰中福倍常이요 花開錦上最難量이라
就中에 挼到空王殿하니 露柱燈籠이 盡放光이로다

설의 보배로 보시한 인연은 복 가운데 빼어난 것이고, 무위복덕은
빼어난 것 가운데 빼어난 것이다. 보배로 보시하면서 마음에 집착함이
있고 무위에 알음알이가 있으니, 달이 구름 속에 들어가 천하가 어두워
져 산하대지에 그 빛이 없도다! 보배로 보시한 마음에 집착함이
없고 무위에 알음알이가 또한 사라지면 밝은 해가 허공에 떠오름에
우주가 맑으니, 눈 가는 데마다 청정한 빛 아님이 없도다! 이렇게
지혜가 깨끗하면 그림자가 비로소 밝아 일마다 걸림이 없도다!

寶施因緣은 福中之勝이요 無爲福德은 勝中之勝이라 寶施에 心有住오
無爲에 解猶尊이니 月入雲籠天下暗하야 大地山河ㅣ 無其光이로다 寶
施心無住하고 無爲에 解亦亡하니 杲日이 當空宇宙淸하야 觸目無非淸
淨色이로다 伊麼則智淨에 影方明하니 事事得無碍로다

요지 먼저 경문에서 여래께서는 삼천대천세계에 가득한 보배로
보시를 하더라도 복덕이 실재한다고 하면 복덕 얻음이 많다
고 할 수 없고, 복덕이 없기 때문에 복덕 얻음이 많다고 하였다.
여기에 대하여 육조스님은 칠보의 복으로는 보리를 성취하지 못하
기 때문에 복덕이 없다고 말하고, 그것을 수량에서 많다고 했지만
수량을 뛰어넘으면 많다고 말하지 않는다고 하였다.
여기에 야부는 마음을 수고롭게 하는 것보다 낫다 하고, 전생 과보로

550

아라한과 코끼리가 된 형제의 이야기를 가져와서 가난한 나한이 칠보의 더러운 부를 가진 코끼리보다 낫다고 했다. 또 눈먼 망상罔象과 눈 밝은 이루离婁의 고사를 가져와서 무심한 망상이 구슬을 찾았다는 비유를 들어 무위의 중요성을 강조했다.

종경스님은 보시는 한계가 있는 복이고 무위無爲는 범인과 성인, 교화의 공을 초월하는 것이라 하면서도 유위有爲를 버리면 공행功行을 이룰 수 없고 무위를 헤아리면 성인의 과보를 증득하기 어렵다고 하여 양자의 상보적 필요성을 말했다. 그리고 양자의 가치에 대하여 보시는 복이 보통보다 배나 되고, 그런 가운데 공(空王殿)을 깨달으면 일체(露柱와 燈籠)가 다 빛을 낸다고 했다.

여기에 대해 함허스님은 복이 있다는 것은 형상을 취함이고 복이 없다는 것은 형상을 떠남인데, 경전에서는 형상에 집착하는 것은 꾸짖고 형상 떠난 것은 칭찬한다고 했다. 형상을 떠나서 보시하는 것이 진정한 수행이기 때문에 이를 통해 맑은 무루의 세계에 들어갈 수 있다고 했다. 그런데 복 지을 줄만 알고 성품이 비어 있음을 알지 못하면 코끼리 몸에 칠보를 더하는 과보를 얻고, 성품 공空함만 알고 복 지을 줄을 모르면 가난한 아라한의 과보를 부른다고 하여 둘 다 잘못되었음을 지적하면서도 비었음(空)을 봄이 더 낫다고 하였다. 그럼 왜 공을 보는 것이 복 짓는 것보다 더 나은가라고 묻고, 뜻 없는 망상이 마음 있는 이루보다 낫다는 말로 대답을 대신했다. 보시의 인연이 빼어나고 무위의 복덕이 더욱 빼어난 것이지만, 보시의 마음에 집착함이 없고 무위의 알음알이가 사라져야 마치 밝은 해가 허공에 떠서 우주를 비추는 것처럼 보는 것마다 진리가 된다고 하였다.

색신과 형상을 떠남 제20

離色離相分 第二十

"수보리여, 그대의 생각에 어떠한가? 부처를 구족具足한 색신色身으로 볼 수 있는가, 볼 수 없는가?" "볼 수 없습니다, 세존이시여. 여래를 구족한 색신으로 볼 수 없습니다. 무슨 까닭인가? 여래께서 말씀하신 구족색신은 곧 구족색신이 아니라 이름이 구족색신입니다."

須菩提야 於意云何오 佛을 可以具足色身으로 見不아 不也니이다 世尊하 如來를 不應以具足色身으로 見이니 何以故오 如來ㅣ 說具足色身이 卽非具足色身일새 是名具足色身이니이다

육조 부처님 뜻은 중생이 법신法身을 보지 않고 다만 32상 80종호의 자색 금빛 몸을 보고 여래의 진신眞身이라고 여길까 하여 이 미혹함을 없애려는 까닭으로 수보리에게 부처를 구족한 색신으로 볼 수 있는가라고 물으셨다. 32상은 곧 구족색신이 아니고 안으로 서른두 가지 청정행을 갖추어야 이름이 구족색신이다. 청정행이란

곧 육바라밀이 이것이다. 오근五根 가운데 육바라밀을 닦고 의근意根 가운데에 선정과 지혜를 나란히 닦음이 이름이 구족색신이다. 한갓 여래의 32상을 좋아하고 안으로 서른두 가지 청정행을 수행하지 않으면 구족색신이 아니고, 여래의 모습에 애착하지 않고 능히 청정행을 지니면 또한 이름을 구족색신이라 한다.

佛意ㄴ 恐衆生이 不見法身하고 但見三十二相八十種好紫磨金軀하야 以爲如來眞身일가하사 爲遣此迷故로 問須菩提하사대 佛을 可以具足色身으로 見不아하시니 三十二相은 卽非具足色身이요 內具三十二淸淨行하야사 是名具足色身이니 淸淨行者는 卽六波羅蜜이 是也라 於五根中에 修六波羅蜜하고 於意根中에 定慧雙修호미 是名具足色身이니 徒愛如來三十二相하고 內不行三十二淸淨行하면 卽非具足色身이요 不愛如來色相하고 能自持淸淨行하면 亦得名具足色身이라

"수보리여, 그대의 생각에 어떠한가? 여래를 구족한 여러 형상으로 볼 수 있는가, 볼 수 없는가?" "볼 수 없습니다, 세존이시여. 구족한 여러 형상으로는 볼 수 없으니 무슨 까닭인가? 여래께서 말씀하신 모든 형상을 구족한 것은 곧 구족한 것이 아니라 이 이름이 모든 형상을 구족한 것입니다."

須菩提야 於意云何오 如來를 可以具足諸相으로 見不아 不也니이다 世尊하 如來를 不應以具足諸相으로 見이니 何以故오

如來ㅣ 說諸相具足이 卽非具足일새 是名諸相具足이니이다

설의 체體는 비어서 한 실올도 보지 못하지만,

인연을 대해서는 만 가지 형상을 드리워 보이도다!

體虛不見一絲毫어늘 對緣垂示萬般形이로다

육조 여래란 곧 형상 없는 법신이 이것이다. 육안으로 볼 수 있는 것이 아니고 혜안으로 볼 수 있다. 혜안이 밝지 않아서 아인我人 등의 상相을 가지고 32상을 보고 여래라고 하는 사람은 곧 구족이라 이름할 수 없다. 혜안이 밝게 사무쳐 아인 등의 상이 생기지 않아서 바른 지혜의 광명이 항상 비추는 것이 이름이 모든 형상을 구족한 것이다. 삼독이 끊어지지 않고 여래진신을 보았다고 말하는 사람은 진실로 이런 이치가 없다. 비록 본 것이 있다 하더라도 다만 화신化身이고 진실하고 형상 없는 법신은 아니다.

如來者는 卽無相法身이 是也라 非肉眼所見이요 慧眼으로 乃能見之니 慧眼이 未明하야 具足我人等相하야 以觀三十二相爲如來者는 卽不名爲具足也라 慧眼이 明徹하야 我人等相이 不生하야 正智光明이 常照호미 是名諸相具足이니 三毒이 未泯하야 言見如來眞身者는 固無此理니 縱有見者라도 祗是化身이요 非眞實無相之法身也니라

야부 관청에서는 바늘도 용납하지 아니하나, 사사로이는 수레와 말도 통한다.[439]

官不容針이나 私通車馬로다

설의 관청에는 사사로움을 용납하지 않으나, 동네에 어찌 사정이 없으리오.

公門에 不容私나 鄕黨에 豈無情이리요

송 청하노니 그대는 얼굴을 들어 허공을 보라.
넓고 끝이 없어 자취를 볼 수 없도다!
만약 몸을 돌리는 조그만 힘을 알면
물건 물건마다에 모두 서로 만나리.[440]

請君仰面看虛空하라 廓落無邊不見蹤이로다
若解轉身些子力하면 頭頭物物이 摠相逢하리라

바른 몸은 예부터 성색聲色을 끊었으니
찾는다면 알겠거니 그대는 자취를 보지 못하리.
묘봉의 꼭대기에서 한 번 몸을 굴리면
시방에 그를 만나지 않을 곳이 없으리.

----

439 바늘을 용납하지 않는 것과 수레와 말도 통한다는 것은 역시 살활殺活의 상징이다.

440 자취를 볼 수 없는 것과 서로 만난다는 것 역시 살활殺活이라는 존재 원리의 양면을 상징한다.

正體從來絶聲色하니 覓則知君不見蹤하리라

妙峯頂上에 一轉身하면 十方無處不逢渠하리라

종경 형상이 있고 몸이 있음이여! 여래의 장엄이 구족하고, 손님을 나누고 주인을 나눔이여! 공생이 친소를 알아서 가리도다! 바로 손님과 주인을 둘 다 잊고 색깔과 형상을 함께 떠나니, 어떤 사람이 주인 가운데 주인인가? 군신[441]의 도리가 합치하여 휘돌아 뒤바뀜이 없으니, 알기를 분명히 하면 그가 아니리라.

有相有身이여 如來莊嚴이 具足하고 分賓分主여 空生이 解辨疎親이로다 直得賓主를 兩忘하고 色相을 俱離하니 如何是主中主오 君臣道合無廻互하니 認得分明不是渠니라

설의 누가 부처님의 몸을 가지고 친소親疎를 가리는가? 진중珍重한 공생空生이 주인과 손님을 나누도다! 손님과 주인을 둘 다 잊고 빛깔과 형상을 모두 떠나니, 누가 주인 가운데 주인인가? 군신의 도가 합치하여 친소가 끊어졌으니, 훤하여 의지할 데가 없어 새의 길이 아득하도다! 다만 이 묘한 가운데 묘함이여! 어찌 다시 알아 집착함을 내겠는가? 알아 집착함을 냄이여! 머리 돌릴 사이에 새매(鷂子)가 신라를 지나갈 것이다.

誰將佛身辨疎親고 珍重空生이 分主賓이로다 賓主를 兩忘하고 色相을

---

441 군신君臣: 여기서 군은 주인이고 체體이고, 신은 손님이고 용用이다.

俱離하니 如何是主中主오 君臣道合絶疎親하니 蕩蕩無依鳥道玄이로다
只此妙中妙여 何更生認着이리요 生認着이여 廻頭鷯子過新羅니라

송 단정하게 장엄하여 미묘하고 좋으신 자금紫金의 몸이여!
바른 눈으로 보면 다 진실이 아니로다!
묻고 대답하신 친하고 분명한 뜻 알려고 하면
오온이 비어 나도 없고 또한 남도 없도다!

端嚴妙好紫金身이여 正眼看來摠不眞이라
要會問酬親的意인댄 蘊空無我亦無人이로다

요지 먼저 경문에서 여래께서는 수보리에게 잘 갖추어진 몸(具足色身)과 여러 형상(諸相)으로 부처를 볼 수 있는가라고 물었는데 수보리는 볼 수 없다고 하고, 그 이유를 잘 갖추어진 몸이 잘 갖추어진 몸이 아니며 여러 형상이 여러 형상이 아니고 이름이 그럴 뿐이기 때문이라고 말했다.

여기에 대하여 육조스님은 중생이 법신을 못 보고 좋은 육신을 부처의 진신眞身으로 아는 미혹을 끊어주기 위하여 부처님께서 이런 질문을 하신 것으로 봤다. 32상은 좋은 몸이 아니고 안으로 32청정행을 갖추어야 좋은 몸이라고 했다. 여기서 청정행이 바로 6바라밀이고, 6바라밀과 정혜를 닦는 것이 좋은 몸이라고 했다. 그리고 여래의 32상만 좋아하고 32청정행을 닦지 않으면 좋은 몸이 아니며, 여래의 색신을 좋아하지 않더라도 스스로 청정행을 가지면 좋은 몸이라

할 수 있다고 했다. 형상 없는 여래 법신은 육안으로 볼 수 없고 혜안으로 볼 수 있다고 했다. 혜안이 아주 밝아서 아인상我人相이 나지 않고 지혜 광명이 항상 비침이 모든 모양을 다 갖춘 것이라 했다. 삼독三毒이 남아 있으면 여래의 진신, 즉 진실하고 형상 없는 법신을 볼 수 없고 다만 화신化身을 볼 뿐이라고 했다.

여기에 대해 야부스님은 바늘조차도 용납하지 않는 관청과 수레나 말까지도 통하는 개인을 비유로 가져왔다. 그리고 게송에서 허공은 넓고 끝이 없어 자취를 알 수 없지만 몸을 돌리면 일체에서 만날 수 있다고 읊었다.

종경스님은 빈주賓主와 군신君臣의 관계로 주객을 말하면서 주객과 형상(色相)을 잊고 떠나야 한다고 했다. 정안正眼으로 보면 좋게 장엄한 부처의 자금색의 몸도 진실이 아니어서 아인我人이 없고 오온五蘊도 비었다고 했다.

함허스님은 체는 비어서 한 올의 털도 볼 수 없지만 인연을 대면해서는 무수한 모습을 본다고 했다. 정체正體는 성색聲色을 끊었기 때문에 자취를 볼 수 없지만 한 번 몸을 돌리면 어디서나 그를 만날 수 있다고 했다. 빈주賓主와 색상色相을 잊고 떠나면 친소親疎가 없고 의지할 데가 없는데, 여기에 알음알이를 내면 머리 돌리는 사이에 새매가 신라를 지나가듯 멀리 어긋나버린다고 지적했다.

설함 없는 설법 제21

非說所說分 第二十一

🪷

"수보리여, 그대는 여래가 '내가 마땅히 설법함이 있다'고 생각한다고 말하지 말라. 이런 생각을 하지 말아야 하니, 무슨까닭인가? 만약 어떤 사람이 여래가 설한 법이 있다고 말하면 곧 부처를 비방하는 것이라, 내가 설한 것을 알지 못한 까닭이니"

須菩提야 汝ㅣ 勿謂如來ㅣ 作是念호대 我當有所說法이라하라 莫作是念이니 何以故오 若人이 言如來ㅣ 有所說法이라하면 卽 爲謗佛이라 不能解我所說故니

설의 부처님께서 말씀하신 일체 법이 맑고 항상 적멸하니, 다만 부처님께서 말 없으신 것을 알면 종자기가 된다고 일컬을 수 있다.

佛說一切法이 湛然常寂滅하시니 但信佛無言하면 可稱爲子期니라

야부 옳기는 옳으나 대장경大藏經과 소장경小藏經은 어디에서 왔는가?

是則是나 大藏小藏은 從甚處得來오

설의 부처님께서 말씀하신 것이 없다는 것이 옳기는 진실로 옳으나 돈頓과 점漸, 편偏과 원圓, 대승과 소승의 장경藏經이 대들보에 가득하고 집에 넘쳐서 지금 천하에 있고 있지 아니함이 없으니, 만약 모두 말씀하심이 없다고 한다면 이와 같은 법문은 그 누가 말했는가?

佛無所說이 是則固是나 頓漸偏圓大小乘藏이 充樑溢宇하야 如今天下에 無在不在하니 若都無說인댄 如是法門은 其誰說來오

송 말이 있다고 해도 다 비방이 되고
말이 없다고 해도 또한 용납되지 아니하리.
그대를 위하여 한 길을 열어놓노니
해는 산의 동쪽을 향하여 붉네.

有說이라도 皆成謗이요 無言이라도 亦不容이니
爲君通一線하노니 日向嶺東紅이니라

설의 말이 있다거나 말이 없다고 한 두 사람은 다 널판을 짊어진 놈이다.[442] 무념으로 말씀하여 보이신 것은 산골짜기 메아리와 같으며 또한 해 비침이 무심함과 같다.

---

442 널판을 짊어진 놈(擔板漢): 널판을 짊어졌다는 것은 한 면만 보고 다른 한 면은 보지 못하는 사람을 뜻한다. 이런 논리를 따르면 360도를 다 보는 부처님이나 도인은 널판을 짊어지지 않은 사람이라 할 수 있다.

有說無說이 二俱擔板漢이라 無念說示ㅣ 同谷響하니 亦如日輪照無心
이니라

"수보리여, 설법은 법을 가히 설할 것이 없음이 이 이름이 설법
이다."

須菩提야 說法者는 無法可說이 是名說法이니라

설의　법신은 본래 설함이 없고 보신과 화신은 바야흐로 설함이
있으니, 설함이 있음은 참된 설함이 아니고 설함이 없음이 참된 설함이
다. 시방의 불토佛土 가운데 오직 일승一乘의 법만 있으니 이 일승의
법을 떠나서는 다시 설할 것이 없다. 그러므로 이르기를 "법을 강설할
것이 없고 다만 일승의 법으로 모든 중생에게 열어 보인다."라고
했다. 그러므로 이 이름이 설법說法이니, 만약 이것이 일승의 법이라
면 다만 여기에는 입을 열 자리가 없다. 그러나 또한 중생의 일용日用을
떠나지 않는다.

法身은 本無說이라 報化ㅣ 方有說이니 有說은 非眞說이요 無說이 是眞說
이라 十方佛土中에 唯有一乘法하니 離此一乘法하고 更無可說底라 故로
云無法可說이요 只以一乘法으로 開示諸衆生일새 故로 云是名說法이니
若是一乘法인댄 直是無開口處하니 然이나 亦不離衆生日用이니라

육조 범부의 설법은 마음에 얻은 바가 있는 까닭에 부처님께서 수보리에게 말씀하시되 "여래의 설법은 마음에 얻은 바가 없으니, 범부는 능히 안다는 마음을 가지고 말하거니와 여래는 말하거나 침묵하거나 다 여여如如하여 말씀하시는 것이 메아리가 소리에 호응함과 같아서 움직임에 맡기고 무심하여 범부가 생멸심으로 말하는 것과는 같지 않다."고 하셨다. 만약 여래의 설법이 마음에 생멸함이 있다고 말하면 곧 부처님을 비방하는 것이 된다 하셨다. 『유마경』에서 이르되 "설법하는 사람은 말함도 없고 보임도 없으며, 법을 듣는 사람은 들음도 없고 얻음도 없다."고 했다. 만법이 비고 고요하여 일체의 이름과 말이 다 거짓으로 세운 것인 줄을 통달해서 자기의 빈 성품 가운데 치열하게 일체의 말을 세워 모든 법을 연설하되, 모양도 없고 함도 없어서 미혹한 사람을 열어 인도하여 본성을 보게 하고 위없는 보리를 닦아 증득하게 하는 이것이 이름이 설법이다.

凡夫說法은 心有所得故로 佛이 告須菩提하사대 如來說法은 心無所得이니 凡夫는 作能解心說이어니와 如來는 語墨皆如하야 所發言辭ㅣ 如響應聲하야 任運無心하야 不同凡夫의 生滅心說이니 若言如來說法이 心有生滅者인댄 卽爲謗佛이라하시니 維摩經에 云하사대 夫說法者는 無說無示며 聽法者는 無聞無得이라하시니 了萬法空寂하야 一切名言이 皆是假立이라 於自空性中에 熾然建立一切言辭하야 演說諸法호대 無相無爲하야 開導迷人하야 令見本性하야 修證無上菩提케호미 是名說法이니라

562

야부 토끼 뿔 주장자拄杖子와 거북 털 불자拂子로다!

兎角杖龜毛拂이로다

설의 고인이 말하되 "49년 쌓은 공이여! 거북 털과 토끼 뿔이 허공에 가득하네. 한 해 겨울 섣달 눈이 내려 화로의 뜨거운 불꽃 속에 떨어지네."라고 했다. 허다한 세월을 가슴을 드러내고 맨발로 다니시며, 진흙을 묻히고 물에 젖으며 빠져 잠긴 사람을 건져 주신 이와 같은 공덕이 꿈과 서로 비슷하여 한 터럭만큼도 가히 서로 허용할 것이 없다. 비록 그러하기가 이와 같으나 필경에 무엇이라 말하겠는가? 토끼 뿔 주장자를 잡아 세워서 한 길 열반涅槃의 문을 두드려 열고, 거북 털 불자를 바로 세워 삼천의 공가중空假中[443]을 털어 없애도다!

古人이 道하사대 四十九年積累功이여 龜毛兎角이 滿虛空이라 一冬臘雪이 垂垂下하야 落在烘爐烈焰中이라하시니 則許多年을 露胸跣足하사 拖泥帶水하사 拔濟沈淪하신 如是功能이 如夢相似하야 無一毫許可如相許하니 雖然如是나 畢竟作麼生道오 拈起兎角杖하야 扣開一路涅槃門이요 竪起龜毛拂하야 拂盡三千空假中이로다

송 여러 해 동안 돌 말이 백호의 빛을 내니
쇠소가 울부짖으며 장강에 들어가도다!
허공에 한 번 소리침이 자취가 없어서

---

443 공가중空假中: 공관空觀, 가관假觀, 중관中觀을 줄인 말이다.

몸을 숨겨 북두에 감추는 것을 알지 못하도다!

또 말하라, 이것이 설법인가, 설법이 아닌가?

多年石馬ㅣ 放毫光하니 鐵牛哮吼入長江이로다

虛空一喝이 無蹤跡하야 不覺潛身北斗藏이로다

且道하라 是說法가 不是說法가

설의 적멸장寂滅藏 가운데 일찍이 걸음을 걷지 않고 생사 바다 가운데에 몸을 횡으로 하여 들어가 여러 해 동안 돌말로 백호의 빛을 놓아 눈 먼 자로 하여금 보게 하고, 쇠소로 포효하여 귀먹은 자로 하여금 듣게 하고, 또한 허공에 고함쳐 북두 속에 몸을 감추게 하셨으니, 또 말하라 이것이 설법인가, 설법이 아닌가? 만약 이것을 설법이라고 말하면 돌말과 쇠소가 무슨 한가한 정이 있고 무슨 한가한 기운이 있는가 하는 것을 어찌하겠는가? 만약 설법이 아니라고 말하면 빛을 놓고 포효하며 허공에 고함칠 줄을 아는 것을 어찌하겠는가? 또 49년 설법이 돌말이 빛을 놓으며 쇠소가 울음을 우는 것임을 모름지기 믿어야 한다. 돌말과 쇠소는 마침내 힘이 없고 허공에 한 번 소리침에 문득 자취가 없다. 그렇다면 허공에 한 번 소리침이 큰 화로의 불꽃 속이고, 빛을 놓고 울부짖음이 한 겨울 조각 눈이로다!

寂滅藏中에 不曾擡步하시고 生死海裏에 橫身而入하사 許多年을 以石馬而放毫光하사 致令盲者로 得見하며 以鐵牛而作哮吼하사 致令聾者로 得聞케하시고 且喝得虛空하사 令北斗裏藏身케하시니 且道하라 是說

法가 不是說法가 若道是說인댄 爭乃石馬鐵牛어니 有甚閑情이며 有甚
閑氣리요 若道不說인댄 爭乃放光哮吼하며 解喝虛空가 又須信四十九
年說이 石馬放光鐵牛吼니 石馬鐵牛ㅣ 竟無力이요 虛空一喝이 便無蹤
이라 伊麼則虛空一喝이 大烘焰裏요 放光哮吼ㅣ 一冬片雪이로다

저 때에 혜명慧命[444] 수보리가 부처님께 아뢰어 말씀하시되 "세존
이시여, 어떤 중생이 미래세에 이 법 설함을 듣고 신심을 내겠습
니까, 내지 않겠습니까?" 부처님께서 말씀하시되 "수보리여,
저들은 중생이 아니며 중생이 아닌 것도 아니니, 무슨 까닭인
가? 수보리여, 중생 중생 하는 것은 여래 말씀하심이 중생이
아니라 이름이 중생이다."

爾時에 慧命須菩提ㅣ 白佛言하사대 世尊하 頗有衆生이 於未
來世에 聞說是法하사옵고 生信心不잇가 佛言하사대 須菩提야
彼非衆生이며 非不衆生이니 何以故오 須菩提야 衆生衆生者
는 如來ㅣ 說非衆生이 是名衆生이니라

설의　공생이 후세 사람의 믿음과 믿지 않음으로써 질문을 드렸는데,
부처님께서 중생이 중생 아닌 것으로 대답하신 것은 중생이기 때문에
생사에 어려움을 당하여 벗어나기를 구하므로 믿는 이치가 있는

444 혜명慧命: 부를 때의 경칭敬稱인데, 이름인 수보리 대신으로 사용하기도 한다.

것이 당연하고, 중생이 아닌 까닭에 본래 부처인지라, 부처로써 부처를 구하지 않으니 믿지 않는 이치가 있음이 당연하다. 불법을 믿지 않음이 참으로 믿음을 냄이니, 법상法相이 없기 때문이다.

空生이 以後世信與不信으로 發問이어시늘 佛이 以是生非生으로 答者는 以是生故로 困於生死하야 以求出要니 應有信之之理요 以非生故로 本來是佛이라 不應以佛求佛이니 應有不信之理라 不信佛法이 是眞生信이니 以無法相故也라

야부 불은 뜨겁고 바람은 움직이며 물은 습하고 땅은 단단하도다!

火熱風動이요 水濕地堅이로다

설의 어린아이가 우물에 들어가는 것을 보면 다 가엽게 여기니, 인천人天의 조어사調御師라 일컬을 만하다. 헐뜯는 소리가 귀에 들리면 다 성을 내니, 이러하다면 성인의 이름을 감당하기 어렵다. 이러면 앞면은 나귀 다리요 등 뒤는 용의 비늘이니, 범부인가, 성인인가? 결정할 수 없도다! 그러하기가 비록 이와 같으나 범부는 범부의 자리에 있고 성인은 성인의 자리에 있으니 범부와 성인의 길이 다르다. 혼동해서는 안 된다.

孺子入井을 見皆憐하니 可稱人天調御師요 毁聲이 入耳聞皆怒하니 是則難當聖人名이라 伊麽則面前驢脚이요 背後龍鱗이니 是凡是聖가 定當不得이로다 然雖如是나 凡住凡位하고 聖住聖位하니 凡聖路別이라

不可得而混也니라

송 사슴을 가리킴에 어찌 준마가 되며

　　까마귀를 말함에 누가 비상하는 난새라고 이르겠는가?[445]

　　비록 그렇게 가는 털만큼의 차이도 허용하지 않으나

　　말이라는 글자와 나귀라는 이름은 몇 백 가지인가?

　　指鹿에 豈能成駿馬며 言烏에 誰謂是翔鸞이리요

　　雖然不許纖毫異나 馬字驢名이 幾百般고

설의　　도척[446]을 문왕, 탕왕[447]이라 부르지 말아야 하니

　　누가 마왕 파순을 석가모니라고 하겠는가?

　　비록 그렇게 이치상에는 융합하여 둘이 없으나

　　성인과 범부의 이름 나란히 하기 어려운 것은 어찌하리오?

盜跖을 不應號文湯이니 誰喚波旬作牟尼리요

雖然理上에 融無二나 爭奈難齊聖凡名이리요

종경　　여래가 설함이 없음이여! 자운慈雲과 감로甘露 뿌림이 가랑
비 내리듯 자욱하고, 혜명이 일찍이 듣지 못함이여! 명월과 청풍이

---

445 여기서 사슴과 까마귀는 중생, 준마와 난새는 부처 또는 도인을 비유한다고
　　할 수 있다.

446 도척盜跖: 중국 고대의 유명한 도적 이름.

447 탕왕은 은나라를 세운 임금, 문왕은 주周나라 어진 임금.

비어서 고요하도다! 정히 이러할 때에 또 말하라. 이것은 어떤 경계인가? 무간업을 부르지 않으려 한다면 여래의 정법正法을 비방하지 말지어다.

如來無所說이여 慈雲甘露ㅣ 洒濛濛이요 慧命이 未嘗聞이여 明月淸風이 空寂寂이로다 正恁麼時에 且道하라 是何境界오 欲得不招無間業인댄 莫謗如來正法輪이어다

설의 여래의 설함 없는 설함이여!
산봉우리에 피어나는 구름이 무심하고,
혜명의 들음 없는 들음이여!
바람과 달이 둘 다 고요하도다!

如來無說說이여 出峀에 雲無心이요
慧命이 不聞聞이여 風月이 兩蕭然이로다

송 도는 본래 말이 없어 불러도 깨어나지 않고
약은 병을 구제하려고 금병金瓶[448]에서 나오네.
가련한 억만의 인천 중생
예전 같이 어리석게 귀 기울여 듣도다!

道本無言喚不醒이요 藥因救病出金瓶이라
可憐億萬人天衆이 依舊獸獸側耳聽이로다

---

448 금병金瓶: 불교에서 금은 양변을 여읜 의미로 사용된다.

설의　도는 본래 말이 없어 항상 적멸하니

길상[449]이 여자를 깨우기 어렵고

부처님은 중생 구출 위해 진리에서 나오셨으니

널리 선양하는 것 본심 아니네!

불쌍한 억만의 인천人天 중생

누른 잎이 필경 돈 아님을 알지 못하네.

만약 인천으로 하여금 본심을 알게 하면

어찌 어리석게 귀 기울여 들으리.

道本無言常寂滅하니 吉祥이 難敎女子醒이요

佛爲救生出乎眞하시니 浩浩宣揚非本心이라

可憐億萬人天衆이 不知黃葉竟非錢이라

若使人天으로 知本心하면 何用獃獃側耳聽이리요

요지　먼저 경문에서 여래께서는 수보리에게 설법한 것이 있다고
하는 것은 여래를 비방하고 설법을 이해하지 못한 처사라고
지적하고, 설법이라는 것은 법을 설할 것이 없는 것이 이름이 설법이라
하였다. 그리고 중생도 중생이 아니며 중생이 아닌 것도 아니어서,
중생이 아닌데 이름이 중생이라고 하였다.

　여기에 대하여 육조스님은 범부의 설법은 마음에 얻은 것이 있지만
여래의 설법은 마음에 얻은 것이 없고, 범부는 알았다는 마음으로
말하고, 부처는 말과 침묵이 같으며 무심無心에서 나왔다고 말했다.

449　길상吉祥: 문수보살文殊菩薩.

이는 생멸심生滅心에서 나온 범부의 설법과 다르다고 했다. 『유마경』에서 설법이란 말하고 보여줌이 없고 청법聽法이란 듣고 얻음이 없다는 말을 인용하여, 비어 있는 성품 가운데서 치열하게 말을 하여 법을 연설하지만 형상도 함도 없어서 미혹한 사람을 개도하여 본성을 보고 보리를 증득하게 하는 것이 이름이 설법이라고 하였다.

야부스님은 설법에 대한 이런 말씀에 대하여 옳기는 옳으나 부처님이 남긴 장경은 다 어디서 나왔는가라고 물었다. 그리고 설함이 있다거나 없다거나 다 문제라고 하면서 "해가 고개 동쪽을 향해 붉다."는 선적 표현으로 답을 대신했다. 그리고 또 '토끼 뿔 주장자, 거북털 불자'라는 말을 하고, 이어서 석마石馬와 철우鐵牛가 빛을 내거나 소리치지만 자취가 없고, 북두에 몸을 감춘다고 말하고 이것이 설법인가 아닌가를 물었다. 그리고 또 그는 불과 바람은 뜨겁고 움직이며, 물과 땅은 습하고 견고하다고 하고, 사슴은 준마가 될 수 없고 까마귀는 난새라 말할 수 없다고 하면서 조금도 다르지 않지만 말과 당나귀 같은 이름이 몇 백 가지인가라고 물었다.

종경스님은 여래는 설법한 것이 없지만 자비의 구름에서 감로가 내린 것이고, 수보리가 들은 것이 없지만 밝은 달과 맑은 바람은 비고 고요하다고 하여 설법이 설법 아닌 도리를 상징적으로 표현하였다.

이를 종합하면서 함허스님은 부처님께서 모든 법이 맑고 항상 적멸하기 때문에 말씀하지 않았다는 것을 알면 종자기鍾子期 같은 친구가 될 수 있다고 했다. 그러나 수많은 경전은 어디서 나왔는가라고 묻고, 말함이 있다거나 없다고 한 것은 모두 널판을 짊어진 사람의 안목과 같이 잘못된 것이라 하고, 설법을 무념無念의 계곡 메아리,

무심無心의 태양에 비유했다. 그리고 법신은 설함이 없고 보신과 화신은 설함이 있다고 하고, 설함 없는 것이 참된 설법이라고 하였다. 입을 열 자리가 없으나 중생의 일용을 떠나지 않은 일승법을 제외하고는 연설할 것이 없기 때문에 이 법으로 중생에게 열어 보이는 것이 이름이 설법이라고 하였다.

토끼 뿔, 거북 털이라는 말에 대하여 부처님의 교화가 꿈과 같아서 조금도 인정할 것이 없으나 토끼 뿔 주장자를 잡고 열반의 문을 두드려 열었고, 거북 털 불자를 세워 공가중空假中을 날렸다고 했다. 또 함허스님은 석마와 철우에 대하여 석마로 빛을 내어 맹인을 보게 하고 철우로 소리쳐서 귀머거리를 듣게 하면서 허공에 소리치고 북두에 몸을 숨기게 했는데, 이것이 설법인가 아닌가를 물었다. 부처님 49년 설법이 바로 석마의 빛냄과 철우의 소리침이라 하고 이를 불꽃 속 한 조각 겨울눈에 비유했다. 미래 중생이 설법을 믿겠는가라는 질문에 부처님께서는 중생이라는 말로 대답을 했는데, 생사에 곤란을 당하는 중생이 벗어나기를 구하기 때문에 당연히 믿게 되고, 본래는 중생이 아니라 부처이기 때문에 믿지 않는 도리가 있는데, 이렇게 법의 형상이 없기 때문에 불법佛法을 믿지 않는 것이 참된 믿음이라고 했다. 야부의 말에 대하여 전면은 당나귀 다리, 뒷면은 용의 비늘을 한 것이 범부와 성인을 가릴 수 없으나 범부와 성인은 길이 달라서 섞일 수 없다고 했다. 야부가 말한 사슴과 준마, 까마귀와 난새에 대하여 도척과 문왕·무왕, 마왕과 부처는 이치상 둘이 아니지만 이름을 나란히 할 수 없다고 했다.

종경스님의 말에 대하여 여래의 설함 없는 설함을 무심한 구름에,

수보리의 들음 없는 들음을 풍월이 조용하다는 데에 견주었다. 인천人
天의 중생이 어리석게 귀를 기울여 법문을 듣는다는 종경의 게송에
대하여 인천의 중생이 누른 잎사귀가 돈 아님을 알지 못하지만, 본심을
알게 하면 귀를 기울여 듣지 않을 것이라 했다.

얻을 것 없는 법 제22

無法可得分 第二十二

❀

수보리가 부처님께 아뢰어 말씀하시되 "세존이시여, 부처님께서 아뇩다라삼먁삼보리를 얻은 것은 얻은 바가 없는 것입니다." 부처님께서 말씀하시되 "이와 같고 이와 같다. 수보리여, 내가 아뇩다라삼먁삼보리에 작은 법도 얻은 것이 없기 때문에 이 이름이 아뇩다라삼먁삼보리이다."

須菩提ㅣ 白佛言하사대 世尊하 佛이 得阿耨多羅三藐三菩提는 爲無所得耶니이다 佛言하사대 如是如是하다 須菩提야 我於阿耨多羅三藐三菩提에 乃至無有少法可得일새 是名阿耨多羅三藐三菩提니라

설의 위에서는 중생이 중생이 아니라 하고, 여기서는 부처님께서 얻음이 없음을 말씀하시니, 이 보리菩提는 중생과 부처가 평등하게 본래 가진 것이다. 이 가운데서 이것은 범부고 이것은 성인이라는 것과 얻음이 있고 얻음이 없음을 분별해서는 안 된다.

上言生不生하시고 此言佛無得하시니 蓋菩提는 生佛平等之本有라 於中
에 不應分別是凡是聖과 有得無得이로다

육조 수보리가 얻었다는 마음이 다한 것이 보리라고 말하니,
부처님께서 말씀하시기를 "이와 같고 이와 같다. 나는 보리에 실
로 바라고 구하는 마음이 없으며 또한 얻었다는 마음이 없다.
이와 같은 까닭에 '아뇩다라삼먁삼보리'라는 이름을 얻었다."라고
하셨다.

須菩提ㅣ言所得心盡이 卽是菩提라하실새 佛言하사대 如是如是하다
我於菩提에 實無希求心하며 亦無所得心하니 以如是故로 得名爲阿耨
多羅三藐三菩提也라 하시니라

야부 사람에게 구하는 것이 자기에게 구하는 것만 같지 못하다.

求人이 不如求自己니라

설의 이미 평등하다면 어찌 멀리 여러 성인을 추종하며, 이미
본래 가지고 있다면 어찌 밖을 향하여 달려가 구하겠는가? 만약
자기에게 돌이켜 구하면 문득 콧구멍을 부딪쳐서 보신불과 화신불의
머리를 앉아서 끊어갈 것이니, 그래서 사람에게 구하는 것이 자기에게
구하는 것만 같지 못하다.

旣是平等인댄 何以遠推諸聖이며 旣是本有인댄 何須向外馳求리요 若能

574

返求諸己하면 驀然觸着鼻孔하야 坐斷報化佛頭去在리니 所以로 求人이 不如求自己니라

송 떨어지는 물방울이 얼음 되는 일 진실로 있으나
푸른 버들과 꽃다운 풀은 빛이 무성하네.
가을 달과 봄꽃의 한없는 뜻이여!
자고새 우는 소리 한가롭게 들음에 방해되지 않네!

滴水成氷이 信有之하니 綠楊芳草ㅣ 色依依라
秋月春花無限意여 不妨閑聽鷓鴣啼로다

설의 이 일은 추위가 매섭고 냉기가 서늘하여 떨어지는 물방울이 방울방울 얾에 강물에 흐름이 끊어지고, 가는 티끌이 서지 않음에 한 마디 풀이 나지 않는다. 비록 그러하기가 이와 같으나 춥고 따뜻함이 항상하지 않아서 날씨가 따뜻하고 바람이 온화함에 산천이 다투어 빼어나고 검고 누른 것을 판단할 수 있으며 검은 것과 흰 것이 분명하다. 이러하다면 가을 달과 봄꽃의 한없는 일이 각각 스스로 한없는 뜻이 있어 일마다 낱낱이 천진하며 붙은 데마다 종지를 밝힐 수 있다. 푸른 대나무와 누른 꽃을 향하여 이 일을 밝힐 수 있으며, 앵무새 울고 제비 지저귀는 곳을 향하여 이 일을 밝힐 수 있다. 한 번 보고 한 번 듣는 데 이르기까지 낱낱이 다 기틀을 발동하는 시절이고, 한 줄기 빛과 한 가지 향이 낱낱이 나의 활안을 열어주는 물건이다. 모름지기 말하는 것을 믿을지어다. 산승山僧이 자리에 오르지 않았는

데 이미 풍경(風鐸)은 혀를 흔들었도다!

此事는 寒威威冷湫湫하야 滴水滴凍에 江河絶流하고 纖塵不立에 寸草
不生이니 雖然如是나 寒暄이 不常이라 日暖風和에 山川이 競秀하야 玄黃
을 可判이며 黑白이 分明하니 伊麼則秋月春花無限事가 各各自有無限
意하야 事事ㅣ 一一天眞이며 着着이 可以明宗이라 可以向翠竹黃花邊
하야 明得此事며 可以向鶯吟燕語邊하야 明得此事며 以至一見一聞히
一一皆是發機的時節이요 一色一香이 一一開我活眼的物事니 須信道
어다 山僧이 未陞座에 風鐸이 已搖舌이로다

종경 법을 가히 얻을 것이 없음이여! 이 이름이 아뇩보리이고,
도를 가히 전할 것이 없음이여! 바로 열반의 정안을 가리키도다!
다만 얻어도 얻은 것이 아니며 전해도 전한 것이 아니라면 필경
이것은 무슨 종지宗旨인가? 삼현三賢도 오히려 이 뜻을 밝히지
못했으니 십성十聖인들 이 종지를 어찌 통달하겠는가?

송 예부터 설함도 없고 또 전함도 없으니
　　겨우 생각만 해도 문득 관문이 가려지네.
　　말과 침묵, 없음과 있음[450]을 다 쓸어버리면
　　고요히 혼자 고령산[451]에 앉을 것이네.

---

450 없음과 있음(離微): 이離는 무無이고, 미微는 유有이다.
451 고령산古靈山: 옛 영축산으로 여기서는 본질 자리를 상징한다.

法無可得이여 是名阿耨菩提요 道無可傳이여 直指涅槃正眼이로다 只
如得而不得이요 傳而不傳인댄 畢竟是何宗旨오 三賢도 尙未明斯旨요
十聖인달 那能達此宗가

> 從來無說亦無傳하니 纔涉思惟便隔關이라
> 語默離微를 俱掃盡하니 寥寥獨坐古靈山이로다

설의 이 종지는 본래 남이 없으니 마음을 일으키면 곧 어긋난다.
마음 있음과 마음 없음을 다 쓸어버리니, 비고 비어 오직 한 영대靈臺[452]
만 있도다!

此宗은 本無生하니 生心卽差違라 有心無心을 俱蕩盡하니 空空唯有一
靈臺로다

요지 먼저 경문에서 여래께서는 수보리의 말에 동의하면서 아뇩
다라삼먁삼보리에서 조금도 얻음이 없기 때문에 이름을
'아뇩다라삼먁삼보리'라 한다고 하셨다.

여기에 대하여 육조스님은 여래께서 보리에 대해서 바라고 구하는
마음이 없고, 얻었다는 마음도 없기 때문에 이름을 '아뇩다라삼먁삼보
리'라고 풀이했다.

이에 야부스님은 남에게 구하는 것이 자기에게 구하는 것만 같지
못하다고 하고, 이런 뜻을 얼음과 푸른 버들, 꽃다운 풀을 예로 들어

---

452 영대靈臺: 본질 자리.

대비적 대상을 통해 나타내고, 게송을 통하여 달과 꽃, 자고새 소리와 같은 일상이 무한한 뜻을 가진 것으로 읊었다.

종경스님은 법은 얻을 것이 없고 도는 전할 것이 없다고 하고, 이것은 삼현과 십성도 알기 어렵다고 했다. 게송에서는 말하고 침묵하는 것, 있고 없는 것과 같은 이원 대립을 다 쓸어버리고 홀로 고령산에 앉는다고 읊었다.

이를 총괄하면서 함허스님은 보리는 중생과 부처가 평등해서 범인과 성인, 얻음의 있음과 없음을 분별하지 말아야 한다고 하였다. 야부스님의 말에 대해서는 평등하고 본래 가지고 있기 때문에 성인을 추구하고, 밖으로 달려가서 구할 것 없이 자기에게 구하면 갑자기 콧구멍을 부딪치고 보신불, 화신불을 그 자리에서 끊는다고 하였다. 그의 송에 대하여 얼음이 얼어 강의 흐름이 끊기고 가는 먼지도 없고 작은 풀도 나지 않지만, 날이 따뜻해지면 산천이 다투어 빼어나고 현황과 흑백이 분명해진다고 하였다. 이것은 일마다 닿는 곳마다 진리이기 때문에 푸른 대나무, 국화꽃, 앵무새와 제비 소리가 모두 진리의 드러남이라 하고 일체가 활안을 열어주는 물건이라 하였다. 종경스님의 말에 대해서는 종지가 본래 남이 없기 때문에 마음을 내면 어긋난다고 하고, 유심과 무심을 다 떠나 오직 영대靈臺, 본질만 있다고 하였다.

마음을 깨끗이 하고 선을 행함 제23
淨心行善分 第二十三

"다시 수보리여, 이 법이 평등하여 높고 낮음이 없으므로 이
이름이 아뇩다라삼먁삼보리니 아상, 인상, 중생상, 수자상
없이 일체의 선법을 닦으면 곧 아뇩다라삼먁삼보리를 얻을
것이니"[453]

復次須菩提야 是法이 平等하야 無有高下일새 是名阿耨多羅
三藐三菩提니 以無我無人無衆生無壽者로 修一切善法하면
卽得阿耨多羅三藐三菩提하리니

설의 부처님께서 공생[454]의 질문에 대하여 답하기를 "중생이 중생이
아니며 부처도 역시 얻음이 없다."라고 하고, 이에 말하기를 "이 법이
평등하여 높고 낮음이 없는 것이 이름이 아뇩다라삼먁삼보리다."라고

---

453 불교의 어떤 수행도 내가 있다는 생각을 버리지 못하면 성취할 수가 없다.
   즉 참선, 염불, 봉사 등 일체의 수행은 반드시 사상四相이 없다는 정견正見을
   먼저 갖추고 해야 해탈할 기약이 있다.
454 공생空生: 수보리.

했다. 중생이 중생이 아니면 부처와 다르지 않고, 부처가 얻음이 없으면 중생과 다르지 않다. 이를 평등하여 높고 낮음이 없다고 이름한다. 앞에서 얻음이 없다고 말하고, 여기에서 곧 얻었다고 말함은 무엇 때문인가? 앞에서는 본래 있음을 밝혀서 아래의 범부를 굴복하지 않게 하고, 여기서는 신훈新熏[455]을 밝혀서 공이 모든 성인과 같게 했다. 만약 그 본래 있음을 믿어 신훈으로 훈습하지 않으면 구슬을 가지고도 구걸을 다녀서[456] 영원히 윤회에 떨어질 것이다.

佛이 因空生之問하사 答以生亦非生이며 佛亦無得이라하시고 乃云是法이 平等하야 無有高下ㅣ 是名阿耨多羅三藐三菩提라하시니 生非生則不異於佛이요 佛無得則不異於生이라 是名平等하야 無有高下니라 前言無得하시고 此言卽得은 何也오 前明本有하사 令不屈於凡下케하시고 此明新熏하사 使功齊於諸聖케하시니 若恃其本有하야 不以新熏으로 熏之하면 則持珠行丐하야 永處輪廻하리라

육조 보리의 법은 위로는 모든 부처에 이르고, 아래로는 곤충에 이르기까지 다 갖가지 지혜를 가져서 부처와 다름이 없는 까닭에 평등하여 고하가 없다고 말했다. 보리는 둘이 없는 까닭에 다만

---

[455] 신훈新熏: 새로 닦는 것.

[456] 『법화경』 「오백제자수기품五百弟子授記品 제팔第八」에 나오는 '계주비유繫珠譬喩'를 말한다. 술에 취한 가난한 친구에게 귀한 보배구슬을 옷에 꿰매 주었지만 친구는 그걸 모르고 고생스럽게 구걸하고 다니다가 그 친구를 만나서 이를 알게 된다는 이야기. 불성을 가지고 있으면서도 이를 꺼내서 쓸 줄 모르는 것을 비유한 이야기이다.

사상四相을 떠나 일체 선법善法을 닦으면 곧 보리를 얻는다. 만약 사상을 떠나지 않고 일체 선법을 닦으면 점점 아상我相과 인상人相만 더하면서 해탈의 마음을 증득하고자 하나 그로 말미암아 얻을 수 없다. 만약 사상을 떠나서 일체 선법을 닦으면 해탈을 기약할 수 있다. 일체 선법을 닦는다는 것은 일체의 법에 물들고 집착함이 없어서 모든 경계에 움직이고 흔들리지 아니하며, 세간과 출세간의 법에 탐내고 애착하지 않으며, 모든 곳에서 항상 방편方便을 행하여 중생을 따라주어 기뻐하고 믿고 복종하게 하여 정법을 말하여 보리를 깨닫게 하니, 이와 같아야 비로소 이름이 수행이다. 그러므로 모든 선법을 닦는다고 말했다.

菩提法者는 上至諸佛하고 下至昆蟲히 盡含種智하야 與佛無異故로 言平等하야 無有高下요 以菩提無二故로 但離四相하야 修一切善法하면 即得菩提니 若不離四相하야 修一切善法하면 轉增我人하야 欲證解脫之心을 無由可得이요 若離四相하야 而修一切善法하면 解脫을 可期라 修一切善法者는 於一切法에 無有染着하야 對一切境에 不動不搖하며 於世出世法에 不貪不愛하며 於一切處에 常行方便하야 隨順衆生하야 使之歡喜信服케하야 爲說正法하야 令悟菩提니 如是하야사 始名修行일새 故로 言修一切善法이라하시니라

야부 산이 높고 바다가 깊으며, 해가 뜨고 달이 지도다![457]

山高海深이요 日生月落이로다

설의 이른바 평등이 어찌 산을 무너뜨려 못을 메우며 학의 다리를 끊어 오리 다리에 이어준 뒤에 그러하겠는가? 긴 것은 긴 데 맡기고 짧은 것은 짧은 데 맡기고, 높은 곳은 높은 데 맡기고 낮은 곳은 낮은 데 맡긴다.

所謂平等이 豈是夷岳實淵하며 截鶴續鳧然後에 然哉리요 長者는 任其長하고 短者는 任其短이며 高處는 任其高하고 低處는 任其低니라

송 승가는 승가이고 세속은 세속이며
　기쁘면 웃고 슬프면 통곡하네.
　만약 여기에서 잘 참구하여 자세히 알 수 있으면
　육육六六은 본래 삼십육三十六이라네.

　僧是僧兮俗是俗이요 喜則笑兮悲則哭이라
　若能於此에 善參詳하면 六六이 從來三十六이니라

설의 어찌 승가를 불러 세속을 만들겠는가?
　구태여 기쁨을 참아 통곡이라 이르지 말지니
　다만 흐름을 따라 성품을 알면

---

457 배고프면 밥 먹고 고단하면 잠잔다는 것과 같은 말. 평상심.

582

저마다 원래 평등하네.

何須喚僧作俗이리요 不必忍喜云哭이니
但能隨流認性하면 彼彼元來平等이니라

"수보리여, 이른바 선법이라는 것은 여래가 말씀하시기를 선법이 아니라 이 이름이 선법이다."

須菩提야 所言善法者는 如來ㅣ 說卽非善法일새 是名善法이니라

설의 평등의 이치를 통달하여 무아로 선법을 닦는다. 선법이 선법이 아니라 악惡과 성품이 다르지 않으니 이 이름이 참된 선법이니, 유루有漏의 법[458]과는 같지 않다.

了得平等理하야 無我로 修善法이니 善法이 非善法이라 與惡으로 性無殊하니 是名眞善法이라 不同於有漏로다

육조 일체 선법을 닦아 과보를 바라는 것은 곧 선법이 아니고, 육도의 만행을 치열하게 다 하되 마음으로 과보를 바라지 않는 이것이 이름이 선법이다.

---

458 유루有漏의 법: 유무有無, 인아人我 등의 법. 이것을 초월한 것이 무루법無漏法, 선법善法이다.

修一切善法하야 希望果報는 卽非善法이요 六度萬行을 熾然俱作호대 心不望報ㅣ 是名善法이라

야부 얼굴에는 협죽도⁴⁵⁹ 꽃⁴⁶⁰이고 뱃속에는 하늘을 찌르는 가시⁴⁶¹로다!

面上에 夾竹桃花요 肚裏에 侵天荊棘이로다

설의 선한가? 악한가?

善耶아 惡耶아

송 이 악이 악이 아니며
　선을 따름이 선이 아니네.
　장수는 부절符節을 따라가고
　병졸은 대장인大將印을 따라 움직이네.
　어떤 때는 묘고봉에 홀로 섰다가
　도리어 와서 염라전에 단정히 앉도다!
　견해가 다한 인간⁴⁶²이 다만 머리를 끄덕이니

---

459 협죽도夾竹桃: 상록관목의 하나. 유엽도柳葉桃라고도 한다.

460 협죽도의 꽃이 핀 얼굴은 겉으로 드러난 것을 의미한다. 活.

461 하늘을 찌르는 가시가 있는 뱃속은 보이지 않는 것을 의미한다. 殺.

462 견해가 다한 인간(見盡人間): 이 부분에 대하여 탄허 스님은 '인간을 보아 다하고'라고 번역하고 무비 스님은 '인간을 다 보고'라고 번역했는데, 고우古愚 큰스님

대비의 손과 눈이 방편이 많도다!

是惡非惡이요 從善非善이니

將逐符行이요 兵隨印轉이라

有時에 獨立妙高峰이라가 却來端坐閻羅殿이로다

見盡人間祇點頭하니 大悲手眼이 多方便이로다

설의 악이 악이 아니고 선이 선이 아니다. 선악이 성품이 다르지 않으니 하나를 들면 서로 따라온다. 열반과 생사 두 곳에 소요하니, 비록 교화할 것이 없음을 알지만 항상 교화를 펴도다!

惡非惡善非善이라 善惡이 性無殊하니 擧一相隨來라 涅槃生死에 兩逍遙하야 雖知無化나 常演化로다

종경 법은 높고 낮음이 없기 때문에 모든 부처의 마음속에 중생이 때때마다 도를 이루고, 형상에서 아상我相과 인상人相을 떠났기 때문에 중생의 마음 안에 모든 부처가 순간순간 진리를 증득하신다.[463] 그래서 말하되 "염불이 참선에 장애되지 않고 참선이 염불에 장애되지 않는다."고 했다. 염불念佛하되 염불하지 않고 참구參究하되 참구하지 않는데 이르러서는 본지풍광本地風光을 환하게 밝히고 유심정토惟心淨土를 통달할 것이다. 시내와 산이 비록 다르나

의 주장에 따라 깨닫기 전에 가진 '그릇된 견해가 다한 인간'이라는 뜻으로 번역했다.

463 중생이 바로 부처이고 부처가 바로 중생이라서 하나라는 말.

구름과 달은 같다. 또 말하라. 어느 곳인들 평등한 법이 아니겠는
가? 종횡縱橫⁴⁶⁴하여 막힘없는 자리를 알고자 하는가?

　곳곳마다 말을 맬 만한 푸른 버들이고
　집집마다 장안으로 통하는 길이 있네!

法無高下故로 諸佛心內에 衆生이 時時成道하고 相離我人故로 衆生心
內에 諸佛이 念念證眞하시나니 所以로 道호대 念佛이 不碍參禪이요 參
禪이 不碍念佛이라하니라 至於念而不念하고 參而不參하야는 洞明本地
風光하고 了達惟心淨土니 溪山이 雖異나 雲月이 是同이라 且道하라
那裏ㅣ 不是平等之法이리요 要知縱橫不碍處麼아

　處處綠楊堪繫馬요 家家有路透長安이니라

설의 본래 부처이지만 한 생각 미혹하니, 미혹했으나 잃은 적이
없다. 나타나 이루어진 대로 수용하니 소리를 듣는 것이 증득하는
때이며, 색깔을 보는 것이 증득하는 때이다. 한 번 보고 한 번 들음과
발을 들고 발을 내림이 낱낱이 다 이 적멸의 도량이다. 그러므로
말하되 순간순간 석가가 세상에 출현하고 걸음걸음 미륵이 나온다고
한다. 이미 그러하기가 이와 같다면 어찌 범부다 성인이다 분별함을
용납하겠는가? 어제 미혹하고 오늘 깨달았으나 깨달음에 얻은 것이
없다. 생각생각 남이 없으니, 비록 그렇게 생각생각 자비를 일으키지

─────────
464 종횡縱橫: 종縱은 일체 분별이 끊어진 자리이고, 횡橫은 거기서 일어나는 작용을
　 뜻한다.

만 한 생각도 진리를 떠난 적이 없다. 그러므로 말하되 종일 중생을 제도해도 중생을 제도한 것을 보지 못한다고 한다. 이미 그러하기가 이와 같다면 어찌 제도하는 사람과 제도 받는 사람이 있음을 본 적이 있겠는가? 그러므로 생각과 생각 없음이 막힘이 없어서 구경에 는 마침내 두 이치가 없으니 다만 둘 없는 도리를 어떻게 이르겠는가? 시내와 산이 비록 다르지만 구름과 달이 같으니, 종횡하여 막힘없는 자리를 알고자 하는가?

곳곳마다 말을 맬만한 푸른 버들이고
집집마다 장안으로 통하는 길이 있네!

本來是佛이어늘 一念而迷하니 迷不曾失이라 現成受用하나니 聞聲이 是證時며 見色이 是證時라 一見一聞과 擧足下足이 一一皆是寂場이니 所以로 道호대 念念釋迦出世요 步步彌勒下生이라 하니라 旣然如是인댄 何容分別是凡是聖이리요 昔日而迷하고 今日而悟나 悟無所得이라 念念無生이니 雖然念念興悲나 未嘗一念離眞이라 所以로 道호대 終日度生에 不見生之可度라하니 旣然如是인댄 何曾見有能度所度리요 所以로 念無念이 無碍하야 究竟終無二致니 只如無二底道理를 作麼生道오 溪山이 雖異나 雲月이 是同이니 要知縱橫不碍處麼아

處處綠楊堪繫馬요 家家有路透長安이니라

송 산꽃은 비단 같고 물은 쪽 빛 같으니
앞의 셋과 뒤의 셋을 묻지 말라.

마음 경계가 훤하여 저것과 이것을 잊었으니
대천사계를 모두 머금었도다!

山花似錦水如藍하니 莫問前三與後三이어다
心境이 廓然忘彼此하니 大千沙界를 摠包含이로다

설의 섞여서 차별이 없으니 훤하게 다 머금어 남김이 없도다!

混融無有差別하니 廓然摠含無遺로다

요지 먼저 경문에서 여래께서는 수보리에게 평등하여 높고 낮음
이 없는 법이 이름이 아뇩다라삼먁삼보리라고 하고, 사상四
相 없이 일체 선법善法을 닦으면 바로 아뇩다라삼먁삼보리를 얻는다
고 했다. 여기서 선법은 곧 선법이 아니므로 이름이 선법이라고
덧붙였다.

육조스님은 보리란 위로는 부처에서부터 아래로 곤충에 이르기까
지 부처와 다르지 않아서 평등하다고 하고, 사상四相을 떠나서 선법을
닦으면 보리를 얻지만, 사상을 가지고 선법을 닦으면 아인상我人相을
더하여 해탈을 얻을 수 없다고 했다. 선법을 닦음은 일체 법에 물들지
않고, 경계에 동요하지 않고, 세간과 출세간에 탐내고 애착하지 않고,
방편으로 중생을 따라 줌으로써 기쁘게 믿고 복종하게 하여 정법을
연설하여 보리를 깨닫게 하는 것인데 이 이름이 일체 선법을 닦는
것이라고 했다. 과보果報를 바라고 일체 선법을 닦음은 선법이 아니며,
육도六度 만행을 다 짓되 마음에 과보를 바라지 않음이 이름이 선법이

588

라고 했다.

야부스님은 여기에 대해 산은 높고 바다는 깊으며 해가 뜨고 달이 진다고 하고, 다시 승속僧俗과 희비喜悲가 다르지만 잘 참구해서 자세히 알면 본래 육육은 삼십육이라고 읊었다. 또 그는 얼굴에는 꽃이고 뱃속에는 가시⁴⁶⁵라고 하면서 게송에서 악이 악이 아니고 선이 선이 아니며. 장군은 병부兵符를 따르고 병사는 대장인大將印을 따른다고 하면서 독립하기도 하고 염라전에 와서 앉기도 하여 크게 자비로운 보살이 방편이 많다고 읊었다.

종경스님은 법에 고하가 없다는 것을 부처 마음 안에서 중생이 성도成道하고, 중생 마음 안에 부처가 진리를 증득證得한다고 표현했다. 그 때문에 염불과 참선이 서로 방해가 되지 않으며, 염불하되 염불하지 않고 참구하되 참구하지 않는 지경에 이르면 본지풍광本地風光을 밝히고 유심정토惟心淨土를 통달한다고 했다. 평등함을 곳곳의 푸른 버들에 말을 맴직하고, 집집마다 길이 있어 서울로 통한다고 형상화해서 표현했다. 또 마음이 훤해서 이것저것을 잊으면 대천사계를 다 머금는다고 게송으로 읊었다.

여기에 대하여 함허스님은 중생이 중생이 아니면 부처와 다르지 않고, 부처가 얼음이 없으면 중생과 다르지 않음이 높고 낮음이 없는 평등이라고 말했다. 그리고 앞에서는 얼음이 없다 하고 여기서는 얼음이 있다함은, 앞에서는 본래 갖춘 것을 밝히고 여기서는 새로 닦는 것을 밝혔기 때문인 것으로 풀이했다. 본래 갖춘 것을 믿고

---

465 전자는 보이는 것, 후자는 보이지 않는 것을 나타낸다.

새로 닦지 않으면 보배를 지니고 구걸하듯 영원히 윤회에 떨어지게
된다고 했다. 또 평등은 산을 무너뜨려 못을 메우거나 학 다리를
끊어서 오리 다리에 붙여주는 것이 아니고 길고 짧은 것, 높고 낮은
것 있는 그대로가 저마다 평등하다고 말했다. 선법善法은 평등한
이치를 알고 무아無我로 선법을 닦는 것이기 때문에 선법이 아니라고
하며, 악과도 성품이 다르지 않은 것이 진정한 선법이며 유루有漏와는
다르다고 했다. 그리고 선악에 대하여 악이 악이 아니고 선이 선이
아니어서 선악의 성품이 다르지 않으며, 서로 따라오기 때문에 열반과
생사 두 곳에 소요하며, 교화할 것이 없음을 알지만 항상 교화한다고
했다. 그리고 본래 부처로서 미혹해도 잃지 않기 때문에 보고 듣고,
발을 들고 놓는 것이 다 적정도량寂靜道場이며 생각마다 석가가 나고
걸음마다 미륵이 난다고 했다. 깨달아도 얻음이 없어 남이 없고,
자비를 일으켜도 진리를 떠난 적이 없다고 했다. 그래서 종일 제도를
해도 제도한 중생을 보지 못하기 때문에 제도하는 사람, 제도 받는
사람이 없고 생각과 생각 없음이 서로 장애함이 없는 것이 둘 아닌
도리라고 했다. 함허 스님은 둘 아닌 경지를 종경스님이 송으로 읊었다
고 보고, 종경스님의 게송을 혼융混融하여 차별이 없으며 훤하게
남김없이 다 머금고 있다고 풀이했다.

복과 지혜는 견줄 수 없음 제24

福智無比分 第二十四

🪷

"수보리여, 만약 삼천대천세계 가운데 있는 모든 수미산왕의 이와 같은 칠보를 어떤 사람이 가지고 보시하고, 만일 사람이 이 반야바라밀경과 사구게 등을 받아 지니고 읽고 외워서 남을 위하여 연설하면 앞의 복덕으로는 백 분의 일에도 미치지 못하며, 백천만억 분 내지 수로 헤아리는 비유로는 능히 미칠 수가 없다."

須菩提야　若三千大天世界中所有諸須彌山王如是等七寶聚를 有人이 持用布施어든 若人이 以此般若波羅蜜經으로 乃至四句偈等을 受持讀誦하야 爲他人說하면 於前福德으로 百分에 不及一이며 百千萬億分乃至算數譬喩로 所不能及이니라

> **설의** 경전[466]을 지니는 것과 보시를 행하는 것은 그 공행功行이 같지 않으니, 같지 않은 것은 다만 돈점頓漸에 있다.

---

466 경전(經): 『금강경』

持經行施ㅣ 功行이 不等하니 所以不等은 只在頓漸이니라

육조 큰 철위산의 높이와 넓이가 224만 리고, 작은 철위산 높이와 넓이가 112만 리며, 수미산 높이와 넓이가 336만 리니 이것이 이름이 삼천대천세계다. 이치에 따라 말하건대 곧 탐내고 성내고 어리석은 망념이 각기 하나의 천(一千)을 갖추고 있다. 저와 같은 산이 다 수미산과 같은데 이것으로 칠보의 수에 견준 것이니, 이것을 가지고 보시하면 얻을 복덕이 한량없고 끝이 없겠으나 끝내 유루有漏의 원인이라서 해탈의 이치가 없다. 마하반야바라밀다 사구四句는 경전의 글이 비록 적지만 그것에 따라 수행하면 곧 성불할 수 있다. 그래서 경전을 지니는 복이 중생으로 하여금 보리를 증득할 수 있게 하므로 그 때문에 견줄 수가 없다는 것을 알아야 한다.

大鐵圍山高廣이 二百二十四萬里요 小鐵圍山高廣이 一百一十二萬里며 須彌山高廣이 三百三十六萬里니 以此로 名爲三千大天世界어니와 約理而言컨댄 卽貪瞋癡妄念이 各具一千也라 如爾許山이 盡如須彌로 以況七寶數니 持用布施하면 所得福德이 無量無邊이나 終是有漏之因이라 而無解脫之理요 摩訶般若波羅蜜多四句는 經文이 雖少나 依之修行하면 卽得成佛이니 是知持經之福이 能令衆生으로 證得菩提일새 故로 不可比也라

야부 천 개의 송곳으로 땅을 찌르는 것이 둔한 가래로 한 번 누르는 것만 같지 못하다.

千錐劄地ㅣ不如鈍鍬一捺이니라

설의 무명이 굳고 두터움이 땅이 막힌 것과 같으니, 점차로 끊고 몰록 제거함이 천 개의 송곳과 한 번 누르는 것이다. 보배로 보시하는 것은 다만 아끼고 탐내는 마음을 제도하고, 반야는 바로 무명을 제도하니, 돈점頓漸이 현격하게 다르고 우열이 분명하다.

無明堅厚ㅣ猶如地礙하니 漸斷頓除ㅣ千錐一捺이라 實施는 只度慳貪이요 般若는 直度無明이니 頓漸이 懸殊하고 優劣이 皎然이라

송 기린과 난봉은 무리를 짓지 않으니
한 자의 옥과 한 마디의 구슬 어찌 시장에 들어가겠는가?
해를 쫓는 말467은 낙타와 나란히 가지 않고,
하늘에 기댄 장검은 사람이 견주기 어렵네.
하늘과 땅이 덮거나 싣지 못하고
겁화劫火가 능히 파괴하지 못하네.
씩씩한 위광 큰 허공에 가득하니
천상과 인간 다 같지 않도다! 아! 슬프다.

---

467 해를 쫓는 말(逐日之馬): 하루에 천 리를 달리는 천리마千里馬. 여기서 기린, 난봉, 해를 쫓는 말, 하늘에 기댄 장검 등은 모두 본래 그 자리나 이를 깨달은 사람을 상징한다.

麒麟鸞鳳이 不成群이니 尺璧寸珠ㅣ 那入市리요

逐日之馬는 不竝駝요 倚天長劍은 人難比라

乾坤이 不覆載요 劫火ㅣ 不能壞라

凜凜威光이 混太虛하니 天上人間이 摠不如로다

噫라

설의 기린이란 머리에 뿔이 하나 나 있고 성품이 어진 마음을
가지고 있으며, 난새와 봉새란 몸에 다섯 색깔을 갖추고 소리는 오음五
音[468]을 가지고 있어서 천하에 도가 있으면 나오고 도가 없으면 숨는다.
이 일도 또한 그러하여 본래 한 도道이되 열면 사심四心[469], 오위五位[470]
가 있어서 모든 부처가 이때 말하며 중생이 이때 들었다. 무리를
짓지 않는 것은 저 물건이 반려伴侶가 없으니 이 일에도 많은 글자가
없다. 한 자의 옥과 한 마디의 구슬은 몸체가 온화하고 윤택하며
밝은 덕을 갖추고 있고, 또한 강하고 맑으며 깨끗한 형상을 가지고
있으니, 이 일도 또한 그러하여 체가 온전히 인연을 따라서 비춤에
남김이 없다. 인연을 따라 변하지 않고 물건이 오염시킬 수 없다.
어찌 시장에 들어갈까 하는 것은 이 보배를 사람마다 보배로 여겨
천하게 팔지 않는 것이다. 이 일을 부처마다 은밀히 보호하여 사람을
위하여 드물게 이르니 또한 신속하기가 좋은 말과 같아서 둔한 근기가

468 오음五音: 궁상각치우宮商角徵羽의 다섯 음계.

469 사심四心: 광대심廣大心, 제일심第一心, 상심常心, 불전도심不顚倒心.

470 오위五位: 유위有爲, 무위無爲의 일체 법을 다섯으로 나눈 것. 색법色法, 심법心法,
심소법心所法, 불상응법不相應法, 무위법無爲法.

594

따를 바가 되지 못하며, 빠르기가 날카로운 칼과 같아서 마군과 외도가 여기에서 마음이 서늘해진다. 넓고 넓어서 하늘과 땅이 덮거나 실을 수 없으며, 단단하고 단단하여 겁화가 태워서 무너뜨릴 수 없다. 씩씩하여 광명이 억만 건곤에 빛나며, 높고 높아서 천상과 인간에서 상대할 이가 끊어졌으니, 얻은 사람은 그래서 빼어나고 견줄 데가 없다.

麒麟之爲物은 頭載一角하고 性含仁心이요 鸞鳳之爲物은 身備五彩하고 聲含五音하야 天下ㅣ 有道則至하고 無道則隱하나니 此事도 亦然하야 本是一道로대 開有四心五位하야 諸佛이 時乃說之하시며 衆生이 時乃得聞이니 不成群則彼物이 無伴侶라 此事도 無多字요 尺璧寸珠는 體具溫潤明瑩之德하고 亦有剛强淸淨之相하니 此事도 亦然하야 擧體隨緣而照無遺餘하고 隨緣不變而物不能汚니 那入市則此寶를 人人珍之하야 不用賤賣라 此事를 佛佛이 密護하사 罕爲人說이시니 亦迅速이 如良馬하야 不爲鈍根之所追며 快然이 如利劍하야 魔外ㅣ 於是乎心寒이라 恢恢乎乾坤이 覆載不着하며 確確乎劫火ㅣ 燒壞不得이라 凜凜乎光爍億萬乾坤이요 嵬嵬乎絶對天上人間이니 得之者ㅣ 所以殊勝無譬니라

종경 복이 삼천三千과 같음이여! 수미산만 한 칠보를 보시하고, 경전의 사구四句를 가짐이여! 지혜 바다의 밝은 구슬을 비추도다! 능히 식심識心의 파도를 맑게 하고 몰록 의천義天[471]을 열어서 밝게

---
471 의천義天: 묘의妙義 또는 공의空義라는 뜻과 십주十住 지위에 있는 보살이라는 두 가지 뜻이 있는데, 여기서는 문맥으로 봐서 전자의 뜻이다.

하니, 큰 자비로 널리 제도하여 널리 이롭게 함이 끝이 없도다!
한밤중이 바로 밝음은 도리어 어디에 있는가? 삼신三身[472]과 사지四
智[473]가 체 가운데 원만하고, 팔해八解[474]와 육통六通[475]이 마음자리의
도장이로다!

福等三千이여 施須彌之七寶요 經持四句여 耀智海之明珠로다 能令識
浪으로 澄淸하고 頓使義天으로 開朗하니 弘慈普濟에 廣利無邊이로다
夜半正明이 還在何處오 三身四智ㅣ 體中圓이요 八解六通이 心地印이
로다

설의　보배를 보시함에 복이 끝이 없으나 화살을 허공에 쏘면 끝내
도리어 떨어지는 것과 같고, 경전을 지님에 지혜가 밝아져 여주驪珠[476]
가 창해에서 홀로 빛나도다! 지혜가 밝고 이치가 이미 드러나니

---

472 삼신三身: 법신法身 보신報身, 화신化身.

473 사지四智: 법상종에서 세우는 여래의 네 가지 지혜. 대원경지大圓鏡智, 평등성지
平等性智, 묘관찰지妙觀察智, 성소작지成所作智.

474 팔해八解: 팔해탈八解脫의 약칭. 팔해탈은 내유색상관외색해탈內有色想觀外色解
脫, 내무색상관외색해탈內無色想觀外色解脫, 정해탈신작증구족주淨解脫身作證
具足住, 공무변처해탈空無邊處解脫, 식무변처해탈識無邊處解脫, 무소유처해탈無
所有處解脫, 비상비비상처해탈非想非非想處解脫, 멸수상정신작증구주滅受想定
身作證具住의 여덟 가지 해탈.

475 육신통六神通: 천안통天眼通, 천이통天耳通, 타심통他心通, 숙명통宿命通, 신족통
神足通, 누진통漏盡通.

476 여주驪珠: 여룡지주驪龍之珠의 준말. 검은 용의 턱 밑에 있는 귀중한 구슬.
여기서는 반야지혜의 상징.

큰 자비로 이롭게 함이 끝이 없다. 마음자리에 자비의 꽃이 아름다우니 서리 내리는 밤에 달이 정히 밝도다! 또 말하라. 한밤중에 정히 밝은 것이 도리어 어느 곳에 있는가? 삼신과 사지가 체 가운데 원만하고, 팔해와 육통이 마음자리의 도장이다. 다만 체 가운데 원만한 것과 마음자리의 도장을 또 어떻게 말할 것인가? 큰 허공이 고요하고 넓고 깨끗하여 구름이 없으니 한 둥근 달이 높고 밝아 삼천대천세계를 비추도다! 이미 한밤중이 정히 밝은 것을 안다면 모름지기 날이 밝아져도 드러나지 않는 것을 알 것이니, 다만 날이 밝아져도 드러나지 않는 것을 또 어떻게 말하겠는가? 달이 찬 못에 떨어져 가히 잡을 수 있을 것 같지만 손을 펴서 잡고자 해도 잡을 수 없도다!

施寶에 福無邊이나 箭射虛空極還墜요 持經에 智乃明이라 驪珠獨耀於滄海로다 智明理旣顯하니 弘慈無邊이라 心地에 悲花秀하니 霜夜에 月正明이로다 且道하라 夜半正明이 還在何處오 三身四智ㅣ 體中圓이요 八解六通이 心地印이라 只如體中圓心地印을 且作麽生道오 太虛寥廓淨無雲하니 一輪高朗照三千이로다 旣知夜半正明이란댄 須知天曉不露니 只如天曉不露를 且作麽生道오 月落寒潭可承攬이나 展手欲捉捉不得이로다

송 보배 모으기를 산왕山王같이 하여 헤아릴 수 없으나
도리어 우러러 허공에 화살 쏘는 것과 같네.
사구四句[477]를 훤하게 밝혀 삼제를 초월하면

477 사구四句: 유有, 무無, 비유비무非有非無, 무비유무無非有無.

승기僧祇[478]의 만 배 공보다 빼어나게 나을 것이네.

寶聚山王算莫窮이나 還如仰箭射虛空이라

洞明四句超三際하면 絶勝僧祇萬倍功하리라

요지 먼저 경문에서 여래께서는 수보리에게 '삼천대천세계에 있는 모든 수미산왕만큼의 칠보를 보시해도 그 복덕은『반야바라밀경』이나 사구게四句偈를 받아 지니고 독송하여 남에게 말해주는 것에 백 분의 일에도 미치지 못할 뿐 아니라 백천만억 분 내지는 숫자로 계산하는 어떤 비유로도 미칠 수 없다'고 하였다.

이에 대하여 육조스님은 보시의 복덕이 한량없지만 유루의 요인에 불과해서 해탈의 이치가 없고, 경전과 사구게는 비록 그 분량이 적지만 그것에 의지해서 수행하면 곧 보리를 얻어 부처를 이룰 수 있기 때문에 견줄 수 없다고 했다.

야부스님은 이를 두고 먼저 천 개의 송곳으로 땅을 찌르는 것이 둔한 가래로 한 번 누르는 것만 같지 못하다고 비유했다. 더 나아가 경전과 사구게를 가지고 읽고 외우며 남을 위해 연설해주는 것의 수승함을 기린과 난봉, 좋은 보배구슬, 천리마, 하늘에 기댄 장검에 비유하고, 다시 하늘과 땅으로 덮거나 실을 수 없고 불로도 무너뜨릴 수 없고 늠름한 위광은 허공에 가득하다고 경전과 사구게의 가치를 강조했다.

---

478 승기僧祇: 아승기阿僧祇, 아승기야阿僧祇耶, 아승가阿僧迦라고도 쓰는데 무수無數, 무진수無盡數라는 뜻이다.

종경스님은 경전 사구게를 지니는 것을 밝은 구슬에 비유하여 이것은 업식의 파도를 맑게 하고 묘의를 열어준다고 하고, 다시 비유를 들어 산왕山王에 모인 보배는 무궁하지만 허공을 쳐다보고 쏜 화살과 같다고 하고, 사구게를 환하게 밝혀서 삼제三際를 뛰어넘으면 아승기 겁의 만 배의 공보다 낫다고 했다.

이를 총괄적으로 함허스님은 경전을 가지는 공덕과 보시를 하는 공덕의 차이는 돈점頓漸에 있다고 하였다. 보시는 다만 간탐심慳貪心을 없애는 데 그쳐 점차漸次에 해당되지만, 반야는 무명을 밝히기 때문에 돈제頓除에 해당되어 우열優劣이 다르다고 하였다. 야부가 든 여러 비유의 의미를 또한 설명하고 있는데, 기린은 어진 마음을 가지고 있고 난봉은 오채와 오음을 가지고 있어 천하에 도가 있으면 나오듯이 제불이 나와 설법하고 중생이 듣는다고 했다. 좋은 옥은 자체에 온윤함과 밝은 덕을 지니고 강하고 청정한 모습을 갖추고 있듯이 이 일도 인연 따라 남김없이 비추지만 변하지 않고 오염시킬 수 없어서 사람들이 보배로 여기는 것과 같다고 했다. 모든 부처의 가르침이 신속함은 좋은 말과 같아서 둔한 사람이 따를 수 없는 것과 같고, 날카로운 칼은 마군과 외도의 마음을 서늘하게 하고, 이것은 넓고 넓은 하늘과 땅도 덮거나 실을 수 없고 겁화劫火도 태울 수 없어서 이를 얻는 자는 수승함을 견줄 데가 없다고 풀이했다.

종경스님의 설명에 대해서도 부연 설명하면서 체 가운데 원만함과 마음 도장은 구름 없이 고요하고 넓고 깨끗한 허공의 높은 달이 삼천 대천 세계를 밝게 비추는 것과 같지만, 날이 밝아도 드러나지 않는 것을 알아야 한다고 하면서 이것은 찬 못에 떨어진 달을 잡을

수 있을 것 같지만 손을 펴서 잡고자 하면 잡을 수 없는 것과 같다고
묘사했다.

교화할 바 없는 교화 제25
化無所化分 第二十五

❀

"수보리여, 그대의 뜻에 어떠한가? 너희들은 여래가 '내가 중생을 제도해야 한다.'라고 생각한다고 말하지 말라. 수보리여, 이런 생각을 하지 말아야 하니, 왜 그런가? 실제로 여래가 제도한 중생이 없기 때문이다. 만약 여래가 제도한 중생이 있다면 여래는 곧 아상, 인상, 중생상, 수자상을 가진 사람이다."

須菩提야 於意云何오 汝等은 勿謂如來ㅣ 作是念호대 我當度衆生이라하라 須菩提야 莫作是念이니 何以故오 實無有衆生如來度者니 若有衆生如來度者면 如來ㅣ 卽有我人衆生壽者니라

설의 중생이 본래 이루어진 부처인지라 부처는 중생을 제도하지 않는다. 무엇 때문에 이와 같은가? 진여의 세계 안에는 중생과 부처가 없고, 평등한 성품 가운데는 나와 남이 없으니, 제도할 것이 있다고 보면 나와 남을 이루게 되니 어찌 여래가 아상과 인상이 없다고 이르겠는가?

眾生이 本成佛이라 佛不度眾生이시니 爲甚如此오 眞如界內에 無生佛이
요 平等性中에 無自他니 見有可度하면 成自他라 豈謂如 來無我人이리요

육조 수보리의 생각에 여래는 중생을 제도할 마음이 있다고
이르므로 부처께서 수보리의 이와 같은 의심하는 마음을 없애기
위하여 이런 생각을 하지 말라고 했다. 모든 중생이 본래 스스로
부처인데, 만약 여래가 중생을 제도하여 부처를 이루어준다고
하면 곧 거짓말(妄語)을 하는 것이다. 거짓말을 하는 까닭에 곧
아상, 인상, 중생상, 수자상을 가진 자이니 이것은 내 것[479]이라는
마음을 제거하기 위한 것이다. 무릇 일체 중생이 비록 불성이
있으나 만약 모든 부처님의 설법을 따르지 않으면 스스로 깨달을
길이 없으니, 무엇을 의지하여 수행하여 부처의 도를 이룰 수
있겠는가?

須菩提ㅣ 意謂如來ㅣ 有度眾生心이라 하실새 佛이 爲遣須菩提의 如是
疑心故로 言莫作是念하라 하시니 一切眾生이 本自是佛이라 若言如來
ㅣ度得眾生成佛인댄 卽爲妄語니 以妄語故로 卽是我人眾生壽者니 此
는 爲遣我所心也라 夫一切眾生이 雖有佛性이나 若不因諸佛說法하면
無由自悟니 憑何修行하야 得成佛道리요

---

479 내 것(我所): 아소我所는 아소유我所有의 줄임말로 자신을 아我라 하고, 자신
이외 만물을 아소유我所有라고 한다. 나라는 생각이 있는 자는 자신 이외의
사물을 모두 나의 소유, 나의 것이라고 생각한다.

아부 봄의 난초와 가을 국화가 각자 향기를 내도다!

春蘭秋菊이 各自馨香이로다

설의 열 가지 종류 중생이 시방의 부처와 한때에 도를 이루고 시방의 부처가 열 가지 종류 중생과 같은 날에 열반하시니, 중생과 부처의 형상이 본래 공적하다. 제도함과 제도 받음도 또한 적멸하도다! 제도함과 제도 받음이 이미 적멸하다면 아상과 인상이 어찌 있겠는가? 이러하다면 석가도 눈은 가로이고 코는 세로이며 사람 사람도 또한 눈은 가로이고 코는 세로이니, 항상 적멸하고 빛나는 국토에 함께 있어서 남이 없는 법의 즐거움을 같이 받도다!

十類生이 與十方佛로 一時成道하고 十方佛이 與十類生으로 同日涅槃하시니 生佛相이 本寂이라 能所度ㅣ 亦寂이로다 能所度ㅣ 旣寂인댄 我人相이 何有리요 伊麽則釋迦도 眼橫鼻直이시고 人人도 亦眼橫鼻直이니 同居常寂光土하야 共受無生法樂이로다

송 탄생하자 동서로 일곱 걸음을 걸으니
　　사람 사람마다 코가 세로이고 두 눈이 가로로다!
　　말 하고[480] 슬퍼하고 기뻐함 다 서로 닮았으니,
　　저 때에 누가 다시 존당尊堂[481]에게 물을 것인가?

---

480 말을 하고(哆口): 치哆는 갓난아이의 말이다. 여기서는 가르치지 않아도 말을 한다는 의미로 사용되었다.

481 존당尊堂: 여기서는 어버이이다.

도리어 기억하겠는가?

生下에 東西七步行하시니 人人이 鼻直兩眉橫이로다
哆口和悲喜ㅣ 皆相似하니 那時에 誰更問尊堂이리요
還記得在麼아

석가가 겨우 어머니 몸에서 태어나자 두루 일곱 걸음을 걸었고, 사람사람이 겨우 어머니 몸에서 태어나자 눈은 가로이고 코는 세로이니 말하고 슬퍼하고 기뻐함이여!

사람집의 어린아이가 다 서로 같네.
성품이 본래 신기하게 알아서 저절로 그러하니
누가 존당尊堂을 향하여 물은들 무엇 하리오?
마음을 기울여 토로하여 그대에게 말하여 알리노니,
묻건대 그대는 여기에서 기억하겠는가?

釋迦ㅣ 纔生母胎에 周行七步하시고 人人이 纔生母胎에 眼橫鼻直하니
哆哆啝啝兼悲喜여 人家孺子ㅣ 皆相似하니

性本神解하야 自如然이니 誰向尊堂하야 問何爲리요
傾心吐露報君知하노니 問君於斯에 記取否아

"수보리여, 여래가 내가 있다는 것을 연설한 것은 곧 내가 있어서가 아니라 범부 사람이 내가 있다고 생각하기 때문이다. 수보리

여, 범부라는 것은 여래가 말씀하시기를 곧 범부가 아니라 이 이름이 범부니라."

須菩提야 如來說有我者는 卽非有我어늘 而凡夫之人이 以爲 有我일새니 須菩提야 凡夫者는 如來ㅣ 說卽非凡夫일새 是名 凡夫니라

설의 비록 내가 있다고 이르나 나의 성품이 본래 비어 있거늘 범부가 알지 못하여 내가 있다고 여긴다. 비록 범부라고 말하지만 범부상이 적멸寂滅하다. 범부상이 적멸하므로 범부가 아니라고 말한다. 또 앞생각 깨닫지 못한 것을 범부라고 이름하고 뒷생각 곧 깨달은 것을 범부가 아니라고 말한다.

雖云有我나 我性이 本空이어늘 凡夫ㅣ 不知하야 以爲有我하니 雖曰凡夫 나 凡夫相이 寂滅이라 凡夫相이 寂滅일새 故로 說非凡夫니라 又前念不覺 이 名凡夫요 後念卽覺이 說非凡夫니라

육조 여래께서 말씀하신 내가 있다는 것은 자성이 청정한 상락아 정常樂我淨의 나로서, 탐내고 성내며 무명無明의 허망하고 진실하 지 않은 범부의 나와는 다르다. 그러므로 범부가 내가 있다고 여긴다 말했다. 아상과 인상이 있으면 곧 범부이고 아상과 인상이 나지 않으면 곧 범부가 아니며, 마음에 생멸이 있으면 곧 범부이고 마음에 생멸이 없으면 곧 범부가 아니며, 반야바라밀다를 깨닫지

못하면 곧 범부이고 반야바라밀다를 깨달으면 곧 범부가 아니며, 마음에 주관과 객관이 있으면 곧 범부이고 주관과 객관이 나지 않으면 곧 범부가 아니다.

如來說有我者는 是自性淸淨常樂我淨之我요 不同凡夫의 貪瞋無明 虛妄不實之我니 故로 言凡夫之人이 以爲有我라하시니 有我人하면 卽 是凡夫요 我人不生하면 卽非凡夫며 心有生滅하면 卽是凡夫요 心無生 滅하면 卽非凡夫며 不悟般若波羅蜜多하면 卽是凡夫요 悟得般若波羅 蜜多하면 卽非凡夫며 心有能所하면 卽是凡夫요 能所不生하면 卽非凡 夫也니라

야부 앞 생각은 중생이고 뒷 생각은 부처이다. 부처와 중생이 이 무엇인가?

前念衆生後念佛이라 佛與衆生이 是何物고

설의 앞 생각이 망상을 일으킴에 뒷 생각이 곧 깨닫고, 앞 생각이 집착함에 뒷 생각이 곧 떠나니, 망상을 도리어 깨닫고 집착을 도리어 떠남이여! 성인인가, 범부인가? 이것이 선인가, 이것이 악인가? 결정할 수 없도다!

前念起妄에 後念卽覺하고 前念有着에 後念卽離하니 妄還覺着却離여 爲聖爲凡가 是善是惡가 定當不得이로다

송 머리 세 개와 팔 여섯[482]을 나타내지 않아도
도리어 숟가락을 잡고 젓가락을 놓도다!
때로는 술에 취하여 사람을 꾸짖다가
홀연 향을 사르고 예배하도다!
손으로는 깨어진 사기 화분을 잡고
몸은 비단 옷을 입었도다!
모양 짓는 것이 백천 가지이나
문득 코를 끌어옴에 다만 너로다! 이噎[483]!

不現三頭六臂하야도 却能拈匙放筯로다
有時醉酒罵人이라가 忽爾燒香作禮로다
手把破砂盆하고 身披羅錦綺로다
做模打樣이 百千般이나 驀鼻牽來祇是你로다 噎

능함도 아니며 능하지 않음도 아니며, 선함도 아니며 선하지 않음도
아니며, 귀함도 아니며 귀하지 않음도 아니니

귀천, 선악, 능하고 능하지 않음이 다름이여!
바른 눈으로 봄에 오직 한 사람이로다!

非能非不能이며 非善非不善이며 非貴非不貴니

---

482 머리 세 개와 팔 여섯(三頭六臂): 천상계의 태자.
483 이噎: 이것은 할喝의 일종으로서 앞의 언급을 다시 부정하는 기능을 한다.

貴賤善惡能否異여 正眼看來唯一人이로다

종경 아상我相도 없고 인상人相도 없음이여! 중생이 스스로 정각을 이루고, 나지도 않고 멸하지도 않음이여! 여래께서 범부가 아니라고 말하도다! 비록 그렇게 이 일이 분명하지만 경계를 만나면 잘못 지나감을 어찌하리오? 옛날 어떤 스님이 취암스님에게 묻기를 "도리어 환단약還丹[484] 한 알이 쇠에 점을 찍어 금을 만들고, 지극한 이치의 한마디 말이 범부를 바꾸어 성인을 이룬다 하시니. 학인이 올라와서 스승에게 한 번 점을 찍어 주기를 청합니다." 하니, 스승이 이르기를 "점을 찍어주지 않겠다."고 하였다. 스님이 이르기를 "어찌하여 찍어주지 않습니까?"라고 하니, 스승이 이르기를 "네가 범부와 성인에 떨어질까 두렵다."[485]고 하였다. 또 말하라. 범부와 성인에 떨어지지 않는 사람은 어떤 안목을 갖추었는가? 바로 넉넉히 성인이라는 생각과 범부라는 감정이 다하더라도 눈을 뜸에 그대로 꿈 가운데 있다.

無我無人이여 衆生이 自成正覺이요 不生不滅이여 如來ㅣ 說非凡夫로다 雖然箇事分明이나 爭奈當機蹉過리요 昔에 有僧이 問翠嚴云호대 還丹一粒이 點鐵成金하고 至理一言이 轉凡成聖이라하니 學人이 上來하니 請師一點하노이다 師ㅣ 云不點이니라 僧이 云爲什麼不點이니잇고 師ㅣ 云恐汝落凡聖이라하시니 且道하라 不落凡聖底人은 具什麼眼고

---

[484] 환단약還丹: 신선세계의 약.

[485] 범부와 성인이라는 이원적 상대적 생각에 빠질까 두렵다는 말.

直饒聖解凡情盡이라도 開眼依然在夢中이니라

설의 부처가 중생을 제도하는 것이 아니라 중생이 스스로 정각을
이루고, 중생상이 적멸하여 여래께서 말씀하기를 범부가 아니라고
했다. 비록 사람사람이 넉넉히 갖추었다고 말하나 어찌 날로 쓰면서
알지 못하겠는가? 취암스님이 일찍이 점을 찍어주지 않은 것은 범인
과 성인의 길에 떨어질까 두려워한 것이다. 또 말하라. 범인과 성인에
떨어지지 않은 사람은 어떤 안목을 갖추고 있는가? 바로 넉넉히
범인과 성인의 길에 떨어지지 않더라도 아직 안목을 갖추지 못했다고
감히 말하겠다.

佛不度衆生이라 衆生이 自成正覺이요 衆生相이 寂滅이라如來ㅣ 說非
凡夫로다 雖曰人人具足이나 爭奈日用而不知리요 翠嚴이 曾不點은 恐
落凡聖路니 且道하라 不落凡聖底人은 具什麽眼고 直饒不落凡聖路라
도 敢道猶未具眼在호리라

송 언덕 가는 데 본래 배를 쓰지 않으니
탄탄한 큰길 장안으로 통하네.
분명해서 원래 그 때문에 깨닫는 것 아니니
면목이 분명히 한가지로다!

到岸에 從來不用船이니 坦然大道ㅣ 透長安이라
了然元不因他悟니 面目이 分明摠一般이로다

깨닫고 나서 방편을 고수하지 말아야 하니
어찌 다시 남에게 장안을 묻겠는가?
한 가닥 살길이 줄 곧은 것과 같으니
일천 성인 모두 이 길 따라 돌아가도다!

悟了에 不應守方便이니 何更從他問長安이리요
一條活路ㅣ 如絃直하니 千聖이 皆從此路歸로다

요지 먼저 경문에서 여래께서는 수보리에게 제도할 중생이 있다고 생각하지 말라고 했다. 왜냐하면 그렇게 생각하면 여래가 사상四相을 가진 것이 되기 때문이라는 것이다. 여래가 말씀하신 아상이 있다는 것은 아상이 있는 것이 아닌데 범부들은 아상이 있다고 생각한다고 하고, 여래가 말씀하신 범부는 범부가 아니기 때문에 이름이 범부라고 했다.

육조스님은 여기에 대하여 중생을 제도했다는 생각을 여래께서 가지고 있다고 보는 수보리의 의심을 없애기 위해서 중생을 제도함이 있다고 하면 망어妄語가 되고, 그러면 사상四相을 가진 꼴이 된다고 부처님께서 지적한 것으로 해석하였다. 그러나 중생은 불성을 가지고 있지만 부처님의 설법이 아니면 스스로 깨닫고 수행해서 불도를 이루기 어렵다고 보았다. 그리고 여래가 말씀하신 아我는 자성청정상락아정自性淸淨常樂我淨의 아이고, 범부의 아는 탐진무명허망불실貪瞋無明虛妄不實의 아라고 하고, 아인상我人相, 마음의 생멸生滅, 주관과 객관이 있으면 범부이고 없으면 범부가 아니라 하고, 반야바라밀을

610

못 깨달으면 범부이고 깨달으면 범부가 아니라고 했다.

야부스님은 여기에 대하여 봄 난초와 가을 국화가 각자 향기가 있듯이 사람마다 코는 세로고 두 눈은 가로라고 말하고, 슬퍼하고 기뻐하는 것이 다 서로 같다고 했다. 앞생각이 중생이고 뒷생각이 부처라면 부처와 중생은 무엇인가라 묻고, 밥 먹고 사람을 꾸짖고 예불하고 깨진 사기그릇을 가지며, 비단 옷을 입는 등 모양이 백 천 가지지만 다만 같은 '너'라고 하고서 다시 할喝을 통해 이를 부정했다.

종경스님은 여기에 대하여 사상四相이 없어서 중생이 정각을 이루고 불생불멸不生不滅하여 범부가 아니라고 했다. 이어서 쇠에 점을 찍어 금을 이루듯(點鐵成金) 한마디 말로 범부를 바꾸어 성인을 만들어 달라는 어떤 스님의 요구를, 범부와 성인에 떨어질까 두려워 말해줄 수 없다고 한 취암翠巖스님의 일화를 들었다. 그러나 다시 범부와 성인에 떨어지지 않은 사람의 안목도 옛날 그대로 꿈속이라고 했다.

이를 종합하면서 함허스님은 먼저 진여세계에는 중생과 부처가 없고 평등한 성품 가운데에는 나와 남이 없으며, 중생이 본래 부처이기 때문에 부처가 중생을 제도할 수 없는데 제도한다고 말하면 여래에게 나와 남이 있고 아상과 인상이 있게 된다고 했다. 야부의 게송을 두고 중생과 부처가 일시에 성도하고 같은 날 열반에 드니 중생과 부처가 본래 고요하고 제도하는 사람과 제도 받는 사람도 고요하기 때문에 아상과 인상이 없으며, 똑같이 눈은 가로이고 코는 세로이듯 함께 극락에 머물며 함께 남이 없는 법락을 받는다고 했다. 또 말하고 슬퍼하고 기뻐하는 것이 다 같아서 존당에 물을 필요가 없다고 했다. 범부는 몰라서 '나'를 있다고 하지만 범부 자체가 적멸하여 범부가 아니라고 하였다.

야부의 전념·후념에 대해서는 망념에서 깨달아 집착을 떠나서 범성凡聖과 선악善惡이 따로 없다고 했다. 귀천과 선악, 능하고 능하지 못한 것이 다르지만 바른 눈으로 보면 오직 같은 한 사람이라고 했다.

종경스님의 말에 대하여 모든 사람이 갖추고 있어서 날로 써서 알게 되어 있다고 했다. 취암스님이 점철성금點鐵成金을 해주지 않은 것은 범부와 성인의 길에 떨어질까 걱정해서 그랬는데, 범부와 성인의 길에 떨어지지 않은 사람도 안목을 갖추지 못했다고 비판하였다. 깨달으면 방편을 고수하지 않고 남에게 장안을 묻지 않는다 하고, 한 가닥 활로가 줄이 곧은 것과 같으니 일천 성인이 이 길을 따라 돌아간다고 말했다.

법신은 형상이 아님 제26

法身非相分 第二十六

"수보리여, 그대 생각에 어떠한가? 32상으로 여래를 볼 수 있는가, 없는가?" 수보리가 말씀드리되 "이와 같고 이와 같습니다. 32상으로 여래를 볼 수 있습니다."

須菩提야 於意云何오 可以三十二相으로 觀如來不아 須菩提ㅣ言하사대 如是如是하니이다 以三十二相으로 觀如來니이다

> **설의** 공생이 저 가운데서는 자취를 중근기의 모양과 같이 하여 방편으로 깨달아 들어감을 보이는 까닭에 32상으로 여래를 볼 수 없다고 말씀하시고, 이 가운데서는 자취를 하근기와 같이 하여 권도로 깨닫지 못함을 보이는 까닭으로 32상으로 여래를 볼 수 있다고 말씀하셨다. 저 가운데서 견見을 말하고 이 가운데서 관觀을 말한 것이 또한 까닭이 있다.

空生이 彼中에 迹同中容하사 權示悟入故로 言不可以三十二相으로 得見如來라하시고 此中에 迹同下根하야 權示未悟故로 言可以三十二相으

로 觀如來라하시니 彼中言見하고 此中言觀이 亦有以也라

야부 잘못됐다.

錯이라

설의 색신이 부처가 아니고 음성도 역시 그러하거늘 32상으로 여래를 본다고 이르니, 그래서 잘못됐다고 말했다.

色身이 非是佛이요 音聲도 亦復然이어늘 而云以相觀如來하시니 所以로 云錯이라

송 진흙으로 빚고 나무로 새기며 비단에 채색으로 그림이여!
청색을 칠하고 녹색을 바르고 또 금으로 장식했네!
만약 이것을 가지고 여래상이라 한다면
나무관세음[486]을 웃기리라.

泥塑木雕縑綵畵여 堆靑抹綠更粧金이로다
若將此是如來相인댄 笑殺南無觀世音하리라

형상에 집착하고 범정凡情에 집착하는 견해가 티끌을 떠나 성품을 회복하는 관점에 어긋나니, 보살을 웃기는 것이 여기에 있다.

---

486 나무관세음南無觀世音: 일설에 달마대사를 관세음의 화신이라고도 한다.

執相執情之見이 違於離塵復性之觀하니 取笑菩薩이 其在玆焉이니라

부처님께서 말씀하시되 "수보리여, 만약 32상으로 여래를 볼 것 같으면 전륜성왕이 곧 여래로다!" 수보리가 부처님께 아뢰어 말씀드리되 "세존이시여, 부처님께서 말씀하신 뜻을 제가 이해하기로는 응당 32상으로 여래를 볼 수 없습니다."

佛言하사대 須菩提야 若以三十二相으로 觀如來者인댄 轉輪聖王이 卽是如來로다 須菩提ㅣ 白佛言하사대 世尊하 如我解佛所說義컨댄 不應以三十二相으로 觀如來니이다

설의 부처님의 통렬하게 가르쳐주심을 받아 바야흐로 깨달아서 마침내 형상으로 볼 수 없다고 말씀하시니, 옳기는 옳으나 오히려 아직 투철하게 보지 못했도다!

蒙佛痛與針劄하사 方得醒悟실새 乃云不以相觀이라하시니 是則是矣나 猶未徹見이로다

육조 세존께서 큰 자비로 수보리가 형상에 집착하는 병을 제거하지 못할까 걱정하셔서 그 때문에 이 질문을 하셨는데, 수보리가 부처님의 뜻을 알지 못하고 이에 말하기를 "이와 같고 이와 같다."라고 하니 벌써 이것은 미혹한 마음이다. 다시 말하기를 "32상으로

여래를 본다."라고 하니 또 이것은 한 겹의 미혹한 마음이다. 진리와 거리가 점점 멀어지는 까닭에 여래께서 말해서 저 미혹한 마음을 제거하기를 "만약 32상으로 여래를 본다면 전륜성왕이 곧 여래로다." 하였다. 전륜성왕이 비록 32상을 가지고 있으나 어찌 여래와 같겠는가? 세존께서 이 말을 끌어오신 것은 형상에 집착하는 수보리의 병을 없애서 그의 깨달음을 깊고 투철하게 해주려는 것이다. 수보리가 질문을 받고 미혹한 마음이 몰록 풀린 까닭에 "부처님께서 말씀하신 뜻을 제가 이해하기로는 응당 32상으로 여래를 볼 수 없다."고 말했다. 수보리는 위대한 아라한이라 깨달은 것이 매우 깊으니, 방편으로 그 미혹한 길을 보여서 세존께서 미세한 미혹을 제거하여 후세 중생으로 하여금 보는 바가 그릇되지 않게 하기를 바란 것이다.

世尊이 大慈로 恐須菩提ㅣ 執相之病을 未除일가하사 故作此問이어시늘 須菩提ㅣ 未知佛意하사 乃言如是如是라하시니 부是迷心이요 更言以三十二相으로 觀如來라하시니 又是一重迷心이라 離眞轉遠故로 如來ㅣ 爲說하사 除彼迷心하사대 若以三十二相으로 觀如來者인댄 轉輪聖王이 卽是如來로다 하시니 輪王이 雖有三十二相이나 豈得同如來也리요 世尊이 引此言者는 以遣須菩提執相之病하야 令其所悟深徹이시니 須菩提ㅣ 被問하사 迷心이 頓釋故로 言如我解佛所說義컨댄 不應以三十二相으로 觀如來라하시니 須菩提는 是大阿羅漢이라 所悟甚深이시니 方便으로 示其迷路하사 以冀世尊이 除遣細惑하사 令後世衆生으로 所見不謬也시니라

[야부] 잘못됐다.

錯이라

[설의] 또한 색깔과 소리를 떠나지 않고 부처님의 신통력[487]을 보거늘 형상으로 보지 못한다고 하니, 그래서 또한 잘못되었다.

亦不離色聲코 見佛神通力이어늘 而云不以相觀이라하시니 所以로 亦錯이라

[송] 형상 있는 몸 가운데 형상 없는 몸이여!
　금향로 아래에 쇠 곤륜이로다!
　낱낱이 다 이 내 집 물건이니
　하필 영산에서 세존께 물을 것인가?
　왕이 칼을 가진 것과 같도다!

有相身中無相身이여 金香爐下에 鐵崑崙이로다
頭頭盡是吾家物이니 何必靈山에 問世尊이리요
如王秉劍이로다

형상이 곧 진실이라 형상 밖에 진실이 없으니, 낱낱이 물 밖의 가풍이고 일일이 눈앞의 삼매로다! 곳곳에서 그를 만나니[488] 하필 밖을 향하여

---

487 신통력神通力: 여기서 신통력은 육신통의 신통이 아니라 고단하면 잠자고 목마르면 물 마시는 일상사, 평상심을 뜻한다.

구하겠는가? 왕이 칼을 잡음과 같다는 것은 형상 있는 것으로 구해도 또한 잘못이고 형상 없는 것으로 구해도 또한 잘못이라서 형상 있고 형상 없음이 모두 잘못이니, 왕이 칼을 잡고 죄인이 오면 곧 베고 하나라도 그릇됨을 알면 문득 도리어 살리는 것과 같으니, 잡고 놓음이 손아귀에 있고 죽이고 살리는 것이 때를 따르도다(臨時)!

卽相卽眞이라 相外無眞하니 頭頭物外家風이요 事事目前三昧로다 處處에 得逢渠니 何必向外求리요 如王秉劒者는 以有相求라도 亦錯이요 以無相求라도 亦錯이라 有相無相이 都盧是錯이니 如王秉劒하야 罪來卽斬하고 一得知非하면 便令却活이니 操縱이 在握이요 殺活이 臨時로다

이때 세존께서 게송을 말씀하시되 "만약 형상(色)으로 나를 보거나 소리로 나를 구하면 이 사람은 삿된 도를 행하는 사람인지라 여래를 볼 수 없다."

爾時에 世尊이 而說偈言하사대 若以色見我어나 以音聲求我하면 是人은 行邪道라 不能見如來니라

---

488 그를 만나니(得逢渠): 동상 양개洞山良价선사가 물을 건너다가 그림자를 보고 크게 깨닫고 읊은 시에 '나는 지금 홀로 감에/ 곳곳에서 그를 만나네.// 그는 지금 내가 아니지만/ 나는 지금 정히 그일세(我今獨自往 處處得逢渠 渠今不是我 我今正是渠).'라는 오도송悟道頌이 있다. 양개선사가 지나다가 깨달은 봉거교逢渠橋라는 다리는 아직 남아 있다.

618

설의 형상으로 보고 소리로 구하는 것이 삿된 도를 행하는 것이라면 어떻게 하는 것이 삿된 도를 행하지 않는 것인가? 다만 소리와 형상이 본래 진실이 아님을 알면 자연스럽게 소리와 색에 미혹되지 않을 것이니, 견해見解가 다함에 저절로 현묘한 뜻을 알고 망정妄情이 사라짐에 도道와 서로 친하게 된다.

色見聲求ㅣ 是行邪道인댄 作麼生이 不行邪道去오 但知聲色이 本非眞이면 自然不被聲色惑이니 見盡에 自於玄旨會요 情忘에 能與道相親이니라

육조 약若과 이以 두 글자는 말을 시작하는 단초이다. 색色이라는 것은 형상이고, 견見이라는 것은 정식情識이고, 아我라는 것은 일체 중생의 몸 가운데 자성이 청정하고 함도 없고 형상도 없으며 참되고 떳떳한 몸이니, 큰소리로 염불을 하여 성취할 수 없고 반드시 정견이 분명해야 마침내 알고 깨달을 수 있으니, 만약 색과 소리 두 가지 형상으로 구하면 볼 수가 없다. 형상으로 부처를 보거나 소리 가운데서 법을 구하면 마음에 생멸生滅이 있어서 여래를 깨닫지 못한다는 것을 알라.

若以兩字는 是發語之端이라 色者는 相也요 見者는 識也요 我者는 是一切衆生身中에 自性淸淨無爲無相眞常之體니 不可高聲念佛하야 而得成就요 會須正見分明하야사 方得解悟니 若以色聲二相으로 求之하면 不可見也라 是知以相觀佛이어나 聲中求法하면 心有生滅하야 不悟如來矣라

야부 바로 넉넉히 소리와 색으로 구하지 않더라도 이 또한 여래를 볼 수 없으니, 또 말하라. 어떻게 해야 볼 수 있는가? 알지 못하고 알지 못하겠도다!

直饒不作聲色求라도 是亦未見如來在니 且道하라 如何得見고 不審不 審이로다

설의 부처님이 색과 소리에도 있지 않고 또한 색과 소리를 떠나지도 않았으니, 색깔과 소리에 나아가 부처님을 구해도 또한 볼 수 없고 색깔과 소리를 떠나 부처님을 구해도 또한 볼 수가 없다. 색에 나아가거나 색을 떠나는 두 경우에 볼 수 없으니, 또 말하라. 어찌해야 볼 수 있는가? 알지 못하고 알지 못한다고 하니, 보고 보라. 누른 머리 노인[489]이 나타났도다!

佛이 不在色聲하고 亦不離色聲이니 卽色聲求佛도 亦不得見이요 離色 聲求佛도 亦不得見이라 卽色離色에 兩不得見이니 且道하라 如何得見고 不審不審이라하니 看看하라 黃頭老ㅣ 現也로다

송 형상을 보고 소리 듣는 것 세상의 본래 일상이거늘
　한 겹 눈 위에 한 겹 서리로다!
　그대가 지금 누른 머리 노인 보고자 한다면
　마야부인의 뱃속에 들어갈지어다!

---

489 누른 머리 노인(黃頭老): 부처님.

이咦[490]! 이 말은 삼십년[491] 뒤에 땅에 던지면 쇳소리[492]가 날 것이다.

見色聞聲이 世本常이어늘 一重雪上에 一重霜이로다
君今要見黃頭老인댄 走入摩耶腹內藏이어다

咦 此語ㅣ 三十年後에 擲地金聲在리라

오묘하고 원만하고 참되고 깨끗한 겁 이전의 몸이여!
지견을 가지고 잘못되게 소원하거나 친하지 말라!
색을 보고 소리 들음이 본래 세상의 일상이니
색과 소리를 떠나 별도로 참됨을 구하지 말라.

옛사람이 말하되 도道는 보고 듣고 아는 데에 속하지 않으며, 또한 보고 듣고 아는 것을 떠나지도 않았다 했다. 곧 보고 듣고 아는 데서 도를 구해도 또한 어긋나고, 보고 듣고 아는 것을 떠나서 도를 구해도 또한 옳지 못하며, 색과 소리에서 부처를 구해도 또한 잘못이며, 색과 소리를 떠나 부처를 구해도 또한 잘못이다. 잘못됨을 가지고 잘못됨에 나아감이여! 눈 위에 서리를 더하는 것이다. 이와 같이 부처님을 보면 마침내 볼 수 없으니, 그대가 누른 머리 노인을 보고자 한다면 달려가 마야부인의 뱃속에 들어가라. 옛사람이 이르기를 마야

490 이咦: 바로 앞의 이 말이 틀렸다고 부정하는 할喝.
491 삼십년三十年: 햇수의 30년이 아니라 살, 활, 살활동시를 의미한다.
492 금성金聲: 팔음(八音: 金石絲竹匏土革木)을 합주할 때 시작을 알리는 종소리. 또는 쇳소리, 가을소리 등의 의미가 있음.

부인의 뱃속 법당이 법계의 몸과 하나라 하니, 만약 이것이 법계의 몸이라면 형상인가, 형상이 아닌가? 형상 아님과 형상 아님도 아님이여! 모든 부처가 함께 돌아가는 곳이니, 누른 머리 노인을 보고자 한다면 문득 이 가운데를 향하여 찾으라. 이 말은 삼십년 전에는 분명하지 않았으나 삼십년 뒤에는 한결같이 땅에 던져 쇳소리가 나는 것과 같을 것이다.

妙圓眞淨劫前身이여 莫將知見妄疎親이어다
見色聞聲이 世本常이니 莫離色聲別求眞이어다

古人이 道호대 道不屬見聞覺知하며 亦不離見聞覺知라하니 則卽見聞覺知求道라도 亦錯이요 離見聞覺知求道라도 亦錯이며 卽色聲求佛도 亦錯이요 離色聲求佛도 亦錯이니 將錯就錯이여 雪上加霜이라 如斯見佛하면 終不得見이니 君今要見黃頭老인댄 走入摩耶腹內藏이어다 古人이 道호대 摩耶肚裏堂이 法界體一如라하니 若是法界體인댄 爲相가 爲非相가 非相非非相이여 諸佛의 所同歸니 要見黃頭老인댄 便向此中尋이어다 此語ㅣ 三十年前에 未得分曉어니와 三十年後에 一似擲地金聲在리라

종경 미묘한 형상을 단정히 장엄함이여! 성왕聖王의 형상이 곧 여래의 형상이고, 법신이 두루 함이여! 여래의 몸이 성왕의 몸과 다르도다! 만약 이 속을 향하여 보기를 투철히 해가면 백로는 흰 둥지에 의지하고 토끼는 달 궁전에 깃들거니와, 그 혹 그렇지 않으면 석화石火493가 한 번 휘둘러 하늘 밖에 지나가거늘 어리석은 사람은 오히려 달 주변의 별을 보도다!

622

妙相端嚴이여 聖王相이 卽如來相이요 法身周徧이여 如來身이 異聖王身이로다 若向這裏하야 見得徹去하면 鷺依雪巢하고 兎棲月殿이어니와 其或未然인댄 石火一揮天外去어늘 癡人은 猶看月邊星이로다

설의 여래와 성왕이 그 형상은 조금도 다르지 않으나, 그 증득한 것은 천지 사이가 어찌 멀겠는가? 만약 이 속을 향하여 보아 투철히 해가면 백로가 눈 둥지에 의지하고 토끼가 달 궁전에 깃들겠거니와, 그 혹 그렇지 못하면 불은 하늘 밖으로 날아가는데 눈은 별 옆으로 보내도다!

如來與聖王이 以其相則毫釐無差나 以其證則天地何遠이리요 若向這裏하야 見得徹去하면 鷺依雪巢요 兎棲月殿이어니와 其或未然인댄 火飛天外어늘 目送星邊이로다

송 공안이 나타나 이루어져 있으나 거듭 물으시니
사랑하는 뜻 도리어 지극하여 잘못 알도다!
소리와 색으로 삿된 도를 행하지 말아야 하니
죄를 지으면 법왕을 볼 인연이 없네.

公案現成重審問하시니 愛情翻款錯承當이로다
不應聲色行邪道니 結罪無因見法王이니라

---

493 석화石火: 유성流星.

여래가 다시 살펴 물으시니

공생이 잘못 알도다!

전에는 뢰천대장[494]이러니

오늘은 지화명이[495]로다!

법왕의 몸이 적멸하여

옛날부터 색과 소리가 아니네.

색으로 보고 소리로 구하면 죄를 짓게 되니, 죄를 지어 법왕을 볼 인연이 없다.

如來重審問하시니 空生이 錯承當이로다

適來雷天大壯이러니 今日에 地火明夷로다

法王體ㅣ 寂滅하니 從來非色聲이라

色見聲求應結罪니 結罪無因見法王이니라

요지 먼저 경문에서 32상相으로 여래를 볼 수 있는가라는 부처님의 질문에 수보리는 볼 수 있다고 대답한다. 여기에 대하여 "32상으로 여래를 본다면 전륜성왕이 곧 여래겠네."라는 부처님의

---

494 뢰천대장雷天大壯: 『주역』의 괘 이름. 위에 우레, 아래에 하늘이 오는 형상의 길한 괘. 씩씩하게 커가는 것을 의미한다. 여기서는 수보리가 앞에서 잘 대답한 것을 뜻한다.

495 지화명이地火明夷: 『주역』의 괘 이름. 위에는 땅, 아래에는 불이 오는 형상의 흉한 괘. 어둠이 오는 것을 의미한다. 여기서는 수보리가 잘못 대답한 것을 뜻한다.

반문에 수보리는 32상으로 여래를 볼 수 없다고 주장을 바꾼다. 여기서 부처님께서는 "색으로 나를 보거나 음성으로 나를 구하는 이는 잘못된 도를 행하는 사람이라 여래를 볼 수 없다"라고 게송을 읊어 확인시켜주고 있다.

육조스님은 이 부분을 두고 수보리는 깨달음이 매우 깊은 대아라한으로서 방편으로 미혹함을 보이고 세존께서 미세한 의혹을 제거하고 후세 중생을 깨우쳐주시기를 기다린 것으로 해석하였다. 그리고 그는 여기서 색色은 형상을 뜻하고, 견見은 '알다(識)', 아我는 모든 중생의 몸 가운데 자성이 청정하여 함이 없고 형상이 없는 본체(自性淸淨無爲無相眞常之體)의 뜻으로 해석하였다. 이것은 고성으로 염불해도 성취할 수 없고 정견이 분명해야 알고 깨달을 수 있다고 하고, 성색聲色으로 구하면 볼 수 없다고 하였다. 소리 가운데서 법을 구하면 마음에 생멸이 있어서 여래를 깨달을 수 없다고 하였다.

형상으로 여래를 본다는 수보리의 이 말을 두고 야부스님은 잘못되었다(錯)고 하였다. 흙으로 빚고 나무로 새기고 비단에 그려서 청록색을 칠하고 금장식을 해놓고 이것을 여래라고 한다면 보살을 웃기는 일이라고 비판했다. 그리고 32상으로 보지 못한다는 말을 두고도 잘못되었다고 하였다. 형상 있는 몸 가운데 형상 없는 몸이 있고 금향로 아래에 철 곤륜이 있듯이 일체가 우리 집 물건이라는 비유적 표현을 통하여 그 이유를 말하였다. 형상과 소리로 구하지 않아도 여래를 볼 수 없다면 어떻게 볼 수 있는가라고 묻고, 형상을 보고 소리를 들음이 본래 떳떳한 일인데 한 겹 눈 위에 다시 한 겹 서리라 하고, 부처를 보려면 마야부인 뱃속으로 들어가라고 게송으로 읊고,

다시 이것을 '이咦'라는 할喝로 부정했다.

종경스님은 전륜성왕의 겉모습은 여래의 모습과 같지만 법신 여래의 몸은 전륜성왕의 몸과 다르다고 하고, 이것을 철저히 보게 되면 '백로는 흰 둥지를 의지하고 토끼는 달 궁전에 산다.'고 하였다. 만약 그렇지 못하면 혜성이 한 번 지나가버렸는데 달 주변의 별을 쳐다보는 것과 같다고 비유했다. 수보리가 중생을 아끼는 정성이 지극해서 잘못했다고 하고, 소리와 색으로 삿된 도를 실행하면 그 죄로 부처님을 볼 수 없다고 하였다.

함허스님은 부처님 말씀과 육조, 야부스님의 말씀을 전체적으로 정리하고 있다. 수보리가 앞에서는 중근기 입장에서 32상으로 여래를 볼 수 없다고 하고, 여기서는 하근기 입장에서 32상으로 여래를 볼 수 있다고 했는데, 이 두 가지가 각기 이유가 있다고 하였다. 이를 잘못됐다고 비판한 야부의 말에 대하여 색신色身과 소리가 다 부처가 아닌데 형상으로 부처를 본다고 하니 잘못됐고, 그래서 보살의 웃음을 산다는 설명을 하고 있다. 의견을 바꿈에 대하여 수보리가 부처님의 뼈아픈 가르침에 따라 깨닫고 나서 형상으로 여래를 볼 수 없다고 하니 옳기는 옳으나 철저하지 못하다고 하였다. 그래서 역시 잘못됐다고 한 야부의 말에 대하여 색과 소리를 떠나지 않고 부처를 보는 것인데 형상으로 볼 수 없다고 하니 또한 잘못됐다고 설명했다. 야부의 송에 대하여 형상 밖에 진리가 따로 없기 때문에 낱낱이 물외가풍物外家風이고 일일이 눈앞의 삼매라고 했다. 그래서 어디서나 그를 만나는데 하필 밖에서 구하겠는가라고 반문하고 있다. 잘못을 알면 잡고 놓음이 손에 있고, 죽이고 살림이 바로 때에 달려있다고 하였다. 형상과 소리로 보고 구함이 삿된 도道라면 어떻게 해야 되는가라고 묻고, 소리와 색이 본래 진리가 아님을 알면 소리와 색에 미혹되지 않는다고 하면서 단상斷常의 견해가 다하면 현묘한 이치를 알게 되고 정식情識이 사라지면 진리와 서로 친해진다고 하였다. 소리와 색으로 구하지 않아도 여래를 볼 수 없어 알 수 없다고 한 야부의 말에 대하여 함허스님은 그냥 '보고 보라. 부처가 나타난다.'고 하였다. 설상가상이라 하고 마야부인 뱃속에 들어가라는 야부의 말에 대하여 틀린 걸 가지고 틀린 데에 나아가니 이것이 설상가상이라 하였다. 그리고 마야부인의 뱃속 법당이 곧 법계와 하나인데, 이 법계는 형상도 아니고 형상 아님도 아닌 것으로서 모든 부처가 함께 돌아가는 곳이니, 부처를 보려면 이 가운데를 향하여 찾으라는 고인古人의 말을 인용했다.

종경스님의 말에 대하여 여래와 전륜성왕의 모습은 같으나 증득한 것은 천지 차이라 하고, 여기서 철저히 보면 백로는 흰 둥지에, 토끼는 달 궁전에 있지만 그렇지 못하면 불이 하늘 밖으로 날아가는데 별 주변을 주목한다고 하였다. 또 종경의 송에 대하여 『주역』의 대장괘와 명이괘 둘을 가져와 비유하고, 색과 소리로 보고 구하려는 것은 죄를 짓는 것이라 법왕을 볼 수 없다고 하였다.

단멸이 없음 제27
無斷無滅分 第二十七

"수보리여, 그대가 만약 이런 생각을 하되 여래가 형상을 구족했기 때문에 아뇩다라삼먁삼보리를 얻지 못할 것이라고 하는가? 수보리여, 여래가 형상을 구족했기 때문에 아뇩다라삼먁삼보리를 얻지 못할 것이라고 생각하지 말라. 수보리여, 그대가 만약 이런 생각을 하되 아뇩다라삼먁삼보리의 마음을 내는 사람은 모든 법이 끊어져 없어졌음을 말한다고 하는가? 이런 생각을 하지 말아야 하니, 왜 그런가? 아뇩다라삼먁삼보리의 마음을 발하는 사람은 법에 단멸상斷滅相을 말하지 않는다."

須菩提야 汝若作是念호대 如來ㅣ 不以具足相故로 得阿耨多羅三藐三菩提아 須菩提야 莫作是念호대 如來ㅣ 不以具足相故로 得阿耨多羅三藐三菩提라하라 須菩提야 汝若作是念호대 發阿耨多羅三藐三菩提心者는 說諸法斷滅가 莫作是念이니 何以故오 發阿耨多羅三藐三菩提心者는 於法에 不說斷滅相이니라

설의 형상과 형상 아님을 꾸짖은 것은 그가 단견과 상견에 떨어질까 걱정하신 것이니, 만약 부처는 형상이 없다고 이른다면 벌써 단견을 이룬 것이다.

訶相與非相은 恐伊落斷常이시니 若謂佛無相인댄 早已成斷滅이라

육조 수보리가 진신眞身은 형상을 떠난다는 말을 듣고, 문득 일러 "32가지 청정행을 닦지 않고 부처의 진리를 얻는다."라고 하므로 부처님께서 수보리에게 "여래가 32가지 청정행을 닦지 않고 보리를 얻는다고 말하지 말라. 네가 만약 32가지 청정행을 닦지 않고 아뇩보리를 얻는다고 말하면 곧 부처의 종자를 끊는 것이니 옳은 곳이 없다."라고 말씀하셨다.

須菩提ㅣ 聞說眞身離相하시고 便謂不修三十二淸淨行하야 得佛菩提라하실새 佛이 語須菩提하사대 莫言如來ㅣ 不修三十二淸淨行하야 而得菩提라하라 汝若言不修三十二淸淨行하야 得阿耨菩提者인댄 卽是斷滅佛種이라 無有是處니라

야부 베어도 가지런하지 않음이여[496]! 다스려도 도리어 어지럽고, 머리를 끌어 일으켜 와서 베어도 끊어지지 않도다!

剪不齊兮여 理還亂이요 拽起頭來에 割不斷이로다

---

496 가지런하지 않은 이대로 가지런하다는 말. 차별 이대로가 평등하다는 말.

설의 베어서 가지런하게 하고자 하나 가지런하게 할 수 없으며, 다스려 어지럽지 않게 하고자 하나 어지럽지 않게 할 수 없으며, 끌어와서 베어 끊고자 하나 하여금 끊어지게 하지 못하니, 그러하다면 비록 형상과 소리가 없다고 이르더라도 또한 색과 소리에 장애가 되지 않도다!

剪欲其齊나 不能使之齊며 理欲無亂이나 不能使之無亂이며 拽來割欲斷이나 不能使之斷이니 伊麼則雖云無色聲이라도 亦不碍色聲이로다

송 알지 못하겠도다! 누가 교묘히 안배함을 아는가?
눌러 모으고[497] 그전대로 또 놓아 열도다![498]
여래가 단멸을 이룬다고 이르지 말라.
한 소리가 도리어 또 한 소리를 이어 오도다!

不知誰解巧安排오 捏聚依前又放開로다
莫謂如來成斷滅하라 一聲還續一聲來로다

이미 모든 형상이 아니라 말씀하시고 또 구족했다 말씀하시니, 사람이 단견을 낼까 염려하여 이런 생각을 하지 말라고 다시 말씀하셨다.

旣言非諸相이라하시고 又道是具足이라하시니 恐人生斷見하사 再言莫作念이시니라

---

497 눌러 모으고(捏聚): 본질.
498 놓아 열도다(放開): 현상.

종경 형상이 갖추어진 것이 아니되 본래 갖추어짐이여! 항상 스스로 장엄하며, 법은 전하지 않되 서로 전함이여! 어찌 단멸했겠는가? 옛날 세존께서 영산회상의 사람과 하늘 대중 앞에서 이르시되 "내가 가진 청정법안淸淨法眼의 열반묘심涅槃妙心을 음광飮光[499]에게 부촉하여 널리 전해서 교화하게 한다." 하시니, 또 말하라. 당시에 무엇을 부촉했는가? 푸른 연꽃 눈으로 사람과 하늘의 대중을 돌아보시니 금색 두타[500]가 홀로 웃도다!

송 한 등불이 능히 백천의 등불 이으니
　마음의 광명이 통하여 법령이 시행되네.
　일천 성인이 전하지 못해 불어도 꺼지지 않으니
　연이은 광명과 벌어진 불꽃 더욱 분명하도다!

相非具而本具여 常自莊嚴이요 法不傳而相傳이여 何曾斷滅이리요 昔에 世尊이 於靈山會上人天衆前에 云하사대 吾有淸淨法眼涅槃妙心을 付囑飮光하야 廣令傳化라하시니 且道하라 當時에 付箇甚麼오 靑蓮目顧人天衆하시니 金色頭陀獨破顔이로다

　一燈이 能續百千燈하니 心印光通法令行이라
　千聖不傳吹不滅하니 聯輝列焰轉分明이로다

---

499 음광飮光: 가섭의 이름.
500 금색두타金色頭陀: 가섭.

설의 한 등불이 능히 백 천의 등불 태우니

신령한 불꽃이 면면히 지금에 이르렀네.

일천 성인이 전하지 못함이여! 미친 바람이 일어나서

이 등불 불어 꺼도 등불은 꺼지지 않네.

등불이 꺼지지 아니함이여!

연이은 광명과 벌어진 불꽃이 더욱 분명하도다!

一燈이 能然百千燈하니 靈焰이 綿綿到如今이라

千聖不傳作狂風하야 吹滅此燈燈不滅이라

燈不滅이여 聯輝列焰轉分明이로다

요지 먼저 경문에서 부처님께서는 수보리에게 여래가 32상을 구족했기 때문에 아뇩다라삼먁삼보리를 얻지 못한다는 생각을 해서는 안 되며, 보리심을 낸 사람은 법에서 단멸을 말하지 않는다고 하셨다.

육조스님은 이에 대하여 수보리가 진신은 형상을 떠나있다는 말을 듣고 32청정행을 닦지 않고 보리를 얻는다고 말할까 하여 그런 말을 하지 말라고 하였고, 32청정행을 닦지 않고 아뇩보리를 얻는다고 말하면 부처의 종자를 끊는 것이라 옳지 못하다고 하였다.

야부스님은 형상과 본질의 혼연일체의 상관관계를 베어도 끊을 수 없어서 전과 같이 눌러 모았다가 또 놓아서 열며, 한 소리에 또한 소리가 이어서 온다는 식의 비유적인 표현으로 말하였다.

종경스님은 형상은 갖추지 않되 본래 갖추었고, 법은 전하지 않되 서로 전하는 것이어서 단멸이 없다고 하였다.

함허스님은 형상과 형상 아니라는 것을 모두 꾸짖은 것은 단견斷見과 상견常見에 떨어질까 염려해서인데 부처를 형상이 없다고 하면 단멸의 견해를 이룬다고 하였다. 야부스님의 말을 두고는 비록 형상과 소리가 없다고 말해도 형상과 소리에 장애가 되지 않는다고 하고, 모든 형상이 아니라고 먼저 말하고 형상을 구족했다고 또 말한 것은 단견을 낼까 염려한 때문이라고 하였다. 종경스님의 발언에 대하여 한 등불이 백 천 개의 등불을 태울 수 있어서 신령한 불꽃이 면면히 지금에 이르렀다고 하고, 일천 성인이 전할 수 없으나 이 등불은 꺼지지 않고 더욱 분명하다고 하였다.

받지도 탐내지도 않음 제28

不受不貪分 第二十八

❧

"수보리여, 만약 보살이 항하사와 같은 세계에 가득 찬 칠보를 가지고 보시를 하고, 만약 다시 어떤 사람이 일체의 법이 무아無 我인 것을 알아서 무생법인無生法忍을 이루면 이 보살이 앞의 보살이 얻은 공덕보다 더 나으니"

須菩提야 若菩薩이 以滿恒河沙等世界七寶로 持用布施어든 若復有人이 知一切法無我하야 得成於忍하면 此菩薩이 勝前 菩薩의 所得功德이니

설의 보시하되 형상에 집착하지 않는 것을 복福이 시방十方의 허공과 같다고 앞에서 칭찬하시고, 법이 무아인 것을 알아서 무생법인을 이루는 것을 복이 항하사의 보시보다 더 낫다고 지금 칭찬하시니, 지금 이 한마디 말이 앞의 '머물다(住), 항복 받다(降)'는 등의 뜻을 다 포괄하니, 이른바 탐내지 않고 받지 않는 것이 마음을 머물고(住心), 마음을 닦고(修心), 마음을 항복 받는다(降心)는 뜻이다.

布施不住於相을 前讚福等十方虛空하시고 知法無我하야 得成於忍을
今讚福勝河沙布施하시니 今此一言이 可以攝前住降等意니 所謂不貪
不受ㅣ 蓋是住修降心之意也라

육조 일체의 법을 통달하여 주관과 객관의 마음이 없는 사람을
인忍[501]이라 이름하니, 이 사람이 얻은 복덕은 앞의 칠보의 복덕보다
더 낫다.

通達一切法하야 無能所心者ㅣ 是名爲忍이니 此人의 所得福德이 勝前
七寶之福也라

야부 귀로 듣는 것이 귀머거리 같고, 입으로 말하는 것이 벙어리
같도다![502]

耳聽如聾하고 口說如啞로다

설의 법이 무아인 것을 알면 곧 저와 나라는 형상形相이 사라지고,
무생법인을 이루면 곧 주관과 객관의 정식情識이 없어지니 주관과
객관의 정식이 없어지면 무념지無念智[503]가 나타나고, 저와 나의 형상

---

501 인忍: 일체 무아를 깨달아서 일부러 참지 않아도 참을 것이 없어서 참는 것과
　　같은 효과가 나오는 것을 의미한다.
502 듣고 말하되 내가 있다는 생각과 이해관계를 떠나서 듣거나 말하는 것을
　　의미한다.
503 무념지無念智: 망념妄念이 없는 데서 나오는 지혜.

이 사라지면 평등한 이치가 나타난다. 이런 때에 이르러서는 눈으로 보고 귀로 들음에 분별이 나지 않고, 입을 열고 혀를 움직임에 분별이 생겨나지 않으며, 생겨나지 않는 것도 생겨나지 않으면 어찌 귀머거리 같고 벙어리 같을 뿐이겠는가? 바로 밝은 거울이 물건을 비추고 빈 계곡이 소리에 대답하여 치열하게 비추고 대답하되 비추고 대답함이 없는 것과 같을 것이다. 그래서 말하되 항상 모든 근기에 호응하여 쓰되 쓴다는 생각을 일으키지 않는다. 겁화가 바다를 태우고 바람이 불어 산이 서로 부딪치더라도 참되고 떳떳한 적멸의 즐거움과 열반의 형상이 이와 같다 하셨다.

知法無我하면 則彼我相이 泯하고 得成於忍하면 則能所情이 忘이니 能所情이 忘則無念智ㅣ 現하고 彼我相이 泯則平等理ㅣ 現이라 到伊麽時하야는 眼見耳聞에 分別不生하고 開口動舌에 分別不生하야 不生不生하면 何嘗如聾若啞리요 直如明鏡照物과 空谷應聲하야 爁然照應호대 而無照應하리니 所以로 道하사대 常應諸根用호대 而不起用想이라 劫火ㅣ 燒海底하고 風鼓山相擊하야도 眞常寂滅樂은 涅槃相이 如是라하시니라

송 말 아래 사람이 말 위 사람 때문에
　높고 낮고 친소親疎가 있더니,
　하루아침에 말이 죽고 사람이 돌아가니
　친한 사람이 길거리 사람과 같네.
　다만 이 옛날 사람이 옛날 다니던 곳을 바꾸었도다!

　馬下人因馬上君하야 有高有下有疎親이러니

636

一朝에 馬死人歸去하니 親者ㅣ 如同陌路人이라
祗是舊時人이 改却舊時行履處로다

궁핍하고 춥고 맑고 괴롭고 못난 사람이 본래 말이 없고 또한 사람이
없더니, 말과 사람이 있고부터 높고 낮음이 나누어져서 친한 사람은
도리어 멀어지고 먼 사람은 도리어 친하게 되었다. 하루아침에 말이
죽고 사람이 돌아가니, 친한 사람이 길가는 사람과 같다. 말이 죽고
사람이 돌아가서 친한 사람이 또한 멀어지니, 옛날 그대로 궁핍하고
춥고 못난 사람이로다! 또 청정한 본래 해탈이여! 아상과 인상이
본래 없더니 아상과 인상이 있고부터 높고 낮음에 집착하는 정식이
나왔다. 높고 낮은 정식이 나와서 도道와는 멀어지고 무명의 삼독을
친하게 여겼다. 아상과 인상이라는 산이 한순간에 꺾이니 친하던
삼독이 도리어 멀어졌다. 도리어 멀어짐이여! 옛날 그대로 청정한
본래 해탈이로다!

窮寒淸苦拙郎君이 本來無馬亦無人이러니 自有馬人分高下하야 親反
成疎疎反親이라 一朝에 馬死人歸去하니 親者如同陌路人이라 馬死人
歸親亦疎하니 依舊窮寒拙郎君이로다 又淸淨本解脫이여 我人相이 元無
러니 自有我人相으로 高下執情生이라 高下情生與道疎하고 無明三毒으
로 以爲親이라 我人山向一念摧하니 所親三毒이 反成疎라 反成疎여 依
舊淸淨本解脫이로다

❁

"무슨 까닭인가? 수보리여, 모든 보살이 복덕[504]을 받지 않기 때문이다."

何以故오 須菩提야 以諸菩薩이 不受福德故니라

설의 모든 법이 실체가 없음을 알아서 인忍[505]을 이룸이 어찌 보시의 복보다 더 나은가? 보시는 다만 형상에 머무는 것이라 복덕이 다하게 되거니와, 보살은 곧 그렇지 않아서 법성이 공하다는 것을 통달하여 복덕을 오히려 받지 않으므로[506] 그래서 더 나음이 된다.

知法無我하야 得成於忍이 何勝布施之福耶오 布施는 但住相이라 福德이 爲究竟이어니와 菩薩은 則不然하야 通達法性空하니 福德을 尙不受일새 所以爲勝也니라

---

504 복덕福德: 세속적 복덕.

505 인忍: 지혜의 마음으로 진리에 안주하는 것(『대승의장大乘義章』 9). 무생법인無生法忍에서 인忍을 쓰는 것도 진리에 안주하거나 진리 자체라는 의미를 가지기 때문이다.

506 여기서 복덕을 받지 않는다는 것은 유루복有漏福을 받지 않는다는 말이다. 무루복無漏福은 받는다는 의미인데, 무루복은 받는 주체와 받는 복이 무아이기 때문에 받아도 받지 않는다고 말한 것이다.

수보리가 부처님께 말씀드리되 "세존이시여, 어찌하여 보살이 복덕을 받지 않는다고 이르십니까?" "수보리여, 보살은 지은 복덕에 탐내고 집착하지 않는다. 이런 까닭으로 복덕을 받지 않는다고 말한다."

須菩提ㅣ 白佛言하사대 世尊하 云何菩薩이 不受福德이니잇고 須菩提야 菩薩에 所作福德은 不應貪着일새 是故로 說不受福德이니라

설의 복덕이 원래 자성自性이 없음을 알면
응당 그 가운데서 염착을 내지 않네.
탐내어 구하는 것이 이미 사라져 투철히 비어서
날로 만금萬金을 들여와도 전혀 알지 못하네.

了知福德元無性하면 不應於中에 生染着이니
貪求已泯徹底空이라 日入萬金渾不知니라

육조 보살이 지은 복덕은 자기를 위함이 아니고, 뜻이 일체 중생을 이롭게 하는 데에 있기 때문에 복덕을 받지 않는다고 말한다.[507]

507 실제는 남을 위하는 것이 곧 자기를 위하는 것이기 때문에 남 안에 자기가 포함되어 있다. 불교는 자기를 희생하여 남만 일방적으로 위하는 희생의 종교가 아니다.

菩薩에 所作福德은 不爲自己요 意在利益一切衆生故로 言不受福德
也라

야부 치마에는 허리가 없고, 바지에는 입구가 없도다!

裙無腰袴無口로다

설의 치마와 바지가 비록 그렇게 있으나 없는 것과 도리어 한가지니,
경전에 이르되 복을 받지 않는다고 한 그 뜻이 정히 이와 같다.

裙袴ㅣ 雖然在나 與無로 却一般이니 經云不受福이 其旨正如斯니라

송 물과 같고 구름 같은 한 꿈속의 몸이여!
    알지 못하겠다, 이 밖에 다시 무엇을 친할 것인가?
    이 가운데 다른 물건을 허용하지 않으니
    황매 길 위 사람[508]에게 분부하도다!

似水如雲一夢身이여 不知此外에 更何親고
箇中에 不許容他物하니 分付黃梅路上人이로다

다만 이 한 꿈속 몸은 물이 무정無情하여 곳을 따라 모나고 둥근
것과 같으며, 구름이 무심無心하여 모이고 흩어짐에 자유로운 것과

---

508 황매 길 위 사람(黃梅路上人): 오조五祖 홍인선사弘忍禪師. 기주蘄州의 황매黃梅
    지방 출신이다.

같으니, 이 밖에 별도로 친한 것이 없다. 무슨 물건이 이 가운데로 돌아오겠는가? 넓어서 사람 속박하는 것이 없으니 해탈을 다시 어찌 구하겠는가? 신노信老[509]가 이 소식을 가지고 황매 길 사람에게 분부했도다!

只此一夢身이 似水無情하야 逐處方圓하며 如雲無心하야 捲舒自由하니 此外에 別無親이라 何物이 此中歸리요 曠然無人縛하니 解脫을 更何求아 信老ㅣ 曾將此消息하야 分付黃梅路上人이로다

종경 구함이 있고 괴로움이 있음이여! 팔풍[510] 오욕[511]이 번갈아 태우며, 집착함도 없고 탐냄도 없음이여! 삼명육통[512]이 자재하도다! 문득 이렇게 가면 물가 수풀 아래에 달이 차고 바람이 맑을 것이고, 이렇게 가지 않으면 다리가 끊어지고 길이 막혀 별도로 소식을 통할 것이다. 도리어 알겠는가? 노승老僧이 웃으며 원숭이 우는 곳을 가리키니, 다시 신령한 자취가 위쪽에 있도다!

有求有苦여 八風五欲이 交煎이요 無着無貪이여 三明六通이 自在로다

---

509 신노信老: 사조四祖 도신선사道信禪師이다.

510 팔풍八風: 이利, 쇠衰, 훼毁, 예譽, 칭稱, 기譏, 고苦, 락樂.

511 오욕五欲: 색色, 성聲, 향香, 미昧, 촉觸을 말하기도 하고 재욕財慾, 색욕色慾, 수욕睡慾, 명욕名慾, 식욕食慾을 말하기도 한다.

512 삼명육통三明六通: 육신통六神通인 신족통神足通, 천안통天眼通, 천이통天耳通, 타심통他心通, 숙명통宿命通, 누진통漏盡通을 말하고 이 가운데 특히 천안통, 숙명통, 누진통의 셋을 삼명三明이라 한다.

便恁麼去하면 水邊林下에 月冷風淸이요 不恁麼去하면 橋斷路窮하야
別通消息호리라 還委悉麼아 老僧이 笑指猿啼處하니 更有靈蹤在上方
이로다

설의 마음이 있으면 다 괴롭고 마음이 없으면 이에 즐거우니,
한번 그 즐거움을 얻으면 소식이 분명하고, 즐거움도 또한 두지 않으면
별도로 소식을 통해야 한다. 어떻게 하는 것이 별도로 소식을 통하는
것인가? 가다가 길이 다하는 데 이르러 좋게 몸을 돌리면 시방 어디나
길이 통하지 않는 곳이 없다. 이 통하는 길이여! 기러기는 푸른 하늘에
점을 찍고 원숭이는 나무에 걸렸도다!

有心皆苦요 無心乃樂이니 一得其樂하면 消息이 分明이요 樂亦不存하면
別通消息이니 作麼生是別通消息고 行到路窮好轉身하면 十方無處匪
通程이라 是通程이여 雁點靑天猿掛樹로다

송 두어 줄의 범어 글자[513]는 구름 가운데 기러기이고,
    한 곡도 나지 않음(無生)은 개울 바닥의 거문고로다!
    덕이 항하사보다 나은 것을 온통 쓰지 않으니
    맑은 바람과 밝은 달이 지음知音이로다!

數行梵字雲中雁이요 一曲無生澗底琴이로다
德勝河沙渾不用하니 淸風明月이 是知音이로다

---

513 두어 줄의 범어 글자(數行梵字): 『금강경金剛經』 또는 불경佛經.

642

구름 가운데 기러기가 두어 줄 글자를 쓰고
시내 아래 거문고는 노래 한 곡을 타도다!
이 가운데 덕을 쓸 것이 없으니
저절로 풍월風月이 있으니 지음이로다!

雲中雁寫數行字하고 澗底琴彈一曲歌로다
此中에 無德爲可用하니 自有風月是知音이로다

요지 먼저 경문에서 부처님께서는 보살이 항하사의 모래 수와 같은 세계의 칠보로 보시하는 것보다 일체 법이 실체가 없다는 것을 알아 인忍을 이루는 공덕이 더 낫다고 수보리에게 말씀하셨다. 모든 보살이 복덕을 받지 않음을 그 이유로 제시하셨다. 어째서 복덕을 받지 않는가라는 수보리의 질문에, 지은 복덕에 탐내고 집착하지 않기 때문에 복덕을 받지 않는다고 대답했다.

여기에 대하여 육조스님은 일체 법을 통달하여 주관과 객관의 마음이 없는 것이 이름이 인忍이라 하면서 이 사람이 얻는 복덕이 앞의 칠보의 복덕보다 수승하다고 하였다. 또한 보살이 복덕을 짓는 것은 자기를 위하지 않고 일체 중생을 이롭게 하는 데 뜻이 있어서 복덕을 받지 않는다고 말한다고 보았다.

여기에 야부스님은 무아를 아는 것을 두고 귀로 듣기를 귀머거리 같고 입으로 말하기를 벙어리 같이 한다고 말하고, 말(馬) 때문에 고하高下와 친소親疏가 있다가 말이 죽고 사람이 돌아가니 친한 사람이 길가는 사람과 같아서 옛사람이 옛날 다니던 곳을 바꾸었다고 하였다.

복덕을 받지 않음을 두고 치마에 허리가 없고 바지에 입구가 없다고 하고, 다시 물과 구름 같은 몸 이외에 친할 것이 없고, 이 가운데 다른 물건을 허용할 것이 없어서 이런 내용을 사조 도신 스님이 오조 홍인스님에게 분부했다고 하였다.

종경스님은 집착과 탐욕이 없으면 자유자재가 되어 이렇게 가면 물가 수풀 아래에 달이 차고 바람이 맑고, 이렇게 가지 않으면 다리가 끊어지고 길이 막혀 따로 소식을 통해준다고 하였다. 노승이 원숭이 우는 곳을 가리키니 그 위에 신령한 자취가 있다고 하였다. 이를 다시 두어 줄 경전은 구름 가운데 기러기이고, 무생곡無生曲은 시냇물의 거문고라서 여기에는 덕을 쓸 것이 없으니 풍월이 그 지음知音이라고 게송으로 읊었다.

이런 내용을 전체적으로 정리하면서 함허스님은 형상에 집착하지 않는 보시의 복이 시방의 허공과 같다고 먼저 찬미하고, 법이 실체가 없다는 것을 알아 인忍을 성취하는 복이 항하사만큼의 보시보다 낫다고 지금 찬미했는데, 이것은 앞에서 말한 마음을 어떻게 가지며 항복 받는가 등의 뜻을 포괄하는 것이며, 탐내지도 받지도 않는다는 것이 마음을 가지고 닦고 항복 받는다는 뜻을 의미한다고 하였다. 야부의 귀머거리와 벙어리 발언에 대하여 법이 실체가 없다는 것을 알아 인을 이루면 너와 나라는 형상, 주관과 객관의 정식情識이 사라져 무념지無念智[514]와 평등의 이치가 나타나고, 눈으로 보고 귀로 듣는 데 분별이 생기지 않아서 마치 농아聾啞와 같을 뿐만 아니라, 밝은

---

[514] 무념지無念智: 망념妄念이 없는 지혜.

거울이 사물을 비추고 텅 빈 계곡이 소리에 호응함과 같이 치열하게 비추고 호응하되 그렇게 함이 없다고 하였다. 말(馬)을 언급한 야부의 송에 대하여 낭군郎君이 본래 말도 사람도 없었는데 인마人馬가 있고부터 친소가 바뀌었다고 하였다. 그러다가 말이 죽고 사람이 돌아가니 친한 사람이 낯선 길거리 사람과 같아져서 옛 그대로의 낭군이라고 했다. 아상我相과 인상人相이 본래 없지만 이것이 생기고부터 고하高下와 정식情識에 집착하여 도道와는 소원하게 되고 무명삼독無明三毒과는 친하게 되었다고 했다. 아상과 인상을 한순간에 끊으면 친한 삼독이 소원疎遠해지는데, 이것이 바로 옛날같이 청정한 본래 해탈이라고 하였다.

복덕을 받지 않는다는 부처님의 말씀에 대하여 보시는 형상에 집착하여 복덕이 다하게 되지만, 법성이 공함을 통달한 보살은 복덕을 오히려 받지 않기 때문에 더 수승하다고 하였다. 지은 복덕을 탐내고 집착하지 않기 때문에 복덕을 받지 않는다는 부처님의 말씀에 대하여 복덕이 원래 성품이 없음을 알아서 마음에 물듦이 없는 것이라고 하였다. 야부스님의 허리 없는 치마와 구멍 없는 바지 비유에 대하여 이것은 복을 받지 않음을 뜻하는 것으로 보았다. 꿈속 몸을 물과 구름에 비유한 야부의 게송에 대하여 무정한 물과 무심한 구름 같은 꿈속 몸은 구속하는 사람이 없으니 해탈을 다시 구할 것이 없다고 하고, 4조가 이런 소식으로 5조에게 분부했다고 하였다.

종경스님의 말에 대하여 무심하여 한 번 즐거움을 얻으면 소식이 분명한데 즐거움도 두지 않으면 별도로 소식을 통한다고 하고, 길이 다한 데 이르러 좋게 몸을 돌리면 시방에 길이 통하지 않는 데가 없다고 하고, 이것을 다시 푸른 하늘 기러기와 나무 위 원숭이라는 말로 형상화하여 표현하였다. 종경의 송에 대하여 함허스님은 자신도 구름 속 기러기가 두어 줄 글자를 쓰고, 개울 아래 거문고는 한 곡조를 연주하며 덕을 쓸 것도 없으니 저절로 풍월風月이 지음知音이라고 읊었다.

위의가 고요함 제29

威儀寂靜分 第二十九

꽃

"수보리여, 만약 어떤 사람이 말하기를 여래가 오고 가고 앉고
눕는다고 하면 이 사람은 내가 말한 뜻을 알지 못한 것이다.
왜 그런가? 여래는 오는 곳도 없고 가는 곳도 없다. 그러므로
이름이 여래이다."

須菩提야 若有人이 言如來ㅣ 若來若去若坐若臥라하면 是人
은 不解我所說義니 何以故오 如來者는 無所從來며 亦無所去
일새 故名如來니라

설의 앞에서는 몸의 형상으로 여래를 볼 수 없으며, 32상으로
여래를 볼 수 없으며, 부처를 마땅히 구족한 색신으로 볼 수 없으며,
마땅히 32상으로 여래를 볼 수 없다고 말씀하셨으니, 이것은 다
부처는 형상이 있지 않음을 밝힌 것이다. 그 다음에는 이런 생각을
하되 여래는 구족한 형상 때문에 아뇩보리를 얻지 못했다고 하지
말라 말씀하셨으니, 이것은 부처가 형상이 없는 것이 아님을 밝힌
것이다. 이것은 오는 곳이 없으며 가는 곳도 없음을 말한 것이니,

이것은 부처가 가고 옴이 없다는 것을 밝힌 것이다. 이러하다면 참된 법성의 몸은 형상이 아니며 형상이 아닌 것도 아니다. 법성과 형상이 서로 융합하여 가는 것도 없고 또한 오는 것도 없어서 움직임과 고요함이 한가지로다.

前言不可以身相으로 得見如來며 不可以三十二相으로 得見如來며 佛을 不應以具足色身으로 見이며 不應以三十二相으로 觀如來라하시니 此는 皆明佛非有相이요 次言莫作是念호대 如來ㅣ 不以具足相故로 得阿耨菩提라하시니 此는 明佛非無相이요 此言無所從來며 亦無所去라하시니 此는 明佛無去來니 伊麼則眞法性身은 非相이며 非非相이라 性相이 相融하야 無去亦無來라 動靜이 一如로다

육조 여래는 오는 것도 아니고 오지 않는 것도 아니며, 가는 것도 아니고 가지 않는 것도 아니며, 앉는 것도 아니고 앉지 않는 것도 아니며, 눕는 것도 아니며 눕지 않는 것도 아니니, 가고 머물고 앉고 눕는 네 가지 행동 가운데 항상 공적空寂함에 있는 이가 곧 여래이다.

如來者는 非來非不來며 非去非不去며 非坐非不坐며 非臥非不臥니 行住坐臥四威儀中에 常在空寂이 卽是如來也라

[야부] 산문 앞에서 합장하고, 법당 안에서 향을 피우도다!

山門頭에 合掌하고 佛殿裏에 燒香이로다

[설의] 비록 가고 옴이 없다고 이르나 산문과 법당 안에 나아가고 머무르는 것이 조용하며[515], 합장하고 향을 피움에 거동(威儀)이 빛나도다!

雖云無去來나 山門殿裏에 進止從容하며 合掌燒香에 威儀炳著로다

[송] 납승衲僧이 가을 구름[516] 걷어 갔다 다시 오니
　　몇 번이나 남악[517]과 천태를 돌았던가?
　　한산과 습득[518]이 서로 만나 웃으니
　　또 말하라, 이 무엇을 웃는가?
　　함께 다니되 걸음 걷지 않음을 웃으며 말한다.

衲捲秋雲去復來하니 幾廻南岳與天台오
寒山拾得이 相逢笑하니

---

515 조용하며(從容): 행동을 전혀 하지 않는 것이 아니고 나와 네가 없는 무아無我의 상태에서 하는 모든 행위를 조용(從容)하다고 한다.

516 가을 구름(秋雲): 아상我相의 구름.

517 남악南岳: 형산.

518 한산과 습득(寒山拾得): 여기서 한산은 본질이고 습득은 형상이다. 이를 달리 한산은 가리사家裏事, 습득은 도중사途中事를 각각 상징하는 것으로 말하기도 한다.

且道하라 笑箇甚麽오 笑道同行步不擡니라

표연飄然한 한 납승이
오고 감에 구름 같이 무심하도다!
대천세계大千世界[519]를 다리 밑에 붙이니
태악[520]을 몇 번이나 돌았던가?

한산과 습득을 만나서 길을 함께 다니되 걸음을 걷지 않음을 웃으며
말하니, 무엇이 함께 다니되 걸음을 걷지 않는 것인가? 한산은 또한
마땅히 가야 하고, 습득은 또한 마땅히 와야 하거늘 한산은 습득과
더불어 오기는 와도 갈 줄을 알지 못하며, 습득은 한산과 더불어
가기는 가되 올 줄을 알지 못해서 서로 인연하여 자유롭지 못하므로,
웃음을 취함이 여기에 있다.

이 납승은 저들과 같지 않아서
오고 감이 스스로 조용하도다!

飄然一條衲이 來去雲無心이로다
大千을 寄脚底하니 台岳을 經幾廻오

撞着寒山與拾得하야 笑道同行步不擡하니 怎生이 是同行步不擡오 寒山
은 也宜去요 拾得은 也宜來어늘 寒山之與拾得으로 來而不知去하며 拾得

[519] 대천세계大千世界: 중천세계의 천 배가 되는 세계. 삼천대천세계라고도 한다.
[520] 남악산과 천태산.

之與寒山으로 去而不知來하야 相緣不自由일새 取笑ㅣ 於焉在하니

　此柄은 不如彼하야 來去自從容이로다

종경 앉고 눕고 다님에 본래 스스로 오는 것도 없고 가는 것도 없으니, 거동이 움직이지 않아서 고요(寂然)하여 조용함도 아니며 시끄러움도 아니로다! 여래께서 말씀하신 뜻을 알고자 하는가, 하지 않는가? 인연을 따라 나아가 느낌에 두루 하지 않음이 없으되 항상 이 보리의 자리에 앉아 있도다!

坐臥經行에 本自無來無去하니 威儀不動하야 寂然非靜非搖로다 要解如來所說義否아 隨緣赴感靡不周호대 而常處此菩提座로다

송 높고 높아 움직이지 않는 법 가운데 왕이여!
　어찌 원숭이가 여섯 창문[521] 뛰어넘음이 있겠는가?
　진공에 면목 없다는 것을 웃으며 가리켜서
　구름을 이으며 달을 밀어 천강에 내리도다!

巍巍不動法中王이여 那有猢猴跳六窓이리요
笑指眞空無面目하야 連雲推月下千江이로다

---

521 여섯 창문(六窓): 육근六根. 정읍스님과 앙상스님 이야기.

설의 높고 높아 움직이지 않는 존귀한 분[522]이여!

이름하여 법중왕이라 하네.

옛 집이 고요하여 항상 빛을 내니

여섯 창문 텅 비고 조용하여 시끄러움과 번뇌 끊겼도다!

참되고 깨끗한 세계 가운데 머물러 있지 않으시고,

자비를 일으키고 지혜를 움직여 기틀[523]을 위하여 오도다!

기틀을 위하여 옴이여!

푸른 버들과 꽃다운 풀 언덕에

존귀함을 칭송하지 않는 곳이 없도다!

巍巍不動尊이여 號爲法中王이라

古殿이 寥寥常放光하니 六窓이 虛靜絶喧煩이로다

眞淨界中에 留不住하시고 興悲運智爲機來로다

爲機來여 綠楊芳草岸에 無處不稱尊이로다

요지 먼저 경문에서 부처님께서는 수보리에게 "만약 어떤 사람이 여래가 오고 가고 앉고 눕는다고 말하면 내가 말한 뜻을 모르는 것이라." 하고 "여래는 오고 가는 데가 없기 때문에 이름이 여래라."라고 그 이유를 말씀하셨다.

육조스님은 여래는 오는 것, 가는 것, 앉는 것, 눕는 것에서 모두 그런 것도 아니고 그렇지 않은 것도 아니라고 하고, 이 네 가지 거동

522 존귀한 분(尊): 부처님, 우리 마음속 부처.

523 기틀(機): 중생근기衆生根機.

가운데서 항상 공적空寂한 데에 있는 것이 여래라고 하였다.

야부스님은 이런 내용을 두고 산문山門에서 합장하고 불전 안에서 향을 피운다고 하고, 송頌에서 납승이 가고 다시 오며 남악과 천태를 몇 번이나 돌았는가라고 하고, 한산과 습득이 만나서 웃으니 그들은 동행하되 걸음은 걷지 않는 것을 웃으며 말한다고 읊고 있다.

종경스님은 거동을 해도 움직임이 없어 고요하다 하고, 인연 따라 나아가 느낌이 두루 하지만 항상 보리의 자리에 처해있다고 하고, 움직이지 않는 법왕은 원숭이가 육창을 넘지 않는다고 하고, 진공眞空에는 면목面目이 없으나 달은 천강에 비친다고 읊었다.

함허스님은 이 장의 전체 내용을 총괄하면서 정리하고 있다. 앞에서 몸의 형상이나 32상, 구족한 색신으로 여래를 볼 수 없다고 했는데 이것은 부처에게 형상이 있는 것이 아님을 밝힌 것이고, 다음에 구족한 형상 때문에 여래가 보리를 얻지 못한다는 생각을 하지 말라고 말씀하신 것은 부처가 형상이 없음도 아님을 밝힌 것이고, 여기서 온 데도 간 데도 없다고 함은 부처는 가고 옴이 없음을 밝힌 것이라고 했다. 그렇다면 법성法性의 몸은 형상도 아니고 형상 아닌 것도 아니어서 법성과 형상이 서로 원융圓融하여 가고 옴이 없고 동정動靜이 하나라고 하였다.

야부스님의 선구禪句에 대하여 가고 옴이 없으나 산문山門과 불전佛殿에 조용히 나아가 합장하고 향을 피우는 거동이 환하게 드러난다고 하였다. 그리고 야부의 송에 대해서는 한산과 습득이 동행하되 걸음을 걷지 않는다는 것은 무엇인가라고 묻고, 한산은 가야 하고 습득은 와야 하지만 한산이 습득과 더불어 오기만 하고 갈 줄 모르고, 습득은 한산과 더불어 가기만 하고 올 줄을 알지 못해서 서로의 인연이 자유롭지 못하여 웃음을 산다고 했다. 함허스님은 저들과 같지 않다고 하면서 오고 감이 스스로 조용하다고 하였다.

종경스님의 언급과 게송에 대하여 부동의 세존은 법왕으로서 고요히 항상 빛을 놓고 여섯 창이 조용하여 시끄러움을 끊었으나, 참되고 깨끗한 세계에 머물지 않고 지혜와 자비로 중생을 위해 오셨으니 칭송하지 않는 데가 없다고 하였다.

하나로 합쳐진 이치의 형상[524] 제30
一合理相分 第三十

"수보리여, 만약 선남자 선여인이 삼천대천세계를 부수어 작은 티끌을 만든다면 생각에 어떠한가? 이 작은 티끌들이 많은가, 많지 않은가?" "매우 많습니다, 세존이시여. 어떤 이유입니까? 만약 이 작은 티끌들이 실체로 있다고 한다면 부처님께서 곧 이 작은 티끌들을 말씀하시지 않을 것이니, 까닭이 무엇입니까? 부처님께서 말씀하신 작은 티끌들은 곧 작은 티끌들이 아니라 이름이 작은 티끌들입니다."

須菩提야 若善男子善女人이 以三千大千世界로 碎爲微塵하면 於意云何오 是微塵衆이 寧爲多不아 甚多니이다 世尊하 何以故오 若是微塵衆이 實有者인댄 佛이 卽不說是微塵衆이니 所以者何오 佛說微塵衆이 卽非微塵衆일새 是名微塵衆이니이다

---

524 하나로 합쳐진 이치의 형상: 일합리상一合理相.

설의 앞에서는 여래의 몸이 진실함과 거짓이 아니며 가고 옴이 없다는 것을 나타내시고, 여기에서는 작은 티끌이 작은 티끌이 아니며 세계가 세계가 아님을 들어서 법의 형상이 곧 법의 형상이 아님을 밝히시니, 무슨 까닭인가? 앞에서는 부처의 진실한 몸을 나타내시어 깨달은 것도 또한 이것이며 증득한 것도 또한 이것이고, 여기에서는 법의 진실한 몸을 나타내시니 말을 거두고 자취를 떨쳐서 참된 근원에 돌아감을 보이셨다. 부처의 몸이 본래 함이 없으되 근기根機[525]를 따라 진신眞身[526]과 응신應身[527], 거래去來가 있고, 법성이 본래 남이 없으되 근기를 대하여 방편과 실제, 돈법頓法과 점법漸法이 있다. 그러므로 한 몸에 세 몸[528]을 나타내시며, 세 몸에 미진수微塵數의 몸을 나타내시고, 한 법에 삼승을 연출하시며, 삼승에 미진수의 법을 연출하시니, 실제대로 본다면 부처는 진신과 응신, 가고 옴의 다름이 없고, 법은 방편과 실제, 돈법과 점법의 다름이 없거늘, 뜻을 알지 못하는 사람은 부처의 몸이 실제 이와 같은 차별이 있다고 하고, 법문이 실제로 이와 같은 이름의 종류가 있다고 여긴다. 깨끗한 마니주가 방향을 따라 각기 나타나서 오색에 비치거든 모든 어리석은 사람은 깨끗한 마니주에 실제로 오색이 있다고 하는 것과 같다. 그러므로 부처를 말하여 이르되 만약 모양으로 보고 소리로 구하면 이는 삿된 도를 행한다고 하시며, 내지 이르되 만약 오고 간다고 말하면 이것은

---

525 근기根機: 중생 근기衆生根機.

526 진신眞身: 법신法身.

527 응신應身: 보신報身과 화신化身.

528 세 몸(三身): 법신法身, 보신報身, 화신化身.

뜻을 알지 못한 것이라고 하니, 이것은 부처의 진실한 몸을 나타낸 것이다. 법을 말하여 이르되 만약 부처가 사견四見을 설했다고 말하면 이는 뜻을 알지 못한 것이라고 하며, 내지 이르되 법의 형상이라고 말한 것은 곧 법의 형상이 아니라 하니, 이것은 법의 참된 몸을 나타낸 것이다. 일찍이 말해온 뜻을 보니 부처의 몸이 함이 없어서 두 변에 나아가나 두 변을 떠나고, 법성이 남이 없어서 이름의 종류에 나아가나 이름을 초월한다. 지금 이 두 가지 뜻은 위에 또한 그 글이 있으니 이른바 몸의 형상으로 여래를 볼 수 없으며, 이른바 32상으로 여래를 볼 수 없으며, 이른바 부처를 구족한 색신으로 보지 못한다 하였다. 이 모든 글은 부처의 진실한 몸을 나타낸 것이고, 이른바 정한 법이 있어 여래가 말씀하신 것이 없으며, 이른바 여래는 말한 바가 없으며, 이른바 너는 여래가 '나[529]는 마땅히 말한 바 법이 있다.'는 생각을 한다고 말하지 말아야 하니, 이 모든 글은 법의 참된 몸을 나타낸 것이다. 부처가 이것을 말씀하신 까닭은 다 사람의 삿된 견해를 널리 열어서 부처의 지견을 크게 열어주기 위함이니, 아래 글에 이른바 이와 같이 알고 보며, 믿고 안다는 것은 이것을 이르도다! 세계를 부수어 작은 티끌을 만든다는 것은 무엇인가? 대천大千이 같은 하나의 땅이로되 삼천 가지의 다른 이름이 있으니, 이 한 마음이 열려 삼지三 智[530]가 되며, 한 경계가 열려 삼제三諦[531]가 되며, 한 생각이 열려

---

529 나(我): 여래如來.

530 삼지三智: 도종지道種智, 일체지一切智, 일체종지一切種智, 또는 세간지世間智, 출세간지出世間智, 출세간상상지出世間上上智.

531 삼제三諦: 공가중空假中.

삼혹三惑[532]이 되며, 한 법이 열려 삼승三乘[533]이 되어 몸은 비록 하나이지만 열어서 세 가지 이름이 있는 것이다. 다시 삼천을 부수어 작은 티끌을 만든다는 것은 이 삼지三智를 열어 끝이 없는 관지觀智를 만들며, 삼제를 열어 끝이 없는 제경諦境을 만들고, 삼혹三惑을 열어 다함없는 진로塵勞의 문을 만들고, 삼승을 열어 다함없는 수다라문修多羅門을 만들어서 본래는 비록 이 세 가지이나 열어서 한량없는 것을 만든 것이다. 부처님께서 티끌세계를 들어서 공생에게 물은 것은 모든 법체의 성품을 밝히고자 한 것인데 과연 능히 실제로 있음이 아니라고 대답하니, 누른 잎이 마침내 돈이 아님을 잘 안 것이다.

前現如來之身이 非眞假無去來하시고 此擧微塵이 非微塵이며 世界ㅣ 非世界하사 以明法相이 卽非法相하시니 何也오 前則現佛眞體也라 所悟도 亦此也며 所證도 亦此也요 此則現法眞體也라 收言拂迹하사 示返眞源也시니 佛身이 本無爲로대 隨機하야 有眞應去來요 法性이 本無生이로대 對機하야 有權實頓漸하니 故로 於一身에 現三身하시며 於三身에 現微塵數身하시고 於一法에 演三乘하시며 於三乘에 演微塵數法하시니 如實而觀컨댄 佛無眞應去來之殊하고 法無權實頓漸之異어늘 不解義者는 以爲佛身이 實有如是差別하고 法門이 實有如是名數라하나니 如淨摩尼ㅣ 隨方各現하야 暎於五色이어든 諸愚癡者는 說淨摩尼에 實有五色이라 故로 說佛則云하사대 若以色見聲求하면 是行邪道라하시며 乃至

---

532 삼혹三惑: 탐진치貪瞋癡.

533 삼승三乘: 성문승聲聞乘, 연각승緣覺乘, 보살승菩薩乘.

云若言來去라하면 是不解義라하시니 此는 現佛眞體也요 說法則云하사
대 若言佛說四見이라하면 是不解義라하시며 乃至云所言法相者는 卽非
法相이라하시니 此는 現法眞體也라 嘗觀說來之意호니 佛身이 無爲하야
卽二邊而離二邊하고 法性이 無生하야 卽名數而超名數라 今此二義ㅣ
上來에 亦有其文하니 所謂不可以身相으로 得見如來며 所謂不可以三
十二相으로 得見如來며 所謂佛을 不應以具足色身으로 見이라 하니 此等
諸文은 現佛眞體也요 所謂無有定法如來可說이며 所謂如來는 無所說
이며 所謂汝ㅣ 勿謂如來ㅣ 作是念호대 我當有所說法이니 此等諸文은
現法眞體也라 佛之所以言此者는 皆爲廣闢人之邪見하사 大開佛之知
見이시니 下文에 所謂如是知見信解者ㅣ 夫是之謂歟인저 世界를 碎爲
微塵等者는 何也오 大千이 同爲一地로대 而有三千之異名하니 以此一
心이 開爲三智하며 一境이 開爲三諦하며 一念이 開爲三惑하며 一法이
開爲三乘하야 體雖是一이나 開有三名이요 復以三千으로 碎爲微塵等者
는 以此三智로 開爲無邊觀智하고 三諦로 開爲無邊諦境하고 三惑으로
開爲無盡塵勞門하고 三乘으로 開爲無盡修多羅門하야 本雖是三이나 開
爲無量이니 佛이 擧塵界하사 問空生은 欲明諸法體性이어시늘 果能答以
非實有하시니 善知黃葉竟非錢이로다

육조 부처님께서 말씀하신 삼천대천세계는 개개인의 중생 성품
위에 작은 티끌 수의 망념이 삼천대천세계 가운데 있는 작은 티끌과
같음을 비유한 것이다. 일체 중생 성품상 망념의 작은 티끌은
곧 작은 티끌이 아니니, 경經을 듣고 도를 깨달아 깨달음과 지혜가
항상 비추어 보리에 나아가며, 생각생각 머물지 않아서 항상 청정

함에 있으니 이와 같은 청정한 미진이 이름이 미진들(微塵衆)이다.

佛說三千大千世界는 以喩一一衆生性上에 妄念微塵之數ㅣ 如三千大千世界中所有微塵이요 一切衆生性上妄念微塵이 卽非微塵은 聞經悟道하야 覺慧常照하야 趣向菩提하며 念念不住하야 常在淸淨이니 如是淸淨微塵이 是名微塵衆也라

야부 만약 물에 들어가지 않으면 어찌 키 큰 사람을 보겠는가?

若不入水면 爭見長人이리요

설의 누른 잎이 돈이 아님이 옳기는 진실로 옳으나 이치는 말 밖이 아니다. 말이 곧 이치이니 어찌 모름지기 문자를 없애고 별도로 말 없는 뜻을 구하겠는가? 교학의 바다 안에서 큰 해탈을 얻고 지해知解 위에 큰 법당法幢을 세워야 이에 속 넓고 한량없는 대인이라 이를 수 있다. 또 지금 스승이 바로 티끌세계를 가지고 납승의 번뇌를 끊지 않고 열반에 들어가는 뜻을 밝혔다. 이러하다면 이른바 작은 티끌은 진로업塵勞業의 작용이 치열하게 다투어 일어나는 것을 이른다. 만약 진로 가운데서 성품에 따라 부침浮沈하여 자재함을 얻으면 속이 넓은 한 한량없는 대인이라고 이를 수 있으니, 모름지기 말한 것을 믿을지어다.

서리 오는 날 굳센 풀을 알 수 있고,
불 속에서 정제된 금(精金)을 볼 수 있네.

660

黃葉非錢이 是則固是나 理非言外라 卽言卽理니 何須拂去文字하고 別
求忘言之旨乎리요 敎海裏에 得大解脫하고 知解上에 建大法幢하야사
乃可謂寬腸沒量大人也라 又今師ㅣ 直取塵界하야 以明衲僧에 不斷煩
惱하고 以入涅槃之義也니 伊麼則所謂微塵은 塵勞業用熾然競作之謂
也라 若向塵勞中하야 任性浮沈하야 而得自在하면 則可謂寬腸沒量大
人也니 須信道어다

霜天에 知勁草요 火裏에 見精金이니라

송 한 티끌이 겨우 일어남에 그림자가 허공을 가리나니
삼천을 부수어 수가 다함이 없도다!
들 늙은이는 수습할 수 없어서
비를 따르고 또 바람을 따르는 데 맡겨 두도다!

一塵纔起翳磨空하니 碎抹三千數莫窮이로다
野老는 不能收拾得하야 任敎隨雨又隨風이로다

영각靈覺에 대한 이름의 종류가 태청太淸[534]에 대한 작은 티끌과 같아
서, 작은 티끌을 다 셀 수 없으니 이름의 종류도 또한 그와 같다.

납승은 스스로 한 글자도 없는 것을 알아서
이름의 종류가 어지럽게 종횡하는 것을 따르게 두도다!
또 이 속에 예로부터 한 물건도 없으니

534 태청太淸: 하늘. 아주 맑은 허공.

밝기가 맑은 하늘에 한 점 노을이 끊긴 것과 같네.
한 생각이 겨우 일어남에 성품 공한 것 어두워지니
모든 망상 다투어 일어나 넓고 끝이 없네.
납승은 스스로 망념이 원래 없다는 것 알아
제거하고 끊는 데에 무심無心하여 부침浮沈에 맡기도다!
이 납승이 망상을 끊지 않는다고 비웃지 말라.
불 속에서 난 연꽃은 끝내 무너지지 않네.

名數之於靈覺이 猶微塵之於太淸하야 微塵을 不勝數하니 名數도 亦如然이라

衲僧은 自知無一字하야 從敎名數亂縱橫이로다
又箇裏에 從來無一物하니 瑩若淸空絶點霞라
一念纔起性空暗하니 諸妄이 競作浩無邊이라
衲僧은 自知妄元無하야 無心除斷任浮沈이로다
休笑此衲不斷妄하라 火裏生蓮終不壞니라

"세존이시여, 여래께서 이르신 삼천대천세계가 곧 세계가 아니라 이 이름이 세계이니, 어째서입니까? 만약 세계가 실제로 있다면 곧 이것은 하나로 합쳐진 형상[535]이니, 여래가 말씀하신 하나로 합쳐진 형상은 곧 하나로 합쳐진 형상이 아니라 이

535 하나로 합쳐진 형상: 일합상一合相.

662

이름이 하나로 합쳐진 형상입니다." "수보리여, 하나로 합쳐진 형상은 곧 말할 수 없는데, 다만 범부들이 그 일에 탐내어 집착한다."

世尊하 如來所說三千大天世界ㅣ 卽非世界일새 是名世界니 何以故오 若世界ㅣ 實有者인댄 卽是一合相이니 如來ㅣ 說一合相은 卽非一合相일새 是名一合相이니이다 須菩提야 一合相者는 卽是不可說이어늘 但凡夫之人이 貪着其事니라

설의 작은 티끌이 이미 실제로 있는 것이 아니라면 삼천도 또한 실제로 있는 것이 아니다. 삼천이 실제가 아니로되 삼천이라는 이름이 있음은 다만 그 이름을 빌려서 경계를 나눈 것일 뿐이니, 그 실제인즉 어찌 삼천이 다름이 있겠는가? 어떤 까닭에 그러한가? 한 땅은 실제이고 삼천은 가짜이니, 한 땅이 실제인 까닭에 하나로 합쳐진 형상이 되고, 삼천이 가짜인 까닭에 하나로 합쳐진 형상이 아니다. 삼천이 만약 실제라면 곧 하나로 합쳐진 형상이고, 다른 모양이 아니로되 다만 다른 모양이요, 하나로 합쳐진 형상이 아니므로 그래서 삼천이 곧 실제로 있는 것이 아니다. 삼천이 이미 실제 있는 것이 아니라면 한 땅도 또한 실제로 있는 것이 아니니, 어째서인가? 삼천이 한 땅의 밖이 아니고, 한 땅이 또한 삼천 밖이 아니니 이것이 진실로 하나로 합쳐진 형상이다. 말의 형상이 적멸하거늘 다만 모든 범부들이 그 까닭을 알지 못하여 삼천을 말하면 삼천의 이름을 취하고, 한

땅을 말하면 한 땅의 지해知解[536]를 내니, 이름과 수(名數)[537]가 이미 실제로 있는 것이 아니라서 삼승도 또한 실제로 있는 것이 아님을 밝혔으니, 삼승이 실제가 아니되 삼승의 이름이 있는 것은 다만 그 이름을 빌려서 그 뿌리에 닿고자 한 것일 뿐이다. 그런데 실제로 어찌 삼승의 다름이 있겠는가? 어떤 까닭으로 그러한가? 일승은 실도實道이고 삼승은 권도權道이다. 일승이 실도인 까닭에 하나로 합쳐진 형상이 되고, 삼승이 권도인 까닭에 하나로 합쳐진 형상이 아니다. 삼승이 만약 실도라면 곧 이것이 하나로 합쳐진 형상이고, 다른 형상이 아니로되 다만 이것은 다른 형상이고, 하나로 합쳐진 형상이 아니다. 그러므로 삼승이 곧 실제로 있는 것이 아니니, 삼승이 이미 실제로 있는 것이 아니라면 일승도 또한 실제로 있는 것이 아니다. 어째서인가? 삼승이 일승에서 벗어나지 않으며, 일승도 또한 삼승을 벗어나지 않으니 이것이 진실한 하나로 합쳐진 형상이다. 말의 형상이 적멸하거늘 다만 모든 범부들이 그 까닭을 알지 못하여 삼승을 말하면 삼승의 이름을 취하고, 일승을 말하면 일승의 지해知解를 내니, 이른바 잘못 아는 것이다. 어찌 일찍이 방편을 알았겠는가 한 것이 이것이로다! 다만 하나로 합쳐진 형상 같은 것은 또한 어떻게 말하겠는가? 제연諦緣[538]과 육도六度[539]와 일승이 혼연混然히 한맛이라 분석하기 어렵다. 하나로 합쳐진 형상이 아닌 것은 또 어떻게 말하는

---

536 지해知解: 알음알이.

537 이름과 수(名數): 사물에 특정의 수를 붙여 호칭하는 것.

538 제연諦緣: 사제四諦와 12연기十二緣起.

539 육도六度: 육바라밀六波羅密.

가? 한 강을 비록 그렇게 나눌 수 없으나 코끼리와 말과 토끼 이 셋[540]이 다른 것을 어찌하겠는가? 그렇다면 다만 다른 형상을 응당 집착하지 말아야 할 뿐만 아니라 하나로 합쳐진 형상도 또한 고수固守해서는 안 된다.

微塵이 旣非實有인댄 三千도 亦非實有니 三千이 非實이로대 而有三千之名者는 但假其名하야 以分其界而已라 而其實則豈有三千之異乎리요 何以故然고 一地는 是實이요 三千은 是假니 一地ㅣ 是實故로 爲一合相也요 三千이 是假故로 非一合相也라 三千이 若實인댄 卽是一合相이요 而非異相이로대 但是異相이요 而非一合相일새 所以로 三千이 卽非實有요 三千이 旣非實有인댄 一地도 亦非實有니 何則고 三千이 不外乎一地하고 一地ㅣ 亦不外乎三千이니 是眞一合相이라 言詞相이 寂滅이어늘 但諸凡夫人이 不解其所以하야 語三千而取三千之名하고 語一地而生一地之解하나니 以明名數ㅣ 旣非實有인댄 三乘도 亦非實有니 三乘이 非實이로대 而有三乘之名者는 但假其名하야 以接其根而已라 而其實則豈有三乘之異乎리요 何以故然고 一乘은 是實이요 三乘은 是權이라 一乘이 是實故로 爲一合相也요 三乘이 是權故로 非一合相也니 三乘이 若實인댄 卽是一合相이요 而非異相이로대 但是異相이요 而非一合相일새 所以로 三乘이 卽非實有니 三乘이 旣非實有인댄 一乘도 亦非實有라 何則고 三乘이 不外乎一乘하며 一乘도 亦不外乎三乘이니 是眞一合相

---

540 코끼리와 말과 토끼(象馬兎): 강바닥에 발을 디디고 강을 바로 건너는 코끼리는 상근기, 물에 뜨지만 강을 비교적 잘 건너는 말은 중근기, 물에 떠내려가며 힘들게 강을 건너는 토끼는 하근기를 뜻한다.

이라 言詞相이 寂滅이어늘 但諸凡夫人이 不解其所以하야 語三乘而取三乘之名하고 語一乘而生一乘之解하니 所謂錯認이라 何曾解方便者ㅣ是已로다 只如一合相은 且作麽生道오 諦緣六度并一乘이 混然一味難分析이요 非一合相은 又作麽生道오 一河를 雖然不可分이나 象馬兎三이 爭奈異리오 伊麽則非但異相을 不應執이라 一合相도 亦不可守니라

육조 삼천이라는 것은 이치를 잡아 말하건대 곧 탐진치貪瞋癡의 망념이 각기 일천의 수를 갖추고 있고, 마음이 선악의 근본이라 범부가 되고 성인이 되어 동정動靜을 가히 헤아릴 수 없고, 광대하여 끝이 없는 까닭으로 이름이 대천세계이다. 마음 가운데 분명한 것이 자비와 지혜 두 법을 지나가는 것이 없어서 이 두 가지 법에 말미암아 보리를 얻으니, 하나로 합쳐진 형상을 말한 것은 마음에 얻은 바가 있는 까닭에 곧 하나로 합쳐진 형상이 아니고, 마음에 얻은 바가 없으므로 이 이름이 하나로 합쳐진 형상이니, 하나로 합쳐진 형상이란 거짓 이름을 무너뜨리지 않고 실상實相을 말하는 것이니, 자비와 지혜의 두 법을 말미암아 부처님 과보인 보리를 성취하는지라 말로 다할 수 없으며, 오묘奧妙하여 말할 수 없거늘 범부는 문자 사업에 탐내고 집착하여 자비와 지혜의 두 법을 실천하지 않고 위없는 보리를 구하니, 무엇을 말미암아 얻을 수 있겠는가?

三千者는 約理而言컨댄 卽貪瞋癡妄念이 各具一千數也요 心爲善惡之本이라 能作凡作聖하야 動靜을 不可測度하야 廣大無邊故로 名大千世界라 心中明了호미 莫過悲智二法하니 由此二法하야 而得菩提니 說一

666

合相者는 心有所得故로 卽非一合相이요 心無所得일새 是名一合相이
니 一合相者는 不壞假名하야 而談實相이니 由悲智二法하야 成就佛果
菩提라 說不可盡이며 妙不可言이어늘 凡夫之人은 貪着文字事業하야
不行悲智二法하고 而求無上菩提하니 何由可得이리요

야부 잡아 빼앗고 놓아 엶이여[541]! 병졸은 대장인을 따라 움직이
도다!

捏聚放開여 兵隨印轉이로다

설의 어떤 때에는 셋을 열고 어떤 때에는 하나로 합치니, 하나로
합친 즉 셋이며 셋을 엶이 곧 하나다. 셋과 하나가 서로 떠나고 셋과
하나가 서로 만나니, 셋이 아니면서 셋이고 하나가 아니면서 하나이
다. 셋과 하나가 모두 그르고 셋과 하나가 모두 옳으니, 이러하다면
살殺과 활活이 때를 따르고 거두고 놓음이 자유로다!

有時에 開三하고 有時에 合一하니 合一卽三이며 開三卽一이라 三一이
相離하고 三一이 相卽하니 非三而三이요 非一而一이라 三一이 俱非하고
三一이 俱是하니 伊麽則殺活臨時하고 收放自由로다

---

541 날취방개捏聚放開: 살활殺活의 다른 표현.

송 덩어리(渾圇)[542]는 두 조각을 이루고

쪼개고 깨뜨려야 도리어 둥그니

잘게 씹되 깨물어 깨뜨리지 말아야

바야흐로 맛이 온전함을 알리라.

渾圇은 成兩片이라 擘破하야사 却團圓이니

細嚼莫咬破하라 方知滋味全하리라

다르지 않다고 말하고자 하나 다른 것을 어찌하며, 하나가 아니라고 말하고자 하지만 하나인 것을 어찌하겠는가? 셋과 하나를 비우고자 하나 도리어 셋과 하나이다. 셋과 하나가 바야흐로 본래 원만히 이루어져 있음을 알도다! 또 한 본本에 이르기를 잘게 씹고 공연히 부수지 말라고 하니, 이치의 극치는 모름지기 뜻을 붙여 정밀하고 자세하게 살펴야 하고, 우연히 생각해 지나치지 말아야 한다. 옛사람이 말씀하시되 있음을 아는 사람은 잘게 씹어서 삼키고, 있음을 알지 못하는 사람은 덩어리째로 대추를 삼키는 것과 아주 같다 하시니, 뒤에 두루 이루어지는 자리는 정밀하게 자세히 살펴야 비로소 응당 알 것이다.

欲言非異인댄 爭奈異며 欲言非一인댄 爭奈一이리요 欲空三一이 還三一이라 三一이 方知本圓成이로다 又一本에 云細嚼莫空碎라하니 理之極致는 要須着意精詳이요 不應偶然念過니 古人이 道하사대 知有底人은 細嚼來嚥하고 不知有底人은 一似渾圇吞可棗라하시니 末後圓成處는 精詳하

야사 始應知니라

종경 세계를 부수어 작은 티끌 같게 하시니 자존[543]께서 비유하심
이 교묘巧妙하고 현요玄要[544]하고, 방편(權道)의 이름을 세워 실상을
말씀하시니 범부의 탐내어 구하는 뜻이 끊어졌도다! 이렇게 알면[545]
근본에 돌아가고 근원에 돌아가서 깨달음을 등지고 티끌과 합쳐지
고, 이렇게 알지 아니하면[546] 지혜가 모든 부처와 같으며 자비는
중생과 합치되고, 모두 이렇지 않으면[547] 큰 신령이 손을 들되 많은
일이 없어서[548] 화산華山 천만 겁을 쪼개어 깨뜨릴 것이다.

以世界로 碎如微塵하시니 慈尊이 喩巧而玄要요 立權名하사 談其實相
하시니 凡夫ㅣ 意絶於貪求로다 與麼會得하면 返本還源하야 背覺合塵
이요 不與麼會하면 智同諸佛하야 悲合衆生이요 摠不與麼하면 巨靈擡
手無多子하야 分破華山千萬重하리라

설의 세계를 부수어 티끌을 만듦이여! 비유가 교묘하고 뜻이 깊다.
방편을 의지하여 실상을 나타냄이여! 범부는 추구함을 끊도다! 실상
을 나타내면 지혜와 경계[549]가 온전히 드러나고, 추구함을 끊으면

---

543 자존慈尊: 부처님.
544 현요玄要: 뜻이 깊다는 뜻.
545 이것이 전부인 줄 알고 거기에 머물러 있는 것.
546 이것에 탐착하지 않고 다시 살아나는 것.
547 이러하고 이러하지 않은 것을 모두 치는 것. 살활 동시.
548 무다자無多子: 큰 일, 많은 일, 복잡한 일이 없다는 뜻.

번뇌(塵勞)가 문득 쉬어진다. 번뇌를 쉬면 지혜의 태양이 높이 떠올라 어두운 길이 크게 밝아져서 위로는 모든 부처와 동등하고, 번뇌에 순종하면 자비로운 구름이 널리 펴져 감로수가 널리 윤택하게 하여 아래로 중생과 합치된다. 또한 진로를 쉬지 않으며 또한 진로에 따르지 않음이여! 큰 신령이 손을 들어 위엄으로 땅을 움직이니 만 겹의 산이 한 번 치는 데서 열리도다!

碎界爲塵이여 喩巧意玄이요 依權顯實이여 凡絶追求로다 顯實相則智境이 全彰하고 絶追求則塵勞ㅣ 頓息이니 息塵勞則智日이 高懸에 昏衢大朗하야 上同諸佛하고 順塵勞則慈雲이 廣布에 甘露普潤하야 下合衆生이요 亦不息塵勞하며 亦不順塵勞여 巨靈이 擡手威動地하니 萬重山向一搥開로다

송 하나의 생애를 본래 거두지 않으니
  종전의 만법이 다 짝이 없네.
  삼천세계를 가벼이 쪼개어 깨니
  바로 항하사 물이 거꾸로 흐르도다!

  一段生涯를 本不收하니 從前萬法이 盡非儔라
  輕輕擘破三千界하니 直得恒河水逆流로다

  한 법이 본래 있어서 거둘 수가 없고,

---

549 지혜는 주관, 경계는 객관.

만법이 뿌리가 없어서 모두 진실이 아니니,

법과 법을 알아 본원에 돌아가서

사람마다 풍파 따름을 면하게 하도다!

一法이 本有라 不可收요 萬法이 無根이라 摠非眞이니

法法會來歸本源하야 免敎人人逐風波로다

요지 먼저 경문에서 삼천대천세계를 부수어 미진을 만들면 그 수가 많은가라는 부처님의 질문에 수보리는 매우 많다고 답하고, 그 이유로 이 미진들이 실제 있다면 부처는 곧 미진들이라고 말하지 않았을 것이라고 하면서 부처님께서 미진들이라고 말씀하신 것은 곧 미진이 아니라 이름이 미진이라고 그 이유를 말했다. 또 수보리는 여래가 말한 삼천대천세계는 세계가 아니라 이름이 세계인데, 그 이유는 세계가 실제로 있다면 곧 하나로 합쳐진 형상이니 하나로 합쳐진 형상이라 말한 것은 하나로 합쳐진 형상이 아니라 이름이 하나로 합쳐진 형상이라고 하였다. 이에 세존은 하나로 합쳐진 형상은 말할 수 없는데 범부들은 그 일에 집착한다고 하였다.

육조스님은 부처님께서 말씀하신 삼천대천세계는 모든 중생 성품 상의 망념 미진의 수가 삼천대천세계에 있는 미진과 같다고 하고, 이것이 미진이 아니라는 것은 가르침을 듣고 깨달아서 그 지혜가 항상 비춰서 청정한 것인데 이같이 청정한 미진이 이름이 미진이라 한다고 하였다. 좀 더 구체적으로 삼천이란 탐진치 망념이 각기 1천씩을 갖춘 것이라 했다. 마음은 선악의 근본으로 범인凡人이 되기도

하고, 성인聖人이 되기도 하여 헤아릴 수 없고 한없이 광대하여 이름이 대천세계라 한다고 했다. 하나의 합쳐진 형상을 말한 것은 마음에 얻은 것이 있는 까닭에 곧 하나로 합쳐진 형상이 아니라 하고, 마음에 얻음이 없으므로 이 이름이 하나로 합쳐진 형상이라 한다고 했다. 하나로 합쳐진 형상이란 가명假名을 가지고 실상實相을 말한 것으로 보았다. 지혜와 자비로 보리를 성취하는데, 범부들은 문자 사업에 탐착하여 지혜와 자비는 실천하지 않고 위없는 보리를 추구하니 얻을 수 없다고 지적했다.

여기에 야부스님은 물에 들어가지 않으면 키 큰 사람을 볼 수 있겠는가라고 하고, 송頌에서 한 먼지가 허공을 가리니 부수어서 이루어진 삼천은 수를 헤아릴 수 없다고 하면서 들 늙은이는 이를 수습할 수 없어 맡겨서 비바람을 따르게 한다고 읊었다. 또 그는 잡아서 빼앗고 놓아서 열기를 병사들은 대장인을 따라서 한다고 하고, 한 덩어리는 두 조각이라 쪼개서 깨야 곧 둥근 것이 되니 세밀하게 씹되 깨물어서 깨지 않아야 전체 맛을 알 수 있다고 송으로 읊었다.

종경스님은 세계를 부수어 미진과 같이 한다는 것은 부처님께서 방편을 가지고 실상을 말씀하신 것으로서 범부들의 탐내고 추구하는 마음을 끊은 것이라 했다. 이렇게 알면 본원으로 돌아가 깨달음을 등지고 티끌과 합치되고, 이렇게 알지 않으면 지혜가 모든 부처와 같아져서 자비가 중생과 합치하며, 둘 다가 아니면 큰 신이 손을 드는 데 복잡한 것이 없어서 천만 겹의 화산을 쪼개어 깬다고 했다. 그리고 한 생애를 거두지 않으니 만법이 다 짝이 아니고, 가볍게 삼천의 세계를 쪼개어 깨니 바로 항하의 물이 역류한다고 읊었다.

전체적으로 이를 통괄하면서 함허스님은 먼저 부처님의 말씀에 대하여 그 앞의 내용과 연관하여 설명하고 있다. 앞에서 여래의 몸은 참과 거짓, 가고 옴이 없다고 하고, 여기서는 미진이 미진이 아니고 세계가 세계가 아니라고 하여 법의 형상이 법의 형상 아님을 밝혔다고 했다. 즉 앞에서는 부처의 참된 몸을 드러냈고, 여기서는 법의 참된 몸을 드러내서 주객관이 모두 연기현상이고 공임을 설명한다고 했다. 부처의 몸은 본래 함이 없지만 근기를 따라 법신法身과 응신應身, 가고 옴이 있고, 법의 성품은 본래 남이 없지만 근기를 대하여 권교權敎와 실교實敎, 돈교頓敎와 점교漸敎가 있다고 했다. 그래서 한 몸에 세 몸을 드러내고 세 몸에서 미진수의 몸을 드러낸다고 하고, 한 법에서 삼승을 연출하고 삼승에서 미진수의 법을 연출한다고 하였다. 그런데 부처의 몸에 이런 차별이 있고 법문에 이런 이름의 종류가 있다고 하는 것은 정마니주淨摩尼珠가 방향을 따라 오색五色이 나오는데 어리석은 사람이 오색이 실제 있다고 말하는 것과 같다고 했다. 부처의 참된 몸과 가르침은 형상과 주객을 떠나있다는 것을 앞의 경문의 내용을 가져와 설명하고 있다.

그리고 이 부분 경문에서 세계를 부수어 미진을 만든다는 등의 부처님 가르침에 대하여 대천大千도 같은 하나의 땅이지만 3천 가지의 다른 이름이 있으니 일심一心이 삼지三智가 되고, 일경一境이 삼제三諦가 되고, 일념一念이 삼혹三惑이 되고, 일법一法이 삼승三乘이 되어 본체는 하나이지만 열어서 세 가지 이름이 되고, 이 세 가지가 다시 끝없고 다함없는 것이 되니 본래는 셋이지만 열어서 무량한 것이 되어 부처님께서 티끌세계를 들어 법체의 성품을 밝히고자 했는데,

수보리가 실제로 있는 것이 아니라고 대답하여 누른 잎이 끝내 돈이 아님을 잘 안 것과 같다고 설명하였다.

다음은 부처님께서 말씀하신 일합상一合相, 즉 한 덩어리로 된 모양은 일합상이 아니기 때문에 일합상이라고 이름함에 대하여 삼천대천세계가 실제로 있는 것이 아니며 하나의 땅도 또한 실제로 있는 것이 아니라고 했다. 삼천대천세계가 한 땅을 벗어나지 않고 한 땅도 또한 삼천대천세계를 벗어나지 않아 이것이 참으로 일합상이라 했다. 이런 말의 형상이 적멸한데 범부들은 그 까닭을 알지 못하고 삼천을 말하면 삼천을 취하고, 한 땅을 말하면 한 땅이라는 알음알이를 낸다고 하였다. 삼승三乘도 실제로 있는 것이 아니라 대중을 가르치기 위한 것으로서 실제로 다른 뭐가 있는 것이 아니라 하였다. 삼승이 일승을 벗어나지 않고 일승이 또한 삼승을 벗어나지 않기 때문에 삼승이 실제로 있는 것이 아니라면 일승도 또한 실제로 있는 것이 아니라고 하였다. 이것이 참으로 하나로 합쳐진 형상이어서 말의 형상도 적멸한데, 범부는 그 까닭을 알지 못하고 삼승을 말하면 삼승을 취하고 일승을 말하면 일승이라는 알음알이를 낸다고 하였다. 그래서 하나로 합쳐진 형상이라는 것은 사제四諦, 연기緣起, 육도六度, 일승一乘이 혼연히 한맛이라서 분석하기 어려운 것이고, 하나로 합쳐진 형상이 아니라는 것은 하나의 강물을 비록 나눌 수 없지만 코끼리, 말, 토끼[550] 셋이 다름을 어찌하겠는가라고 했다. 이러하다면 다른 형상에 집착하지 말아야 할 뿐 아니라, 하나로 합쳐진 형상도 고수固守하지 말아야

---

550 코끼리는 상근기, 말은 중근기, 토끼는 하근기를 각각 상징한다.

한다고 하였다.

물에 들어가야 키 큰 사람을 알 수 있다고 한 야부의 말에 대하여 이치는 말 밖이 아니기 때문에 문자를 떠나서 따로 말 없는 뜻을 구할 수 없다고 하면서 가르침(敎海) 안에 대해탈이 있고 지해知解 위에 큰 법당을 세워야 속이 넓은 한량없는 대인이라 이를 수 있다고 했다. 지금 스님이 번뇌를 끊지 않고 열반에 드는 뜻을 밝혀서 미진微塵 은 진로塵勞와 업의 작용이 치열하게 일어남을 이른다고 했다. 세속의 번뇌(塵勞) 가운데 성품을 따라 부침浮沈하여 자재自在함을 얻으면 속 넓은 한량없는 대인이라고 했다. 그리고 서리 내리는 날씨가 돼야 굳센 풀을 알 수 있고, 불 속에서 정제된 금을 얻을 수 있다고 했다. 야부의 송에 대하여 미진의 수는 다 셀 수가 없는데 이름의 수도 그렇다고 했다. 가르침의 종류가 어지럽지만 본래 그 안에는 한 물건도 없어서 밝기가 맑은 하늘 같고 한 점의 노을도 없는데 한 생각이 겨우 일어나면 성품의 공함이 가려져 망상이 다투어 일어나 끝이 없다고 했다. 그리고 납승은 망상이 본래 없음을 알아서 끊는 데 무심해서 부침에 맡긴다면서 불 속에 핀 연꽃이 끝내 무너지지 않는다 고 했다. 잡아 빼앗고 놓아 연다는 야부의 발언에 대하여 어떤 때는 셋으로 나누고 어떤 때는 하나로 합치니, 하나가 셋이고 셋이 하나이기 도 하고 아니기도 하다고 하면서 살활이 때를 따르고 거두고 놓음이 자유라 하였다. 야부의 송에 대하여 하나와 셋은 다르지도 않고 같지도 않다고 하면서 본래 원융하게 이루어져 있음을 알겠다고 하였다.

종경스님의 설명에 대하여 실상을 드러내면 지혜의 경계가 온전히 드러나고, 추구함을 끊으면 세속의 번뇌가 문득 쉬어지니 세속 번뇌를 그치면 지혜가 어두운 길을 밝혀 위로 모든 부처와 같아지고, 세속의 번뇌를 따르면 자비로운 구름이 널리 펴져 감로甘露가 중생과 합치된 다고 하였다. 세속 번뇌를 쉬지도 않고 따르지도 않는 것은 큰 신령이 손을 들어 위엄이 천지를 진동해서 만 겹의 산과 강을 한 주먹으로 여는 것과 같다고 하였다. 그의 게송에 대하여 한 법은 거둘 수 없고 만법은 뿌리가 없어 참된 것이 아니라고 하고, 모든 존재를 알아 본원으로 돌아가서 사람들로 하여금 풍파 따름을 면하게 한다고 하였다.

지견이 나지 않음 제31
知見不生分 第三十一

"수보리여, 만약 사람이 말하되 부처님께서 아견, 인견, 중생견, 수자견을 말씀하신다고 하면 수보리여, 그대의 생각에 어떠한가? 이 사람이 내가 말한 뜻을 알았는가, 알지 못했는가?"

"알지 못했습니다, 세존이시여. 이 사람은 여래께서 말씀하신 뜻을 알지 못했으니, 무슨 까닭인가? 세존께서 말씀하신 아견, 인견, 중생견, 수자견은 곧 아견, 인견, 중생견, 수자견이 아니라 이 이름이 아견, 인견, 중생견, 수자견입니다."

須菩提야 若人이 言佛說我見人見眾生見壽者見이라하면 須菩提야 於意云何오 是人이 解我所說義不아 不也니이다 世尊하 是人이 不解如來所說義니 何以故오 世尊이 說我見人見眾生見壽者見은 卽非我見人見眾生見壽者見일새 是名我見人見眾生見壽者見이니이다

육조 여래께서 이 경전을 말씀하셔서 일체 중생들로 하여금 스스로 반야의 지혜를 깨달아서 스스로 보리의 과보를 닦아 증득하게 하셨거늘 범부들이 부처님의 뜻을 알지 못하여 곧 여래께서 아견, 인견 등의 견해를 말씀하셨다고 하니, 여래께서 매우 깊은 무상無相, 무위無爲의 반야바라밀법 말씀하심을 알지 못한 것이다. 여래께서 말씀하신 아견, 인견 등의 견해는 범부의 아견, 인견 등의 견해와 같지 않으니, 여래께서 일체 중생이 모두 불성을 가지고 있다고 말씀하신 것이 참다운 아견我見이고, 일체 중생의 무루無漏의 지혜 성품이 본래 스스로 구족具足하다고 말씀하신 것이 인견人見이고, 일체 중생이 본래 번뇌가 없다고 말씀하신 것이 중생견衆生見이고, 일체 중생의 성품이 본래 스스로 나지도 않고 사라지지도 않는다고 말씀하신 것이 수자견壽者見이다.

如來ㅣ 說此經하사 令一切衆生으로 自悟般若智하야 自修證菩提果케 하야시늘 凡夫之人이 不解佛意하야 便爲如來ㅣ 說我人等見하니 不知 如來ㅣ 說甚深無相無爲般若波羅密法이라 如來所說我人等見은 不 同凡夫我人等見하니 如來ㅣ 說一切衆生이 皆有佛性이 是眞我見이요 說一切衆生의 無漏智性이 本自具足이 是人見이요 說一切衆生이 本無 煩惱ㅣ 是衆生見이요 說一切衆生性이 本自不生不滅이 是壽者見也라

※

"수보리여, 아뇩다라삼먁삼보리의 마음을 낸 사람은 일체 법에 이와 같이 알며, 이와 같이 보며, 이와 같이 믿고 알아서 법상法

相⁵⁵¹을 내지 않아야 하니, 수보리여, 말한 바 법상이라는 것은 여래께서 말씀하시되 법상이 아니라 이 이름이 법상이다."

須菩提야 發阿耨多羅三藐三菩提心者는 於一切法에 應如是
知하며 如是見하며 如是信解하야 不生法相이니 須菩提야 所言
法相者는 如來說卽非法相일새 是名法相이니라

설의 법상이 곧 법상이 아님을 바로 나타내서서 위의 티끌세계가 티끌세계가 아니라는 비유와 합치하니, 말씀하신 바가 한량없으시거늘 특별히 사견四見을 든 것은 이것이 삼승三乘이 끊은 거칠고 미세한 미혹의 모든 이름이며, 팔만사천 모든 망염妄染의 숫자이기 때문이다. 그러므로 위에서부터 자주 말씀하고 여기에 특별히 들어 질문하셨을 뿐이니, 능치能治와 소치所治⁵⁵²의 모든 법이 다 실제 있는 것이 아님을 관통하여 밝히고자 뜻하신 것이다. 부처님께서 말씀하신 아견, 인견, 중생견, 수자견이 곧 아견, 인견, 중생견, 수자견이 아니라고 하시니 이것으로 예를 들어보면 부처님께서 말씀하신 사성제四聖諦가 사성제가 아니며, 부처님께서 말씀하신 18가지 불공법不共法⁵⁵³이 18가지

---

551 법상法相: 법法이라는 관념.
552 능치能治와 소치所治: 능치는 교화하는 부처님, 소치는 교화 받는 중생. 달리는 경계가 고요한 것을 소치, 마음이 비어 있는 것을 능치라고도 한다.
553 십팔불공법十八不共法: 중생과 다른 부처님만이 가진 18가지 능력. 신무실身無失, 구무실口無失, 염무실念無失, 무이상無異想, 무불정심無不定心, 무불지기사無不知己捨, 욕무멸欲無減, 정진무멸精進無減, 염무멸念無減, 혜무멸慧無減, 해탈무

불공법이 아니며, 내지 8만4천 다라니 문이 8만4천 다라니 문이
아니다. 이러하다면 처음 사제四諦의 가르침을 펴는 데서부터 반야를
말씀하시는 지금에 이르기까지 말씀하신 바의 모든 법이 한 글자도
눈앞에 걸어 둘 것이 없으며 한 말도 가슴속에 기억할 것이 없으니,
이른바 하나의 형상과 하나의 맛이 구경究竟의 열반이라서 항상 적멸
의 형상이 여기에 나타나니 여기에서 부처님 지견知見을 깨달을 수
있으며 부처님의 지견에 들어갈 수 있고, 여기에 참되고 바른 신심信心
을 낼 수 있으며 참되고 바른 미묘한 이해(妙解)를 얻을 수 있으니,
어찌 말의 가르침에 걸려서 구경으로 삼아 이름과 수 가운데 떨어져
있겠는가? 그래서 이르시되 보리심을 낸 사람은 일체의 법에서 이와
같이 알고 보며, 이와 같이 믿고 알아서 법상法相을 내지 말아야
한다 하시며, 말한 바의 법상이란 곧 법상이 아니므로 법상이라고
이름한다는 데까지 이르시니, 일체 법一切法 이 석 자는 모두 대승과
소승법을 포함하며, 비법상非法相이라는 석 자는 말씀하신 모든 법이
다 실상의 미묘한 공空에 돌아감을 관통하여 밝혔다. 어찌하여[554]
이 모두 실상實相의 미묘한 공에 돌아가는가?

　천 겹 온 둘레에 뒤섞임(廻互)[555]이 없으니,

멸해탈무멸解脫無滅, 해탈지견무멸解脫知見無滅, 일체신업수지혜행一切身業隨智慧行, 일
체구업수지혜행一切口業隨智慧行, 일체의업수지혜행一切意業隨智慧行, 지혜지
과거세무애智慧知過去世無礙, 지혜지미래세무애智慧知未來世無礙, 지혜지현재
세무애智慧知現在世無礙.

554　즘생怎生: 즘마怎麼라고도 하는데, 여하如何와 같은 뜻이다.
555　회호回互: 이것과 저것이 서로 번갈아 섞여 들어간다는 뜻. 예를 들면 육근六根이

대가大家[556]는 이루어진 데에 고요히 자리해 있도다!

正顯法相이 卽非法相하사 合上塵界非塵界之喩也하시니 所說이 無量
이어시늘 特擧四見者는 此是三乘의 所斷麤細惑之摠名이며 八萬四千諸
妄染之頭數일새 故로 上來에 頻說之하시고 於此에 特擧問耳시니 意通明
能治所治一切諸法이 皆非實有也라 佛說我見人見衆生見壽者見이 卽
非我見人見衆生見壽者見이라하시니 以此例之컨댄 則佛說四聖諦ㅣ
卽非四聖諦며 佛說十八不共法이 卽非十八不共法이며 乃至八萬四千
多羅尼門이 卽非八萬四千多羅尼門이니 伊麼則從初轉四諦로 至今談
般若히 所說諸法이 無一字도 可以掛在目前이며 無一言도 可以記在胸
中이니 所謂一相一味ㅣ 究竟涅槃이라 常寂滅相이 於是乎現이니 於此
에 可以悟佛知見하며 入佛知見이요 於此에 可以發眞正信心하며 得眞
正妙解也니 豈可泥言敎而爲究竟하야 墮在名數之中也리요 所以로 云
하사대 發菩提心者는 於一切法에 應如是知見하며 如是信解하야 不生法
相이라하시며 以至云所言法相者는 卽非法相일새 是名法相이라하시니
一切法三字ㅣ 摠該大小乘法이요 非法相三字ㅣ 通明所說諸法이 皆歸
實相妙空이니 怎生是皆歸實相妙空고

경계를 두고 소리와 색 등을 변별할 수 있는 것을 근根과 경境, 즉 주관과
객관이 회호回互한다고 말한다. 『화엄경』에서 말하는 이理와 사事의 관계도
서로 섞인 측면은 회호, 그러나 서로 다른 측면은 불회호不回互라고 할 수
있다.

556 대가大家: 여기서 대가는 대중, 뛰어난 사람, 천자, 주인 등의 여러 뜻 가운데
대중에 가깝다. 문맥으로 봐서 일체 모든 존재의 의미를 갖는다고 할 수
있다.

千重百匝無廻互하니 大家静處薩婆訶로다

육조 보리심을 낸 사람은 일체 중생이 다 불성이 있음을 알아야
하며[557], 일체 중생의 무루종지無漏種智[558]가 본래 스스로 구족돼
있음을 알아야 하며, 일체 중생의 자성自性이 본래 생멸이 없는
것을 믿어야 한다. 일체 지혜 방편을 실행하여 사물을 만나고
중생을 이롭게 하나 주관과 객관(能所)의 마음을 짓지 않는다.
입으로는 형상 없는 법을 말하되 마음에 주관과 객관이 있으면
곧 법상이 아니고, 입으로는 형상 없는 법을 말하고 마음으로
형상 없는 행동을 하여 마음에 주관과 객관이 없으면 이 이름이
법상이다.[559]

發菩提心者는 應知一切衆生이 皆有佛性이며 應知一切衆生의 無漏種
智ㅣ 本自具足이며 應信一切衆生의 自性이 本無生滅이니 雖行一切智
慧方便하야 接物利生이나 不作能所之心이라 口說無相法호대 而心有
能所하면 卽非法相이요 口說無相法하고 心行無相行하야 而心無能所
하면 是名法相也라

---

557 응지應知: 언해본에는 두 번 나온 '응지應知'가 '응관應觀'으로 되어 있다. 본다
   고 해도 보고 안다는 의미로 해석이 가능하여 여기서는 '안다'는 뜻으로
   번역하였다.
558 무루종지無漏種智: 진리를 증득證得하고 모든 번뇌를 떠난 청정한 지혜.
559 여기서는 없는 측면, 무심無心에서 해석했다.

야부 밥이 오면 입을 열고 잠이 오면 눈을 감도다![560]

飯來開口하고 睡來合眼이로다

설의 황면노자께서 적멸장으로부터 생사의 바다에 들어가셔서 큰 교화의 그물을 펼쳐서 인천人天의 고기를 건지시니 한 중생도 저 그물 가운데 들어가는 자가 없으니, 무슨 까닭에 그러한가? 사람사람이 다리가 있어 가려고 하면 곧 가며 머물려 하면 곧 머무는지라 다른 사람을 필요로 하지 않으며, 개개인이 손이 있어서 잡으려 하면 곧 잡고 놓으려 하면 곧 놓아서 남의 힘을 빌리지 않는다. 밥이 오면 입을 벌리고 잠이 오면 눈을 감는 데 이르기까지 일체가 자유로워서 남의 능력을 빌리지 않는다. 이미 그러하기가 이와 같다면 어찌 중생이 부처의 제도함을 받음이 있겠는가? 이러하다면 49년을 이렇게 오셔서 마침내 물건을 얻음이 없이 빈손으로 돌아가셨도다!

黃面老子ㅣ 從寂滅場하야 入生死海하사 張大教網하야 漉人天魚하시니 無一衆生이 入彼網中하니 何以故然고 人人이 有脚하야 要行卽行하며 要住卽住라 不要別人이며 介介ㅣ 有手하야 要捉卽捉하며 要放卽放이라 不借他力이며 以至飯來開口하고 睡來合眼히 一切自由하야 不借他能이니 旣然如是인댄 何有衆生이 爲佛所度리오 伊麼則四十九年을 伊麼來하사 終無得物空手廻로다

송 천 자의 낚싯줄 곧게 내려 드리우니

한 파도 겨우 움직이자 일만 파도 따르도다!

밤이 고요하고 물이 차서 고기가 물지 않으니

배 가득 공연히 밝은 달빛만 싣고 돌아오도다![561]

千尺絲綸을 直下垂하니 一波纔動萬波隨라

夜靜水寒魚不食하니 滿船空載月明歸로다

비단 고기가 정히 깊고 깊은 곳에 있으니

천 자 낚싯줄을 또한 모름지기 드리우도다!

불성이 오온五蘊의 바다에 깊이 있으니

큰 자비로 끌어내야 하도다!

한 번 큰 자비의 문을 엷이여!

다함없는 법문이 이로부터 시작됐도다!

무명의 긴 밤이 고요하고 마음의 물이 본래 맑고 시원하니

청정한 묘각 성품 큰 자비의 교화 받아들이지 않네.

중생 이미 교화 받지 않는다면 부처 또한 세상에 머물지 않네.

밑바닥 없는 배에 큰 지혜의 달을 싣고

도리어 청산에서 다시 저쪽 가를 향하도다!

비록 그러하기가 이와 같으나 사람들이 그릇 알까 염려하노니,

많은 시간 공연히 낚시를 드리웠다고 말하지 말라.

---

561 이 게송은 중생교화로 일생을 보내신 부처님의 삶을 뜻한다.

지금 낚시하여 만선滿船하여 돌아오도다!

錦鱗이 正在深深處하니 千尺絲綸을 也須垂로다

佛性이 深在五蘊海하니 要以大悲로 能引出이로다

一開大悲門이여 無盡法門이 從玆始로다

無明長夜靜하고 心水本淸凉하니

淸淨妙覺性은 不受大悲化라

生旣不受化인댄 佛亦不住世라

無底船留大智月하야 却向靑山更那邊이로다

雖然伊麽나 恐人錯會하노니

莫謂多時空下釣하라 如今에 釣得滿船歸로다

종경 만약 보고 듣고 깨닫고 아는 데 집착하면 여래의 오묘한 뜻을 알지 못하고 나와 남, 수명이 없음을 깨달으면 도리어 아지랑이(陽燄)[562]와 허공의 꽃과 같도다! 『능엄경』에서 이르되 지견知見에 앎을 세우면 곧 무명의 근본이고, 지견에 견해가 없어야 이것을 곧 열반이라 하시니, 다만 법상法相이 나지 않을 때를 도리어 믿고 알겠는가?

대천大千의 모래세계가 바다 가운데 거품이오,
일체 성현이 번갯불 번쩍임과 같도다!

---

562 아지랑이陽燄: 양염陽炎이라 하기도 한다. 실제가 아니라 거짓이라는 뜻.

若着見聞覺知하면 不解如來妙意요 悟無我人壽命하면 還同陽燄空花
로다 楞嚴에 云하사대 知見에 立知하면 卽無明本이요 知見에 無見이라야
斯則涅槃이라하시니 只如法相不生時를 還信解麼아

大千沙界ㅣ 海中漚요 一切聖賢이 如電拂이로다

설의 법을 가지는 것이 원래 미혹함이고,

공空을 깨닫는 것 역시 참됨이 아니네.

깨달은 마음 사라진 곳이 이 열반 얻는 때이니,

다만 법상이 나지 않는 것 어떻게 말하겠는가?

눈앞에 가는 먼지를 끊으니

누구를 일러 성현이라고 하는가?

取法元是迷요 悟空亦非眞이라

悟心斯亡處에 是得涅槃時니

只如法相不生을 作麼生道오

目前에 絶纖塵하니 號誰爲聖賢고

송 법法이 비어서 내가 아니며 도道가 친하지 않으니

나무가 넘어져 등나무가 마르니[563] 웃음이 더욱 새롭도다!

바람이 울음 그치는 누른 잎을 다 쓸어버리니

일천의 숲 전체가 천진함을 드러내도다!

---

563 수도등고樹倒藤枯: 원오 극근과 대혜 종고 사이의 이야기.

法空非我道非親하니 樹倒藤枯笑轉新이라

風掃止啼黃葉盡하니 千林全體露天眞이로다

공空과 있음(有) 이미 둘 다 없어졌으니

하나도 또한 마음에 걸어두지 않네.

대천大千으로 자신을 삼으니

그래서 웃음이 더욱 새롭네.

쾌활하게 방편의 미혹함 받지 않으니

본래 모습, 닿는 곳마다 드러나도다!

空有를 已兩亡하니 一亦不掛懷라

大千으로 爲自身하니 所以笑轉新이라

快然不爲方便惑하니 本地風光이 觸處彰이로다

요지 경문에서 부처님께서 "아견我見, 인견人見, 중생견衆生見, 수자견壽者見을 말씀하셨다고 어떤 사람이 말한다면 그 사람은 내가 말한 뜻을 이해했는가?"라는 부처님의 질문에 수보리는 아니라고 답하고, 세존께서 말씀하신 사견四見은 사견이 아니라 이 이름이 사견이라고 그 까닭을 말했다. 또 부처님께서는 수보리에게 아뇩다라삼먁삼보리심을 낸 사람은 모든 법에 대해서 이같이 알고, 보고, 믿고 이해해서 법상法相을 내지 않으니, 법상이란 법상이 아니라 이 이름이 법상이라고 하였다.

육조스님은 부처님의 이 말씀을 두고 여래의 사견四見은 범부의 사견과 다르다고 하면서 일체 중생이 다 불성佛性을 가지고 있음이 진실한 아견我見이고, 샘이 없는 지성(無漏智性)이 본래 갖추어져 있음이 인견人見이고, 본래 번뇌가 없음이 중생견衆生見이고, 본래 나지도 않고 사라지지도 않음이 수자견壽者見이라고 하였다. 보리심을 낸 사람은 중생이 불성과 무루종지無漏種智가 있고 일체 중생의 자성이 본래 생멸이 없음을 알고 믿기 때문에 지혜와 방편으로 사물을 대하고 중생을 이롭게 하면서도 주관과 객관의 마음을 내지 않는다고 하였다. 입으로 형상 없는 법(無相法)을 말하면서 마음에 주객이 있으면 법상法相이 아니고, 입으로 형상 없는 법을 말하고 마음으로 형상 없는 실천(無相行)을 해서 마음에 주객이 없는 것이 이름이 법상法相이라고 하였다.

야부스님은 부처님의 이 말씀에 대하여 본래성불本來成佛의 입장을 일상생활을 통해 말하고, 교화를 실패한 고기잡이에 비유하여 게송으로 읊었다. 밥이 오면 입을 열고, 잠이 오면 눈을 감는다고 먼저 말하고, 긴 낚싯줄을 드리워 일파만파로 영향을 미치지만 밤이 고요하고 물이 차서 고기가 물지 않으니 배 가득 공연히 밝은 달빛만 싣고 온다는 게송을 읊은 것이 그것이다.

종경스님은 지견知見에 앎을 세우면 무명無明의 근본이 되고, 지견에 견해가 없으면 바로 열반이라는『능엄경楞嚴經』의 구절을 인용하여 법상法相이 나지 않은 때를 도리어 믿고 알겠는가라고 묻고, 모래처럼 많은 큰 세계가 바다 가운데 거품이고 일체 모든 성현이 번쩍하고 사라지는 번갯불과 같다고 하였다.

함허스님은 먼저 부처님의 말씀에 대하여 법상이 법상이 아님을

688

드러낸 것은 티끌세계가 티끌세계가 아니라는 가르침과 합치하는 것으로서, 여기서 사견四見을 특별히 든 것은 사견이 삼승三乘에서 말하는 거친 미혹(麤惑)과 미세한 미혹(細惑)의 전체적 이름이고 8만4천 망념妄念 가운데 대표적인 것이기 때문이라고 했다. 교화자(能治)와 교화 받는 사람(所治)이 실제 있는 것이 아니며 사견이 사견이 아니라고 한 것을 보면 사성제四聖諦, 18불공법十八不共法, 8만4천 다라니문도 각각 그것이 아니니 처음 사성제로부터 반야에 이르기까지 한 글자 한 마디도 눈에 걸어두거나 가슴에 기억할 것이 없다고 했다. 하나의 형상과 하나의 맛 자체가 구경열반이기 때문에 적멸상이 여기에 나타나고 불지견佛知見을 깨달아 불지견에 들어가며, 여기에서 진정한 신심信心을 내고 진정하고 미묘한 해탈을 얻는다고 하였다. 그래서 말에 걸려 이를 구경究竟으로 삼거나 이름의 종류에 떨어져 있어서는 안 된다고 하였다. 그래서 부처님께서 위와 같이 말씀하셨는데 여기서 일체 법一切法은 대소승법을 모두 말하고, 비법상非法相은 말씀하신 모든 법이 다 실상묘공實相妙空에 돌아간다는 것을 밝힌 것이라 했다. 끝으로 어떻게 모두 실상의 묘공에 돌아가는가라고 묻고, 일체가 섞임이 없으니 모든 것이 이루어진 데에 고요히 처해있다고 스스로 답했다.

야부스님의 말에 대하여 부처님께서 적멸의 도량에서 생사의 바다에 오셔서 가르침의 그물로 인간과 하늘의 고기를 건지셨으나 한 중생도 그 그물 속에 들어가지 않았다고 하였다. 왜 그런가 하면 모든 사람이 손발이 있어 붙잡거나 가기를 마음대로 하고 남의 힘을 빌리지 않는 것과 같이 밥 먹고 잠자는 것도 자기 마음대로 해서 남의 힘을 빌리지 않기 때문에 어떤 중생도 부처의 제도를 받지 않는다고 하였다. 야부의 낚시 비유를 두고는 불성佛性이 오온五蘊의 바다에 깊이 있어서 큰 자비로 끌어내고자 하여 다함없는 법문을 시작했는데, 무명의 긴 밤이 고요하고 마음의 물이 본래 맑고 차서 맑고 깨끗한 묘각의 성품이 교화를 받지 않기 때문에 부처는 세상에 머물지 않고 밑바닥 없는 배에 큰 지혜의 달을 싣고 다시 청산 저쪽으로 향한다고 하였다. 그러나 함허스님은 잘못 알까 두렵다고 하고 공연히 낚싯줄 드리운다고 말하지 말라고 하였다. 이는 낚시해서 고기 가득한 배를 몰고 돌아오는 경우가 있기 때문이라고 하였다.

　종경스님의 언급에 대하여 법을 취한다거나 공을 깨닫는 것이 미혹한 일이고 참다운 것이 아니라고 하고, 깨달았다는 마음을 잊은 것이 열반을 얻은 때라고 하였다. 법상法相이 나지 않는 것은 눈앞에 가는 티끌을 끊어 성현이라 부를 것이 없음이라 하였다. 종경의 송頌에 대하여 공空과 유有를 둘 다 잊고 대천세계大千世界를 자신으로 삼으니 웃음이 더욱 새롭다고 하고, 시원하게 방편方便의 미혹함을 받지 않으니 본래 모습이 가는 곳마다 드러난다고 하였다.

응신과 화신은 진실이 아님 제32
應化非眞分 第三十二

❀

"수보리여, 만약 어떤 사람이 한량없는 아승기 세계에 가득 찬 칠보로 보시하고, 만약 보살심을 낸 어떤 선남자 선여인이 이 경전을 가져서 내지 사구게四句偈 등을 받아 지니고 읽고 외워서 남을 위하여 연설한다면 그 복이 저 복보다 나을 것이니, 이르되 어떻게 남을 위하여 연설하는가?"

須菩提야 若有人이 滿無量阿僧祇世界七寶로 持用布施어든 若有善男子善女人이 發菩薩心者ㅣ 持於此經하야 乃至四句偈等을 受持讀誦하야 爲人演說하면 其福이 勝彼하리니 云何爲人演說고

야부 말하고자 하면 무슨 어려움이 있겠는가? 지금 바로 청하노니 자세히 듣고 자세히 들으라.

要說인댄 有甚難이리요 卽今便請하노니 諦聽諦聽하라

설의 다만 사구게四句偈를 말하고자 한다면 무슨 어려움이 있겠는가? 지금 바로 청하니 자세히 듣고 자세히 들으라.

只如四句를 要說인댄 有甚難이리요 即今便請하노니 諦聽諦聽하라

가고 머물고 앉고 눕는 것과 시비인아是非人我[564]와
갑자기 기쁘고 갑자기 성나는 것이 이것을 떠나지 않았거니와,
다만 이것이라 하면 문득 얼굴에 침을 뱉으리.
평생의 간담肝膽[565]을 일시에 기울이니
사구게四句偈의 오묘한 문을 모두 말해버렸도다!

行住坐臥와 是非人我와
忽喜忽嗔이 不離這箇어니와
祇這箇라하면 驀面唾호리라
平生肝膽을 一時傾하니
四句妙門을 都說破로다

일상의 가고 머물고 앉고 눕는 것과 성내고 기뻐하고 시비하는 것이 필경 누구의 은혜를 받는가? 요컨대 다 이것을 떠나지 않았으니, 다만 이것이여!

---

564 시비인아是非人我: 이원적 생각으로 옳고 그름을 따지고 주관과 객관을 나누어 대립적으로 행동하는 일.

565 간담肝膽: 속마음, 진심眞心.

당당하게 얼굴을 보아 규모를 드러내고,
명료하고 원만하게 이루어져서 견줄 데가 없도다!

그러하기가 비록 이와 같으나 이것이라는 생각을 하지 말아야 하니,
만약 이것이라는 생각을 하면 곧 눈 속의 가루이다. 이것이라는 생각을
하지 않아야 바야흐로 여여如如함과 계합契合하니,

비유하자면 맑고 서늘한 못은
사면으로 다 들어갈 수 있는 것과 같고,
또한 맹렬한 불이 모인 데는
사면으로 다 들어갈 수 없는 것과 같네.

오묘한 문이 진실로 여기에 있으니, 지금 모두 말해버렸도다!

日用行住坐臥와 嗔喜是非ㅣ 畢竟承誰恩力고 要之컨댄 摠不離這介니
只這介여

堂堂覿面露規模하고 了了圓成無比格이로다

然雖如是나 莫作這介會니 若作這介會하면 便是眼中屑이라 不作這介
會하야사 方得契如如니

比如淸凉池ㅣ 四面皆可入이며
亦如猛火聚ㅣ 四面不可入이라

妙門이 諒斯在하니 如今에 都說破로다

"형상을 취하지 않아 여여如如하게 움직이지 말아야 하니"

不取於相하야 如如不動이니

설의　법계는 본래 말이 없으되 인연을 따라 말이 있다. 법을 설함이 본래 자성이 없어 끝내 법계를 떠나지 않으니, 만약 이것이 법계의 체體라면 있다고 하겠는가, 비었다고 하겠는가, 빈 것도 있는 것도 아니라 하겠는가? 있음이 빈 것은 빈 것이 아니고, 빔이 있는 것은 있는 것이 아니니, 이미 빈 것도 아니고 있는 것도 아니라면 가운데도 또한 가운데가 아니다. 그래서 법계의 몸 위에 세 가지 형상이 원래 공적空寂함을 아니, 어떻게 연설해야 법계와 더불어 상응相應해 가겠는가? 이치를 말하나 일에 나아간지라 빔을 취하지 않으며, 일을 말하나 이치에 나아간지라 있음을 취하지 않으며, 가운데를 말하나 주변에 나아간지라 가운데를 취하지 않는다. 그러므로 이르시되 응당 법을 취하지 않으며, 응당 법 아닌 것도 취하지 않는다고 하시니, 합치면 법과 법 아닌 것의 두 가지 형상이고, 열면 곧 있음과 없음과 가운데의 세 가지 형상이다. 세 가지 형상을 떠나서 편안하게 실제에 머물고 일여一如에 앉아서 일찍이 동요하지 않았으니 이 경전을 말하는 사람이 여기에 묘하게 나아가면 내가 제도하는 이가 되며 중생이 제도 받는 이가 됨을 보지 못하고, 법이 말할 것이 되며 사람이 말하는 이가 되는 것을 보지 못한다. 그래서 말씀하시되 처음 녹야원으로부터 마침내 발제하跋提河에 이르기까지[566] 이 둘 사이에 일찍이 한 글자도

694

말씀하지 않으셨다고 하셨다. 이러하다면 안으로 자기의 몸을 끊고 밖으로 교화함이 없는 것이라. 종일 중생을 제도하되 일찍이 중생을 제도한 적이 없고, 혀에 뼈가 없고 말에 자취가 없는지라 종일 말하여 보이되 일찍이 말하여 보이지 않았다. 비록 하늘 가득한 교화의 바다와 땅에 가득한 갈등이라도 붉은 화로 위의 한 점 잔설殘雪과 같으니, 이와 같이 아는 것이 참되고 바르게 아는 것이며, 이와 같이 말하는 것이 참되고 진실하게 말하는 것이다.

法界는 本無說이로대 對緣而有說이라 說法이 無自性하야 終不離法界니 若是法界體인댄 爲有아 爲空가 爲非空有아 有空은 不空이요 空有는 不有니 旣非空有인댄 中亦非中이라 是知法界體上에 三相이 元來空寂하니 云何演說하야사 得與法界로 相應去在오 說理而卽事라 不取於空이며 說事而卽理라 不取於有며 說中而卽邊이라 不取於中이니 故로 云하사대 不應取法이며 不應取非法이라하시니 合卽法非法之二相이요 開卽有無中之三相이라 離三相而安住實際하고 坐一如而曾不動搖니 說是經者ㅣ 妙造乎此則不見有我爲能度며 有生爲所度요 不見有法爲可說이며 有人爲能說이니 所以로 道하사대 始從鹿野苑으로 終至跋提河히 於是二中間에 未曾說一字라하시니 伊麼則內絕已躬하고 外無可化라 終日度生호대 未曾度生이요 舌頭無骨하고 語下無迹이라 終日說示호대 未曾說示니 雖彌天敎海와 滿地葛藤이라도 如紅爐上一點殘雪이니 如是解者ㅣ 是眞正解며 如是說者ㅣ 是眞實說이니라

566 부처님께서 처음 가르침을 시작한 녹야원에서부터 열반하신 쿠시나가라에 이르기까지라는 말. 발제하는 쿠시나가라에 있는 강 이름.

야부 ☺

설의 지금 시기를 떨쳐버려야 비로소 몸체에 나아갈 수 있으니, 모름지기 세 점의 물이 도리어 안을 향하여 원융함을 알아야 한다.

拂盡今時하야사 始得就體니 須知三點水 l 却向裏頭圓이니라

뒤의 한 글귀[567]가 비로소 굳은 관문에 이르니, 바로 삼세의 모든 부처님께서 네 눈[568]으로 서로 보며, 육대 조사가 몸을 물림에 분수가 있음을 바로 얻었다. 이 강이 철저히 얼어붙음에 물이 새려 해도 통하지 못하고, 눈 가득한 가시[569]에 발 붙이기가 어렵다고 이르겠도 다! 이 속에 이르러서는 한 가닥 털을 더하더라도 눈 가운데 가시를 붙이는 것과 같고, 한 가닥 털을 덜더라도 살을 긁어 부스럼을 내는 것과 같으니, 앉아서 중요한 나루터(要津)[570]를 끊기 위함이 아니라 이것은 법을 아는 사람을 위하여 두려워하는 것이다. 비록 그러하기가 이러하나 불법佛法이 다만 이와 같다면 문득 육지가

---

[567] 뒤의 한 글귀(未後一句): '불위어상不取於相 여여부동如如不動.' 부처님 45년 설법의 마지막 말씀.

[568] 수행에 의하여 도道를 이루어 얻어가는 육안肉眼, 천안天眼, 법안法眼, 혜안慧眼, 불안佛眼의 다섯 단계로 이 가운데 뒤 네 가지 눈을 뜻함.

[569] 눈에 가득한(極目) 가시: 눈 안에 실제 가시가 들어오는 것이 아니고 '시력이 미치는 한 모두'라는 뜻.

[570] 요진要津: 중요한 나루터 또는 권력이 있는 중요한 지위, 또 그 지위에 있는 사람.

696

모두 가라앉는 것을 볼 것이니, 어찌 등불과 등불의 불꽃을 이어가
겠는가? 천상좌[571]는 오늘 사나운 호랑이 입속에서 음식을 빼앗으
며, 영용獰龍의 턱 아래서 구슬을 꿰는 것을 면하지 못해서 앞
성인의 오묘한 문을 열어 후학이 나아감에 길을 열어주도록 할
것이니, 한 길을 열어주는 것이 또 무슨 방해가 되겠는가? 말을
하면 온전히 법의 몸체가 드러나고, 침묵하면 홀로 진상眞常이
나타나며, 움직이면 한 마리의 학과 조각구름이요, 고요하면 편안
한 산과 벌려있는 산악이다. 한 걸음을 듦에 코끼리 왕이 돌아보는
것과 같고[572], 한 걸음을 물러남에 사자가 찡그리고 신음하는 것과
같으니[573] 법왕의 법령을 마땅히 실천하여 바로 법에서 자유자재하
도다! 다만 뒤의 한 글귀(末後一句) 같은 것을 또 어떻게 말할
것인가? 도리어 자세히 알겠는가?

구름은 고갯마루에서 한가로워 걷히지 않고
물은 시내 아래로 흘러 가장 바쁘도다!

末後一句ㅣ 始到牢關하니 直得三世諸佛이 四目相觀하시며 六代祖師
ㅣ 退身有分이라 可謂是江河ㅣ 徹凍에 水泄不通이요 極目荊榛에 難爲
措足이로다 到這裏하야는 添一絲毫라도 如眼中着刺요 減一絲毫라도
似肉上剜瘡이니 非爲坐斷要津이라 盖爲識法者恐이니라 雖然恁麽나
佛法이 只如此인댄 便見陸地平沈이니 豈有燈燈續焰이리요 川上座는

571 천상좌川上座: 야부 도천冶父道川 자신.
572 보현의 경계
573 문수의 경계

今日에 不免向猛虎口中奪食하며 獰龍頷下穿珠하야 豁開先聖妙門하야 後學이 進身有路케호리니 放開一線이 又且何妨이리요 語則全彰法體요 黙則獨露眞常이며 動則隻鶴片雲이요 靜則安山列嶽이라 舉一步에 如象王이 回顧요 退一步에 若獅子嚬呻이니 法王法令을 當行이라 便能於法에 自在로다 祗如末後一句를 又作麼生道오 還委悉麼아

雲在嶺頭閑不徹하고 水流潤下大忙生이니라

최초 자리를 편 것은 칼을 짚고 길에 서서 천하를 호령하는 것이고, 뒤에 움직이지 않은 것은 정령精靈을 다 베고 칼을 잡고 제자리에 돌아간 것이다. 이 한 자루의 취모검吹毛劍이 몸은 가는 티끌도 끊어졌고, 빛은 태허에 빛나서 보는 사람이 간담을 잃고 혼이 없어지고, 근방의 사람은 몸이 두 동강이 나니, 바로 삼세의 모든 부처가 엿보아 미칠 수 없고 역대 조사가 친할 수 없도다! 이러하다면 깊고 깊어서 바람을 통할 수 없고, 씩씩하여 눈으로 보기가 어렵다. 해를 마치도록 위엄 있고 험난하니 범인과 성인도 통하지 않아 가고 옴이 끊어졌도다! 이 안에 이르러서는 입을 열어도 어긋나고 입을 닫아도 또한 어긋나서 움직임과 고요함이 다 그릇되고 나아가고 물러남이 모두 잘못이다. 이것은 억지로 하는 것이 아니라 법이 그러하도다! 비록 그러하나 만약 한결같이 거두고 놓지 않으며, 합하고 열지 않으면 후대 자손으로 하여금 다리를 들고 일어나지 못하여 바로 육지가 모두 무너짐을 보게 할 것이니 어찌 자식마다 서로 전하며, 손자마다 서로 잇겠는가? 그래서 오늘 가시 숲 가운데를 향하여 한 가닥 길을

열어 바람이 통하지 않는 곳에 별도로 소식을 통한다. 그런 까닭은 시설施設이 없는 가운데 시설 있는 것이 무방하며, 풍류 없는 곳에 풍류를 두는 것이 무방하다. 말하고 잠잠하고 움직이고 고요함이 본래 뚜렷이 이루어져 있고, 걸음을 들고 걸음을 물리는 것이 모두 저절로 그러하다. 이 속에 이르러서는 오묘한 쓰임이 종횡하여 궤칙軌則을 두지 않으니 일체 법을 소탕(掃蕩, 蕩盡)하는 것도 또한 나에게 있으며, 일체 법을 건립建立하는 것도 나에게 있어 마치 왕이 칼을 잡은 것과 같고 호랑이가 뿔을 단 것과 같다. 의기가 있을 때에 의기를 더해주고, 너그러운 마음을 얻은 곳에 또 너그러운 마음을 더하도다! 다만 뒤의 한 글귀(末後一句)를 또 어떻게 이르겠는가? 도리어 자세히 알겠는가?

산은 정상이 드러나지 않고 구름이 걷히지 않음이여!
바라봄에 사람들로 하여금 다 근심하게 하도다!
시냇물은 맑고 맑아 흐름이 가장 바쁨이여!
다니는 사람 여기에 이르러 정신이 상쾌하도다!
종요로이 그 가운데 뜻 알면
쌍으로 어둡고 또한 쌍으로 밝을 것이네.

最初敷座는 伏劍當路하야 號令天下요 末後不動은 斬盡精靈하야 秉劍歸位니 這一柄吹毛ㅣ 體絶纖塵하고 光爍太虛라 寓目者ㅣ 喪膽亡魂하고 近傍者ㅣ 身分兩段이니 直得三世諸佛이 覰不及이며 歷代祖師ㅣ 親不得이로다 伊麼則深深乎不通風이요 凜凜乎難掛目이라 終年竟歲威且險하니 不通凡聖絶去來로다 到這裏하야는 開口也錯이며 閉口也錯

이라 動靜이 俱非요 進退俱失이니 此非强爲라 法爾如然이로다 雖然伊麽
나 若一向收而不放하고 合而不開면 則致令後代兒孫으로 擡脚不起하
야 便見陸地平沈하리니 豈有子子相傳하며 孫孫相繼리요 所以로 今日에
向荊棘林中하야 啓一線道하야 不通風處에 別通消息이니 所以然者는
無施設中에 不妨有施設이며 不風流處에 不妨有風流라 語默動靜이 本
現成하고 擧步退步ㅣ 俱自若이라 到這裏하야는 妙用縱橫하야 不存軌則
이니 蕩一切法도 亦在我요 建一切法도 亦在我하야 如王秉劍하고 似虎
戴角이라 有意氣時에 添意氣요 得寬懷處에 且寬懷로다 只如末後一句
를 又作麽生道오 還委悉麽아

    山不露頂雲不徹이여 望之令人摠愁殺로다

    澗水冷冷流太忙이여 行人이 到此快精神이로다

    要會箇中意하면 雙暗亦雙明하리라

송 여유 있게 놀 수 있는 곳에 또 여유 있게 노니
구름은 스스로 높이 날고 물은 저절로 흐르도다!
다만 검은 바람이 큰 파도 뒤엎는 것 보았을 뿐이고
고기 낚는 배 침몰시킨다는 것 아직 듣지 못했도다![574]

    得優游處에 **且優游**하니 **雲自高飛水自流**로다

    祇見黑風이 **飜大浪**하고 **未聞沈却釣魚舟**로다

---

574 원삼점圓三點에 대한 게송. 마지막 구절의 고깃배는 바닥이 없기 때문에 절대로
    침몰시킬 수 없다.

자유롭고 다시 자유로우니,

한가함과 바쁨이 공히 한 때이네.

바람이 흰 파도를 뒤엎는 것 심상尋常한 일이라,

고기 잡는 배는 본래 침몰되지 않도다!

自由更自由하니 閑忙이 共一時라

風飜白浪이 尋常事라 漁艇이 從來로 不見沈이로다

육조 칠보의 공덕이 비록 많으나 어떤 사람이 보살심을 내어 이 경전의 사구게四句偈 등을 받아 지녀서 남을 위하여 연설하는 것만 같지 못하다. 그 복이 저것보다 백천만 배나 빼어나서 비유할 수 없으니, 법을 말하는 좋은 방편으로 근기를 보고 도량에 응하여 갖가지 마땅함을 따르니, 이것이 이름이 남을 위한 연설이다. 법을 듣는 사람이 갖가지 모습으로 같지 않으나[575] 분별심을 지어서는 안 되니, 다만 비고 고요한 한결같은 마음을 통달하여 얻었다는 마음이 없으며, 승부심이 없으며, 바라는 마음이 없으며, 생멸하는 마음이 없으니, 이 이름이 한결같아서 움직이지 않는 것(如如不動)이다.

七寶之德이 雖多나 不如有人이 發菩薩心하야 受持此經四句偈等하야 爲人演說이니 其福이 勝彼百千萬倍라 不可譬喩니 說法善巧方便으로 觀根應量하야 種種隨宜호미 是名爲人演說이요 所聽法人이 有種種相

---

575 상근기, 중근기, 하근기의 차이.

貌不等이나 不得作分別心이니 但了空寂如如⁵⁷⁶之心하야 無所得心하
며 無勝負心하며 無希望心하며 無生滅心이 是名如如不動이라

"무슨 까닭인가? 일체 유위법이 꿈과 환상幻像, 거품, 그림자와
같으며, 이슬 같고 또한 번개 같으니, 이와 같이 보아야 한다."

何以故오 一切有爲法이 如夢幻泡影하며 如露亦如電하니 應
作如是觀이니라

설의 이 경전을 연설하는 데 어떻게 형상을 취하지 않아 여여如如하
게 움직이지 않는가? 일체 유위有爲의 교화 연설법이 만약 법계를
떠나면 자체의 형상 없음이 저 육유六喩⁵⁷⁷와 같아서 다 구경究竟이
아니다. 그래서 이와 같이 보아서 형상을 취하지 않는다. 형상을
취하지 않는다는 것을 삼상三相⁵⁷⁸을 취하지 않음으로써 말하는 것은
진여眞如의 자성自性은 형상이 있는 것이 아니며, 형상이 없는 것이
아니며, 형상이 있는 것이 아닌 것도 아니며, 형상이 없는 것이 아닌
것도 아니기 때문이다. 상견常見⁵⁷⁹을 부수기 위하여 일체가 비었다

---

576 『금강경』 언해본에 '일여一如'가 '여여如如'로 되어 있어 이를 따랐다.

577 육유六喩: 일체 유위법을 꿈, 환상, 거품, 그림자, 이슬, 번개 등 여섯에
    비유한 것.

578 삼상三相: 물체가 갖추고 있는 세 가지 상, 즉 표상標相, 형상形相, 체상體相.

579 상견常見: 일체가 있기만 하다고 보는 치우친 견해.

말씀하시고, 단견斷見[580]을 부수기 위하여 일체가 있다 말씀하시고, 양변에 떨어질까 걱정하여 빈 것도 아니고 있는 것도 아니라 하셨다. 이것은 모두 인연을 따라 차려놓은 것이지 구경은 아니다. 이로 말미암아 삼상을 취하여 저 여여如如하고 오묘한 경지를 어겨서는 안 된다. 이것은 교화를 하나로 줄여서 말한 것일 뿐이다. 또 세간과 출세간의 법을 모두 줄여서 삼관일심三觀一心과 일심삼관一心三觀의 뜻을 밝히자면 안으로 몸과 밖으로 세계의 의정依正[581]이 깨끗하고 더러운 것과 위로 모든 부처로부터 아래로 하루살이 개미에 이르기까지 범부와 성인, 인과因果 등의 법이 다 인연을 따라 있기 때문에 다 유위有爲에 속한다. 마음으로 인해 나타난 것이기 때문에 다 그 자체가 없음이, 꿈은 생각으로 말미암아 있어 그 자체가 없으며, 환상은 물건으로 말미암아 있어 그 자체가 없으며, 거품은 물로 말미암아 있어 그 자체가 없으며, 그림자는 형체로 인하여 있어서 그 자체가 없는 것과 같다. 그래서 모든 법이 공 아닌 것이 없다. 비록 자체는 없으나 의정依正의 깨끗하고 더러운 형상 형상이 분명하고, 범부와 성인, 인과를 없다고 이를 수 없는 것이, 저 풀의 이슬이 항상 머무는 것은 아니지만 잠깐 머무는 것과 같으므로 그래서 모든 법이 거짓 아님이 없다. 이미 꿈과 같다면 비어 있으며, 이슬과 같다면 거짓이고, 또한 번갯불 같다는 것은 없는 가운데 문득 있으며 있는 가운데 문득 없어서 찰나에 곧 나며 찰나에 곧 사라져서, 있음이 곧 있지 않음이며

---

580 단견斷見: 일체가 완전히 없기만 하다고 보는 치우친 견해.

581 의정依正: 의依는 객관, 정正은 주관.

없음이 곧 없음이 아니니, 이미 있고 없음이 아니므로 그래서 모든 법이 중도가 아닌 것이 없다. 나는 것이 곧 남이 없음이고 사라지는 것이 곧 사라짐이 없음이니, 나고 사라짐이 이미 비었다. 그래서 모든 법이 실상 아닌 것이 없으니, 그래서 말씀하시되 인연으로 나는 법을 나는 이것이 비었다고 말하는데, 이 이름은 거짓 이름이 되며 또한 중도의 뜻이라고 이름하시니, 이러하다면 삼상三相이 하나의 경계를 떠나지 않았으며, 하나의 경계가 두루 삼상을 포함하기 때문에 삼상을 말하고자 하면 완연히 이것은 하나의 경계요, 하나의 경계를 말하려고 하면 완연히 이것은 삼상이다. 셋이 하나이고 하나가 셋이라 원융하게 서로 비추니, 이것이 있는 그대로의 대총상大摠相 법문이다. 있음(有)을 취함이 옳은가, 빈 것(空)을 취함이 옳은가, 가운데를 취함이 옳은가, 삼상三相을 취함이 옳은가, 일상一相을 취함이 옳은가? 응당 셋인 하나를 보아 삼관일심三觀一心의 가르침에 계합하고, 하나인 셋을 보아 일심삼관一心三觀의 가르침에 계합하며, 모름지기 셋과 하나의 밖을 초월하여 있는 그대로의 오묘奧妙한 경지에 안주安住하니, 이 경전을 가진 사람이 이 관문觀門에 들어오면 한 이치 풀이함을 쓰지 않더라도 한량없는 뜻을 다 알고, 이 경전을 말하는 사람이 이 관문에 들어오면 한 글자도 말하지 않더라도 항상 정법의 바퀴를 굴린다. 뒤의 한 게송이 정情으로 이르는 것을 묘하게 초월하여 천고千古 사람들로 하여금 맑고 깨끗하게 하니, 모든 보고 읽는 사람은 더욱 착안着眼해야 한다.[582]

---

[582] 정신을 차리고 보라는 뜻이다.

演說是經에 何須不取於相하야 如如不動고 一切有爲化演之法이 若離
法界하면 無自體相호미 如彼六喩하야 皆非究竟이니 所以로 應如是觀하
야 不取於相이라 不取於相을 以不取三相으로 言者는 眞如自性은 非有
相이며 非無相이며 非非有相이며 非非無相이라 爲破常見하사 說一切空
하시고 爲破斷見하사 說一切有하시고 恐落二邊하사 說不空不有하시니
此皆大緣施設이라 非爲究竟이니라 由是로 不應取於三相하야 違彼如如
妙境이니 此則單約化演說耳어니와 且通約世出世法하야 以明三觀一
心一心三觀之意인댄 內而根身과 外而器界의 依正淨穢와 上至諸佛하
며 下至螻蟻히 凡聖因果等法이 皆從緣有라 盡屬有爲요 因心所現이라
皆無自體호미 如夢因想有하야 無自體하며 幻因物有하야 無自體하며
泡因水有하야 無自體하며 影因形有하야 無自體하니 所以로 諸法이 無不
是空이요 雖無自體나 依正淨穢ㅣ 相相이 宛然하고 凡聖因果를 不可云
無호미 如彼草露ㅣ 雖非常住나 暫焉得住일새 所以로 諸法이 無不是假
요 旣如夢則空하며 如露則假하고 亦如電光이 無中忽有하며 有中忽無하
야 刹那卽生이며 刹那卽滅이라 有卽非有며 無卽非無니 旣非有無일새
所以로 諸法이 無非中道라 生卽無生이요 滅卽無滅이니 生滅이 旣虛일새
所以로 諸法이 無非實相이니 所以로 道하사대 因緣所生法을 我說卽是
空이라 是名爲假名이며 亦名中道義라하시니 伊麼則三相이 不離一境이
며 一境이 圓含三相이라 欲言三相인댄 宛是一境이요 欲言一境인댄 宛是
三相이라 三一一三이 圓融互照하니 此是如如大摠相法門也라 取於有
得麼아 取於空得麼아 取於中得麼아 取三相得麼아 取一相得麼아 應觀
卽三之一하야 契乎三觀一心之門하고 觀卽一之三하야 契乎一心三觀
之門하며 須超三一之外하야 安住如如妙境이니 持是經者ㅣ 入此觀門

하면 不用解一理하야도 會盡無量義요 說是經者ㅣ 入此觀門하면 不用
說一字하야도 常轉正法輪이니라 末后一偈ㅣ 妙超情謂하야 千古令人으
로 洒洒落落하니 凡看讀者ㅣ 尤須着眼이니라

육조 꿈은 거짓 몸이고, 환상은 거짓 생각이고, 거품은 번뇌이
고, 그림자는 업장이다. 꿈, 환상, 거품, 그림자, 업이 이 이름이
유위법이니, 진실은 이름과 형상을 떠나고 깨달은 사람은 모든
업이 없다.

夢者는 是妄身이요 幻者는 是妄念이요 泡者는 是煩惱요 影者는 是業障
이라 夢幻泡影業이 是名有爲法이니 眞實은 離名相이요 悟者는 無諸業
이라

야부 배를 운행함이 다 키를 잡은 사람에게 달려있도다!

行船이 盡在把稍人이로다

설의 사공이 배를 운행함에 동쪽으로 가려 하면 곧 동쪽으로 가고
서쪽으로 가려 하면 곧 서쪽으로 가서, 혹 동쪽으로 가고 혹 서쪽으로
감에 가고 머물기를 자유롭게 하며 넓은 파도와 솟는 물결에 높은
것을 따르고 낮은 것을 따라가니, 관조의 지혜로 법성의 파도에 들어가
면 옳은 것은 모두 옳고 그른 것은 모두 글러 쓸어 없애는 것도
또한 나에게 달려있고 세우는 것도 또한 나에게 달려있으니, 내가
법왕法王이라 법에 자유자재自由自在하도다!

706

蒿師ㅣ 行船에 要東卽東하며 要西卽西라 或東或西에 去住自由하며 洪波涌浪에 隨高隨下하니 以觀智로 入法性波瀾하면 是則俱是요 非則俱非라 掃蕩도 亦在我하며 建立도 亦在我하니 我爲法王이라 於法에 自在로다

송 물 가운데 달을 잡고 거울 속에 머리를 찾도다!
배에 새겨 칼을 찾고 소를 타고 소를 찾도다!
허공 꽃과 아지랑이고 꿈과 환상, 뜬 거품이로다!
한 붓으로 지워버리고 쉬고자 하면 바로 쉬니
파가巴歌[583]와 사주社酒[584]와 시골의 즐거움이
풍류하지 않는 곳에 스스로 풍류하도다!

水中捉月이요 鏡裏尋頭로다
刻舟求劍이요 騎牛覓牛로다
空華陽燄이요 夢幻浮漚로다
一筆勾下요 要休便休니
巴歌社酒村田樂이 不風流處에 自風流로다

나는 그가 아니거늘
그림자를 알아 참으로 삼고,
날로 쓰는 것이 곧 이것이거늘
밖을 향하여 진리를 찾도다!

---

583 파가巴歌: 파촉巴蜀 지방의 노래.
584 사주社酒: 사제社祭에 사용하던 술.

일체가 다 그른지라 지워버릴 수 있으며,

일체가 다 옳은지라 쉬려하면 곧 쉬네.

시골이 자못 황량荒凉[585]하여 진실로 풍류할 곳이 아니로되 노래와 술로 즐겨 스스로 노니 이것이 곧 또한 풍류로다! 육유六諭[586]에서 하나의 환상을 가져와 그 가운데 뜻을 밝히니 일체가 다 환상이다. 환상 밖에 환상 아닌 것이 없으며, 환상과 환상 아닌 것이 한 집을 이루기 때문에 모두가 스스로 남이 없는 즐거움이 있도다! 이것이 이름이 큰 환상의 법문이며, 또한 이름이 큰 환상의 삼매三昧이다. 고금에 증득한 이는 이 큰 환상의 삼매를 같이 증득했으며, 고금에 말한 사람은 이 큰 환상의 법문을 같이 말씀하셨다. 이 큰 환상의 법문으로 갖가지 불사를 하며, 이 큰 환상의 삼매로 갖가지 신통한 변화를 만드니 큰 환상의 뜻이 어찌 예부터 지금까지일 뿐이겠는가?[587] 또한 하늘 위와 하늘 아래로다![588] 하나의 비유가 이미 이와 같으니, 나머지 비유도 또한 그와 같도다!

　　我不是渠어늘 認影爲眞이요

　　日用便是어늘 向外尋眞이로다

　　一切皆非라 可以勾下며

---

585 황량荒凉: 적막寂寞해서 좋지 않은 곳이다.

586 『금강경』의 것은 앞에 나왔고, 『정명경淨名經』에는 환상(幻), 번개(電), 꿈(夢), 아지랑이(燄光), 수중월水中月, 경중월鏡中月로 나타나 있다.

587 시간적 영원함.

588 공간적 무궁함.

一切皆是라 要休便休니

村田이 何荒涼하야 固非風流處로대 歌酒樂自娛하니 是則也風流로다
六喩에 取一幻하야 以明箇中意하니 一切皆如幻이라 幻外에 無非幻이니
幻與非幻이 成一家라 頭頭自有無生樂이로다 此名大幻法門이며 亦名
大幻三昧라 古今證者ㅣ同證此大幻三昧며 古今說者ㅣ同說此大幻法
門이니 以此大幻法門으로 能作種種佛事하며 以此大幻三昧로 能作種
種神變이니 大幻之義ㅣ 何止從古于今이리요 亦在天上天下로다 一喩
ㅣ已如是하니 餘喩도 亦如然이로다

종경 칠보를 보시하여 아승기阿僧祇에 가득함이여! 복 구함이
있으면 곧 거짓이 되고, 이 경전을 가지고 사구四句를 연설함이여!
덕이 비록 빼어나지만 진리가 아니다. 수월水月 도량에 편안히
앉아 허공 꽃의 불사를 성취하도다! 환화幻化의 중생을 제도하여
적멸의 보리를 증득하게 하니, 범부의 인정人情과 성인의 지해知解
가 다 비었고 생사와 열반이 꿈과 같도다! 옛날 양무제가 부대사에
게 경전 강의를 청하므로 대사가 책상을 내리치고 한 번 할喝하고
바로 자리에서 내려오셨다. 이와 같이 큰 법이 천고에 분명하니
큰 자비를 아끼지 않으셔서 기틀[589]에 따라 분간하셨도다! 아! 대사
가 자를 휘둘러 경전을 강의하는 것도 오히려 자세히 방편을 내리시
는 것이니, 아름답기는 심히 아름다우나 통달은 아직 하지 못했도
다! 만약 최상의 돈종頓宗을 논의하자면 이것은 범부와 성인에

---

589 기틀(機): 문맥으로 봐서 여기서 기틀은 양무제임.

통하지 못하니, 금강왕의 보검으로 인정人情을 다하여 남김없이 쓸어버려 전적으로 그가 밝음으로 오고 어둠으로 오고 사방 팔면으로 오는 데 맡기며, 널리 그로 하여금 쉬어 가고 쉬어 가서 한 생각이 만년이 되어 가게 해야 한다. 그러하기가 비록 이와 같으나 또 말하라. 뒤에 한 구절을 누가 감히 받들어 실천하겠는가? 돌!

바로 허공[590]이 다 사라져 떨어짐을 얻으니
천룡과 팔부가 두루 흘러 통하도다!

施七寶滿僧祇어 福有求而卽妄이요 持此經演四句여 德雖勝而非眞이라 宴坐水月道場하야 成就空花佛事로다 度幻化之含識하야 證寂滅之菩提하니 凡情聖解ㅣ俱空하고 生死涅槃이 如夢이로다 昔에 梁武帝ㅣ請傅大士講經할새 大士ㅣ揮案一聲에 便乃下座하시니 如斯洪範이 千古分明하니 不恪弘慈하사 當機辨着이로다 噫라 大士의 揮尺講經도 猶是曲垂方便이시니 美則甚美나 了則未了로다 若論最上頓宗인댄 直是不通凡聖이니 以金剛王寶劍으로 盡情掃蕩無餘하야 一任渠의 明來暗來四方八面來하며 普敎他로 休去歇去一念萬年去니라 然雖如是나 且道하라 末后一句를 誰堪奉行고 咄

直得虛空이 悉消殞하니 天龍八部ㅣ**徧流通**이로다

설의 복을 구함이 원래 거짓이고
경전을 지님이 또한 진리가 아니네.

---

590 허공虛空: 본질 자리. 그 자리.

도량이 수월水月과 같으니

편안히 앉은 사람이 누구며,

불사가 허공 꽃과 같으니

무엇을 성취할 것인가?

중생이 곧 환화幻化니

중생을 가히 제도할 것이 없고,

보리가 본래 적멸하여

법을 가히 증득할 것이 없으니

범부의 마음과 성인의 지해知解가

그래서 다 비었고,

생사와 열반이

그래서 꿈과 같도다!

대사가 자를 휘둘러 경전을 강의하여 천고에 가르침 내림은 곧 없지
않으나 여기 최상의 돈종頓宗에는 마침내 교섭함이 없다. 만약 최상의
돈종이라면 보검을 높이 들어 이르는 곳마다 곧 베어서 널리 그를
쉬어 가고 쉬어 가게 하여 한 생각이 만년이 되어 가게 해야 한다.
그러하기가 비록 이와 같으나 뒤 한 글귀(末後一句)를 누가 받들어
시행하겠는가? 돌!

금강보검이 하늘에 기대어 차니

바로 허공이 다 무너져 사라지는 것을 얻네.

받들어 시행함에 어찌 반드시 모든 성인에게 미루겠는가?[591]

천룡과 팔부가 두루 유통流通하도다!

求福이 元是妄이요 持經이 亦非眞이라

道場이 如水月하니 宴坐者ㅣ阿誰며

佛事ㅣ若空花하니 成就介什麽오

含識이 卽幻化라 無生可度요

菩提ㅣ本寂滅이라 無法可證이니

凡情聖解ㅣ所以俱空이요

生死涅槃이 所以如夢이로다

大士의 揮尺講經이 垂範千古는 卽不無나 於此最上頓宗에 了沒交涉이니 若是最上頓宗인댄 高提寶劍하야 隨到便斬하야 普敎他로 休去歇去 一念萬年去니라 然雖如是나 末后一句를 誰堪奉行고 咄

金剛寶劍이 倚天寒하니 直得虛空이 悉消殞이라

奉行에 何必推諸聖이리요 天龍八部ㅣ徧流通이로다

송 공생이 거듭거듭 미망迷妄을 궁구하거늘

대각이 거듭거듭 게송을 말씀하셨도다!

말후末后가 분명하여 백억을 뛰어넘으니

밝기는 건곤을 밝은 해가 비추는 것과 같도다!

空生이 **疊疊窮迷妄**이어시늘 大覺이 重重說偈言이샷다

末后ㅣ**了然超百億**하니 **明如杲日**이 **耀乾坤**이로다

591 우리도 그렇게 할 수 있다는 말.

공생이 거듭거듭 미망을 궁구하거늘

대각이 거듭거듭 게송으로 말씀하셨네.

말씀이 '있는 그대로 움직이지 않는다.'는 데 이르러

견해[592] 다하고 정情이 없어져 의지할 데 없도다!

의지할 데 없음이여!

벗어나서 다시 청산[593] 밖에 있도다!

청산도 오히려 그리워하지 않거든

어찌 서울(紫陌)[594]에 뜻을 두겠는가?

백운이 일이 많음을 웃으며 가리키고,

큰 허공에 눈을 걸어 머리를 돌리지 않도다!

머리를 돌리지 않음이여!

온몸이 빛이 찬란하니

밝은 해가 하늘과 땅을 비추도다!

空生이 疊疊窮迷妄이어시늘 大覺이 重重說偈言하시니

說到如如不動處하야 見盡情忘無所依로다

無所依여 脫然更在靑山外로다

靑山도 尙不戀이온 紫陌에 豈留情이리요

笑指白雲多事在하고 長空掛目不廻頭로다

592 견해(見): 상견常見, 단견斷見 등 치우친 견해.

593 청산靑山: 출세간 또는 살殺.

594 자맥紫陌: 서울의 거리 또는 서울 교외의 길인데, 여기서는 청산과 대비하여
세간 또는 활活.

不廻頭여 通身光燦爛하니 杲日이 耀乾坤이로다

🪷

부처님께서 이 경전을 말씀해 마치시니, 장로 수보리와 모든 비구 비구니와 우바새 우바이, 일체 세간, 하늘, 인간, 아수라가 부처님께서 말씀하신 것을 듣고 다 크게 기뻐하여 믿고 받아 지니고 받들어 시행하였다.

佛說是經已하시니 長老須菩提와 及諸比丘比丘尼와 優婆塞 優婆夷一切世間天人阿修羅ㅣ 聞佛所說하사옵고 皆大歡喜 하사 信受奉行하시니라

설의 신령한 칼날[595]이 홀로 드러남에 사상四相[596]이 모두 깨어지고,
자비의 비가 널리 내림에 구류九類[597]가 함께 젖도다!
삼관三觀[598]의 지혜 가득하여 일승의 이치 두루 하니
사부 대중이 함께 깨닫고 여러 의심 문득 풀리도다!
바른 눈 원만하게 밝아서 마음 거울이 훤하니
오묘한 몸체의 실상 눈앞에 분명하네.

595 신령한 칼날(靈鋒): 『금강경』의 비유.

596 사상四相: 아상我相, 인상人相, 중생상衆生相, 수자상壽者相.

597 구류九類: 태생胎生, 난생卵生, 습생濕生, 화생化生, 유색有色, 무색無色, 유상有想,
무상無想, 비유상무상非有想無想.

598 삼관三觀: 공관空觀, 가관假觀, 중관中觀.

믿고 받아 지니고 받들어 실행함이여!
오묘한 이익이 여기에 있도다!

靈鋒이 獨露에 四相이 俱破하고
慈雨ㅣ 普潤에 九類ㅣ 同沾이로다
三觀智滿하고 一乘理圓하니
四衆이 齊悟하고 群疑ㅣ 頓釋이라
正眼이 圓明하야 心鏡이 豁爾하니
妙體實相이 瞭然目前이라
信受奉行이여 妙益이 斯在로다

야부 삼십년 뒤에 노승을 잊지 말게 해야 하니, 알지 못하겠다. 누가 이 은혜를 아는 사람인가? 하하! 장차 사람이 없다고 이르겠도다!

三十年後에 莫敎忘却老僧이니 不知케라 誰是知恩者오 呵呵將謂無人이로다

설의 삼관三關[599]을 이미 투과함에 한 화살이 허공에 멀리 갔으니, 다시 모름지기 장부의 뜻을 분발해서 한 화살을 비틀어 꺾고 푸른 허공 밖을 향하여 서로 노승을 보아야 한다. 만약 노승과 더불어 서로 보면 은혜를 알고, 은혜를 갚는다고 이를 수 있다. 알지 못하겠다. 누가 이 은혜를 아는 사람인가? 하하! 장차 사람이 없다고 이르겠도다!

599 삼관三關: 유有, 무無, 유무有無의 세 관문, '삼십년후三十年後'와 유사한 뜻.

三關을 已透에 一鏃이 遼空하니 更須奮丈夫志하야 拗折一鏃하고 向碧
空外하야 相見老僧이니 若與老僧으로 相見하면 可謂知恩報恩이니 不知
커라 誰是知恩者오 呵呵將謂無人이로다

송 굶은 사람 음식을 얻으며, 목마른 사람 물을 얻고,
  병든 사람 치유함을 얻으며, 더운 사람 시원함을 얻네.
  가난한 사람 보배를 만나며, 아이가 어머니를 보도다!
  날리던 배가 언덕에 이르고, 외로운 나그네가 고향에 돌아가네.
  가뭄에 달콤한 우택雨澤을 만나고,
  나라에 충성스럽고 어진 사람이 있도다!
  사방의 오랑캐가 손 모아 절을 하고,
  팔방 밖의 사람이 와서 항복하네.
  낱낱이 다 옳고 물건 물건이 온전히 드러났도다!
  예와 지금, 범부와 성인, 지옥과 천당,
  동서와 남북을 사량思量하지 않으니
  온 세상 모든 존재 다 금강의 큰 도량에 들어가도다![600]

  饑得食渴得漿하고 病得瘥熱得凉이라
  貧人이 遇寶하고 嬰兒ㅣ見孃이로다
  飄舟到岸이요 孤客이 歸鄕이라
  旱逢甘澤이요 國有忠良이로다
  四夷拱手하고 八表來降이라 頭頭摠是오 物物全彰이로다

---

600 사실은 금강도량 안에 있는 것이다.

古今凡聖과 地獄天堂과 東西南北을 不用思量이니
刹塵沙界諸群品이 盡入金剛大道場이로다

부처님께서 도량에 앉으시니

북극성(北極星, 北辰)이 그곳에 자리하고

시방이 함께 모임이여!

여러 별이 다 북쪽에 절을 함(拱手)이로다!

모든 자식이 어리석고 미혹하여

부모를 버리고 달아나서

천애天涯에 유랑하여

날이 이미 오래 되었더니,

부왕이 권세를 베풀어

천하를 호령하니

모든 자식들이 그릇된 것을 알고

이제 다 돌아와서

각기 무지無知함을 참회하여

자비로운 가르침 듣기를 원하되

굶주린 사람이 밥 생각하는 것과 같이 하며

목마른 사람이 물을 생각하듯 하니,

물 맑으면 달 나타나

감응이 서로 생겨 감로甘露의 문이 열림에

다 법을 얻어 기쁘네.

단견斷見과 상견常見 병이 되어

법신을 번뇌케 하여 어지럽히더니

법이 좋은 약인지라

한 번 들으면 곧 낫네.

탐내고 애착함이 열병 되어

번뇌가 마음 바다 끓이더니

법이 맑고 시원하여

한 번 들음에 문득 없어지네.

공덕의 재물이 부족하여

날로 가난의 고통 받았더니

한 번 법의 요체를 들음에

보물창고가 앞에 나타나고,

미혹함[601]에 덮여 깨닫는 성품 나타나지 않더니

열어 깨달음 한 번 얻음에

오묘한 법체 밝게 드러나네.

바른 지견을 잃어서

고해苦海[602]에 날리고 잠기더니

방편의 바람 불어서

저 언덕에 이르고,

다섯 길을 비틀거리며 걸어

나그네가 된 지 여러 해였더니

---

601 미혹함(迷): 유有에 집착한 것.

602 고해苦海: 고통의 바다. 중생의 세계.

이제 비로소 항상 즐거운 집 고향에 돌아왔으며,

미혹의 해가 번거롭고 찌는 듯하여

도의 싹이 타서 말랐더니

법의 비가 멀리서 내려

마음 꽃이 밝게 피네.

마음 왕이 꿈을 꿈에

알음알이 신하[603] 권세를 천단擅斷하여

맑고 태평한 세계에

풍진이 다투어 일어나더니,

천군天君이 한 번 깨어남에

알음알이 변하여 지혜가 되니

풍진風塵이 문득 쉼에 육국六國[604]이 편안해졌네.

만법이 나에게로 돌아와

천하가 태평하니

천 갈래 길의 다른 수레바퀴[605]가

함께 서울로 향하네.[606]

장안의 길이 통함에

만 개의 문과 천 개의 문이로다![607]

---

603 신臣: 정식情識. 의식意識을 신하에 비유하고 본래 마음을 심왕心王, 천군天君에
비유했다.

604 육국六國: 육식六識.

605 천도이철千途異轍: 나쁘고 좋고, 너와 나 등 일체의 상대적 세계.

606 서울로 다 통한다는 뜻.

고금에도 의심스럽거나 막힘이 없으며, 범부와 성인에도 의심스럽거나 막힘이 없으며, 지옥천당과 동서남북에 이르기까지 다 의심스럽거나 막힘이 없어서 헤아림을 사용하지 않는다.

기원정사에 한 번 모임의 이로움이 이와 같으니,
이로부터 중생이 다 근원[608]으로 돌아갔도다!

佛坐道場하시니 北辰이 居其所요

十方이 同聚여 衆星이 皆拱北이로다

諸子ㅣ 癡迷하야 捨父逃逝하야

流落天涯ㅣ 爲日이 已曠이러니

父王이 設權하야 號令天下하니

諸子ㅣ 知非하고 今盡來歸하야

各慙無知하야 願聞慈誨호대

如飢思食하며 如渴思漿하니

水澄月現이라 感應交生하야

甘露門開에 皆得法喜하며

斷常爲病하야 惱亂法身이러니

法爲良藥이라 一聞便除하며

貪愛爲熱하야 煩煎心海러니

法爲淸涼이라 一聞頓除하며

---

607 통하지 않는 문이 없다는 뜻.

608 근원(源): 서울, 장안.

乏功德財하야 日受貧苦러니

一聞法要에 寶藏이 現前이요

爲迷所覆하야 覺性이 不現이러니

一得開悟에 妙體ㅣ 昭彰하며

失正知見하야 飄沈苦海러니

方便風生하야 得到彼岸이오

羚蹄五道하야 客作多年이러니

今始得歸常樂家鄕이며

惑日이 煩蒸하야 道芽ㅣ 燋枯러니

法雨遲霈하야 心花發明하며

心王이 作夢에 識臣이 擅權하야

淸平世界에 風塵이 競作이러니

天君이 一覺하야 識變成智하니

風塵이 頓息에 六國이 晏然이라

萬法이 歸己하야 天下太平하니

千途異轍이 共向帝都라

長安路通에 萬戶千門이로다

古今也無疑碍하며 凡聖也無疑碍하며 以至地獄天堂과 東西南北히 悉
無疑碍하야 不用思量이라

祇園一會ㅣ 利如斯하니

從此含靈이 盡歸源이로다

종경제송강요후서

宗鏡提頌綱要後序

최상의 대승大乘을 통달하고자 하면 모름지기 금강의 정안正眼[609]을 갖추어야 하니, 석가 노인이 수보리와 더불어 대기大機[610]를 드러내고 대용大用[611]을 베푼 것을 보라. 수미산왕 같은 칠보를 모으며 대천사계를 작은 먼지와 같이 부수어서 아승기겁이 다하도록 보시를 해오더라도 유독 최상승법[612]은 가히 얻을 법이 없어서[613] 곧 하늘과 사람의 간담이 떨어지고 마군과 외도가 심장이 서늘하게 되니, 비록 능히 생명을 버리고 깨닫더라도 예와 같이 백운이 만 리일 것이다.[614] 그래서 이 경전을 풀이한 사람이 팔백여 명이로되 이 경전을 송頌한 사람은 손가락 꼽는 데도 차지 않았다. 대개 고인이 한 글자를 그릇 대답하여 오히려 들 여우에 떨어졌으니[615]

---

609 정안正眼: 연기 중도를 볼 수 있는 바른 눈.

610 대기大機: 쌍차雙遮, 소탕掃蕩.

611 대용大用: 쌍조雙照, 건립建立.

612 최상승最上乘: 유무有無, 상하上下 등 상대 세계를 초월한 법.

613 본래성불本來成佛, 본래 갖추고 있기 때문임.

614 평소와 같다는 뜻. 예를 들면 목마르면 물마시고, 배고프면 밥 먹고 고단하면 잠자는 것.

615 법을 잘못 말하여 인과에 떨어지는 것. 예를 들면 전백장과 후백장.

이 경전을 그릇 송하면 응당 지옥에 들어갈 것이다. 종경은 스스로 지옥에 들어가지 않으면 무엇으로 말미암아 모든 중생을 건지겠는가? 이미 법을 위하여 몸을 잊었으니 어찌 하늘 가득한 거역하는 죄를 피하겠는가?[616] 가로[617]로 보검을 잡고 거듭 게송을 말하겠다.

宗鏡提頌綱要後序

夫欲了最上大乘인댄 須具金剛正眼이니 看釋迦老ㅣ 與須菩提로 顯大機施大用하라 聚須彌山王等七寶하며 碎大千沙界若微塵하야 盡僧祇劫토록 布施將來라도 獨最上乘은 無法可得이라 直得天人이 膽喪하고 魔外ㅣ 心寒이니 雖能捨命承當이라도 依舊白雲萬里리라 所以로 解此經者ㅣ 八百餘家로대 頌此經者는 不滿屈指하니 盖古人이 錯答一字하야 尙墮野狐하니 謬頌此經하면 應入地獄하리라 宗鏡은 自惟不入地獄이면 何由拯濟群生이리요 旣能爲法忘軀어니 豈避彌天逆罪리요 橫按寶劒하야 重說偈言호리라

설의 최상승을 통달하고자 한다면 모름지기 금강의 정안을 갖추어야 하니, 만약 눈을 갖추지 못하면 어찌 대가大家[618]의 풍월을 보겠는가? 대가의 풍월을 보려고 하면 석가 노인의 기기機와 용용用을 나란히 베푸는 것과 살활 자유자재하는 수단을 보라. 만약 이 속을 향하여

---

616 법을 일러 주어 상대를 깨닫게 해도 맨살을 긁어 상처를 내는 것과 같다고 하는데, 여기서는 손가락에 집착하는 죄가 크다는 말.
617 가로: 작용作用, 활活.
618 대가大家: 절집, 우주.

보아 깨뜨림을 얻으면 네가 금강의 눈을 갖추어서 거의 최상승을 밝혔다고 허락하겠다. 최상승은 무엇으로 인하여 이렇게 기특한가? 보물 모으기를 수미산만큼 하고 세계 부수기를 작은 먼지와 같이 하여 보시하여 아승기를 다하더라도 이것은 마음이 있는 데서 나와서 다 정견情見에 속하거니와, 홀로 최상승은 범부의 정情과 성인의 알음알이가 머물려 해도 할 수 없음이 하늘에 기댄 장검과 같아서 서늘하기[619]가 위력적이고 빛이 번득여서 씩씩하여 그 칼날을 범할 수 없으므로, 그래서 하늘과 사람이 간담이 떨어지고 마군과 외도가 마음이 서늘하니 갑자기 어떤 사람이 비록 능히 목숨을 버리고 깨닫더라도 옛날 그대로 백운이 만 리일 것이다. 이 최상승이 이와 같이 높아 위태롭고 멀고 끊어졌다. 그래서 이 종지를 얻은 사람이 드물다. 고인이 한 글자를 그릇 대답하고도 오히려 들 여우에 떨어졌거든 이 경전을 그릇 송하면 응당 지옥에 들어갈 것이니, 만약 이러하다면 무슨 일로 이익 없이 스스로 그 고통을 구하겠는가? 다만 응당 단정하게 손을 모아서 자기 제도하기를 구하여 저 법문의 흥폐를 따르며, 그 중생이 일어나고 넘어지는 데 맡겨서 끝의 운수를 잡고 혜명慧命 잇기를 가슴속에 걸릴 여가가 없게 해야 한다. 비록 그러하기가 이와 같으나 자신만 위하고 법을 위하지 않으면 부처와 조사의 깊은 은혜를 저버리는 것이고, 자기를 위하고 남을 위하지 않으면 이승二乘의 경계에 떨어질 것이니, 자신이 차라리 지옥에 들어가 백 천 겁을

---

619 서늘하기(寒): 냉정하다는 것을 뜻한다. 이 냉정함은 때로는 한없이 자비롭기도 하다.

지내더라도 힘써 사람마다 하여금 열어 깨닫게 하여 혜명이 무궁하게 해야 한다. 이미 능히 법을 위하여 몸을 잊었다면 어찌 하늘 가득 거역한 죄를 두려워하겠는가? 가로로 보검을 잡고 거듭 게偈를 말하겠다.[620]

欲了最上大乘인댄 須具金剛正眼이니 若不具眼이면 爭見大家風月이리요 要見大家風月인댄 看彼釋迦老子의 機用齊施와 殺活自由底手段하라 若向這裏하야 見得破하면 許你具金剛眼하야 庶幾明得最上宗乘이니 最上宗乘이 因甚하야 得伊麼奇特고 聚寶如須彌하고 碎界若微塵하야 布施盡僧祇라도 此則出於有心이라 盡屬情見이어니와 獨最上乘은 凡情聖解ㅣ 湊泊不得호미 如倚天長劍하야 寒威威光爍爍이라 凜凜然不可犯其鋒鋩일새 所以로 天人이 膽喪하고 魔外ㅣ 心寒이니 忽有人이 雖能捨命承當이라도 依舊白雲萬里리니 此最上宗乘이 若是其高危逈絶일새 所以로 得此宗者ㅣ 鮮이니라 古人이 錯答一字하고도 尙墮野狐온 謬頌此經하면 應入地獄하리니 若爾인댄 何事로 無益自求其苦리요 只應端然拱手하야 以求自度하야 從他法門興廢하며 任他衆生起倒하야 扶持末運하고 紹續慧命을 無暇介於胸中이니라 雖然如是나 爲己不爲法하면 辜負佛祖深恩이요 爲己不爲人하면 墮在二乘境界하리니 自身이 寧入地獄하야 經百千劫이라도 務使人人開覺하야 慧命無窮이니 旣能爲法忘軀인댄 豈畏彌天逆罪리요 橫按寶劍하야 重說偈言호리라

송 열반의 마음을 꺾고

정법의 눈을 없애며

지견을 쓸어버리고

목숨의 뿌리를 끊어야

갚지 못할 은혜를 갚을 수 있으며,

보답하기 어려운 덕을 써 보답하리.

摧涅槃心하고 滅正法眼하며

掃除知見하고 截斷命根하야사

堪報不報之恩하며 用酬難酬之德耳리라

열반과 정법의 눈이여! 돌! 이 무엇인가? 비록 그렇게 부처와 조사를
초월했으나 지견 세우기를 허락하지 않으니, 자취를 쓸고 흔적을
없애 뿌리와 꼭지를 제거해야 진실한 보은報恩이라 이름할 수 있다.
이 노인의 이렇게 잡아 가지는 것(提持)을 또 어떻게 말하겠는가?

어지러움 평정하고 위태로운 것 부축하면 천지 태평하고

삿된 것 꺾으며 바른 것 드러내니 일월이 한가하네.

때문에 단하 천연선사丹霞天然禪師[621] 손 쓰던 곳 생각하니

한 별을 휘두름에 세계가 편안하도다!

---

[621] 단하 천연선사丹霞天然禪師: 단하丹霞는 천연선사(天然禪師, 739~824)가 살던
산이다. 그는 길을 가다 저물어 낙동 혜림사慧林寺에 갔는데, 때는 겨울이라
몹시 추워서 목불木佛 세 위를 패서 불을 피웠다.

涅槃正法眼이여 咄哉라 是什麼오 縱然超佛祖나 不許立知見이니 掃蹤滅
跡除根蔕하야사 是名眞實報恩者라 此老의 伊麼提持를 且作麼生道오

定亂扶危天地泰요 摧邪顯正日月閑이라
因憶丹霞施手處하니 一星揮了世界安이로다

요지 경문에서 부처님께서는 수보리에게 이 경전의 가치에 대하
여 말했다. 아승기의 세계에 가득한 칠보를 보시하는 것보다
보리심을 내어 이 경전이나 사구게四句偈를 받아 지니고 읽고 외워서
남에게 연설해주는 것이 복이 더 많다고 하였다. 남을 위하여 연설하
는 방법은 형상을 취하지 말고 항상 있는 그대로 움직이지 않고
해야 한다고 했는데, 이것은 일체의 유위법有爲法이 꿈, 환상, 거품,
그림자와 같으며 이슬과 번개와 같아서 마땅히 이와 같이 봐야 되기
때문이라고 하였다. 부처님께서 경전을 연설하고 나니 수보리, 비구,
비구니, 우바새와 우바이, 일체 세간의 하늘, 인간, 아수라가 부처님
말씀을 듣고 모두 크게 기뻐하여 믿고 받아서 받들어 실천하겠다고
다짐하였다.

부처님의 이러한 말씀에 대하여 육조스님은 전적으로 동의하면서
법을 설할 때 좋은 방편으로 사람의 근기를 보고 능력에 맞게 교화함이
남을 위해 연설하는 방법이고, 법을 듣는 사람이 가지가지 다르지만
분별심을 내지 않고 비고 고요하며, 있는 그대로의 마음을 통달하여
얻었다는 마음이 없으며, 승부심勝負心이 없으며, 바라는 마음이
없으며, 생멸심이 없음이 그 이름이 있는 그대로 움직이지 않는 것이라

고 설명했다. 그리고 부처님께서 든 비유에서 꿈은 허망한 몸, 환상은 망념妄念, 거품은 번뇌, 그림자는 업장이라 설명하고 모두 유위법有爲法이며, 진실은 이름과 형상을 떠나있고 깨달은 사람은 모든 업이 없다고 했다.

야부스님은 연설하는 것은 어렵지 않으니 자세히 들으라고 하고, 행주좌와行住坐臥, 시비인아是非人我, 기쁘고 성남이 이것을 떠나지 않았지만 이것이라고만 하면 얼굴에 침을 뱉겠다고 하면서 부처님께서 평생의 정성으로 사구게의 묘한 가르침을 모두 설파하셨다고 하였다. 또 야부는 원삼점圓三點을 그리고서 말후末後의 이 한 구절은 강물이 얼어 물이 통하지 않고 가시가 가득하여 발을 놓을 수 없는 것과 같다고 보고, 후학이 나갈 수 있는 길을 하나 열겠다고 하면서 말을 하면 온전히 법체法體를 드러내고 침묵하면 진상眞常만 드러내며, 움직이면 학과 구름이고 고요하면 산악이라고 하였다. 말후 한 구절을 두고 구름은 고갯마루에 한가하게 걷히지 않고 물은 개천에 매우 바쁘게 흐른다고 읊었다. 넉넉히 노는 곳에 또 놀며 구름은 스스로 높이 날고 물은 스스로 흐르며, 흑풍이 큰 파도를 일으키지만 낚싯배 침몰했다는 말은 들은 적이 없다고 하였다. 또 배가 가는 것은 키 잡은 사람에게 달려있다 하고 이를 두고 물 가운데서 달을 잡고 거울 속에서 머리를 찾고, 뱃전을 새겨 칼을 구하고 소를 타고 소를 찾으며 허공 꽃, 태양의 불꽃이고 꿈과 환상, 뜬 거품이라고 하면서 파가巴歌의 시골 음악이 풍류하지 않는 곳에 스스로 풍류를 한다고 하였다. 또 삼십 년 뒤에 노승을 망각하지 말게 하라 하고 은혜를 아는 사람은 누구인가 묻고는, 하하 웃으며 장차 그런 사람이 없으리라고 했다. 스스로 읊은 게송에 대하여 배고픈데 밥을 얻고 목마른데 물을 얻고, 병이 낫고 더위에 시원함을 얻음이며, 가난한 사람이 보배를 얻고, 어린아이가 어머니를 만나며, 배가 언덕에 이르고 나그네가 고향에 돌아가고, 가뭄에 감로수를 얻고, 나라에 충신이 있으며, 사방과 팔방이 다 공경하고 항복하는 일체가 다 이것이고 낱낱이 다 드러났다고 하였다. 모든 세계 일체가 다 금강의 큰 도량에 들어간다고 하였다.

이에 대하여 종경스님은 칠보의 보시는 구함이 있어서 허망하며, 경전과 사구게를 가지고 연설해주는 것은 비록 빼어나지만 진실이 아니라 하면서 이를 수월도량에 앉아 허공 꽃의 불사를 성취하는 것이라고 하였다. 중생을 제도하고 보리를 증득하지만 범인, 성인이라는 생각이 다 공하고 생사와 열반도 꿈과 같다고 하였다. 예를 들어 부대사가 양무제에게 경을 강론할 때 책상을 둘러 한 소리하고 내려온 것은 자비를 아끼지 않고 근기根機에 따라 분별하여 방편을 자세하게 내린 것이어서 심히 아름답기는 하지만 통달하지 못한 것이고, 최상의 돈종에서 논하자면 범인과 성인에 통하지 못한 것이기 때문에 금강보검으로 남김없이 쓸어버리고, 그가 명암明暗으로 오고 사방팔면으로 오는 데 맡기고, 그로 하여금 쉬어가고 쉬어가서 한 생각이 만년이 되게 해야 한다고 하였다. 그러나 말후末後의 한 구절을 누가 봉행하겠는가라고 묻고는, 허공이 바로 다 떨어지니 천룡과 팔부가 두루 유통한다고 하였다. 이어 게송으로 공생이 거듭 미망迷妄을 미루어 따지니 대각이 거듭 게를 설해서 말씀하시고, 마지막에 분명하게 백억을 초월하니 밝기가 천지에 해가 빛나는

것과 같다고 읊었다. 또 종경스님은 후서後序에서 최상의 대승을
통달하고 싶으면 금강정안을 갖추어 부처님께서 수보리와 대기대용
大機大用을 드러낸 것을 보라고 했다. 아무리 많은 보배를 보시하여도
최상승은 얻을 법이 없고, 하늘과 사람의 간담이 떨어지고, 마군
외도가 마음이 싸늘해지니 목숨을 버리고 깨닫더라도 옛날처럼 백운
이 만리라고 하였다. 그래서 이 경전을 해석한 사람은 800여 명이
되지만 이 경에 송을 한 사람은 얼마 되지 않는다고 하였다. 한 글자라
도 답을 잘못하면 들여우에 떨어진다고 하고, 이 경전을 잘못 송하면
지옥에 들어가지만 자기는 지옥에 들어가 중생을 구제하겠다고 하면
서 법을 위하여 몸을 잊었으니 죄가 하늘에 가득해도 피하지 않겠다고
하였다. 그리고는 열반심을 꺾고 정법안을 없애고 지견을 쓸어버리고
목숨을 끊어야 갚고 갚지 못할 은혜를 감당하고, 갚고 갚지 못할
덕을 쓸 수 있다고 하였다.

　함허스님은 지금까지 부처님과 선사들의 발언을 차례로 해설하여
정리해 보여주고 있다. 먼저 경전이나 사구게를 받아 지니고 읽고
외는 가치를 부각하신 부처님 말씀에 대한 야부의 발언에 대하여
함허스님은 사구게를 말하는 것은 어렵지 않다고 하고, 일상생활과
성내고 시비함이 이것을 떠나있지 않아서 당당하게 규모를 드러내고
원만하게 이루어져 있지만 이것을 안다고 하지 말라고 했다. 이것을
안다는 생각을 하면 눈에 가루가 들어간 것 같으니 이것이라는 견해를
갖지 말아야 있는 그대로 계합한다 하고, 이것은 마치 맑은 못에
네 면으로 다 들어갈 수 있고, 맹렬한 불덩어리에 네 면으로 다 못
들어감과 같다고 하면서 오묘한 문이 여기에 있다고 하였다.

형상을 취하지 않고 있는 그대로 움직이지 않는다는 부처님의 말씀에 대하여 공의 이치를 말하되 형상에 즉해 있어 공空을 취하지 않고, 형상을 말하되 공의 이치에 즉해 있어 유有를 취하지 않고, 가운데를 말하면서 변두리에 즉해 있어 가운데를 취하지 않기 때문에 법도 응당 취하지 않고 법이 아닌 것도 응당 취하지 않는다고 했다. 유무중有無中의 삼상三相을 떠났기 때문에 이 경전을 연설한 사람은 제도하는 주체가 있고 제도 받는 중생이 있다는 것을 보지 않으며, 연설할 법이 있고 연설하는 사람이 있다고도 보지 않기 때문에 부처님께서는 일생 동안 한 글자도 연설하지 않았다고 말씀하셨다고 설명했다.

부처님의 말씀에 대하여 야부스님은 원삼점을 그리고, 부처님의 말후末後 일구는 강이 얼어 통하지 않고 가득한 가시에 발을 놓을 수 없는 것과 같아서 한 가닥의 실을 더하고 뺄 수도 없다고 하면서 이렇기만 하면 불법佛法이 이어질 수 없기 때문에 자기는 앞 성인의 묘한 문을 열어서 후학에게 길을 열어주겠다고 하였다. 야부의 이 말에 대하여 함허스님은 부처님께서 처음 자리를 펴고 앉으셨다는 것은 칼을 쥐고 길에 서서 천하를 호령하는 것이고, 말후末后에 움직이지 않는 것은 정령精靈을 다 베고 칼을 잡고 자리로 돌아온 것이라고 풀이하고, 취모검吹毛劍의 몸체는 가는 먼지를 끊고 그 빛은 태허를 비추기 때문에 삼세의 모든 부처도 볼 수 없고 역대 조사도 친할 수 없다고 하고 이렇게 거두기만 하고 놓지 않고, 합하기만 하고 열지 않으면 자자손손 후대로 이어지게 할 수 없다고 하면서 가시 숲에 한 가닥의 길을 열어주고, 바람이 통하지 않은 곳에 별도로 소식을 통해 준다고 하였다. 여기에는 묘용이 종횡하여 정해진 법이 없어서 일체 법을 쓸어버리거나 세우는 것이 모두 나에게 달려있어서 의기가 있는 데 의기를 더해주고 마음이 넓은 곳에 또 마음을 넓게 한다고 하였다.

말후일구末后一句를 두고 야부가 말한 산 구름에 대하여 사람을 근심하게 한다고 하고, 물이 급하다는 것에 대하여 행인이 여기에 이르러 정신이 쾌활하다고 말을 더하면서 쌍으로 어둡고 쌍으로 밝다고 하였다. 넉넉히 노는 곳에 또 넉넉히 놀고, 구름은 높이 날고 물은 저절로 흐른다는 야부의 송에 대하여 함허스님은 자유로운데 더욱 자유로우며, 한가하고 바쁜 것이 같은 때라고 하면서 바람이 불어 파도가 일어남이 심상사尋常事라서 고깃배는 침몰하지 않는다고 하였다.

일체 유위법을 꿈, 환상, 거품, 그림자, 이슬, 번개에 비유한 부처님의 말씀에 대하여 함허스님은 긴 설명을 하고 있다. 여기서 유위의 법은 교화의 법이고, 여섯 비유는 그것이 구경의 것이 아님을 나타낸다고 말했다. 진여자성眞如自性은 형상이 있는 것도 없는 것도 아닌데 상견常見을 깨기 위해서 공空을 말하고, 단견斷見을 깨기 위해서 유有를 말하고, 양변에 떨어짐을 걱정하여 공도 유도 아니라고 말하여 교화는 인연에 따라 시설한 것으로서 구경이 아닌 이유를 이렇게 말하였다. 여기서는 교화만 말했지만 주관과 객관, 깨끗함과 더러움, 부처에서부터 아래로 벌레, 범부와 성인, 인과 등의 법이 모두 인연으로 있기 때문에 유위라고 하면서 생각에 꿈, 사물에 환상, 물에 거품, 형체에 그림자가 각각 있어서 일체가 공이라고 했다. 그러나 형상이 뚜렷하여 없다고 말할 수도 없다고 하였다. 찰나 생멸하여 있음이 있음이 아니며, 없음이 없음이 아니라서 있고 없음이 아니기 때문에 모든 것이 중도中道 아님이 없다고 하였다. 생멸이 곧 생멸이 아니라 생멸 자체가 비었기 때문에 모든 법이 실상이 아님이 없다고 하였다. 그래서 인연에서 난 것을 공空, 가假, 중中이라 할 수 있어서 이것은 한 대상(一境)을 떠나지 않았다고 하였다. 즉 여섯 가지 비유는 비어 있음을 말하지만, 완전히 비어 있기만 한 것이 아니라 연기로 존재한다는 중도의 입장을 드러냈다고 했다. 그리고 말후의 게송은 사람들을 맑고 깨끗하게 한다고 하였다. 배가 가는 것은 다 키를 잡은 사람에게 달려있다는 야부의 말에 대하여 함허스님은 가고 머묾이 자유이고 옳으면 다 옳고 그르면 다 그르다고 하면서 쓸어 없애는 것, 건립하는 것이 모두 나에게 있어 나는 법왕으로서 자유자재自由自在하다고 하였다. 물 속 달 잡기, 거울 속 머리 찾기, 배를 새겨 칼 찾기, 소 타고 소 찾기가 허공 꽃이고 태양 불꽃이며 꿈, 환상, 거품이라 하고, 시골 음악이 풍류 없는 곳에 풍류를 하는 것이라는 게송에 대하여 함허스님은 설명을 붙이고 있다. 일체가 모두 환상과 같은데 환상과 환상 아님이 한 집을 이루어 낱낱이 남이 없는 즐거움이 있다는 것을 대환법문大幻法門, 대환삼매大幻三昧이라 이름하고, 이 법문으로 갖가지 불사를 하고 이 삼매로 갖가지 변화를 하니 나머지 비유도 같다고 하였다.

　종경스님은 이 경전을 가지고 사구게를 연설하는 공덕이 빼어나지만 수월도량에서 허공 꽃 불사를 하는 것이라 하고, 환상인 중생을 제도하고 보리를 증득하여 범부와 성인이 비고 생사와 열반이 꿈 같다고 하면서 교화 방편이 아름답지만 통달하지 못했다고 하고, 최상의 돈종頓宗에서 논하자면 범부와 성인을 통할 수 없으니 금강보검으로 정情을 다해 남김없이 쓸어서 밝고 어두운 데 맡기고 쉬어가게 한다면서, 말후 한 구절에 대하여 허공이 다 떨어지고 천룡과 팔부가 두루 유통한다고 했다. 이런 종경의 말에 대하여 함허스님은 복을 구함과 경전을 수지함이 다 진실이 아니라고 하고, 불사佛事가 허공 꽃이고 중생이 환상이라 건질 중생이 없고, 보리가 적멸하여 증득할 법이 없어서 범부와 성인이 다 비었고 생사와 열반이 꿈과 같다고 하였다. 경전을 강설하는 일이 없지 않으나 최상의 돈종에는 상관이 없다고 하고, 만나면 바로 다 베어 쉬어가게 하지만 말후 한 구를 봉행함은 성인을 기다릴 것 없이 천룡팔부가 두루 통한다고 하였다. 이어 종경의 게송에 대하여 함허스님은 공생이 미망을 묻고 부처님이 대답한 말씀이 한결같아서 움직이지 않는 데 이르러 견해와 인정이 다해 의지할 데가 없지만, 다시 청산 밖에 있다고 하였다. 청산도 오히려 그리워하지 않고 서울에도 정을 두지 않는다고 말했다.

부처님께서 경전 연설을 마친 데 대하여 함허스님은 사상四相이 모두 깨어지고 자비의 비에 구류九類 중생이 다 젖는다 하고, 삼관三觀의 지혜와 일승의 이치가 원만해서 중생이 깨닫고 의심이 풀리고 바른 눈이 열려 주관과 객관이 훤하여 실상이 눈앞에 분명하게 되었다고 하였다. 삼십 년 뒤에 노승을 잊지 말라는 야부의 말에 대하여 세 관문을 이미 뚫은 한 살촉이 허공에 멀리 갔으니 장부의 뜻을 분발하여 살촉을 꺾고, 푸른 허공을 향하여 노승을 보면 은혜를 알고 갚은 것인데 은혜 아는 사람이 없다고 하였다. 이어 굶주린 사람,

목마른 사람, 가난한 사람, 어린아이, 나그네가 다 원하는 것을 얻어 금강대도량金剛大道場에 들어간다는 야부의 게송에 대하여 함허스님은 아들이 어리석고 미혹하여 아버지를 버리고 도망을 가서 오래 멀리 유랑하다가, 아버지가 방편을 시설함으로써 아들이 잘못을 알고 돌아와 자비로운 가르침을 듣는 것이 배고플 때 밥 생각하고 목마를 때 물 생각하는 것과 같다는 비유를 들어 단상斷常과 탐애貪愛에 빠지고, 공덕이 부족하고 미혹으로 각성이 드러나지 않고, 바른 지견知見을 잃어 고해苦海에 부침浮沈하며, 오랫동안 나그네가 된 사람의 모든 문제를 방편을 이용하여 해결했다고 했다. 모든 법이 나에게로 돌아와 천하가 태평하고 수많은 길이 장안으로 통하며 천만의 집에 통하여 고금, 범부와 부처, 지옥과 천당, 동서남북에 걸림이 없다 하고, 기원정사 이 모임의 이로움이 이와 같다 하고, 이로부터 중생이 다 근원으로 돌아갔다고 하였다.

최상대승最上大乘의 가치를 강조한 종경스님의 「제송강요후서提頌綱要後序」에 대하여 함허스님은 최상대승을 통달하려면 금강정안金剛正眼을 갖추고 부처의 기용제시機用齊施와 살활자유殺活自由한 솜씨를 보라고 했다. 보시는 아무리 많이 해도 유심有心과 정견情見에서 나왔지만 최상승은 범부와 성인이라는 견해가 사라져 천인이 간담이 떨어지고 마군과 외도의 마음이 싸늘해지며, 목숨을 버리고 깨닫더라도 옛 그대로 백운이 만리일 뿐이라고 하면서 최상승의 종지는 높고 아득하여 이를 터득한 사람이 드물다고 했다. 그래서 이 경전에 잘못 게송을 붙이면 지옥에 떨어질까 하여 팔짱을 끼고 자기나 구제하고, 법문의 흥폐興廢나 중생의 기도起倒를 버려두고, 말세의 운을 유지하고 혜명을 잇는 일은 마음에 두지 않는다고 하였다. 자기를 위하고 법을 위하지 않으면 부처와 조사의 깊은 은혜를 저버리는 것이고, 자기를 위하고 남을 위하지 않으면 이승二乘의 경계에 떨어지는 것이기 때문에 비록 지옥에 떨어져 백천 겁의 긴 세월을 지내더라도 사람을 깨우쳐서 혜명이 무궁하게 되게 하기 위해 하늘 가득한 대역의 죄를 두려워하지 않고 보검을 가로 잡고 거듭 게송을 연설한다고 하였다. 열반심을 끊고 정법의 눈을 없애고 지견을 제거하고 명근을 절단해야 은덕을 갚는다는 종경의 이런 게송에 대하여 함허스님은 지견을 세우지 않고 종적을 쓸어 없애야 진실로 은혜를 갚는 것이라 하고, 위란危亂을 평정하여 천지가 태평하고 삿된 것을 꺾고 바른 것을 드러내 세월이 한가하다고 다시 그에 대한 게송을 읊었다.

부대사 게송

傅大士頌

두루 헤아리다(編計)[622]

잘못된 헤아림으로 집착 이루어
새끼줄을 미혹하여 뱀으로 여기도다!
마음의 의심으로 어두운 귀신을 내고
눈병으로 허공 꽃을 보도다!
한 경계[623] 비록 다름이 없으나
세 사람이 보는 것이 다르도다!
이 이름이 실제 아님을 통달하면
흰 소의 수레[624]를 길이 몰리라.

妄計로 因成執하야 迷繩爲是蛇로다
心疑에 生暗鬼요 眼病에 見空華로다
一境이 雖無異나 三人이 乃見差로다
了玆名不實하면 長馭白牛車하리라

---

622 변계偏計: 새끼를 뱀으로 착각하는 것.

623 한 경계(一境): 새끼 자체.

624 흰 소의 수레(白牛車): 부처님이라는 수레. 일불승一佛乘.

설의 사람과 법이 원래 아我가 없거늘 잘못된 헤아림으로 인하여 집착을 이루어 뱀이 아닌데 헤아려 뱀이라 하고, 귀신이 아닌데 헤아려 귀신이라 하고, 꽃이 아닌데 헤아려 꽃이라 하니 보는 경계가 비록 하나지만 세 사람의 견해가 같지 않도다! 만약 이 견해가 원래 실제가 아님을 통달하면 한가하고 한가하게 흰 소의 수레를 길이 몰 것이다.

人法이 元無我어늘 妄計로 因成執하야 非蛇에 計爲蛇하고 非鬼에 計爲鬼하고 非華에 計爲華하니 所目之境이 雖一이나 三人之見이 不同이로다 若了此見이 元不實하면 閑閑長馱白牛車하리라

그에 의지하다(依他)[625]

의타는 자립이 아니라
반드시 여러 인연을 빌려 이루어지네.
해가 짐에 나무 그림자 없어지고
등불이 옴에 방안이 밝아지네.
이름은 공동의 업 때문에 변하며
만 가지 형상은 미세한 것이 쌓여서 생기도다!
만약 진공眞空의 색色을 깨달으면
홀연히 이름 있는 것을 버리리.

依他非自立이라 必假衆緣成이니
日謝에 樹無影이요 燈來에 室乃明이라

---

625 그에 의지하다(依他): 새끼가 짚으로 만들어진 것을 아는 것.

738

名因共業變하야 萬象이 積微生이로다

若悟眞空色하면 翛然去有名하리라

색과 마음의 모든 법을 의타라 부르니 이것은 자립이 아니라 인연을 빌려 이루어진다. 인연이 없으면 성품이 생겨나지 않으니 인연을 따라 마침내 생겨남이 있도다! 미혹과 업이 함께 구르는 모양[626]이 있으니 구르는 모양이 있음으로 인하여 만상萬象[627]이 나타나도다! 인연의 생각과 사대가 합해져서 오온의 몸을 이루어 육근六根[628]의 몸과 세계(器界)[629]가 나뉘어 십이처를 형성한다. 만약 능히 색이 공空의 색임을 깨달으면 곧 마음 있는 것이 마음 있는 것이 아님을 깨달을 것이다.

色心諸法을 號依他니 此非自立假緣成이라 緣無하면 性無生이니 隨緣方有生이로다 惑與業共有轉相하니 因有轉相萬象現이로다 緣慮與四大ㅣ 合成五蘊身하야 根身與器界ㅣ 分成十二處하니 若能悟色是空色하면 卽悟有心非有心하리라

---

626 구르는 모양(轉相): 주관.

627 만상萬象: 객관.

628 육근六根: 안이비설신의眼耳鼻舌身意.

629 세계(器界): 색성향미촉법色聲香味觸法.

원만히 이루어지다(圓成)[630]

형상이 고요함에 이름 또한 버리고
마음이 융화融和함에 경계 또한 없어지네.
가고 옴 끝내 보지 않고
말하고 침묵함 영원히 방향이 없도다!
지혜 두루 이루어진 이치에 들어가니
몸이 법성의 항상恒常함과 같네.
진리[631] 증득하고 도리어 세속을 통달하여
진량津梁[632] 보이기를 그만두지 않도다!

相寂에 名亦遣이요 心融에 境亦亡이라
去來를 終莫見이요 語默이 永無方이로다
智入圓成理하니 身同法性常이라
證眞還了俗하야 不廢示津梁이로다

설의 이름과 형상이 쌍으로 사라지고
마음과 경계가 둘 다 없어지니
가고 옴에 자취가 없고

---

630 원만히 이루어지다(圓成): 이름도 없는 새끼 자체.

631 진리(眞): 공空.

632 진량津梁: 나루와 다리. 동분서주東奔西走하며 부처가 중생을 제도하는 일, 일을 하기 위한 방편 등 여러 가지 뜻이 있는데, 여기서는 중생을 제도하는 방편.

말하고 침묵함이 방향이 없네.

몸은 안팎이 없으니 이것이 한 몸이고,

생각은 앞뒤가 없으니 다만 한 마음이로다!

이것이 원만하게 이루어진 이치이니

참되고 항상恒常하는 법성의 바다로다!

지혜가 그 가운데 들어가서

몸이 함께 항상 머무니

진제眞諦와 속제俗諦가 원래 일관되어 있어.

청산⁶³³과 서울(紫陌)⁶³⁴이 둘 다 방해됨이 없도다!

이미 청산의 맛을 배불리 얻었다면

또한 꽃다운 풀 언덕으로 가야 하네.

名相이 雙泯하고 心境이 兩亡하니

去來無蹤하고 語默이 無方이라

體無內外是一身이요 念無前后只一心이로다

此是圓成理라 眞常法性海로다

智入其中하야 身同常住하니

眞俗이 元來是一貫이라 靑山紫陌이 兩無妨이로다

旣能飽得靑山味인댄 也應芳草岸邊行이니라

633 청산靑山: 살殺, 진眞.

634 서울(紫陌): 활活, 속俗.

청량법안선사송

清凉法眼禪師頌

경계가 빔(境空)

열반은 이름이 광도廣度라

남김없이 한 가지 맛으로 거두니

난생과 태생, 습생과 화생,

빔과 있음, 잠김과 뜸이로다!

보리살타[635]는 항복 받고 머물러서

보리도菩提道 저절로 두루하도다!

홀연히 가는 먼지 있으면

이 언덕에 영원히 머물리라.

涅槃名廣度라 無餘一味收하니

卵胎兼濕化와 空有及沈浮로다

薩埵ㅣ能降住하야 菩提道自周로다

倏然纖介在하면 此岸에 永淹留하리라

---

635 보리살타(薩埵): 보리살타菩提薩埵, 즉 보살.

설의 여래의 대열반은

널리 제도함으로 뜻을 삼으니

삼계와 사생의 부류를

남김없이 한맛으로 거두도다!

무거운 것을 맡아 짊어짐 진실로 쉽지 않으니

작은 지혜가 어찌 이 책임을 감당하겠는가?

오직 보리살타가 교화하되 교화함이 없어서[636]

보리도로 하여금 스스로 두루 하게 하도다!

티끌 인연[637]이 만약 가는 털만큼이라도 있으면

생사의 이 언덕에 영원히 머물 것이네.[638]

如來大涅槃은 廣度로 以爲義니

三界四生類를 無餘一味收로다

任重荷擔이 誠不易니 小智ㅣ 豈能當此任이리요

唯有薩埵ㅣ 化無化하야 致令菩提道自周로다

塵緣이 若也纖毫在하면 生死此岸에 永淹留하리라

지혜가 빔(智空)

지혜 두루 참 빛나는 불덩어리라

---

636 보살은 무아無我를 알아서 교화를 해도 함이 없이 한다.

637 티끌 인연(塵緣): 내가 교화한다는 생각.

638 절대로 성불할 수 없다.

보리살타는 문득 무심이로다!

곳곳이 보리의 도량이고

밝고 밝아 공덕의 숲이로다!⁶³⁹

누가 태어난 뒤에 얻었겠는가?

다시는 감당하여 책임지는 것 논의하지 않도다!

달은 찬데 허공이 오시午時⁶⁴⁰에 당하고

소나무는 찬데 이슬이 옷깃에 가득하도다!

智圓晶火聚라 薩埵ㅣ 便無心이로다

處處菩提道요 明明功德林이로다

誰能生後得이리요 更不議堪任이로다

月冷空當午요 松寒露滿衿이로다

설의 지혜가 원만함은 참으로 빛나는 불덩어리와 같으니,

남아 대장부 여기에 이르러 문득 무심하도다!

문득 무심함이여!

곳곳이 보리의 도량이고,

밝고 밝아 공덕의 숲이로다!

이미 본래 가지고 있고 지금 얻은 것이 아님을 아니,

가슴속에 물건이 없어서 밖으로 어리석은 것 같도다!

다만 무심하게 살아갈 계획을 어떻게 말하겠는가?

---

639 아승기겁 동안 하는 보시보다 낫다는 뜻.

640 오시午時: 정오正午.

달은 찬데 허공이 정오에 당하고,
소나무는 찬데 이슬이 소매에 가득하도다!

智圓眞同晶火聚하니 男兒到此便無心이로다
便無心이여 處處菩提道요 明明功德林이로다
旣知本有라 非今得하니 胸中에 無物外如愚로다
只如無心底活計를 作麽生道오
月冷空當午요 松寒露滿衿이로다

모두 빔(俱空)

이치가 지극하여 정情으로 일러줌이 사라지니
어찌 비유가 같을 수 있겠는가?
마침내 서리 내리는 밤중의 달이
움직임 따라 앞 시내에 떨어지도다!
과일이 익으니 원숭이가 살찌고
산이 장대하니 길을 잃을 것 같도다!
머리를 듦에 남은 비춤이 있으니
원래 이 서쪽에 살았도다!

理極亡情謂하니 如何有喩齊리요
到頭霜夜月이 任運落前溪로다
果熟兼猿重이요 山長似路迷로다
擧頭殘照在하니 元是住居西로다

설의 경계와 지혜[641] 둘 다 잊고, 잊은 것도 또한 잊으니

가을 하늘 서리 오는 밤 달이 개울에 가득하도다!

도道가 높음에 아울러 누를 끼침이오.

이치가 나타남에 도리어 미혹한 것과 같네.

돌이켜 그 까닭을 보건대

허공에 아직 정情을 잊지 않았네.

다시 정을 잊음이여!

한 개의 달이 천 개의 강에 그림자 비치고,

외로운 구름이 만 리에 떠돌아다니도다!

境智를 兩忘忘亦忘하니 秋天霜夜에 月滿溪로다

道高에 兼帶累요 理現에 還似迷라

反觀其所以컨댄 於空에 未忘情이라

更忘情이여

一月이 影千江이요 孤雲이 萬里飄로다

흘러 통함(流通)

있는 그대로가 바야흐로 해설解說이니 유통流通이라 부르네.

만약 인아人我가 없다고 이른다면

도리어 수자壽者와 같으리.

평상平常이니 무엇을 증득하겠는가?

---

641 경계와 지혜(境智): 작용.

움직여 전전輾轉함에 굴레와 새장⁶⁴²을 끊도다!
일체의 유위법을
맑은 거울 속에 상대하여 보도다!

如如方解說이니 號流通이라
若謂無人我인댄 還將壽者同하리라
平常何所證이리요 動轉에 絕羈籠이로다
一切有爲法을 對觀淸鏡中이로다

설의 있는 그대로 움직이지 않음이 바야흐로 해설이니,
이와 같은 연설 유통이라 부르네.
만약 내가 인아人我의 생각이 없다고 이른다면
옛 그대로 도리어 아인상我人相과 같을 것이네.
평상에 증득함 없이 굴레와 새장을 끊었으니
교화하며 연설함을 거울 속의 형상과 같게 보도다!

如如不動方解說이니 如是演說이 號流通이라
若謂我無人我念인댄 依舊還同我人相하리라
平常無證絕羈籠하니 化演觀同鏡裏形이로다

요지 경전은 부대사와 청량선사 송 이전에 모두 끝났는데, 마지막
제32장 다음에 부대사와 청량법안선사의 송을 부기하고

---

642 굴레는 묶음, 새장은 가둔다는 것으로 모두 구속을 의미한다.

있다. 먼저 부대사는 변계偏計, 의타依他, 원성圓成을 나누어 송을 하였다. 변계에서 잘못된 생각으로 집착하여 새끼줄을 뱀으로 알고, 의심으로 귀신을 만들고, 눈병으로 허공 꽃을 보아 경계는 다르지 않은데 세 사람이 서로 다르게 보니 이 이름이 실제가 아닌 것을 통달하면 백우거白牛車를 길이 몰게 된다고 하였다. 의타에서는 의타는 자립하지 않고 여러 인연을 빌려서 이루어지니 해가 기울면 나무 그림자가 없어지고, 등불이 오면 방이 밝아지는 것 같이 이름은 공업共業 때문에 변하고, 만상은 작은 것을 쌓아 이루어지기 때문에 진공의 색을 깨달으면 바로 이름을 버리게 된다고 하였다. 원성에서는 형상이 고요하여 이름도 버리고, 마음이 융화함에 경계도 사라져서 거래를 보지 않고 말과 침묵이 영원히 방소가 없다고 하고, 지혜가 원성圓成의 이치에 들어가 몸은 법성의 항상함과 같으니 진리를 증득하고 세속을 통달하여 제도함을 그만두지 않는다고 하였다.

다음 청량법안선사는 경공境空, 지공智空, 구공俱空, 유통流通으로 나누어 송을 하였다. 경공에서 열반은 널리 제도함을 이름하니 사생四生의 모든 중생을 거두고, 보리살타는 내려와 함께하여 진리가 두루하기 때문에 조그만 것이라도 남아 있으면 이 언덕에 영원히 남는다고 하였다. 지공에서 지혜가 원만한 보리살타는 무심하고 곳곳이 진리며 밝고 밝은 공덕이라 하면서 이것은 태어난 뒤에 얻은 것이 아니라고 했다. 이를 두고 달이 찬데 허공은 정오가 되고, 소나무가 찬데 이슬은 옷깃에 가득하다고 읊었다. 구공에서 이치가 지극하여 정으로 이름이 없어졌으니 같이 비유할 것이 없다고 하고, 마침내 서리 내리는 밤 달이 저절로 앞 시내에 떨어졌다고 했다. 과일이 익으면 원숭이가

748

살찌고 산이 길어 미로迷路와 같다고 하고, 머리를 듦에 남은 비침이 있으니 원래 서쪽에 거주했다고 읊었다. 유통에서 있는 그대로가 해설解說이니 이를 유통이라 부른다고 했다. 만약 인아人我가 없다고 하면 도리어 수자壽者와 같으니 평상에 무엇을 증득하겠는가라고 묻고, 움직임에 구속이 끊어졌다고 했다. 일체 유위법을 맑은 거울 가운데서 대하여 본다고 읊었다.

함허스님은 부대사의 송 변계偏計에 대하여 인법人法이 원래 무아인데 집착으로 인해서 뱀, 귀신, 꽃이 아닌 것을 그것이라 하니 이 견해가 본래 사실이 아님을 통달하면 한가로이 흰 소 수레를 길이 몰게 된다고 하였다. 의타依他에 대하여 자립하지 못하고 인연을 빌려서 이루어지는 주관과 객관을 의타라고 하였다. 미혹과 업이 함께 굴러 만 가지 현상이 나타나고, 생각과 사대四大가 인연하여 오온의 몸을 이루고, 세계와 인연하여 12처로 나뉘어졌는데 색色이 공색空色임을 깨달으면 곧 마음 있음이 마음 있음 아님을 깨닫는다고 하였다. 원성圓成에 대하여 이름과 형상, 주관과 객관, 감과 옴, 말과 침묵이 모두 없어서 안과 밖이 없는 한 몸, 앞 뒤 없는 한 마음을 원성의 이치라 하였다. 진속眞俗, 청산靑山과 자맥紫陌이 하나라 하고, 이미 청산의 맛을 마음껏 먹었으면 응당 꽃다운 풀 언덕으로 가야 한다고 하였다.

함허스님은 「청량법안선사송淸凉法眼禪師頌」에서 먼저 경공境空에 대하여 열반을 널리 제도한다는 뜻으로 해석하고 삼계三界의 사생四生을 남김없이 한맛으로 거두어들인다고 하였다. 이런 책임은 작은 지혜인이 할 수 없고 보살이 교화할 것 없음을 교화하고 보리도가 두루 하게 하는데, 여기에 티끌이라도 있으면 생사의 이 언덕에 영원히 남게 된다고 하였다. 다음은 지공智空에서 지혜가 원만함은 밝은 불덩어리 같으니 여기에 이르면 무심無心하게 되고, 무심하게 되면 곳곳이 진리이고 공덕이라 했다. 이것은 지금 얻은 것이 아니고 본래 갖추어진 것임을 알아서 가슴에 한 물건도 없고 겉으로는 어리석은 것 같다고 하였다. 함허스님은 달이 찬데 허공은 정오가 되었고 소나무가 찬데 이슬이 소매에 가득하다는 게송을 무심의 활계活計라고 해석했다. 구공俱空에서 경계와 지혜를 다 잊고 잊은 것도 잊으니 가을날 서리 내리는 밤에 달이 시냇물에 가득하다고 하였다. 도가 높은데 허물이 있고 이치가 나타났는데 미혹함 같은 것은 공空에 대한 정情을 아직 잊지 못했기 때문이라 하고, 그 정을 잊어버리면 한 개의 달이 일천 강에 비치고 외로운 구름이 만 리에 날린다고 하였다. 유통流通에 대하여 여여如如하여 움직이지 않아야 해설을 할 수 있으니 이런 연설을 유통이라 한다고 하였다. 만약 나는 인아상人我相이 없다고 하면 도리어 아인상我人相과 같다고 하면서 평상에 증득함이 없고 구속됨이 없으니 교화함을 거울 속 형상과 같게 본다고 하였다. 즉 함허스님은 본래 성불의 관점에서 교화함을 유통이라는 의미로 보았다.

금강반야바라밀경 하

金剛般若波羅蜜經 下

찾아보기

● 감수 | 고우古愚 큰스님

문수산 금봉암 주석.

● 역주 | 전재강

경북대학교 국어국문학과를 졸업하고, 동 대학원 국문학과에서 석사 및 박사학위를 취득하였다.

동양대학교 교수를 역임하였으며, 현재 안동대학교 사범대학 국어교육과 교수로 있다.

저서로 『상촌신흠문학연구』, 『한문의 이해』, 『시조문학의 이념과 풍류』, 『선비문학과 소수서원』, 『남명과 한강의 만남』, 『불교가사의 유형적 존재양상』, 『한국시가의 유형적 성격과 작품 전개구도』 등이, 역서로 『서장』, 『선요』 등이, 논문으로 「어부가계 시조 연구」, 「신흠 시의 구조와 비평 연구」, 「불교 관련 시조의 사적 전개와 유형적 연구」, 「침굉 가사에 나타난 선의 성격과 진술 방식」 등 다수가 있다.

금강경삼가해

초판 1쇄 인쇄 2019년 2월 18일 | 초판 1쇄 발행 2019년 2월 26일
역주 전재강 | 감수 고우 스님 | 펴낸이 김시열
펴낸곳 도서출판 운주사

(02832) 서울시 성북구 동소문로 67-1 성심빌딩 3층
전화 (02) 926-8361 | 팩스 0505-115-8361
ISBN 978-89-5746-537-0 93220   값 35,000원
http://cafe.daum.net/unjubooks 〈다음카페: 도서출판 운주사〉